FVA

Edith Sitwell

Eine Biographie von Victoria Glendinning

Aus dem Englischen
von
Karl A. Klewer

Frankfurter Verlagsanstalt

Die Originalausgabe erschien 1981 unter dem Titel
EDITH SITWELL. A UNICORN AMONG LIONS.

1. Auflage 1995

Schutzumschlag und Einbandgestaltung: Bertsch & Holst
Photographie von Cecil Beaton, © Sotheby's
Satz: Fotosatz Reinhard Amann
Druck: Offizin Andersen Nexö Leipzig GmbH
Printed in Germany
ISBN 3-627-00010-2

Für
T. *de* V. W.

Inhalt

Anhang

Vorwort

Kurz nachdem ich mit meiner Arbeit an diesem Buch begonnen hatte, besuchte ich eine Gesellschaft in London, bei der ich eine mir gestellte Frage mit der Erklärung beantwortete, ich stünde im Begriff, über Edith Sitwell zu schreiben. »Ich hoffe nur«, sagte der Mann, der mich gefragt hatte, »daß Sie dann auch aufzeigen, was für eine miserable Lyrikerin sie war.« »Aber nein!« sagte ein anderer Gast. »Ich habe gestern abend ›Gebräuche an der Goldküste‹[1] gelesen und fand es großartig.« Ersterer war ein Anfang der dreißiger Jahre zur Welt gekommener Professor für englische Literatur, der sich auch als Literaturkritiker betätigte, der andere zwar auch Geisteswissenschaftler, aber kein Spezialist für englische Literatur und nahezu zwanzig Jahre jünger.

Die Reaktionen beider Gesprächspartner sind ein getreues Spiegelbild einer der Schwierigkeiten, auf die jeder trifft, der sich über Edith Sitwells Lyrik ein Urteil bilden möchte. Ihren literarischen Ruf hat jeweils weitgehend mitbestimmt, welche »Art« von Lyrik zu einer bestimmten Zeit und in einer bestimmten Gruppe gefragt war. Unschwer ließe sich eine große Zahl eindrucksvoller im Druck vorliegender Zeugnisse für die Bedeutung anführen, die man Edith Sitwell als Lyrikerin zugesprochen hat – Beispiele dafür sind W. B. Yeats, Maurice Bowra, Cyril Connolly, Stephen Spender, Horace Gregory. Ebenso einfach ließen sich Belege für eine negative Auffassung heranziehen – sie stammen, um nur einige zu nennen, von Geoffrey Grigson, Julian Symons, A. Alvarez sowie F. R. Leavis (der bereits einen Lehrstuhl am Downing College in Cambridge innehatte, als der erstgenannte meiner beiden Gesprächspartner dort noch studierte). Doch ein informierter Leser würde sich vom Urteil keiner der beiden Richtungen beeinflussen lassen. Von Kritikern gefällte Urteile sagen hauptsächlich etwas über deren Wertmaßstäbe aus. Insbesondere die Kritik moderner Lyrik ist unvermeidlich »politisch« ausgerichtet. Wie John Press in *A Map of Modern English Verse* (Auflage 1971) schrieb:

Nur wenige Urteile über Literatur – wenn überhaupt irgendwelche – stützen sich ausschließlich auf literarische Kriterien; die Meinungsvielfalt zum Thema Edith Sitwell hängt unablösbar mit den durch Persönlichkeit, Kultur, Gesellschaft und Bildung geprägten Grundsätzen und Vorurteilen zusammen, auf die sich die jeweiligen Ansichten gründen. Wer die Herkunft eines Kritikers und die Kreise kennt, in denen er sich bewegt, kann eine recht zutreffende Voraussage darüber machen, wie er zu Edith Sitwell steht.

Die »Art« von Lyrik, die Edith Sitwell schrieb, und wie sie dazu kam, ist Teil der in diesem Buch berichteten Geschichte. Bei ihr handelt es sich um eine Dichterin des Traumes und der Vision, um eine musikalische Wortschmiedin. Ihr Traum ist, wie Yeats in seiner Einleitung zu *The Oxford Book of Modern Verse* (1936) schrieb, von zweifacher Art: »In der ersten Hälfte beschwört sie mit Hilfe getrennter Metaphern, mythologischer Elemente inmitten einer Volksmenge und einer Szenerie, die an das *Ballet Russe* und Aubrey Beardsleys Spätphase erinnert, eine fortwährende Verwandlung herauf, die wie eine elegante künstliche Kindheit wirkt; in der anderen ... eine Alptraumvision wie die Websters von den Sinnbildern der Sterblichkeit.«

In ihren späteren Jahren herrschten diese Alptraumvision und die Sinnbilder der Sterblichkeit vor, wie auch der auf Verzweiflung über die Welt gegründete Glaube an die Erlösung durch Christus. Wer ihrer Lyrik feindselig gegenübersteht, sieht in ihr dabei stets lediglich die »Schutzheilige der hohlen Phrase«, wie es Julian Symons im November 1964 im *London Magazine* formulierte. In ihrer ersten und experimentierfreudigsten Periode setzte sie ihren Witz und ihre Begabung gegen das vorherrschende Georgianertum ein, wobei sie sich vor allem auf die Lektüre der französischen Symbolisten stützte. Schon damals hat man ihr vorgeworfen, die Wortspiele ihrer »eleganten künstlichen Kindheit« seien leeres Wortgeklüngel. Sie gehörte zu denen, die T. S. Eliot meinte, als er in der ersten Ausgabe von *The Tyro* 1921 schrieb: »Den meisten Dichtern, die sich für die größten Gegner des Georgianertums halten und ein wenig Französisch können, stellt sich das Jüngste Gericht ausschließlich als Brillantfeuerwerk mit Goldrausch, bengalischer Beleuchtung, Feuerrädern und brennenden Feuerballons dar.«

Wirklich gute Dichtung wächst im Laufe der Zeit über solch von Tagesmeinungen gefärbtes Hickhack hinaus. Glücklicherweise wird Dichtung nicht ausschließlich von Literaturkritikern und Journalisten gelesen. Was jemand privat liest, ist seine durchaus eigene Angelegenheit. Meiner Ansicht nach können sich die von Edith Sitwell um die Mitte der zwanziger Jahre verfaßten Gedichte – *The Sleeping Beauty*, »Colonel Fantock« und *Troy Park* – mit den besten und bedeutendsten messen. Bedingt durch die – um John Press zu zitieren – »durch Persönlichkeit, Kultur, Gesellschaft und Bildung geprägten Grundsätze und Vorurteile«, aus denen ich bestehe, ist dies hohe Lob zwangsläufig eine Sache der persönlichen Ansicht und gründet sich nicht auf Tatsachen, auch wenn es mir ganz selbstverständlich erscheint. Ich teile die Meinung derer, die sagen, Edith Sitwell habe zu viel von dem, was sie schrieb, veröffentlicht, vor allem, nachdem die als Ergebnis ihrer Besessenheit auftretenden Vorstellungen sie dazu veranlaßten, sich immer häufiger zu wiederholen. Ich bin davon überzeugt, daß sie, auf wessen Parnaß auch immer, einen unumstrittenen Platz einnähme, wenn der Literaturkritik beispielsweise lediglich ihre zwölf besten Gedichte bekannt wären.

Jetzt, da sie keine »zeitgenössische« Dichterin mehr ist und die persönlichen Zerwürfnisse der Vergangenheit angehören, hoffe ich, daß man ihr gestattet, in der Geschichte der neueren englischen Dichtung einen achtbaren Platz einzunehmen. Weniger Sorgen mache ich mir darüber, welchen Platz sie im Herzen und Denken interessierter Leser einnimmt, solcher, die nicht dem Literaturbetrieb angehören. Solange ihr Werk verfügbar ist, wird ihr dieser Platz sicher sein. Am 10. Dezember 1945 schrieb ihr William Plomer: »... doch möchte ich sagen, daß Ihre Gedichte Teil des Lesers und der Art werden, wie er das Leben sieht.« Stephen Spender zielte in seinem am 13. Dezember 1964 im *Observer* erschienenen Nachruf auf sie weitgehend in dieselbe Richtung: »Auf Dauer überleben Gedichte, weil sich Menschen in sie verlieben. Sie leben, weil uns Sätze, Bilder, Klang, Widerhall, der Gedanke, daß alle Gedichte zu einer Welt zusammenwachsen, die mit dem Dichter eins ist, ans Herz wachsen, Teil unseres Lebens werden.«

Als problematisch erwiesen hat es sich, über die Frau Edith Sitwell zu schreiben, denn ihre Lebenserfahrung war nicht die anderer Frauen. Einerseits lebte sie ohne die festen Bezugspunkte, von denen das Leben der meisten Frauen bestimmt wird – eigenes Heim, Mann oder Liebhaber, Kinder. Dennoch führte sie ein zutiefst von Gefühlen geprägtes Leben.

Sie genoß und nutzte nicht nur ihren persönlichen Ruhm, sondern auch die Erscheinung und das Auftreten, mit dem sie sich der Öffentlichkeit präsentierte. Allerdings wurde sie als Privatperson davon immer weiter in den Hintergrund gedrängt.

Durchaus lebendig ist in den Mythen, die sich um sie ranken, die Erinnerung an die – teilweise scherzhaft und teilweise todernst gemeinten – Fehden, wie auch an die Racheakte und die schneidenden Antworten, mit denen sie »Frechlingen« in die Parade fuhr, denn all das ist zur Genüge belegt. Weniger gut belegt war bisher ihre natürliche Fröhlichkeit, ihre kindliche Herzlichkeit und ihre verschwenderische Freigebigkeit. Nach ihrem Tode schrieb Elizabeth Jennings – sie gehörte einer Bewegung in der Dichtung an, gegen die Edith beständig ankämpfte – im *Spectator*: »Was mich am nachhaltigsten beeindruckt und wohl auch am meisten überrascht hat, war ihre Freundlichkeit und Güte.«

Nachdem ich mich lange mit ihr beschäftigt habe, achte ich sie sehr, und die Einsamkeit wie auch die Furcht, die ihr Leben lang nahezu beständig ihre Begleiter waren, haben meinen Beschützerinstinkt geweckt. Am besten beschrieb sie sich stets dann, wenn sie ihre Empfindungen auf andere Menschen projizierte. Man ersetze in der nachstehenden Passage aus ihrem *Alexander Pope* den Namen *Pope* durch *Edith*:

> Popes Naivität und sein im Grunde schlichtes Gemüt, seine Sehnsucht nach einem liebenden Du, seine Warmherzigkeit, die Art, wie er die Zuneigung anderer erkannte und uneingeschränkt darauf reagierte; all das findet sich neben einem großen Maß unbestreitbarer Albernheit, einer gewissen Listigkeit und einem Blick, der angespannt und unverrückbar auf das Urteil der Nachwelt gerichtet ist.

V. G.

1

Die kleine E.

In einer Pension im Londoner Stadtteil Bayswater sitzt eine junge Frau vor einem Brief. Wir schreiben das Jahr 1913. »Liebster Vater... Wir wollen versuchen, jemanden wie Miss Fussell zu finden. Sofern uns das nicht gelingt, kommt eine Wohnung unbestreitbar billiger als zwei Pensionszimmer.« Das von ihr in Miss Fussells Haus verbrachte Jahr habe ihn hundertzwanzig Pfund gekostet, ruft sie dem Vater ins Gedächtnis, »zuzüglich dessen, was wir außerdem an Lebensmitteln kaufen mußten.« Im Mai 1914 schreibt sie erneut: »Wenn Du so entgegenkommend sein könntest, mir etwas Geld für die Einrichtung zu leihen, zahle ich es Dir zurück, sobald ich meinen Diamantanhänger verkauft habe, denn wir wollen in die Wohnung einziehen. Das aber können wir erst, wenn wir einige Möbel besitzen.« Zur gleichen Zeit schreibt sie der Mutter: »Wenn Du ihn dazu bringen könntest, mir umgehend einen Scheck zu schicken, wäre das ein wahrer Segen. Ich möchte nämlich etwas Stoff für Vorhänge kaufen, die Helen nähen würde, um Kosten zu sparen ... Es war sehr lieb von Dir, mir einen so herzlichen Brief zu schreiben. Ich werde auf mich aufpassen, wie Du es sagst.«

Der mittellose junge Mensch, der sich in London einzurichten versucht, ist Edith Sitwell. Sie ist sechsundzwanzig Jahre alt; erst jetzt unternimmt sie den Versuch, aus Verhältnissen auszubrechen, die man als langgezogene und qualvolle Kindheit bezeichnen muß. Ihr schon immer exzentrischer Vater hat eine Manie gegenüber den sogenannten Extravaganzen seiner Kinder entwickelt. Die Mutter muß im Herbst des Jahres, in dem diese Briefe geschrieben wurden, erstmals vor Gericht erscheinen und wird nach mehreren sich lange hinziehenden Verhandlungen auf drei Monate ins Gefängnis geschickt. Osbert ist Soldat, und Sacheverell, der jüngere Bruder, geht noch in Eton zur Schule.

In Helen Rootham, ihrer Vertrauten und vormaligen Gouvernante, besitzt Edith eine Verbündete, die imstande sein wird, wie Edith dem Vater mitteilt, »genau die Hälfte der Kosten zu bestreiten – mit Ausnahme dessen, was die Dienstboten kosten, und ich glaube nicht, daß das für Dich eine schwere finanzielle Belastung bedeuten würde.« Der Betrag von jährlich hundert Pfund und Helen sind nahezu alles, was sie besitzt. Man legt ihr sogar Steine in den Weg, wenn es darum geht, an ihr Eigentum – den Diamantanhänger – zu gelangen. Im selben Monat erfährt sie vom Juwelier der Familie in Scarborough:

> Bei der Firma Bright & Sons ist man der Ansicht, daß Sir George den von Miss Sitwell beschriebenen Diamantanhänger gebracht hat. Er wurde vor einer Weile mitsamt den anderen Diamanten der Familie gemäß Sir Georges Anweisungen dem Bankhaus Coutts & Co. übersandt. Miss Sitwells Brief wird an Sir George weitergeleitet, und zweifellos wird sie von ihm direkt weiteres über den Anhänger erfahren.

Das Konzept ihres Briefs an den Vater schrieb Edith auf die rechte Hälfte eines Blattes in ihrer Arbeitskladde, auf dessen linker Seite bereits der Entwurf eines Gedichts stand. Diese frühe Fassung von »Serenade«, eines der ersten von ihr veröffentlichten Gedichte, das im November 1913 im *Daily Mirror* erschien, ist in der dort vorliegenden Form noch nicht besonders gelungen. Die Reime der längeren Verse – »sleeping flowers« und »silver flowers« – finden sich eingezwängt zwischen ihren Äußerungen über Miss Fussells Pension, ihren Befürchtungen über die Haltung, die der Vater vermutlich einnehmen wird, und Kommentaren zu ihren Geldsorgen. Ihr Leben lang litt Edith – und ihre Dichtungen desgleichen – unter allerlei Bedrängnissen; sie wußte nicht, wo und wovon sie leben sollte, mußte sich um ihre Angehörigen und um Geld sorgen.

Sie war kein Wunschkind. Ihr Vater, Sir George Sitwell von Renishaw Hall in der Grafschaft Derbyshire – der einsame, eher geistigen Dingen zugeneigte Sohn einer beherrschenden verwitweten Mutter –, war Mitte zwanzig, als er 1886 die hübsche, törichte und ungebildete Lady Ida Denison heiratete, sie hingegen erst siebzehn Jahre alt. Schon nach wenigen Tagen flüchtete sie ins Haus der Eltern, die sie aber sogleich zu ihrem Mann zurückschickten. In dieser Situation empfing sie ihr erstes Kind. »Kein Wunder«, so Edith, »daß mich meine Mutter meine ganze Kindheit und Jugend hindurch haßte.«

Zur Welt kam sie in Wood End in Scarborough, einem Haus, das der älteren Lady Sitwell gehörte, ihrer Großmutter väterlicherseits. Die

Niederkunft beschleunigte ein entsetzlicher Streit zwischen Lord und Lady Londesborough, ihren Großeltern mütterlicherseits, der in Lady Idas Schlafzimmer stattfand und bei dem es um Lord Londesboroughs jüngste Eskapade ging. Er hatte seiner betrogenen Gattin Smaragde geschenkt, und Lady Londesborough, die argwöhnte, daß Schuldbewußtsein die Triebfeder seiner Großzügigkeit war, machte ihm eine fürchterliche Szene – die Smaragde aber behielt sie. (Später erzählte Edith, sie habe das aufbrausende Temperament jener Großmutter geerbt.) Zwei Tage später setzten während einer großen Mittagsgesellschaft, die Lord Londesborough in seiner Eigenschaft als Präsident des Kricketturniers von Scarborough ausrichtete, bei Lady Ida die Wehen ein. Am 7. September 1887 wurde Edith Louisa Sitwell geboren.

»Meine Eltern konnten mich vom Augenblick meiner Geburt an nicht leiden«, schrieb Edith im hohen Alter. Sie wurde nicht müde, das mit unterschiedlichen Worten mündlich und schriftlich zu wiederholen, stellte sich als »Wechselbalg« hin; erklärte, ihre Eltern seien für sie »Fremde« gewesen und hätten »nichts von dem [begriffen], was seit der Kindheit in meinem Kopf lebendig war«. Beide hätten als erstes Kind lieber einen Sohn gehabt; Lady Ida war mit ihren achtzehn Jahren nicht besonders gut auf die Mutterschaft vorbereitet. Überdies war der Umgang mit Edith keineswegs einfach. »›Du warst ein ungewöhnlich heftiges Kind‹, sagte meine Mutter ohne jeden Groll.« Niemand kann wissen, wieviel Groll das kleine Mädchen in Wirklichkeit zu ertragen hatte. Ihre Eltern waren nicht glücklich, es bestand zwischen ihnen keine innere Beziehung, und Edith trug nichts dazu bei, das Verhältnis zwischen ihnen zu festigen. Aber sie lebte von klein auf in der Welt der Phantasie, und nur eins läßt sich mit Sicherheit sagen: Sie fühlte sich ganz und gar abgelehnt.

All das wäre halb so schlimm gewesen, wenn sie anziehend ausgesehen hätte, doch das war nicht der Fall. »Ich war ein ziemlich dickes kleines Mädchen: in meinem von grüngoldenen Locken umrahmten Mondgesicht saßen ... die Augen eines Menschen, der alle Tragik der Welt miterlebt und vorhergesagt hatte.« Bei diesem Selbstporträt – es stützte sich vermutlich auf eine Fotografie, die sie im Alter von drei Jahren zeigt – schwingt eine romantische Theatralik mit, die die darin möglicherweise enthaltene Wahrheit entwertet. Es ist etwas peinlich. Allerdings rief die kleine Edith auch, wie sie selbst sagte, »peinliche Situationen hervor«. Als Beleg dafür berichtet sie den häufig zitierten Vorfall, zu dem es kam, als sie vier Jahre alt war. Ihr Kindermädchen Davis brachte sie nach unten, weil sie einer guten Bekannten Lady Idas vorgestellt werden sollte. Diese fragte freundlich: »Was willst du werden, wenn du mal groß bist, kleine E.?« »Ein Genie«, gab sie zur Antwort, und rasch wurde sie wieder nach oben spediert.

Der Umstand, daß die »arme kleine E.«, wie sie häufig genannt wurde, bereits in jenem Alter etwas ganz Ungewöhnliches war, trug nicht dazu bei, die Wertschätzung zu steigern, die sie bei den Eltern genoß – und umgekehrt. Wenn ein Kind merkt, daß Erwachsene Angst vor ihm haben, wird es unsicher. Für die ältere Lady Sitwell, die Mutter ihres Vaters, war sie allerdings die »liebe kleine E.«. Sie besaß in Scarborough ein weiteres Haus, Hay Brow, und dort lebte sie, von Blumen umgeben, in einer Atmosphäre der Frömmigkeit, umsorgt von alten und ihr ergebenen Dienstboten. Die kleine Edith blühte unter der Zuneigung der Großmutter auf, und aus Lady Sitwells Tagebuch ersteht vor uns das Bild eines lebhaften und interessierten Geschöpfs. Beispielsweise heißt es da über Edith, als sie gut zwei Jahre alt war: »Georges Töchterchen hat mich früh besucht und, als ich ihr ein Stückchen Gartenbeet für sie allein gab, ganz aufgeregt ausgerufen: ›Ich graben und Blumen pflanzen. Ich schlafen gehen und aufwachen und alle Blumen sind groß.‹«[1] Und im Juli 1891, als Edith knapp vier Jahre alt war, schrieb ihre Tante Florence, Lady Sitwells unverheiratete Tochter, in ihr Tagebuch: »Baby sieht aus wie ein Kind aus einem Bilderbuch: mit dicken Backen, die manchmal wie rosa Nelken aussehen, blauen Augen und blonden Locken. Sie ist eine liebe Person und ganz vernarrt in ihren Hund Dido.«[2] Drei Wochen darauf begleitete die Tante die junge Familie, die nach Schottland reisen wollte, zum Bahnhof, und dort sagte Edith: »Kein kleines Mädchen ist so viele Nächte Eisenbahn gefahren wie ich – habe schon sooo viel singen müssen und immer alles wiederholt, weil die Erwachsenen sich darüber freuen!« (Mit Vorliebe brach sie unaufgefordert in Gesang aus, um Erwachsene zu trösten, die an Kopfschmerzen litten.)

Im Monat, bevor ihr Bruder Osbert geboren wurde, notierte ihre Tante Florence: »Jetzt ist sie fünf Jahre alt und dabei ein sehr interessantes, liebes kleines Persönchen ... Nach dem Tee versuche ich, ihr ein bißchen Unterricht zu geben. Letzten Sonntag begann ich, das Leben unseres Herrn mit ihr durchzunehmen.« Als dieser Besuch vorüber war, beschrieb die Tante, wie die kleine E. am letzten Tag ihrer Anwesenheit geholfen hatte, Blumen zu arrangieren: »Ich glaube, sie hat mit ihren entzückenden Händchen vier Vasen hergerichtet und sich große Mühe gegeben, es hübsch zu machen, und ließ dazu altkluge Bemerkungen fallen wie: ›Man muß alles so gut machen, wie man kann‹ oder ›Man muß mit dem zufrieden sein, was man hat.‹« Die kleine E. beschwerte sich bei ihrer Großmutter über ihr Kindermädchen Martha, weil jene, wie sie sagte, nichts tat, »was mich freut, aber alles, was mich nicht freut.« Sie war ein ungewöhnlich wortgewandtes Kind, von der Art, die man bisweilen ›altklug‹ nennt. Sie besaß ein ungewöhnlich gutes Gedächtnis und war sehr intelligent. Ihre Tante schrieb abschließend in ihr Tagebuch:

> Wunderbar sind die Fortschritte, die das Kind im Lesen macht. – Sie unterrichtet sich tatsächlich selbst, fragt nach der Bedeutung von Wörtern und behält sie dann auch wirklich. Märchen sind ihr besonderes Entzücken. Sie ist sehr nachdenklich , steckt dabei aber doch voller lustiger Streiche und ist hellbegeistert über jeden Scherz ... Einmal bekam sie einen ihrer Angstanfälle und klammerte sich dabei fest an mich.

Diese Angstanfälle, für die es keine Erklärung gibt, sind der einzige Hinweis darauf, daß die Welt für dieses »liebe Persönchen« vielleicht nicht in Ordnung gewesen sein könnte. Sie war kein Kind, das keine Liebe bekam oder gab – jedenfalls nicht im Hause ihrer Großmutter Sitwell. »Die liebe kleine E. ist uns recht ans Herz gewachsen, und der Abschied von ihr war sehr traurig.«

Osbert kam im Dezember 1892 in London zur Welt. Er rief von Anfang an bei den Eltern Begeisterung hervor, war er doch der ersehnte Stammhalter. Einige Monate nach seiner Geburt brannte die kleine E. durch. Da sie ihre Stiefeletten noch nicht selbst zuschnüren konnte, ging es nur langsam voran, und so kam sie nicht weit. Ein junger Polizist griff sie auf und brachte sie nach Hause, wo Eltern und Kindermädchen sie heftig beschimpften. Ihrer eigenen Aussage nach war der kleine Bruder bestimmt nicht der Auslöser dieses Ausreißversuchs, könne sie sich doch an keinerlei Eifersucht auf den Neuankömmling erinnern. Als Kind wie als Erwachsene hielt sie unverbrüchlich zu Osbert, und sie wollte von einer Zurückweisung des Bruders nichts wissen. Was sie zu jener Zeit empfand, beschrieb sie ganz allgemein mit den bitteren Worten: »Meine Kindheit war ... unsagbar kalt und einsam.« Auch wenn Osbert nachträglich über die Situation nur spekulieren konnte, schrieb er doch, »daß sich Edith nach meiner Geburt im Kinderzimmer auf den zweiten Platz verwiesen sah. Damit konnte sie sich aber nicht abfinden.« Das sei der Grund ihres Davonlaufens gewesen, denn »ihre erste bittere Erfahrung, wie grausam und unbeständig die Welt der Männer und Frauen um sie her war«, habe sie verletzt.[3]

Falls seine Schlußfolgerungen zutreffen, war das keineswegs ihre erste Begegnung mit Unbeständigkeit gewesen. Ein solches Ereignis beschreibt sie bildkräftig in ihrem Bericht, wie sie mit vier Jahren Zuneigung zu dem Pfau von Renishaw faßte: Er kam, wenn sie ihn rief; sie schlang die Arme um seinen Hals und ging mit ihm im Park spazieren. Er habe sie um einer Pfauhenne willen verlassen. »Ich glaube nicht, daß mir die Kränkung meines Stolzes naheging, die darin bestand, daß mich ein Pfau hatte sitzenlassen; ... Es war meine erste Erfahrung mit der Treulosigkeit.« Treulosigkeit, der Verrat durch Freunde, auf die sie baute, sollte einer der Dämonen in Ediths Weltbild werden.

Fünf Jahre lagen zwischen ihr und Osbert, und noch einmal fünf zwischen diesem und Sacheverell, der im November 1897 in Scarborough geboren wurde. Von dem Augenblick an, da Sachie alt genug war, um die Rolle eines Kameraden ausfüllen zu können, waren er und Osbert einander sehr nahe verbunden. »Ich glaube, daß ich Sachie, als er noch sehr klein war, besser verstand als jeder andere.« Er war Osberts »bester Freund«, und da die Eltern diesen bezaubernden und liebenswürdigen Sohn liebten, hatte er eine glückliche Kindheit.

Aus diesem Grund zog Sacheverell Ediths Behauptung stets in Zweifel, man habe sie als Kind schlecht behandelt. Er schrieb sie ihrem Hang zu, die Dinge dramatisch auszuschmücken und romantisch zu verbrämen. Bis er alt genug war, bewußt Begebenheiten wahrzunehmen, die mit ihr zusammenhingen, war sie bereits um die dreizehn Jahre alt und vom kleinen Bruder durch den Privatunterricht, den sie bekam, wie auch durch ihre Gouvernante und ihre eigene Zurückhaltung getrennt. Immer mehr lebte sie in ihrer Vorstellung; mit etwa zwölf Jahren, sagte sie, sei ihr Innenleben »unberührt ... von den grobsinnlichen Ereignissen um mich herum« gewesen. In dem Maße, wie der kleine Sachie älter wurde, teilte sie mit ihm dies Innenleben, das aus Geschichten, Wörtern und Musik bestand, nicht aber ihre Trübsal. »Sie ist die Mentorin, von der ich gelernt habe«, schrieb Sacheverell über sie, »und einen Menschen wie sie kann es nie wieder geben.«[4]

Selbst dann, wenn unter den Angehörigen von Durchschnittsfamilien Einvernehmen herrscht, nimmt jeder einzelne Ereignisse und Beziehungen unterschiedlich wahr. Alle Familien haben ihre äußere Geschichte, und jeder erlebt sie auf seine ganz eigene Weise. Dabei wird, was der eine berichtet, dem anderen wegen Rollenstandpunkt, Temperament und Stellung in der Familie verzerrt erscheinen. Doch im allgemeinen sorgen Zuneigung, Stolz, Mitleid und die Intensität der Familienbindung dafür, daß die Öffentlichkeit nichts von diesen privaten Standpunkten erfährt. Die Sitwells aber waren nicht nur keine Durchschnittsfamilie; jeder ihrer drei Abkömmlinge hat schriftliche Berichte über die gemeinsame Kindheit verfaßt und veröffentlicht. Wie das Bild, das Edith insbesondere von der Mutter zeichnete, unterschied sich die Darstellung dessen, was sie erlebte, in jeder Beziehung von der ihrer Brüder. Was die drei wirklich gemeinsam gehabt hatten, war Raum.

Renishaw Hall in der Grafschaft Derbyshire war und ist der Familiensitz der Sitwells. Das von Park und Wäldern umgebene Anwesen ist riesig. Den Haupttrakt mit seinen Giebeln und Zinnen ließ George Sitwell, Besitzer einer Eisengießerei, um das Jahr 1660 errichten. Der praktische Geschäftssinn, der sich in diesem Vorfahren mit ästhetischem Streben verband, hat sich für die Familie stets als günstig erwiesen. Das ganze achtzehnte Jahrhundert hindurch vermählten sich Sitwell-Söhne mit reichen Erbinnen, betrieben Landwirtschaft, sammelten Bücher und Bilder und brachten geistiger Leistung große Achtung entgegen.

Besitz und Vermögen fielen 1777 an einen Neffen, Francis Hurt, der den Namen Sitwell annahm. Dies neue Blut brachte eine gewisse Ungezügeltheit in die Familie; das Eisenwerk wurde veräußert, die nächsten drei Generationen wendeten für die Vergrößerung und Verschönerung von Herrenhaus und Park Unsummen auf und gaben verschwenderische Gesellschaften. Francis Hurt Sitwells Sohn namens Sitwell Sitwell erweiterte das Gebäude um das rote Eßzimmer und den klassizistischen Flügel mit den Stallungen; später fügte er den Salon an, und 1808 schließlich den Ballsaal. Nachdem der Prinzregent dort an einem Ball teilgenommen hatte, erhob er seinen Gastgeber zum Baronet.[5]

Das Unglück heftete sich an die Fersen von Sir Sitwell Sitwells Sohn

George. In der ersten Hälfte des neunzehnten Jahrhunderts ging nach den napoleonischen Kriegen der Pachtertrag landwirtschaftlich genutzter Flächen in England zurück; ein Anwalt brachte George Sitwell um ein Vermögen, und 1848 machte die Bank von Sheffield bankrott – einen Tag, nachdem er dort einen aus einem Grundstücksverkauf erlösten ansehnlichen Betrag deponiert hatte. Zwar mußte ein Großteil des verbleibenden Landbesitzes und der Einrichtung verkauft werden, doch blieben dem Geschlecht der Sitwells die Gemälde, die Wandbehänge, die Betten und die ursprünglichen Eichenmöbel des Landsitzes erhalten. Die Sitwells gingen ins Ausland, und das große Herrenhaus stand unbewohnt und kalt. Sir George kehrte nie zurück. Sein Sohn, Sir Reresby, starb in jungen Jahren, bedrückt von der Aussichtslosigkeit der finanziellen Lage der Familie.

Seine Witwe, die Sohn und Tochter großzuziehen hatte, brachte mit Geschick und durch gutes Wirtschaften Ordnung in die Geldangelegenheiten des Gutes. Diese bemerkenswerte Dame – eine geborene Hely Hutchinson von anglo-irischer Abkunft – war jene Lady Sitwell, die im Alter der »lieben kleinen E.« so große Anmut bescheinigte und in ihr so Vielversprechendes sah. Auch zu ihrer Zeit blieb das Herrenhaus von Renishaw oft noch monatelang geschlossen (seit dem großen Zusammenbruch hat kein Sitwell zwölf Monate im Jahr dort gewohnt oder alle Räume möbliert und genutzt), und so entging es viktorianischen »Verbesserungen«. Im Inneren behielt das Gebäude, das von einer Seite aus zu lächeln und von der anderen ernsthaft dreinzublicken scheint, weitestgehend das Aussehen, das es seit der Zeit der Stuarts bis zum Anfang des neunzehnten Jahrhunderts hatte.

Auf Renishaw war die Vergangenheit nie vergangen. Auf eine der Decken, die in Osberts Kinderzeit auf seinem Bett lagen, war die Jahreszahl 1801 gestickt. Im Gang vor dem Kinderzimmer stand eben das Schaukelpferd, auf dessen Rücken Octavius Oakley 1826 eine frühere Generation von Kindern der Familie Sitwell in einem Aquarell festgehalten hatte – lediglich ein Ohr hatte das Tier in der Zwischenzeit eingebüßt. In eine Scheibe des Fensters im Kinderschlafzimmer hatte jemand in den lange zurückliegenden glücklichen Zeiten des Hauses mit einem Diamanten eine geheimnisvolle Inschrift geritzt, die einem hübschen Sitwell-Mädchen huldigte: »*Charme des yeux* auf Renishaw 1825.«

Man teilte sich das Haus mit den Familiengespenstern; die Kinder hörten die Geschichten von den Kindermädchen Davis und Martha. Auch Lady Ida glaubte daran. Von Zeit zu Zeit konnte man beispielsweise Sir Sitwell Sitwell hören, wie er auf dem Sterbelager nach seiner Frau rief; oder man sah ihn zu den Fenstern hereinblicken, ein bleiches Gesicht hinter dunklem Glas. Auch ein vierzehnjähriger Junge, dessen Porträt im Eßzimmer hing, ging auf Renishaw um – er tut es noch heute – und gab Schläfern kalte Küsse: Henry Sacheverell; er war ertrunken. Während Ediths Kindheit erhellten Kerzen nachts das große Haus.

Obwohl die Familie ausschließlich die Sommermonate auf Renishaw verbrachte, war das Anwesen, wie Osbert schrieb, »unser Zuhause«. Der Park, der See, die Glockenblumen, die im Mai in den Wäldern wuchsen, die hier und da aufragenden Statuen, die weiten Ausblicke, die Wildnis mit den gedämpften Farben von Blumen und Bäumen – alles von Sir George, dem Vater der drei jungen Sitwells, neu geplant und angelegt – bildeten den Hintergrund ihrer Kindheit, lieferten das Rohmaterial für Ediths Innenleben. In seiner Autobiographie beschreibt Osbert lange Sommernachmittage, an denen das Kindermädchen Davis sie auf dem See spazierenruderte. »Wenn Edith und ich uns über die dicke blaue Bordwand lehnten, konnten wir die Fischchen beobachten, wie sie glitzernd in ihrem gescheckten Schuppenkleid in den Alleen flutenden Tangs hin und her schossen.« Oder er unternahm mit dem Vater einen »raschen Abstecher« mit dem Kanu, während

> Edith und Davis uns vom Boot aus beobachteten, das nun an der Insel im leichten Schatten eines jungen Wäldchens lag. Um halb fünf kam ein Diener mit dem Picknickkorb ... Da erschien meine Mutter mit ihren Gästen bei uns, und ihr Erwachsenenlachen – es galt verborgenen Dingen, die außerhalb unseres Gesichtskreises lagen – klang über die Teetassen hin.[6]

Nachdem Sachie hinzugekommen war, ruderte das Kindermädchen Martha die beiden Größeren über den See und ließ das Boot geräuschlos durch die Wasserlilien treiben, während sich Davis am Ufer in der Nähe des Bootshauses um das Brüderchen kümmerte. Bisweilen wartete die kleine Gesellschaft beim Nachmittagsimbiß vergeblich auf die Mutter. Auf dem Rückweg zum Haus »hatten wir die Höhe des steilen Pfades erreicht und näherten uns dem Garten, da hörten wir lachende Stimmen und das hölzerne Klappern der Kugeln und Hämmer beim Krocket… Man hatte uns ganz vergessen.«[7]

Osbert nannte Renishaw ein »männliches« Haus, wegen seines vergleichsweise kahlen Inneren, das bar aller Dekorationen und Schnörkel des neunzehnten Jahrhunderts war. Die Atmosphäre anderer, den Kindern gleichermaßen vertrauter Örtlichkeiten war von gänzlich anderer Art. Lady Idas Vater war der erste Earl of Londesborough, und ihre Mutter eine Tochter des siebten Duke of Beaufort. (Der Titel eines Baronet machte in den Augen der Londesboroughs nicht viel her. »Ich bin von höherer Abkunft als du«, sagte Lady Ida zu ihrer Tochter Edith.) Auf Londesborough durften die Lakaien einander in Anwesenheit ihrer Ladyschaft nicht ansehen und schon gar nicht miteinander sprechen. Immer, wenn sich Osbert und Edith in jenem Haus aufhielten, das sich, mit Osberts Worten, auf »Pomp und Eitelkeiten« konzentrierte, wurden sie zunächst zu einer Audienz vor ihrer furchteinflößenden Großmutter befohlen. Erst im Anschluß daran konnten sie mit Davis in den Park entfliehen.

Großvater Londesborough, zugänglicher als seine Gemahlin, war ein großer Kinderfreund. Er fuhr sie in seinem »buckboard«[8] aus – einem Gefährt, das ein »ständig durchgehendes Pferd« auf seinen zwei Rädern in einem wackligen Gleichgewicht hielt. Nach den Maßstäben jener Zeit war dieser Großvater eine gesellschaftliche Größe. Auch die Familie Londesborough besaß, wie die ältere Lady Sitwell, ein Haus in Scarborough. Londesborough Lodge lag an der feinen Crescent, wo man üppige Gesellschaften gab. Ihr ganzer Lebenszuschnitt gründete sich auf eine alles umfassende Vorstellung von ›Kurzweil‹. In den Augen der Kinder hatte diese Kurzweil Elemente barocker Komik an sich. Die Urgroßmutter, Herzoginwitwe Beaufort, nahm Edith zu ihren Ausfahrten mit und wies den Kutscher an, sie täglich eine andere Strecke zu fahren. Da sie, wie Edith schrieb, »immer gleich in einen Schlaf verfiel, der bald ewig sein würde, merkte sie nie, daß wir jeden Nachmittag dieselbe Strecke fuhren.« Ebensowenig merkte sie, daß ihr geliebter Papagei, der sich den Platz in der Kutsche mit ihnen teilte, schon seit langem ausgestopft war – man wollte sie mit der Mitteilung von seinem Ableben nicht aufregen.

Edith schrieb, in ihrer ersten Erinnerung sei ihre Großmutter Londesborough mit ihrer Perücke eine »phantastische wellenförmige Chinoiserie, eine Laideronette, Princesse de Pagodes«[9] gewesen. »Sie hatte einen scharfen Schnabel wie eine Harpyie und seelenvolle Ikonenaugen unter auffallend schweren Lidern, Merkmale, die ich von ihr geerbt habe.« Jene Großmutter hatte einen »ungemein reichen Mann« geheiratet und »lebte im Luxus wie eine vergoldete, leicht zu erzürnende Wespe in einem herrlichen reifen Nektarinenpfirsich.«[10]

Nach dem Tode des »ungemein reichen« Mannes verbrachten die Sitwell-Kinder Weihnachten jeweils bei ihrem Onkel sowie dessen Erben und unzähligen Verwandten in der kalten, ebenen Grafschaft Lincolnshire. Auf die Kinder wirkte der verschwenderische Glanz des Herrenbesitzes Blankney düster. In Osberts Berichten nimmt sich Blankney zur Weihnachtszeit eher wie ein grandioses Irrenhaus aus als wie ein Zuhause. Ungarische Kapellen, Meuten bellender Hunde, Horden hochgewachsener, in Tweed gekleideter männlicher Verwandter, die im Hause umherlärmten und voll Begeisterung täglich Hunderte von gefiederten und pelztragenden Geschöpfen abschlachteten; uralte und geistesschwache Tanten und Kusinen, schmuddelig, aber aufgedonnert. Zusätzliche Unruhe brachten Scharen französischer und deutscher Gouvernanten, Gesellschafterinnen sowie verschiedene Schmarotzer ins Haus; man spielte einander Streiche, es gab Laienspielgruppen, zahllose Mahlzeiten wurden wahllos hinuntergeschlungen, Dutzende verzogener, verschreckter, quengeliger, vernachlässigter Kinder, die sich unglücklich fühlten, lungerten herum. Die Sitwell-Kinder nannten die Menschen, die dort eine überlieferte Familienweihnacht genossen, die »Goldene Horde« oder den »Amüsierklub«. Die Frauen kleideten sich in jenen Wintern vor dem Ersten Weltkrieg extravagant, vor allem zum abendlichen Diner, und während sie von Seide umraschelt die Treppe hinabgeschritten kamen, starrten »ganze Klumpen« von Hausmädchen sie offenen Mundes an, »Geistererscheinungen, die im Verlauf der nächsten Generation die Welt erben sollten«, schrieb Osbert. (Ihm und Edith war diese Art Weihnachten ein Greuel, wobei sie noch mehr darunter litt als er, obwohl sie in ihrer Kusine Veronica Codrington wenigstens eine Freundin hatte.)

> Zweifellos fühlte sich meine Schwester am unglücklichsten von allen Kindern, eine Fremde im Kreise ihrer nächsten erwachsenen Verwandten. Von großer Sensibilität und mit einer seit dem fünften Lebensjahr durch die Vernachlässigung und Trübsal ihrer Kindheit nahezu un-

> mäßig entwickelten Phantasie, konnte sie unter jenen fremden Dächern keinen Trost finden ... Und womöglich steigerte die Anwesenheit Dritter noch den Hang meines Vaters, an ihr herumzunörgeln, wie auch den meiner Mutter, ihr gegenüber in unbeherrschte und geradezu grauenerregende Wutanfälle auszubrechen. War Besuch da, nahm die Unzufriedenheit der Mutter mit Edith zu. Zum einen setzten die anderen Kinder Maßstäbe, zum anderen ärgerte es sie, daß Edith anders war als jene. »Liebste, du *müßtest* sie einfach dazu bringen, daß ihr das Töten von Kaninchen Spaß macht«, hörte man den Amüsierklub meiner Mutter nahelegen.[11]

Unter anderem löste bei Edith die Erfahrung frühen Kummers eine Identifikation mit den Betrübten aus, mit den Einsamen, den Ängstlichen, den Außenseitern, den schlecht Behandelten – ob es sich dabei nun um Menschen handelte oder um Tiere. Der gedankenlose Snobismus, der dem kleingeistigen Luxusleben ihrer Verwandten auf Londesborough zugrunde lag, war ihr verhaßt. Insbesondere den Gouvernanten und Gesellschafterinnen galt ihr Mitgefühl, vor allem, wenn sie alt wurden und nicht mehr erwünscht waren: »Diese armen und ungeliebten Geschöpfe, deren Existenz an der Oberfläche des Lebens anderer geführt wurde.«[12]

Wenn man bedenkt, daß sie noch ein Kind war, nahm sie die Einsamkeit alternder alleinstehender Frauen mit ungewöhnlicher Klarheit wahr. Nie vergaß sie die Vermieterin einer Pension in der Nähe des Lancaster Gate, in der sie im Jahre 1901 mit ihrer Gouvernante und Osbert gewohnt hatte. Ihr prägten sich die »im Ruhestand lebenden alten Jungfern« ein, die in Madame Bakers Haus lebten; aber auch die füllige und grell geschminkte Madame Baker selbst, die »ihr gesamtes Wesen dick eingemummelt [hatte], um sich vor dem grausamen Spott zu schützen, der die Wehrlosen verfolgt, die Armut, die Hoffnungslosigkeit jener, deren einziger zerbröckelnder Schutzwall gegen die Welt die Fassade der Jugend war.« Als sie jene Dame kennengelernt hatte, war sie etwa elf Jahre alt; sie formulierte in einer ihrer Arbeitskladden eine Phantasie über das Thema und faßte kurz vor dem Ende ihres Lebens alles in ihrer Autobiographie *Mein exzentrisches Leben*[13] zusammen. Edith vergeudete und vergaß nie etwas.

Osbert sagte, es sei nichts Ungleicheres vorstellbar als der Hintergrund seiner Eltern. Über Großmutter Sitwell, von der die kleine E. so begeistert war, schrieb Edith, sie sei »wärmer und erdverhafteter« als die Londesboroughs. Ihr Haus Hay Brow, das fünf Kilometer von der Stadt Scarborough entfernt lag, war als Gebäude nicht besonders eindrucksvoll; die auf dem Anwesen herrschende Stimmung ging ausschließlich auf den Park und seine Atmosphäre von Frieden und Unschuld zurück. Dort wie in Lady Sitwells Landsitz bei Gosden in der Grafschaft Surrey kümmerte sich die alte Dienerschaft um ihre Herrin. Leckly, die Zofe der Großmutter, stand bereits seit sechzig Jahren bei ihr im Dienst, als Edith sie kennenlernte.

Lady Sitwells Schwiegermutter, die Gattin des ersten Sir George, war eine Schwester des Erzbischofs Tait von Canterbury; seine Tochter hatte Randall Davidson geheiratet, der ebenfalls Erzbischof wurde. Allenthalben spürte man eine die ganze Familie kennzeichnende anglikanische Frömmigkeit. Theater- und Zirkusbesuche waren tabu. Edith, die es störte, daß es im Hause ständig von Vikaren wimmelte, nannte Lady Sitwell und deren Tochter Florence boshaft »Salonlöwinnen im Lambeth Palace«[14]. Während Lady Sitwell jeder Geistliche willkommen war, hielt Edith sie alle miteinander für »bemerkenswert glattzüngig und zugleich bemerkenswert unkultiviert«. War sie versöhnlicherer Stimmung, räumte sie ein, sie habe als Kind gern den »heißen Duft der Pelze ihrer Großmutter gerochen«, auch habe ihr »das warme Gefühl nach Südfrankreich gefallen, das sich um sie herum ausbreitete, sowie ihr fahles Haar, wie trockene, pulvrige Mimosen. Bisweilen begleitete ich sie in einem offenen Viktoria[15], mit dem sie fortwährend in irgendeiner Mission der Mildtätigkeit unterwegs war; und in jenen Tagen war die See immer ein greifbarer und anheimelnder Trost, wie ihr selbstgefertigtes blaues Porzellan aus dem Jahre 1880.«[16]

Auf dem Gebiet der Mildtätigkeit tat die ältere Lady Sitwell nichts lieber, als gefallenen Frauen zu helfen, und betrieb in Scarborough ein Heim für jene unter diesen Unglücklichen, die sie auf der Straße aufgegriffen hatte. Sie wurden in Uniformen gesteckt und verdienten »ihren Lebensunterhalt damit, daß sie allwöchentlich unsere Wäsche in Fetzen rissen«. Es gab aber auch andere Mittel, dem leichtfertigen Lebenswandel jener Frauen einen Riegel vorzuschieben. So schrieb Tante Florence in ihrem Tagebuch: »Wir beabsichtigen (Mutters Einfall), an stillen Sonntagnachmittagen Schankmädchen hierher in den Park einzuladen. Dann können wir ihnen vorlesen, vielleicht einige fromme Lieder mit ihnen singen, sie näher kennenlernen und ihnen unter Umständen helfen.« (Bedauerlicherweise fanden sich lediglich zwei »hübsch aussehende Schankmädchen« ein.)

Skizzen von Ediths beiden Großmüttern und der Lebensweise beider Seiten ihrer Familie sind lediglich Appetithappen für Menschen, die sich für Geneologie und Vererbung interessieren. Den weit in die Vergangenheit reichenden und sich reich verzweigenden Stammbaum der Sitwells findet sich ausführlich und elegant beschrieben in *Left Hand, Right Hand!*, dem ersten Band von Osberts Autobiographie.

* * *

Wohl hielten sich Edith und ihre Brüder im Sommer häufig zu Besuch bei ihren Verwandten in Scarborough auf, doch ein ›Zuhause‹ wurde die Stadt für sie im Winter – zuerst in Belvoir Lodge und dann in Wood End. In den Sommermonaten pulsierte in Scarborough das Leben. Gegen Ende des neunzehnten Jahrhunderts strömten die Kranken in Scharen zu dem hoch auf dem Kliff an der Ostküste Yorkshires gelegenen modischen Badeort, von dessen Heilwasser sie sich Genesung erhofften. Das Leben am Meer – mit Leierkastenmännern, Pierrots, Kasperltheater und allen möglichen anderen Vergnügungen – gehörte zur Welt der Sitwell-Kinder, doch brachten solche Veranstaltungen ein Mädchen von Ediths Einfühlsamkeit und übergroßer Vorstellungskraft nicht nur zum Lachen, sie ließen sie auch erschauern. »Selbst als ich noch klein war, entsetzte mich das grausame Geschick dieser Marionetten, auch wenn sie nichts davon wußten, und es machte mich unglücklich ... Die mechanischen Bewegungen des Puppenspielers zerrten sie mit einer unersättlichen Kraft, die wie Hunger war, zu Liebe, Vernichtung und Mord vor und zurück.«

Welcher Schrecken und welche Schwärze hinter der in Sonnenlicht gebadeten Szenerie lauerten, zeigte sich in den Wintern, wenn der Wind Regen und Schnee durch Scarboroughs steile Straßen trieb. Susan Hill, eine – wenn auch ein halbes Jahrhundert später – in jener Stadt aufgewachsene Autorin, erinnerte sich an diese erbarmungslosen Winter:

> Dann gibt es keine ›Sommerfrischler‹ – nur Nordostwinde, die einen entzweischneiden. Am grauen Himmel jagen Wolken dahin, die ge-

> waltige See türmt sich mit dreißig Meter hohen Brechern über die Felsen in die Luft, um weiß und schäumend auf der Uferstraße und der Promenade niederzukrachen. Häufig liegt von Dezember bis Ende März Schnee, und stets gibt es die eine oder andere dramatische Seenot-Rettungsaktion.[17]

Die beste Beschreibung Scarboroughs aus Ediths Kindheit liefert Osbert in seinem ersten Roman *Vor dem Bombenangriff*.

Kontraste von ähnlich beunruhigender Art gab es auch auf Renishaw. Das Herrenhaus erhebt sich in der Abgeschiedenheit von Wäldern und Parklandschaft nahe den armseligen und rußgeschwärzten Dörfern Renishaw und Eckington; Sheffield, die große Stadt mit den Stahlwerken, liegt bloß zwölf Kilometer entfernt. In jener Gegend wird Bergbau betrieben, und die Abbaustrecken der Kohle reichten in großer Tiefe bis unter den See des Parks von Renishaw Hall. Fabrikschlote ragten über dem Morgendunst auf, zuckender Feuerschein aus den Essen von Gießereien im nahegelegenen Staveley erhellte den Nachthimmel, und der demokratische Ruß machte auch vor Sir George Sitwells Bäumen nicht halt.

Auf ihren Streifzügen begegneten die Sitwell-Kinder Gruppen von der Arbeit heimkehrender Bergleute mit von Kohlenstaub geschwärzten Gesichtern. Vor den Toren des Zauberschlosses, der Welt aus geplanter Anmut und Schönheit, in der diese Kinder lebten, lag die andere Welt verstörender Armut und Häßlichkeit des Industriezeitalters. Wenn es Edith und Osbert schon schwerfiel, mit Kindern ihrer eigenen Schicht auszukommen (Kindergesellschaften waren ihnen ein Greuel) – um wieviel weiter waren sie von denen jener Menschen entfernt, die in den trüben und düsteren Bergarbeiterdörfern lebten! Sacheverell erinnert sich, wie sie eines dunstigen Septembertags an Ediths Geburtstag Brombeeren sammeln gingen. Man brachte die drei Geschwister durch Wälder und Felder, durch das lange, nasse Gras dorthin, wo die Brombeeren wuchsen. Dort stießen sie auf eine Gruppe von Dorfkindern

> vom langschädeligen nordischen Typus mit flachsblondem Haar. Ihre Hände und Gesichter waren unbeschreiblich schwarz, was die Blässe ihrer Haut noch hervorhob ... Sie sprachen so verschliffen und nachlässig, daß man sie kaum verstehen konnte ... Glücklicherweise waren wir drei, mein Bruder, meine Schwester und ich, so groß, daß wir auch

dort pflücken konnten, wohin sie nicht gelangten, denn mittlerweile waren in unmittelbarer Reichweite nur noch rote, unreife Beeren zu sehen. Während die größeren Kinder weiterpflückten, näherten sich die anderen – sie waren ehrlich gesagt kaum groß genug, um gehen zu können – mit unbehaglichen Schritten der Stelle, wo wir uns befanden, um uns mit benommenem Schweigen zu beobachten.[18]

Auf die Dorfkinder müssen die drei hochgewachsenen Geschwister Sitwell so exotisch gewirkt haben wie Giraffen.

Der Abstand zu anderen Menschen, ob es sich nun um Verwandte oder Fremde handelte, war für Edith doppelt schmerzlich; denn während sich die Jungen in der Liebe ihrer Mutter geborgen fühlen durften, kam sie sich auch daheim als Außenseiterin vor. Sie teilte mit den Jungen den äußerlichen Ablauf des Tages, doch die Art, wie sie die Eltern wahrnahm, insbesondere die Mutter, unterschied sich ganz und gar von der ihren. Osbert schätzte Lady Ida wegen »ihrer ungewöhnlichen Schönheit und ihrem seltsamen Temperament, ihrer Güte und Nachsicht«, auch wenn er hin und wieder unter ihrer »plötzlichen wilden Wut« litt. »Als kleiner Junge war ich in der glücklichen Lage, der Liebling meiner Mutter zu sein. Ich spielte in ihrem Bett und durfte mir ungestraft alles erlauben. Dafür betete ich sie an.«[19] Er war ein privilegiertes Kind. Er spielte mit dem Schmuck, den Haarbürsten, den Parfümflakons der Mutter. Die Kleider, die sie trug, die duftenden Blumen, die sie sich ansteckte, all das berührte ihn mit Macht. Für Osbert war Lady Ida gleichbedeutend mit romantischer Liebe, Schönheit und Gefühlswärme.

Für Sacheverell verkörperte sie noch mehr, sofern das überhaupt möglich war. In seiner frühesten Erinnerung reitet er auf dem alten Schaukelpferd draußen im Garten, während seine Mutter daneben steht. »Die Erinnerung bezieht sich auf gar nichts Bestimmtes. Eigentlich auf überhaupt nichts. Es geht um das Erwachen der Zuneigung. Das erste Empfinden von Liebe. Die angenehme Sicherheit, die von jener Empfindung ausgeht.«[20] In späteren Jahren erschwerte ihm das Bewußtsein, daß er ihr ebenso schmerzlich fehlte wie sie ihm, die Rückkehr ins Internat. Ihr Wesen zur Zeit seiner frühen Kindheit war für ihn »eine Mischung aus natürlichem Frohsinn und einer Art aristokratischer Hilflosigkeit, wie sie in Palästen entsteht.«

Doch war für den »Wechselbalg« Edith, die unerwünschte Tochter der jungen Frau, die selbst fast noch ein Kind war, die Mutter eine Fremde. Zwar gestand sie Lady Ida eine Schönheit »wie von Michelangelo« zu, lehnte aber alles andere ab, weil auch sie abgelehnt wurde. Lady Ida war von zwanghafter Geselligkeit; und auf Renishaw bedeuteten ihr Zeiten ohne Besucher, wie Edith in ihrem Alter voll Traurigkeit schrieb, »nichts anderes als eine leere Runde zwischen Nacht und Nacht«. Weiter heißt es: »Ihre Wutausbrüche waren die einzige Realität in ihrem Leben.« Lady Ida verbrachte die Vormittage im Bett, auf dem der kleine Osbert selbstvergessen und »ungestraft spielte«. Nicht so Edith. Sie registrierte lediglich, daß die Mutter im Bett blieb, »weil es nichts zu tun gegeben hätte, wenn sie aufgestanden wäre«. Sie sah, daß ihre Mutter den ganzen Tag Romane las, merkte aber, daß sie sich an nichts von all dem Gelesenen erinnerte; sie registrierte auch, daß ihrer Mutter die Füße schmerzten, weil sie ihre Schuhe stets eine Nummer zu klein kaufte. Sie beschrieb die »Inhaltslosigkeit« der Tage ihrer Mutter als »den leeren Zeitraum zwischen einer Stunde und der nächsten«. Schlimmer noch als die Untätigkeit erschien ihr die betriebsame Gastfreundschaft. In Scharen wurden Bekannte und Schmarotzer eingeladen, fröhliche und oberflächliche Menschen, in Ediths Augen aber »halbbelebte Personen ..., die wie eine unangenehme Form der Vegetation oder wie aus billigem Satin hergestellte Puppen waren, denen man statt der Augen hier und da Knöpfe aufs Gesicht gesetzt hatte«.

Die möglicherweise treffendste Darstellung der unterschiedlichen Art, wie Edith und die Jungen die Mutter sahen, sozusagen durch verschiedenfarbige Linsen, findet sich in Osberts Bericht über die Tanzstunden, zu denen er und Edith über mehrere Jahre hinweg zweimal wöchentlich nach Scarborough gebracht wurden. Für beide war es ein Martyrium. Bisweilen kamen vor dem Ende des Unterrichts die Mütter der teilnehmenden Kinder herein und setzten sich auf Stühle, die an den Wänden des Saales standen. Immer, wenn Osbert merkte, daß seine Mutter gekommen war – gewöhnlich erkannte er ihre Anwesenheit am Duft der Gardenien oder Tuberosen, die sie angesteckt hatte, bevor er sie überhaupt sah –, war er beglückt. Er war stolz auf ihr gutes Aussehen wie auch auf die selbstbewußte Art, in der sie mit den anderen Müttern verkehrte. In ihr sah er ein »Bindeglied« zwischen seinem unbeholfenen, einsamen Ich und den anderen Menschen. Noch wichtiger war für ihn, daß ihm »ihre Anwesenheit in meinem Martyrium ein warmes Gefühl der Unterstützung vermittelte«. Da er vermutete, Edith spüre dasselbe warme Gefühl wie er, entsetzte es ihn später zu merken, »daß meine Schwester, die ich innig liebte, diesen Eindruck von Trost nicht hatte und überdies das Erscheinen meiner Mutter im Saal fürchtete, mäkelte diese doch immerzu in grausamer Weise in Gegenwart anderer an ihr herum und verhielt sich ihr gegenüber auf eine Weise, wie sie das bei einem Sohn nie und nimmer getan hätte.«[21]

Die unversöhnlichsten Äußerungen Ediths über ihre Mutter finden sich in ihrer Autobiographie *Mein exzentrisches Leben*, die sie kurz vor ihrem Tode verfaßte – ein skizzenhaftes Buch voll Bitterkeit. Sie starb, noch bevor es in Druck ging. Es enthält einen großen Teil bereits zuvor veröffentlichten Materials, und mancher, der sie liebte, vertrat die Ansicht, es hätte nie gedruckt werden dürfen. Allerdings gibt es Belege dafür, daß Edith das, was in ihr wieder lebendig wurde, als sie alt und krank war, ihrer Mutter gegenüber schon als junges Mädchen empfunden hatte, auch wenn es verschiedentlich zu Annäherungen und hin und wieder zu einer unbehaglichen Art von Umgänglichkeit gekommen war. Zwar steht, was sie über das unnütze Leben ihrer Mutter sagt, in *Mein exzentrisches Leben*; aber geschrieben hatte sie diese Passagen Wort für Wort schon lange zuvor als erstes Kapitel eines Romans, den sie aber nie beendete, also auch nicht veröffentlichte.

In diesem Fragment trägt Lady Ida den Namen Mrs. Londesfield, und Edith/Lily ist ihre Enkelin (allerdings nur durch Adoption – hier sagt sich Edith von ihrem Blut los und bekräftigt ihre Position als Wechselbalg). Nicht alle Beschreibungen ihrer Mutter aus dem Entwurf des Romankapitels übernahm sie in die Autobiographie; eine, die dort fehlt, ist es wohl wert, zitiert zu werden, und sei es nur, um zu zeigen, mit welch kühler Genauigkeit die junge Edith beobachtete:

> Aber sie [Lady Ida/Mrs. Londesfield], die ein Leben der Belanglosigkeit führte, erfand gelegentlich kleine Zeichen der Zuneigung, weniger in ihr selbst als in anderen. So war sie der Ansicht oder tat so, als sei ihre außerordentliche Güte der Grund dafür, daß Menschen, die gewöhnlich freundlicheren Empfindungen nicht zugänglich sind, wie beispielsweise vielbeschäftigte und herumgescheuchte Geschäftsführer von Hotels und Oberkellner, Oberschwestern von Krankenhäusern und junge Damen, die abweisend hinter Tresen thronten, ihr voll Ver-

ehrung dienten. Unter dem Eindruck dieser Überzeugung erging sie sich über das freundliche Lächeln dieser Menschen und konnte damit Stunden zubringen, ohne auf die Gleichgültigkeit ihrer Zuhörer zu achten. Ja, sie notierte sogar deren noch so unbedeutende Äußerungen und übersandte ihnen kleine Geschenke, die sie gar nicht haben wollten, damit sie gezwungen waren, ihre Arbeit beiseite zu legen und ihr zu schreiben.

Die Ironie will es, daß ein feindselig gesonnener Mensch Edith in ihrem späteren Leben diese Art von Verhalten selbst hätte zur Last legen können. Für wen gilt das nicht? Wo hören Nachsicht und Besorgnis auf, wo beginnen Selbstsucht und die Erpressung von Gefühlen? Es ist leicht, Mitleid darüber zu empfinden, daß sich Edith einer Mutter ausgeliefert sah, die weder ihrer Aufgabe gewachsen war noch ihre Tochter liebte. Auch mag man Lady Ida bedauern, wenn man an ihre zum Scheitern verurteilten Versuche denkt, mit ihrer aufmerksamen, kritischen, klugen und sich nicht anpassenden Tochter Schritt zu halten. Mitgefühl entsteht aus Zuneigung, und keine von beiden vermochte der anderen das eine oder das andere zu geben. Rückblickend beurteilte Osbert die Situation wie folgt:

> Es gibt wohl kaum ein Kind, das von seinen Eltern so falsch behandelt wurde wie meine Schwester. Ihnen fehlte einfach das Verständnis für dieses Wesen, das da unter ihren Augen aufblühte. Was nervöse Empfindsamkeit war, hielten sie für Ungezogenheit, Phantasie für Verlogenheit und ein gewisses Talent, alltägliche Dinge dramatisch auszustaffieren, für »affektiertes Wesen«.[22]

Statt ihr zu erlauben, die eigenen Möglichkeiten auszuschöpfen – wie zu jener Zeit, als sie sich selbst das Lesen beigebracht hatte –, versuchten sie unaufhörlich, sie an ihre eigenen Vorstellungen davon anzupassen, wie ein Mädchen zu sein habe.

Schon ihr Äußeres führte zu Reibereien. Stets hatte ihr Vater gehofft, sie werde eine gerade griechische Nase wie ihre Mutter haben; doch zeigte sich schon mit neun oder zehn Jahren, daß es eine Adlernase war. Der Säuglingsspeck verschwand bald – und als Osbert alt genug war, um sich an die inzwischen Sieben- oder Achtjährige zu erinnern, hatte sich »der Schmetterling schon entpuppt. Sie war schlank, für ihr Alter groß, und besaß das knospende Profil eines gotischen oder von einem sienesischen Meister gemalten Bildnisses.«[23]

Es war jedoch das Porträt des amerikanischen Malers John Singer Sargent, das Sir George dazu veranlaßte, sich schwarzen Gedanken über Ediths im Entstehen begriffenes unorthodoxes »Profil« hinzugeben. Als sie zwölf Jahre alt war, schritt er zur Verwirklichung seines lange gehegten Plans, die Familie porträtieren zu lassen. Sargent kam nach Renishaw, um sich das Porträt von vier Sitwell-Kindern anzusehen, das John Singleton Copley, ein Landsmann, 1785 gemalt hatte, und zu dem das neue Bild das Pendant bilden sollte. Er fertigte dort Skizzen aller Familienmitglieder an, doch bestand er darauf, das eigentliche Bild in seinem Atelier zu malen. Also brach die gesamte Familie Sitwell im Frühjahr 1900 nach London auf und saß jeden zweiten Tag in der Tite Street. Während der dazu benötigten fünf Wochen mieteten sie sich im Haus Chesham Place Nr. 25 ein, das einer Schwester Lady Randolph Churchills gehörte und in der Modefarbe jener Zeit – flieder – gehalten war. Die Wände des Zimmers, in dem die Kinder unterrichtet wurden, waren vollständig mit Fotos bedeckt, die den Neffen der Vermieterin, den jungen Winston Churchill, zeigten. Da es ihnen unmöglich war, unter dessen herausforderndem Blick zu arbeiten, verhängte Edith die Fotos mit Zeitungen und Schreibheften, so gut es ging.

Beständig redete Sir George im Atelier dem Maler dazwischen. Auch wenn er sich dabei mit der Aura eines Förderers der Künste umgab, schikanierte er den überaus geduldigen Sargent mehr oder weniger. Da das Bild den Eindruck erwecken sollte, als sei es auf Renishaw gemalt, wurde aus dem Ballsaal neben einem der Wandbehänge aus der Zeit Ludwigs XIV., auf dem der Triumph der Gerechtigkeit dargestellt ist, ein gewaltiges, reichverziertes Chippendale-Möbel nach London geschafft, das berühmteste im Besitz der Familie, sowie weitere eindrucksvolle und symbolträchtige Versatzstücke, die als Hintergrund für dies Genrebild dienten. Später widmete Osbert ein ganzes Kapitel seiner Autobiographie der Entstehung des Sargent-Porträts, wobei er die Episode dazu nutzte, herauszustellen, wie unangenehm uneinsichtig und lächerlich sein Vater sein konnte.

Der grausamste Augenblick kam, als Sir George die Aufmerksamkeit Sargents auf die Krümmung von Ediths Nase lenkte und sagte, er hoffe, der Künstler werde diesen Makel betonen. Statt dessen aber malte Sargent, der diese auf das linkische Mädchen gemünzte Äußerung in der Güte seines Herzens mißbilligte, Sir George eine krumme und Edith eine gerade Nase und weigerte sich, das zu ändern, als man ihn dazu aufforderte. Sargent war zu allen drei Kindern freundlich – der damals zwei Jahre alte Sachie ließ sich nur schwer über längere Zeit hinweg bei Laune und still halten –, vor allem aber zu Edith. Insgesamt macht das Bild einen sonderbaren Eindruck. Lady Ida nimmt mit den beiden kleinen Jungen den Vordergrund ein, im Mittelgrund steht (so Osberts Beschreibung)

> mein Vater in seiner vornehmen Abseitigkeit, »eine Hand auf Ediths Schulter«, und erinnerte etwas an einen Zauberkünstler, der gerade ein Kaninchen aus einem Hut zieht. Edith trug ihr scharlachrotes Kleid, man hatte ihr schlichtes, grüngoldenes Haar eigens für diese Gelegenheit aufgedreht, was ihr aber gar nicht gut zu Gesicht stand. (Mein Vater meinte nämlich: »Das Haar sollte immer gelockt sein, weil das die Gesichtszüge weicher macht.«) Ihr blasses Gesicht trug einen gespannten Ausdruck, als warte sie.[24]

Die blasse Edith, die Tag für Tag posieren und sich die herabsetzenden Äußerungen zur Form ihrer Nase anhören mußte, sagte dazu: »Ich war weiß vor Zorn und Verachtung und empört, daß mich mein Vater in einer von ihm als zärtlich-väterlich angesehenen Umarmung hielt.«[25]

Dennoch litt Edith mehr unter der Mutter als unter ihm. Osbert hingegen entwickelte – wegen dessen Überspanntheit, Manieriertheit, Unvernunft und Tyrannei – einen geradezu besessenen Haß auf den Vater, und seine Autobiographie ist ein Denkmal dieser Besessenheit. Er machte Sir George zu einer eindrucksvoll komplexen komischen Figur. Alle drei Kinder wurden ihr Leben lang nicht müde, Anekdoten über den Vater zu erzählen, den sie wegen seiner Haarfarbe Rotfuchs nannten. Allerdings ließ sich bei Sacheverell hinter den Späßen eine gewisse Wertschätzung der wenigen, aber dafür ausgeprägten Vorzüge erkennen, die Sir George auszeichneten.

Nur selten verfügen zwei Elternteile im gleichen Maße über das besondere Talent, ein Kind so aus der Fassung zu bringen, daß es auf Dauer darunter leidet. Was Edith betraf, legte ihre Mutter diese Fähigkeit an den Tag, obwohl auch der Vater sie gröblich falsch behandelte. Die Gleichgültigkeit, die sie der Tochter entgegenbrachte, ihre Zornesausbrüche, die

Geringschätzung und die in aller Öffentlichkeit geäußerten kränkenden Worte – all das schlug so tiefe Wunden, daß sie niemals heilen konnten. Ediths Haltung Sir George gegenüber war etwas distanzierter; zwar haßte sie die Vorschriften, die er ihr machte, wie auch seinen Wunsch, sie möge auf einigen wenigen Gebieten »ein bißchen geschickt sein« – es waren grundsätzlich nie die, für die sie sich begeisterte oder begabt war; sie witzelte über ihn, ging ihm aus dem Weg und traute ihm nicht. Doch vermochte er sie nicht so tief zu verletzen wie die Mutter.

Zwar sagte sie stets, sie sei nach der mütterlichen Linie geraten, und das entsprach auch den Tatsachen; doch ähnelte sie gleichermaßen dem Vater sehr, körperlich wie auch in anderer Hinsicht. Vielleicht verminderte dieser Umstand die Bedrohung und ermöglichte es ihr, sich gegen ihn zur Wehr zu setzen, während ihre Mutter zu der Art gutaussehender, gutgekleideter, beschränkter Geschöpfe gehörte, deren nichtssagendem Geschwätz sie stets fremd gegenüberstand.

2

Glanz und Elend

Als sie älter wurde, kam die Bitterkeit gegenüber der Mutter erneut zum Vorschein, die in ihren mittleren Jahren von handfesten Anforderungen des Lebens überlagert worden war. Es läßt sich unmöglich sagen, in welchem Maß die Phantasie und das Bedürfnis, einen Sündenbock für die Kümmernisse und Enttäuschungen des Lebens zu finden, zu dem Bild beigetragen haben, das sie von ihrer Kindheit entwarf. An John Lehmann schrieb sie 1951: »Ich kann die Wahrheit über meine geheiligte Mutter nicht sagen. Wäre ich in den Elendsvierteln aufgewachsen, hätte man mich ihr fortgenommmen. Aber ich bin nicht in den Elendsvierteln aufgewachsen, und Mutterschaft ist *fürwahr* etwas Schönes! Oft frage ich mich, wie meine Dichtung aussähe, wenn ich eine normale Kindheit gehabt hätte.« In einem Brief, den sie 1945 zum ersten Band von Osberts Autobiographie an Stephen Spender schrieb, heißt es: »Über meine Mutter kann ich lediglich sagen, daß ihre äußere Schönheit weit größer war, als das Richmond-Porträt im Buch erkennen läßt. Doch mein Leben als Kind und Mädchen waren [*sic*] eine erbärmliche *Hölle*: es kann keine Rede von einem Mißverständnis oder dergleichen sein. Irgend etwas war ganz und gar nicht in Ordnung, und mich traf das mit aller Wucht.«[1] Manches von dem, was sie im späteren Leben über ihre Mutter in Umlauf setzte, entspricht höchstwahrscheinlich nicht der Wahrheit. Es dürfte sich dabei um Ausschmückungen handeln, die einer wahrhaft entsetzlichen Situation von der Vorstellungskraft hinzugefügt wurden. Das gilt wohl beispielsweise für die Geschichte, in der sie berichtet, man habe sie ausgeschickt, das falsche Gebiß ihrer Mutter zu versetzen, um für das Geld Whisky zu kaufen.

Ihre ersten Erinnerungen an den Vater lesen sich wie folgt: »Damals sah er in harmloser Weise gut aus, wobei der Eindruck der Harmlosigkeit in erster Linie darauf zurückging, daß er mit rötlichen Lidern zwinkerte.« In späteren Jahren, fuhr sie fort, »verschwanden diese Merkmale, und er sah durchaus gut und edel aus; mit seinem roten Bart und den seltsamen, blassen, wild und einsam dreinblickenden Augen ähnelte er dem Porträt eines der Borgias oder eines anderen frühen italienischen Tyrannen.« Was auch immer er gewesen sein mag, er gehörte »der früheren Zeit an« – »war außerhalb seines Jahrhunderts geboren«, wie sie in einer ihrer Arbeitskladden notierte.

Bei Osbert hingegen finden sich Anekdoten über Sir George und ausführliche Beschreibungen des Vaters. Die Tatsachen sehen kurz gesagt so aus: Sir George, der das wirtschaftlich wieder zur Blüte gebrachte Gut Renishaw geerbt hatte, verband die Vorlieben seiner früheren gelehrten Vorfahren mit der Sucht, Bauten zu errichten und Parkanlagen zu planen. Seine Zeit widmete er der Geschichte des Mittelalters, der Genealogie, der Heraldik, der Architektur und dem Gartenbau. Edith schrieb: »Sein Leben umfaßte die Spanne zwischen dem Jahre 1100 und dem Ende des Lebens von Königin Anna[2], und so langweilte er sich nie, gab es doch mehrere Jahrhunderte, in denen er umherstöbern konnte.« Das wirkliche Leben sagte ihm nicht zu, da es ihn in seinen Träumen von der Vergangenheit störte. Infolgedessen ging er ihm aus dem Weg: mit Krankheit, sonderbarem Benehmen und selbstauferlegter Absonderung. Mittags aß er beispielsweise allein, denn ihm waren Lady Idas plappernde Gäste unerträglich.

Edith hat ihn in ihrem einzigen veröffentlichten Roman *Ich lebe unter einer schwarzen Sonne* in der Gestalt des Sir Henry Rotherham beschrieben. Sie schilderte, wie er ungeduldig vor dem Hause auf und ab schritt oder dessen Korridore langsam durchstreifte, wobei er bisweilen vor einer Tür stehenblieb, um auf Stimmen zu lauschen – nicht weil er gern gewußt hätte, was dahinter vor sich ging, sondern weil »er dadurch einen Augenblick lang in Berührung mit der Welt kam, in der sich die anderen bewegten, in der sie dachten und handelten, ohne daß er Teil dieser Welt werden mußte. Das vermittelte ihm den Eindruck, wirklich zu sein, in seiner Abgeschiedenheit wirklich zu existieren.« An einer Stelle ihres Romanfragments, in der sie »Mr. Londesfield« beschreibt, »meinen Vater«, heißt es:

> Er sprach immer so, als habe er den Mund voller Staub; das aber tat er, um anderen, wenn diese nicht imstande waren, ihn zu verstehen, den Vorwurf der Unaufmerksamkeit machen zu können, aber auch, weil ihm bewußt war, daß sein Nuscheln auf Menschen, die er ins Gespräch zog, eine sonderbare Wirkung ausübte. Es erweckte in ihnen den halb

> unbewußten Eindruck, er müsse nicht nur stumm sein, sondern auch taub, und so gingen sie dazu über, ohne sich dessen bewußt zu werden, lauter als gewöhnlich zu sprechen. Das nun gab Mr. Londesfield Gelegenheit, sein Genuschel einzustellen und in scharfem Ton zu sagen: »Schreien Sie nicht.« Dieser plötzliche Ausbruch von Lauten aus seinem Munde hatte eine verstörende Wirkung, ganz so, als habe man eine verborgene Tür geöffnet und sehe jetzt eine unerwartete Szene vor sich.

Ironie kennzeichnet die schneidend scharfen Beobachtungen dieser Entfremdung, aber auch – ein allerdings recht teilnahmsloses – Verständnis; man gewinnt den Eindruck, Edith habe ihren Vater zu denen gezählt, die wie sie selbst »ein wenig außerhalb des Lebens« standen.

Die beiden Jungen kamen auf eine private Vorschule und anschließend nach Eton ins Internat. Edith aber, die daheim blieb, zog sich nach der Episode mit dem Familienporträt zurück, Osberts Worten zufolge »noch weiter in eine Richtung und in den Hintergrund«, wurde ihr doch »die jungen Mädchen ihrer Epoche und Gesellschaftsschicht vorbehaltene besondere Bildung und Erziehung«[3] zuteil. Sie blieb zu Hause. Sie spielte gern Klavier; doch beschlossen ihre Eltern, sie solle lernen, mit dem Violoncello zu bezaubern. Man drängte sie zu rezitieren, wollte, daß sie sich in gesellschaftlicher Plauderei übte und aquarellierte (eine Weile besuchte sie ohne rechtes Ergebnis die Kunstschule am Ort). Ihr Vater ließ sie Gymnastik treiben, da er die befremdliche Ansicht vertrat, ein junger Mann schätze »kein Mädchen mehr als ein solches, das gut am Barren ist«.

In der Pubertät wuchs Edith rasch, bis sie schließlich einen Meter und dreiundachtzig maß. Für eine junge Frau ist das auch heute noch eine beachtliche Größe – vor einem Dreivierteljahrhundert aber galt sie damit nahezu als Mißgeburt, als abnorm groß, wie Alice, nachdem sie den Kuchen gegessen hatte, auf dem »Iß mich« stand. Sie war außerdem sehr mager, ging ein wenig vornübergebeugt und hatte schwache Fußgelenke. Nur wenig Elend auf dieser Welt läßt sich mit dem einer heranwachsenden jungen Frau vergleichen, die weder gut aussieht, noch sich im Umgang mit Fremden leicht tut. Zu sagen, eine solche junge Frau fühle sich unbeholfen, wäre untertrieben. Sie leidet. »Anders« war sich Edith stets vorgekommen, und was sie in ihrer Darstellung von Alexander Popes Leben über die Kindheit eines Dichters schreibt, ist ein Stück Autobiographie:

> Noch wenn sie versuchen, freundlich zu ihm zu sprechen, bedienen sie sich dazu einer Sprache, die er nicht kennt. In seinem Herzen muß er die irrsinnigen Stürme der Liebe zur Welt des Sehens, des Fühlens und des Hörens erleiden, wie auch die irrsinnigen Stürme der Wut gegen Grausamkeit und Blindheit der Welt. Aber er muß sie schweigend ertragen, denn unter den hochgewachsenen Fremden gibt es nichts als Lärmen und Stoßen. Die Kinder jagen ihm Schrecken ein; zwar liegen ihre Augen auf gleicher Höhe wie seine, aber wie die blinden und schönen Augen von Statuen sehen sie nichts. Er liebt sie und sehnt sich danach, wiedergeliebt zu werden, weiß aber, daß auch sie ihn als Standbild betrachten, das einen langen, sonderbaren Schatten wirft, oder als einen kleinen Ausländer, der um jemanden Trauer trägt, den sie nie gekannt haben, oder der ein ihnen unbekanntes Spiel spielt, das er in fernen Parks oder Gärten gelernt hat.

Außer ihren Brüdern hatte sie nur wenige Kinder zu Freunden – ihre Kusine Veronica Codrington sowie Molly und Gladys Hume, die Töchter eines Colonel Hume. Hume war »ein hochgewachsener Mann, der wie ein Storch stakste und einer Gestalt aus *Struwwelpeter* ähnlich sah«. Er war das Vorbild zu »Old Sir Faulk« in ihrem Gedicht »Fox Trot«. Damit aber, daß sie so groß wurde wie die »hochgewachsenen Fremden«, wurde ihr der Kontakt zu ihnen erleichtert. Die oben zitierte Passage ist mehr als überhöhtes Schreiben; es ist dichterische Wahrheit. Wie sehr im Falle Ediths die dichterische von der historischen Wahrheit abweicht, hätte nicht einmal sie selbst zu sagen gewußt.

Eine Illustration zu dieser Frage der Wahrheit liefert, was sie über ihre »Bastille« mitteilt. Wegen der Schwäche ihrer Wirbelsäule und ihrer Fußgelenke sowie ihrer krummen Nase brachte man sie zu einem auf die Behandlung von Kindern spezialisierten Arzt in London, der ihr eine orthopädische Hilfe verschrieb. In ihrer Autobiographie nennt sie ihn »Mr. Stout«, während ihm Osbert in der seinen den Namen »Dr. Grabbe« gibt. Der Bericht, den Edith über die Vorrichtung verfaßte, die zu tragen sie gezwungen war, ist bestürzend. Mr. Stout, von dem sie sagt, er habe ausgesehen »wie eine aus Margarine gehauene Statuette«, verschrieb ihr »eine Art stählerne Bastille«:

> Dieser Kerker begann unter den Armen, so daß ich sie seitlich nicht mehr an den Rumpf legen konnte. Auch meine Beine waren eingekerkert, bis hinab zu den Fesseln, die überdies nachts gemeinsam mit meinen Fußsohlen in einer qualvollen Martervorrichtung zusammengeschlossen wurden. Nicht einmal meine Nase entging der Tüchtigkeit jenes Herrn. An einem Gummiband, das meine Stirn umschloß, war ein System aus zwei (mit Hilfe von Schlüssel und Schloß zu verstellenden) Stahlstücken befestigt, die zu beiden Seiten des fraglichen Organs hinabliefen. Dicke Polster an den Nasenflügeln drehten die Nase kräftig in die Richtung, die der von der Natur vorgesehenen entgegengesetzt war und versperrten ein Nasenloch, so daß mir das Atmen schwerfiel.

Als es auf Wood End einmal zu einer Schmeißfliegenplage kam, sah sich Edith nachts im Bett, von der Gouvernante in ihre Bastille eingesperrt, »allein, mit Ausnahme dieser dicken, hilflosen, schmutzigen Geschöpfe, die um mich herum summten und von Zeit zu Zeit an mein Gesicht stießen. Als ich mein Entsetzen kundtat, gab man mir eine Streichholzschachtel in die Hand, umklammerte fest mein Handgelenk und veranlaßte mich, die Schmeißfliegen zu töten.« Man erklärte: »Wenn du das hinter dir hast, wird man dich nicht wiedererkennen.«[4]

Der sanft- und großmütige Sacheverell hat ihren Angaben darüber, welcher Qual und Demütigung man sie ausgesetzt habe, nie Glauben geschenkt. Allerdings war er wohl noch sehr klein und in der Obhut seines Kindermädchens, als diese Begebenheiten vorfielen. Der Gerechtigkeit halber muß man sagen, daß die Eltern ihrer Tochter solche Vorrichtungen nicht einfach nach ihrem Gutdünken aufzwangen; wie Osbert berichtete, ließ man den orthopädischen Virtuosen auch auf die Kusinen der Sitwell-Kinder los. Prozeduren dieser Art zählten zu Anfang des zwanzigsten Jahrhunderts zu den Standardverfahren. Nach dem Namen »Stout« und »Grabbe« zu urteilen, könnte Ediths Folterknecht Mr. Heather Bigg, Fellow of the Royal College of Surgeons, vom University College Hospital gewesen sein, der im Jahre 1905 einen Aufsatz über die allgemeinen Grundsätze einer Behandlung der Rückgratverkrümmung veröffentlichte, in dem er sich für die Wirksamkeit der »Federkraft« und »Zahnstangenkraft« aussprach. Er räumte allerdings ein:

> Die Bezeichnungen »Zahnstange« und »Schraube« sind so sehr mit gewissen Folterinstrumenten verknüpft (die jeder für Sixpence im Tower besichtigen kann), daß sie abstoßend wirken, was durchaus verständlich ist. Tatsächlich haben Individuen, die sich der Theorie der mechanischen Behandlung in Verfolg eigener Ziele widersetzten, diese unangenehme Gedankenverbindung immer wieder in unbilliger Weise zu nutzen gewußt.[5]

Bebildert ist diese abstoßend wirkende Abhandlung mit Fotos und Skizzen von der Hand des Autors, welche die Vorrichtungen meist an entblößten Hinteransichten junger Mädchen demonstrieren. Nebenbei gesagt war Mr. Bigg auch Verfasser eines erzählerischen Werks mit dem Titel *Nell: A Tale of the Thames*.

Edith versicherte, sie habe die für ihre Nase entworfene Zahnstange während des Unterrichts tragen müssen, und eine besonders widerwärtige Bekannte ihrer Mutter mit Namen Pilkington habe die Angewohnheit gehabt, »sich in mein Unterrichtszimmer zu drängen und die Demütigung zu genießen, die ich in meiner stählernen Bastille litt«, wozu sie noch andere Menschen mitbrachte. Ob nun die Zeit in der Bastille tatsächlich ganz so grausam war wie von Edith geschildert oder nicht, sie tat ihr großen Schaden, und so hatte diese Bestrafung – denn als eine solche mußte das einem ohnehin schon unsicheren jungen Menschen erscheinen – eine dauerhafte Wirkung. Zu ihrem Körper gewann Edith nie ein unbefangenes Verhältnis, nicht einmal, nachdem sie als Erwachsene Möglichkeiten gefunden hatte, dessen Besonderheiten für sich zu nutzen. Dennoch konnte dies seltsame und mißverstandene junge Mädchen, das weder mit den Eltern noch mit den meisten anderen Kindern gut auskam, mit Bezug auf die in der Bastille verbrachte Zeit über sich sagen, ihr inneres Leben sei »vom brutalen äußeren Leben unberührt« geblieben und sie sei »unsagbar glücklich« gewesen, solange niemand sie schikanierte oder herumkommandierte, dann sah sie, wie sie sagte, »allenthalben Ruhm«.

Ein von körperlichen Merkmalen beeinflußtes Leben, schrieb Edith später, habe sie als Kind nie gehabt, mit Ausnahme zweier Sinne – Hören und Sehen:

> Schon in frühester Kindheit fragte ich mich angesichts des unendlichen Entwurfs der Welt – das Muster von Fell und Federn, das der Frost auf die Fensterscheiben malt, die sechs Strahlen der Schneeflocke, die sich in der sechsstrahligen Unendlichkeit des Bergkristalls widerspiegeln – fragte ich mich angesichts des Schuppenmusters an den Beinen von Vögeln, die wir in ähnlicher Form am Knöterichstamm wiederfinden: Hat Blindheit diese Formen entworfen?

(»Ich besaß den Instinkt eines Wildtiers, den Blick eines Malers«, notierte sie im Zusammenhang mit autobiographischen Einzelheiten in den dreißiger Jahren in ihre Arbeitskladde.) Das natürliche Umfeld, das sie in der wohlgeordneten Vollkommenheit von Parks und der Wildnis der Wälder und Felder kennenlernte, bot »überall Herrlichkeit«; aus ihren Mustern gestaltete sie »bewußt oder unbewußt« ihre frühen Gedichte.

Das große Haus als solches bedeutete ihr nicht so viel wie den Brüdern:

> You, my sister, would be bored with architects;
> Buildings mean little or nothing to you,
> You do not even look at them ...

> Dich, meine Schwester, würden Architekten anöden; / Bauwerke bedeuten dir wenig oder nichts, / Du siehst sie nicht einmal an ...[6]

Doch im Hause befindliche Dinge trugen zu ihrem Bilderschatz bei: beispielsweise die fünf von dem verschwenderischen Sir Sitwell Sitwell erworbenen flämischen Wandteppiche aus der Zeit Ludwigs XIV., die sein Sohn aus der finanziellen Katastrophe gerettet hatte und von denen einer auf dem Sargent-Gemälde zu sehen ist. Diese Gobelins – zwei von ihnen hingen im Salon und drei im Ballsaal – übten, wie Sacheverell schreibt, »eine ungewöhnliche Anziehungskraft auf uns Kinder«[7] aus. Er beschrieb ihre »entzückende indische Farbenpracht«, und Osbert sprach von ihrer »fiedrigen Fremdartigkeit«. Ediths Phantasie nahm in sich auf, was auf ihnen zu sehen war – Pagoden, Wolken, Negerknaben, Orangenbäume, Springbrunnen, Könige und Königinnen; dort vermischten sie sich mit der Realität der grell geschminkten Vornehmheit von Lady Londesborough und der von Großmutter Sitwells Gärtner gezüchteten exotischen Blumen. All das fand später in Ediths Gedichten Verwendung.

Zwar las sie als Kind viel, doch nicht alles und jedes; eine Zeitlang mußte sie jeden Samstagnachmittag nachsitzen, weil sie nicht bereit war, Mrs. Hemans' Gedicht »Casabianca«[8] auswendig zu lernen (»Der Knabe stand auf dem brennenden Deck ...«). Zur Begründung erklärte sie: »Alle anderen hatten das brennende Deck verlassen, und so konnte er nichts erkennbar Gutes damit bewirken, daß er da blieb – warum also blieb er?« Doch konnte sie etwa um dieselbe Zeit Popes Verssatire *Der Lockenraub* von vorn bis hinten auswendig hersagen. Sie war auf Wood End darauf gestoßen und hatte es heimlich spätabends gelernt, während ihre Gouvernante beim Abendessen saß. Als Sachie neun oder zehn Jahre alt war, las sie ihm laut Gedichte vor – »ein der Dichtung ergebenes / junges Mädchen«.

You could read a poem, and inspire one to poetry
By the inflection of your voice ...

Du konntest ein Gedicht vorlesen und Menschen zur Dichtung führen
durch die Färbung deiner Stimme ...[9]

Das »grob sinnliche Leben« um sie herum vermochte in dies stille Glück nicht einzudringen.

Auch der eine oder andere Mensch hatte etwas damit zu tun. Anfänglich war der einzige völlig verläßliche Erwachsene in Ediths Leben, der ihr Zuneigung schenkte, das Kindermädchen Davis gewesen, und »ihr wahrer Name war Trost«. Diese Tochter des Schusters aus einem Dorf in der Grafschaft Berkshire war schon Lady Idas Kindermädchen gewesen. Osbert schrieb, ihre Hauptmerkmale seien Gelassenheit und ein tröstender Glaube an die Güte Gottes und der Menschen gewesen. Sie lehrte die Kinder die Namen der Wildblumen, fuhr Sachie in einem alten Kinderwagen herum und strich Salbe auf Osberts Schrammen. Wenn Edith besonders anstrengend war, pflegte sie zu sagen: »Auch Sklaven gönnt man eine Essenspause.« Sie war von naiver Morbidität und nahm während der in Scarborough verbrachten Winter Edith und Osbert sonntags zu Spaziergängen auf den städtischen Friedhof mit, wo sie dem Verfall preisgegebene Engelsstatuen und »feucht zusammengeklumpte verrottende Chrysanthemen« bewunderten. Gewiß wäre Sir George, der allem skeptisch gegenüberstand, was mit Religion zu tun hatte, nicht erbaut gewesen, wenn er von diesen Besuchen erfahren hätte.

Davis blieb auf Renishaw, bis Edith fünfzehn war. Edith war ihr der »liebste Schützling, den sie wie ihren Augapfel hütete«, doch schon vor jenem Zeitpunkt hatte man Edith der Fürsorge einer Gouvernante übergeben, Miss King-Hall[9a], mit der Davis in beständiger Fehde lag. Nach einer heftigen Auseinandersetzung mit Sir George, in deren Verlauf sie gekündigt hatte, verließ Davis die Familie. Vermutlich war sie überzeugt gewesen, man werde ihre Kündigung nicht annehmen, doch auch das tränenreiche Flehen der Kinder vermochte die Eltern nicht zu bewegen, die Trennung rückgängig zu machen.

Ein weiterer Verbündeter der Kinder war Henry Moat, Sir Georges Kammerdiener und später Butler auf Renishaw. Er trat 1893 in die Dienste der Familie Sitwell und blieb mit Unterbrechungen mehr als vierzig Jahre dort. In Ediths Beschreibung ist er »klein, ein gewaltiger rotgesichtiger Mann, wie ein wohlwollendes Flußpferd, mit einer Stimme wie ein tutendes Nebelhorn«. Zu den Unterbrechungen seines vierzigjährigen Dienstes kam es jeweils dann, wenn er aus schierer Verzweiflung über Sir George das Haus auf einige Monate oder Jahre verließ. Aber jedesmal kehrte er zurück. Er war Osberts und Sachies ganz besonderer Freund und Fürsprecher; und obwohl auch Edith in den Genuß seines Schutzes kam, besonders, wenn Lady Ida auf dem Kriegspfad war, fand sie vor allem bei Davis, was jedes Kind braucht:

> Da sehe ich eine Gruppe [schrieb Osbert]: Davis, Edith und mich selbst unter einem Baum voll goldener Früchte ... Davis trägt ihr graues Alpakakleid und einen Strohhut, ihr Gesicht zeigt den üblichen Ausdruck gütiger und etwas ratloser Geduld. Edith ist in Blau, Hellblau, ihr Hut sieht aus wie ein großer Pilz, ihre geschwungenen Lider, ihr schlichtes blondes Haar und die süße Nachdenklichkeit, die aus ihren Zügen spricht, all das weckt den Eindruck einer traumwandlerischen Entschiedenheit.[10]

Auch die Gouvernante, Miss King-Hall, erwies sich für Edith und Osbert als Freundin. Sie zeigte ihnen die Sehenswürdigkeiten Londons und unternahm mit ihnen ausgedehnte Spaziergänge auf dem Lande. Im Unterrichtszimmer las sie ihnen Rider Haggard vor; sie war gütig und zuverlässig. Wenn Edith und Osbert auf Gosden das Pianola traktierten, sah sie auf die Stoppuhr, damit keines der Kinder sagen konnte, der jeweils andere habe länger spielen dürfen – es war jedesmal eine eifersüchtig gehütete Viertelstunde, in der Sachie, noch zu klein, um sich zu beteiligen, achtungsvoll zuhörte.

* * *

In den Monaten, die auf die Sitzungen zu Sargents Gemälde folgten, hielten sich die Kinder weniger bei ihren Eltern und häufig bei ihrer Großmutter Sitwell in Gosden auf. Allmählich begann sich Sir George auf spektakuläre Weise von der Welt zurückzuziehen. Er verlor Geld in gerichtlichen Auseinandersetzungen mit den Pächtern des Kohlenbergwerks, dessen Flöze unter seinem Grundbesitz lagen; die Vorstellung drohender Armut begann sich seiner zu bemächtigen. Vermutlich hat ihn der Gedanke an den finanziellen Ruin seines Großvaters und dessen Auswirkungen verfolgt, denn von Stund an bekamen die Kinder nur noch »nützliche Geschenke« – so gab es zu Weihnachten Seife und Haarbürsten.

Er entsagte seinen politischen Interessen (er hatte 1885–86 und 1892–95 als konservativer Abgeordneter den Wahlkreis Scarborough im Unterhaus vertreten) und zog sich in die Invalidität zurück. Er stellte einen abgehalfterten Offizier namens Brockwell ein, den Osbert in seiner Autobiographie Major Viburne, Edith und Sacheverell in ihren Schriften Colonel Fantock nannten. Er sollte ihn bei der Verwaltung von Renishaw unterstützen und dafür sorgen, daß die Ausgaben für den Haushalt im Rahmen blieben. Colonel Fantock trainierte kleine Jungen und stellte in Scarborough eine Laientheatergruppe auf die Beine; er war ein geschäftiger, unsicherer älterer Mann, in Osberts Worten »wie ein vorzeitig gestrandeter Miniatur-Blimp«.[11] Zwar war er der Aufgabe, für die er eingestellt worden war, in keiner Weise gewachsen, aber die Kinder mochten ihn und lauschten seinen langen Geschichten. Sachie bemalte seinen kahlen Schädel mit wischfesten Stiften.

Der endgültige Zusammenbruch kam für Sir George im Jahre 1902. Da ihm seine Mutter Wood End überlassen hatte, reiste er zweimal jährlich zu längeren Aufenthalten zwischen jenem Besitz, Londesborough Lodge und in späteren Jahren Italien hin und her, wobei sich Ärzte und Schwestern in seiner Betreuung abwechselten. Die Kinder sahen wenig von ihm.

Inzwischen gab Lady Ida, von der sie behindernden Anwesenheit ihres Gatten befreit, weiterhin Geld aus. Ihre Mittagsgesellschaften wurden nicht nur zahlreicher, sondern auch opulenter. Ihre von der Abwesenheit des Spielverderbers Sir George entzückten Bekannten nutzten sie nach Strich und Faden aus. Sie war mit ihrem Schmuck und ihren Kleidern so großzügig, daß es an Dummheit grenzte. Edith litt bei jeder dieser Gesellschaften aufs neue, denn die Bekannten ihrer Mutter hatten für das nervöse, seltsam aussehende halbwüchsige Mädchen keine Zeit, und die Gegenwart der Gäste bestärkte Lady Ida, wie es Osbert formulierte, darin, »in aller Öffentlichkeit an meiner Schwester herumzumäkeln und sie in peinliche Situationen zu bringen.«

Im folgenden Jahr verlor Edith einen ihrer wenigen Verbündeten; Miss King-Hall verließ die Familie, um einen von Osberts früheren Lehrern zu heiraten. Sir George erholte sich ein wenig und ging mit Frau und Tochter ins Ausland – wo Edith schlimmere Nörgelei und Unterjochung ertragen mußte als je zuvor.

Man hatte ihre Großmutter Sitwell damit beauftragt, Bewerberinnen um den Posten einer Gouvernante für Edith zu sichten. Im Scherz bat sie den elfjährigen Osbert, ihr bei der Auswahl zu helfen. Die junge Frau, für die sie sich entschieden, war Helen Rootham, Tochter Samuel Roothams aus Clifton in der Nähe von Bristol. In ihr sollte Edith eine Stütze und eine Freundin finden.

Helen war dunkel, ernsthaft und leidenschaftlich. Sie besaß einen hochentwickelten Wahrheits- und Gerechtigkeitssinn und liebte die Künste, vor allem die Musik. Außerdem war sie überempfindlich und neigte zur Tadelsucht. Diese Eigenschaften sollten Edith in späteren Jahren Schwierigkeiten bereiten, doch für die Sechzehnjährige erwies sich Helen als Rettungsanker. Sie besaß, was Osbert »Respekt einer *Künstlerin* für die Künste« nannte, und sie spielte bemerkenswert gut Klavier. Vom Augenblick ihres Eintreffens an bildete »die Musik Chopins, Schumanns, Brahms' und Debussys einen beständigen Hintergrund unserer Mußestunden und verschmolz mit jeder Wasserfläche und jedem Ausblick, den Renishaw durch belaubte Bäume auf die Landschaft bot.«[12]

Musiziert hatte man auf Renishaw schon immer; man bat Ensembles ins Haus, die in Sheffield auftraten, und Sacheverell erinnerte sich in *All Summer in a Day* an einen besonders elegischen Nachmittag seiner Kindheit, als drei Polen aus einem nahegelegenen Dorf herüberkamen. Man servierte ihnen am Kaminfeuer im Ballsaal den Tee, und anschließend spielten sie im Dämmerlicht Chopin. Edith, die gut spielte, reagierte stark auf verschiedene Arten von Musik. Sie behauptete, ihr sei »in aller Öffentlichkeit schlecht geworden«, als Sousa in der Londoner Albert Hall *The Washington Post* spielte. Musik genoß bei ihr anfänglich den Vorrang vor der Dichtung, und Strawinsky übte einen bedeutenden Einfluß auf sie aus, als sie Gedichte zu schreiben begann (übrigens auch *Struwwelpeter*, wie sie im selben Atemzug sagte – kein so ungewöhnliches Gespann, wie man zuerst annehmen könnte).

Helen gab Edith, die durchaus begabt war, Klavierunterricht und machte sie mit neuer Musik vertraut. Als Edith zum ersten Mal Debussy hörte, war sie verstört. »Es war, als schiele man. Nach einer Weile gewöhnte ich mich dann daran und hörte die ganze Zeit zu.«[13] Helen las mit ihr, unterhielt sich mit ihr und gab ihr Selbstbewußtsein. Auch brachte sie ihr neue Lyrik mit – die der französischen Symbolisten Verlaine, Rimbaud und Baudelaire, um ihre wahllose Lektüre zu ergänzen, die aus Werken Swinburnes, William Morris', Shakespeares, Keats', Shelleys und Yeats' bestand.

Diesen Paradiesgarten verfinsterten die *Blumen des Bösen*. »Es ist Dichtung vom Niedergang des Blutes. Und ihre eigenen Bilder entstanden allmählich. Metaphern einer knochigen Persönlichkeit.«[14]

In der Zwischenzeit wurde das Familienleben wieder aufgenommen und verlief in den gewohnten Bahnen. Sir George beschäftigte sich erneut mit Veränderungen an Haus und Park von Renishaw. Zu einer Zeit, da König Edwards eigentlich schon dahingegangene Epoche eine letzte Scheinblüte erlebte, fuhr die Familie im Frühjahr wie im Herbst nach Italien. Am Ende des ersten bei der Familie Sitwell verbrachten Jahres unternahm Helen allein mit ihrem Schützling Edith eine Reise nach Paris, die dort einige Monate lang ihr Französisch aufpolieren sollte. Von dort ging es weiter nach San Remo, wo sie zur übrigen Familie stießen. Der Schuljunge Osbert, der seine Schwester ein halbes Jahr nicht gesehen hatte, zeigte sich erstaunt, welche Veränderung mit der inzwischen Siebzehnjährigen vorgegangen war. Auch wenn die modisch toupierte Frisur und die damals üblichen »Jungmädchen«-Kleider »ihrer gotischen Erscheinung in keiner Weise gerecht wurden«, fiel ihm auf, daß sie die Dinge anders betrachtete als zuvor. »Als Ergebnis ihrer Abwesenheit von daheim – die zu einer Unterbrechung des beständigen Genörgels der vergangenen Jahre geführt hatte – , war sie insgesamt deutlich munterer geworden.« Sie wirkte glücklicher und war daher auch zugänglicher, denn jetzt hatte sie Hoffnung. Nicht nur von daheim war sie fort gewesen, sondern auch fern von Kritik und Szenen, und es hatte ihr größtes Vergnügen bereitet, mit Helen Konzerte und Kunstausstellungen zu besuchen – außerdem bestand Aussicht, es erneut zu tun.

> All ihre Interessen waren in der seither vergangenen kurzen Zeit aufgeblüht, Musik und Dichtung brannten in ihrem Blut wie Feuer. Sie war eine denkbar muntere, mitreißende wie auch verständnisvolle Gefährtin. Trotz ihrer teuren Kleider, die sie entstellten, ließ sie erkennen, daß das braune Gefieder des häßlichen Entleins physisch wie seelisch verschwunden war, und an seiner Stelle prangten die grünweißen Federn des Schwans.[15]

Diese neue Edith bekam Constance Chetwynd-Talbot zu Gesicht, die später einen Vetter der Geschwister Sitwell ehelichen sollte. Sie kam zu einem Sommerbesuch nach Renishaw, als sie und Edith knapp zwanzig Jahre alt waren. Am ersten Abend trat sie mit ihr und Osbert in den Park hinaus. »Zu jener Zeit beschrieb Edith vieles mit Begriffen aus dem Reich der Musik; sie spielte damals ziemlich viel Brahms und nannte die Umgebung einen ›Brahms-Park‹.«[16] Im Verlauf jenes Besuchs sah Constance vom Fenster ihres Schlafzimmers aus, wie Sir George, »der einen weißen Anzug und einen hellen Panamahut trug, ganz allein über den Rasen auf und ab stapfte. An seinem Gesicht ließ sich ablesen, daß er den anderen völlig entrückt war.« Als sie Lady Idas Boudoir mit seinem Geruch nach Zigaretten und Tuberosen betrat, fühlte sie sich unbehaglich:

> Es war angefüllt mit Romanen, Zeitschriften und großen Fotografien, auf denen man Frauen in Abendkleidern aus König Edwards Zeitalter sah ... Sie standen in silbernen Rahmen auf Tischchen, wie es damals Mode war. Ein Bridgetisch war zum Spielen hergerichtet, und in ihrer

> [Lady Idas] Gegenwart spürte man stets, daß die Langeweile gleich um die Ecke lauerte. Der Tag mußte, so gut es ging, mit Bridge, Gesprächen, Mahlzeiten und Scherzen ausgefüllt werden, die sie in ihrer trägen und ziemlich willkürlichen Art häufig wiederholte.[17]

Als sie sich später mit den Jungen im Park aufhielt, »drangen die Töne des Klaviers zu uns heraus, während wir in der Sonne umhergingen; Edith spielte im Ballsaal Chopin; etwas später kam auch sie heraus. Wir setzten uns alle auf die Umrandung des Springbrunnens in der Mitte des Rasens, und sie erzählte uns über Yeats, der damals noch nicht besonders bekannt war, und über Swinburne.«

Diesen beiden Dichtern hatte Edith Tribut gezollt. In einem Brief an Richter und Mrs. H. C. Leon (der Richter war der Autor Henry Cecil) beschrieb sie in ihrem Todesjahr 1964, wie sie als junges Mädchen heimlich Swinburnes Grab besucht hatte; sie nannte diese Eskapade die »romantischste Episode meiner Jugend«:

> Ich hielt mich im Hause meiner Großmutter Sitwell in Bournemouth auf, und um sechs Uhr morgens lief ich fort, um Swinburnes Grab auf der Isle of Wight zu besuchen. Ich nahm einen Strauß rote Rosen mit, einen Lorbeerkranz und einen Krug Milch; außerdem meine äußerst verdrießliche Zofe ... Nach der Rückkehr ins Haus meiner Großmutter gab es natürlich schrecklichen Ärger, und ich stellte fest, daß (in meiner Abwesenheit) ein Mann namens Losey und seine Frau meine Großmutter dazu gebracht hatten, meinen Band mit frühen Gedichten und Balladen Swinburnes zu verbrennen, da diese angeblich meinen Geist verdürben! (Nicht im Traum wäre mir der Gedanke gekommen, mit ihnen könne etwas nicht stimmen.)[18]

Unterdessen hatte Edith zum großen Verdruß des Friedhofswärters ihre Opfermilch auf das Grab gegossen und ihre Rosen niedergelegt. Wenig später legte sie auch Rosen auf die Schwelle von W. B. Yeats' Haus in London. Als Siebzehnjährige war sie über alle Maßen schwärmerisch.

In jenem Jahr lernte sie einen richtigen Künstler kennen. Bei ihrer ersten Reise, die sie als erwachsener Mensch nach London machte, lud ihre Kusine, Mrs. George Swinton, sie zum Tee beim Maler Walter Sickert ein. Sie war so schüchtern, daß »meine Hände förmlich fest an den Seiten meines Körpers klebten.« Sie teilte Sickert mit, daß ihr eins seiner Bilder, das ziemlich umstritten war, nämlich *La Vecchia*, gefalle. Sickert sagte, das könne nur bedeuten, daß sie entweder äußerst klug oder verrückt sei – aber was? Verrückt, sagte Edith, verrückt. Als er einige Tage später zu Mrs. Swinton zum Tee ging, brachte er eine Zeichnung mit – für Edith. Sie zeigte vier oder fünf Frauen mit Hüten, die hinten in einem Konzertsaal sitzen. »Tante Floss stellt sich richtig unverständig an, was das Bild betrifft«, schrieb Edith an Osbert. »Sie findet es nicht ›hübsch‹ ... Sie sagt, die einzigen Themen, die sich für die Kunst gehörten, seien die Heiligen der anglikanischen Kirche. Sie sagt, man dürfe weder Charakter noch Individualität haben. So etwas sei ein Hinweis darauf, daß der Teufel einen in seine Gewalt zu bringen versuche.«[19] Edith nahm die kostbare Zeichnung mit nach Renishaw, wo sie und Osbert sie gemeinsam intensiv betrachteten.

* * *

Von einer Frau gibt es gewöhnlich zwei Bilder. Da ist einmal die magische Gestalt, die jene, die sie lieben, in ihr sehen oder an die sie sich erinnern. Diese Sichtweise rückt ihre besten körperlichen und geistigen Eigenschaften ins günstige Licht. Sie selbst kennt dies ideale Ich; wenn sie selbstsicher ist, projiziert sie es; sie sieht es in ihren Tagträumen vor sich oder erkennt es dankbar in den bewundernden Blicken anderer. Gleichzeitig gibt es ein zweites Bild: die Frau, wie jene sie sehen, die sie nicht ausstehen können oder die sie fürchten. Dies grausame Bild findet einen nur allzu mächtigen Spiegel in der negativen Vorstellung, die sie von sich selbst hat. Voll Angst sieht sie ihre eigenen schädlichen Impulse und, schmerzlicher als alles andere, ein körperliches Ich ohne Anmut, einer Mißgeburt ähnlich, das man nicht lieben kann. Diesen Spiegel hielten Ediths Eltern ihrer Tochter vor, während die Brüder sie voll Liebe betrachteten. Sie selbst kannte beide Sichtweisen, und ihr Leben wie ihre Dichtung bestanden aus einer Flucht vor der zweiten.

In späteren Jahren verfaßte Edith eine phantasievolle Beschreibung von sich selbst als junges Mädchen – in ihrer Vorstellung beschwört sie das Bild herauf, wie sie mit ihrer Tante Florence zögernd vor einer Buchhandlung in Bath stand (ihre Großmutter Sitwell besaß dort ein Haus an der Royal Crescent):

> Die jüngere der unverheirateten Damen, damals etwa achtzehn Jahre alt, hatte von ferne die Eleganz und Vornehmheit eines sehr hochgewachsenen Vogels. Ihr Kleid war von der fiedrigen Art der Kleidung eines Vogels, und man wäre keinen Augenblick lang überrascht gewesen, wenn sie begonnen hätte, ihr Gefieder zu putzen. Sie stand da, in der feinen, blattlosen Kälte, ihre langen dünnen Beine auf den nassen Gehsteig gesetzt, so, wie ein großer Vogel in einem Tümpel steht. Sie sah nicht aus wie ein Mensch, der viele Bekanntschaften hat – vielleicht nicht mehr als einige blattlose, blütenbesetzte Zweige und Schwarzdorngeäst, und die frühen, fernen Flocken des Schnees. Ihr einziger Nachbar war das Schweigen, und ihre Stimme ähnelte vom Klang her mehr einem Holzblasinstrument als der Stimme eines Menschen. Hübsch war sie nicht, das war ihr klar.

Sehr romantisch – bis die letzten beißenden, einsilbigen Wörter den Zauber zerstören.

In ihrem unveröffentlichten Romanfragment findet sich eine Schilderung der »adoptierten« siebzehnjährigen Lily, in der man auch ein Traumbild Ediths sehen kann. Sie beschreibt eine stürmische und gewittrige Nacht:

> Jene Gezeiten waren in ihrem Blut, ihr Wesen war ebenso heftig wie diese, und so veränderlich wie Wasser. In ihrem schwarzen Kleid, mit ihrem schlanken Leib und ihrem häufigen plötzlichen Verstummen hätte sie wie einer der dunklen und traurigen Schatten wirken können, die über dem Haus lagen, eine der Vorankündigungen des Unheils, hätte sie nicht das wilde und lebendige Element des stets veränderlichen Wassers besessen, mit ihrem leichten und glänzenden Haarvlies, ihren etwas schrägen Augen, die grün und mit Licht gefüllt waren wie die Quellen in den Höhlen, ihren Bewegungen, die denen der stolzen und unbezwingbaren Wellen glichen. Die Stürme waren da, aber sie lagen unter sommerlichem Frieden verborgen.

Sommerlichen Frieden sah der zehn Jahre jüngere Sachie in seiner lang aufgeschossenen Schwester, und mit diesem Frieden, dem Zauber von Wörtern und Musik, den sie mit ihm teilte, mit der Erinnerung an den Zauber kam später Trauer, denn das Leben wird dem Versprechen eines

Augustparks aus der Kindheit nicht gerecht, in dem Edith auf alle Zeiten

> eine hochgewachsene, schlanke junge Frau in einem langen Mantel aus grünem Lammfell und mit einem breitkrempigen Hut [ist], die zwischen den Hecken geht, dort, wo das Gras weicher ist. An ihren langen, schmalen Händen trägt sie rabenschwarze Ringe und Armbänder. Sie hat abfallende Schultern und sucht sich den Weg unter den herabhängenden Ästen. Aus ihrem Schatten leitet das Gehölz zur Dichtung über. Denn ihre Liebe ist Dichtung, sie lebt in einem Ausdruck. Seht sie euch noch einmal an, denn es wird unter den Frauen nie wieder eine geben wie sie![20]

Bevor die Erwachsenenwelt Edith mit Beschlag belegte, und bevor sie sich aus einem Familienleben löste, das sie sonst erstickt hätte, hatte sie mit den beiden jüngeren Brüdern ein Bündnis der Phantasie geschlossen, aus dem sich zumindest Edith und Sacheverell nie lösten: »Wir schrieben in Verbindung miteinander, und meine Freiheit wird immer die Freiheit von der Welt sein.« Osbert war etwas prosaischer und nannte die drei »eine geschlossene Gesellschaft«.

Zehn Jahre nachdem Edith mit ihrem Wegzug nach London den Zaubergarten – und die Schwierigkeiten ihrer Eltern – hinter sich gelassen hatte, veröffentlichte sie 1924 in der Zeitschrift *Spectator* ein Gedicht, das sie Osbert und Sacheverell widmete. Es gehört zu denen ihrer Gedichte, die einen sehr persönlichen Bezug haben; es erinnert an den verlorenen Garten Eden:

> But Dagobert and Peregrine and I
> Were children then; we walked like shy gazelles
> Among the music of the thin flower-bells.
> And life still held some promise, – never ask
> Of what, – but life seemed less a stranger, then,
> Than ever after in this cold existence.
> I always was a little outside life –
> And so the things we touch could comfort me;
> I loved the shy dreams we could hear and see –
> For I was like one dead, like a small ghost,
> A little cold air wandering and lost ...

Doch Dagobert, Peregrina[21] und ich / Waren damals Kinder, wir gingen wie scheue Gazellen / Unter der Musik der Blumenglöckchen dahin. / Noch machte uns das Leben Versprechen, – fragt nie, / Was es war, – doch schien uns das Leben damals weniger ein Fremder / Als je danach in diesem kalten Dasein. / Ich stand immer ein wenig außerhalb des Lebens – / Und so konnten mich die Dinge trösten, die wir berühren; / Ich liebte die scheuen Träume, die wir zu hören und sehen vermochten – / Denn ich war wie eine Tote, wie ein winziges Gespenst, / Ein wenig kalte Luft, die verloren umherzieht … /

Das Gedicht trägt den Titel »Colonel Fantock«. Jenes »alte Militärgespenst mit Kaiser-Franz-Joseph-Bart« bringt den Tod mit sich, »rühmt sich ungesehener, unwirklicher Siege« und ist Ediths Begleiter im Park:

All day within the sweet and ancient gardens
He had my childish self for audience –
Whose body flat and strange, whose pale straight hair
Made me appear as though I had been drowned –
(We all have the remote air of a legend) …

Den ganzen Tag hatte er in dem lieblichen alten Park / Mein kindliches Ich als Publikum – / Dessen flacher und seltsamer Körper, dessen blasses glattes Haar / Mich aussehen ließ, als sei ich ertrunken – / (Wir alle haben das ferne Aussehen einer Legende) …

Da man aber einer heiratsfähigen jungen Frau nicht gestatten durfte, auf alle Zeiten »außerhalb des Lebens« zu bleiben, wurde Edith in die Gesellschaft gedrängt. Dort machte sie einen schlechten Eindruck. Mit siebzehn Jahren trug sie bei einer Abendeinladung der Londesboroughs ihr erstes Abendkleid aus weißem Tüll: »Mit einem Gesicht, das erbarmungslos ›geschönt‹ worden war, indem man mir das Haar gelockt und dann über die Nase herabgezogen hatte, ähnelte ich der Karikatur der Feenkönigin in einem Weihnachts-Märchenspiel.«[22] Sie beging den unverzeihlichen Fehler, ihren Tischnachbarn Lord Chaplin zu fragen, ob er lieber Bach oder Mozart höre, woraufhin sie mit Schimpf und Schande bedeckt nach Hause zurückkehrte.

Selbst in Helens Begleitung erlebte sie gesellschaftliche Katastrophen.

Helen spielte nicht nur Klavier, sondern hatte auch einen gewissen Ehrgeiz als Sängerin. Man lud sie ein, in den Häusern ihrer Bekannten zu singen, die, wie Edith säuerlich bemerkte, »immer protziger und vornehmer wurden«. Auf einem der Landsitze stellte sie Edith, die mitzukommen pflegte, um sie am Klavier zu begleiten, als »Miss Sitwell« vor, »die für mich spielen wird«.

> Der Butler, der für solche Fälle offenkundig seine Anweisungen hatte, entführte den strahlenden Mittelpunkt des Abends in den Salon, »Miss Sitwell« hingegen forderte er auf, ihm zu einem für das Personal vorgesehenen Raum zu folgen. Dort bekam sie ihren Tee in einsamer Pracht und tauchte erst wieder auf, als es Zeit war, ihren Platz am Klavier einzunehmen.

Möglicherweise hätte eine ihrer selbst etwas sicherere junge Frau diese Umkehrung der gesellschaftlichen Rollen mit einem gewissen Humor genommen, aber Edith war stolz und gereizt, und sie rächte sich. Nach der Darbietung prahlte die Gastgeberin mit einer Einladung zu einem Wohltätigkeitsball, die sie von Lady Londesborough zu bekommen hoffte. »Ich werde veranlassen, daß meine Tante Sie einlädt«, sagte Edith hoheitsvoll, als sie ging. So sehr sie den kleingeistigen Snobismus der Kreise verachtete, in denen sich ihre Mutter bewegte, konnte sie durchaus ihre Zuflucht zu hochmütigem Gehabe nehmen, wenn sie sich in die Ecke getrieben fühlte.

Im Jahre 1908 beschloß ihr Vater, daß ihr einundzwanzigster Geburtstag mit einer großen Gesellschaft festlich begangen werden müsse. Da dieser mehr oder weniger mit den im September stattfindenden Rennen in Doncaster zusammenfiel, wollte man beides gleichzeitig feiern. Die Vorbereitungen für das große Ereignis begannen achtzehn Monate vorher. Man richtete die Haupträume des Hauses neu her, nahm alle Vorhänge und Treppenläufer ab und ließ sie reinigen. Ein zweites Bad wurde eingebaut. Einen Monat vor der großen Festlichkeit hatte Sir George alle Bewohner des Hauses zur Verzweiflung getrieben. Osbert beschrieb die Vorbereitungen wie folgt:

> Mehrere Köche waren eingetroffen. Täglich kamen riesige Pakete aus London. Neue Tischwäsche wurde gekauft und alles Tafelsilber, zum

> Teil jahrelang nicht benutzt, aus dem Banktresor geholt. Zusätzliche Lakaien wurden eingestellt, und Major Viburne bekam den Auftrag, die ganze Angelegenheit so zu organisieren, als handele es sich um eine Offiziersmesse. Sonderzüge nach Doncaster und zurück wurden bestellt... Autos gemietet. Eine ungarische Militärkapelle wurde für zehn Tage verpflichtet...[23]

Angeblich sollte die Gesellschaft zu Ehren Ediths stattfinden, doch gehörten von den rund dreißig als Hausgäste Eingeladenen lediglich Veronica Codrington und ein junger Amerikaner, den jemand mitgebracht hatte, zu ihrer Generation. Die anderen Gäste waren wesentlich älter und bildeten eine heterogene Masse; keiner kannte den anderen.

Die ungarischen Musiker kamen täglich von der Gaststätte *Sitwell Arms* im Dorf Renishaw zum Herrenhaus und spielten zu allen Mahlzeiten außer dem Frühstück altmodische Walzer. Diese beständige Hintergrundberieselung überdeckte die Mängel der Konversation. Wie vorgesehen wurden die Besucher zum Rennplatz und zurück gefahren. Edith, das Geburtstagskind, verabscheute Pferderennen, was sie demonstrierte, indem sie der Rennbahn fortwährend den Rücken zukehrte. Auch Sir George konnte den Rennen nichts abgewinnen, doch Lady Ida kostete die »Erregung und Betriebsamkeit« aus – und natürlich das Wetten. Osbert und Sacheverell mußten im Hintergrund bleiben; sie aßen nicht mit der großen Gesellschaft im Eßzimmer, sondern »taten sich auf dem Dachboden an Resten gütlich«.

»*Très difficile*«, lautete Sir Georges Urteilsspruch über seine jetzt offiziell erwachsene Tochter. Er bedauerte ihre mangelnde Begeisterung für Tennis. Lady Ida bedauerte ihren Hang zu Büchern. In den Triumph über den Erfolg ihrer Gesellschaft mischte sich die Unzufriedenheit mit ihrer Tochter. In dieser gespaltenen Stimmung wandten sich die Eltern erneut ihrer jeweils eigenen Existenz zu.

* * *

Die Jahre zwischen achtzehn und fünfundzwanzig, die eigentlich abwechslungsreichste und bewegteste Zeit im Leben einer Frau, war für Edith von weltabgeschiedener Ereignislosigkeit. Den meisten jungen Mädchen bot die Ehe den einzigen Ausweg, aber Edith heiratete nicht.

Nahezu niemand in der Nähe ihres Wohnsitzes teilte ihre musikalischen und literarischen Interessen. Ihr Vater war ein Gelehrter, und wenn sie es sich auch ungern eingestand: Edith hatte viel von seinem Hang zu seltsamen Kenntnissen und auch seine Vorliebe für Bücher geerbt. Nahe fühlte sie sich lediglich ihren Brüdern und Helen Rootham, die nicht mehr ihre Gouvernante war, sich aber immer noch des öfteren bei ihnen aufhielt. Edith durchlebte eine verlängerte unentschiedene Zeit des Heranwachsens, in einem Haushalt voller Spannungen, weil die Eltern nicht zueinander und nicht zu ihr paßten. Sie reiste mit ihnen und bisweilen mit Helen; sie spielte Klavier, und sie begann, mit dem Schreiben zu experimentieren. Vielleicht hat sie sich auch verliebt; manche vertreten die Ansicht, das erste Gedicht, das sie je veröffentlichte, »Drowned Suns«, spiegele eine unerfüllt gebliebene Zuneigung.

The moon forever seeks in woodland streams
To deck her cool, faint beauty. Thus in dreams
Belov'd, I seek lost suns within your eyes,
And find but wrecks of love's lost argosies.

Der Mond sucht auf immer in des Waldlands Bächen / Seine kühle blasse Schönheit zu schmücken. So suche ich / In lieben Träumen verlorene Sonnen in deinen Augen / Und finde nichts als Wracks untergegangener Flotten der Liebe.

Sie hatte eigentlich schon seit Jahren ›geschrieben‹. Gedichte, die ihr besonders gut gefielen, und andere, die sie gemeinsam mit Helen las, schrieb sie in Kladden ab, und mit etwa zwanzig Jahren begann sie, auch ihre eigenen Gedichte hineinzuschreiben. Diese Kladden wurden zum Grundstein ihres Arbeitslebens. Nach ihrem Umzug nach London gewöhnte sie sich an, Entwürfe für eigene Gedichte, für Briefe, Artikel, Prosatexte und Auszüge aus Texten anderer, die sie aufbewahren wollte, in fest gebundene dicke Schreibhefte im Folioformat zu schreiben. Dieser Gepflogenheit blieb sie – wie auch ihre Brüder – bis zum Schluß treu, und so füllte sie bis an ihr Lebensende mehrere hundert äußerlich völlig gleiche Arbeitskladden.

Die Gewohnheit, alles genauestens aufzuschreiben, die sie als junges Mädchen angenommen hatte, wirkte sich auch auf ihre Methode aus,

Gedichte zu verfassen: Während des Niederschreibens komponierte sie. Immer wieder schrieb sie dieselben Verse mit Veränderungen, mit kleinen Abwandlungen des Tons oder der Richtung, als verleihe ihr das Ritual des wiederholten Schreibens den Anstoß, der sie bei der Beschwörung ein wenig weiter brachte. In jenen ereignislosen Jahren, bevor die Verzweiflung und Helen sie dazu brachten, das Elternhaus zu verlassen, legte sie die Arbeitsmuster fest, denen sie ihr Leben lang treu bleiben sollte. Aber in gewissem Sinne waren es verlorene Jahre; gesellschaftlich und emotional war sie, als sie nach London kam, um gute sieben Jahre jünger, als man aufgrund ihres Lebensalters annehmen mußte – schüchtern, unschuldig und gänzlich unerfahren.

3

Nach Bayswater

1914–1918

> Jeder Bus der Linie 27, 127, 27A oder 27C bringt Sie nach Royal Oak an der Straße Westbourne Grove; und etwa in der Mitte der Queen's Road geht rechter Hand die Moscow Road ab. Das ist *nicht* die Gegend, in der die großen roten Backstein-Wohnblocks der reichen Juden stehen, sondern die unordentlichen, schmuddeligen, lichtlosen Mietwohnungen gleich hinter der Normaluhr des Busdepots; mein Name steht auf der Tafel im Eingangsflur.

So sah die Wegbeschreibung aus, die Edith Joe Ackerley gab, damit er sie in London finden konnte. Der Brief, mit dem sie ihn zu einer Gesellschaft einlud, wurde im Mai 1926 geschrieben, etwa zwölf Jahre nachdem sie im Haus Pembridge Mansions 22 eingezogen war; aber viel hatte sich seither weder dort noch im Londoner Bezirk Bayswater geändert.

Die Wohnung, die Edith und Helen Rootham im Sommer 1914 bezogen, als in Europa der Krieg ausbrach, lag im fünften Stock. Einen Aufzug gab es nicht. Viel Geld, um die Wohnung herzurichten, besaßen sie nicht. Zwar bekam Edith den Diamantanhänger nicht, von dessen Erlös sie die Einrichtung zu bezahlen gehofft hatte, doch gab ihr Sir George einen diamantbesetzten Stern, der nicht so alt war und im Unterschied zu den meisten Familiendiamanten nicht zum unveräußerlichen Teil des Erbes gehörte. Ohnehin verließ sie sich lieber auf ihre eigenen Mittel. Die Wohnung hatte »zwei Wohnzimmer, und Osbert schenkte uns, so beschränkt seine Mittel waren, bei seinen Fronturlauben wunderschöne Wandbehänge, um sie wohnlicher zu machen. Die für Helens Raum waren grün-silbern, meine rotgolden.« Für ein Klavier war kein Platz, ein Umstand, der Edith zwang, ihre Hoffnungen auf eine Laufbahn als Konzertpianistin zu begraben.

Ihre Mutter, die sich zu jener Zeit im Zustand des Halbirreseins befand, machte Szenen, weil Edith nach London gezogen war, schrieb aber schließlich einen »freundlichen Brief« und zettelte mit ihrer Tochter eine kleine Verschwörung an, bei der sie Sir George etwas Geld für Edith zu entlocken versuchten. »Du bist eine Heilige ... Du warst sehr lieb«, schrieb Edith ihrer Mutter – Worte, die zu jener Zeit so von Herzen kamen wie nie zuvor oder danach. (Man sollte beachten, daß sie ihrer Mutter offenbar nie gezeigt hat, wie feindselig sie ihr gegenüberstand; vielleicht hoffte sie immer auf ein Wunder, so daß sie schließlich doch wie eine normale liebende Mutter und Tochter miteinander auskommen konnten.)

Sir George hatte sich dem Weggang seiner Tochter nicht widersetzt. Die kindische Extravaganz ihrer Mutter hatte die Familie in den Augen der Öffentlichkeit unmöglich gemacht, und bald würde das ganze Land aus den Schlagzeilen davon erfahren. Edith zufolge wollte ihr Vater die Tochter aus dem Weg haben, denn er »befürchtete, die Schurken, denen es gelungen war, meine Mutter in ihre Netze zu verstricken, könnten mich dazu verlocken, die Wahrheit zu sagen – das hätte ihnen ein Mittel in die Hand gegeben, ihn zu erpressen«. Wie auch immer das gewesen sein mag – daß es Edith gelang, der inzwischen hysterischen, unglücklichen Stimmung auf Renishaw und Wood End zu entfliehen, bedeutete ihre Rettung.

Die Schwierigkeiten hatten sich schon seit einigen Jahren zusammengebraut. Auf Osberts Namen hatte Sir George 1909 in Italien das riesige alte Schloß Montegufoni in der toskanischen Landschaft zwischen Florenz und Siena gekauft, dessen älterer Teil aus dem elften Jahrhundert stammte. Seinerzeit lebten auf dem Areal nahezu dreihundert Menschen, wie in einem Dorf – Landarbeiter, die ihrer Arbeit nachgingen, mit ihren Familien. Fortan nahmen die Aufräumarbeiten, die Wiederherstellung und die Verschönerung der Anlage einen großen Teil von Sir Georges ziellos hin- und herschießender Energie in Anspruch. Es war ein Faß ohne Boden, denn für Menschen wie die Sitwells war Montegufoni anfangs so gut wie unbewohnbar, und Osbert bekam ›seinen‹ neuen Besitz während der nächsten drei Jahre nicht ein einziges Mal zu Gesicht.

Etwa um die Zeit, als Sir George dies Schloß erwarb, schikanierte er seine Tochter nur sporadisch und halbherzig und äußerte lediglich, er habe mit ihr »eine Niete gezogen, mit ihrer Adlernase und einem Körper, in dem ein fremdartiger und feuriger Geist haust«.[1] Allerdings versuchte er sie dazu zu bringen, daß sie ins Geschäft eines Fotografen eintrat, dessen bankrott gegangene Firma er für eine uneinbringbare Schuld übernommen hatte. Sie widersetzte sich diesem Ansinnen. Am meisten aber litt Osbert in den Jahren vor dem Ersten Weltkrieg darunter, daß der Vater beständig an den Kindern herumnörgelte und ihnen keine Ruhe ließ, und er war sehr unglücklich darüber. Die Atmosphäre eines Unheils, das der Welt und der Familie drohte, lastete schwer auf ihnen allen.

Die Geschichte von Lady Idas finanzieller Katastrophe wird an anderer Stelle ausführlich berichtet.[2] Kurz gesagt ging es darum, daß sie Osbert im Jahre 1911 anvertraute, sie habe Schulden in Höhe von mehr als zweitausend Pfund. »Sie hatte kein Verhältnis zum Geld«, schrieb er später. »Außerdem befand sie sich in einem Lebensalter, in dem der Einfluß der Vernunft auf den Menschen gewöhnlich nachläßt.« Damit muß er die Menopause gemeint haben – Lady Ida war Mitte Vierzig. Ein Offizierskamerad Osberts stellte eine Verbindung zwischen Lady Ida und Julian Osgood Field her, der für sie ein kompliziertes System der Geldaufnahme ausheckte. Abgesichert werden sollte das Ganze durch Lebensversicherungen. Was Lady Ida nicht wußte, war, daß es sich bei Field um einen nicht entlasteten Bankrotteur handelte. Als sie die erforderlichen Beträge für die Mittelsmänner samt aufgelaufenen Zinsen und Fields eigene gewaltige ›Spesen‹ nicht mehr aufzubringen vermochte, wurde aus dem Geldgeber ein Erpresser, und Field drohte, Sir George vom Stand der Dinge in Kenntnis zu setzen. Lady Ida nahm immer mehr Geld auf. Ohne daß je mehr als ein Bruchteil davon in ihre Hände gelangte, sah sie sich im Juli 1912 einer Schuld von nahezu zwölftausend Pfund gegenüber. Osbert, der voll Besorgnis zwei weitere Offizierskameraden in die Machenschaften verwickelt hatte, stand kurz vor dem Zusammenbruch.

Vermutlich war sich Sir George zumindest seit Herbst 1912 im klaren über das, was da vor sich ging. Zwar kam er, als die Sache aufflog, für das auf, was seine Gattin Osberts Kameraden schuldete, wußte aber, daß man Field in diesem Fall ungesetzliches Handeln nachweisen konnte, und war nicht bereit, einem Mann namens Owles sechstausend Pfund zu zahlen. Für das drohende Gerichtsverfahren beauftragte er den Anwalt Sir George Lewis mit der Vertretung Lady Idas.

Lady Ida erholte sich auf Renishaw nicht von ihrem Zusammenbruch. Um nichts im Hause kümmerte sie sich, lag von morgens bis abends im Bett, trank zuviel und beschimpfte Mann und Kinder. Osbert kehrte zu seinem Regiment zurück. Als Sacheverell für die Ferien aus Eton nach Hause kam, erschütterte ihn, was er sah. Die beständige Doppelgesichtigkeit des Sitwellschen Familienlebens – der Gegensatz zwischen dem gewinnenden Äußeren und dem dahinter lauernden schwarzen Schrecken, der Ediths Kindheit gekennzeichnet hatte – trat unverhüllt zutage. Alle Alpträume wurden wahr. Edith hielt sich länger zu Hause auf als die Jungen; sie trug die Hauptlast der Unbeherrschtheit ihrer Mutter und der unaufhörlichen Streitigkeiten zwischen den Eltern – was die Mutter ihr anvertraute, setzte ihr weniger zu als all das andere.

Sie verhärtete ihr Herz. Hätte sie es nicht getan, wären auch für sie Zusammenbruch und Verzweiflung die Folge gewesen. Helen bestärkte sie in der zunehmenden Gewißheit, daß sie nicht Leben und Verstand für ihre unmöglichen und unglücklichen Eltern opfern dürfe. Immerhin war sie nahezu fünfundzwanzig Jahre alt, als im Frühjahr 1913 das erste Gerichtsverfahren gegen Lady Ida begann. Sie löste sich, so gut sie konnte, auch als sie sich noch im Hause der Eltern aufhielt. Osbert erinnerte sich an einen Nachmittag während der schlimmsten Schwierigkeiten, an dem eine Atmosphäre entschlossener Normalität herrschte. »Helen spielte im Ballsaal Debussy, Edith saß in ihrem Zimmer, schrieb eine Baudelaire-Stelle in ihre Arbeitskladde und versuchte, den Banalitäten des Tages aus dem Wege zu gehen.«[3]

Um sich selbst zu schützen, durfte Edith nicht mit ihren Eltern empfinden. Die Reihe von Prozessen und der Höhepunkt, dem sie zustrebten, vermischten sich in ihrer Vorstellung mit den Schrecken des Krieges, der im selben Sommer ausbrach, da sie nach London ging. Die »widerliche« Familientragödie kam ihr wie »eine zwergenhafte Imitation des Universums aus Schlamm und Fliegen« vor, in die Osbert, der zu den Grenadier Guards eingezogen wurde, mit hinein verdammt war. Am Tag vor seinem Aufbruch an die Front besuchte er Edith zum Tee in Pembridge Mansions. In einer unangebrachten Aufwallung von Zärtlichkeit stürmte ihre Mutter herein. Sie war gerade mit der Bahn angekommen und trug einen schweren Granatsplitter bei sich, der von der Beschießung Scarboroughs am Vorabend stammte. Sie teilte ihrem Sohn mit, sie habe das Stück für ihn mitgebracht und er solle es mit nach Frankreich nehmen. »Ich bin sicher, daß es dir Glück bringen wird.«

Edith vermutete, daß ihren Eltern nicht ganz klar war, was Leiden bedeutete:

> Meine Mutter ... wußte, was Angst ist, sonst wußten sie und mein Vater nichts, empfanden nichts als den Wunsch, den Folgen dessen zu ent-

rinnen, was sie aus bloßer Dummheit angestellt hatte. Ihrer beider Leben war vollständig verkümmert. *Sie* kannte keinen anderen Wunsch, als zu ihrem albernen, kleinen, kläglichen Leben zurückzukehren, das aus Bridge und daraus bestand, daß sie den Golfspielern auf dem Golfplatz zusah. Er kannte keinen anderen Wunsch, als die Lebensgewohnheiten der Bewohner Nottinghams im vierzehnten Jahrhundert zu studieren und für den Bau von Häusern an Orten, an denen man nicht leben konnte, noch mehr Geld auszugeben, weshalb man seiner, wie er zu Osbert sagte, künftig als des »großen Sir George« gedenken werde.

Im November 1914 war am Ende einer eintägigen Verhandlung ein Urteil gegen Field ergangen. Doch die Erben des inzwischen verstorbenen Owles' und andere drängten nach wie vor auf Bezahlung. Sir George war der Ansicht, dazu sei der inzwischen als Krimineller abgestempelte Field verpflichtet, nicht aber die Familie Sitwell. Über die letzte Verhandlung, die im März 1915 im Londoner Kriminalgericht Old Bailey stattfand, berichtete das gesamte Spektrum der Presse – vom *Daily Mirror* bis zur *News of the World*. Vollends angewidert fühlte sich Edith, als sie den Berichten – ob zu Recht oder Unrecht – entnahm, Lady Ida habe voller Verzweiflung erklärt, daß all ihren Schwierigkeiten ihr Bestreben zugrunde liege, die Schulden ihres Sohnes Osbert zu begleichen. Weil einige seiner Offizierskameraden in das Verfahren verwickelt waren, mußte auch er im Gericht anwesend sein und die ganze Sache durchstehen.

So unvorstellbar das war, Lady Ida wurde zu drei Monaten Gefängnis verurteilt. »Ich kann nur sagen«, teilte ihr der Richter mit, »daß die Strafe höher ausgefallen wäre, wenn Sie sich bei besserer Gesundheit befänden.« Absitzen mußte sie sie im Frauengefängnis Holloway. Die drei Kinder – Sacheverell war aus Eton heimgekehrt – begleiteten den Vater nach Renishaw. Sir George hätte diese Katastrophe seiner Gattin wie der Familie ersparen können, wenn er die Schuld beglichen hätte; doch unterließ er das, wobei unklar ist, ob aus Prinzip oder aus anderen Gründen. Er äußerte sich nicht über das Vorgefallene, und auch die Kinder konnten nicht darüber reden, jedenfalls nicht mit ihm. Von Stund an trauten sie nur noch einander. Man kann sich ausmalen, welch verlogene Normalität im Frühjahr 1915 auf Renishaw herrschte, während die Mutter abwesend war und das Unausgesprochene schwer in der Luft hing. Edith hat die Situation nicht beschrieben. Sie sagte lediglich sehr viel später, als ihr bei einer Abendgesellschaft der berühmte Richter Darling als Tischherr zugewiesen wurde: »Vermutlich hatte man vergessen oder wußte nicht, daß er der Richter war, vor dem meine Mutter erscheinen mußte.«

Die Schande und die ihrer Mutter auferlegte Haftstrafe bedeuteten für Edith eine psychische Erlösung. Diese Ereignisse fielen zeitlich nicht nur mit ihrem Auszug zusammen, sondern auch mit ihrer ersten Lyrikveröffentlichung. Als erstes ihrer Gedichte erschien im März 1913 »Drowned Suns« im *Daily Mirror*, etwa zeitgleich mit der ersten Verhandlung gegen Lady Ida. Zu jener Zeit war es nicht ungewöhnlich, daß seriöse junge Dichter im *Daily Mirror* gedruckt wurden. In Richard Jennings hatte das Blatt einen besonders rührigen Literaturredakteur, außerdem hielt man Lyrik damals durchaus noch für berichtenswert. Bei Peter Quennell heißt es über eine Zeit einige Jahre später: »Selbst die hartgesottensten Zeitungsherausgeber zollten ihrer Existenz Anerkennung und fanden, daß es sich gelegentlich lohnen konnte, darüber zu diskutieren.«[4] Im Verlauf des Jahres 1913 nahm Jennings von Edith fünf Gedichte zur Veröffentlichung an; eines davon, »Serenade«, ist das erste ihrer 1957 erschienenen *Collected Poems*. Im Januar 1914 nahm er ein weiteres, und 1915 noch einmal vier Gedichte an, von denen drei in den Monaten erschienen, die Lady Ida in Holloway verbrachte. Edith übernahm nicht viele dieser frühen Erfolge in ihre endgültige Auswahl für die *Collected Poems* und auch nicht viel aus *The Mother*, ihrem allerersten Büchlein von fünfundzwanzig Seiten, das der Oxforder Verleger und Buchhändler Blackwell im Oktober 1915 in fünfhundert Exemplaren auf Kosten der Autorin zum Preis von sechs Pence herausbrachte. Es wurde sowohl in der *Times* wie auch der *Daily Mail* günstig besprochen. Die »Mutter« des Titelgedichts war, wie Edith nahestehende Menschen begriffen, die ideale Mutter, die sie gern gehabt hätte. (Im Laufe der späteren Jahre wurde in ihrer Vorstellung und in ihren Schriften die liebende, erdverbundene, sich selbst aufopfernde Mutter, die ihr Kind verliert, zu einer Schlüsselfigur.) Doch zugleich ist »The Mother« ein äußerst melodramatisches Muttermord-Gedicht: Der Sohn bringt sie wegen ihres Geldes um, das er für die Frau braucht, die er begehrt – *Eros* vertreibt *Agape*. Der Geist der Mutter nimmt die Schuld vollständig auf sich:

He did no sin. But cold blind earth
The body was that gave him birth.
All mine, all mine, the sin: the love
I bore him was not deep enough.

Er beging keine Sünde. Aber kalte blinde Erde / War der Leib, der ihn gebar. / Ich, nur ich, habe gesündigt: die Liebe / Die ich für ihn empfand, war nicht tief genug.

Das Fiasko der Liebe wie auch Mordphantasien, die gewöhnlich ältere Frauen zum Gegenstand hatten, beschäftigten Edith seit ihren Mädchentagen. Erstere verarbeitete sie in ihren Gedichten; doch tauchten nach den ersten Jahren des Schreibens, in Zeiten des Zorns, der Niedergeschlagenheit und der Langeweile, auch Mordgelüste in Gestalt von Phantasien an die Oberfläche und äußerten sich bisweilen in Alptraumvorstellungen, bisweilen aber auch in humorvoller Weise. Unschwer läßt sich begreifen, wie es zu dieser Phantasievorstellung gekommen war.

* * *

Im Jahre 1916 schickte Edith ein Exemplar der *Twentieth Century Harlequinade* an Jennings. Dies Bändchen mit achtundzwanzig Seiten enthielt Gedichte von ihr und Osbert, die Blackwell in ihrem Auftrag in einer Auflage von fünfhundert Exemplaren herausgebracht hatte. Sie lud Jennings zu einer Lyriklesung ein, die in Pembridge Mansions stattfinden sollte: »Sachie kommt von Eton herüber, und auch ein junger, vielversprechender Dichter wird da sein; er ist erst neunzehn, hat aber für seine Gedichte [die er veröffentlicht hat, als er noch in Eton war] glänzende Kritiken bekommen.« Damit war Victor Perowne gemeint. Schon damals erweckten frühreife Männer Ediths Aufmerksamkeit und Entzücken. Das Programm für den Abend bestand aus fünf Gedichten, die ohne Nennung der Verfassernamen vorgelesen werden sollten. »Dann raten wir, von wem sie stammen.« Lässig fügte Edith entsprechend ihrer damaligen Gemütsverfassung hinzu: »Wenn Sie ein Gedicht über das, was Kinder den Eltern gegenüber empfinden, oder zum Thema Elternmord darunter mengen könnten, wäre das hochwillkommen.«

Nach einem weiteren Jahr hatte sie es nicht mehr nötig, ihre Arbeiten selbst zu verlegen. Sie hatte Ende 1916 einige Gedichte an Jennings geschickt, und dieser hatte angeboten, bei Elkin Matthews anzufragen, ob er sie veröffentlichen wolle. Der war dazu bereit – wenn auch unter der Bedingung, daß sie dafür bezahlte. Im Januar 1917 war sie in der Lage, Matthews zu schreiben: »Ich möchte nicht für mein Buch bezahlen.« Und sie forderte ihn auf, die Manuskripte zurückzusenden. »Ich habe einen Verleger dafür gefunden.« Triumphierend teilte sie Jennings mit, daß es ihr gelungen sei, »jenen Herrn so zu beeindrucken, daß er vor Überraschung sprachlos war.« Im folgenden Jahr veröffentlichte Blackwell ihr *Clowns' Houses*. In der Zwischenzeit arbeitete sie bereits an der dritten Nummer von *Wheels*, einer von ihr herausgegebenen literarischen Anthologie, die bereits viel Beachtung gefunden hatte.

»Es gibt Lyrik, und es gibt den ›Lyrikbetrieb‹«, hat Donald Davie[5] geschrieben:

> Lyrik ist hoch achtbar; der Lyrikbetrieb ist es nicht. Dichter mit ihren Rivalitäten und Eifersüchteleien, Intrigen und Verschwörungen, die voll Gehässigkeit aufeinander einhacken, den anderen in der Gunst des Publikums ausstechen wollen, eifrig bemüht sind, den Ursachen dafür nachzuspüren, daß der Ruf des einen gewinnt und der des anderen durch Boshaftigkeit oder kalkulierte Gleichgültigkeit an Gewicht verliert – das ist der Lyrikbetrieb, und er ist wahrhaft niederträchtig. Kein Wunder, daß es anspruchsvolle Lyriker vor dem Lyrikbetrieb graust und sie so tun, als existiere er nicht. Doch es gibt ihn, und da es nun einmal Wunsch aller Dichter ist, zu Lebzeiten bekannt zu sein und von den Mitmenschen geliebt zu werden, bewegen sie sich, sofern sie nicht gerade Gedichte schreiben, für gewöhnlich in dessen Bannkreis. Wer zu einem Autor aufschaut, mag den Lyrikbetrieb unbeachtet lassen, der Dichter selbst kann sich das nicht leisten.

Davie schrieb das im Jahre 1978, doch haben seine Aussagen noch mehr Gültigkeit für die Zeit sechs Jahrzehnte früher, war doch die literarische Welt damals kleiner und überschaubarer. Edith besaß Temperament und Begabung, was unerläßlich war, um im ›Lyrikbetrieb‹ tätig zu werden, aber ihr rascher Aufstieg war phänomenal. Als sie in Pembridge Mansions einzog, war sie unbekannt; binnen weniger Jahre wurde aus ihr eine weithin bekannte und umstrittene Gestalt.

Ihre Unerfahrenheit kam ihr zugute. Ihre Weggefährten in der abnormen geistigen Isolierung ihres Zuhauses waren Shakespeare, Keats und Shelley gewesen, die großen Namen der Literatur. Sie wußte nichts über das zwielichtige Dickicht von Londons literarischer Welt, in der Neid an der Tagesordnung war und aufstrebende Autoren ängstlich Fuß zu fassen suchten, denn ihr fehlte jegliche Erfahrung mit all dem. Wer wie Edith als in jeder Beziehung Außenstehende hinzukommt, kann ein solches Dickicht häufig durchdringen, ohne es überhaupt wahrzunehmen, und sieht sich unversehens irgendwo in der Nähe des Mittelpunkts von Interesse und Aufmerksamkeit. Zwar stand sie in extremer Weise außerhalb der Welt, war aber von einem maßlosen Ehrgeiz, wie er sich nur bei Menschen findet, die ein einsames Leben voller ungelebter Gefühle geführt haben.

Außerdem besaß sie, die mit Mitte Zwanzig von außen in die Welt der Meinungen und Moden machenden Intellektuellen trat, eine durchaus klare Vorstellung davon, wie die Dichtung aussehen sollte, die sie schreiben wollte. Damit befand sie sich völlig im Einklang mit dem anbrechenden Jahrzehnt – den zwanziger Jahren. Ort, Zeit und Person gelangten zur Deckung. Obwohl sie sich ihr Leben lang über die Behandlung durch britische Kritiker beklagte, wurde ihr Werk von Anfang an auf breiter Ebene rezensiert. Nach Jahren der Abgeschlossenheit und der Einsamkeit war sie in ihrem Element. Schon bald lernte sie die Regeln des Spiels.

Als Edith nach London kam, dominierte im ›Lyrikbetrieb‹ das kurzlebige Reich der Georgianischen Dichter. Als Edward Marsh 1911 seine erste Anthologie mit *Georgian Poetry* herausgab – womit er der Gattung einen Namen gab –, brachten seine neuen Dichter nach Ansicht vieler einen frischen Wind in die Lyrik. T. S. Eliot schrieb 1954, sie habe »in den Jahren 1909 oder 1910 in einem Ausmaß stagniert, wie es sich ein Lyriker heute nur schwer vorstellen kann.«[6] Die Größen des viktorianischen Zeitalters – Tennyson, Swinburne, Meredith, Kipling – waren entweder bereits tot oder senil, oder sie standen im Begriff abzutreten. Yeats veröffentlichte zwar 1909 eine Sammlung *Collected Poems*, war aber im selben Jahr zur Welt gekommen wie Kipling. Eliot arbeitete an »J. Alfred Prufrocks Liebesgesang« und sollte bald Ezra Pound und Wyndham

Lewis kennenlernen. Doch während der nächsten Jahre kaufte und las man Edward Marshs Georgianische Dichtung.

Zwischen 1911 und 1922 erschienen fünf Bände der *Georgian Poetry*; vom ersten wurden 15.000, vom zweiten 19.000 und vom dritten 16.000 Exemplare verkauft – lediglich Rupert Brooke[7] und John Masefield erreichten höhere Auflagen. Nach dem dritten Band begann der Niedergang.[8]

Der Sammelbegriff Georgianische Dichtung ordnet Autoren einander zu, zwischen denen man wohl kaum eine Beziehung sähe, hätte Marsh sie nicht in den Bänden seiner Anthologie versammelt. Zu ihnen gehörten zu verschiedenen Zeiten Walter de la Mare, Rupert Brooke, Edmund Blunden, W.H. Davies, John Drinkwater, James Elroy Flecker, Robert Graves, Ralph Hodgson, Richard Hughes, D.H. Lawrence, John Masefield, Peter Quennell, Isaac Rosenberg, Siegfried Sassoon, Vita Sackville-West, Edward Shanks, J.C. Squire, James Stephens, Francis Brett Young, John Freeman, Maurice Baring, Lascelles Abercrombie und Harold Monro. Nicht alle waren gute Lyriker, doch kann man eine ›Bewegung‹, in deren Reihen sich solche Namen finden, unmöglich als wirkungslos hinstellen. Eine Anzahl der besten Gedichte der besten Autoren erschienen erstmals in *Georgian Poetry*.

Allerdings war die in jener Anthologie veröffentlichte gute Lyrik weit beachtenswerter als die poetischen Ideale Edward Marshs und J.C. Squires, der beiden einflußreichsten Förderer der ›Bewegung‹. Marsh, ein Anhänger herkömmlicher Metrik, drang darauf, daß Dichtung in jeder Beziehung verständlich sein müsse. Er und Squire waren überzeugte Realisten, sie bevorzugten ein lebensbejahendes Englisch-Sein, erdverbundene Themen und alltägliche Sprachmuster. Die Georgianische Dichtung stand, wie Alan Pryce-Jones geschrieben hat, in der Tradition der englischen Aquarellmalerei. Marsh wie Squire wandten sich gegen hochgestochenes Intellektuellentum und schmolzen dahin, sobald vertrautes Gedankengut über Hunde, Mondlicht, Sport, Wanderungen über Land und natürlich schwärmerische Liebe in Verse gefaßt wurde. Squire, der ab 1919 den *London Mercury* herausgab, konnte mit einem Werk wie Eliots *Das wüste Land* nichts anfangen, das ihm »ganz und gar unverständlich« erschien. Mit Hilfe des *Mercury* beabsichtigte er jeweils Unterscheidungen zwischen »dem Aufrichtigen und dem Hochtrabenden, dem Klugen und dem Törichten, dem Gesunden und dem Lasterhaften, dem Vielversprechenden und dem Unproduktiven« herauszuarbeiten. Mit seinem Hang zu Kricketspiel und Müßiggang war er beschränktem Banausentum so nahe, wie das bei einem Literaten nur möglich war. Auf der anderen Seite war er denkbar großzügig und geistreich.

Zu den Idealen des Georgianischen Zeitalters gehörte die Ablehnung von »Formalismus, Pose, Affektiertheit, Aufgeblasenheit und allerlei falscher Überlieferung« (wie Harold Monro in einer Beschreibung der Ziele seiner Lyrikbuchhandlung formulierte, die an Londons Devonshire Street in der Nähe der Theobald's Road lag). Edith äußerte sich in *Aspects of Modern Poetry* (1934) dazu wie folgt: »Diese Männer fühlten sich von Rhetorik und Formalismus zweifellos zum Teil deshalb angewidert, weil ein Autor eine gewisse dichterische Begabung braucht, um einen oder beide dieser Punkte dichterisch zu bewältigen.« Der frische Wind, den die Vertreter der Georgianischen Richtung in die Lyrik brachten, war in den Augen ihrer Gegner nichts als ein Überbleibsel aus dem neunzehnten Jahrhundert. Rebecca West schrieb in *New Freewoman* vom 15. August 1913: »Aus der Dichtung, einst Blakes schnörkellose schöne Braut, wurde ein mit Lord Tennysons Zierat aufgedonnertes geistloses Flittchen ... und jetzt findet sie die Gönnerschaft der Georgianer-Schule in der Devonshire Street.«

Voll Geringschätzung stießen Edith und ihre Brüder ins gleiche Horn. Sie waren mit vielen jener Lyriker befreundet, von denen Beiträge zu *Georgian Poetry* stammten, und keinesfalls unterschätzten sie das Gewicht der einzelnen Dichter. Es gab sogar Erwägungen, Edith mit in den vierten Band aufzunehmen. Marsh wollte, daß eine Frau darin vertreten war, und Edward Shanks wie auch Siegfried Sassoon schlugen Edith vor. Aber sie wurde abgelehnt und Fredegond Shove dazu ausersehen, in jenem Band das weibliche Geschlecht zu vertreten. Marsh kannte seine Feinde.

Es war die ›Junkerherrschaft‹ im *London Mercury*, gegen die sich Edith schließlich mit besonderer Vehemenz wandte. Ihre ausgereifteste Argumentation gegen die Dichtung der Georgianer und für eine moderne Lyrik findet sich in dem Aufsatz, den sie 1925 zu Hogarths *Poetry and Criticism* verfaßte: Die Modernisten, heißt es darin, zu denen sie sich selbst zählte, sagten sich »von der Überlieferung los, die auf Wordsworth zurückgeht ... Die meisten der als Georgianer bezeichneten Autoren orientieren sich in ihrem Standpunkt und ihrer Schreibweise nach wie vor an Wordsworth.« »Jener«, fuhr sie fort, habe »die gewöhnliche Sprache, die Tätigkeiten des Alltagslebens, in die Dichtung eingeführt«. Aber dieser Prozeß sei zu weit gegangen. »Daher ist es an der Zeit, daß wir uns erneut einer früheren Überlieferung der Dichtung zuwenden und auf den Landmann und den zu ihm passenden Wortschatz verzichten.« Wer die »neue«, gegen das Georgianertum gerichtete Dichtung näher in Augenschein nehme, finde darin »viele der großen Traditionen, die aus dem Elisabethanischen Zeitalter überliefert sind.« An anderer Stelle, beispielsweise in *Aspects of Modern Poetry*, fuhr sie später den Georgianern weit schärfer in die Parade: »Vögel wurden zu einem Kult. Es genügte, das Nest eines Singvogels zu erwähnen, um alle zur Raserei zu bringen. Trübselige, gipsgesichtige Schafe mit Prinzessin-Alexandra-Fransen und Augen wie die von Herrschern deutscher Kleinstaaten, blaß, verwundert, voll Mißbilligung und Unverständnis, wurden in gleicher Weise bewundert wie Bulldoggen, die blutige Tränen weinten.«

Osbert hatte einen gewissen Anteil an Ediths Erfolg, wenigstens, soweit es gesellschaftliche Kontakte betraf. Auch er blühte in London, fern von seinem Vater, auf. Viele seiner Freundschaften mit Literaten kamen durch Robert Ross zustande, einen alten Freund Oscar Wildes, der damals und bis zu seinem Tode im Jahre 1918 ein bedeutender Förderer liebenswürdiger und begabter junger Leute war, die er in seine Räume an der Half Moon Street einlud. Durch Ross lernte Osbert beim Mittagessen im Reform Club den snobistischen und hochgebildeten Sir Edmund Gosse kennen, den einflußreichsten *homme de lettres* jener Zeit. Osbert war der Liebling dieser alternden Literaten, wobei unklar ist, ob seine eigenen wildeschen Neigungen bereits damals zutage traten. Auch Edith stand bei Gosse in besonderer Gunst, obwohl sie erklärt hatte, im Hause des Ehepaars Gosse an der Hanover Terrace zu dinieren, sei »ein mit Furcht gemischtes Vergnügen, denn nie ließ sich genau voraussagen, was Sir Edmund seinen Besuchern in der Konversation antun würde«. Für das in Gesellschaften übliche belanglose Geplauder war Edith nur unzulänglich gerüstet, und so sagte Gosse einmal, als sie sich mit einem schweigsamen schwedischen Dichter abmühte: »Stehen Sie nicht so unbeholfen und langweilig herum, Edie. Sie machen mich damit ganz ärgerlich und böse.«

Das Hausmädchen Parker regierte den Haushalt gemeinsam mit der sanften und zuvorkommenden Lady Gosse; und Gäste, die Parker mißfielen – wie beispielsweise Wyndham Lewis und Ezra Pound – liefen Gefahr, bei Gosse auf Zurückhaltung zu stoßen. Im Krieg übermittelte Parker eines Abends eine eindrucksvolle Mitteilung von Edith, die mit ihrem Bruder Osbert zum Abendessen eingeladen war. Sie verspätete sich, und während Kanonendonner und die Detonationen von Bomben die stille Nachtluft zerrissen, saßen Osbert und die Gastgeber wartend da. Schließlich tauchte Parker auf und berichtete: »Miss Sitwell hat angerufen. Sie läßt grüßen und sagt, da sie nicht bereit sei, den Deutschen als Zielscheibe zu dienen, komme sie nicht zum Essen.«[9]

Diese Art der Behandlung wußte Gosse eher zu schätzen, als daß er sie mißbilligte. Nach einem im Hause an der Hanover Terrace eingenommenen ausführlichen sonntäglichen Mittagsmahl begleitete er die drei Geschwister Sitwell zur Tür, »rief uns in die blaue Abenddämmerung nach: ›Auf Wiedersehen, entzückendes, aber unheilvolles Trio!‹ und winkte uns mit seiner gepflegten Hand nach«. Über Edith schrieb Gosse an Siegfried Sassoon: »Sie kommt mir vor wie eine Art Schmetterlingspuppe, die, von einem seidenen Geflecht der Unvollkommenheit umgeben, große Gaben zu entfalten vermag, sofern es ihr nur gelingt, zu einer klaren eigenen Musik zu finden. Niemanden beobachte ich mit größerer Anteilnahme, und ich finde die geradezu rührende Schönheit und Würde ihrer Person in hohem Maße anziehend.«[10]

Osbert, der kultivierte Gardeoffizier, war als Gast bei Damen der Gesellschaft ebenso beliebt wie bei Junggesellen. Zuvorkommend, unterhaltsam und verläßlich, hatte er schon in sehr jungen Jahren etwas von einer Hauskatze an sich. Wo man ihn einlud, standen auch bald Schwester und Bruder auf der Gästeliste. Edith gewann dem Leben in der Gesellschaft nicht den gleichen Genuß ab wie Osbert. Wohler fühlte sie sich in ihrem eigenen Kreis, in dem es weniger formell zuging. Doch lenkte sie die Aufmerksamkeit auf sich, wo sie auftrat, zum Teil dadurch, daß sie nicht so recht dorthin zu passen schien und anderen Frauen ihres Alters und ihrer Gesellschaftsschicht so wenig ähnlich war.

Edith genoß die literarischen Soireen in Lady Colvins Haus an der Palace Gardens Terrace. Jene Dame, eine geborene Sitwell, war einst eng mit Robert Louis Stevenson befreundet gewesen, und ihr Gemahl, Sir Sidney Colvin, war im Britischen Museum als Kustos zuständig für Druckgrafik und Zeichnungen. Außer im Hause der Colvins verkehrte Edith bei Sir Herbert und Lady Tree in All Souls Place sowie bei Mrs. Keppel in der Grosvenor Street, der früheren Geliebten König Edwards VII. Einmal von

Ediths Eltern gefragt, was man mit einem Mädchen ohne jede Anmut tun könne, hatte sie geantwortet: »George und Ida, denken Sie stets daran, daß man nie weiß, was aus einem jungen Mädchen noch wird.« Im Jahre 1931 schrieb Edith: »Sie war stets gütig zu mir, ohne wirklichen Anlaß, einfach aus reiner Herzlichkeit.«

Von ihrer Familie hielt sich Edith zunehmend fern. Zwar verbrachten alle drei Geschwister Sitwell Weihnachten und den August regelmäßig auf Renishaw; doch wenn die Eltern nach London kamen, war Edith häufig ›fort‹. Die Mutter – sie hatte sich in den gräßlichen Monaten vor dem Antritt ihrer Haftstrafe der Tochter gegenüber noch feindseliger und liebloser aufgeführt als je zuvor – zeigte sich, aus dem Gefängnis entlassen, von herzbewegender Versöhnungsbereitschaft und wollte Edith stets um sich haben. Diese war zwar nicht bereit, in jeder Hinsicht nachzugeben, doch tat sie zumindest einige Schritte auf die Mutter zu, wenn sie ihr auch nicht gerade auf halbem Wege entgegenkam. Lady Ida habe sich »in rührender Weise mit meiner Existenz ausgesöhnt«, schrieb sie. »Mit einem Mal dann verzieh sie mir, daß ich auf der Welt war.« Eines Abends fragte Lady Ida, als sie, die Schrecken von Holloway hinter sich, auf Renishaw in ihren nebeneinander liegenden Zimmern im Bett lagen, ihre Tochter:

> »Edith, warst du je glücklich?«
> »Ja, Mutter«, gab ich zur Antwort. »Du etwa nicht?«
> »Nie *richtig*«, sagte sie darauf. »Aber immerhin habe ich drei wirklich bezaubernde Kinder.« Dann schlief sie aufseufzend ein.

Diese kurze Unterhaltung im Dunkeln gibt uns die Möglichkeit, Lady Ida im selben Licht zu sehen, wie ihre liebenden Söhne das taten.

Es gab durchaus trübselige Abende für die »drei wirklich bezaubernden Kinder«, die mit dem im Lambeth Palace residierenden Erzbischof von Canterbury verwandt waren. Diverse in London ansässige ältere Tanten, Vettern und Kusinen erwarteten Pflichtbesuche von ihnen. An der Spitze stand Großtante Blanche Sitwell, die an der Egerton Terrace nahe der Brompton Road lebte. Obwohl sie mit ihrem Neffen Sir George nicht sprach, lag ihr die Zusammenführung aller disparaten Angehörigen der weitverstreuten Familie am Herzen, und sie hatte Erfolg damit. Im Jahr 1920 schrieb Constance Chetwynd-Talbot, William Henry Sitwells zweite Gattin, aus Barmoor Castle in Northumberland über einen Besuch bei Edith in Pembridge Mansions, »der mich ein wenig verärgerte. In ihrer Wohnung schien eine recht alberne befangene Atmosphäre zu herrschen.« Wenige Tage später traf Constance erneut mit Edith zusammen, und zwar bei Tante Blanche, »und fühlte mit ihr wie in alten Zeiten«. Bei dieser Gelegenheit sprach Edith über Jacob Epstein »und sagte, wie schmutzig es in seinem Haus gewesen sei, als sie ihn dort aufgesucht habe. Eßwaren und Kleidungsstücke hätten in kunterbuntem Durcheinander auf dem Bett gelegen. Auch seine Frau hielt sie für ziemlich schmuddelig.«[11]

Edith war nicht immer bereit, für ihre Verwandten, denen sie bei ihrer Großtante Blanche begegnete, das »bezaubernde Kind« herauszukehren. Osbert berichtete über einen Nachmittag, an dem sich dort eine alte Dame angesagt hatte, der Edith keinesfalls unter die Augen treten wollte. Osbert und Sacheverell nahmen von einem Sessel einen glücklicherweise lose sitzenden Bezug ab, steckten ihre Schwester hinein und trugen das eckige Bündel nach unten. Auf der Treppe begegneten sie der Besucherin und erklärten, da »an einem Sessel ein Bein gewackelt habe«, seien sie von ihrer Tante gebeten worden, das Möbel fortzuschaffen. Wohlbehalten wurde Edith in ihrem Sesselbezug vor der Haustür abgesetzt.

Nach seinem Schulabschluß in Eton trat auch Sacheverell für kurze Zeit bei den Grenadier Guards ein. Er wohnte bei Osbert, zuerst am Swan Walk, später am Carlyle Square in Chelsea – im Haus Nummer 2, an der Ecke der King's Road. Zwar empfingen alle drei Geschwister Sitwell viele Besucher, doch unter durchaus verschiedenen Umständen. Edith und Helen gaben einfach samstags in ihren beiden kleinen Wohnzimmern in Pembridge Mansions Teegesellschaften, bei denen zu süßen Brötchen starker schwarzer Tee direkt aus der Küchenkanne ausgeschenkt wurde. Über die Brötchen berichtete Peter Quennell, daß sie mit »einer dicken Eiweiß-Glasur überzogen waren, die ihnen den Glanz antiker Keramik verlieh«. Osbert beschrieb die »ungewöhnliche Zusammensetzung« der samstäglichen Teegesellschaften: »Verwandte, alte Bekannte meiner Mutter, die noch nie zuvor auch nur den Namen eines Autors gehört hatten, ängstlich, aber kichernd; berühmte Dichter, Lehrer, äußerst avantgardistische Musiker und Maler, Jagdliebhaber, Ärzte, Philosophen, Zoologen, Wirtschaftswissenschaftler und ein oder zwei Leute, die lediglich deshalb da zu sein schienen, weil sie meiner Schwester leid taten.« Voll geschwisterlicher Loyalität behauptete er, ihm hätten die dort aufgetischten billigen süßen Brötchen »ebenso köstlich geschmeckt wie jene, die wir als Kinder aßen«.[12] Doch wenn Osbert und Sacheverell samstags zu ihrer Schwester zum Tee kamen, blieben sie nicht sehr lange. »Wie geht es *Ihnen?*« pflegten sie die Anwesenden zu fragen, und wieder »Wie geht es *Ihnen?*« Dabei machten sie, wie Peter Quennell auffiel, »geschwind die Runde durch das Zimmer und schüttelten ebenso geschwind den Gästen die Hand«. Er fügte hinzu: »Bayswater war einfach nicht die Gegend, in der sie sich normalerweise aufhielten.«[13] Anschließend umarmten sie die Schwester und eilten die Treppe hinab.

Edith und Helen konnten sich lediglich eine Putzfrau leisten; Osbert und Sacheverell hatten eine ihnen ergebene Haushälterin, die obendrein glänzend kochte. Osbert gab Abendgesellschaften, an denen Edith häufig teilnahm. Im Speisezimmer von Osberts Haus am Carlyle Square sagte W. H. Davies bei ihrem Anblick mit seiner walisischen Singsangstimme: »Edith sieht jedesmal so phantastisch aus wie eine Königin.« Osbert, kaum älter als zwanzig, achtete sehr auf eine stilvolle Umgebung. Da das Eßzimmer am Carlyle Square dunkel war, versuchte Osbert, wie er sagte, diese unterirdische Atmosphäre zu betonen. »Mit den satten Blau- und Silbertönen der Wandbehänge, den Muscheln sowie den Möbeln mit Muschel- und Delphindekor ähnelte der Raum einer unter dem Meer liegenden Grotte.« Die Marmorplatte des Eßtisches stammte aus den Beständen eines Steinmetzen. »Er könnte willkürlich die Namen einiger Freunde herausgreifen, die um seine glatte, gold- und pfirsichfarbene Fläche gesessen hatten, und murmeln: Arnold Bennett, W. H. Davies, Maurice Ravel, Maynard Keynes, Lydia Lopokowa, Walter Sickert, Clive Bell, Roger Fry, Virginia Woolf, Leonid Massine, George Gershwin, Harold Acton, Arthur Waley, T. S. Eliot ...«, schrieb Osbert im hohen Alter und überließ es großzügig dem Tisch, an seiner Stelle mit den Namen von Berühmtheiten zu prunken.[14]

Bloomsbury wurde auf die Geschwister Sitwell um das Kriegsende herum aufmerksam, als Diaghilew im Jahre 1918 mit seinen *Ballets Russes* nach London kam. Vor dem Krieg hatten sich Osbert und Sacheverell voll Begeisterung über das Gesehene geäußert (unter anderem Cocteaus *Parade*). Bei Diaghilews nächster Tournee lud Osbert ihn und zwei herausragende Mitglieder seines Balletts, Massine und Lydia Lopokowa, in sein Haus am Swan Walk ein (der Umzug an den Carlyle Square erfolgte im Jahr darauf). Es war der Abend, an dem auch die Feierlichkeiten zum Waffenstillstand stattfanden. Am selben Tag war in *The Times Literary Supplement*, der Literaturausgabe der *Times*, (anonym) ein Aufsatz Virginia Woolfs über neuere Dichtung, unter anderem über *Clowns' Houses* von Edith, erschienen. Auch war sie kurz zuvor Ediths Brüdern vorgestellt worden, die sie zu ihrer Gesellschaft eingeladen hatten, damit sie dort die Russen kennenlernte.

Virginia Woolf brachte Roger Fry mit, außerdem ihre Schwester Vanessa und Maynard Keynes. Diese zufällige Konstellation blieb für Keynes nicht folgenlos, denn er verlor sein Herz an die Lopokowa, die er bei den Sitwells kennenlernte, und heiratete sie später. Die Geschwister Sitwell aber konnten in ihrer vorteilhaften Rolle als Gastgeber der Berühmtheiten aus einer Position der Stärke heraus Bloomsbury erobern. »Merkwürdig, wie ganze Gruppen von Menschen einem plötzlich ins eigene Leben hineinschwimmen«, schrieb Virginia Woolf nach der Gesellschaft in ihr Tagebuch. Es war ein gefühlsbetonter Abend, und alle fanden sich schließlich im Adelphi bei einer Waffenstillstandsfeier wieder, die Montague Shearman gab: Neben Lady Ottoline Morrell waren das Ehepaar D.H. Lawrence sowie Lytton Strachey anwesend, der sogar tanzte. Der Krieg war vorüber. »Diese unvermittelte Erlösung von der unerträglichen Qual hat die Nerven unsäglich mitgenommen«, schrieb Edith an Robert Nichols. »Ich habe geweint und immer wieder geweint.«

Virginia Woolf notierte an jenem Abend ihren ersten Eindruck von Edith in ihrem Tagebuch: »Edith Sitwell ist eine sehr groß gewachsene junge Frau, auf deren Gesicht ein Ausdruck ständiger Bestürztheit liegt, und sonderbar gekrönt mit einem hochragenden grünseidenen Kopfschmuck, der ihr Haar verbirgt, so daß man nicht weiß, ob sie überhaupt welches hat.«[15] Bei der Abendgesellschaft sagte sie zu Edith: »Warum leben Sie ausgerechnet in Bayswater?« »Weil ich nicht viel Geld habe.« »Wieviel steht Ihnen denn pro Jahr zu Verfügung?« Edith sagte es ihr. »Nun, ich glaube, da können wir für Sie etwas Besseres finden«, sagte Mrs. Woolf. Doch daraus, erklärte Edith, die dies Gespräch aufzeichnete, wurde nichts, »und so blieb ich, wo ich war«. So gern sie sich in der Gesellschaft Mrs. Woolfs aufhielt, deren »mondhelle durchsichtige Schönheit« sie bewunderte, so genau wußte sie, daß es ihr nicht bestimmt war, zum Bloomsbury-Kreis zu gehören. »Als junge Frau war ich nicht unfreundlich, wohl aber zurückhaltend, schwieg aber nicht immer, sondern sagte oft etwas in Augenblicken, in denen niemand damit rechnete – Schweigen jedoch war hochgeschätzt, auch wenn das Menschen, die nicht zum inneren Zirkel von Bloomsbury gehörten, Unbehagen bereitete.« Sie war davon überzeugt, in jenem Kreis lediglich »geduldet« zu sein.

Virginia Woolf war von Ediths Erscheinung so sehr beeindruckt, daß sie die Begegnung schriftlich festhielt. Edith war sich dieser Wirkung durchaus bewußt: »Ich nehme an, daß ich nach den üblichen Maßstäben immer ziemlich sonderbar aussah.« Die vor dem Ersten Weltkrieg herrschende Frauenmode mit ihren runden Konturen ließ sich mit ihrem hohen Wuchs und ihrer schlanken Gestalt nicht gut vereinbaren. In der Nachkriegszeit stiegen nicht nur die Rocksäume, die Konturen wurden auch glatter und enthüllten mehr als früher. Edith, die inzwischen die Dreißig überschritten hatte, nahm die Mode nicht zur Kenntnis, ließ sich von ihren langen Röcken nicht abbringen und entwickelte einen unverwechselbaren persönlichen Stil.

Mit ihrer äußeren Erscheinung verwirklichte sie ihr Traum-Ich; außerdem tat sie genau das Gegenteil von dem, was Eltern einer reizenden jungen Dame empfehlen würden, um gut auszusehen. Sie begehrte damit nicht nur gegen ihre Erziehung auf, es war zugleich ein Akt des Glaubens an sich selbst. »Warum sollte man versuchen, wie ein Pekinese auszusehen, wenn man ein Windhund ist?« formulierte sie ihre Ansicht. »Ich bin so stilisiert, wie das überhaupt nur möglich ist – ebenso stilisiert wie die Musik Debussys oder Ravels.«

Sie behauptete, als erste ihre Fingernägel silber- oder perlmuttfarben lackiert zu haben; sie schmückte sich mit aufsehenerregend großen Armreifen, Halsketten sowie Gagat- und Elfenbeinringen. Abends trat sie in bodenlangen Samt- oder Brokatkleidern auf, tagsüber trug sie »wollene Kleider mit engem Oberteil, langem schwingenden Rock und weiten Ärmeln, die an das Habit einer Äbtissin erinnern.«[16] Sie betonte ihren überhaupt nicht zeitgenössischen Geschmack und präsentierte sich so, wie sie sich selbst sah.

Zwangsläufig gab ihr Auftreten Anlaß zu Kommentaren. Nahezu jeder, der sich in schriftlicher Form über seine Besuche in Pembridge Mansions geäußert hat, vermerkte, was die Gastgeberin trug. Constance Sitwell, die ihr bisweilen Mißbilligung entgegenbrachte, traf Edith im Jahre 1920 eines Tages zur nachmittäglichen Teezeit »in einer schwarzweißen Kittelschürze aus Chintz und einem roten Turban auf dem Kopf« an. Kopfbedeckungen bildeten einen wesentlichen Bestandteil von Ediths Ausstaffierung, ob tagsüber oder abends. Ihr Haar war grünlich-blaß, dünn und glatt. Als sie nach London zog, trug sie es in einem großen losen Knoten im Nacken. Es war an den Seiten kurzgeschnitten und umrahmte ihr Gesicht in dünnen Strähnen. Anfang der zwanziger Jahre trug sie einen Bubikopf. Hüte und andere Kopfbedeckungen verdeckten alles, was sie an ihrem Haar auszusetzen hatte, und paßten zu ihrem markanten knochigen Gesicht.

Osbert hatte Vorhänge in kräftigen Farben für Ediths Wohnung beschafft und seiner Schwester den klugen Rat gegeben, sich in ähnliche Stoffe zu kleiden: Jemand mit einem ausgeprägten Plantagenet-Gesicht wie dem ihren durfte um den Hals keine Rüschen oder dergleichen tragen. Osbert sagte, alle drei seien 1919 in der Öffentlichkeit so bekannt gewesen, daß sich die Menschen auf der Straße umdrehten und ihnen nachsahen. Ediths Auftreten erregte ebensolches Aufsehen wie ihr Ruhm. Im Jahre 1918 saß sie Roger Fry zu einem Porträt und schrieb darüber: »[Ich] trug … ein lilienblattgrünes Abendkleid, und als ich darin im hellen Licht eines Mittsommermittags am Fitzroy Square zusammen mit Mr. Fry, dessen buschiges, langes graues Haar unter einem riesigen schwarzen Sombrero hervorwehte, von seinem Atelier aus die Straße zu seinem Haus überquerte, wo wir zu Mittag essen wollten, rief das bei den Kindern der Nachbarschaft großen Jubel hervor.« Viele bedeutende Künstler haben Edith immer wieder gemalt – ein Hinweis darauf, welchen Eindruck ihr Auftreten und ihre Persönlichkeit machten und welche Faszination von ihr ausging, denn das eine ließ sich vom anderen nicht trennen.

4

Im Räderwerk

1916–1922

Zu den Freuden von Ediths einsamer Mädchenzeit hatte die Einführung ihrer jüngeren Brüder in die Welt der Phantasie gehört – Märchen, Musik und Dichtung. Was Sacheverell über ihren Einfluß sagte, bedarf keiner weiteren Hervorhebung. Obwohl Osbert, der ihr vom Alter her näher stand, sehr selbstbewußt war, sah er in Edith auch als fast zwanzigjähriger Offizier im Garderegiment noch seine Mentorin. Sie war »meine wichtigste Ratgeberin, wenn es um die Frage ging, was man lesen mußte, und die Lyrik war ... ihre literarische Lieblingsgattung.« In Frankreich, wo er als junger Soldat im Felde stand, begann Osbert ernsthaft – satirische – Gedichte zu schreiben; er hatte aber schon als Fünfzehnjähriger eine »reißerische morgenländische Phantasie« verfaßt. »Geduldig lauschte meine Schwester den Blankversen, die – blanker als dem Verfasser bewußt war – Seite um Seite bedeckten, und lobte sie maßvoll. Nachdem sie taktvoll eine Weile hatte verstreichen lassen, damit der Stolz des Dichters ein wenig abkühlte, wies sie schonend auf die eine oder andere Schwäche hin, und nachdem etwa ein Monat vergangen war, ließ sie durchblicken, daß ich es wohl lieber selbst verbrennen sollte.« Dabei ging sie »mit viel Feingefühl und Anmut« zu Werke, um den Jungen nicht vor den Kopf zu stoßen.

Als die Brüder Mitte Zwanzig waren, legten sie ihre Schülerrolle ab und wurden Ediths Verbündete. Sie bemühte sich nunmehr darum, das Schreiben der Brüder zu fördern. Jene Fürsorge ließ sie vor allem Sacheverell angedeihen, der sich selbst wenig darum kümmerte – weder privat noch in der Öffentlichkeit. Alle Sitwells besaßen einen ausgeprägten Hang zum althergebrachten Mäzenatentum. Nachdem Osbert 1912 von den *Ballets Russes* Strawinskys *Feuervogel* hatte tanzen sehen, kam er bereits in seiner Jugend zu folgendem Ergebnis: »Jetzt wußte ich, wo ich stand. Mein Platz würde auf der Seite der Künstler sein, solange ich lebte ... Ich würde Künstler jederzeit bei jeder Art von Auseinandersetzung unterstützen.«[1]

Ein erstes bedeutendes Resultat jenes Entschlusses war eine Ausstellung moderner Kunst, die er im Jahre 1919 zusammen mit Sacheverell im Einrichtungshaus Heal's organisieren half, dazu kam die ›Adoption‹ des Komponisten William Walton. (Im selben Jahr trat Osbert mit einundzwanzig Jahren in die Arena des öffentlichen Lebens und bewarb sich als Mitglied der liberalen Partei um den Unterhaussitz von Scarborough. »Er bekam aber keine Mehrheit«, schrieb Edith an Robert Nichols. »Ich denke, die Leute sind dahintergekommen, daß er ein Dichter ist.«) Verschiedene Kritiker der Geschwister Sitwell – insbesondere Geoffrey Grigson – waren der Meinung, daß sie vor allem als Förderer der Künste glänzten und sich auf diese Rolle hätten beschränken sollen – auch eine Methode, ihre Werke zu verunglimpfen.

Edith bereitete es große Freude, vielversprechende junge Künstler zu protegieren; ihr gefiel es, junge (männliche) Dichter zu ermuntern und junge (männliche) Talente sorgsam zu hegen. Möglicherweise gewann sie dabei das Glück aus den Zeiten auf Renishaw zurück, wo sie Sachie an Sommernachmittagen Gedichte vorgelesen hatte. In ihrer Unterstützung war sie offen und großzügig, aber auch besitzergreifend. Da sie einem starken eigenen Bedürfnis nachgab, mochte das bisweilen den Eindruck der Unaufrichtigkeit oder Übertreibung erwecken; doch war Edith, die zu keinem Mann eine tiefe Beziehung hatte, in dieser Hinsicht ganz und gar aufrichtig. Immerhin war sie während der ersten Jahre, die sie in London verbrachte, in einem Alter, in dem die meisten Frauen ihre Kinder sprechen und lesen lehren. Ihr war die Gesellschaft kluger junger Männer äußerst angenehm.

Ihr ganzes Leben hindurch sollte Edith jungen Leuten ermutigend und mit Kritik zur Seite stehen, ihnen aber auch – gelegentlich zu viel – Vertrauen in ihre eigenen Fähigkeiten vermitteln. Es kam auch vor, daß sie die Falschen bestärkte. Einige der von ihr entdeckten Talente erblühten nicht im erhofften Maße; manche leuchteten kurz (und mit falschem Glanz) auf; andere wären auch ohne ihre Hilfe vorangekommen. Ihr leidenschaftliches Eintreten für Dichter und Künstler – gewisse Dichter und gewisse Künstler – bestärkte ihre ohnehin vorhandene Neigung, die Menschen in Freunde und Feinde einzuteilen.

Einer der ersten der jungen Männer, die sie unter ihre Fittiche nahm, war der Dichter Robert Nichols, der als Soldat nach wenigen Wochen Gefechtsdienst in vorderster Linie einen als ›Bombentrauma‹ oder ›Schützengrabenneurose‹ bezeichneten Zusammenbruch erlitt und 1916 als untauglich ausgemustert wurde. Sie begegnete ihm im Dezember 1917 bei eben dem Anlaß, der sie und ihre Brüder mit T. S. Eliot zusammenführte. Es handelte sich um eine Lyriklesung im Haus der Lady Colefax in South Kensington, deren Erlös wohltätigen Zwecken zugedacht war. Sir Edmund Gosse (der für den jungen, redegewandten und romantisch wirkenden Robert Nichols noch mehr Bewunderung aufbrachte als für Osbert) war Vorsitzender der Jury. Es lasen Nichols, Aldous Huxley, Viola Tree, die drei Geschwister Sitwell, Irene Rutherford McLeod (sie trug Gedichte Siegfried Sassoons vor) sowie T. S. Eliot.

Letzterer kam in einer karierten Hose und wurde von Gosse öffentlich zurechtgewiesen, weil er sich verspätet hatte. Doch konnte er nichts dazu; er hatte in der Zweigstelle der Lloyd's Bank an der Queen Victoria Street, in der er arbeitete, Überstunden machen müssen. Seine Aufgabe war es, Artikel ausländischer Zeitungen auf englisch zusammenzufassen. Schließlich las er sein Gedicht »Hippopotamus«. Aldous Huxley schrieb von Eton aus, wo er als Lehrer tätig war, seinem Bruder Julian einen begeisterten Bericht über den Abend:

> Gosse als Vorsitzender – das unausstehlichste alte Ekel, das ich je gesehen habe – der gute Robbie Ross war für die Organisation verantwortlich. Bob Nichols hat sich als Anführer von uns jungen Barden ins Treffen geworfen – (so hat uns Gosse tituliert: *Barden*) – dann ich, Viola Tree, eine junge Frau namens McLeod. Die Nachhut bildeten ganze Völkerscharen von Shufflebottoms alias Sitwells[2]: und zum guten Schluß Eliot. Aber ach – was für eine Veranstaltung. Eliot und ich waren die einzigen, die mit einer gewissen Würde auftraten. Bob Nichols schrie, tobte, stöhnte und heulte seine schmutzigen Kriegsgedichte heraus, wie der Schurke in einer Schüleraufführung, ohne jedes schauspielerische Können. Viola Tree deklamierte mit so honigsüßer und vor Lieblichkeit triefender Stimme, daß einem von dem süßlichen Getue schon nach drei Versen übel war. Die Shufflebottoms waren zwar ganz nett, aber entsetzlich nervös – das Beste an der ganzen Sache war das Abendessen, das es hinterher bei den Sitwells gab ... wir haben uns den Abend mit Alkohol erträglicher gemacht.[3]

Die Geschwister Sitwell waren keinesfalls zu nervös, um den Abend nicht auf ihre gewohnte Weise zu nutzen. Schon bald dinierte Lady Colefax bei

Osbert; und Edith lernte den gutaussehenden Robert Nichols kennen. Eigentlich brauchte er ihre Unterstützung nicht, denn er war, wenn auch nur für kurze Zeit, bereits ›arriviert‹. Doch Edith, die inzwischen an der regelmäßig erscheinenden Lyrikanthologie *Wheels* mitarbeitete, konnte ihren literarischen Schützlingen etwas mehr bieten als bloße moralische Unterstützung.

In der Öffentlichkeit brachte man allgemein *Wheels* mit Edith, der Herausgeberin, in Verbindung, obwohl sich Nancy Cunard anfangs ebensosehr engagierte. Nina Hamnett, Künstlerin und Geliebte von Künstlern, war sogar der festen Überzeugung, Nancy habe die Zeitschrift gegründet, und »drei junge Lyriker namens Sitwell« hätten dafür geschrieben.[4] Sie, die sich bei einer Gesellschaft der Geschwister Sitwell selbst als »aufgelöste Bacchantin« bezeichnete und in der Edith einen der »großzügigsten Menschen [sah], die ich kenne«, lernte alle drei Sitwells im Verlauf des Krieges kennen. Die freundschaftlichen Beziehungen entstanden in den Jahren 1916 und 1917. Nina Hamnett lebte wie Ediths alter Freund, der Maler Walter Sickert, in der Fitzroy Street. Sie nahm Osbert mit zum Tee bei Sickert, der künftig regelmäßig als Gast am Carlyle Square auftauchte. Osbert seinerseits nahm Edith mit zu W. H. Davies, der ein Zimmer an der Great Russell Street bewohnte. Ungeachtet seines Holzbeins legte Davies den ganzen langen Weg von dort nach Bayswater zu Fuß zurück, um Ediths Gesellschaften zu besuchen. Sie alle lernten den Dichter und Gelehrten Arthur Waley kennen und schätzen. Er war »hellwach trotz all seiner scheinbaren Zurückhaltung und Teilnahmslosigkeit«, wie Osbert schrieb. 1918 erschienen seine Lyrikübertragungen unter dem Titel *170 Chinese Poems*.

Edith konnte sich nicht mit allen Freunden ihres Bruders anfreunden – ein solcher Fall war Christabel McLaren (nach 1934, als ihr Mann Henry McLaren den Titel eines Lord Aberconway erbte, Lady Aberconway). Die Tochter eines ehemaligen Leiters von Scotland Yard war eine rechte Klatschbase, die alles weitertrug, was sie hörte, und allenthalben Unruhe sitftete. Da sie Osberts Freundin und Verbündete war, konnten Edith und Sacheverell ihr nur schwer aus dem Weg gehen. Christabel McLaren brachte sich »immer wieder in Erinnerung, so, wie wenn man Zwiebeln gegessen hat«, schrieb Edith viele Jahre später.

Christabel McLaren, Nina Hamnett und die andere »aufgelöste Bacchantin«, Nancy Cunard, – vital, unberechenbar, mit großen aquamarinblauen Augen und von großer erotischer Anziehungskraft –, gehörten zu einer für Edith neuen Art von Freunden, denn auf den Gebieten, die jenen Frauen wohlvertraut waren, war sie selbst unerfahren und naiv. Nina malte Edith in einer Jacke in den Farben des Regenbogens; das Bild wurde bei der Ausstellung der National Portrait Society in der Grosvenor-Galerie gezeigt, die Zeitschrift *The Tatler* kommentierte ihre »kaleidoskopischen Brüste«. Edith widerfuhr der Ruhm einer traurigen Berühmtheit, und es störte sie nicht im geringsten.

Die andere, die nonnenhafte Edith stattete Robert Graves[5] und dessen erster Frau in der Nähe von Oxford einen Besuch ab: »Nachdem ich die Gedichte dieser Frau gelesen hatte, überraschte es mich zu sehen, wie sanftmütig, häuslich und überdies gottesfürchtig sie war. Als sie uns besuchte, brachte sie ihre Zeit damit zu, daß sie auf dem Sofa sitzend Taschentücher säumte.«[6] Als 1926 Graves' erste Ehe aufgelöst wurde, lockerte sich die freundschaftliche Bindung und endete schließlich ganz – es lag nicht an ihm.

Vor dem Bruch hatte Edith oft mit Graves gesprochen und viel von ihm gelernt, obwohl sie von seiner beharrlichen freudschen Ausdeutung ihrer Gedichte nichts wissen wollte. Die in ihren Schriften zur Dichtung immer wieder auftauchende Vorstellung, ein Vers weise eine ›Textur‹ auf, also eine gleichsam stoffliche Oberflächenstruktur, hat sie von Graves übernommen, wie sie in ihrer 1925 im Verlag Hogarth Press erschienenen Streitschrift *Poetry and Criticism* selbst bestätigte. Sie zitiert, was er in *Contemporary Techniques of Poetry* schreibt und erklärt, diese Textur habe »mit der Beziehung zwischen Vokalen und Konsonanten eines Gedichts zu tun, im Unterschied zum Reim, der als bloßer Klang gilt.«

Später, als sie nicht mehr mit Graves zusammentraf, wurde sie von ihren Besuchern in Pembridge Mansions über sein Tun und Lassen auf dem laufenden gehalten. Yeats berichtete regelmäßig »von den jüngsten Entwicklungen im Hause Robert Graves – eine Quelle nie endenden Interesses und sprachlosen Staunens, sowohl für ihn wie auch für seine Zuhörerin.« Er schickte Edith auch einen Brief mit einer »wunderbaren Beschreibung der Reaktion Robert Graves' auf die Mitteilung, daß Mr. Yeats im Begriff stehe, nach Mallorca zu reisen«, wo Graves inzwischen lebte. »›Er schreibt‹, teilte ihr Mr. Yeats mit, ›daß ich ihn nicht besuchen darf‹!!«

Die Anthologie *Wheels*, mit der Edith als Herausgeberin und Lyrikerin ein Zeichen setzte, verdankte ihren Namen einem Gedicht Nancy Cunards, das 1916 am Anfang in der ersten Ausgabe (oder, wie es genannt wurde, im ersten Zyklus) von *Wheels* erschien:

> I sometimes think that all our thoughts are wheels
> Rolling forever through the painted world,
> Moved by the cunning of a thousand clowns
> Dressed paper-wise with blatant rounded masks.

> Bisweilen denke ich, daß all unsere Gedanken Räder sind, / Die immerwährend durch die buntbemalte Welt rollen, / Angetrieben vom Geschick einer Tausendschaft Clowns, / Mit kunstlosen runden Pappmasken vor dem Gesicht.

Die Aussage mag recht unbeholfen sein, doch beschwören diese Verse aus der vergleichsweise wenig aufsehenerregenden ersten Nummer der Zeitschrift, wie John Press schrieb, die Atmosphäre der gesamten Reihe herauf: »Die Welt des überreich ausgestatteten Kinderzimmers aus der Zeit König Edwards, in das man die Ballettentwürfe von Bakst und Aubrey Beardsleys Zeichnungen geschmuggelt hat.«[7] *Wheels* neigte zum Zynismus und Raffinement, und sein Ton war spröde. Doch der erste Zyklus, in den Edith ihr blutrünstiges Gedicht »The Mother« und das ebenso melodramatische »The Drunkard« aufnahm, war nicht symptomatisch.

Jahre später stieß Osbert in einem Buchantiquariat auf ein Exemplar jener ersten Nummer von *Wheels*, in der noch immer ein Brief ihrer gemeinsamen Freundin Lady Colvin lag. Darin erklärte sie einem oder einer Bekannten die Zeitschrift und deren Herausgeberin:

> Ihr Vater ist Sir George, der Baronet, und sie gilt der Schule der neuen Dichtung als Hohepriesterin ... Diese Leute sind auf dem Gebiet der Dichtung, was Post-Impressionisten und Kubisten auf dem der Malerei sind – was sie schreiben, ist äußerst schwer verständlich – es soll die Bourgeoisie aufrütteln. Sie gehören der jüngsten und neuesten Schule an, aber es kommt bestimmt nichts dabei heraus ... Bei den Sitwells kommt noch ein gewisser Humor hinzu; sie wollen einfach sehen, in welchem Ausmaß sich die Öffentlichkeit an der Nase herumführen

> läßt … Es sind recht nette und amüsante junge Leute – wenn sie doch nur keine Gedichte schrieben. Das mit dem armen Vogel tut uns so schrecklich leid, und wir hoffen, daß es ihm besser geht.[8]

Als Osbert auf diesen Brief stieß, befand er sich im mittleren Alter. Ob wirklich die gesamte »Schule der neuen Dichtung« in Edith ihre Hohepriesterin sah, darf bezweifelt werden. Den wenigsten sagte 1916 ihr Name etwas. Vorsichtige Menschen, wie Lady Colvin, legten sich nicht fest, ob aus der Sache etwas werden würde oder nicht. Aldous Huxley beispielsweise verbarg seine Unsicherheit hinter Herablassung und Schnoddrigkeit. Er hatte Edith im Juni 1917 vor der Lesung im Hause Colefax kennengelernt und Lady Ottoline Morell berichtet, Edith lege »größten Wert darauf, daß ich zu ihrer abscheulichen Schrift etwas beitrage. Diese Leute von *Wheels* nehmen sich ernst: Ich hätte das nicht für möglich gehalten!«[9]

Edith und der dreiundzwanzigjährige Huxley gingen einmal gemeinsam zum Mittagessen. Was sie darüber berichten, weicht leider voneinander ab. Er teilte Lady Ottoline lediglich mit, er habe »einfältig dagesessen und die Schmeicheleien der lächerlichen Sitwell in mich aufgenommen«. Edith erinnerte sich – zugegebenermaßen Jahre später – an eine eher lyrische Situation:

> An einem traumhaft goldenen Junitag lud er mich zum Mittagessen in die *Isola Bella* ein, ein Restaurant in Soho. Große Sterne aus Tau mit Sonnenstäubchen tanzten in der Luft, die wie Weißwein und von Tönen erfüllt war, die wie das Echo von Erinnerungen klangen. Kaum trat ich aus diesem Licht in die Kühle des Restaurants, schien eine plötzliche angenehme Dunkelheit und das Schweigen meines Gastgebers den Tag zu dämpfen … Dies Schweigen schien sich kilometerweit zu erstrecken und sobald es einsetzte, das Leben auszulöschen wie eine Schneuzschere die Kerzenflamme. Gleichwohl war er, sofern man ihn nicht unterbrach, einer der großartigsten Erzähler, die ich je kennengelernt habe.[10]

(Was übrigens die Art des Schweigens von Menschen angeht: Ford Madox Ford[11] hat über Wyndham Lewis in *Return to Yesterday* gesagt: »Nie bin ich einem anderen Menschen begegnet, dessen Schweigen eher ein positives als ein negatives Merkmal war.«)

Aldous Huxley lieferte allerdings Beiträge zu *Wheels*, der »wohlbekannten Gesellschaftsanthologie«, wie er seinem Bruder Julian einige Monate nach jenem Mittagessen in der *Isola Bella* mitteilte. In seinem Rechtfertigungsversuch heißt es:

> Die Leute, die das herausgeben, sind eine Familie Sitwell, alias Shufflebottom, drei Geschwister namens Edith, Osbert und Sacheverell – ist das nicht glänzend –, einer länger und blasser als der andere. Edith mag ich, aber die Brüder, Ozzy und Sachie, sind doch zu dicke Brocken, als daß man sie schlucken könnte. Ihr erklärtes Ziel ist REBELLION, was ganz reizend klingt: Nur erweisen sich die Schritte, die zu unternehmen, und die Konsequenzen, die zu tragen sie bereit sind, als so winzig, daß sie sich mit bloßem Auge kaum wahrnehmen lassen. Dabei sind sie so ernsthaft und bescheiden ... Diese lieben soliden Leute ... die mit einem Mal den Intellekt entdeckt haben und sich an ihm zu berauschen anfangen ... sind ein bezaubernder Menschenschlag.[12]

Ungeachtet aller Herablassung gab Huxley den Spott über seine Mitarbeit an *Wheels* auf. Ihm gefiel die »Stierkämpferhaltung gegenüber den unsäglichen Widerlingen dieser Welt«, und er nahm auf seine spöttische Weise die Geschwister Sitwell als Bestandteil der Londoner Szene hin und sah in ihnen nicht mehr die ›Stuhlrutscher‹. Im Mai 1918 berichtete er Lady Ottoline, er habe bei der Gaudier-Brzeska-Ausstellung »fast jeden gesehen – die großartige Gesellschaft der Sitwells, das edle Heer der Dichter, unter ihnen Graves und Eliot«.[13] Als er 1921/22 mit seiner Frau Maria kurz nach der Eheschließung an der Westbourne Terrace lebte, ganz in der Nähe von Pembridge Mansions, gab es regelmäßig reihum wöchentliche Abendeinladungen bei den drei Sitwells, den Huxleys sowie Naomi Royde-Smith. Anschließend gingen gewöhnlich alle miteinander ins Kino. Edith mochte Aldous Huxley sehr.

Die Anthologie *Wheels*, von der zwischen 1916 und 1921 lediglich sechs ›Zyklen‹ herauskamen, fand bei der Kritik stets unterschiedliche Aufnahme; ihr großer Erfolg aber bestand darin, daß man sie einmütig als Herausforderung an die etablierte und beim Establishment akzeptierte Georgianische Dichtkunst anerkannte und als Alternative dazu ansah.

»Die Georgianische Dichtkunst ist wie eine Koalitionsregierung, und *Wheels* wie die Opposition der Radikalen«, ließ sich Middleton Murry in *Athenaeum* vernehmen. »Keiner von ihnen singt«, murrte am 27. Dezember 1917 die Literaturausgabe der *Times* über die Autoren jener Anthologie; »die meisten sind viel zu sehr darauf bedacht, sich außerhalb des eigentlichen Lebens zu halten, sie murren und schneiden Gesichter und wälzen große Worte im Mund.« T. S. Eliot äußerte in seiner Besprechung derselben Ausgabe von *Wheels* im *Egoist* vom 18. März 1918: »Die Beiträger machen ihre Sache nur halb. ... An die Stelle von Regenbogen, Kuckucken, Narzissen und scheuen Hasen setzen sie Statuen im Park, Gitarren und Mandolinen.« Dennoch nannte er die Anthologie ein »ernsthafteres Buch« als die jüngste Ausgabe von *Georgian Poetry*. Woran die Kritiker im Laufe der Zeit Anstoß nahmen, war, daß es sich um eine Anthologie handelte – Anthologien waren zu jener Zeit nahezu ebenso in Mode wie die Dichterlesungen in Salons, mit denen die Gesellschaft auf den Aufschwung reagierte, den die Dichtkunst nahm. Murry bedauerte im *Athenaeum* vom 16. Mai 1919, daß »in jüngster Zeit finanziell unabhängige Damen und fortschrittliche private Salons um die Gunst von Dichtern wetteifern, denen es nichts ausmacht, ihre eigenen Kompositionen zu rezitieren. Der Dichtertee ist in der gesellschaftlichen Wertschätzung dem Tanztee dicht auf den Fersen.«

Einer der ersten, die Beiträge zu *Wheels* schrieben, war der Chilene Alvaro Guevara, von ihm stammten auch die Entwürfe der Schutzumschläge für den ersten Band. Zu Huxley fühlte sich Edith in hohem Maße hingezogen; den Maler Guevara, der sieben Jahre jünger war als sie, aber liebte sie. Er war als Junge nach England gekommen und hatte am Technical College von Bradford und der Londoner Slade School of Fine Art studiert. Ediths Dichtung sprach ihn an, und die Autorin beeindruckte ihn tief. Das Bild mit dem Titel *The Editor of Wheels*, das er 1916 von ihr malte, wurde berühmt und hängt jetzt in Londons National Portrait Gallery. Die Freundschaft zwischen den beiden hatte zu jener Zeit, da er sie malte, ihren Höhepunkt erreicht, doch verehrte er Edith auch noch 1920; zu Anfang jenes Jahres besuchten sie gemeinsam eine Gesellschaft bei Lady Ottoline Morrell. Edith vertraute Allanah Harper zehn Jahre später an, sie habe ›Chile‹, wie er genannt wurde, geliebt und hätte ihn wohl auch geheiratet, wenn ihr nicht irgendein Intrigant zugeflüstert hätte, er leide an einer Krankheit, die ihn zur Ehe untauglich mache ...

Die Wahrheit war schmerzlicher. Chile hatte zahlreiche Affären – mit Angehörigen beider Geschlechter. Er war nach außen gewandt, sinnlich, labil und ausgesprochen südländisch, kurz, in jeder Hinsicht das Gegenteil von Edith. Doch der Grund dafür, daß man ihm die Eignung zum dauerhaften Partner absprechen mußte, war ein anderer – er liebte Edith nicht. Seine Empfindungen für sie lagen auf einer schwärmerischen und spirituellen Ebene. Seine Biographin sagt dazu: »Jeder konnte sehen, daß Chile Edith verehrte; die gemeinsamen Ballett- und Konzertbesuche, Ediths Teegesellschaften und Lyriklesungen, ihre Liebe, ihr Geist und ihr Mitgefühl, alles bot ihm Seelenbalsam, von Nancy aber war er besessen.«[14] Der Knüppel zwischen den Speichen von Ediths Rad war die von Chile 1919 gemalte Nancy Cunard. Sie fesselte ihn über viele Jahre hinweg (geheiratet hat er allerdings 1929 Meraud Guinness).

Von 1922 bis 1925 hielt sich der Maler in Chile auf. Während jener Zeit schrieben er und Edith einander zwar, doch kam sie allmählich über die Sache hinweg und gewann erneut Selbstvertrauen. Als Chile nach London zurückkehrte, beteiligten sich die Geschwister Sitwell fördernd an einer Ausstellung seiner Gemälde. Edith war eine denkbar treue abgewiesene Liebhaberin. So bat sie 1927, als Chile nach Paris ziehen wollte, Gertrude Stein in einem Brief, sich um »einen meiner ältesten Freunde« zu kümmern. »Er ist Maler und Autor. Er hat wirklich Genie – ist keiner von diesen belanglosen Intellektuellen ... Es wäre entsetzlich, wenn sich ein Mann seiner Fähigkeiten von den unbedeutenden ordinären Kleidermotten stückweise auffressen lassen müßte, die trinkend in den Cafés herumsitzen und so tun, als seien sie Genies.« Dabei dachte sie vermutlich an ihre einstige Kollegin Nancy Cunard. Robert Nichols verliebte sich gleichfalls in sie; und Aldous Huxley, der Nancy 1917 im Verlauf seiner Mitarbeit an *Wheels* kennengelernt hatte, entbrannte einige Jahre später in hoffnungsloser Liebe zu ihr. Auch Osbert mochte sie sehr und ›liebte‹ sie, soweit ihm das bei einer Frau möglich war.

In den frühen Zyklen von *Wheels* tauchten immer wieder die Namen Iris Tree (wie Viola eine Tochter Sir Herberts), Sherard Vines und Arnold James auf, außerdem Guevara, Nancy Cunard, Huxley, Helen Rootham (mit ihren Rimbaud-Übersetzungen) und die drei Sitwells. Der vierte Zyklus, der im November 1919 erschien, enthielt sieben Gedichte Wilfrid Owens, dessen Andenken der ganze Band gewidmet war. Dieser Akt der

Pietät wurde für Edith zugleich zu einem gewaltigen Erfolg, den auch nicht schmälern konnte, daß der Vorname des Autors auf dem Titelblatt versehentlich als ›Wilfid‹ erschien. Owen war eng mit Siegfried Sassoon befreundet gewesen, der 1918 aus Frankreich geschrieben und Osbert gebeten hatte, sich seines jungen Freundes anzunehmen. Als sich Osbert, Sassoon und Owen in jenem Sommer gleichzeitig in London aufhielten, verbrachten sie zu dritt einen Nachmittag bei Musik und Himbeeren mit Schlagsahne. Dann mußte Owen wieder an die Front. Er fiel eine Woche vor Kriegsende.

Edith, die ihn nie kennenlernte, bekam durch Osbert einige von dessen handschriftlichen Gedichten und besaß die Umsicht, Owens Mutter brieflich zu fragen, ob sie einige davon – unter anderem »Strange Meeting« – in *Wheels* veröffentlichen dürfe. Middleton Murry erkannte Owens Rang an, als der vierte Zyklus erschien – J.C. Squire allerdings tat ihn im *Mercury* als unerheblich ab. Murry verkündete in der Nummer des *Athenaeum* vom 5. Dezember 1919:

> Wir haben unsere Meinung; wir wissen, daß *Georgian Poetry* eine Menge und *Wheels* einige gute Gedichte enthält. Wir wissen, daß *Georgian Poetry* eine Menge schlechte Gedichte enthält, *Wheels* aber weniger. Wir wissen, daß in *Wheels* ein Gedicht steht, neben dessen eindringlicher und düsterer Vorstellungskraft selbst die gute Dichtung in *Georgian Poetry* einen Augenblick lang verblaßt.

Damit bezog er sich auf »Strange Meeting« – und stellte zugleich erneut den inzwischen geradezu obligatorischen Vergleich zwischen der jeweils jüngsten Nummer von *Wheels* und dem neuesten Band von *Georgian Poetry* an. Das ist um so erstaunlicher, wenn man die Auflage berücksichtigt, die für *Georgian Poetry* beeindruckend war. Von der Owen gewidmeten Ausgabe der Anthologie *Wheels* wurden lediglich tausend Exemplare gedruckt; die Auflage der meisten anderen Zyklen war noch geringer.

Edith, die nunmehr ein Buch mit Owens Kriegsgedichten herausgeben wollte, erlitt mit diesem Vorhaben Schiffbruch. Sie erklärte Owens Mutter, Sassoon habe sie besucht und ihr gesagt, »es war der Wunsch Ihres Sohnes, daß er [Captain Sassoon] sich um die Veröffentlichung der Gedichte kümmern sollte, weil sie so eng befreundet waren. Unter diesen Umständen bleibt mir nichts anderes übrig, als sie ihm zu überlassen.« Sie bat Mrs. Owen, die noch in ihrem Besitz befindlichen Gedichte ihres Sohnes »an *mich*« zu senden. Tatsächlich wäre ihr Plan beinahe gelungen, denn im Januar 1920 brach Sassoon nach Amerika auf »und vertraute mir alle Manuskripte Ihres Sohnes an, damit ich sie bis zum 1. Februar druckfertig mache. Captain Sassoon hat für ihre Aufbereitung nichts getan.«[15] Edith interessierte sich sehr für Captain Sassoon, doch waren ihre Beziehungen schwierig, und an seinem Verhalten hatte sie immer etwas auszusetzen.

Im Juni 1920 brachte der Verleger Blackwell unter dem Titel *The Wooden Pegasus* eine Sammlung von Ediths Gedichten heraus. Durch dieses Buch gewann sie den jungen William Plomer, dessen Freundschaft sie ein Leben lang begleiten sollte. Er stammte aus Südafrika und ließ sich das Buch nach Johannesburg kommen. Wie er in seiner Autobiographie schrieb, bestätigte es, »als es mit seinem leuchtend tiefroten Umschlag hier eintraf, daß sie dem Ruf des 98. Psalms gefolgt war, dem nur ein Dichter zu folgen vermag: ›Singet dem Herrn ein neues Lied, denn er hat Großes an uns getan.‹« Schon bald darauf kam der aufstrebende Autor nach London, wo er Edith zum ersten Mal bei einer Lesung im Swedenborg-Saal sah. Ihr Auftreten sei, wie er schrieb, »nicht im geringsten geziert oder affektiert« gewesen. »Sie war von einer Würde, die an Sprödigkeit grenzte; in ihrer Stimme und der Form ihrer Augenlider lag verhüllte Leidenschaft; sie besaß einen ausgeprägten Sinn für das Lächerliche, das Platte und das Unverschämte.« Als er sie zum zweiten Mal erlebte, und zwar bei einer Lesung mit Osbert und Sacheverell in einem Privathaus in Mayfair, zu der alle in Abendgarderobe erschienen waren, spürte er, daß zwischen Edith »und dem Publikum ein gewisser Mangel an Übereinstimmung« bestand, als gäbe es zwischen ihnen »eine unüberbrückbare Kluft«. Damit hatte er recht. Salons in Mayfair sollten auch künftig kein Milieu sein, in dem sich Edith wohlfühlte.

Im letzten Zyklus von *Wheels*, der im November 1921 herauskam, veröffentlichte Edith das Gedicht eines ungemein frühreifen Sechzehnjährigen namens Brian Howard, der noch in Eton zur Schule ging. Es hatte den Titel »Barouches Noirs«[16]. Edith behandelte den Verfasser dieses Gedichts wie eine Reinkarnation ihres Bruders Sachie. Bereits im Vorjahr war von Howard in *New Age* eine Persiflage mit dem Titel »The New Age« erschienen. Dieser Streifzug durch die Welt der literarischen Mode, eine wissende und satirische Darstellung der in Kunst und Journalismus vorherrschenden Strömungen, endete mit einem Seitenhieb auf den *London Mercury* und einem Verweis auf *Wheels*.

> Dann ist da das neue *Wheels* ... *remplissage*, *remplissage*. Es ist das vierte wieder aufgewärmte (Fahr-) Rad, und ich frage mich, ob Edith Sitwell Angstträume bzgl. Scarabombazons hat ... Dieser leidenschaftliche Hang zum Gewöhnlichen ist das schlimmste von allem. Was nur mag die Zukunft bringen? Aber nicht nur das, selbst die wird so vorgestrig!

Anfang 1921 schrieb Brian Howard in sein Tagebuch: »Hab ein paar dadaistische Gedichte fabriziert und an Edith Sitwell geschickt.« Danach heißt es : »Bekam einen *hinreißenden* Brief von Edith Sitwell.« Es war in der Tat ein großartiger Brief, den sie ihm am 14. Februar aus Pembridge Mansions schrieb:

> Ich werde etwas tun, was ich noch nie zuvor getan habe – ich lasse Ihnen detaillierte Kritik und Ratschläge zu Ihren Gedichten zuteil werden. Mir flattern Manuskripte in großer Zahl ins Haus, und sie alle lasse ich mit einer kurzen Erklärung des Bedauerns zurückgehen. Ihr Fall aber liegt anders. Sie sind ganz erkennbar begabt, und ich hoffe, von Ihren Arbeiten einiges in *Wheels* veröffentlichen zu können – unter Umständen in diesem Jahr, sonst im nächsten. Das hängt von Ihnen ab.
>
> Möglicherweise werden Sie sich anfänglich darüber ärgern, was ich Ihnen mitzuteilen habe; doch liegt in Ihren Gedichten so augenscheinlich ein Versprechen, daß ich Ihre Zukunft nicht aufs Spiel setzen möchte, indem ich sie *in ihrem gegenwärtigen Zustand* veröffentliche.

Der entzückte junge Mann schickte Edith postwendend acht weitere Gedichte, und sie schrieb ihm am 18. erneut, diesmal noch ausführlicher.

> An Ihrer überaus bemerkenswerten Begabung kann es nicht den geringsten Zweifel geben, so daß sie zu den schönsten Hoffnungen berechtigt: ›Geborenen Dichtern‹ droht eine große Gefahr – sie neigen dazu, im Laufe der Zeit sorglos zu werden und sich allzu rasch zufrieden

zu geben; doch glaube ich nicht, daß Sie dieser Versuchung erliegen werden ... Jedenfalls werde ich mich sogleich melden, wenn ich auch nur einen Anflug davon erkenne. Lassen Sie sich gesagt sein, daß ich in Ihrem Werk mehr beachtenswerte Begabung sehe als in dem irgendeines anderen Dichters unter zwanzig, mit dem ich bisher zu tun hatte, meinen Bruder Sacheverell ausgenommen.

So machte Edith neben den Hoffnungen, zu denen sein Talent berechtigte, auch seine Zukunft zu ihrer Sache. Ihre Schmeichelei und Bewunderung tat seinem Schreiben nicht gut. Es »verdrehte mir ziemlich den Kopf«, schrieb er, »und meine Gedichte wurden immer affektierter, zerebraler, selbstsicherer und schlechter.«

Gegen Ende ihres zweiten Briefs hatte Edith geschrieben: »Halten Sie sich in London auf, wenn Sie nicht in Eton sind? Falls nicht – kommen Sie gelegentlich durch London? Dann können Sie mich besuchen und den Nachmittag bei mir verbringen. Wir würden vor dem Tee an Ihren Gedichten arbeiten und danach über Bücher, Bilder und Musik reden.« Sie schloß: »Schicken Sie mir alles, was Sie schreiben. Ich werde tun, was in meinen Kräften steht, um Ihnen zu helfen.«

Seine »Barouches Noirs« gelangten prompt in die sechste Ausgabe von *Wheels*:

Old, broken-down barouches that followed
  their soundless horses soundlessly,
And contained loads of young dead people,
  propped up in outrageous positions.

Alte klapprige Landauer, die / lautlos ihren lautlosen Pferden folgten, / Mit Massen toter junger Leute, / die in greulichen Stellungen darin lehnten.

Edith nannte es sein »bestes«. Sie hatte noch mehr Gedichte von ihm aufnehmen wollen, aber *Wheels* war in Schwierigkeiten. »Wegen der beständigen Angriffe, die aus verschiedenen Richtungen gegen uns geführt werden«, sagte sie. Blackwell war nicht mehr bereit, die Anthologie zu verlegen, und nach langem Hin und Her hatte sich C. W. Daniel dazu bewegen lassen, eine im Umfang deutlich verminderte Ausgabe herauszubringen (64 Seiten zu 3 s 6 d gegenüber dem fünften Zyklus mit 128 Seiten zu 6 s, wozu Severins Schlußblätter kamen). Die Räder von *Wheels* drehten sich nicht mehr. Doch schon war Edith mit einem neuen Projekt beschäftigt. Im selben Monat, in dem sein Gedicht erschien, schrieb sie an Brian: »Werden Sie zufällig am Abend des 15. Dezember in London sein? Falls ja, könnten Sie mich zu einer Veranstaltung der Anglo-Französischen Dichtervereinigung begleiten – ich gehöre dem Komitee an. Dort wird William Davies aus seinen Gedichten lesen, und Mrs. Arnold Bennett wird rezitieren. Sie könnten beide kennenlernen.«

Arnold Bennett hatte kurz zuvor Osbert eine Gefälligkeit erwiesen: Durch seine Vermittlung war Osbert neben Herbert Read literarischer Mitherausgeber der Zeitschrift *Art and Letters* geworden. Edith hatte sich mit Bennett und seiner Frau Marguerite angefreundet, einer gebürtigen Französin. Sie war *diseuse* – d.h., sie trug Lyrik in Salons vor – und beeindruckte Edith zutiefst. »Ich war immer der Ansicht, daß ich französische Dichtung liebe und sie verstehen kann; aber ihre Interpretationen haben mich hunderterlei gelehrt.« Sie widmete den Zyklus von *Wheels*, der 1920 erschien, »Mrs. Arnold Bennett, der bedeutendsten Lyrikinterpretin«, und schrieb ihr: »Ich brauche Ihnen nicht zu sagen, wie stolz wir alle waren, *Wheels* einer solchen Künstlerin widmen zu dürfen. Es bedeutet eine große Auszeichnung für das Buch.« Im Jahre 1920 gründeten Mrs. Bennett, Edith und Helen Rootham die Anglo-Französische Dichtervereinigung, hauptsächlich, um Mrs. Bennett ein Podium für ihre Rezitationsabende zu verschaffen. Arnold Bennett erklärte sich bereit, als Vorsitzender zu fungieren. Als die Anthologie *Wheels* dahinsiechte, empfand Edith das Bedürfnis, sich eine ansehnlichere Basis als die von ihr und Helen in Pembridge Mansions veranstalteten musikalischen Soireen und Teenachmittage zu verschaffen. Ihren Bemühungen, Robert Nichols mit einzubeziehen, war kein Erfolg beschieden, und auch ihre Hoffnung, Osbert und Sachie für ihren Plan zu gewinnen, zerschlug sich am Ende. Doch mit ihrer Verbindung zu Mrs. Bennett, für die eine regelmäßig verfügbare Plattform einen offenkundigen beruflichen Vorteil bedeutete, hatte Edith mehr Erfolg, auch wenn sich ihr Wunsch nicht erfüllte, »Arbeitern den intelligenten Umgang mit den Künsten nahezubringen.« Die erste Zusammenkunft der Anglo-Französischen Dichtervereinigung fand im Juni 1920 im Hause der Bennetts statt. Das französische Element sprach Helen anfänglich mehr an als Edith; doch später schrieb Edith voll

Begeisterung an Mrs. Bennett (zu jener Zeit redeten sie einander noch nicht mit Vornamen an):

> Sicherlich war Ihre Kunst nahezu allen Zuhörern am Mittwoch eine Offenbarung – bestimmt all jenen, die zuvor noch nicht von Ihnen gehört hatten. Nie habe ich Sie schöner rezitieren hören, und nie habe ich Ihre Stimme vollendeter gehört. Es war ein Triumph. Ich versichere Ihnen, das Publikum war überwältigt. Das weiß ich, weil ich die Leute von meinem Platz aus beobachten konnte. Es war eine wahrhaft große Ehre, Ihnen zuhören zu dürfen, und ich möchte Ihnen noch einmal danken.

Die erste Zeit der neuen Freundschaft war wunderschön. Edith lud die Bennetts nach Renishaw ein (sie kamen nicht) und zu musikalischen Soireen in Pembridge Mansions, bei denen Helen mit ihrer vollen Stimme der Glanzpunkt des Abends war. Als Mrs. Bennett eine Vortragsreise nach Schottland unternahm, wo sie Baudelaire rezitierte (»ein Vorhaben, das Nerven verlangt«, wie ihr Mann in seinem Tagebuch vermerkte), schickten Edith und Helen Telegramme voraus, mit denen sie ihr Erfolg wünschten. Jedesmal, wenn Edith sie rezitieren hörte, schrieb sie einen Brief voll warmer, liebevoller Bewunderung. Bald schon nannten sie einander ›Edith‹ und ›Marguerite‹.

Neben Mrs. Bennetts öffentlichen Auftritten gab es auch private. Bei einer solchen Gelegenheit war außer Edith und Robert Nichols nur noch eine junge Kriegerwitwe zugegen, Olive Valentine, der beide Bennetts sehr zugeneigt waren. Zuerst gab es eine Tasse Tee, dann nahmen Gäste und Gastgeberin ihre Plätze für die Rezitation ein. Olive Valentine hat das Ereignis wie folgt beschrieben:

> Ich saß mit dem Rücken zum Fenster und konnte so die Szene genau beobachten, die sich in einem kleinen Nebenraum des sehr großen Salons in der Wohnung in der Londoner Maddox Street abspielte. Mir am nächsten saß Edith Sitwell, und Nichols in einem Sessel gleich neben ihr. Marguerite saß etwa drei Meter vor den beiden rechts von mir. Hinter ihr hing das wunderbare Modigliani-Gemälde *Die Frau in Grau*, als beobachte es das Ereignis, und rechts von Marguerite sah gleichfalls neugierig Edward Woolfs vorzügliches Gemälde zu, das man für eines

> von Picasso halten konnte ... Marguerite hatte die Augen geschlossen und begann den Vortrag, indem sie in der tiefsten ihr zu Gebote stehenden Stimmlage ein *schrecklich* langgezogenes »SILENCE« von sich gab, wobei sie zweimal die Hände vom Schoß bis etwa in Schulterhöhe hob. Auch Edith hielt die Augen geschlossen, saß aber gänzlich still und hörte erkennbar angespannt dem eintönigen Gedicht zu. Nach wenigen Minuten des Vortrags – sehr gut – krallte Robert Nichols die Finger in die Lehnen seines Sessels und schwankte vor Ergriffenheit.[17]

Die einzige in der Gruppe, die ihre Augen weit offenhielt, Olive Valentine, hatte Mühe, nicht laut vor Lachen herauszuplatzen. »Alles kam mir so unwirklich und ziemlich albern vor, obwohl es sich wahrscheinlich lohnte, auf die Worte zu achten – bei jener Gelegenheit waren es Baudelaire-Gedichte. Aber dazu war ich nicht imstande, war ich doch viel zu sehr damit beschäftigt, das Bild in mich aufzunehmen, das sich mir bot.« So »unwirklich und ziemlich albern« die Sache auch war, sie machte Edith für eine Weile glücklich. Im August 1921, den sie auf Renishaw verbrachte, freute sie sich in ihren Briefen an Marguerite Bennett auf einen Herbst »voll interessanter schwerer Arbeit und Erfolg« für die Anglo-Französische Dichtervereinigung.

Mrs. Bennetts Leben ging nicht besonders vielversprechend weiter. Ihre Ehe stand im Begriff zu scheitern. Doch auch dann noch, als die Dinge zwischen ihm und Marguerite schlimmer nicht stehen konnten, verhielt sich Bennett der Vereinigung gegenüber sehr wohlwollend, denn er mochte Edith und Helen. Nach einer Gesellschaft in Pembridge Mansions hatte er im Dezember 1920 in sein Tagebuch notiert: »Zwei winzige Räume voller Rauch und Menschen. Aber keineswegs öde. Ich habe mich dort noch nie gelangeweilt.«[18] Die Mitteilung an Marguerite, daß er wegen einer Trennung seinen Anwalt aufgesucht hatte, zögerte er hinaus, bis die Zusammenkunft der Vereinigung in Lady Swaythlings Salon im Oktober 1921 vorüber war. Dann erst sagte er es ihr.

Etwa um diese Zeit ließ Ediths Bewunderung nach, und ihr Hang, Einfluß zu nehmen, machte sich verstärkt bemerkbar. Wie Osbert in seinen Äußerungen über ihre Kindheit angemerkt hat, war es nicht ihre Art, die zweite Geige zu spielen. »Wie viele Programme Du zusammengestellt hast«, schrieb sie an »meine liebe Marguerite« und fuhr fort:

> Findest Du nicht auch, daß es gut wäre, jeweils zwischen zwei klassischen Programmen ein modernes einzuschieben? Mit ›modern‹ meine ich ab Baudelaire und Swinburne. Ich finde, wir haben zu viele ›alte‹ Programme, und das Publikum könnte annehmen, daß wir zu lehrhaft auftreten. Meinst Du nicht auch? – Außerdem sähe das doch schrecklich reaktionär aus.

Möglicherweise war ein Hauch negativer Publikumsreaktion sogar bis in Ediths Nase gedrungen. Zwar waren herausragende Lyriker – unter ihnen W. H. Davies und T. S. Eliot – bereit, sich aus Freundschaft in den Dienst der Vereinigung zu stellen, doch sahen wahrscheinlich ziemlich viele die Dinge so belustigt wie Olive Valentine und so boshaft wie Lytton Strachey. In einem Brief an Carrington beschrieb er eine Zusammenkunft der Vereinigung – »eine unglaublich furchterregende Veranstaltung« – , die im Juni 1922 im Hause der Bennetts stattfand:

> *Er* war nicht zugegen, wohl aber *sie* – meine Güte, was für eine Frau! Offensichtlich handelt es sich um eine Art Dichtergesellschaft. Es gab eine (unsagbar klägliche) Einführung zu Rimbaud usw. von einem dümmlichen Franzosen; dann trat Edith Sitwell auf, mit einer Nase länger als die eines Ameisenbären, und las etwas von ihrem krausen Zeug; dann Eliot – sehr schwermütig und trübe – es war richtig zum Weinen. Schließlich rezitierte Mrs. Arnold Bennett mit Singsangstimme und Armgefuchtel Baudelaire und Verlaine, bis sich alle beinahe übergeben mußten. Wenn man das Ganze als Szene schwachsinnigen Schreckens nahm, war es äußerst unterhaltsam.[19]

Gegen Ende 1921 kam es zwischen Edith und Mrs. Bennett zu einem ausgewachsenen Zerwürfnis über einen von Mrs. Bennetts Schützlingen, eine Mademoiselle Gabain, die als Rezitatorin eingeladen worden war. Edith gefiel deren Gedichtauswahl nicht, und Mademoiselle Gabain äußerte sich überdies kritisch zur Qualität der von Edith empfohlenen Rimbaud-Gedichte. Da sie damit vor allem Helens Fachverstand in Frage stellte, beteiligte sich diese schriftlich an der Auseinandersetzung. Mrs. Bennett gegenüber rechtfertigte Edith das Eingreifen ihrer Freundin: »Helen kennt sich in der literarischen Welt Frankreichs und Englands nun einmal glänzend aus, da sie die beste Rimbaud-Übersetzerin ist, die es je gab. Mithin hat Mlle Gabain den herablassenden Brief, über den sie sich beklagt, ihrer eigenen Unverschämtheit und Überheblichkeit zuzuschreiben.«

Freundestreue ist etwas Gutes, aber man kann sich unschwer vorstellen, wie Helens drohender Schatten wutschnaubend über Ediths Schulter sah, die ihre Entrüstung dem Brief an Mrs. Bennett anvertraute. Helen konnte sehr heftig werden, war ehrgeizig und nicht mehr jung. Nur wenige Monate nach diesem Vorfall beschrieb Brian Howard sie im Juli 1922 in einem Brief an Harold Acton als »eine dieser entsetzlich energischen Frauen ... Sie hat mir ein Bild von Kandinsky unter die Nase gehalten – ein unzusammenhängendes Farbgekleckse – und mir mit Nachdruck ins Ohr gemurmelt: ›Ist das nicht *unverfälschte Schönheit*?‹ Ich habe ihr recht gegeben; so halte ich es im Angesicht roher Gewalt immer.« Wieviel Kraft Helen auch haben mochte, zweifellos war ihr klar, daß ihre einstige Schülerin sie binnen kurzem vollständig überflügeln würde.

Der Streit mit Mrs. Bennett (»Mir, der Dichterin im Ausschuß, kam die entscheidende Stimme zu«, hatte ihr Edith geschrieben) war die erste von zahllosen Gelegenheiten, bei denen Edith auf ihren Fachverstand und ihre Professionalität pochte, und zwar in einer hochtrabenden und vernichtenden Weise, wie sie Dichter im allgemeinen nicht für nötig halten. Darin muß die streitbare Helen sie bestärkt haben, die so lange ihre einzige Vertraute und ihre Stütze gewesen war, wenn es galt, den Banausen die Stirn zu bieten. Für Edith verkörperte sie alles, was in ihrer Jugend wahrhaft befreiend gewesen war und ihr das Gefühl der Sicherheit vermittelt hatte. Doch auch ein guter Geist kann im Laufe der Zeit zum Sukkubus werden.

Anlagen zu Aggressionen und empörten Aufschreien gab es auch in Ediths Persönlichkeit. Ihre Unsicherheit brachte sie dazu, in ihren Beziehungen zu anderen extreme Positionen einzunehmen. Mit Ausnahme der Brüder hatte niemand sie je beständig und bedingungslos geliebt, und die Brüder hatten jetzt andere Sorgen. Edith neigte dazu, sich Hals über Kopf in Freundschaften zu stürzen, und erwartete von ihren Freunden mehr, als sie bisweilen ertragen konnten. Allerdings trafen im Lauf ihres Lebens Mitgefühl und Bedürfnis bei etwa einem halben Dutzend Menschen auf ebensoviel Mitgefühl und gleiche Bedürfnisse. Gegen Kritik, auch wenn sie nur eingebildet war, setzte sie sich mit übertriebener Schärfe zur Wehr und schlug augenblicklich zurück. Bis zu einem gewissen Punkt liefen in ihr emotionale Prozesse in gleicher Weise ab wie bei anderen, doch mit dem Unterschied, daß die meisten Menschen vieles von dem, was sie empfinden, für sich behalten. Edith machte aus ihrem Herzen keine Mördergrube. Auch wenn sie lernte, sich in der Öffentlichkeit gekonnt in Szene zu setzen, war sie in keiner Weise eine Schauspielerin. Sie reagierte so impulsiv und aufbrausend wie ein Kind.

Inzwischen hatte Mrs. Bennett von Helen mehr als genug, was sie Edith umgehend wissen ließ. Damit war für Edith das Kapitel Mrs. Bennett abgeschlossen:

> Wie konntest Du nur glauben, einen solchen Brief über Helen schreiben zu dürfen. Mit deiner gehässigen Unverschämtheit stellst Du Dir ein äußerst schlechtes Zeugnis aus.
> Das letzte, was man Helen vorwerfen dürfte, ist, daß sie sich auf irgendeine Kunst etwas einbilde! Über Helens Kunst aber möchte ich mich mit Dir wirklich nicht auseinandersetzen.

Was »Helens Kunst« anging, kannte Ediths Nachsicht keine Grenzen. Wenn die Welt Helen nicht schätzte, lag das nicht daran, daß Edith versucht hätte, ihre einstige Gouvernante beiseite zu drängen. Sie versuchte einmal, ihr zu helfen, indem sie Helens Fähigkeit herausstrich, Vorträge zu halten.

> Dürfte ich anregen, daß Sie Miss Helen Rootham einladen, die ehemalige Musikkritikerin von *New Age*, die häufig an verschiedenen Orten Vorträge gehalten hat, ihr ungewöhnlich erhellendes Referat über die Frage zu halten, wie sich das Bewußtsein der Moderne in Musik, Dichtung und Tanz darstellt? Ich habe es gehört – es ist wirklich ganz ungewöhnlich. Wir sind sehr befreundet (wir teilen uns sogar eine Wohnung, und so ist sie in ständiger Berührung mit allen Künstlern der Moderne und deren Gedanken) – und ich bin sicher, daß sie diesen Vortrag zu den von Ihnen genannten Bedingungen halten würde.

Helens Vortragsthema, das Bewußtsein der Moderne, klingt äußerst eindrucksvoll. Doch die Beziehungen zwischen ihr und Edith blieben nur so lange ungetrübt, wie sie glaubte, ebenso gefragt und begabt zu sein wie die Jüngere. Edith tat, was sie konnte, um diese Ausgewogenheit aufrechtzuerhalten. Nach dem Abbruch der herzlichen Beziehungen zu Marguerite

Bennett gelang es ihr, die Freundschaft zu Marguerites Ehemann zu bewahren, und sie fragte ihn im November 1922, ob sie ihm einen Gedichtband widmen dürfe (es gehe, ließ sie ihn wissen, um neue Gedichte sowie den gesamten Zyklus *Façade* und die 1920 und 1921 in *Wheels* erschienenen Gedichte). Bei diesem Band handelte es sich um *Bucolic Comedies*, der im Frühjahr 1923 herauskommen sollte. »Helen und ich grüßen Sie wärmstens«, beendete sie ihren Brief an Bennett.

Edith war sehr gerührt, daß sie in einem Aufsatz über James Joyces *Ulysses* erwähnt wurde, den Bennett im Frühjahr 1922 (am 29. April) in *Outlook* veröffentlicht hatte. Darin hatte es geheißen: »Valéry Larbaud ... verblüffte und entzückte mich einmal damit, daß er ganz von sich aus sagte, die größte Bedeutung unter allen jüngeren britischen Dichtern habe Edith Sitwell. Das trifft durchaus zu, nur habe ich es schon vor ihm gesagt.« Edith dankte ihm brieflich und erklärte, seine Worte hätten sie »für all die Vernachlässigung und Grobheit von Leuten entschädigt, auf die es nicht ankommt ... Wäre ich nur imstande, Ihnen zu sagen, wie sehr mir Ihr Lob in Augenblicken der Niedergeschlagenheit geholfen hat, mit meiner Arbeit fortzufahren.« Bennett bestärkte sie während der gesamten zwanziger Jahre weiterhin auf diese Weise und erwähnte sie häufig in seinen Rezensionen im *Evening Standard*, immer in freundschaftlicher und achtungsvoller Weise. Er bezeichnete sie als »wahrhafte Dichterin«.

Bennett gehört zu den wenigen Menschen, die dem Phänomen der Sittwells gegenüber einen klaren Kopf behielten: Ihm gefiel, was sie taten, er bestärkte sie, ließ sich aber nicht von ihnen blenden und versuchte auch nicht, sie um jeden Preis in Schutz zu nehmen. Er scheute sich nicht, ihnen seine Meinung zu sagen, wenn sie seiner Ansicht nach zu weit gingen. Das galt auch für Edith. »Sie hatte gesagt«, schrieb Osbert, »wie gering sie die Werke eines Autors schätzte, den ich kürzlich Muddleton Moral gennant habe (natürlich handelte es sich um Middleton Murry), und Bennett unterbrach sie: ›Hochmut ist etwas ganz Entsetzliches, Edith! Bedenken Sie, was auch immer ich von Ihrem Werk oder Sie von meinem halten oder wir beide von Murrys Werk, am Jüngsten Tag wird dem Allmächtigen das eine so ziemlich wie das andere vorkommen.‹«[20]

Doch das spielte sich auf privater Ebene ab. In der Öffentlichkeit war Bennett immer großmütig. Als 1923 Osberts *Out of the Flame* herauskam, schrieb er:

> Alle Sitwells können schreiben ... Außerdem sind sie ausnahmslos Persönlichkeiten. Hinzu kommt, daß sie alle miteinander der Öffentlichkeit – damit meine ich die Öffentlichkeit der Dichter – keine Ruhe lassen, und das ist einfach großartig ... Eine Auseinandersetzung läßt ihre Herzen höher schlagen. Die Wölbung ihrer Nase verkündet Kampf. Sie stürmen aus ihren leuchtenden Zelten, um sich den Widrigkeiten zu stellen. Nur selten ist ein Anblick rührender als die sanfte, stille, überraschte und doch unerbittliche Miene, die sie aufsetzen, wenn diese Widrigkeiten eintreten, was gewöhnlich der Fall ist.[21]

Darin liegt Zuneigung, sie ist aber nicht blind. Dies ›*unerbittlich*‹ zeigt, daß er die drei Sitwells verstand.

Grant Richards brachte 1923 Osberts Buch heraus; doch Ediths *Bucolic Comedies* erschienen im selben Jahr mit einer dankbaren Widmung an Bennett als erstes von vielen Büchern der Geschwister Sitwell im Verlag Duckworth.

5

Façade

1921–1923

Im Jahre 1919 war Sacheverell zum Studium nach Oxford gegangen – für kurze Zeit. Für einen Zweiundzwanzigjährigen, dessen Bruder und Schwester bereits Bestandteil des Londoner Lebens und Literaturbetriebs waren, war die Welt in Oxford zu eng. Noch wichtiger war, daß er selbst bereits Gedichte veröffentlicht hatte, in *Wheels* und im *Egoist*, der als erste Zeitschrift nach dem *Daily Mirror* ein Gedicht von Edith gebracht hatte, »Minstrels«. Im Oxforder Verlag Blackwell war bereits ein Band mit Gedichten von Sacheverell erschienen: *The People's Palace*. Das wichtigste Ereignis während seines Aufenthaltes im Balliol College war für Edith, daß er mit dem damals sechzehnjährigen William Walton zusammentraf, der am Christ Church College studierte und nach Sachies Ansicht eine geradezu geniale musikalische Begabung besaß. Als Osbert seinen Bruder und Siegfried Sassoon in Oxford besuchte, wurde er Walton vorgestellt. Die Gebrüder Sitwell nahmen den jungen Komponisten in ihre Obhut; bis zum Jahresende hatte sich Walton in ihrem Londoner Haus etabliert, komponierte, wie er es für richtig hielt, wobei ihm seine Gastgeber jegliche Hilfe und Ermutigung zuteil werden ließen. Er wuchs auf seine zurückhaltende und schüchterne Weise in die Familie hinein und wurde für Edith, Osbert und Sacheverell zum »Adoptiv- oder Wahlbruder«. Er sah ihnen sogar ein wenig ähnlich.

Der Gedanke, Ediths Gedichte zu einer von William Walton speziell komponierten Musik zu rezitieren, stammte von den Brüdern, wie sie in ihrer Autobiographie erklärt. Für die Gedichte selbst sei außer ihr »niemandem im geringsten ein Vorwurf zu machen«. Osbert sagte, die Idee sei ihnen im Zusammenhang mit Ediths technischen Experimenten gekommen, bei denen es darum ging, durch die bloße Verwendung von Wörtern Tanzrhythmen wie beim Walzer und Foxtrott zu erzeugen. Doch lasse »sich schwer sagen, wer von uns die verschiedenen Teile der Produktion erdacht hat, denn wir waren alle vier beständig beisammen«. Osbert und Sacheverell brachten für das Projekt anfangs größere Begeisterung auf als Walton selbst: »Ich weiß noch, daß ich die Sache nicht gerade für einen

Geistesblitz hielt, aber als ich ihnen das sagte, teilten sie mir mit, sie würden Constant [Lambert] dafür gewinnen, wenn ich keine Lust hätte – und das konnte ich natürlich nicht zulassen.«[1] So machten sich also Edith und William an die Arbeit. Sie sprach ihre Texte immer wieder, während er sie kennzeichnete und mit Betonungszeichen versah, »um genau zu sehen, wo Hervorhebungen lagen, wo der Klang auf-, und wo er abschwang.« Aber entspricht das auch der Wirklichkeit? Im hohen Alter sagte Edith zu ihrer Sekretärin, zuerst sei die Musik gewesen. »Willie gab mir gewisse Rhythmen und sagte: ›Da, Edith, sieh zu, was du damit anfangen kannst.‹ Dann hab ich mich hingesetzt und was daraus gemacht. Ich wollte beweisen, daß ich dazu imstande war.«[2]

Es ist nicht weiter verwunderlich, daß bei einer so nahtlosen Zusammenarbeit Verwirrung entsteht. Mit achtzig Jahren verfaßte Sacheverell ein Gedicht – eigentlich war es weniger ein Gedicht als ein Brief an seine Schwester, die nicht mehr in dieser Welt weilte – mit dem Titel »The Octogenarian«. Dabei handelt es sich um eine erweiterte Paraphrase von Ediths eigenem Gedicht mit dem gleichen Titel, das ursprünglich in *Façade* enthalten war (später aber nicht mehr darin auftauchte). In diesem Gedicht beschwor er die Atmosphäre jenes glücklichen heißen Sommers des Jahres 1921 herauf:

There seemed to be a new poem of yours
  to read to us,
Almost every time we came to see you,
And climbed the four double-flights of stone stairs
  up to your flat: –
Poems in a rich vein of fantasy
  invented for yourself,
And all your own,
  like nothing before or since ...

Es schien ein neues Gedicht von dir zu geben, / Das du uns vorlasest, / Beinah jedesmal, wenn wir dich besuchten, / Und die steinernen Treppen zu deiner Wohnung / Vier Stockwerke hoch emporstiegen. / Gedichte von phantastischer Fülle, / Für dich selbst erdacht, / Und ganz dein eigen, / Wie nichts zuvor oder seither ...

Ihre Gedichte schrieb sie frühmorgens im Bett. Über den Blick aus ihrem Schlafzimmerfenster, das zur hinteren Gebäudeseite lag, schrieb Sachie: »Ich erinnere mich noch an den düsteren Eindruck.« Wenn sie vorlas, was sie seit dem vorigen Mal geschrieben hatte, hörten sie »ihr glückliches Lachen in den Gedichten«.

Wenn man Text und Musik von *Façade* mehrmals zusammen gehört hat, kann man sie vor seinem inneren Ohr nicht voneinander trennen, obwohl Ediths Gedichte kein Libretto sind und Waltons Musik auch keine bloße Untermalung ist; beide besaßen von Anfang an ein Eigenleben. Die Musik zu *Façade* ist witzig und elegant, voller Pasticcios und Zitate. Charles Osborne hat darüber geschrieben: »Diese Stücke, von denen einige lebensfroh volkstümliche Musik parodieren, andere den vergangenen Glanz von König Edwards Epoche trocken und ironisch kommentieren, sind so vergnügt, wie Musik überhaupt nur sein kann. Aber wie die Gedichte, zu denen sie als Begleitung auftreten, beklagen sie unter ihrem leichten, spöttischen Ton die vergangene Zeit.«[3] Sachie schrieb über Walton, der zur Zeit seiner Zusammenarbeit mit Edith an *Façade* noch keine zwanzig Jahre alt war:

No lover of poetry in particular,
But he worked instinctively I remember,
    as if blindfolded or under a spell,
And as though led or guided: –
The poems themselves,
    that is the wonder of his partnership with my sister,
Being, as has been said, like nothing else before or since ...[4]

Kein besonderer Liebhaber von Lyrik, / Aber er arbeitete instinktiv, ich erinnere mich, / Als lebe er mit verbundenen Augen oder unter einem Zauber / Und als werde er geführt oder geleitet: – / Die Gedichte selbst / Sind das Wunder seiner Zusammenarbeit mit meiner Schwester, / Die, wie gesagt wurde, wie nichts zuvor oder seither war ...

Osbert und Sacheverell übernahmen die Pflichten eines Impresarios und Regisseurs. Der Einfall, die Gedichte durch eine Maske im Vorhang zu sprechen, stammte von Osbert. Zu jener Zeit arbeitete Frank Dobson an einer Skulptur Osberts, und er bot an, den Vorhang zu entwerfen und zu bemalen, als er von dem Vorhaben hörte. Das Megaphon – Sengerphon genannt – bekam Sacheverell von einem Sänger namens Senger in Hampstead. Es bestand aus Pappmaché und war so groß, daß es das Gesicht des Sprechers bedeckte. Die Proben begannen im November 1921 im oberen Salon im Hause am Carlyle Square. »Draußen war es entsetzlich kalt, und trotz zweier großer Kaminfeuer mußten die Musiker mit einem ordentlichen Schluck Schlehenlikör bei Laune gehalten werden.« Das waren sechs »ziemlich verärgerte« Instrumentalisten: Flöte, Klarinette, Saxophon, Trompete, Violoncello und Schlagzeug. Geprobt wurde den ganzen Winter hindurch. Walton dirigierte seine verwirrte Truppe, indem er »seinen Stab so hielt, daß er ein wenig einer eleganten und gutaussehenden Schnepfe ähnelte.«

Die erste Vorstellung fand am 24. Januar 1922 um halb zehn abends in jenem Salon am Carlyle Square vor geladenem Publikum statt. »Im vorderen Teil des Raumes standen schmale goldene Stühle so dicht, daß man sich kaum rühren konnte. Quer über die sonst von einer gewöhnlichen Doppeltür verschlossene enge Öffnung spannte sich jetzt Dobsons Vorhang.« Die versammelten Gäste – hauptsächlich Maler, Musiker und Dichter – gaben begeisterte Laute von sich. Doch im relativ kleinen Salon war die Lautstärke so überwältigend, daß es dem konservativeren Teil des Publikums die Sprache verschlug. »Glücklicherweise hatten wir unten eine große Menge heißen Rumpunsch bereitgestellt, ein ungewöhnliches, aber wirksames Stärkungsmittel.«

Zu den Gästen jenes Abends gehörte Mrs. Robert Mathias, Schirmherrin der *Ballets Russes*. Sie lud ihre Gastgeber zu einer Wiederholung der Vorstellung in ihrem Hause am Montague Square ein, die einige Wochen später, am 7. Februar, stattfand. Diaghilew war da; »das Publikum war überwältigt«, schrieb Edith an Brian Howard.

* * *

Von Angesicht zu Angesicht lernten Edith und Brian Howard einander erst einige Monate später, im Juli 1922, kennen. Inzwischen hatte Howard mit einem Freund aus Eton, Harold Acton, die erste und einzige Nummer von *The Eton Candle* herausgebracht. Sie enthielt neben Beiträgen ehemaliger Eton-Schüler – unter anderen die Brüder Sitwell – auch einen Aufsatz von Howard selbst. Er behandelte »Die neue Dichtkunst«, und über Edith hieß es darin: »Sie ist ein Genie, und die bedeutendste Dichterin der *grotesquerie de cauchemar*, die es je gegeben hat.« (Brian Howard mied englische Ausdrücke grundsätzlich, wenn es einen passenden französischen gab.)

Howard war ein von seiner Mutter vergöttertes, verzogenes, ehrgeiziges, preziöses junges Geschöpf, das sich an seiner eigenen Begabung berauschte, die bald verpuffte; sein späteres Leben verlief nicht glücklich. In den Sommerferien reiste er nach London, um sein »Genie« zu besuchen, und war enttäuscht. Daß ihm Edith, die Mitte Dreißig war und in einer bescheidenen Umgebung lebte, außer Unterstützung und Freundschaft nichts bieten konnte, genügte ihm nicht. An Harold Acton schrieb er:

> Ich fand die Moscow Road – ein wenig einladendes Elendsquartier in Bayswater – und quälte mich durch endlose nackte Treppenhäuser aus dem vorigen Jahrhundert empor. Von draußen sah Pembridge Mansions wie ein billiges und schmutziges Krankenhaus aus. Ich kam an eine abscheuliche grüne Tür, die Edie selbst öffnete. Mit ihrem sehr langen, schmalen, ausdrucksstarken Gesicht, dessen Teint blaß, aber gesund wirkt, sieht sie einer kunstvollen mittelalterlichen holländischen Madonna ähnlich. Auf dem Kopf hatte sie einen riesigen *Poilu*-Hut aus grauem Pelz. Dazu trug sie eine apfelgrüne schafwollene Strickjacke und ein tristes Brokatkleid mit dunklen Goldstreifen. Ihr Haar ist fein, aber von angenehm blaßgoldener Farbe, an den Seiten kurz und hinten zu einem Knoten zusammengefaßt. Die Leute, die sie gewöhnlich um sich hat, sagen mir nicht zu ... Es sind gewöhnliche kleine Niemande. Auch mag ich ihre Teegesellschaften nicht – wie alle Teegesellschaften. Sag William, daß ich *ein Stück billiges Gebäck und einen schmutzigen Steingutbecher bekam, der eine Dreivierteltasse ranzigen Tee* enthielt. Ihre Wohnung, oder besser gesagt ihr Zimmer, gefiel mir auch nicht. Es ist klein, dunkel und vermutlich schmutzig. Das einzig Beachtenswerte darin sind ein Stich von [Augustus] John und ihre äußerst unterhaltsame Bibliothek. Der Rest besteht anscheinend aus einer Lüsterkugel und einer Menge minderwertiger Vorhänge. Miss Helen Rootham, mit der sie zusammenlebt, ist eine von diesen grauenvoll energischen Frauen.[5]

Beim Tee berichtete ihm Edith, daß sie zwar von *The Eton Candle* angetan gewesen sei, aber nicht allem zustimmen könne, was er in seinem Aufsatz geschrieben hatte. »Vor allem mißfällt ihr, was über Sachie darin steht, und merkwürdigerweise auch, was ich über Aldous sage – den sie mit größter Zurückhaltung bewundert.« In einem letzten Versuch, die Anthologie *Wheels* am Leben zu erhalten, versuchte sie, Brian für diese verlorene Sache zu begeistern. »Sie hat mich praktisch zum geschäftsführenden Herausgeber von *Wheels* gemacht. Eine verdammt unangenehme Position. Einen Band für das Jahr 1922 wird es nicht geben, wenn ich keine Anzeigen dafür zusammenbekomme.« Brian aber lag weit mehr daran, Anzeigen für eine zweite Ausgabe seiner *Candle* zu akquirieren, und so erschien 1922 natürlich kein Band von *Wheels*.

Im Herbst fuhr Edith auf Brians Einladung nach Eton, um dort einen Vortrag zu halten. »Bestimmt wird das eine ›schwere Prüfung‹ für mich«, teilte er Acton mit. »Vor allem, wenn sie mit ihrer Pelzmütze und ihrer grünwollenen Jacke kommt! Aber sicher wird es amüsant.« Später schrieb er, Edie (wie er sie beharrlich nannte) habe ausgesehen »wie eins ihrer eigenen Gedichte« und eine Stunde lang vor »winzigem Publikum« gelesen:

> Sie wisperte ihren Vortrag in einen Tisch hinein, so daß es furchtbar schwer war, überhaupt etwas mitzubekommen. Eigentlich sollte sie ja über moderne Lyrik reden, aber sie sprach stundenlang über Strawinsky. Was die Leute von ihrem Vortrag hören *konnten*, verblüffte sie so sehr, daß sie mit offenem Mund dasaßen und lächelten. Von Zeit zu Zeit kicherten sie ein wenig – geziert, natürlich.[6]

Sie muß trotzdem gut gesprochen haben, denn selbst Howard räumte ein, der »ausgezeichnete Vortrag (›Squires Gedichten entströmt ein Geruch nach nassen Gummimänteln‹) sei ein großer Erfolg« gewesen. Als er am Schluß der Rednerin gedankt hatte, erhob sich der »ekelhafte alte Stellvertreter des Rektors und riet Edie, *in Zukunft lauter zu sprechen*! Eton ist schon ein sonderbares Pflaster, was? Ich hätte ihn ohrfeigen können.« Seinen Brief schloß er mit anerkennenden Worten über ein Gedicht Actons mit dem Titel »Orangerie«. »Vorzüglich, mein Lieber, VORZÜGLICH ... Es ist *feinsinniger* als Ediths Gedichte.«

Der Adressat, Harold Acton, machte seinerseits einige Monate später, im Dezember 1922, einen Besuch in Pembridge Mansions. Seinen Bericht über diesen ersten Besuch schrieb er viele Jahre später, wobei eine lebenslange Freundschaft zu Edith seine Eindrücke färbte; doch bedrückte auch ihn, der ein Ästhet war und blieb, die Umgebung, in der sie lebte. Edith selbst enttäuschte ihn nicht. An jenem Tag war sie in smaragdfarbenen Brokat gewandet und erschien ihm

> wie ein kostbares Juwel, eine priesterliche Gestalt aus Limousiner Email ... in eine Keksdose aus Blech eingezwängt, aber kostbarer und priesterlicher vor diesem Hintergrund ... Schon oft hatten wahre Gläubige das blasse ovale Gesicht mit den mandelförmigen Augen und der langen schmalen Nase in Elfenbein geschnitzt. Ihre gesamte Gestalt besaß eine Würde, wie man sie außerhalb der Vitrinen gewisser Museen nur selten sieht. Rein äußerlich ähnelte sie einem seltenen Relikt aus der Zeit des Rittertums.[7]

Sie berichtete ihm haarsträubende Geschichten über jene Langweiler und Tölpel, die ihre Aufmerksamkeit auf sich lenkten, und über die Möchtegern-Dichter, die sie mit ihren minderwertigen Ergüssen belästigten. Ihr Hauptproblem, erklärte sie, bestehe darin, »Ruhe herzustellen, so daß ich trotz der beständigen Unterbrechungen arbeiten kann.« Der junge Acton begann sich zu fragen, ob auch er zu diesen Unterbrechungen gehörte. »Mit einem Mal fühlte ich mich unbehaglich, mein Gewissen quälte mich ... ich dankte ihr für die ermutigenden Worte zu unseren Bemühungen für *The Eton Candle* und verabschiedete mich.«

Schon bald darauf lud Acton – inzwischen war er nicht mehr in Eton – Edith zu einem Vortrag vor der Ordinary Society von Oxford ein, wo er studierte. In der anschließenden Diskussion zeigte sich, daß nur wenige der Anwesenden, die sich kritisch äußerten, ihre Gedichte auch gelesen hatten. »Ediths Antworten kamen rasch und waren vernünftig, doch nahm die Auseinandersetzung so leidenschaftliche Formen an, daß sie um ein Haar ihren Zug verpaßt hätte.«[8] Bei dieser Gelegenheit lobte sie die Dichtung Peter Quennells, der gerade ans Balliol College gekommen war. (»Ich fand Brian Howard frühreif«, schrieb Acton, »bis ich Peter Quennell kennenlernte.«) Richard Hughes, der die Anthologie *Public School Verse* zusammenstellte, in der auch Quennell vertreten war, führte ihn bei Edith ein, indem er ihn eines Sommernachmittags mit nach Bayswater nahm:

> Auf der Schwelle stand die berühmte Dichterin, groß gewachsen, sehr schlank und elegant, wie eine Heiligen- oder Märtyrerskulptur, die vor den Portalen von Chartres Wache hält. In ein Gewand aus Goldbrokat gekleidet, einen hohen Putz aus vergoldeten Federn auf dem Kopf und ein großes juwelenbesetztes Kreuz auf der Brust, das, wie ich später erfuhr, einst Cagliostro gehört hatte, legte Miss Sitwell einen Finger an die Lippen. Mehrere beeindruckende Ringe mit großen Halbedelsteinen zierten ihre lange, bleiche, vornehme Hand. Bevor wir eintraten, murmelte sie warnend, im anderen Zimmer halte sich ein Verrückter auf. Ich sollte nicht enttäuscht werden.[9]

Der Verrückte war der Dichter, den man ›den Isländer‹ nannte, und auf dem Sofa saß, erkennbar beunruhigt, Oscar Wildes Freundin Ada Leverson, die Sphinx. »Endlich war ich in die literarische Welt eingetreten, in der Schönheit, Verrücktheit und Genie mit dem Alltagsleben verwoben waren«, dachte der junge Quennell.

* * *

Alle drei Sitwell-Geschwister verbrachten weiterhin alljährlich den August auf Renishaw, ohne daß ihre Beziehung zu den Eltern deshalb gereift wäre. Eines Sommertags zu Anfang der zwanziger Jahre sagte ihr Vater, eine uninteressante Gestalt, sich den Bart streichend (er hatte ihn sich zu Beginn des Ersten Weltkriegs stehen lassen, der Bart hatte ihm den Spitznamen »Rotfuchs« eingebracht, außerdem sah er damit aus wie Kaiser Wilhelm): »Ein Jammer, daß keines von euch drei Kindern etwas von all dem hat.« Später, beim Mittagessen

> trugen die jüngeren Angehörigen der Familie – mein Bruder, meine Schwester und ich – von meiner Schwester entworfene und aus den scheußlichen quastenartigen Fransen eines orangefarbenen Läufers hergestellte Bärte; sie wurden über den Ohren von zwei Bandschlaufen gehalten, und da kleine Glöckchen darin hingen, gab es beim Kauen ein melodisches Gebimmel wie in den Alpen.[10]

Schon früher hatten sie sich mit allerlei Schabernack über den Vater lustig gemacht. Als Edith vierundzwanzig Jahre alt war, brachte Sir George ein Bändchen über die Familiengeschichte heraus, das den Titel *The Pilgrim* trug. Edith nahm ein Exemplar davon, das im Ballsaal auf dem Tisch lag, machte bei dem immer wieder auftauchenden Namen Walter de Boys (auch Del Bosco oder del Wode, Vater des Simon Cytewel, des Begründers der Linie) ein Auslassungszeichen und schrieb darüber »né Hopkins«. Dazu sagte Osbert: »Es war ein harmloser Scherz, den der Autor des Buchs freilich mit besonderem Mißvergnügen aufnahm.«[11] Das war natürlich der Zweck der Übung, wie auch bei dem Spaß mit den Bärten und Glöckchen – und bei jener Gelegenheit war Edith schon fast Mitte dreißig. In Edith steckte noch viel Unverbrauchtes aus der Schulmädchenzeit. Sie hatte nie eine Schule besucht, war nie mit anderen Kindern zusammen unterrichtet worden, hatte nie zu einer der üblichen Kindergruppen gehört, kannte die Streitigkeiten, Bündnisse und kichernden Verschwörungen nicht, die bei den meisten Mädchen an der Tagesordnung sind – auch das dient als Erklärung für ihre immerwährende kämpferische Haltung und ihre Bereitschaft, Partei zu ergreifen und sich in öffentliche Auseinandersetzungen zu stürzen. Sir George konterte den Jux mit den Bärten und Glocken geschickt, indem er während der gesamten Mahlzeit ostentativ so tat, als sei nichts Ungewöhnliches vorgefallen.

Schon vor der ersten öffentlichen Aufführung von *Façade* begann man darüber zu reden. Virginia Woolf berichtete in einem Brief, den sie ihrer Schwester Vanessa am 20. Februar 1922 schrieb, also zwei Wochen nach dem Vortrag in Mrs. Mathias' Haus, sie habe von Violet Dickinson gehört, daß »die Sitwells etwas durch Megaphone rezitiert haben, was Violet für blanken Unsinn hält.«[12]

Zum ersten Mal öffentlich aufgeführt wurde der »blanke Unsinn« (möglicherweise hätte Edith nicht einmal gegen diesen Ausdruck Einspruch erhoben; »Das Publikum soll lachen«, sagte sie) am 12. Juli 1923 um 15 Uhr 15 im Konzertsaal Aeolian Hall an der Bond Street. Ein zahlreiches Publikum hatte sich versammelt, als Osbert und Sacheverell sich nach ihrem gemeinsamen Mittagessen zu ihrer Schwester gesellten. Osbert beschrieb, wie er »als erster auf die Bühne ging, vor den Vorhang trat, um in einer kurzen Ansprache die neuen Elemente der Vorstellung zu beschreiben und zu versuchen, ihre Ziele zu erklären.« Er sagte beispielsweise, Zweck des Rezitierens hinter dem Vorhang sei es, zu verhindern, daß die Persönlichkeit des Vortragenden auf die Gedichte Einfluß nehme.

»Nachdem ich den Beifall mit einer Verbeugung entgegengenommen hatte, trat ich hinter den Vorhang, um durch den Mund der Maske die verschiedenen Programmpunkte anzukündigen ... Dann ertönte der Tusch, der dem Beginn von *Façade* vorausging, und der Spaß begann.«

Zur Art des Spaßes verfügen wir über unterschiedliche Berichte. Voll Stolz wiesen die Geschwister Sitwell später darauf hin, mit welcher Entrüstung und Feindseligkeit die Banausen im Publikum reagiert hatten. Edith schrieb: »Ein Teil der Zuhörerschaft nahm eine so bedrohliche Haltung ein, daß man mir riet, hinter dem Vorhang verborgen auf der Bühne zu bleiben, bis die Leute müde würden, auf mich zu warten, und nach Hause gingen.«[13] Noch »mehrere Wochen danach«, heißt es bei Osbert, »bewegten wir uns in London, als hätten wir einen Mord begangen. Kaum betraten wir einen Raum, setzte schlagartig abweisendes Schweigen ein. Selbst Freunde mieden unseren Blick.«

Sofern man die Sitwells aber doch zur Kenntnis nahm, geschah das voll peinlicher Berührtheit. William Walton räumte ein, seine Vorstellung sei »ein heilloses Durcheinander« gewesen. Wenn Edith, was mitunter vorkam, den Rhythmus der Musik nicht traf, drang mädchenhaftes Gekicher statt ihrer Beschwörung hinter dem Vorhang hervor. Angesichts dessen, daß sich die drei Geschwister Sitwell für »Berufskünstler« hielten, war es das reinste Laientheater. Die Reaktionen zeugten eher von leidenschaftlichem Mitgefühl als von leidenschaftlicher Feindseligkeit. »Der Saal war nicht besonders voll, und das Ganze geriet zum glatten Reinfall.«[14] Virginia Woolf, die diesmal selbst anwesend war, berichtete einem französischen Bekannten: »Zwar habe ich 3/6 [15] bezahlt, um mit anzuhören, wie Edith, von einem kleinen und geübten Orchester begleitet, ihre Gedichte durch ein Megaphon herausbrüllte, habe aber so wenig verstanden, daß ich kein Urteil darüber abgeben kann.«[16] Mehr Zustimmung fand die Vorstellung beim jungen Harold Acton, der seinerzeit Brian Howard mitteilte, die Sache sei »großartig gemacht« gewesen. Viel später sagte er, Edith habe »sehr deutlich [gelesen] und die Rhythmen mit leidenschaftsloser Stimme betont«. Manche Zuhörer hätten »gekichert und unangebrachte Bemerkungen gemacht«, aber »die Gedichte waren so kraftvoll, daß das nicht ins Gewicht fiel«.

An jenem Abend gab es eine Gesellschaft im Hause Nr. 2 am Carlyle Square, das Harold Acton nun zum ersten Mal betrat: einem »Schrein, der mit Muschelintarsien verzierte Möbel aus dem achtzehnten Jahrhundert enthält, Segelschiffe aus gesponnenem Glas, Kolibris unter Glasstürzen, Wandschirme in Petit-Point-Stickerei, Porzellan-Spaniels ... so vieles und so Vielfältiges, daß man sich mitunter wie in einem Aquarium vorkam (die Wände schimmerten, als sei man unter Wasser), dann wieder wie in einer Voliere.« Unter den Gästen befanden sich neben Evelyn Waugh auch Lytton Strachey, Clive Bell, Eugene Goossens und Ada Leverson (sie bewunderte Osbert). Edith sah (fand Acton) wie eine in smaragdfarbenen Brokat gekleidete flämische Madonna aus. »Die Lesung hatte sie erschöpft, und ich konnte sehen, wie sie allmählich zu Alabaster wurde.«[17] Dennoch erinnerte er sich Jahre später jenes Abends als einer der seltenen Gelegenheiten, bei denen er sie glücklich gesehen hatte. Um sie herum spielte die Gesellschaft Scharaden.

Am nächsten Morgen brachten die Zeitungen Besprechungen von *Façade*. Hannen Swaffer, der Kritiker des *Daily Graphic*, schrieb unter dem Pseudonym »Mr. London« und der Überschrift »Sie zahlten, um Gefasel zu hören«:

> Ein Bekannter, der dort war, sagt mir, als er gelacht habe, während Edith Sitwell durch ein Megaphon Gefasel rezitierte, habe sich eine Frau umgedreht und ihn gefragt: »Wie kann ich eine neue Kunstform erforschen, wenn Sie lachen?« Damit ist die ganze Vorstellung beschrieben. Hätten drei der Anwesenden gelacht, würden die Sitwells nicht wagen, das Vorhaben zu wiederholen ... Gewiß ist es an der Zeit, derlei abzustellen ... Grant Richards trug zu dieser Gelegenheit eine weiße Nelke im Knopfloch; auch sein Sohn war mit einer Nelke gekommen. Ansonsten war alles trübselig und aussichtslos.

Der *Evening Standard* versuchte sich an einer Parodie:

> In the afternoon at the Aeolian Hall,
> Through a megaphone we heard Edith bawl ...

> Am Nachmittag hörten wir im Aeolian Saal / Edith durch ein Megaphon grölen ...

Und in dieser Tonart ging es weiter: ob *Daily Telegraph*, *Morning Post*, *Times* oder *Daily Express*. Fünf Tage später kamen die Sonntagszeitungen heraus. Im *Observer* äußerte sich Percy Scholes über »Miss Ethel Sitwell« und erklärte zur Musik: »Für sich genommen ist sie harmlos.« Der *Sunday Express* vom selben Tage verkündete knapp: »Miss Edith Sitwell trägt mit monotoner Stimme zu musikalischer Untermalung eigene Verse vor. Wirkt wie ein Nebelhorn. Publikum wie immer. Langhaarige Männer, kurzhaarige Frauen. Megaphon in Hochform ... Sehr deprimierend, hebt aber das Ansehen des Megaphons.«

All das las sich niederschmetternd, nicht so sehr wegen der Feindseligkeit, mit der die Rezensenten das Ereignis behandelten, sondern weil sie es so wegwerfend taten. Für die Geschwister Sitwell war es weniger demütigend, die Ablehnung wie eine regelrechte Verfolgung darzustellen – und das taten sie auch. Sie wurden allerdings mit sehr leichter Hand in aller Öffentlichkeit und auf breitester Front abgetan, was um so schwerer wiegt, wenn man bedenkt, wie viele halb-amateurhafte Experimentieraufführungen, Rezitationen und Vorstellungen aller Art heutzutage in ganz London allwöchentlich unkommentiert in gemieteten Sälen stattfinden. Die Verteidigung der drei Sitwells bestand darin, zum Angriff überzugehen. Osbert schrieb in seiner Autobiographie lange nach jenem Geschehen, also zu einer Zeit, da man eine ausgewogene Betrachtungsweise von ihm hätte erwarten können, Swaffer habe mit seiner mokanten Aufforderung im *Daily Graphic* (»Gewiß ist es an der Zeit, derlei abzustellen«) »gleichsam die Haltung von Faschisten und Nazis gegenüber der neueren Entwicklung auf den Gebieten von Kunst, Malerei und Literatur zusammengefaßt.« Das ist Sitwellismus in absolut törichter und übersteigerter Form. Solche Äußerungen waren Wasser auf die Mühlen ihrer Feinde und rechtfertigten allem Anschein nach die neuere Meinung, derzufolge die Geschwister Sitwell »über imaginäre oder erdachte Kränkungen in Wut gerieten und Neid und Boshaftigkeit bei anderen entdeckten, wenn sie *selbst* die Schuldigen waren.« Künstlerisch, heißt es weiter, »planschten sie am Nichtschwimmerende eines sehr kleinen Beckens herum.«[18] Ungeachtet dessen muß man unbedingt bedenken, daß Modernismus, Abstraktion, Surrealismus und das Experiment auf allen Gebieten der Kunst einschließlich der Lyrik in die Arena von Moral und Politik getragen wurden. Die Geschwister Sitwell bekamen einen authentischen Geschmack von dem Giftgas ab, das zwischen den beiden Weltkriegen in der Luft lag, und sie schlugen Alarm.

Doch waren es andere, die in die Gaskammern mußten, und gerade der Widerspruch zwischen ihrem Protest und der Banalität der Verfolgung, der sie ausgesetzt waren, erzürnte ihre Kritiker und erzürnt sie noch heute. Osbert und Edith neigten zum Extrem. Eine Verfolgung wäre ihnen gerade recht gewesen; sie waren imstande, ihren Gegnern tapfer die Zähne zu zeigen. Was man ihnen antat, kränkte sie noch mehr: Man übergoß sie mit Hohn und Spott, was sie zu einer Verfolgung emporstilisierten, womit sie sich selbst erniedrigten.

Die Geschwister Sitwell konnte man leicht parodieren. *Wheels* wurde 1921 in einer Publikation mit dem Titel *Cranks*[19] verspottet, in der »Osbert, Sebert und Ethelberta Standstill« auftraten; sie enthielt ein »Idyll« von »Ethelberta«:

Walnut larks in the cotton-wool air
Choke the ear. On the hill-sides bare
Wooden sheep with hearthrug backs
Follow clay shepherds with creaking sacks.

Walnußlerchen in der Watteluft / Verstopfen das Ohr. An den nackten Berghängen / Folgen hölzerne Schafe mit Rücken wie Kaminvorleger / Tönernen Hirten mit knarrenden Säcken.

Noel Coward, der sich die Aufführung auf Osberts Anregung hin angesehen hatte, handelte sich Ediths vierzig Jahre währende Feindschaft mit seiner Parodie auf *Façade* ein. Seine Revue *London Calling* hatte Anfang September 1923 im Duke of York's Theatre Premiere. In gedruckter Form ist der Sketch sehr kurz, und das Urteil jener, die ihn sahen, schwankte zwischen »ziemlich witzig« und »überhaupt nicht witzig«. William Walton fand ihn »eigentlich nicht unwitzig«. Die »Schweizer Familie Whittlebot« besteht aus Hernia und ihren Brüdern Gob und Sago.[20] Maisie Gay gab die Hernia. Am lustigsten waren die Bühnenanweisungen, in deren Genuß das Publikum nicht kam. Da hieß es beispielsweise:

MISS HERNIA WHITTLEBOT muß bezaubernd in locker fallendes gefärbtes Sackleinen gekleidet sein, dessen Farbe etwa zwischen Blau und Grün spielt, und ein Halsband aus unbearbeiteten Bernsteinperlen in ausgefallenen Formen tragen. Ziemlich hoch auf ihrer Stirn sitzt ein goldenes

Band, von dem kleine Bacchusfrüchte bis unter beide Ohren herabhängen. Ihr Gesicht ist weiß und schlaff, sie hat ein langes Kinn, eine lange Nase und Ringe unter den Augen.

Hernia spricht einen Prosaprolog: »Für mich ist das Leben im wesentlichen eine Kurve, und die Kunst ein Rechteck darin ... Meine Brüder und ich sind mit Rhythmen groß geworden, so wie andere Kinder mit Trockenmilch.« Dann rezitiert sie Gedichte, »die Gob und Sago in anfallartigen Schüben begleiten«. Das letzte von ihr vorgetragene Stück wird als »sehr lang und äußerst primitiv« angekündigt und endet wie folgt:

Oxford and Cambridge count for naught
Life is ephemeral before the majesty
Of Local Apophlegmaticism
Melody semi-spheroidal
In all its innate rotundity
Rhubarb for purposes unknown ...

Oxford und Cambridge gelten nichts / Leben ist ephemer vor der Majestät / Des örtlichen Apophlegmatizismus / Melodie semi-spheroidal / In all ihrer angeborenen Gerundetheit / Rhabarber zu unbekannten Zwecken ...

Der REGISSEUR, der verzweifelt um Aufmerksamkeit gerungen hat, gibt dem Orchester den Einsatz für die nächste Nummer. Davon unbeeindruckt holt MISS WHITTLEBOT ein Megaphon hervor – schließlich nimmt der REGISSEUR voll Verzweiflung die nächste Szene in Angriff, und die FAMILIE WHITTLEBOT wird von der Bühne gedrängt, wobei deren Mitglieder unaufhaltsam weiterspielen und rezitieren.[21]

London Calling schlug ein. Das mußte die Geschwister Sitwell unfehlbar zur Raserei bringen, höhnten die Spötter. Edith, die sich den Whittlebot-Sketch nicht ansah, stellte sich die Veranstaltung wesentlich diffamierender vor, als sie war. Das schlimmste war, daß sie aus dem Bericht eines Bekannten zu Unrecht den Schluß zog, man habe sie obszön und als Lesbierin dargestellt. Stets empfindlich und unsicher, wenn es um sie selbst ging, konnte sie den öffentlichen Spott nicht ertragen und wurde krank.

Wie sie Harold Acton berichtete, sagte sie eine Vorstellung von *Façade* in Oxford ab, weil Osbert ihr mitgeteilt hatte, »wahrscheinlich würden Anhänger des kleingeistigen Coward, den intelligenten Zuschauern zahlenmäßig weit überlegen, in die Vorstellung strömen, um mich zu beleidigen«. Sie war gänzlich außerstande, dem Rat von Beverley Nichols zu folgen – »über der Sache zu stehen«. Coward, vom Erfolg seiner kleinen Revue beschwingt, ließ auf eigene Kosten ein Bändchen *Poems by Hernia Whittlebot* drucken.

Osbert, der seine betrübte Schwester verteidigen wollte, außerdem gern stritt und sich vielleicht ein wenig mitverantwortlich fühlte, deckte Noel Coward mit wütenden Briefen ein. Es dauerte lange, bis die Querelen beigelegt wurden. Drei Jahre später schrieb Noel Coward seiner Mutter am 25. November 1926 aus New Jersey:

> Ach je, ich hab mich mit Osbert Sitwell versöhnt, und es ist alles sehr putzig – ich hab ihm geschrieben, da wir uns beide in einem fremden Land aufhielten, sollten wir doch das Kriegsbeil begraben. Daraufhin kam er zu mir und schlug ganz gelassen vor, ich solle mich öffentlich in allen Zeitungen bei Edith entschuldigen! Ich habe ihn verständnislos angesehen und ihm vorsichtig erklärt, daß er sich reichlich albern benehme, was er ohne weiteres zu verstehen schien. Wir sind dann recht freundschaftlich voneinander geschieden. Die Sache wurde allmählich lästig, denn man hat den armen Kerl nirgendwohin eingeladen, weil ich bekannter und beliebter bin als er, und damit ist auch das erledigt.[22]

Natürlich entschuldigte er sich nicht öffentlich, wohl aber einige Tage später brieflich bei Edith, und sie antwortete ihm am 6. Dezember aus Pembridge Mansions: »Lieber Mr. Coward, ich nehme Ihre Entschuldigung an. Mit freundlicher Empfehlung, Edith Sitwell.« Der Fall war damit aber noch nicht ausgestanden, obwohl Osbert in Amerika aus taktischen Gründen nachgegeben hatte. Noel Coward gehörte jetzt ins feindliche Lager. Der Maler C.R.W. Nevinson befand sich zum Abendessen in Osberts Haus, als ein weiterer Gast meinte, man müßte »den kleinen *Imitierer*« – Coward – eigentlich aus der Welt schaffen. »Täten Sie es doch nur«, sagte Osbert. »Edith wäre wirklich dankbar.«[23] Das alles war jammerschade, denn wie Lord Clark gesagt hatte, waren Edith und Noel Coward »eigentlich ›füreinander geschaffen, mein Lieber‹.«

Auch Wyndham Lewis und Edith waren füreinander geschaffen. Er verfaßte Beiträge für die Zeitschrift *Art and Letters*, an der auch Osbert mitarbeitete, und freundete sich mit allen drei Geschwistern Sitwell an. Er hatte beide Aufführungen von *Façade* gesehen, am Carlyle Square und in der Aeolian Hall (über letztere schrieb er mit gedämpfter Anerkennung an Osbert, sie sei »besser als die erste« gewesen). Er besuchte Ediths Teegesellschaften in Pembridge Mansions, wo ihn einst der junge Peter Quennell sah, wie er »trübsinnig und bleich am Fenster stand«, abseits »einer größeren Ansammlung der Vettern vom Lande und Gescheiterten.« Er gehörte keineswegs zu Ediths Schützlingen. Osbert nannte ihn mit Recht einen »Veteranen« – er war fünf Jahre älter als Edith, stürmische Zeiten als Herausgeber von *Blast* und der Kriegsdienst lagen bereits hinter ihm. Er hatte zusammen mit der Gruppe aus Camden Town im Jahre 1911 ausgestellt und war 1919, kurz nach Kriegsende, in London mit einem Ein-Mann-Programm zum ersten Mal aufgetreten; Edith lernte ihn erst nach all dem kennen.

Lewis' Persönlichkeit, erklärte sie, habe sich von einer Stunde zur nächsten verändert.

> Wenn er breit lächelte, meinte man das Bild einer Laterna Magica vor sich zu sehen ... klick, weg, und ein neues Bild, das zum vorigen in keiner Beziehung stand, aber gleichermaßen unwirklich war, hatte dessen Platz eingenommen. Er war nicht mehr der einfältige Künstler, sondern ein eher finsterer, piratengleicher, furchterregender Südländer. Denn gewöhnlich trat dieser bemerkenswerte Mann in verschiedenen Rollen auf, teils, um sich unkenntlich zu machen ... teils, um gegen seine Einsamkeit anzugehen.[24]

Eine seiner Lieblingsrollen hieß die des »Spaniers«. Er nahm dann, sagte sie ironisch, »eine muntere, wenn auch finstere Wesensart an, wirkte äußerst männlich und ritterlich und auf weibliche Beobachter zutiefst beeindruckend«. Trotz allem fand sie ihn anregend. Wie einige seiner Bewunderer verglich sie ihn mit Swift, wobei er allerdings nicht gut wegkam; sie diagnostizierte hinter seiner Schroffheit und seinen Rollenspielen Empfindsamkeit und ein Bedürfnis nach Zuneigung.

Edith veröffentlichte über Wyndham Lewis zwei sehr ähnliche Berichte: einen in ihrer Autobiographie und einen anderen in ihrem einzigen Roman *Ich lebe unter einer schwarzen Sonne*. Dort tritt er in der Gestalt des Henry Debingham auf. Beide Darstellungen sind abgemilderte Fassungen eines von ihr 1931 in Paris verfaßten provokativen Essays, der zwar nie veröffentlicht wurde, aber (an der Cornell-Universität) vorliegt. Sie schildert darin, wie Lewis »in den Jahren 1921, 1922 und 1923 einen wahrhaft beträchtlichen Teil seiner Zeit mit meinen Brüdern und mir verbrachte, wobei er sich während der ganzen Zeit selten mehr als wenige Tage von uns trennte.« Er trug eine schwarze Klappe abwechselnd auf dem rechten und dem linken Auge, je nachdem, wer neben ihm saß. Waren beide Augen unbedeckt, »blinzelten sie sehnsüchtig und mit vorwurfsvoller Zuneigung, ein Blick, der jeden zutiefst beunruhigte, dem er galt.« Dieser Blick schwankte »zwischen dem des Hundes in der wohlbekannten Reklame für Schallplatten der Marke His Master's Voice, und dem eines Mannes, der nach Jahren des Herumziehens in die Heimat zurückkehrt und von ferne das alte Zuhause erblickt.« (Hemingway, der ihn in den zwanziger Jahren in Paris kennenlernte, nannte seinen Blick den eines »erfolglosen Frauenschänders«.) Falls der »Blick« nicht fruchtete, pflegte sich Lewis »um Hilfe und Bewunderung an den lärmigen und schäumenden kleinen Mr. Roy Campbell[25] (jenen Wirbelsturm in der Bierflasche) und den kleinen, kaum wahrnehmbaren Mr. Cyril Conolly[26] zu wenden«. (Später sollte Edith diese Einschätzung beider aus dem Jahr 1931 korrigieren.)

Stets behauptete Lewis, wie sie sagte, man beobachte ihn oder habe ein Auge auf ihn, und er habe sich so sonderbar aufgeführt, daß er »sogleich jene Aufmerksamkeit auf sich lenkte, die er andernfalls nicht hervorgerufen hätte«. Die Passage, in der sie seinen Konversationsstil beschreibt, zeigt eine der seinen ebenbürtige Begabung zur dramatischen Darstellung und Bildhaftigkeit. Als sie eines Nachmittags zu einer Sitzung bei ihm eintraf, sah sie ihm beim Rasieren zu:

> »Macht es Ihnen was aus zu warten, während ich mich rasiere?« »Keineswegs.« Mr. Lewis stieß einen Seufzer aus. »Und *nachdem* ich mich rasiert habe, beabsichtige ich« (mit großem Nachdruck) »*mir die Hände zu waschen*.« Erneut seufzte Mr. Lewis. »Ich vermute, Sie tun immer eins nach dem anderen, was?« Und er errichtete mit den Händen ein Gebäude in der Luft. »Ich meine, Sie« (Pause) »baden wahrscheinlich morgens?« Ich bejahte. »Und danach« (bemüht dreinsehend) »bürsten Sie sich wahrscheinlich« (Pause) »die Haare?« Ich stimmte zu. In

diesem Augenblick fiel Mr. Lewis etwas ein, er überdachte seine Schritte mit einem Ausdruck größter Verzagtheit: »Aber *zuvor* – putzen Sie sich die Zähne?« »Ja.« Mr. Lewis tat einen sogar für ihn tiefen Seufzer. »Es ist die verdammte *Zeit*!« versicherte er mir. »Ich hab das Gefühl, daß ich für alles so wenig Zeit hab. Manchmal« (Pause) »wasch ich mir morgens die Hände –« (Pause – ein weiteres Gebäude) »und rasiere mich am Nachmittag. Dann wieder ...« Er dachte nach. »Nun, ich sollte wohl besser zusehen, daß ich mit dem fertig werde, was ich gerade tue.«

Dialoge dieser Art findet man bei Lewis Carroll, und wie Alice im Wunderland genoß sie Edith, bis die Dinge fehlzuschlagen begannen.

Sie war in hervorragender Verfassung, wie Constance Sitwell auf einer Reise von ihrem Heim in Northumberland nach Süden bemerkte. Sie trat Edith inzwischen mit gewissen Bedenken gegenüber, denn bei ihr konnte man nie so recht wissen. In ihrem Tagebuch schrieb Constance über ihre zwei angeheirateten Vettern und die Kusine stets in einem Ton, als seien sie so unberechenbar wie das Wetter – vielleicht mit Ausnahme Osberts, der immer freundlich zu ihr war.

Nicht ohne eine gewisse Erregung ging ich zum Tee bei Edith ... Wie gewöhnlich war sie märchenhaft gekleidet. Sie war nicht allein, was mir ein wenig bedauerlich erschien. Aber da es sich bei dem Besucher um den Maler Cedric Morris[27] handelte, fand ich es nicht so schlimm, denn er war wirklich sehr nett. Wir alle saßen und unterhielten uns sehr munter über Dichtung und darüber, von welchem Geist Engländer ganz allgemein und Künstler im besonderen beseelt sind. Edith las W. H. Davies' »The Kingfisher« sehr schön vor. Es war wirklich großartig. Auch sprachen wir über Visionen und außersinnliche Wahrnehmungen. Edith war wirklich liebenswürdig und ganz natürlich.[28]

Als am nächsten Tag alle drei Sitwells bei ihr zum Tee auftauchten, notierte sie: »Ich hatte sie gern bei mir; sie waren alle so erfrischend und so modern. Wie gewöhnlich trug Edith Kleider in herrlichen Farben; sie hatte Wyndham Lewis gesessen.« Edith (wie auch ihre Brüder) saß ihm zu vielen Zeichnungen, aber auch zu einem größeren Porträt. (»Täglich außer sonntags«, sagte sie – seine Gesellschaft muß ihr angenehm gewesen sein, wenn sie ihm so viel Zeit widmete.) Nach zehn Monaten endeten die Sitzungen unvermittelt. Das Porträt wurde nie richtig fertig, obwohl er später noch daran arbeitete. Auf dem Bild fehlen ihre Hände; und auf sie war Edith immer besonders stolz gewesen.

Wyndham Lewis hatte sich ihr gegenüber Freiheiten herausgenommen, was sie in späteren Jahren formulierte: »Unglücklicherweise war er von einer Art Schwärmerei für mich ergriffen. Ich ging nicht darauf ein. Die Sache ging nicht sehr weit, war aber lästig, da er mir auf Schritt und Tritt folgte, mich auf eine Weise anstarrte, die mich heftig aufbrachte, und unseren gemeinsamen Bekannten von seiner Schwärmerei berichtete. So unterließ ich es schließlich, ihm zu sitzen«.[29] Das ist der einzige belegte Fall dafür, daß je ein Mann erkennbar ein sexuelles Interesse für Edith an den Tag gelegt hat.

Wyndham Lewis wurde von Stund an zu ihrem Erzfeind. Im Jahr nach der Episode mit dem Porträt veröffentlichte er im Februar 1924 einen Teil seines Romans *Die Affen Gottes* in der von T.S. Eliot herausgegebenen Zeitschrift *Criterion*. Das volle Ausmaß des Spottes, mit dem er Edith und ihre Brüder darin bedachte, wurde allerdings erst deutlich, als die vollständige Fassung 1930 als Buch erschien. Doch zogen alle Beteiligten eine gewisse Befriedigung aus der langwährenden Fehde, und Lewis schrieb 1937 in *Blasting and Bombardiering* voll Behagen, Edith gehöre zu seinen »ältesten, erprobtesten und zuverlässigsten Feinden. Edith und ich sind zwei gute alte Feinde, eigentlich *unzertrennlich*. Ich glaube nicht, daß ich übertreibe, wenn ich mich als Miss Edith Sitwells *Lieblingsfeind* bezeichne.« Im selben Jahr erschien Ediths Roman *Ich lebe unter einer schwarzen Sonne*, worin sie Wyndham Lewis in der Gestalt des Henry Debingham karikiert – eine sehr milde Karikatur, wenn man sie mit seiner Darstellung von ihr in *Die Affen Gottes* vergleicht. Die Streiche, die sie und Osbert ihm nach Erscheinen von *Die Affen Gottes* spielten, waren von grausamerer Art. Ein Beispiel:

> Und wenn ich ärgerlich bin, was häufig vorkommt, necke ich Wyndham Lewis. Osbert und ich necken ihn unausgesetzt ... Wir schicken ihm auch ganz und gar verrückte Telegramme. Ich habe ihm von Calais aus eins an seine Adresse in der Percy Street schicken lassen, das folgenden Wortlaut hatte [die deutschen Passagen sind Hinweise auf sein Buch über Hitler]:

> Percy Wyndham Lewis, 21 Percy Street usw. *Achtung. Nicht hinauslehnen.* Uniformierter Kommissar unterwegs. Stop. Am besten um Hilfe telegrafieren. Gestern abend zu spät. Grüße. *Ein Freund.* Gezeichnet. Lewis Wyndham, 21 Percy Street.
> Und vor zwei Tagen bekam er nachstehendes Telegramm: »*Achtung. Nicht hinauslehnen.* Der Bär tanzt.«[30]

Streit und Neckereien aller Art waren Teil ihres Lebens geworden. Ihre Bekannten konnten unmöglich über sämtliche Vorfälle auf dem laufenden bleiben. Zu Auseinandersetzungen mit anderen Autoren und Dichtern kam es ebenso häufig wie mit den Kleingeistern. Osbert war ein ebenso kämpferischer Geist wie Edith, und Sacheverell wurde im Kielwasser der beiden mitgeschleppt. Belustigt notierte Arnold Bennett im März 1924 in seinem Tagebuch die Situation wie folgt:

> Edith Sitwell berichtete mir gestern abend vom Hader in der Welt der Dichtung. Osbert führt beständig irgendeinen literarischen Schabernack gegen andere im Schilde. Siegfried Sassoon spricht nicht mehr mit Osbert, weil der ihn (wie er sagt) nie zufrieden läßt. Er spricht nicht mit Edith, weil sie nicht bereit ist, Osbert von seinem Treiben abzuhalten. »Was kann ich denn tun?« fragte Edith. Im Gegenzug schwört Sacheverell Sitwell, er werde nie wieder mit Siegfried sprechen. Außerdem sieht es ganz so aus, als spreche Siegfried auch nicht mit Robert Graves oder umgekehrt.[31]

Man sollte meinen, die Arbeit in einem solchen Klima sei mühsam, bei so vielen Spannungen und zeitraubenden, kleinlichen Eifersüchteleien. Doch war das genaue Gegenteil der Fall. Die Gedichte, die Edith 1923 und 1924 schrieb, zählen zu den besten ihres Lebens. Im Mai 1923 nahm sie an der London School of Economics mit Alfred Noyes an einer Diskussion über Lyrik teil. Häufig hielt sie private und öffentliche Lyriklesungen. In jenem Jahr fand der Vortrag von *Façade* im Konzertsaal Aeolian Hall statt, außerdem wurde *Bucolic Comedies* veröffentlicht; im Januar 1924 brachte *The Golden Hind* eine Kurzgeschichte von ihr mit dem Titel »Undergrowth«, und im März jenes Jahres kam bei Duckworth *The Sleeping Beauty* heraus. In diesem ihrem Hauptwerk aus jener Zeit sehen manche – und das gilt vor allem für Cyril Conolly – »eins der wunderbarsten Gedichte, die ich je gelesen habe«. Im Frühjahr erschienen »Colonel Fantock« und »Mademoiselle Richarde« im *Spectator* und wurden später auch in *Troy Park* abgedruckt. Bei diesen Gedichten griff Edith weitgehend auf Kindheitserinnerungen zurück und gestaltete jenen Grundstock früher Eindrücke und Erfahrungen, der sich nur ein einziges Mal in so tief empfundener Weise verarbeiten läßt.

6

Zwischenakt: Frühe Gedichte

»Durch den dunklen, gefährlichen Wald«

In *A Poet's Notebook* (1943 erschienen) verwendete Edith ein Zitat von Goethe: »Wie Kirschen und Beeren behagen, mußt du Kinder und Sperlinge fragen.« Eine frische und gewitzte Lebenserfahrung wie diese, sagte sie, finde sich auch in Volksliedern und in »vielen der wunderbaren und herrlichen Kinderlieder. Was das betrifft, bin ich Vogel und Kind in einem.«

In ihren frühen Gedichten aus der Zeit ihrer Mitarbeit an *Wheels* und einige Jahre danach findet sich die Sprache von Kinderversen, vermengt mit einer für England spezifischen Nonsensdichtung, die den Leser auf verschiedenen Ebenen anspricht. Zahlreiche manierierte Bilder mischen sich darunter, die an die neunziger Jahre im England des vorigen Jahrhunderts oder an den französischen Symbolismus gemahnen. Sie enthalten neben Elementen traditioneller Erzählungen und Verse Anklänge an Edward Lear, Lewis Carroll, J. M. Barrie, beschwören Aubrey Beardsleys Zeichnungen, Baksts Ballettentwürfe herauf, aber auch die Affen, Neger und Kaiser von den Wandbehängen auf Renishaw. »Das Ganze ist äußerst kunstvoll und zugleich sehr schlicht«, schrieb Stephen Spender.

»Portrait of a Barmaid«, ein frühes Gedicht von Edith, das im April 1919 erstmals im *Cambridge Magazine* erschien, zeigt eine erwachsene Bewußtheit und deutet an, wie sie sich hätte entwickeln können, wäre ihr Blick auf die Außenwelt gerichtet gewesen:

Metallic waves of people jar
Through crackling green toward the bar

Where on the tables, chattering white,
The sharp drinks quarrel with the light.

...

Outside the bar, where jangling heat
Seems out of tune and off the beat,

A concertina's glycerine
Exudes and mirrors in the green

Your soul, pure glucose edged with hints
Of tentative and half-soiled tints.

Metallene Menschenwogen drängen knirschend / Durch knisterndes Grün der Theke entgegen // Wo auf den Tischen, schnatternd weiß, / Die scharfen Getränke mit dem Licht hadern. // Vor dem Lokal, wo schrille Hitze / Falsch gestimmt und aus dem Rhythmus scheint, // Dringt das Glyzerin eines Bandoneons / Hervor und spiegelt im Grün // Deine Seele, reine Glukose, gerändert mit Andeutungen / Zaghafter und halbbefleckter Anflüge von Farbe.

Diese Lyrik ist voll Phantasie und Kunstfertigkeit, mit einer kaum wahrnehmbaren Unterströmung des Makabren, die sich stets auch in der von Kenneth Clark so treffend beschriebenen »sonderbaren abgeschlossenen Welt« findet, in der augenscheinlich der größte Teil ihrer Lyrik angesiedelt ist:

Wir stellen sie uns wie eine Gefangene in einem riesigen Gemüsegarten vor, wo Blumen, Blätter und Früchte ihren Kinderaugen riesig vorkommen. Am einen Ende des Gartens liegt ein chinesischer Sommerpavillon, verfallen und mit verblaßten Farben, von seinen Traufen klingen noch vereinzelt Glocken herab ... Kein Menschenwesen tritt je in diesen Garten, mit Ausnahme einer Gouvernante und eines uralten runzligen Gärtners, der in ihrer Vorstellung lange die wichtigste Gestalt bleibt.[1]

»Wir befinden uns in einem Pagodenland«, schrieb L. P. Hartley über Ediths frühe Dichtung, »das eine englische Landschaft überlagert.«[2] Wie in »The King of China's Daughter« bearbeitet sie manchmal einfach bereits existierende Kinderreime. Andere Stücke, die sich an Kinderversen orientieren, erinnern durch ihre Sprache stark an Walter de la Mares »Peacock Pie«; er gehört zu den Dichtern, deren Verse sie in ihre frühesten Arbeitskladden abzuschreiben pflegte. Zum Beispiel »Three poor witches«:

Whirring, walking
On the tree-top,
Three poor witches
Mow and mop.
Three poor witches
Fly on switches
Of a broom,
From their cottage room.
Like goat's-beard rivers,
Black and lean,
Are Moll and Meg,
And Myrrhaline.

Surrend und im Baumwipfel / Gehend schneiden / Drei arme Hexen / Grimassen und jammern. / Drei arme Hexen / Fliegen auf Reisern / Eines Besens / Aus dem Raum in ihrem Häuschen. / Wie Ziegenbartflüsse / Schwarz und schmal / Sind Moll und Meg / Und Myrrhaline.

»Gardener Janus Catches a Naiad« (aus *Bucolic Comedies*) ist ein typisches Beispiel für Ediths frühe Dichtungsform. Liebe oder sinnliche Begierde wird nur beiläufig erkennbar, in der Flucht alberner hübscher Mädchen und der stilisierten ergebnislosen Verfolgung durch den Gärtner-Satyr.

Ma'am, I've heard your laughter flare
Through your waspish-gilded hair:
  Feathered masks,
  Pots of peas,
  Janus asks
  Naught of these.
  Creaking water
  Brightly stripèd,
  Now, I've caught her –
  Shrieking biped.
  Flute sounds jump
  And turn together,
  Changing clumps

Of glassy feather.
In among the
Pots of peas –
Naiad changes –
Quick as these.

Ma'am, ich habe Ihr Gelächter durch Ihr / Wespengoldnes Haar aufflackern gehört… / Gefiederte Masken, / Töpfe mit Erbsen; / Janus will von / All dem nichts. / Grell gestreiftes / Knarrendes Wasser, / Jetzt hab ich sie – / Aufkreischende Zweifüßerin. / Flötentöne hüpfen / Und drehen sich gemeinsam, / Sich farblich verändernde Ansammlungen / Glasiger Federn. / Inmitten der / Töpfe mit Erbsen – – – / Verwandelt sich die Najade – – – / So rasch wie jene.

Hierbei handelt es sich um Texte, die voll kühler Distanz das Innerste verbergen; sie sind Selbstzweck. Aldous Huxley, der das begriff, schrieb im *Chapbook*[3] vom März 1920, als sich ein Urteil über Ediths Lyrik lediglich auf eine sehr geringe Zahl veröffentlichter Gedichte stützen konnte, über sie:

> Wer gründlich genug darüber nachdenkt, kann wie in Miss Sitwells Gedichten den Sonnenschein tanzen und singen, kann die ganze Landschaft knistern und galvanisch zucken lassen. Die Dichtung dieser begabten Autorin ist größtenteils hervorragend gelungen und exquisit, und doch bleibt man sich beständig ihrer Grenzen bewußt. Eine Weiterentwicklung läßt sich kaum vorstellen. Offensichtlich kann man den Prozeß der Dissoziation nicht über einen bestimmten Punkt hinaus betreiben. Zweifellos entsteht große Dichtung durch das umgekehrte Verfahren: indem man sich durch all das, was sich dem Bewußtsein unmittelbar mitteilt, ins Universelle hinaus bewegt.

Die Gedichte des Zyklus *Façade* von 1921–1922 begleitete mehr Konzentration und Beherrschung. Gern zitierte Edith Jean Cocteaus Bemerkung über sein Ballett *Parade*, das als unmittelbarer Vorläufer von *Façade* gelten muß: »Die Dichtung einer Kindheit, die ein Techniker in die Hand genommen hat.« Die Bedeutung, in ihrer frühen Dichtung ohnehin nur schwer zu fassen, hatte nur noch einen sehr geringen Stellenwert. »Die Gedichte in *Façade* sind das Ergebnis von Nachforschungen über die Wirkung von Rhythmus und Tempo bei der Verwendung von Reimen, Assonanzen und Dissonanzen.« Eine weitere variable Größe war die ›Textur‹, »die kaum spürbare Dichte oder Leichtigkeit, die durch Veränderung eines mitschwingenden oder labialen Konsonanten entsteht.«[4]

Wie alle verinnerlichten Techniken, wird auch diese glücklicherweise nicht sichtbar. Dafür wird eine Originalität und rhythmische Vitalität deutlich, die noch sechzig Jahre später provokant und ungewöhnlich erscheint. Die Gedichte in *Façade* entstanden sehr rasch, in nahezu täglicher Beratung mit den Brüdern und William Walton; Konzentriertheit und ein müheloser Fluß machen einen Teil ihres witzigen Zaubers aus. Manche Rhythmen wirken aggressiv:

SOMETHING lies beyond the scene, the encre de chine, marine, obscene

Horizon
In
Hell

Black as a bison
See the tall black Aga on the sofa in the alga mope, his
Bell-rope
Moustache (clear as a great bell!)
Waves in eighteen-eighty
Bustles
Come
Late with tambourines of
Rustling
Foam

ETWAS liegt jenseits der Szene, des Meeres tuschedunkler obszöner

Horizont
In
Der Hölle

Schwarz wie ein Bison / Sieh den hochgewachsenen schwarzen Aga trübselig auf dem Sofa / In den Algen sitzen. Sein / Glockenstrang- / Schnurrbart (hell wie eine große Glocke!) / In achtzehnhundertachtzig Wellen / Gehusche / Kommt / Verspätet mit Tamburinen / Raschelnden / Schaums.

Andere Rhythmen sind seidig und mitreißend wie in »Popular Song«:

Lily O'Grady,
Silly and shady,
Longing to be
A lazy lady,
Walked by the cupolas, gables in the
Lake's Georgian stables ...

Lily O'Grady, / Die, töricht und schattenhaft, / Gern eine / Träge Dame wäre, / Ging an den Kuppeln, den Giebeln / Der Georgianischen Ställe am See vorüber ...

Oder wie in »Waltz«:

So Daisy and Lily,
Lazy and silly,
Walk by the shore of the wan grassy sea,
Talking once more 'neath a swan-bosomed tree.
Rose castles,
Tourelles,
Those bustles!
Mourelles
Of the shade in their train follow ...

Und Bessie und Lilly, / Lässig und willig, / Wandeln am Strande, das Meer bleich wie Gras – / Verhandeln beim Baum mit dem Schwanenhals was: / Von Burgen / Am Fels, / Und Tournüren! / Morellen / Die falben, sind ihr Gefolge ...[5]

Rhythmen und Melodien sind nur sehr schwer zu trennen, wenn man daran gewöhnt ist, sie wie vorgesehen zusammen mit Waltons Musik zu hören. Bisweilen ist der Text völlig sinnlos, wie in »The Wind's Bastinado«:

Said Il Magnifico
Pulling a fico –
With a stoccado
And a gambado,
Making a wry
Face: »This Corraceous
Round orchidaceous
Laceous porraceous
Fruit is a lie!«

Sagt Il Magnifico, / Der einen Mumpitz, / Einen Rapierstoß / Und eine Kapriole vollführt / (Wobei er das Gesicht / Verzieht): »Diese korraziöse / Rund-orchidöse / Lippig-gelbgrüne / Frucht ist Betrug!«

»In manchen der Gedichte findet sich heftige Erregung, in anderen verschleierte Melancholie«, schrieb Edith selbst. »Ihre scheinbare Munterkeit ließ sie verdächtig erscheinen. Sie erfüllten keinen praktischen Zweck. Sie galten als Schmetterlinge. Sie waren geckenhafte Hochstapler.«[6] In der zeitgenössischen englischsprachigen Dichtung ist das Werk des acht Jahre älteren Wallace Stevens von der anderen Seite des Atlantiks am ehesten mit ihren Klangspielen vergleichbar. Edith nahm seine »Bantams in Pinewoods« in ihre Anthologie *The Atlantic Book of British and American Poetry* auf:

Chieftain Iffucan of Azcan in caftan
Of tan with henna heckles, halt!
Damned universal cock, as if the sun
Was blackamoor to bear your blazing tail ...

Häuptling Iffucan von Azcan im Rindenkaftan / Mit Henna-Hecheln, bleib stehn! / Verdammt allgegenwärtiger Hahn, als sei die Sonne / Ein Mohrenpage, der deinen flammenden Schwanz trägt ...

Doch wie glitzernd und stakkatohaft ihre Sprache auch sein mag, der Zaubergarten ist in Ediths Dichtung nie fern, mit ihren »emilienfarbenen Primeln« und »marthafarbenen Skabiosen«, den Orangen- und Zitronenbäumen, den umherhuschenden Küchenmädchen und, in »Early Spring« aus dem letzten Zyklus von *Wheels*, der französischen Gouvernante. Das Kind weiß es:

If she could think me distant, she
In the snow's goat-locks certainly

Would try to milk those teats, the buds,
Of their warm sticky milk – the cuds

Of strange long-past fruit-hairy springs –
The beginnings of first earthy things.

Gewiß würde sie, so sie mich fern vermuten könnte, / Versuchen in den Ziegenlocken des Schnees // Die Zitzen zu melken, die Knospen ihrer warmen / Klebrigen Milch – das wiedergekäute Grünfutter // Fremdartiger lange zurückliegender fruchthaariger Lenze – / Die Anfänge der ersten irdisch-sinnlichen Dinge.

Wie Christina Rossetti in »Goblin Market« drückt Edith Sitwell in ihrer Dichtung Sinnlichkeit mit Begriffen aus dem Pflanzenreich aus.

Edith war allerdings gewiß keine ›Naturlyrikerin‹ im landläufigen Sinn. »Die Welt, die ich sehe, ist eine ländliche Welt, ein Universum, in dem etwas wächst, wo Zauber und Wachstum eins sind,« schrieb sie.[7] In ihren Gedichten spielen Blätter, Blüten, Früchte, Tiere, Bäume, Felle und Gefieder eine bedeutsame Rolle. Freilich geht es dabei nicht um die gewöhnlichen Arten, wie sie hierzulande vorkommen. Als sich Edith aus der vertrauten Umgebung zurückzog, um »Vogel und Kind in einem« zu sein, dachte sie auf magische Weise – so, wie Kinder denken, bevor sie die Welt in Begriffe fassen lernen. In diese naturhafte Wahrnehmungsdimension nahm sie die Gedanken der französischen Symbolisten auf.

Ihrer Aussage nach untersuchte sie gründlich, auf welche Weise die Natur Muster wiederholt: wie das Muster von Farn und Gefieder sein Gegenbild in den Eisblumen auf einer Fensterscheibe wiederfindet; wie sich die Schuppen an den Beinen von Vögeln in bestimmten Gräsern wiedererkennen lassen. Diese Formenechos waren für sie Manifestationen der Entsprechungen (*correspondances*) von Swedenborg und Mallarmé. Blüten und Früchte treten bei ihr in einer begrifflich ›entsprechenden‹ platonischen Vorstellungsdimension auf, die nur wenig mit den von den Gärtnern ihrer Großmutter hervorgebrachten wirklichen Dingen zu tun hat.

Echte Blumen spornten lediglich ihre Vorstellungskraft an, besonders auf sie angewiesen war sie nicht. In den Räumen in Pembridge Mansions fand man keineswegs überall gefüllte Blumenvasen. Zum einen konnte sich Edith das nicht leisten; überdies machte sie sich in den Worten ihrer Kusine Veronica (Codrington) Gilliat »nicht viel aus Blumen, es sei denn, sie konnte ihnen eine Formulierung abgewinnen.« Sie sagte dies ohne jede Boshaftigkeit, denn die beiden mochten einander. Über sich selbst urteilte Edith, sie habe »Blumen getötet, Juwelen hingegen gehätschelt«, und ihre Blumen glänzen meist metallisch wie Email.

Dieser fehlende Wirklichkeitsbezug reizte ihre Kritiker. So schrieb Julian Symons im Hinblick auf ihre »künstliche« Bilderwelt: »Edith Sitwells Grenzen als Lyrikerin liegen in ihrer Unfähigkeit zu sehen und zu hören, was um sie herum vorgeht.«[8] Er hatte insofern recht, als sie die wirkliche Welt nicht vollständig wahrnahm. Sacheverell, der mit ihrer Innenwelt genauestens vertraut war, zeigte sich erstaunt über die Art, wie diese Innenwelt nicht so sehr durch Beobachtung entstand – ganz im Gegenteil. Ein flüchtiger Blick, eine Farbe, ein botanischer Name reichte aus, um Edith zu begeistern. Die äußere Natur lieferte das Material für phantastische Vorgänge, Klänge und Symbole. Daher könnte man sagen, daß sie eine in höchstem Grade literarische Autorin gewesen wäre – hätte ihre Vorstellungskraft nicht wie bei einem Kinde auf einer vor-literarischen Ebene funktioniert.

Harold Acton hat ihren Stellenwert unter ihren Zeitgenossen in der damaligen ›Literaturszene‹ beschrieben: »Hätte man Rimbaud in England gekannt, die Georgianische Dichtung wäre uns erspart geblieben.«[9] Helen Rootham hatte Edith mit den französischen Symbolisten vertraut gemacht, die bereits von den mitreißenden Rhythmen und Mehrdeutigkeiten Swinburnes berauscht war. Jetzt synkopierten die abstrakte Musik der Symbolisten, Verlaines »*sanglots longs des violons*«[10], seine Harlekine, Clowns und Scaramouches ihre eigene Melodie und verliehen ihr größere Leichtigkeit. Wie Edith war Rimbaud ohne mütterliche Zuneigung aufgewachsen. Ihr Empfinden, »ein kleines außenstehendes Leben« zu sein, findet sein Echo in seinem *»Je ne suis pas au monde«* (ich bin nicht in der Welt). Er besaß in Izambard[11] einen Mentor, der Einfluß auf ihn hatte; für Edith war das Helen Rootham, ihrerseits eine große Verehrerin von Rimbauds Mythos und Genie.

»Il s'agit d'arriver à l'inconnu par le dérèglement de tous les sens«,[12] schrieb Rimbaud an seinen Lehrer. Edith sagte etwas sehr Ähnliches: »Meine Sinne ähneln denen primitiver Völker... und sie sind austauschbar.«[13] (Ein entscheidender Unterschied liegt darin, daß Rimbaud seine ›naturhafte‹ Sinnlichkeit auch körperlich auslebte. Edith entzog sich dieser Dimension und hielt sich für ihre Sinneserlebnisse an Musik und Literatur.)

Was sie zur Analyse ihrer Prosodie schreibt, liest sich im allgemeinen recht trocken, da es sich dabei hauptsächlich um detaillierte Erläuterungen der Klangmuster handelt. So heißt es beispielsweise in »Some Notes on My Own Poetry«:

> Shades on heroic
> Lonely grass,
> Where the moonlight's echoes die and pass.
> Near the rustic boorish,
> Fustian Moorish
> Castle wall of the ultimate Shade
>
> Schatten auf heroischem / Einsamem Gras, / Wo die Mondlichtechos vergehen. / Nahe der ländlich-bäurischen / Bombastisch-maurischen / Schloßmauer des letzten Schattens
>
> Die langen ›o‹s in ›heroic‹ und ›lonely‹ an entgegengesetzten Enden zweier aufeinanderfolgender Verse (wobei ›lonely‹ ein wenig länger ist als ›heroic‹), das noch tiefere ›oo‹ von ›moonlight‹, der hohle Klang von ›echoes‹ – werfen lange Schatten, die einander gegenüberstehen ... Das lange ›oo‹ in ›boorish‹ und ›Moorish‹ ist noch dunkler, und es kommt einem so vor, als bliesen die ›r‹s die Schatten wie mit einem Windstoß voran ...

Und so weiter – Ediths Antwort auf *Practical Criticism*[14] aus dem Jahre

1934. Interessanter ist, welches Gewicht sie der Erklärung ihrer Bilder beimaß, in der Annahme, sie müßten einer rationalen Deutung zugänglich sein – was nicht immer möglich ist und das auch nicht immer sein sollte. So heißt es beispielsweise über »Aubade«: »Der Grund dafür, daß ich sagte, ›The morning light creaks‹, liegt darin, daß das Licht des frühen Morgens nach dem Regen nicht so ohne weiteres kommen will. Auch ist es sehr hart und scheint dem Schatten förmlich Hindernisse in den Weg zu legen«.[15] Möglich. Aber das ist eine defensive Haltung. Das angesprochene *»dérèglement de tous les sens«* bedarf keiner detaillierten Rechtfertigung, wenn die Sinne *›verstört‹* bleiben sollen, und erst recht keiner trockenen Klassenraumtechniken. Doch existierte in England zu der Zeit, als Edith mit ihren Experimenten begann, kein Kanon für die Überlieferung des Symbolismus, und niemand fungierte als deren Fackelträger, es sei denn, man bezöge die studentischen Dadaisten der zwanziger Jahre mit ein. So fühlte sich Edith ganz auf sich allein gestellt, und das führte zu Aggressionen. Erst zwanzig Jahre später konnte man ihre Experimente in einen historischen Zusammenhang stellen, wie das zum Beispiel Jack Lindsay getan hat: »Wer genau hinsieht, erkennt das englische Gegenstück zu den Anfängen des Symbolismus in Dichtern wie Beddoes oder sogar Darley (dahinter ragt der unbekannte Riese Blake auf, und viele Verweise auf Keats und Shelley). Doch Tennysons Verrat tötete all das ab. Die englische Form trat erst in Edith Sitwell wieder zutage, mit weißglühender Intensität.«[16]

»Aubade«, erstmals am 2. Oktober 1920 in der *Saturday Westminster Gazette* veröffentlicht, ist ein ideales Beispiel für Ediths synästhetische Bildersprache in Aktion:

Jane, Jane
Tall as a crane,
The morning light creaks down again;

Comb your cockscomb-ragged hair,
Jane, Jane, come down the stair.

Each dull blunt wooden stalactite
Of rain creaks, hardened by the light,

Sounding like an overtone
From some lonely world unknown.

But the creaking empty light
Will never harden into sight,

Will never penetrate your brain
With overtones like the blunt rain.

The light would show (if it could harden)
Eternities of kitchen garden,

Cockscomb flowers that none will pluck,
And wooden flowers that 'gin to cluck.

In the kitchen you must light
Flames as staring, red and white,

As carrots or as turnips, shining
Where the cold dawn light lies whining.

Cockscomb hair on the cold wind
Hangs limp, turns the milk's weak mind...
Jane, Jane,
Tall as a crane,
The morning light creaks down again!

Jane, Jane, / Hochgewachsen wie ein Kranich, / Das Morgenlicht knarrt wieder herab; // Kämme dein hahnenkammzottiges Haar, / Jane, Jane, komm die Treppe herab. // Jeder dumpfe stumpfe hölzerne Stalaktit / Des Regens knarrt, vom Licht verhärtet, // Und klingt wie ein Oberton / Aus einer unbekannten einsamen Welt. // Doch das knarrende leere Licht / Wird sich nie zu etwas Gesehenem verhärten. // Nie in dein Gehirn vordringen / Mit Obertönen wie der stumpfe Regen. // Das Licht würde zeigen (wenn es sich verhärten könnte) / Küchengarten-Ewigkeiten. // Hahnenkamm-Blumen, die keiner pflücken wird, / Und hölzerne Blumen, die zu glucken beginnen. // In der Küche mußt du entzünden / Flammen, die rot und weiß glänzen // Wie Möhren oder Rüben scheinen, / Wo winselnd das kalte Dämmerlicht liegt. // Hahnenkamm-Haar auf dem kalten Wind / Hängt schlaff, läßt den schwachen Geist der Milch sauer werden ... / Jane, Jane, / Hochgewachsen wie ein Kranich, / Das Morgenlicht knarrt wieder herab!

»Das Gedicht entstand folgendermaßen«, schrieb Edith 1937 an R.G. Howarth über »Aubade«: »Etwa ein Jahr nach einer längeren Periode der Armut war ich in London aufgetaucht – (ich bin die arme Anverwandte einer reichen Familie) ... die ganze Sache spiegelt meine Erlebnisse *und* die des Dienstmädchens, es ist aber durch meinen Kopf gesehen.«[17]

Auf dieselbe Weise sah sie in »Mademoiselle Richarde« das Leben einer der vielen Gouvernanten, die ihr Halbleben im großen Haus ihrer Kindheit verbrachten, »durch ihren Kopf«:

There are sad ghosts whose living was not life
But a small complaining, dying without strife,
A little reading by sad candlelight
Of some unowned, un-cared for book, a slight
Rustling then, a settling down to sleep.
...
Yet there are those who do not feel the cold;
And Mademoiselle Richarde was thus, – both old
And sharp, content to be the cold wind's butt;
A tiny spider in a gilded nut
She lived and rattled in the emptiness
Of other people's splendours ...

Es gibt traurige Gespenster, deren Dasein kein Leben war / Sondern eine kleine Wehklage, die kampflos dahinstarb. / Ein wenig Lesen bei traurigem Kerzenlicht / In einem nicht besessenen Buch, an dem niemandem lag, ein / Leises Rascheln dann, ein sich Niederlegen zum Schlaf. / ... / Doch gibt es jene, welche die Kälte nicht spüren; / Und so war Mademoiselle Richarde – alt und zugleich / Mit wachen Sinnen, damit zufrieden, dem kalten Wind als Ziel zu dienen; / Eine winzige Spinne in einer vergoldeten Nuß / Lebte und klapperte sie in der Leere / Des Glanzes anderer ...

Bei diesem Gedicht – aus *Troy Park* (1925) – handelt es sich um eine gänzlich andersgeartete Lyrik. Als Ediths experimentelle Feuerwerksphase im Anschluß an *Façade* vorüber war, änderte sie ihre Ausgangsposition, schloß sich den englischen Romantikern an und schrieb in gemächlichen lyrischen Rhythmen nieder, woran sie sich erinnerte. Die drei

Sammlungen aus der Mitte der zwanziger Jahre – *The Sleeping Beauty* (1924), *Troy Park* und *Rustic Elegies* (1927) – enthalten ihre besten Gedichte. Sie hatte ein starkes Bedürfnis zu schreiben und war außerdem auf eine ihr ganz eigene Materialquelle gestoßen, aus der sie schöpfen konnte – ihre Sicht einer idealisierten Kindheit und der Vergangenheit. Der Inhalt bändigte die Form, und die Gefühle bändigten den Drang nach Effekten:

Those magical bright movements of a dream
Flashing between the lustrous leaves evoke
One memory of childhood, still undimmed.
(»The Child Who Saw Midas«)

Diese magisch leuchtenden Bewegungen eines Traums / Die zwischen den glänzenden Blättern aufblitzen, rufen / Eine Kindheitserinnerung hervor, die noch unverblaßt ist. / (»Das Kind, das Midas sah«)

»Colonel Fantock« ist in *Troy Park* (»But Dagobert and Peregrine and I / Were children then ...«) enthalten. Sie erinnert sich in früheren Gedichten, in *Bucolic Comedies* (1923), an die Kinderzimmerwelt ihrer Brüder aus den Jahren, in denen sie noch nicht groß genug waren, mit ihr durch den Park zu streifen. In »Evening« heißt es:

Prince Absalom and Sir Rotherham Redde
Rode on a rocking-horse home to bed.

Prinz Absalom und der Rothe Sir Rotherham / Ritten auf einem Schaukelpferd heim zu Bett.

Troy Park entspricht Londesborough, aber nicht Renishaw. In »Colonel Fantock« findet man Ediths Urgroßmutter Londesborough und ihre Großmutter Londesborough in *The Sleeping Beauty*, in einer grotesken Rolle als böse Fee, »Laideronnette, Princess of the Pagodas«, deren schwarze Sklavinnen

Unwigged her for the night, while her apes beg
That she will leave uncurtained that Roc's egg

Her head, a mount of diamonds bald and big
In the ostrich feathers that compose her wig.

Entperückten sie für die Nacht, während ihre Affen bitten / Sie möge den Vorhang vor dem Vogel-Rock-Ei nicht vorziehen // Ihr Kopf, ein Berg von Diamanten kahl und groß / In den Straußenfedern, aus denen ihre Perücke besteht.

Und erneut ihre Urgroßmutter als Königinwitwe, die in ihrem lateinischen Meßbuch liest:

And this is now her only pleasure –
This and her parrot long ago
Dead – but none dared tell her so

And therefore the bird was stuffed and restored
To lifeless immortality; bored
It seemed, but yet it remained her own;
And she never knew the bird's soul had flown.

Und das ist nun ihre einzige Freude / Das und ihr Papagei, seit langem / Tot – doch niemand wagte ihr das zu sagen // Und daher wurde der Vogel ausgestopft und zu / Lebloser Unsterblichkeit hergerichtet; gelangweilt / Schien er, doch blieb er ihr eigen; / Und nie erfuhr sie, daß des Vogels Seele entflogen war.

Die Prinzessin selbst, die schlafende Schönheit Dornröschen, ist unberührt und unantastbar:

She seems, as she glimmers round the room,
Like a lovely milk-white unicorn
In a forestial thicket of thorn.

Sie wirkt, während sie im Zimmer umherglänzt / Wie ein entzückendes milchweißes Einhorn / In einem Dornendickicht im Walde.

Da in der Dichtung ihrer späteren Jahre eine andere Stimmung und ein anderer Stil als in ihrem Frühwerk zum Ausdruck kommen, muß man differenzieren, wenn man ›Edith Sitwells Dichtung‹ bewerten will. Ihr besonderes Talent zeigt sich am ehesten in ihren frühen Arbeiten – erkennbar an der Vitalität wie am Erfindungsreichtum der Gedichte aus *Façade*, an der auf sie selbst bezogenen Phantasie von *The Sleeping Beauty*, an »Colonel Fantock«, »Mademoiselle Richarde« und an den Gedichten um *Troy Park*. In diesen Gedichten ist sie eine »erstklassige« Dichterin im Sinne Hazlitts: »Zweitrangige Begabungen lassen sich leicht beschreiben, da sie in eine Kategorie fallen und einer Gruppe zugeordnet werden können; aber erstklassige Kräfte entziehen sich jeder Berechnung und jedem Vergleich. Man kann sie ausschließlich aus sich selbst heraus definieren. Jeder einzelne ist ein Mensch *sui generis*, sie schaffen die Gruppe, der sie angehören.«[18]

Nachdem Edith Themen und Träume ihrer Kindheit niedergeschrieben hatte, wußte sie nicht, wohin sie sich wenden sollte. Die dunkle Seite des Mondes wurde übermächtig. Die Schatten Eliots und der metaphysischen Dichter Englands, mit denen sie sich intensiv beschäftigt hatte, verstärkten diesen Hang. Obwohl sie tief in die Werke der französischen Symbolisten eingedrungen war, hatte sie bisher weder deren fleischliche Bilderwelt noch die von ihnen geschilderten Elendsszenen der Großstadt oder Baudelaires *»spleen«* in ihr Repertoire übernommen. Als sich ihre Gedanken von ihrer mythologisierten Kindheit abkehrten, stieß sie auf nichts als Ernüchterung. »Wie schön kam uns das Leben vor, als wir jung waren!« schrieb sie in *The Sleeping Beauty*:

But age has brought a little subtle change
Like the withdrawal caused by the slow dropping
Of cold sad water on some vast stone image:
A slow withdrawal, a sad, gradual change ...

Doch hat das Alter eine kaum wahrnehmbare Veränderung bewirkt / Wie ein gewaltiges Steinbild dahinschwindet, / Auf das kaltes trauriges Wasser fällt: / Ein langsames Vergehen, ein trauriger, unmerklicher Wandel ...

Es scheint, als habe für sie zwischen Kindheit und Alter nichts gelegen; oder als sei der Sommerpark ihrer Kindheit aus der Zeit vor dem Niedergang lediglich ein Firnis gewesen, der die schreckliche Wahrheit des Lebens verdeckte, wie der Park von Renishaw das Kohlenbergwerk darunter.

Es beginnt mit »The Hambone and the Heart«, einer erneuten Bearbeitung ihres frühen Muttermord-Gedichts »The Mother«. Dazu heißt es in *Rustic Elegies*:

Could we foretell the worm within the heart
That holds the households and the parks of heaven,
Could we foretell that land was only earth,
Would it be worth the pain of death and birth,
Would it be worth the soul from body riven?
...
O crumbling Heart, I too, I too have known
The terrible Gehenna of the bone
Deserted by the flesh ...

Könnten wir den Wurm im Herzen vorhersagen / In dem die Haushalte und die Parks des Himmels liegen, / Könnten wir vorhersagen, daß Land nichts sei als Erde, / Wäre es die Qual von Tod und Geburt wert, / Wäre es wert, daß die Seele dem Leib entrissen wird? / ... / O zerbrechendes Herz, auch ich, auch ich kenne / Die entsetzliche Hölle des vom Fleisch / Verlassenen Knochen ...

Schon in einem Gedicht, dessen erste und längere Fassung 1929 entstand, nämlich »Metamorphosis«, finden sich die Themen und Symbole ihrer gesamten Dichtung der vierziger und fünfziger Jahre: Lazarus, der Knochen, das Grab, der Wurm, der Stein, das Feuer, der Affe. Es endet mit einem Anklang an eine Auferstehung:

Then my immortal Sun rose, Heavenly Love,
To rouse my carrion ...

Dann erhob sich meine unsterbliche Sonne[19], Himmlische Liebe, / Meine sterbliche Hülle zu erwecken ...

Doch erst viele Jahre später sollte sich dieser Traum vom metaphysischen Sonnenaufgang erfüllen; und auch da noch gelangte sie nicht in den vollen Genuß der »Himmlischen Liebe«. Im selben Jahr wie »Metamorphosis« schrieb sie »Gebräuche an der Goldküste«, ein düsteres Gedicht voll trommelnder Drohung – und dann zehn Jahre lang nichts.

Als sie in den vierziger Jahren aufs neue zu schreiben begann, wurden Schritt für Schritt Kindheit und Tod Bestandteil desselben Gedankens. Aus den leichtfüßigen Rhythmen ihrer *Troy*-Gedichte erhob sich gelegentlich hektisches Wortgeklingel; ihre Bildersprache und ihr Wortschatz, stets voller Wiederholungen (sie war ein Instrument, das einige klare Töne spielte, und wäre besser sparsam damit umgegangen), nahmen bedrückende Dimensionen an. Unverbrauchtes Material lieferte ihr der »Zweite Sündenfall des Menschen«: Krieg und Atombombe. Diese neue Dichtung fand ein Publikum und machte sie erneut berühmt. Aber der Umstand, daß sie Aldous Huxleys Rezept für die Verfertigung bedeutender Dichtung befolgte, indem sie sich »aus dem unmittelbar Bewußten hinaus ins Universelle« bewegte, führte auf grausam ironische Weise dazu, daß ihre Begabung verwässerte.

Ursache für die Grenzen ihrer Dichtkunst war nicht, was Julian Symons ihre Unfähigkeit genannt hat, »zu sehen und zu hören, was um sie herum vorging«. Das Gegenteil ist der Fall. Ihre Begabung lag darin, zu transkribieren, was sie mit dem inneren Auge sah und mit dem inneren Ohr hörte. Ihr Erfahrungsschatz als Erwachsene war so begrenzt, daß sie ihm nur wenig neues Lebens-Material abgewann; lediglich Todes-Material. Wie ein Janusbild drehte sie sich zwischen Kindheit und Grab. Manchmal gelang ihr eine Synthese wie in »The Wind of Early Spring«, einem Gedicht aus den frühen fünfziger Jahren:

The past and present are as one –
Accordant and discordant, youth and age,
And death and birth. For out of one came all –
From all comes one.

Vergangenheit und Gegenwart sind eins – / Einklang und Widerstreit, Jugend und Alter, / Tod und Geburt. Denn alles kam aus einem – / Aus allem kommt eins.

Es war die Schwierigkeit, zwischen diesen beiden Polen eine Verbindung zu schaffen, die Edith Sitwells Dichtung in den zwanziger Jahren Grenzen setzte. Wie der Herzog in *Maß für Maß* zu Claudio sagt:

Du hast eigen Jugend nicht noch Alter;
Nein, gleichsam nur 'nen Schlaf am Nachmittag,
Der beides träumt ...[20]

7

Ein Einhorn unter Löwen

1924–1926

So stark war Edith zu Beginn der zwanziger Jahre in ihre eigene Arbeit vertieft, daß sie *Das wüste Land* von T. S. Eliot erst Anfang 1924 las, obwohl er es bereits zwei Jahre zuvor veröffentlicht hatte. In einem Brief fragte sie John Freeman, einen neuen Bekannten, was er davon halte. Jener war ein Dichter der Georgianischen Schule, der seinen Lebensunterhalt als Angestellter des Versicherungsvereins Liverpool Victoria Friendly Society verdiente. Edith schrieb ihm: »Robert Graves muß Sie unbedingt kennenlernen. … Es muß zu diesem Treffen kommen, auch wenn das Ehepaar Graves zur Zeit unsichtbar ist, da sie ein Söhnchen bekommen haben. Beide sind ganz reizende Menschen.« Im Hinblick auf *Das wüste Land* war Edith unsicher, aber sie mochte es. »Manche Verse finde ich wirklich wunderbar. Sagen Sie mir doch, was Sie davon halten, sobald Sie es gelesen haben.« Als Freeman dem Werk formale Unzulänglichkeiten vorwarf, opponierte sie, erklärte aber, sie wisse nicht, was sie gegen seine Anmerkungen vorbringen könnte. Ihr fiel tatsächlich nichts ein, wie sich zeigte, als sie trotzdem zu argumentieren versuchte. Dennoch sollte Eliots Gedicht, an das sie nur zögernd und spät gelangte, seine Spuren in dem hinterlassen, was sie selbst in den nächsten fünf Jahren schrieb – obwohl sie Eliots Einfluß bestritt. Sie achtete jetzt gewissenhaft darauf, nichts von dem zu verpassen, was er schrieb. Deutlich wird das in ihrem Brief an den Buchhändler Bumpus vom November 1925: »Wollen Sie mir bitte Mr. T. S. Eliots ›Poems‹ gleich nach Erscheinen zusenden?« (Dabei dürfte es sich um *Die hohlen Männer* gehandelt haben.)[1]

Gegen Ende 1924 floh Edith nach Paris. Ihr neuer Gedichtband, *Troy Park*, war bereits fertig, von übermäßiger Arbeit war sie erschöpft und litt nicht nur unter ernsthaften Rückenbeschwerden, sondern auch unter der Gegenwart anderer Menschen. Dort wollte sie einige Monate bei Evelyn Wiel bleiben, Helen Roothams Schwester, die in der Rue Saint-Dominique 129 im siebten Stadtbezirk eine kleine Wohnung hatte. Sie war mit Truels Wiel verheiratet gewesen, einem Norweger, der sein Heimatland in Paris als Vizekonsul vertreten hatte. Nachdem er 1921 Evelyn um einer anderen willen verlassen hatte, kehrte er Frankreich nach einer Weile den Rücken. Evelyn blieb in Paris und hielt sich mit einer Bürotätigkeit mehr schlecht als recht über Wasser. Die Ehe wurde 1927 geschieden. Evelyn teilte die Zuneigung ihrer Schwester Helen zu der sieben Jahre jüngeren Edith und wurde wie Helen ein denkbar ergebenes Hündchen.

Trotzdem schrieb Edith 1924 beglückt aus der Rue Saint-Dominique an Harold Acton: »Ich bin untergetaucht und schreibe. Aber Valéry Larbaud war zum Tee bei mir – vorige Woche –, und ich werde ihn in ein oder zwei Tagen wiedersehen. Er wird mir ein Prosagedicht widmen ... heute nachmittag gehe ich zu Gertrude Stein zum Tee.«

Doch nicht einmal inmitten all dieser Ablenkungen konnte sie das heimatliche Schlachtfeld vergessen. Kurz nachdem sie in der Rue Saint-Dominique eingezogen war, schrieb sie an Mr. Wilson von der Buchhandlung Bumpus und bat ihn, ein Exemplar von W. J. Turners *Smaragda's Lover* an Osbert zu schicken, der sich in Rapallo im Hotel Bristol aufhielt. Turner hatte eine »dramatische Phantasmagorie« geschrieben, allem Anschein nach ein Seitenhieb auf die Geschwister Sitwell. Edith fragte John Freeman in einem Brief, ob auch er es gelesen habe:

> Es handelt sich ausschließlich um meine Familie – um uns –, und er hat gemeinerweise so getan, als schriebe ich widerlich unanständige und gewöhnliche Verse. Außerdem ruft er den Eindruck hervor, als übten wir einen verderblichen Einfluß auf andere aus. Wenn er sagt, ich könne nicht schreiben, ist mir das einerlei, denn eine solche Äußerung gehört in den Bereich der Literaturkritik, aber *das* ist einfach ein Haufen Lügen.

Hier liegt eine Unaufrichtigkeit. Keinesfalls konnte Edith eine Verletzung einfach heilen lassen, schon gar nicht schweigend; dem Lecken ihrer Wunden gewann sie eine gewisse Befriedigung ab.

In Wahrheit steckte mehr hinter der Sache. Die Ausgabe von Harold Monros *Chapbook* vom September 1922 hatte eine Satire mit dem Titel »The Jolly Old Squire or Way-Down in Georgia« enthalten, dessen Thema keiner näheren Erläuterung bedarf. Darin taucht ein lächerlicher ländlicher Wochenenddichter auf, der in London lebt, »Turner«. Der Verfasser war Osbert Sitwell. Turner bekam damit die Antwort, die er verdiente.

Im Jahre 1925 – Edith war inzwischen achtunddreißig Jahre alt – begann die geschlossene Einheitsfront der drei Geschwister Sitwell zu zerbröckeln. Das Osterfest verbrachten sie gemeinsam in Spanien. Osbert hatte das Fahrgeld für Edith aufgebracht, damit sie sich von einer Operation erholen konnte, die wegen ihres Rückenleidens unumgänglich geworden war. *Troy Park* war im März bei Duckworth und wenig später in den Vereinigten Staaten bei Knopf herausgekommen. »Im Hinblick auf *Troy Park* war ich äußerst niedergeschlagen, ich weiß selbst nicht, warum«, schrieb Edith aus Granada an John Freeman. »Vielleicht, weil man stets hofft, daß einem alles so viel besser gelingt.« Sie hatte zwei Besprechungen gesehen, die eine »schwachsinnig«, »unverschämt« die andere. In der Literaturausgabe der *Times* vom 28. Mai hieß es: »Ihr fehlt strenge Selbstkritik«, aber immerhin war die Rezension ausführlich.

Cyril Connolly, zu jener Zeit Student am Oxforder Balliol College, traf im Hotel Washington Irving in Granada mit den drei Geschwistern Sitwell zusammen. »Alle trugen schwarze Umhänge und schwarze andalusische Hüte; sie sahen blendend aus« – aber beunruhigend. Connolly war von ihrem Auftreten »total überwältigt«. Ediths *The Sleeping Beauty* hatte ihn fasziniert, und er hatte ihr auch gesagt, wie sehr er *Das wüste Land* bewundere. »Ich werde es Mr. Eliot sagen, wenn ich ihn das nächste Mal sehe. Es wird ihn glücklich machen«, sagte Edith.[2]

Connollys Urteil über die Geschwister Sitwell schwankte. Den Teegesellschaften in Pembridge Mansions, zu denen Edith ihn einlud, als sie alle wieder in England waren, blieb er fern. Im November 1926 schrieb er an Noel Blakiston:

> Für die Sitwells habe ich eigentlich nichts übrig. Ich finde sie ziemlich lästig; aber in Spanien und auch danach haben sie sich mir gegenüber sehr entgegenkommend verhalten. Ehrlich gesagt habe ich nichts von dem gelesen, was sie vorigen Jahres geschrieben haben. Edith ist langweilig, humorlos und aggressiv, und Osbert macht Reklame. Sachie ist noch am distanziertesten, aber keiner von ihnen paßt wirklich zu uns.[3]

In jenem Sommer gingen Lady Ida und Sir George, mittlerweile ein fünfundsechzigjähriger Hypochonder, von Renishaw und Scarborough fort und erwählten Montegufoni zum Hauptwohnsitz. Sie wanderten buchstäblich aus. Sir George nahm sein Kapital mit, vererbte das Gut Renishaw als unveräußerliches Vermögen und beauftragte Osbert mit dessen Verwaltung. Allerdings hatte dieser nicht die Absicht, London zu verlassen. So wurde Renishaw für Sir George und die drei Geschwister ein Ort des Rückzugs vor der Außenwelt, wo man kurze Ferien verbringen konnte.

Schon seit einem Jahr verfolgte Sacheverell, in Connollys Worten der »distanzierteste«, hochgewachsen, schlank und scheu wie ein Donatello-Jüngling, eigene Pläne. Bei einer Gesellschaft im Hause Arnold Bennetts hatte Osbert im Frühjahr 1924 eine junge Kanadierin namens Georgia Doble kennengelernt und zum Tee ins Haus am Carlyle Square eingeladen. Dort verliebten sie und Sacheverell sich ineinander.

Der Kreis, in dem die Geschwister Sitwell verkehrten, bezauberte Georgia, die jüngere der beiden schönen Töchter des aus Cornwall stammenden und in Montreal ansässigen Bankiers Arthur Doble. Die ältere Schwester Francis trat an einem Londoner Theater auf. Der bloße Gedanke, Sachie – oder überhaupt eines der drei Sitwell-Geschwister – könne heiraten, entsetzte Edith und Osbert. (Ediths alte Liebe, Chile Guevara, kam in jenem Jahr nach vierjähriger Abwesenheit wieder nach London; sie traten einander als Freunde gegenüber.) Edith und Osbert waren der Ansicht, Georgias Verhältnisse unterschieden sich zu sehr von ihren eigenen, und Edith äußerte die Ansicht, der jüngere Bruder müsse seine Arbeit allen übrigen Dingen voranstellen. Am härtesten freilich traf es Osbert, mit dem sich Sachie das Haus am Carlyle Square teilte und dem er der ideale und vertraute Gefährte war.

Das junge Paar ließ sich sein Vorhaben nicht ausreden und heiratete im Oktober 1925 in der Pariser Kirche Saint George. Edith hätte der Trauung beinahe nicht beigewohnt; sie teilte Sachie mit, sie könne sich die Reise nach Frankreich nicht leisten, da sowohl Helen als auch sie ihr Bankkonto bereits überzogen hätten. Möglicherweise ist Osbert für die Reisekosten aufgekommen; jedenfalls waren außer Georgias Eltern und Schwester auch Bruder und Schwester des Bräutigams zugegen. Sir George und Lady Ida blieben in Montegufoni.

Es wurde eine glückliche Ehe. Georgia war nicht nur attraktiv und klug, ihr Durchsetzungsvermögen erwies sich auch als passende Ergänzung zu Sacheverells Nachgiebigkeit. Sie stand ihrem Mann in allem zur Seite und förderte ihn, wo es nur ging. Nach wie vor boten die Sitwells, zu denen jetzt auch Georgia gehörte, der Welt eine geschlossene Front.

Die Wirklichkeit war zwangsläufig ein wenig komplizierter. Zwar widmete Osbert seiner Schwägerin Georgia bereits vor der Eheschließung ein Buch, doch standen sie einander nie wirklich nahe. Er fühlte sich von Sachie verlassen und ging in seiner Einsamkeit neue Bindungen ein, wobei er immer genügend Zurückhaltung übte, um seinen Ruf nicht zu gefährden. Seine Freundschaft zu Adrian Stokes beschäftigte ihn sehr, und im neuen Jahr tat er etwas nie Dagewesenes: Er reiste zum ersten Mal in die Vereinigten Staaten.

Die bedingungslose Liebe, die Edith für Sacheverell empfand, übertrug sie auf Georgia. Als sie in den dreißiger Jahren in Frankreich lebte, entwarf sie Teile einer Autobiographie mit dem Arbeitstitel *Family Portrait*, die sie dreißig Jahre später in ihre Autobiographie *Mein exzentrisches Leben* einarbeitete. Der Entwurf enthält später nicht verwertetes Material, aus dem hervorgeht, wie sie zu Georgia stand. Zu den besten Erfahrungen ihres Lebens zählte sie, »daß ich eine Schwägerin habe, die in ebenso hohem Maße und ebenso nachdrücklich Teil meines Lebens ist (und ich Teil des ihren), als hätten wir dieselben Eltern.« Edith pries Georgias Schönheit und ihr Wesen: Sie sei »gerecht, weise, vernünftig und liebenswürdig; ihre Freundschaft zu mir gehört zum bedeutendsten und schönsten, was mir im Leben begegnet ist.« (In eben diesem Entwurf beschrieb sie sich selbst als »zu heftig in meinen Leidenschaften, zu vertrauensselig und zu kurzsichtig«.) Auch wenn die Realität nicht immer dem Bild entsprach, das Edith von diesem Freundschaftsideal entwarf, war ihr die Schwägerin eine beträchtliche Hilfe, einfach, weil sie intensiver in der Welt lebte, weniger überspannt war und sich im Gesellschaftsleben leichter tat als sie selbst.

Edith hatte in den zwanziger Jahren nur wenige enge Freundschaften mit anderen Frauen. Immer wieder komplizierte sie alles dadurch, daß sie Frauen, die derselben Tätigkeit nachgingen wie sie, voll Verachtung behandelte. Bei großen Gesellschaften fühlte sie sich nicht wohl, wie Virginia Woolf bemerkte, die selbst eine Phase der Zurückgezogenheit durchlebte. In einem Brief an Vita Sackville-West beschrieb sie eine Gesellschaft, an der sie im Januar 1926 in Bloomsbury teilgenommen hatte: »Ich saß draußen, zwischen mir und allen anderen war Glas, ich hörte sie lachen und sah wie durch ein Teleskop die arme Edith Sitwell (sie kam mir so fern und an einen Felsen gespült vor), die in ihrem Brokatkleid stumm dasaß.«[4] Sie wirken wie zwei stumme Andromedas auf zwei weit voneinander entfernten Felsen, zwischen denen sich die Gesellschaft ihrem munteren Treiben hingibt – beide »winken nicht, aber ertrinken«.

Die Mehrzahl der Frauen, die sich für gebildet und sensibel hielten, erfüllte Edith mit Schrecken. Im Jahre 1919 hatte sie an Robert Nichols geschrieben: »Was die Art Frau betrifft, die Sie ansprechen – man hätte zulassen sollen, daß sich ihr Organismus auch weiterhin nicht über den Status einer Seeanemone hinaus entwickelt. Der Haken ist: diese Geschöpfe merken, daß es modisch ist, sich mit einem Gehirn zu beschmutzen, und infolgedessen büßen sie den einzigen Nutzen ein, den sie haben.« Im selben Brief berichtete sie Nichols über einen »niederschmetternden Abend«, bei dem alle Gäste Dichterinnen waren. Man hatte sie eingeladen, damit sie Charlotte Mew kennenlernte:

> Was für eine graue, tragische Frau – schätzungsweise sechzig, und von einer Spinnenmutter blutleer (aber nicht geistleer) gesogen. Ich bemühte mich, sie zu einem Besuch bei mir zu bewegen; aber sie ist eine Eremitin, der eine entsetzliche Bitterkeit innewohnt. Trotz aller Freundlichkeit, die sie mir erwies, war sie nicht bereit, mich zu besuchen. Außer ihr lernte ich eine ungeheuer dicke gräßliche Frau namens Madeline Caron Rock kennen, der klebrige Hysterie aus jeder Pore dringt. Ich saß neben ihr auf dem Sofa, und ihre Üppigkeit umschloß mich (sehr gegen unser beider Willen) wie eine sehr scharfe Streitaxt. Immer, wenn jemand auf Leben, Sterben, Essen, Schlafen oder irgendein anderes bedrängendes Geschehnis zu sprechen kam, ließ Miss Rock eine gallertartige würfelförmige Träne, noch warm von ihrer Menschlichkeit, auf mich fallen, und verließ anschließend in auffälliger Weise das Zimmer.[5]

Ans Ende dieser Anekdote setzte Edith die überraschenden Worte: »Sie schreibt aber recht gute Gedichte.«

Weder in den zwanziger Jahren noch zu irgendeiner anderen Zeit war es Edith recht, mit Geschlechtsgenossinnen auf fachlicher Ebene zu konkurrieren. Sie war nicht bereit zu glauben, daß irgendeine Konkurrentin erwähnenswert sei. Doch sie war auf die Freundschaft von Frauen angewiesen, denn sie brauchte einen ›Jagger‹.

Dies Wort prägten Evelyn Waugh und die Schwestern Lygon in den zwanziger Jahren aus dem Nachnamen einer Frau aus ihrem Bekanntenkreis, die folgende Vorstellung verkörperte. ›Jagger‹ waren für sie großherzige und zu jeder Unterstützung und Hilfe bereite unkritische Freunde, die stets bester Laune sind und selbst nie Ansprüche stellen. Stillschweigendes Einverständnis herrschte darüber, daß Gedanken, Worte, Taten und Bedürfnisse des Nutznießers dieser Haltung, keineswegs aber die des ›Jaggers‹ im Bewußtsein beider obenan stehen. Diese Vorstellung ist so nützlich, daß man sie noch weiter ausbauen kann, als Waugh das getan hat. Auch wenn sich die meisten berühmten Männer auf die Dienste *weiblicher* ›Jagger‹ verlassen können, darf man sie keinesfalls mit den Verehrerinnen verwechseln. Gewöhnlich übernimmt die Ehefrau, Sekretärin oder Agentin bei ihnen die ›Jagger‹-Rolle. Damit Besonderheiten und Fähigkeiten des Nutznießers in angemessener Weise wahrgenommen und gewürdigt werden, müssen ›Jagger‹ eine gesellschaftliche und intellektuelle Position einnehmen, die der seinen ähnlich ist. So war Dr. Watson ›Jagger‹ von Sherlock Holmes, und Lord Byron besaß deren fünf oder sechs, von denen die meisten ihre Gespräche mit ihm aufzeichneten. Ein ›Jagger‹ kann ohne weiteres eine eigene Karriere verfolgen, und wenn er klug ist, tut er das auch, denn man will ihn nicht ständig um sich haben und erwartet von ihm auch keine Abhängigkeit. Verläßlich soll er sein, und die Pflichten eines Mäzens mit dem Auftreten eines Klienten erfüllen.

Nun könnte man annehmen, Edith habe mit Helen Rootham bereits einen solchen ›Jagger‹ besessen. Aber Helen konnte Edith nicht mehr stimulieren. Im Lauf der zwanziger Jahre wurde aus ihrer Rolle als Beraterin und Mitverschwörerin unmerklich die Position einer Abhängigen. Sie wurde alt und krank. Das Leben enttäuschte sie zunehmend. Ihr Ehrgeiz als Sängerin hatte sich nicht so recht erfüllt. Durch A. R. Orage, den Herausgeber von *New Age*, war sie mit Dimitri Mitrinovic, einem Serben und Anhänger der Kabbalistik, in Berührung gekommen und hatte Uspenskij, den Schüler Gurdjieffs, kennengelernt[6]. Diesen Menschen brachte sie ein leidenschaftliches Interesse entgegen. Edith hatte von einer Großtante dreitausend Pfund geerbt, wovon sie Helen tausend und deren Schwester Evelyn hundert gab. Als ihre Tante Florence das erfuhr – vor allem aber, als ihr zur Kenntnis kam, daß Helen ihren Anteil einem »schlechten Maler« gegeben hatte, zu dem sie eine Beziehung unterhielt – strich sie ihre Nichte Edith aus dem Testament. Edith aber, der Treue als erste und oberste aller Tugenden galt, ließ Helen nie im Stich. Zum einen war ihrer beider Leben eng miteinander verflochten, und zum anderen verdankte sie Helen so vieles. Als sie gegen Ende der zwanziger Jahre immer häufiger mit ihr nach Paris reiste, wurde auch Helens Schwester Evelyn Wiel fester Bestandteil von Ediths Leben – und im Laufe der Zeit auch zu einer weiteren Aufgabe.

Die vollkommene, verläßliche Freundin aber lernte Edith in Allanah Harper kennen, einer hochgewachsenen, mittelblonden jungen Engländerin mit großer Begeisterung für moderne Kunst und Literatur, die sich viel in Frankreich aufhielt und dort einen großen Teil ihres Geldes ausgab. Als Tochter eines erfolgreichen Ingenieurs, einem der beiden britischen Berater beim ersten Assuan-Staudammprojekt, hatte Allanah als Kind lange im Ausland gelebt. Zum ersten Mal sah und hörte sie Edith zu Beginn des Jahres 1925, als diese in Lady Monds Haus ihre Gedichte rezitierte. Damals erschien ihr Edith als

> legendäre Gestalt, die aus dem Wandbehang *La Dame à la Licorne* herausgestiegen zu sein schien. Hier war die Schönheit eines Piero della Francesca. Ihr glattes mittelblondes Haar ähnelte dem einer Najade, ihre Hände waren so weiß wie Alabaster. An ihren langen gotischen Fingern trug sie riesige Ringe, Topas- und Türkisklumpen, ihre Handgelenke zierten Korallen- und Gagat-Armbänder. Als sie zu rezitieren begann, öffnete sich mir ein Fenster zu einer Zauberwelt. Nie hatte ich eine schöner modulierte Stimme gehört.[7]

Allanah ging, ohne sich zu verabschieden, und wiederholte die Verse, die sie gehört hatte –

> When green as the river was the barley
> Green as the river the rye ...

> Als so grün wie der Fluß die Gerste war, / Grün wie der Fluß der Roggen ...

Als die beiden einander kennenlernten, bekam Allanah eine Einladung zum Tee in Pembridge Mansions und sah, recht verblüfft, daß die »legendäre Gestalt« selbst öffnete und dabei einen Teekessel in der Hand hielt. Bei ihrer ersten Tee-Einladung lernte sie T. S. Eliot kennen, bei der zweiten waren Virginia Woolf, Edmund Blunden, William Walton, Arthur Waley und Humbert Wolfe zugegen. Edith und Virginia Woolf, dachte Allanah, waren wie »zwei Gottesanbeterinnen, die empfindliche Fühler aufeinander richteten«. Die Unterhaltung wandte sich Vita Sackville-Wests langem Gedicht *The Land* zu, für das sie soeben den Hawthornden-Preis bekommen hatte. »Das ist keine Dichtung«, sagte Edith. »Es würde sich hervorragend dazu eignen, den Bauern beim Zählen der Zecken auf ihren Schafen zu helfen.« (Diesen Scherz machte sie da zum ersten, aber nicht zum letzten Mal.) Mrs. Woolf, die Vita Sackville-West gern hatte, sagte: »Edith, muß man stets die Wahrheit sagen?«[8]

Virginia Woolf korrigierte ständig ihre Einschätzung Ediths. Im Mai 1925 hatte sie nach einem Abendessen mit allen drei Sitwells im Haus am Carlyle Square in ihrem Tagebuch vermerkt:

> Edith ist eine alte Jungfer. Das war mir nie klar gewesen. Ich hatte sie mir streng, unerbittlich & fürchterlich vorgestellt; starr auf ihren eigenen Ansichten beharrend. Nicht die Spur davon. Ich denke, daß sie ein wenig umständlich ist, sehr gütig, und wundervolle Umgangsformen besitzt ... Sie ist nicht mehr ganz jung, nahezu mein Alter, & befangen & voll Bewunderung, ungezwungen und arm, & ich mochte sie mehr, als daß ich sie bewunderte oder Angst vor ihr hatte. Nichtsdestoweniger bewundere ich ihr Werk, & das sage ich über kaum jemanden: Im Unterschied zu den meisten anderen besitzt sie ein sehr feines Gehör; eine Ader für Satire & eine innere Schönheit.[9]

Edith sei unaufdringlich, schrieb sie, und habe nichts von einer aufbegehrenden Pamphletistin oder Vorkämpferin an sich. Eher sah sie in ihr »die wohlgeborene viktorianische alte Jungfer. Also muß ich sie erneut aufmerksam beobachten.« Ediths Brüder gefielen ihr an jenem Abend ebenfalls, und auch die »harmlosen Gemeinplätze« der Unterhaltung nach Tisch. »Aber warum hält man diese Menschen für wagemutig und schlau? Warum werden sie in den Varietés & von den billigen Schmieranten der Presse verlacht?« Im folgenden Monat lud das Ehepaar Woolf Edith zum Abendessen ein; ebenfalls anwesend waren Vita Sackville-West, Morgan (E. M.) Forster sowie George Rylands. Bei jener Gelegenheit war Edith angeblich »wie eine römische Kaiserin, von so scharf umrissener Klarheit, majestätisch & trotzdem mit dem Humor eines Fischweibs – ein wenig zu gebieterisch & diktatorisch, was ihre eigene Dichtung betraf – erbebend beglückt über Morgans Komplimente (und er lobte Vita überhaupt nicht, die gekränkt, bescheiden, schweigend dasaß, wie ein Schuljunge, den man zurechtgewiesen hat).«

Allanah Harper nahm Edith und ihr Werk sehr ernst. Nach jenem Rezitationsabend hatte sie Ediths neuestes Buch *Troy Park* erworben und verfaßte im weiteren Verlauf des Jahres für eine belgische Zeitschrift, *Le Flambeau*, einen Artikel über das Werk der Geschwister Sitwell. Aus Paris schickte sie Edith ein Exemplar, die begeistert darauf antwortete und an Silvester 1925 aus Pembridge Mansions schrieb:

> Ich bin wahrhaft beglückt von dem Artikel über die drei Sitwells. Ich merke, daß Sie allenthalben den tieferen Sinn unseres Werks erfaßt haben, und mir gefällt Ihre Arbeit mehr, als ich sagen kann.
>
> Nichts daran scheint mir im geringsten zweifelhaft. Sie haben alles völlig klar dargestellt. Wie schön, daß es Menschen gibt, die das Werk anderer so zu erfassen vermögen.

Einen Vorbehalt machte sie – und damit holte sie zu einem entscheidenden Schlag gegen eine alte Rivalin aus: »Wenn Sie mir gestatten, das zu sagen, ich bedaure, daß Sie Nancy Cunard erwähnen, denn meiner Ansicht nach kann man sie kaum als ernsthafte Dichterin betrachten. Ihr Werk ist in seinen besten Passagen eine schlechte Parodie dessen, was Mr. Eliot schreibt, und in seinen schlechtesten gestalt- und sinnlos.« Nie ließ Edith eine Gelegenheit aus, Nancy Cunard eins auszuwischen. Einige Jahre später gründete Allanah eine eigene literarische Zeitschrift, und Nancy – wie auch Edith – erteilten ihr Ratschläge, wessen Werk sie drucken sollte und wessen nicht. »Nie habe ich von etwas so Ungeheuerlichem wie dem Verhalten der Cunard gehört«, schrieb Edith, als sie davon erfuhr. »Vermutlich war sie, wie gewohnt, betrunken. Ich empfehle Ihnen, Norman Douglas zu drucken, und wenn Sie auf mich hören, sollten Sie *unbedingt den Brief der Cunard bringen*, vorausgesetzt, er ist so beleidigend, daß er sie im rechten Licht darstellt. Und für den Fall, daß die Handschrift *wie die einer Betrunkenen* aussieht, würde ich den Brief *fotografieren* und das Bild abdrucken.«

Allanah und Edith blieben Freundinnen, und diese lebenslange Freundschaft ging nicht allein auf Allanahs begeisterte Wertschätzung von

Ediths Werk zurück, sondern auch darauf, daß beide auch in Fragen, die nichts mit Dichtung zu tun hatten, durchweg einer Meinung waren. In einem Brief, den Edith bald nach Beginn ihrer Freundschaft an Allanah gerichtet hatte, dankte sie ihr beispielsweise, wie sie das häufig und aus tiefstem Herzen tat, für ihre »wunderbare missionarische Arbeit«. »Es ist ein solcher Trost zu sehen, daß sich jemand einfühlsam und mit verständnisvoller Liebe über Dichtung äußert.« Sie bat Allanah, die sich in Paris aufhielt, verschiedenes für sie zu erledigen: »Falls Du zur Buchhandlung *Amis des Livres* in der Rue de l'Odéon kommst, könntest Du dann für mich feststellen, ob Valéry Larbaud irgendwo mein *Troy Park* rezensiert hat?... Mademoiselle Monnier, die Leiterin der Buchhandlung, weiß das bestimmt.« »Ich kann meine Maniküresachen hier *nirgendwo* bekommen und wäre unsagbar dankbar, wenn Du für mich 12 Schächtelchen ›Rubis Pompadour‹ und 12 Schächtelchen ›Ruba‹ ins Land bringen könntest, ›Ruba‹ ist von Houbigant; wer das andere macht, weiß ich nicht... Ich weiß nicht, wieviel das kosten wird, also zahle ich es Dir, wenn wir uns treffen, sofern Dir das recht ist.« Edith beschäftigte sich gern mit Kosmetik und schrieb sieben Jahre später mit verhaltenem Spott an ihre Kusine Gilliat über »die größte Entdeckung, die je im Interesse des Gesichts der Frau« gemacht wurde:

> Meine Liebe, es gibt eine alte Dame, eine Hellseherin, eine unehelich geborene Hesse, die kürzlich beschlossen hat herauszubekommen, womit Ninon de Lenclos ihre Züge verschönte. Ich kann nur sagen, daß es zwar unsagbar widerwärtig aussieht, wenn man es sich auf das Gesicht tut – es enthält unter anderem Lammblut, und man sieht damit richtig kannibalisch aus –, aber danach wirkt man *mindestens* fünfzehn Jahre jünger.[10]

In dem Jahr, da Edith und Allanah einander kennenlernten, nahm Edith sie mit nach Oxford, wo sie einen Vortrag zu halten hatte. Diesmal saßen statt der Mitstudenten Harold Actons die jungen Damen von Lady Margaret Hall und Somerville College im Publikum. Man aß im Lady Margaret Hall College zu Mittag, wobei die »ziemlich reizlos aussehenden« Studentinnen Edith recht eindringlich anstarrten. »Sie wirkte wie ein Pfau unter Pfauhennen«, war Allanahs Eindruck. Die Leiterin des College, Lytton Stracheys Schwester Pernel, hatte nach dem Essen eine Zusammenkunft mit einigen Angehörigen des Lehrkörpers und Studentinnen bei einer Tasse Kaffee arrangiert. Eine Studentin fragte Edith, warum sie Swinburne möge. »Weil er ein reiner Dichter ist, dessen Wortschönheit sich in unserer Sprache möglicherweise nichts zur Seite stellen läßt«, gab Edith zur Antwort. »Aber er hatte keine Ideen«, warf die junge Frau ein. »Gott sei Dank«, sagte Edith. »Sie sollten sich besser wieder mit Browning beschäftigen.«

Am Somerville College, wo sie nach dem Vortrag zu Abend aßen, stießen sie keineswegs auf größeres Verständnis. Geleitet wurde es von Margaret Fry, der Schwester Roger Frys, den Edith gut leiden konnte. Als sie nach dem Abendessen in Miss Frys Arbeitszimmer zusammenkamen, herrschte dort eine recht angespannte Atmosphäre. »Die beiden bedeutenden Damen schienen den Eindruck zu haben, daß sie in der Defensive waren und zogen sich in schützendes Schweigen zurück, das Miss Fry nur einmal brach, als sie Edith fragte, ob sie an Gott glaube. Da diese nicht bereit war, sich in eine Diskussion über das Thema verwickeln zu lassen, gab sie zur Antwort: ›Darüber möchte ich nichts sagen.‹ Allgemeine Enttäuschung und lang anhaltendes Schweigen.«[11] Die vierte Anwesende, eine Dozentin für englische Literatur, zitierte E. M. Forster: »Vielleicht ist das Leben ja ein Mysterium und kein Kuddelmuddel.« »Zweifellos, aber man zerstört das Mysterium, wenn man dem Schmetterling die Flügel ausreißt, um ihn zu sezieren«, gab Edith scharf zurück. Am Ende des Abends sagte sie zu Allanah: »Ach ja.« Dann wiederholte sie: »Ja, ja.« Die ernste, von grauen Strickjacken beherrschte Welt weiblicher Akademikerschaft war nichts für Edith, ebensowenig die der rationalen Analyse. Sie war auch nicht bereit, so zu tun oder einen Versuch damit zu machen. Sie wollte in der Welt der Pfauen und Schmetterlinge leben.

Doch als man ihr ein Vierteljahrhundert später den Doktor *honoris causa* der Universität Oxford verlieh, sagte sie dem damaligen Vizekanzler, Maurice Bowra, wieviel ihr diese Ehre bedeutete. »Damit habe ich meine Bestimmung erreicht«, erklärte sie.

Im Jahre 1926 fanden zwei weitere öffentliche Aufführungen von *Façade* in den Chenil Galleries im Londoner Stadtteil Chelsea statt, am 27. April und am 29. Juni. William Walton sagte: »Diesmal schienen wir es endlich richtig hinbekommen zu haben.« Es gab weniger Peinlichkeiten, weniger amateurhafte Stümperei, und *Façade* galt jetzt offiziell als Erfolg. Attestiert wurde das von Ernest Newman, dem Musikkritiker der *Sunday Times*. Vergangenheit und Zukunft trafen bei jener Aufführung von *Façade* ungewollt aufeinander. In Begleitung Nina Hamnetts, einer zur Boheme gehörenden Freundin der Geschwister Sitwell, kam Jack Lindsay, der sich viele Jahre später eng mit Edith anfreunden sollte; und Allanah Harper brachte den zweiundzwanzigjährigen aufstrebenden Fotografen Cecil Beaton mit, der das Ereignis am folgenden Tag in seinem Tagebuch so beschrieb: »Die Chenil Gallery war zur Aufführung der Sitwells gestopft voller Menschen: Kein Sitzplatz war zu haben. So mußten Allanah und ich zusammen mit vielen anderen erwartungsvollen und begeisterten Menschen stehen.« Die eine Hälfte der Anwesenden fand er, wie er schrieb, »hübsch künstlerisch«, die andere Hälfte »entsetzlich künstlerisch«. Nach der Aufführung gingen die Sitwell-Sippe und die Hälfte des Publikums zum Souper ins *Eiffel Tower*. »Zwischen den Tischen ging es munter hin und her.« Tallulah Bankhead kam herein, und ein »ziemlich neckisch aufgelegter« Augustus John, der »nach einigen albernen Dummköpfen haschte, die sich als Sappho-Adeptinnen gewandet hatten ... Wir blieben sehr lange. Der dicke alte Inhaber, Stulik, watschelte schlaftrunken herum und bat die Leute zu gehen.«[12]

Einige Monate später nahm Allanah Edith zum Mittagessen bei Beaton und seiner Mutter mit. Cecil Beaton sah in Edith »eine hochgewachsene anmutige Vogelscheuche mit den Händen einer mittelalterlichen Heiligen«. Er las keine Lyrik – auch keine Gedichte von Edith, obwohl sie ihm ab sofort liebevoll Exemplare ihrer Bücher schickte –, und er hatte sie sich als »ätherisch und jenseits aller menschlichen Begriffe« vorgestellt. Daher war er entzückt und erleichtert, als sie mit »beißenden Bemerkungen über Menschen und Ereignisse« begann. Beim Nachtisch rezitierte sie einen Teil von Gertrude Steins »Portrait of Tom Eliot«: »Silk and wool, silken wool, woollen silk.« (»Bei ihr klingt jeder Blödsinn wie Dichtung«, dachte Beaton.)

Nach dem Essen gingen sie in das Zimmer von Beatons Schwester hinauf, wo er einige Aufnahmen von Edith machte, denn zu jener Zeit hatte er nicht einmal ein Atelier. Dabei geschah ein Wunder. Er spürte in ihr eine Begabung auf, die seine eigene ergänzte und zu einer für beide gewinnbringenden Zusammenarbeit führte, die viele Jahre andauerte:

> Sie posierte instinktiv... Sicherlich war das eine einzigartige Gelegenheit. Ich mußte das Bild, das sie mir bot, festhalten: Wie da ein faunähnliches junges Geschöpf vor meinem Entwurf eines springenden Fauns saß und in ihrem grob geschnittenen präraffaelitischen Kleid, mit der schwarzen Kopfbedeckung eines Matadors, der Halskette und den langen, mit gewaltigen Ringen mittelalterlich geschmückten Fingern, verblüffend viktorianisch wirkte. Als sie die Kopfbedeckung abnahm, wurde sie zu einer Brontë-Heroine, und das blasse seidige Haar fiel ihr fransig ins Gesicht, wobei der lange, schmale Haarknoten die geradezu unmögliche Schlankheit ihres Nackens noch mehr betonte.[13]

Im Verlauf des Nachmittags schlug Beaton »ungewöhnlichere Posen vor... Ich überredete sie sogar dazu, eine Erstickende unter einer Glaskugel zu verkörpern. Während sie sich niederkniete, wobei ihre Knie und Fußgelenke knackten, wurde sie beinahe hysterisch und nannte das Ganze eine chinesische Folter. Es gefiel ihr aber trotzdem.«

Schließlich sagte Edith, »sie müsse ein Gedicht zu Ende schreiben« und verabschiedete sich. »Ich bemerkte ein einvernehmliches Zwinkern, als sie ging. Es bedeutete, daß wir Freunde sein würden.«

Beaton war dabei, sich einen Namen zu machen, und deshalb natürlich überglücklich, daß Edith ihm saß, und er bemühte sich, ihr zu Gefallen zu sein. Wie groß der Erfolg der Geschwister Sitwell zu jener Zeit war, und wie sehr sie im Mittelpunkt öffentlichen Interesses standen, läßt sich an der Aussage eines Freundes erkennen, der zu Beaton sagte, er solle sich keine unnötigen Gedanken über seine Zukunft machen, sondern »sich mit den Sitwells anfreunden und abwarten, wie es weitergeht«. Unter anderem lud ihn Edith einige Monate später zu ihren besten Gesellschaften in Pembridge Mansions ein. »Wann werden Sie mit Ihrer Schwester zu mir zum Tee kommen? Falls Sie es am nächsten Samstag einrichten könnten, würden Sie Yeats, vielleicht die Eliots und unter Umständen E. M. Forster vorfinden. Auf jeden Fall lade ich Sie ein, und Yeats hat bereits zugesagt. Ach je, er möchte, daß ich den Rosenkreuzern beitrete. Das ist so anstrengend und so unkleidsam, denn es sieht ganz so aus, als müsse man da Sandalen und blaue Schleier tragen.«[14] In Pembridge Mansions beeindruckte Yeats stets durch Sitzfleisch. »Einmal kam er um vier Uhr und ging erst um sieben. Ich hab dabei bestimmt ein paar Kilo abgenommen. Aber ich fühlte mich geschmeichelt, denn er ist tatsächlich ein unglaublich großartiger Dichter.«[15] Geoffrey Gorer berichtete Tom Driberg über eine von Ediths Gesellschaften, bei der Yeats »eine magische Zeremonie [abhielt], in deren Verlauf die Anwesenden den Duft von Rosen wahrnehmen sollten. Alle warteten angespannt; das Brimborium dauerte und dauerte, aber es kam nichts dabei heraus, nicht die Spur einer Rose.«[16]

Sieht man einmal von Ediths Eigeninteresse ab, konnte es ein junger und unerfahrener Mensch wie Cecil Beaton zu seinen großen Erfolgen zählen, daß er Edith – die steif, unsicher, nicht daran gewöhnt war, sich körperlich auszudrücken, im Alter von fast vierzig Jahren – so aus ihrem Panzer zu locken vermochte, daß sie vor seiner Kamera wie ein »faunähnliches junges Geschöpf« aussah und schön und ungehemmt wirkte. »Welch außergewöhnliche Gabe Sie besitzen«, schrieb sie ihm, nachdem er ihr die Fotos geschickt hatte, »es ist wahrhaftig ganz unfaßbar.« Kein Wunder, daß sie, die ihn in ihrer Jugend nicht gekannt hatte, ihm schrieb, als sie alt war: »Jedesmal, wenn ich Sie sehe, fühle ich mich wieder jung.«

Er brachte sie dazu, sich wie das genaue Gegenteil der verkrampften und verloren wirkenden Gestalt zu fühlen und so auszusehen, wie Virginia Woolf sie bei der Gesellschaft in Bloomsbury wahrgenommen hatte. In der Atmosphäre von Bloomsbury erstarrte Edith. Zu jener Zeit faßte sie ihre Empfindungen über jene Welt in einem Brief an Allanah Harper zusammen:

> Ich hatte jüngst viele Schwierigkeiten mit törichten kleinen Bloomsbury-Leuten. Sie meinen, es bedeute mir etwas, wenn meine Dichtung ihnen und Menschen vom Schlage Desmond MacCarthys gefällt. Das ist nicht der Fall. Ich erwarte nicht, daß sie ihnen gefällt. Sie haben all ihre Instinkte hinwegzivilisiert und erkennen keinen Unterschied zwischen zwei Gegenständen oder zwei Empfindungen. Auch ihre Sinne haben sie hinwegzivilisiert. Für Künstler sind rein ›intellektuelle‹ Menschen eine wahre Landplage. Gertrude Stein hat mir berichtet, Picasso habe in jungen Jahren in Situationen, in denen ihm die französische Variante der Bloomsbury-Leute ›überlegen‹ war, vor Wut beinahe gekreischt. »Ja, ja«, sagte er in solchen Situationen, »euer Geschmack und Intellekt sind ganz großartig. *Aber wer macht die Arbeit?*«

Inzwischen war Virginia Woolf von Edith ohne Wenn und Aber fasziniert. Am 20. März 1927 schrieb sie ihrer Schwester Vanessa: »Die Gesellschaft hier ist unerträglich geworden – mit Ausnahme Edith Sitwells, die kürzlich faszinierend war – sehr schön – und voll erstaunlicher Geschichten über das Treiben ihrer Mutter. Wie man sie als Kind dazu angestellt hat, Schmeißfliegen zu fangen, und so weiter …« Und an Vita Sackville-West schrieb sie drei Tage später:

> Edith Sitwell, die ich mag, hat mich besucht. Mir gefällt ihre Erscheinung – in roter Baumwolle, mit vielen Volants, obwohl es stürmte. Sie hat Hände, die sich in meiner Hand zusammenfalten wie ein Fächer – viel schöner als meine. Sie ist wie ein sauberer Hasenknochen, den man auf einem Moor findet, mit Smaragden bedeckt. Sie ist unendlich spitz zulaufend und vornehm und altjüngferlich und hysterisch und empfindsam … Ich spreche gern mit ihr über ihre Dichtung – sie flattert umher wie ein Seevogel, schreit so trostlos.[17]

Hintergrund dieser inspirierten Beschreibung Ediths war der Wunsch, Vita eifersüchtig zu machen. Der Brief schließt: »Aber, Liebste, kann man eine neue Freundin gewinnen? Kann man neue intime Beziehungen beginnen? Mißversteh mich nicht. Kein Absturz in diesem Fall …«

Als sie ein Jahr später am 25. Juli 1928 erneut an Vita schrieb, klang das noch provokanter: »Doch Edith Sitwell winkt mir mit ihrer Hand zu – der zauberhaftesten in ganz London – und sagt, ich sei der einzige Mensch, mit dem sie etwas zu tun haben möchte. Wie soll man das jetzt verstehen: dies ›zu tun haben‹ hat 2 Bedeutungen.«[18] Über diese versteckte kokette Anspielung wäre Edith fuchsteufelswild gewesen.

Sie fühlte sich durchaus zu Virginia Woolf hingezogen und sagte ihr das auch. »Sie gehören zu den wenigen Menschen, mit denen ich *wirklich* gern spreche.«[19] Sie ähnelten einander in mancherlei Weise – beide waren äußerst gehemmt, unsicher und verletzlich; beide geradezu mimosenhaft, wenn es um ihren literarischen Stellenwert ging; beide tiefer und dauerhafter Bindungen wie boshaft-humorvoller Rachefeldzüge fähig; beide schwankten zwischen gesellschaftlicher Isolation und ›Mitmachen‹ in der Gesellschaft; beide lachten gern, wirkten aber auf Außenstehende einschüchternd; beide hatten Zugang zu unerkundeten Bereichen der Vorstellung und Phantasie; beide waren von einer eigenartig knochigen Schönheit und hatten herrliche Hände.

Edith und Vita Sackville-West war es nicht bestimmt, sich miteinander anzufreunden. Das lag keineswegs ausschließlich daran, daß Virginia Woolf Edith dazu benutzte, Vita zu verstimmen. »Vermutlich weißt Du nicht«, schrieb Mrs. Woolf am 24. Juli 1927 an Vita, »wie schwer es für einen natürlichen Neuerer wie [Edith] ist, natürlichen Traditionalisten wie Dir gerecht zu werden. Es fällt Dir weit leichter, ihre Vorzüge wahrzunehmen, als ihr, die Deinen zu erkennen.«[20] Edith mochte Vitas Gedichte nicht, und sie wollte auch nicht allzuviel Zeit mit Virginia Woolf verbringen – nicht nur wegen der kritischen Haltung zu Bloomsbury, die sie Allanah Harper gegenüber formuliert hatte. Ob sie nun spürte oder nicht, von welcher Art jener ›Abgrund‹ war, an den Virginia sie führen würde, auf jeden Fall dürfte ihr ein Instinkt geraten haben, die schwarze Seite von Virginias Wesen zu meiden – sie hatte durchaus genug damit zu tun, mit ihrer eigenen fertig zu werden, und unterließ es, sie genauer zu erkunden (zwar pflegte sie die technischen Einzelheiten ihrer eigenen Gedichte bis zum Überdruß zu analysieren, beschäftigte sich aber nicht mit deren psychischen Ursprüngen). Intimitäten waren ihr unangenehm, und sie wollte oder konnte, wie Allanah Harper begriff, anderen nicht besonders nahe kommen. Die jungfräuliche und schwierige Seite von Ediths Persönlichkeit rief ein gesundes Verlangen nach ihrem Gegenteil hervor – Glanz, Sensationen und eine unmittelbare Beziehung zur Kunst und einer Welt, die ohne jede Hochgestochenheit daherkam. Dies Ziel zu erreichen war ihr nur in Grenzen möglich – manchen Realitäten konnte sie sich stellen, bei anderen war sie dazu nicht imstande –, aber sie zogen sie an. Cecil Beaton und Allanah Harper halfen ihr auf jeweils unterschiedliche Weise, das erwünschte Ich zu finden. In Beatons Bildern wurde sie sogar für Augenblicke die Edith, die ihre Mutter stets gern gesehen hätte. Zu einem Stapel Vergrößerungen hieß es: »Wir alle, auch Mutter, sind vor Begeisterung halb aus dem Häuschen ... Mutter ist ganz vernarrt in das eine, auf dem Du Harfe spielst.« Das bedeutete Edith mehr, als sie hätte eingestehen mögen.

Andere lenkten die Aufmerksamkeit auf das Ich, das sie nicht sein wollte, und riefen damit ihren Groll hervor. Im Juni 1927 schickte ihr Pearl Binder eine ›Karikatur‹, die Edith darstellte und möglicherweise als Frontispiz für Jane und Ann Taylors Gedichtband *Meddlesome Matty and Other Poems for Infant Minds* gedacht war, zu dem Edith eine Einleitung verfaßt hatte. »Es ist ungeheuerlich und beleidigend«, schrieb sie dem Verleger John Lane, »und ich kann mir keinen Grund dafür denken, daß einer anständigen Frau so unerhörter Schimpf angetan wird... Meine Stellung als Lyrikerin von Rang macht die Sache nur noch schlimmer.« Man versicherte ihr, daß man die Abbildung nicht verwenden würde; dennoch legte sie die ›unanständige‹ Zeichnung ihrem Anwalt vor, der seinerseits ein Protestschreiben an John Lane schickte. Schließlich schlug Edith zurück: »Ich rücke die Zeichnung *nicht* heraus und füge einen Farthing bei, den ich Sie Miss Binder zu geben bitte. Es ist ein Farthing mehr, als das Blatt wert ist.«[21]

Edith verstand sich darauf, ihrer Empörung wortreichen Ausdruck zu verleihen. Vernichtende Briefe schrieb sie in der dritten Person (»Miss Sitwell ersucht mich, Ihnen mitzuteilen...«) und unterschrieb mit »G. Richards (Sekretärin)«. Ob G. Richards (Sekretärin) auch existierte, mag dahingestellt bleiben.

Im großen und ganzen jedoch standen die Dinge für Edith und ihre Brüder Mitte der zwanziger Jahre günstig. Sacheverell veröffentlichte 1926 *All Summer in a Day*, Rebecca West rezensierte das Buch für die *Herald Tribune* aus New York. Bei diesem Buch handelte es sich, wie sie schrieb,

> in mancher Hinsicht um ein entzückendes Werk, das beim Publikum eine wohlwollende Aufnahme finden müßte, denn man kann die Bedeutung der Sitwells als Gruppe oder die von Mr. Sacheverell als Einzelperson gar nicht eindringlich genug herausstellen... Die Geschwister Edith, Osbert und Sacheverell Sitwell gehören zu den wenigen Leuchten Englands, deren Leuchtkraft hinreicht, das Nachkriegs-England zu erhellen. Sie vertreten das Erbe der vielleicht glorreichsten Menschengrupppe, die das englische Leben je hervorgebracht hat, der liberalen Aristokratie des achtzehnten Jahrhunderts... Indem sie sich einfach in sehr aufregender Weise durch die Gesellschaft bewegten und dabei ganz sie selbst blieben, haben sie für die Kultur in London ebensoviel getan wie Mr. Ford Madox Ford, als er seine Beziehungen zur *English Review* kappte.[22]

Edith Sitwell, schrieb Rebecca West, »verfaßt Gedichte, die so bunt sind wie ein Blumengarten; auf mich wirkt ihre verworrene Unbeschwertheit, wie sie bei der von ihr und ihren Brüdern veranstalteten Aufführung mit dem Titel *Façade* durch Jazzmusik hindurch schimmert, beträchtlich angenehmer als die verworrene Leidenschaftlichkeit der Opern von Wagner oder Strauß, und sie ist sicherlich ebenso legitim.«[23]

Diaghilew hatte der Aufführung von *Façade* in der Chenil Gallery beigewohnt, und die Geschwister Sitwell vertieften ihre Beziehung zu ihm. Edith hatte 1920 *Children's Tales from the Russian Ballet* geschrieben, und da sie eine Sitwell war, nahm man ganz allgemein an, das Ballett gehöre zu ihren großen Leidenschaften und sei ihr eine Quelle der Inspiration. In Wirklichkeit sagte es ihr so gut wie nichts. Für Osbert und Sacheverell hingegen bedeutete es weit mehr; und jetzt verfaßte Sacheverell für Diaghilews Truppe die literarische Vorlage zu einem neuen ›englischen‹ Ballett, zu dem Gerald Berners die Musik beisteuerte. Es hieß *The Triumph of Neptune*, und Alvaro Guevara begleitete Edith zur Uraufführung, die im Dezember 1926 im Lyceum Theatre stattfand.

Im Januar 1927 hielt sie sich in Paris bei Evelyn Wiel auf, weil sie auch der französischen Premiere des Balletts beiwohnen wollte. »In beiden Pausen fiel mir ein hochgewachsener, ungeheuer dürrer und ungeheuer besorgt dreinschauender junger Mann auf, der um mich herumschlich und mich anstarrte, als habe er ein Gespenst gesehen.«[24] Drei Tage später wurde ihm Edith in Gertrude Steins Haus in der Rue de Fleurus Nr. 27 vorgestellt. Sein Name war Pawel Tschelitschew.

Er wurde zum wichtigsten Mann in ihrem Leben. Als sie einander kennenlernten, war sie vierzig Jahre alt, und er neunundzwanzig. Sie liebte ihn, bis er dreißig Jahre später starb. Diese Liebe brachte ihr ein wenig Glück und viel Unglück. Angesichts ihres und seines Wesens konnte das gar nicht anders sein.

Edith, im Alter von etwa vier Jahren.

Renishaw Hall

Die elfjährige Edith mit Osbert, dem Säugling Sacheverell und Davis, dem Kindermädchen der drei Sitwell-Kinder.

Zeichnung von Severini für Wheels, 1920.

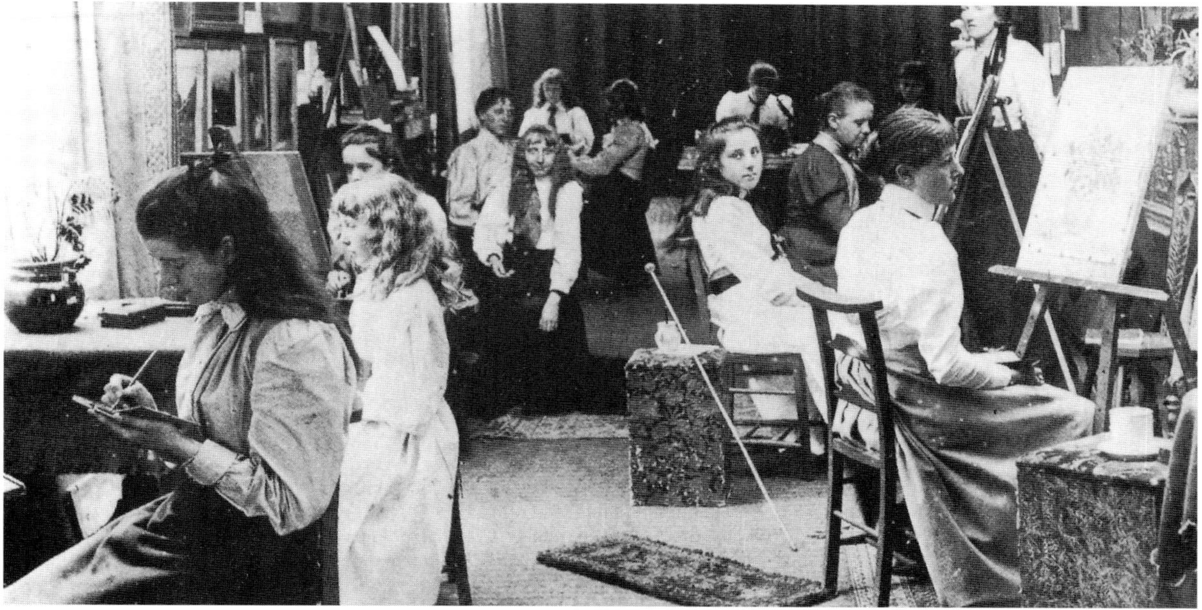

Edith (Mitte, mit Hund) beim Malkurs in Scarborough.

Edith vor einem der Wandbehänge auf Renishaw,
Aufnahme von Cecil Beaton.

Porträt Ediths von C. R. W. Nevinson, aus den frühen zwanziger Jahren.

Die Geschwister Sitwell am Carlyle Square, Aufnahme von Cecil Beaton.

Atelieraufnahme, die Edith Anfang der zwanziger Jahre zeigt.

Eines von Cecil Beatons frühen Experimenten mit den Geschwistern Sitwell, etwa 1926.

Wyndham Lewis mit seinem T. S. Eliot-Porträt, 1938.

Edith im Hause Pembridge Mansions 22, 1928. Man beachte das abgewetzte Polstermöbel, den fehlenden Türknauf usw.

Tschelitschew, Edith und Allen Tanner in Guermantes, 1929.

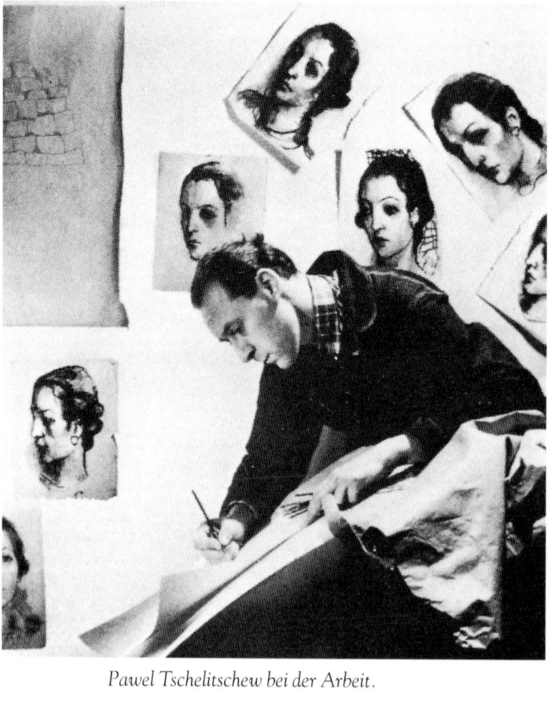

Pawel Tschelitschew bei der Arbeit.

Edith in ihrer Wohnung in Pembridge Mansions 22, etwa 1930.
An der Wand hängen Bilder Tschelitschews.

Montegufoni, der Landsitz der Familie Sitwell in Italien.

Edith in Guermantes, 1932.

Die Familie Sitwell auf Renishaw, etwa 1930 von Cecil Beaton aufgenommen: Sachaverell, Sir George, Georgia, Reresby, Lady Ida, Edith, Osbert.

Edith und Sir Osbert in New York, 1948.

Sacheverell Sitwell Anfang der dreißiger Jahre.

Das Fest im Gotham Book Mart, New York, 1948.
Von links: William Rose Bent; hinter ihm Stephen Spender;
hinter diesem: Mr. und Mrs. Horace Gregory; hinter Osbert und Edith
(von links nach rechts): Tennessee Williams, Richard Eberhart,
Gore Vidal, José García Villa; auf der Trittleiter: W. H. Auden;
stehend vor ihm: Elizabeth Bishop; sitzend vor ihr: Marianne Moore;
ganz rechts: Randall Jarrell; vor ihm: Delmore Schwartz;
mit untergeschlagenen Beinen in der Mitte: Charles Henri Ford.

Edith als Lady Macbeth, New York, 1950.

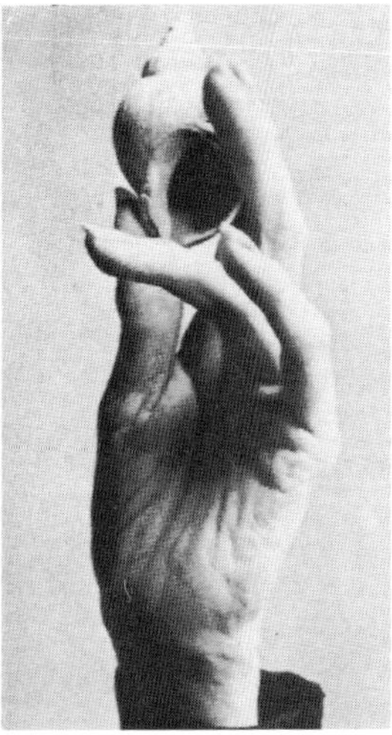

Dame Ediths Weihnachtskarte für 1958: ihre linke Hand.

Sir Osbert auf Renishaw in den späten fünfziger Jahren.

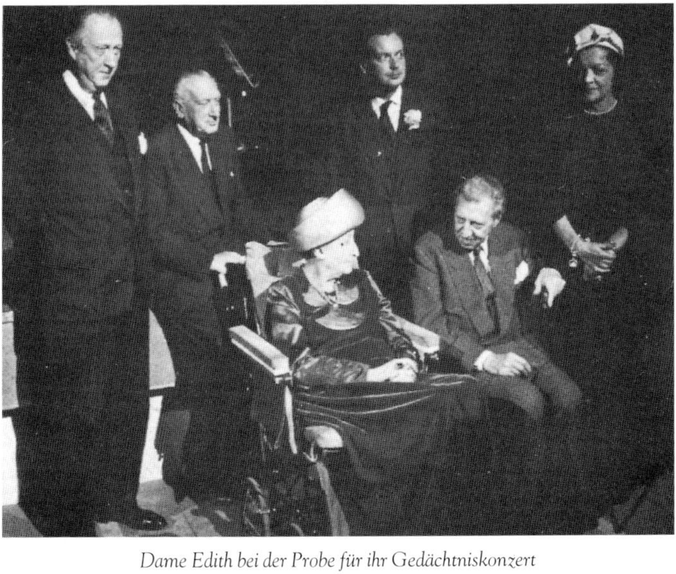

Dame Edith bei der Probe für ihr Gedächtniskonzert in der Royal Festival Hall im Jahr 1962. Sacheverell Sitwell, Sir William Walton, Francis Sitwell, Sir Osbert, Georgia Sitwell.

»Natürlich möchte man von den Menschen gesehen werden, die einem nahestehen – nicht gedemütigt, sondern schön und edel, was man ja auch wirklich ist.«

8

Gertrude Stein und der Bojar

1926–1927

Im allgemeinen unterhielt sich Gertrude Stein im Haus in der Rue de Fleurus ausschließlich mit männlichen Besuchern, während sich Alice B. Toklas um deren Ehefrauen kümmerte. Edith, die weder Mann noch Ehefrau war, wurde »erfreulicherweise stets neben Gertrude plaziert«, wie sie stolz erklärte. (Gertrude Steins Ansicht nach besaß Edith den »Verstand eines Mannes«.) Sie hatte sich bereits bei ihrem ersten Zusammentreffen im Jahre 1924 für Edith interessiert, die über Gertrude Steins *Geography and Plays* im Juli 1923 in *Athenaeum and Nation* (die beiden Zeitschriften hatten sich 1924 zusammengeschlossen) eine ambivalente Besprechung veröffentlicht hatte. Später revidierte sie ihre Auffassung von diesem Buch und schrieb 1931 an John Collier: »Kennen Sie übrigens Gertrudes Werk *Geography and Plays*? Es ist ihr bestes; äußerst bemerkenswert. Darin findet sich nichts von der Ruhelosigkeit, die sie in letzter Zeit an den Tag legt. Mitunter schreibt sie schrecklich. Aber wenn sie gut ist, ist sie absolut überragend, mit ihrem eigenen Stil ist sie ebenso unverkennbar wie Joyce.«[1] Im Oktober 1924 schrieb Edith in *Vogue* wieder über Gertrude Stein und stellte sie diesmal auf eine Stufe mit Dorothy Richardson und Katherine Mansfield. Ein Jahr später verfaßte sie, wieder für *Vogue*, einen Aufsatz mit dem Titel »Gertrude Steins Werk«, der eine positive Aufnahme fand. Die damalige Herausgeberin der britischen Ausgabe von *Vogue*, Dorothy Todd, hatte die beiden miteinander bekannt gemacht.

Alice B. Toklas schrieb über diese erste Begegnung: »Miss Sitwell war für uns eine große Überraschung, denn sie sah aus wie sonst niemand unter der Sonne: sehr hochgewachsen, fast so groß wie ein Grenadier, mit markanten Gesichtszügen und der schönsten Nase aller Frauen. In ihren zweireihigen Mänteln mit großen Knöpfen sah sie wie ein Gendarm aus.«[2] (In Paris erregte ihr Aufzug ebensoviel Aufsehen wie daheim. Sie muß am Tag von Tschelitschews Ausstellung in der Galerie Vignon einen Polizeimantel getragen haben, denn Allanah Harper bekam mit, wie ihr kleine Jungen mit dem Ruf »*Soldat anglais, soldat anglais!*« durch die Straßen nachliefen. Edith wandte sich um und wies sie mit den Worten zurecht: »*Sans les soldats anglais vous n'auriez pas gagné la guerre!*« In einer anderen, bissigeren Version dieser Geschichte hieß ihre Antwort – möglicherweise vom Treppenwitz beflügelt – »*Souvenez-vous de Waterloo!*«)

Der erste Besuch in der Rue de Fleurus war »der Anfang einer langen Freundschaft«, wie Alice B. Toklas schrieb. Seit Edith sich zu den Bewunderern Gertrude Steins zählte, trat sie in England als glühende Stein-Vorkämpferin auf. Im Herbst 1925 hatte das Ehepaar Woolf Ediths zweiunddreißigseitigen Aufsatz *Poetry and Criticism* in ihrer Reihe der Hogarth-Essays veröffentlicht. Der Entwurf für den Schutzumschlag stammte von Vanessa Bell. In diesem Werk beschrieb Edith die Art, wie Gertrude Stein »in einem Prozeß, der auf den ersten Blick anarchisch wirkt, erneut Leben in unsere Sprache bringt«. Das tat sie, indem sie vertraute Wortgruppen auflöste und »in neue und lebenskräftige Formen« umgoß. Edith schrieb an Gertrude Stein, wie »scheußlich enttäuschend« sie es finde, daß Virginia und Leonard Woolf nicht daran interessiert waren, eine britische Ausgabe von Steins *Die Machart von Amerikanern* zu verlegen.

Edith wollte Gertrude Stein unbedingt zu einem Besuch in England bewegen. Eine Einladung zu einem Vortrag in Cambridge hatte sie bereits abgelehnt, doch schrieb Edith gegen Ende 1925: »Ich denke, daß Ihre Anwesenheit hier im Lande für die Sache hilfreich wäre.« Weiter hieß es: »Es unterliegt keinem Zweifel, daß eine Persönlichkeit dazu beiträgt, verständige Menschen zu überzeugen.«[3] Niemand wußte das besser als Edith. Sie war »sehr bemüht, Reklame zu machen«, und hatte im folgenden Frühjahr Erfolg. Harold Acton, der zu Ediths Verbündeten zählte und außerdem in Italien bei seinem Vater Gertrude Stein kennengelernt hatte, lud diese zu einem Vortrag in der Ordinary Society in Oxford zu Anfang Juni ein, und sie nahm an. Bei dieser Gelegenheit kam man auch gleich überein, daß sie einen Vortrag am Jesus College von Cambridge halten sollte.

An dieser Stelle muß man F.R. Leavis' berühmtem Urteil in *New Bearings in English Poetry* widersprechen: »Die Sitwells haben eher in der Werbung Geschichte gemacht als in der Lyrik« – zumindest, was Edith betrifft. Sacheverell hat sich lediglich als Helfershelfer mitschuldig gemacht, und es war Osbert, nicht Edith, der die Zeitungsausschnitte mit den Rezensionen seiner Arbeiten in einer Schale auf seinem Tisch aufbewahrte. Wenn Edith von irgendeinem Werk überzeugt war, ganz gleich, ob es sich dabei um ihr eigenes, das eines anderen Lyrikers, eines Malers oder – wie in diesem Fall – das der Prosa-Autorin Gertrude Stein handelte, glaubte sie mit der ganzen Kraft ihres Herzens daran. In einem solchen Fall war es ihr einerlei, ob sie mit ihrer Auffassung recht hatte oder nicht. Die frohe Botschaft mußte auf jede ihr zugängliche Weise verkündet werden – mit Hilfe von Gesellschaften, Vorträgen, Nachstellungen, der Presse. Ein gutes Beispiel für ihre Methode, letztere zu nutzen, ist ihre Reaktion auf den *Daily Express*, der sie mit seiner Entdeckung verfolgte, daß ein Mordopfer namens Messiter weitläufig mit der Familie Sitwell verwandt war: »*Mein Vetter vierten Grades* (den ich in meinem Leben lediglich zweimal gesehen habe) war in zweiter Ehe mit der Schwester der Frau des Ermordeten verheiratet, von der er seit zwanzig Jahren getrennt lebte !!!!«, teilte Edith Allanah Harper mit. »Den ganzen Tag belagerten Reporter meine Schwelle. Sie waren vom *Daily Express* (der Anweisung hat, uns *unter keinen Umständen* als Künstler zu bezeichnen, denn selbstverständlich sind wir keine Künstler, sondern schreiben nur deshalb Lyrik, weil wir uns ins Bewußtsein der Öffentlichkeit bringen wollen!).« Das geschah 1929. Das Buch mit Leavis' Ausspruch über die Werbung kam erst 1932 heraus, und inzwischen gehörte die von ihm apostrophierte Tatsache offenkundig zur allgemeinen Unbildung. Edith fuhr fort: »Ich hab den Reportern das Leben so sauer wie möglich gemacht.«

> Dann sagte ich: »Sie sind hergekommen, um mich nach abstoßenden Dingen zu fragen, aber ich werde Ihnen etwas Schönes zeigen!« (Und ich zeigte ihnen Pawlik Tschelitschews Bilder) ... »Sie haben mich in diesen widerlichen Skandal hineingezerrt; als Gegenleistung sollen Sie mir den Gefallen tun und diese wunderschönen Bilder fotografieren und mit Achtung in Ihrer Zeitung über den großen Künstler schreiben, der sie gemalt hat.« Und sie haben einen Fotografen geschickt, so daß ich hoffe, sie werden tun, was ich von ihnen verlangt habe.[4]

In ihrer unbeirrbaren Ergebenheit verhielt sie sich gegenüber der Kunst und jenen Künstlern, an die sie glaubte, wie eine Mutter zu ihrem Kind oder ein religiöser Fanatiker vor seiner Gottheit. Es war eine Ergebenheit, die möglicherweise ein Verbrechen nicht scheut und auf jeden Fall äußerst lächerlich wirken kann. Wenn sie dem eigenen Werk wie dem anderer gilt, wird sie zum Glaubensakt, zu einer Brücke über den Abgrund aus Unsicherheit und Selbstzweifel. Leavis' Aussage gründet auf einer falschen Dichotomie. Edith, von Osbert ganz zu schweigen, hat nicht »eher in der Werbung als in der Lyrik Geschichte gemacht,« wohl aber in der Lyrik *und* in der Werbung.

Mit ihrer Propaganda für Gertrude Stein hatte sie Erfolg. Da Edith beide Brüder in die Organisation des Besuchs mit einbezog, befand sich Gertrude Stein durchgehend unter der Ägide der Sitwells. Ihr erster öffentlicher Auftritt in England ereignete sich im Rahmen einer Dichterlesung der drei Geschwister. Am 1. Juni 1926 gab Edith in Pembridge Mansions eine Gesellschaft für sie. Auf Tom Driberg wirkte Gertrude Stein »ungeheuer vernünftig, wie eine verläßliche Hausfrau[5] in festen braunen Schuhen und schwarzen Wollstrümpfen«[6] – ein scharfer Kontrast zur Gastgeberin. Virginia Woolf war ebenfalls anwesend und schickte Vanessa einen Bericht über den Abend: »Wir waren gestern abend bei einer Gesellschaft, die Edith Sitwell gab. Von Juden übervölkert. Sie fand zu Ehren von Miss Gertrude Stein statt, die auf einer kaputten Polsterbank thronte (alle Möbel bei Edith sind ziemlich mitgenommen; zum Ausgleich dafür behängt sie sich mit Schmuck wie eine ertrunkene Seejungfrau).«[7] Morgan Forster war da, Siegfried Sassoon und Miss Todd von der Zeitschrift *Vogue*. In ihrem Tagebuch notierte Virginia, Edith sei »ganz aufgelöst« gewesen, und es habe »Hände voll Kirschen & Barley Water[8] gegeben.«[9]

Gertrude Stein war äußerst nervös, wenn es darum ging, Vorträge zu halten. Nach dem Abend in Cambridge (bei dem ihr die Männer im Publikum viele und die Frauen keine Fragen stellten) fuhr Osbert sie nach Oxford, wobei er sie beständig beruhigte und ihr Mut zusprach. In Oxford aßen die drei Geschwister Sitwell und ihr Gast bei Harold Acton zu Mittag und führten Gertrude Stein anschließend in den Saal, der so voll war, daß es nur noch Stehplätze gab. Alle Nervosität fiel von ihr ab. »Eine gedrungene aztekische Obsidianfigur«, so beschrieb sie Harold Acton, »die monumentaler wirkte, sobald sie sich setzte. Mit ihrer getreuen Zigeunerin [Alice B. Toklas] und der hochgewachsenen Leibgarde der Sitwells im Gefolge hielt sie einen bemerkenswerten Einzug.«[10]

Gertrude Stein las mit wenig modulierter, nüchterner Stimme mit amerikanischem Akzent aus ihrem Werk vor und war »die Ruhe selbst«. Sie las unter anderem aus ihrem Textporträt von Edith »Sitwell Edith Sitwell«, die ihr so nahe saß, daß man das Porträt mit dem Original vergleichen konnte:

Angenommen, sie habe einen Schlüssel besessen, angenommen, sie habe geantwortet, angenommen, sie habe einen Ball haben müssen, angenommen, sie habe ihn fallen lassen und sie habe geantwortet. Angenommen, sie habe ihn und bitte, bitte, nie so sehen ...

Abwesend Gesichter nach und nach stimmen wir überein ... Offensichtlich Gesichter nach und nach stimmen wir überein.

Während sie las, betrachtete Harold Acton Edith. »Nein, ich konnte keinerlei Ähnlichkeit sehen, und Edith, wie es schien, auch nicht, denn sie bemühte sich, nicht so peinlich berührt dreinzublicken, wie sie sich fühlte. Sachie sah aus, als hätte er eine Pflaume zu schlucken, und Osbert rutschte mit etwas nervösem Blick auf seinem zu schmalen Sitz hin und her.«[11]

Die zahlreichen Zuhörer lauschten aufmerksam, und manche machten sich Notizen. Nach der Lesung wurden leidenschaftliche, gelegentlich auch entrüstete Fragen gestellt, und Edith gefiel die Art, wie Gertrude Stein mit den bisweilen beharrlichen Fragestellern fertig wurde. Sie redete »in besänftigendem und mütterlichem Ton mit ihnen, tätschelte und beruhigte die Aufsässigen mit stürmischen Ausbrüchen, und alle schlossen sich ihrem Gelächter an«, schrieb Acton. Doch ließ sich Gertrude Stein nicht zu einer Verlängerung ihres Englandbesuchs überreden; am folgenden Tag kehrte sie in Begleitung von Alice B. Toklas nach Paris zurück.

Edith ließ in ihren Bemühungen für ihre neuen Freunde nicht nach. So hatte sie im April 1926 im *Criterion Die Machart von Amerikanern* gelobt – »die Schöpfung eines der fruchtbarsten und zugleich feinsinnigsten Geister unserer Zeit«. Bei ihrem nächsten und entscheidenden Besuch in Paris zu Anfang des Jahres 1927 schrieb sie aus Evelyn Wiels Wohnung in der Rue Saint-Dominique an Cecil Beaton und bat ihn, er möge Gertrude Stein »eine der Aufnahmen von mir [schicken], auf der ich in meinem Grabe liege (*die mit den besten Händen*, denn in der Hinsicht nehme ich es genau).« Er sollte eine solche Aufnahme auch an Siegfried Sassoon schicken, wenn er schon einmal dabei war, »*und mir den herrlichen Bericht.*«

Im selben Brief teilte sie Beaton mit, sie habe soeben in Gertrude Steins Haus Picasso kennengelernt, »und da sie mehr oder weniger seine beste Freundin ist, war der Abend ganz bezaubernd«:

> Er ist sympathisch, liebenswürdig, angenehm, einfach und klein gewachsen, und jeder weiß, daß er ein bedeutender Mann ist. Zu jener Zeit war er ungeheuer aufgeregt und wußte sich vor Begeisterung nicht zu lassen, weil seine Schwiegermutter kurz zuvor gestorben war. Er freut sich auch auf die Beerdigung, denn einem rechten Spanier ist, wie Gertrude sagte, eine Beerdigung allemal lieber als eine Zirkusvorstellung. Gertrude geht es im Augenblick sehr gut, und sie sagte mir, die Bloomsbury-Leute seien wie der Christliche Verein Junger Männer. »Aber bestimmt anti-christlich«, sagte ich zu ihr, »und anti-moralisch.« »Das ist es ja gerade«, gab sie zur Antwort. »In Amerika führt der Christliche Verein Junger Männer *immer etwas im Schilde*!«

Gertrude Stein machte Edith nicht nur mit Picasso bekannt; sie stellte sie nach einer Weile auch dem »ungeheuer besorgt dreinschauenden« jungen Mann vor, der ihr beim Ballettbesuch aufgefallen war.

Pawel Fjodorowitsch Tschelitschew[12] – seine Freunde nannten ihn Pawlik – war durch Vermittlung Jane Heaps, einer Pariser Redakteurin von *The Little Review*, in Gertrude Steins Leben getreten. Sie hatte beim Herbstsalon des Jahres 1925 sein Gemälde *Korb mit Erdbeeren* gesehen, und was er malte, fesselte die leidenschaftliche Sammlerin – jedenfalls eine Weile, bis seine Bilder »schlecht wurden«, wie sie sich ausdrückte. Danach verbannte sie alles, was sie von ihm gekauft hatte, in den »*salon des refusés*«, einen kleinen, der Öffentlichkeit nicht zugänglichen Raum im Hause Rue de Fleurus 27. Außerdem lernte sie über Pawel den blonden, blauäugigen surrealistischen Dichter René Crevel kennen (Alice B. Toklas' Günstling). Gertrude Stein stand im Brennpunkt der Gruppe sogenannter neoromantischer junger Maler, die im Februar 1926 gemeinsam mit Tschelitschew in der Galerie Druet ausstellten: Jewgenij und Leonid Berman (Russen wie er), der Holländer Kristians Tonny sowie Christian »Bébé« Bérard, zu dem Tschelitschew eine leidenschaftliche und von Rivalität geprägte Feindschaft empfand. Von 1925 bis 1930 steuerte und schürte Gertrude Stein die Zerwürfnisse und Bündnisse ihrer Gruppe junger Männer, wobei sie einen gegen den anderen unterstützte, bis sie kurzerhand alle miteinander fallen ließ; Tschelitschew fiel 1928 als erster in Ungnade.

Doch als er Edith kennenlernte, waren er und seine Bilder in der Rue de Fleurus noch wohlgelitten. Zusammen mit Allen Tanner, einem aufstrebenden amerikanischen Pianisten (und ständigen Begleiter Tschelitschews, denn jener geradezu besessene Verehrer [weiblicher] Musen war homosexuell), sah man ihn dort immer gern und nannte die beiden »*les enfants de la maison*«.

Tschelitschew war im Jahre 1898 auf dem nahe Moskau in einer Waldlandschaft gelegenen, großen väterlichen Besitz Dubrowka zur Welt gekommen. Seine Familie gehörte dem altrussischen Adel an, und da sie von Bojaren abstammte, nannte Edith ihn »den Bojaren«. Aus einer früheren Ehe seines Vaters hatte Pawel vier Halbschwestern; er war der älteste Sohn aus der zweiten Ehe. Am wichtigsten war ihm unter seinen leiblichen Geschwistern die fünf Jahre jüngere Schwester Tschura, die später mit ihm in Frankreich lebte. Sie war von schwächlicher Konstitution und litt an Tuberkulose. Sie hatte in ihrer Kindheit in Pawel, einem gutaussehenden und verwöhnten Kind, »den Zaren und Gott« gesehen. Während Mutter und Amme den Jungen bewunderten, war der Vater von ihm enttäuscht und beobachtete voll Mißtrauen Pawels befremdlichen Hang zum Ballett und sein Interesse für die Garderobe seiner Schwestern.

Die große Familie sah sich 1918, wie viele andere Grundbesitzer auch, gezwungen, ihr Gut zu verlassen, und zwar auf Anweisung des Revolutions-Sowjets des Dorfes Dubrowka binnen achtundvierzig Stunden. Der Herrensitz Dubrowka hatte bei Pawel den gleichen magischen und nachhaltigen Eindruck hinterlassen wie Renishaw bei Edith. Zu jener Zeit hatte er, der Ballettunterricht nahm, dem Bolschoi-Ballett bereits erste Bühnenentwürfe vorgelegt. Sie gründeten sich auf Szenen von Dubrowka. Nach ihrer Vertreibung zogen die Tschelitschews in die Gegend von Kiew, dort setzte Pawel seine Studien an der Akademie fort. Im Laufe der Jahre zerfiel die Familie; die Schwestern starben, heirateten oder zogen fort, der Bruder Mischa fiel im Bürgerkrieg. Pawel verließ Rußland und gelangte über die Türkei nach Berlin, wo der begabte aristokratische junge Exilrusse bald Arbeit beim Russischen Ballett und Theater fand. In seinem ›neuen‹, an Rabelais orientierten Stil skizzierte er die Entwürfe zu Rimsky-Korsakows Oper *Der Goldene Hahn*, die an der Staatsoper einstudiert wurde.

In Berlin lernte er Allen Tanner kennen, einen jungen Stipendiaten aus Chicago, der dort Klavier studierte: »ein bildhübscher, gertenschlanker junger Mann mit einem schwarzen Schopf, weichem, halbverhülltem sehnsuchtsvollem Blick, gutgeschnittenem Gesicht, den züchtigsten Lippen und den großartigsten romantischen Vorstellungen der Welt.«[13] Zwar kühlte Pawels Begeisterung für ihn bald ab, doch ließ er sich dessen Hingabe gefallen, und so wurde Tanner für ihn der vollkommene ›Jagger‹.

Pawels kränkelnde Schwester Tschura, die als Lazaretthelferin gearbeitet hatte, war bereits von Rußland nach Paris geflohen, als er und Tanner im Juli 1922 bei ihrem ersten Besuch gerade rechtzeitig vor dem Ende von Diaghilews Spielzeit in Paris eintrafen. In der Stadt fühlte sich Pawel sogleich zu Hause und traf Vorkehrungen, um auf Dauer dorthin zurückzukehren; Tschura erklärte, er habe vom ersten Tag an wie ein Pariser ausgesehen.

Ihre erste Bleibe war das Hotel Jacob, in dem sich zu jener Zeit durch eine glückliche Fügung auch Jane Heap aufhielt. Tanner kannte sie bereits, allmählich gestaltete sie Pawels Beziehungsnetz. Über Jane Heap kam er mit Brancusi und Léger in Berührung; in den Ateliers, die er aufsuchte, um Aktzeichnen zu lernen, begegnete er den Brüdern Berman. Schon bald stellte er in der Pariser Galerie Henri und der Londoner Galerie Redfern aus.

Tanner und Jane Heap trafen Gertrude Stein im Herbst 1925 auf der Straße, kurz nachdem sie Pawels *Korb mit Erdbeeren* zum ersten Mal gesehen hatte. Ein Zusammentreffen im Hause Boulevard Montparnasse 150 wurde vereinbart, wo Tschelitschew, Tanner und Tschura in einer winzigen Atelierwohnung lebten. Als Gertrude Stein kam, war Tanner allein in der Wohnung, so daß sie den Maler zwar nicht kennenlernte, wohl aber seine Bilder. Tanner mußte den Schrank, in dem sie aufbewahrt wurden, mit einem Schraubenschlüssel aus ihrem alten Ford aufbrechen. Was sie sah, gefiel ihr, und sie hinterließ eine Mitteilung, in der sie Tschelitschew für den folgenden Tag zum Tee in die Rue de Fleurus einlud.

So begann die nicht lange währende Unterstützung des Bojaren durch die Frau, die er »Sitting Bull« nannte – Gertrude Stein. »Die strickende Irre« – seine Bezeichnung für Alice B. Toklas – hatte nie etwas für ihn übrig; sie hielt ihn für einen »abscheulichen kleinen Emporkömmling«. »Sitting Bull« hängte ein Tschelitschew-Bild an die Wand ihres Eßzimmers und plazierte Pablo Picasso so, daß er es von seinem Platz am Tisch aus ansehen mußte. Sie sagte dem Bojaren: »Picasso hat das Objekt aufgelöst. Pawlik, lösen Sie das Objekt nicht auf.« Das wurde zu einem von ihm häufig wiederholten Glaubenssatz. Sie wurde seine Sibylle, seine »Große Mutter«. Aber er schmiedete bezeichnenderweise bereits Pläne, wie er ihren Fängen entrinnen konnte.

Hier liegt einer der Gründe, warum ihn Edith Sitwells Auftritt in der Szene so nachhaltig beeindruckte. Daß sie in der Rue de Fleurus zusammentrafen, war kein Zufall: Bei Gertrude Stein gab es selten Zufälle. Sie hatte bereits der australischen Malerin Stella Bowen mitgeteilt, die mit Ford Madox Ford in Paris lebte, sie habe für Pawel eine Engländerin gefunden, die er malen könne. Zu Edith sagte sie: »Wenn ich Ihnen Pawlik vorstelle, tragen Sie die Verantwortung, denn mit seinem Charakter habe ich nichts zu tun.« Damit, daß sie die beiden einander als interessant hinstellte und zum einen Edith zu verstehen gab, sie werde unter Umständen nie imstande sein, dem launischen jungen Mann zu helfen, zum anderen aber in Pawel den Eindruck erweckte, es könne seiner Karriere nur nützen, wenn ihn die berühmte englische Dichterin mit dem ungewöhnlichen Aussehen protegierte, gab sie der Freundschaft von Anfang an Spannungen mit auf den Weg, die bis in die Zukunft reichen sollten.

Vielleicht hatte sie nicht damit gerechnet, daß die Beziehung so glänzend gelang. Eifersüchtige Mißbilligung von Ediths neuer Rolle – sie übernahm bei Pawel ihre Rolle als Sibylle – hatte auch etwas damit zu tun, daß Gertrude Stein seine Arbeiten im darauffolgenden Jahr in ihr kleines Hinterzimmer verbannte.

Als Pawel Edith in Gertrude Steins Haus kennenlernte, erklärte er, warum er sie beim Ballett so angestarrt hatte: Sie sehe genauso aus wie Pater Amrowsky, Beichtvater seines Vaters und *Starez*[14] im Kloster Petscherskaja Lawra, den er unmittelbar vor dem Verlassen der Heimat aufgesucht habe. Jener, fuhr er fort, sei das Ebenbild des *Starez Zosima* aus *Die Brüder Karamasow*, und er könne kaum glauben, daß Edith nicht mit ihm verwandt und auch keine Russin sei. (Dabei war ihm durchaus bekannt, wer sie war und daß sie aus England stammte.)

Die junge Freundschaft erlebte eine erregende erste Blüte, die allerdings nur von kurzer Dauer war. Ende Januar 1927 befand sich Edith wieder in London. Duckworth brachte im März jenes Jahres ihr Bändchen mit den *Rustic Elegies* heraus (es erschien im Sommer bei Knopf in New York). Es umfaßte nur drei Arbeiten – neben der im November des Vorjahres als Einzelausgabe in Buchform erschienenen »Elegy on Dead Fashion« »The Hambone and the Heart«, in dem Teile von »The Mother«

enthalten waren, sowie »Prelude to a Fairy Tale«. Letzterem waren Gedichte aus *Façade* beigegeben, und zwar in einem Rahmen, der auf die mystischen Lehren Rudolf Steiners zurückging, für den Helen Rootham ein außergewöhnliches Interesse an den Tag legte. Dieser Sequenz ist die Widmung vorangestellt: »Für H. R., der ich einen großen Teil des in diesem Gedicht enthaltenen Wissens verdanke.« In der Literaturausgabe der *Times*, die am 7. April 1927 *Rustic Elegies* als Ganzes besprach, war die Rede vom »törichten Himmel«, den ihre Märchenwelt vorstelle, und der »verwirrenden Abfolge von Bildern«. Zu »Elegy on Dead Fashion« hatte die Zeitung erklärt: »Wegen der Fremdartigkeit und Neuheit von Miss Sitwells poetischen Klischees merkt der Leser nicht, daß es sich um Klischees handelt.« Doch verfüge die Autorin, räumte der Rezensent ein, »über ein untrügliches Gehör und eine sichere Beherrschung von Metrum und Reim.«

Edith hatte auch etwas dazugelernt; denn in Gedichten wie »Elegy on Dead Fashion« entwickelte sie ein Verfahren, Listen in Vergessenheit geratener Wörter für Tuche und Salben, Tänze oder Nahrungsmittel zu verwenden, um damit eine historische Atmosphäre zu erzeugen. Edwin Muir, der in der Nummer der *Nation* vom 18. September 1926 »Elegy on Dead Fashion« eine lange, achtungsvolle Rezension widmete, sprach von ihrer »großen Kraft«. »Kein anderer Dichter unserer Zeit hat so viele Verse geschrieben, die die Vorstellungskraft beflügeln und uns ein Gefühl magischer Freiheit verleihen.«

Eben zu der Zeit, als Edith dies Maß an Aufmerksamkeit zuteil wurde, hielt sie den Haushalt in Pembridge Mansions mit äußerst munteren und belanglosen journalistischen Arbeiten über Wasser. Beispiele dafür sind: »Wer sind die Sitwells – und warum tun sie das?« für den *Weekly Dispatch* vom 14. November 1926; einige der Texte, die sie im Laufe des Jahres 1927 für verschiedene Zeitungen verfaßte, trugen Überschriften wie »Unser Familiengespenst«, »Wann ist Dichtung ein Verbrechen?«, »Meine unbehaglichen Augenblicke« und »Wie eine Dichterin den Ruhm sieht«. Zu ihrer Dichtung hatte sie ein sehr tiefes Verhältnis; aber auf anderen Gebieten wollte sie sich amüsieren. Evelyn Waugh schrieb 1952 in der *Sunday Times* über seine Erinnerungen an die Geschwister Sitwell in den zwanziger Jahren, von ihnen sei »eine Aura der Lebensfreude, Eleganz, Unverfrorenheit, Unvorhersagbarkeit, vor allem aber reiner Wonne ausgegangen ... Sie sagten dem stumpfen Trübsinn den Krieg an.«

Lord Beaverbrook vom *Daily Express* war ein Zeitungszar, der auf Sitwellsche Beiträge nicht erpicht war. Als am 17. August 1929 ein Aufsatz Ediths unter der Überschrift »Ach, könnte man jetzt, im August, in Scarborough sein!« in seinem Blatt erschien, diktierte er einen Brief an sein Büro, obwohl er sich gerade auf einer Kreuzfahrt befand, und verlangte, man möge feststellen, »wer Edith Sitwell den Auftrag erteilt hat, den Artikel auf der ersten Seite zu schreiben«: »Er [Beaverbrook] sagt, er habe zehn Jahre lang darum gekämpft, die Zeitung vor der Öffentlichkeitssucht der Sitwells zu bewahren. An seiner Lordschaft wird von Zeit zu Zeit Verrat geübt, und er wüßte gern, wer den Sitwells das Tor geöffnet hat... Diese Familie ist schlimmer als eine Bande mittelmäßiger Größen.«[15]

Ihre von der Leserschaft geschätzten journalistischen Arbeiten trugen Edith Freude, Geld und den nicht-intellektuellen Jahrmarktglanz ein, der ihr so gefiel. Am anderen Ende des Empfindungsspektrums war Virginia Woolf, die voll Einfühlsamkeit und Takt einige Tage nach Erscheinen von *Rustic Elegies* auf den Band reagierte:

> Ich will nicht über Ihre Gedichte schreiben – ich werde mit Ihnen darüber reden. Sie interessieren mich außerordentlich: Wahllos schlage ich das Buch auf und stoße auf eine Stelle, die mich dazu veranlaßt, zwanzig Minuten lang ins Feuer zu starren und mir Theorien über Sie auszudenken. Sind Sie dabei, sich zu verändern? Welche Richtung schlagen Sie dann ein? Und welche Art von Herrlichkeit reichen Sie von Ihren seltsamen und sehr hohen Bäumen herunter?... Natürlich sind Sie eine gute Lyrikerin: Aber ich kann mir gar nicht denken, warum. Vielleicht fällt mir der Grund in Sizilien ein.[16]

Ja, Edith war dabei, sich zu verändern. Ein Ergebnis der neu eingegangenen Verpflichtung bestand darin, daß sie im weiteren Verlauf des Jahres 1927 nur sehr wenige Gedichte schrieb. Das wirkliche Leben machte sein Recht geltend, und wenn sie wieder ein größeres Gedicht verfaßte, würde es etwas sein, das außerhalb der bisher von ihr behandelten Sphäre lag.

Im Mai schrieb sie, angetrieben von einer Erregung, die mit ihrer eigenen Arbeit nichts zu tun hatte, aus London an Allanah, die ebenfalls in Paris Tschelitschew kennengelernt hatte:

> Pawliks Vernissage findet am Dienstag, dem 2. Juni, in der Galerie Vignon statt, und er hat mich gebeten, die Leute »zu empfangen«, da Tschura zu gehemmt ist. Also reise ich am Samstag hin.
>
> Er hat mich aufgefordert, Dich dringend zu *bitten*, daß Du *so bald wie möglich* auch hinfährst und ihm entweder Listen von Leuten übersendest, denen er Karten schicken kann – oder noch besser, sie selbst schickst. Und ich *bitte* Dich sehr, das zu tun, da ich möchte, daß die Ausstellung ein gewaltiger Erfolg wird ... Ich werde ebenso wie Pawlik am Tag der Vernissage Deine Hilfe brauchen; falls es sich einrichten läßt, muß ich Dich einfach dort haben.

Immerhin war Edith Fremden gegenüber nahezu ebenso gehemmt und unbeholfen wie Tschura, und obwohl sie in Paris bedeutende Menschen kannte, waren das doch nicht besonders viele. Allanah hingegen hatte in der dortigen Kunst- und Literaturwelt weit mehr Kontakte: »Ich habe mich auch gefragt, ob Du am Abend der Vernissage vielleicht eine Gesellschaft mit mir zusammen zu Ehren Pawliks geben würdest? Ich denke, es könnte sehr hilfreich für ihn sein, wenn die Leute wüßten, daß Du Dich für seine Arbeit interessierst. Wir würden die Sache gemeinsam veranstalten ... Laß uns einen richtigen Feldzug daraus machen.«

Alles, was in Paris Rang und Namen hatte, kam zur privaten Ausstellungseröffnung in der Galerie Vignon. Pawel benahm sich schwierig. »Ich hasse all diese Menschen«, sagte er, »laß uns gehen und uns in ein Café setzen.« Edith wies ihn zurecht: »Das tun wir ganz bestimmt nicht« und machte ihm klar, daß er bis zum Schluß bleiben und zu den Besuchern liebenswürdig sein müsse. Immer wieder unternahm er Fluchtversuche: »O nein, alter Junge, du bleibst hier.« Als dann eine »schöne Frau mit ... Augen wie samtige lila Stiefmütterchen« zu ihm trat und ihm mitteilte, seine Bilder hätten mehr Tiefe als die Bérards, besann er sich augenblicklich eines Besseren. Das war Musik in seinen Ohren. »Ich bleibe«, versicherte er Edith und Allanah, »diese Frau interessiert mich.« Edith wäre ein anderer Grund für seine Fügsamkeit lieber gewesen. Als die Kritiker eintrafen und nach einigen flüchtigen Blicken auf die Bilder wieder gehen wollten, trat Edith auf sie zu und bestand höflich darauf, sie Pawel vorzustellen. Dabei bediente sie sich der Worte, die sie künftig noch so viele Male sagen sollte: »Er ist nämlich ein bedeutender Maler ...«[17]

9

Barbarische Gepflogenheiten und Gebräuche an der Goldküste

1927–1929

Bevor Edith sich an der Organisation von Pawels Ausstellung beteiligte, hatte sie Osbert in Italien aufgesucht, der dort allein Ferien machte. Sacheverell, sein Gefährte früherer Jahre, war inzwischen nicht nur verheiratet, sondern auch Vater, und Osberts andere Beziehungen lagen zu jener Zeit auf Eis. Gemeinsam mit Osbert besuchte Edith D. H. Lawrence und dessen Frau Frieda, die einige Kilometer von Florenz entfernt in Sandicci lebten.

Edith bewunderte Lawrences Gedichte. Sie kannte ihn von früher, denn er hatte den Eltern Sitwell in Montegufoni einen Besuch abgestattet. »Ein komisches eingebildetes Lebemännchen«, hatte Lady Ida Osbert berichtet. »Seine Frau ist eine hochgewachsene Deutsche. Sie ist mit Deinem Vater durch das Haus gegangen, und jedesmal, wenn er ihr etwas zeigte, sah sie ihn an, wobei sie sich schwer atmend an eins der vergoldeten Bettgestelle lehnte.« Sir George zufolge hatte sich Frieda außerdem »nach dem Mittagessen auf alle Betten fallen gelassen – um zu sehen, ob die Matratzen weich waren.« Lawrence seinerseits fällte über seine Gastgeber folgendes Urteil: »Ein merkwürdiges Paar.«

Eines Nachmittags Ende Mai 1927 machten Osbert und Edith einen Ausflug aufs Land, um das Ehepaar Lawrence in seinem toskanischen Bauernhaus zu besuchen. Sie blieben einige Stunden. Lawrence war krank und machte selbst den Tee. In einem Brief an den russischen Übersetzer S. S. Koteliansky lieferte er einen keineswegs unfreundlichen Bericht über seine Besucher: »Sie waren wirklich ganz reizend, nicht die Spur affektiert oder aufgekratzt: nur mit sich und ihren Eltern beschäftigt. Ich habe in meinem ganzen Leben noch keinen so ausgeprägten seltsamen Familienkomplex gesehen: als wären sie auf einer einsamen Insel gestrandet und als gäbe es auf der ganzen Welt niemanden als ihr armes Ich.«[1] Er und Frieda waren von ihren Besuchern »bewegt« und »aufgewühlt« und mußten nach deren Aufbruch einen langen Spaziergang machen, um sich zu erholen. Vor allem über Osbert machte sich Lawrence Gedanken.

Lawrence, der zu jener Zeit am endgültigen Entwurf zu *Lady Chatterley* arbeitete, fügte seinem Porträt Sir Clifford Chatterleys einige letzte Nuancen bei, die auf seine genaue Beobachtung Osberts an jenem Nachmittag und auf seine Kenntnis von Osberts Herkunft zurückgingen – Renishaw liegt nur wenige Kilometer von Eastwood entfernt, wo Lawrence aufgewachsen war. Freilich war nicht Osbert das ursprüngliche Vorbild für den impotenten Sir Clifford, dem die Hörner aufgesetzt werden; doch sieht es ganz so aus, als seien in die bereits fertige Gestalt eine auf Lawrence Eindrücke gegründete und durch Überdenken vertiefte Analyse Osberts und seiner Familie eingeflossen, die Edith als erste bemerkte und sich dagegen verwahrte. Auch Osbert erkannte Anspielungen; doch er, sonst mit Beschwerden stets rasch bei der Hand, wenn er in den Werken seiner Bekannten etwas über sich oder einen seiner Einfälle entdeckte, sah davon ab, sich öffentlich zu beschweren. Vielleicht beeindruckte ihn die Klarsichtigkeit, mit der Lawrence sein Wesen erfaßt hatte; vielleicht kam die Beschreibung der Wahrheit sehr nahe, und er wollte die Aufmerksamkeit nicht auf sich lenken.[2]

Auf eine kleine Rache mochte Osbert jedoch nicht verzichten und stellte in seinem 1933 veröffentlichten Roman *Miracle on Sinai* Lawrence als den »kränklichen und asketischen Hagestolz« J.L. Enfalon dar. Edith kannte das Manuskript und schrieb in einem Brief an eine Freundin in Paris, es sei »ganz und gar brillant«: »Er behandelt in seinem Buch die *ménage* des D.H. Laurence [sic] – aber diese Leute verdienen auch alles, was sie da bekommen, wegen Laurences skandalösem Ausfall gegen Osbert.« Kaum war der Roman erschienen, als die Angehörigen von D.H. Lawrence zum Gegenschlag ausholten, wie Edith ihrer Pariser Briefpartnerin mitteilte:

> Gerade hat Mrs. D.H. Laurences [sic] Tochter Osbert ein Telegramm geschickt, in dem sie um die Erlaubnis bittet, Aufnahmen vom Haus [Renishaw] für eine Verfilmung von *Lady Chatterley* zu machen!!!!!! Mir fehlen die Worte. Dir ist hoffentlich klar, daß Osbert in jenem unanständigen Roman als der Krüppel dargestellt ist – in nicht druckfähigen Worten? Wir haben zurücktelegrafiert und erklärt, daß ihre Bitte ebenso ungehörig und anstößig wie verleumderisch sei.

In *Miracle on Sinai* beschreibt Osbert Lawrence in der Gestalt des Enfalon als »kränkelnden und asketischen Hagestolz« mit spärlichem Bartwuchs und schwach entwickelten Geisteskräften. Weiter heißt es: »Gern spielte er die Rolle des in einem Zechensiedlungshäuschen aufgewachsenen Bergarbeitersohnes.« Neben einem »humorlosen Kult, in dem es um finstere Götter und blutige Weisheit« geht, predigte Enfalon die Vorherrschaft des »männlichen Prinzips«: »So also sah der Vorkämpfer der Vitalität – oder wie er gern sagte, des *Mumms* – in der Literatur aus: ein blutarmer, gebeugt gehender, ausgezehrter, bärtiger Schwächling.« Es war eine kindische und kleinliche Rache; denn Lawrence lag schon drei Jahre im Grab, als das Buch erschien, und Tote können weder Anstoß nehmen noch gerichtliche Schritte einleiten.

Edith hielt sich bis ins Alter zurück (möglicherweise hatte Osbert sie darum gebeten), und auch dann war der Grund für ihren heftigen Gefühlsausbruch nicht klar zu erkennen. In ihre Autobiographie nahm sie eine herabsetzende Darstellung Lawrences auf (er »sah aus wie ein gipserner Gartenzwerg, der in einem Vorgarten auf einem Fliegenpilz sitzt«). Über den harmlosen Teebesuch in Sandicci gab sie zu verstehen: Mr. Lawrence »war entschlossen, uns den Eindruck zu vermitteln, daß er einfacher Leute Kind sei, die schwer hatten arbeiten müssen«. Er »sprach ziemlich viel mit uns über unsere Eltern und schrieb ihnen Merkmale zu, deren sie ganz und gar ermangelten«. Weiter heißt es, er habe »einen ziemlich schlimmen Komplex. Er haßte Männer, die blendend aussahen, wie auch solche, die ›Herren‹ waren.«

Lady Chatterley war ihrer Ansicht nach »ein überaus schmutziges und wertloses Buch ohne literarische Bedeutung und des Mannes unwürdig, der ›The Snake‹ und ›The Mountain Lion‹ hatte schreiben können – zwei wunderschöne und äußerst anrührende Gedichte.« Dem Wildhüter Mellors wurde seine »unaussprechlich schweinische, grausame und übelriechende Sprechweise« vorgeworfen. (»Ein Mann wie Sie, Sir Clifford, ist nicht in der Lage, mich dafür zu verhöhnen, daß ich 'nen Sack zwischen den Beinen hab.«) »Meine Achtung vor meinem eigenen Geruchssinn und dem meiner Leser hindert mich daran, Mr. Lawrences begeisterte Beschreibungen von Mellors' sexueller Ausrüstung zu zitieren.« Beschreibungen des Geschlechtsaktes, wie man sie in jenem Buch findet, schrieb sie, müßten »bei jungen Leuten jeden Wunsch nach Liebe abtöten«. Sie nannte das Buch »als Kunstwerk ... wertlos. Ich kann mit Bezug darauf lediglich ein aus fünf Buchstaben bestehendes Wort[3] verwenden, das – bis Mr. Lawrence es zu einem seiner Lieblingswörter erkor – von unseren Kricket, Golf und Tennis liebenden Landsleuten ausschließlich im Zusammenhang mit solcherlei Zeitvertreib verwendet werden durfte, nicht aber im Zusammenhang mit der Art, die Mr. Lawrence interessiert hat.«

Und so weiter. *Lady Chatterley* war möglicherweise auch sonst nicht das Lieblingsbuch der anspruchsvollen und keuschen Edith. Doch ohne besonderen Anlaß, ohne den über Jahre hinweg aufgestauten Zorn, hätte sie in ihrer Autobiographie einem Roman, den sie nicht ausstehen konnte, nicht so viel Platz eingeräumt. Die Feindseligkeit, mit der sie Lawrence gegenübertrat, brachte sie dazu, eine ihrer am häufigsten zitierten mokanten Passagen zu schreiben. In einem Vortrag, den sie in Liverpool hielt, nannte sie ihn den »Kopf der Jaeger-Schule der Literatur«, da er »heiß, weich und ›woolly‹«[4] sei. Die Firma Jaeger, auf deren warme Winterunterwäsche sie damit anspielte, erhob in einem Brief Einwände und erklärte, zwar seien ihre Erzeugnisse in der Tat weich und wollen, doch niemals heiß, »auf Grund unseres Systems langsamer Leitfähigkeit«. Edith erklärt, sie habe in ihrer Antwort den Vergleich bedauert, denn die Erzeugnisse des Hauses Jaeger widerstünden der Zeit, ohne zu schrumpfen, was bei den Werken des Mr. Lawrence »meiner Ansicht nach nicht der Fall ist«.[5]

Von Italien, wo die Zeitbombe Chatterley tickte, reiste Edith zu Pawels Ausstellung nach Paris. Nach England zurückgekehrt, wechselte sie mit Pawel und Allen Tanner Briefe. Daß sie letzterem in ihrem neuen Freundschaftsbund gleichfalls einen Platz einräumte, hatte zum Teil mit ihrer Eigenart zu tun, Menschen, denen die Zuneigung von ihr geliebter Personen galt, sozusagen mit in die Familie aufzunehmen. Außerdem stellte sie damit instinktiv eine zweite Verbindung zu dem ihr so wichtigen Menschen her. Wenn Pawel auch nicht immer auf ihre Briefe antwortete, würde es Allen Tanner tun, von denselben Motiven dazu gedrängt wie sie.

Sie bestürmte beide, nach England zu kommen. Beständig hob Allen seine und Pawels – tatsächliche – Mittellosigkeit hervor. Vermutlich wären beide überrascht gewesen, wenn sie gewußt hätten, wie wenig Geld Edith zum Leben zur Verfügung stand, der Tochter des Herrn auf Renishaw und Montegufoni. Erneut wandte sie sich ihrer eigenen Arbeit und ihren eigenen Schwierigkeiten zu. Die Wende zum Jahre 1928 erlebte sie mit Grippe und Zahnschmerzen. Sie mußte sich ohne Betäubung einen Zahn ziehen lassen, weil das ihr Herz zu sehr belastet hätte. Körperlicher Schmerz zog sich mit der gleichen Regelmäßigkeit durch ihr Leben wie die düsteren Phasen ihrer Dichtung.

Allanah Harper (die bereits pflichtschuldigst ein Tschelitschew-Bild zum Galeriepreis erworben hatte) hielt sich in Paris auf und plante, eine eigene literarische Zeitschrift mit dem Namen *Échange* herauszugeben. Als Kapitaleinsatz waren dafür fünfhundert Pfund vorgesehen, den Druck sollte ein russischer Emigrant preisgünstig besorgen. Edith war begeistert und steuerte neben allgemeinen Ratschlägen zahlreiche Ideen zu der Frage bei, wer als Lieferant von Beiträgen in Frage käme. »Da Du mich zum Thema Bezahlung um Vorschläge bittest: Ich würde an Deiner Stelle die Beträge für Lyriker und Prosa-Autoren mehr annähern. Den Prosa-Autoren würde ich für einen Aufsatz £ 4 bezahlen, und den Lyrikern pro Beitrag das gleiche wie den Prosa-Autoren und £ 5, sofern es sich um ein langes Gedicht handelt. So würde ich verfahren, wenn ich eine Zeitschrift hätte.«

»Ich habe einen Teil meines Oxforder Vortrags über ›Sitwellismus‹ geschickt«, schrieb sie am 16. Januar 1928 mit Bezug auf die erste Ausgabe von *Échange* an Allanah. Dann folgte, wie vorauszusehen: »Helen Rootham schickt einen wirklich *außergewöhnlich* interessanten Aufsatz über Musik ... (Ich sende meinen Aufsatz zusammen mit ihrem.)« Sie forderte Allanah auf, Gertrude Stein um einen Beitrag zu bitten (»Sag ihr, daß Du mit mir befreundet bist«); überdies fügte sie den Hinweis an: »Ein weiterer meiner Ansicht nach außergewöhnlich wichtiger Autor ist Adrian Stokes.« Sie fügte dessen Adresse in Rapallo bei, wo sich auch Osbert aufhielt, der zu jener Zeit rettungslos in ihn vernarrt war. Hier nahm Ediths Treue zu ihrem Bruder greifbare Gestalt an. »Außerdem könntest Du doch Siegfried Sassoon und Arthur Waley auffordern, für Dich zu schreiben.« Auch Constant Lambert wurde empfohlen.

So weit blieb alles im engeren Kreise. Doch dann tauchte ein neuer Name auf: »Thomas Driberg sollte man unbedingt im Auge behalten«, und sie kündigte an, er werde ein Gedicht schicken. »Ich halte ihn als Lyriker für *sehr* vielversprechend, und bestimmt wird etwas aus ihm, vorausgesetzt, er arbeitet an sich.«

In der Tat wurde »etwas« aus Driberg, der 1928 dreiundzwanzig Jahre alt war – erst arbeitete er als Journalist, dann war er Unterhausabgeordneter für die Labour Party, die Königin erhob ihn in den Adelsstand, doch ein Dichter wurde er nicht.

Als Schüler in Lancing hatte er *Wheels* gelesen und Edith später während seines Studiums in Oxford kennengelernt. Sie machte ihm Mut zu schreiben und nahm sogar, wie er später behauptete, eins seiner Gedichte in einen ihrer Vorträge auf, um den Begriff der ›stofflichen Oberflächenstruktur‹ in der Lyrik zu illustrieren, die sie als ›Textur‹ bezeichnete. Nach seinem Studienabschluß arbeitete er im Londoner Vergnügungsviertel Soho in einem billigen Café über einem Bordell, das sich auf ungewöhnlich füllige Prostituierte spezialisiert hatte. An Sonntagnachmittagen verließ er seine gewohnte Umgebung und erschien bei Edith zum Tee in Pembridge Mansions, wo ihm auffiel, daß

> berühmte Leute dazu neigten, sich in kleinen geschlossenen Grüppchen zu treffen, um zu reden, unweigerlich über Geld – Tantiemen, Vorzüge oder Nachteile ihrer jeweiligen Agenten oder Verleger... Bisweilen ging ich auf Ediths Bitten etwas früher hin, und wir konnten uns in Ruhe unterhalten. Ich hatte ihr lediglich gesagt, daß ich »eine ziemlich stumpfsinnige Arbeit« verrichtete. Als sie mich eines Tages erneut danach fragte, sagte ich ihr, was ich tat, und beschrieb ihr... fette Weiber und alles andere (außer meinen eigenen Schlafgepflogenheiten). Sie war entsetzt: Man müsse mich da herausholen. Sogleich erfüllte mich nicht Hoffnung, sondern Furcht. Ich war an meinen verkommenen Lebensstil gewöhnt.[6]

Dann trafen die anderen Gäste ein. Doch Edith vergaß nicht. Mit Dribergs Worten besaß sie »großes Mitgefühl, aber sie war auch sehr beharrlich.« Sie brachte Osbert und Sacheverell dazu, ihren Einfluß geltend zu machen, damit Driberg eine Anstellung beim *Daily Express* bekam; dort wurde er unter dem Pseudonym »William Hickey« als Klatschkolumnist tätig.

Im Verlauf der zwanziger Jahre gab Edith immer zahlreichere Gesellschaften, bis sie schließlich zu einer festen Einrichtung wurden. Driberg war dabei, als sie ihren Höhepunkt erreichten: Alan Searle brachte Somerset Maugham mit, »Mrs. Patrick Campbell kam hereingesegelt« – sie war eine alte Freundin Lady Idas und schickte Edith später ein Dutzend silberne Teelöffel, da ihr das Nichtvorhandensein solcher Besteckteile im

Hause Pembridge Mansions 22 unangenehm aufgefallen war. Sie meinte es gut und pflegte zu Edith zu sagen: »Sie werden nie so schön sein wie Ihre Mutter – armes Kind! ... Aber was macht das schon! Sie sehen einen so nett an, da ist das halb so schlimm.« Diese Äußerung tat sie so regelmäßig, daß Edith es sich angewöhnte, ihr zuvorzukommen: »Wie geht es Ihnen, Mrs. Campbell? Ich weiß, daß ich nie so schön sein werde wie meine Mutter, aber ich seh Sie doch so nett an, da ist das halb so schlimm.«[7]

Ada Leverson, mittlerweile alt, taub und schrullig, kam nach wie vor regelmäßig. Von ihrer orange-goldfarbenen Perücke behauptete Osbert, sie sei dauerhaft an ihrem mit Tüll umhüllten schwarzen Hut befestigt. Vor Frank Buchman, dem Begründer der Moralischen Aufrüstung, hatte Edith sich einst auf die Knie geworfen, um für die Bekehrung Geoffrey Gorers zu beten, der über ihn gespottet hatte; diesem Schauspiel hatten außer den Genannten noch John Hayward in seinem Rollstuhl, Roy Campbell sowie Stephen Spender beigewohnt, »der wie ein unschuldiger rosafarbener Kranich über den Rauch und das Stimmengewirr emporstieg.«[8]

Im Jahre 1948 sandte der Unterhausabgeordnete Tom Driberg ein Glückwunschschreiben zur Verleihung des Ehrendoktorgrades an Edith. Sie gedachte seiner im Alter als »eines der wenigen lebenden dankbaren Menschen«.

Die erste Ausgabe von Allanahs Literaturzeitschrift *Échange* kam gegen Ende 1929 heraus. Trotz Ediths Empfehlung hatten Dribergs Gedichte darin keine Aufnahme gefunden, wohl aber – neben Arbeiten von Edith – eine Erzählung Virginia Woolfs, eine von André Gide stammende Übersetzung eines Auszugs aus *Hamlet* und einige Gedichte Tristan Tzaras. Allanah bat Edith dafür, daß sie letztere berücksichtigt hatte, um Entschuldigung: »Sie sind nicht gut genug, aber er war gerade im Zimmer, als ich eine Liste französischer Autoren zusammenstellte.«

Edith schrieb an Allanah, um ihr zu gratulieren, und abonnierte die Zeitschrift; allerdings überdauerte *Échange* nur wenige Jahre. Die erste Nummer machte Edith mit Rilkes Lyrik bekannt, die sie stark beeindruckte: »Sag mir etwas über ihn«, bat sie Allanah. »Ich habe einmal eine Übersetzung eines anderen herrlichen Gedichts von ihm in dem scheußlichen Blatt *Transition* gesehen. Arthur Waley sagt mir zu meiner großen Bestürzung, daß Rilke tot ist.« Das erste Heft der Zeitschrift gereiche Allanah sehr zum Ruhm, fuhr sie fort, und »die Franzosen könnten eine Menge über die englische Literatur daraus lernen.«

Im Sommer 1928 waren die Geschwister Sitwell in Hochform. Am 5. Juni erschien in der Spalte ›Persönliche Nachrichten‹ der *Times* folgende Anzeige: »Miss Edith und Mr. Osbert Sitwell freuen sich, eine Generalamnestie zu verkünden. Sie gilt nicht für Gewohnheitstäter.« Im Juli kamen Pawel und Allen Tanner nach London; durch unermüdliches ›Jaggern‹ zu Pawels Gunsten hatte Edith erreicht, daß die Galerie Claridge eine Einzelausstellung veranstaltete. Unterdessen hatte er zwei Porträts von ihr fertiggestellt – beide auf ihre Weise eher düster –, eins in Gouache-Technik mit Sand, das andere in Gouache-Technik mit Sand und Kaffee. Nachdem er sie zum ersten Mal gemalt hatte, schrieb er ihr aus Monte Carlo, wo er an den Bühnenentwürfen für Diaghilews Ballett *Ode* arbeitete: »Ich bin sehr froh und sehr gerührt, daß Dir Dein Porträt gefällt. Nach wie vor bin ich einigermaßen besorgt, auch wenn sich Gertrude Stein darüber freut, daß es Dir gefällt. Sie hält es für gut getroffen!«[9] Er bat sie, sich von Helen auf dem Sofa sitzend in dem dunkelgoldfarbenen Kleid fotografieren zu lassen, das ihm so gefiel. Osbert und Sacheverell gaben sich bei der Londoner Ausstellung große Mühe, seine Interessen zu fördern.

Ein weiterer Förderer Tschelitschews war der Autor – später Forschungsreisender und Anthropologe – Geoffrey Gorer. Er verkehrte gleichfalls in Gertrude Steins Haus. Edith hatte er zum ersten Mal während seines Studiums bei einem Vortrag vor der Literarischen Gesellschaft in Cambridge erlebt; danach hatte sie ihn und seine Freunde zu der Aufführung von *Façade* in Chelsea eingeladen und ihnen hinter dem Vorhang zugewinkt, sie sollten heraufkommen und mit ihr reden. Gorer brachte seine Mutter mit nach Pembridge Mansions, und Edith und sie wurden gute Freundinnen. Gorer, der auf Pawel wie auf Edith Besitzansprüche zu haben glaubte, übte anfänglich einen eher störenden als versöhnenden Einfluß aus, der allerdings nicht annähernd so schädlich war, wie Allen Tanner 1930 behauptete, als er Edith mitteilte: »Ich bin sicher, daß Geoffrey keineswegs *unbewußt*, wie Sie sagen, *sondern durchaus wissentlich*, wie das seine Art ist, versucht hat, Zwietracht zwischen Ihnen und P. zu säen – darin scheint er seinen Lebenszweck zu sehen.«[10] Doch gelang es Gorer, sich Ediths Freundschaft auf Dauer zu versichern, und er beendete seine Briefe an sie grundsätzlich »mit meiner beständigen Liebe und Achtung«. Zwietracht säte, wie sich im Laufe der Zeit herausstellte, eher der glücklose Tanner.

Über die Ausstellung des Jahres 1928 in der Galerie Claridge urteilte Gorer, sie sei »nicht besonders erfolgreich« gewesen. Dessen ungeachtet wurde Tschelitschew in London deutlich bekannter, als er kraft Ediths und Allanahs Bemühungen bis dahin in Paris gewesen war. Die Zeitschrift *Graphic* widmete ihm am 28. Juli eine Doppelseite. Es dürfte Ediths Aufmerksamkeit wohl nicht entgangen sein, daß die Überschrift »Miss Edith Sitwell präsentiert ein Genie?« mit einem Fragezeichen versehen, die Unterüberschrift »Ihr höchstes Lob für einen jungen russischen Künstler« nicht frei von einem spöttischen Unterton und die Textzeile unter einem ihrer Gedichte, das in einem Kasten daneben abgedruckt wurde, noch ironischer war.

Die Intrigen der schicken Welt nahm Edith nur begrenzt zur Kenntnis. Der Zauber der modischen Lyriklesungen in London, zu denen man sie einlud, damit sie selbst las und anderen zuhörte, war für sie ebenfalls dahin. Einige Monate zuvor hatte sie E. M. Forster – er hatte ihr nach seiner Lektüre von *The Sleeping Beauty* voll Bewunderung geschrieben, und sie trat ihm mit einer gewissen Ehrerbietung entgegen – in einem Brief über einen Abend berichtet, an dem Robert Nichols vierzig lange Minuten aus seinem Versdrama *Don Juan* vorgelesen hatte. »Bei der ganzen Sache kam ich mir vor wie ein Vogel, der zufällig in ein Zimmer geraten ist und sich bei dem Versuch, ins Freie zu gelangen, den Kopf an der Decke stößt … Manchmal wußte man nicht, ob man in einer Kirche oder in einem Konzertsaal war.«[11]

Während jenes Sommers hatte sie auf Renishaw ein Gedicht fertiggestellt, mit dem sie, wie sie Cecil Beaton schrieb, außerordentlich zufrieden war. »Ich habe es in London begonnen und hier beendet. Es ist äußerst unerbittlich und handelt von niederen reichen Emporkömmlingen, Negerschrecken, Elendsvierteln, alles ineinander vermengt.« Heuchelei und Ungerechtigkeit bedrückten Edith, und obwohl sie beides schon von jeher kannte, war sie in jüngerer Zeit mit ihren Erscheinungsformen in nähere Berührung gekommen. Sie sah die Armut und Arbeitslosigkeit in ihrem Vaterland; sie sah auch, wie die Künstler in Paris von der Hand in den Mund lebten; sie hatte, wie Allen Tanner sie in einem Brief erinnerte, in der Wohnung am Boulevard Montparnasse alles gesehen, was »häßlich, entsetzlich und verkommen« war. Sie sah, wie Freunde, von deren Genie sie überzeugt war, älter wurden, ohne Anerkennung zu finden. Sie war sich dessen bewußt, da sie selbst mit ihren über vierzig Jahren in billigen Mietwohnungen lebte.

Zu jener Zeit reagierte sie aus bloßem Mitgefühl auf Unbekannte, die ihr Briefe schickten. Gewöhnlich widerstand sie den skurrilen Gestalten, die ihr schrieben, doch im Mai antwortete sie Mr. Frederick Willis aus Hendon:

> Es ist in der Tat entsetzlich, wenn man arm ist und keine Freunde hat. In jüngster Zeit haben mich die Fälle jener Unglücklichen zutiefst betroffen gemacht, die auf den Straßen vor Hunger und Kälte umfielen und beim Eintreffen im Krankenhaus ihrer Schwäche erlagen. Ein Grund dafür ist, daß man mit Bedacht die Haltung bestärkt hat, es sei »eine Schande, ins Arbeitshaus zu gehen«. Das ist in meinen Augen keineswegs eine Schande. Faul und zu nichts nutze zu sein, ist eine entsetzliche Schande, nicht aber, Schiffbruch zu erleiden.[12]

Jene, die »faul und zu nichts nutze« waren, kannte Edith nur allzu gut – dazu zählten ihre Mutter, deren Freunde und Bekannte, der Amüsierklub, die Goldene Horde wie auch die extravaganten, gefühlskalten Menschen von rücksichtsloser Dummheit, denen sie in etlichen Londoner Salons nach wie vor begegnete.

»Gebräuche an der Goldküste« handelt von der Künstlichkeit menschlichen Verhaltens und von der Barbarei, die unter der Oberfläche verborgen liegt. In diesem Gedicht vermischen sich Stammesbräuche der Aschanti mit den Lebensgewohnheiten der eleganten Londoner Gesellschaft. Die wahren Quellen des Schreckens führte sie in einem Brief an Geoffrey Singleton an:

> Zum größten Teil ging das Gedicht auf Vorfälle zurück, die ich selbst miterlebt habe oder solche, von denen man mir berichtet hat. (Die Stelle: »Die von Ratten zerfressenen Knochen eines Gottes, der nie existierte«[13], ich zitiere aus dem Gedächtnis, geht auf etwas Entsetzliches zurück, das man mir in meiner Jugend über einen verbotenen Eingriff berichtete – was mich unvorstellbar erschütterte.) Was den Teil angeht, in dem der Wind »auf Sals Herz« schlägt – zur Zeit der Hun-

germärsche sah ich in einem Zug von Menschen *drei*mal ein zerlumptes Geschöpf, das unter seiner Oberkleidung nichts trug und einen unsagbar verhungerten Eindruck machte, mit einem Gesicht, das so zerstört aussah (ich vermute von TB), als habe jemand mit einem Knochen auf einer leeren Konservenbüchse herumgetrommelt. *Darauf* bezieht sich diese Passage.

»Gebräuche an der Goldküste« spielt mit Tamtam- und Jazz-Rhythmen; Edith Sitwell hat hier mit ihrem technischen Genie eine schreckerregende Wirkung erzielt.

Chasing a rat,
Their soul's ghost fat.
Through the Negro swamp,
Slum hovel's cramp,
Of Lady Bamburgher's parties above
With the latest grin, and the latest love,
And the latest game:
To show the shame
Of the rat-fat soul to the grinning day
With even the rat-skin flayed away.

Auf der Jagd nach dem Rattenbalg, / Ihrer Seele Gespenstertalg, / Durch den Negermorast, / In das Slumloch gepreßt / Von Lady Bamburghers Partygewühl / Mit dem letzten Gegrins, dem neuesten Spiel, / Der letzten Affäre: / Daß die Schmach schwäre / Der Seele aus Rattenfett, die offen lag / Mit geschundener Schwarte am grinsenden Tag.

The heart of Sal
That once was a girl
And now is a calico thing to loll
Over the easy steps of the slum
Waiting for something dead to come.

From Rotten Alley and Booble Street,
The beggars crawl to starve near the meat
Of the reeling appalling cannibal mart,
And Lady Bamburgher, smart Plague-cart.

> Das Herz von Herta, / Das einmal so jung war / Und jetzt nur noch ein Kattunding, das lehnt / Über den flachen Treppen im Slum / Und wartet, daß etwas Totes käm. //An der Faulen Gasse, dem Dudelplatz lungern / Die Bettler, die um den Fleischtopf hungern, / Den torkelnden ekeln kannibalischen Markt, / Wo Lady Bamburgher, der smarte Pestkarren, parkt.

In ihren späteren Gedichtsammlungen hat »Gebräuche an der Goldküste« einen zuversichtlichen Schluß, der einen Weg aus dieser dreifachen Hölle zeigt:

> Yet the time will come
> To the heart's dark slum
> When the rich man's gold and the rich man's wheat
> Will grow in the street, that the starved may eat, –
> And the sea of the rich will give up its dead –
> And the last blood and fire from my side will be shed.
> For the fires of God go marching on.

> Doch der Tag kommt heran / In des Herzens Slum, / Da des reichen Mannes Gold und des reichen Mannes Garben / Auf den Straßen wächst, und muß keiner mehr darben, / Und seine Toten entläßt das Meer der Reichen – / Und alles Feuer und Blut wird von mir weichen. / Denn die Feuer Gottes schreiten voran.[14]

So aber endete es weder 1928, als sie es schrieb, noch 1929, als sie es veröffentlichte. Damals klang es in einer hoffnungslosen Stimmung aus:

> But yet if only one soul would whine
> Rat-like from the lowest mud, I should know
> That somewhere in God's vast love it would shine;
> But even the rat-whine has guttered low.

> Doch wenn nur eine einzige Seele klagte / Rattengleich aus dem tiefsten Schlamm, wüßte ich, / Daß sie irgendwo in Gottes schrankenloser Liebe leuchtete; / Doch selbst die Rattenklage ist vertropft.

Edith schrieb wegen des Schutzumschlags an Anthony Powell, der zu jener Zeit für ihren Verleger Duckworth arbeitete – sie wollte, daß ein Porträt von König Munsa im vollem Putz aus Georg Schweinfurths Buch *Im Herzen von Afrika*[15] darauf abgebildet wurde. Als Frontispiz wollte sie »eine Reproduktion meines Porträts von Pawel Tschelitschew (das eine, das sich in *meinem* Besitz befindet)«. Sie bekam ihren Willen, und Duckworth brachte im Januar 1928 den Band *Gebräuche an der Goldküste* – das Titelgedicht zusammen mit einigen kürzeren Gedichten – heraus. In der Rezension, die am 29. Februar in der *Times* erschien, hieß es, es handele sich bei diesen Gedichten um die »reichste aller Sinfonien aus nah und fern, aus Legende und genau beobachtetem Erleben, die uns Miss Sitwell bisher geschenkt hat«, dennoch formulierte man den Verdacht, das Gedicht werde wohl »im Reich des Esoterischen bleiben«. Obwohl auch Houghton Mifflin in New York das Buch herausbrachte, half es Edith nicht über ihre finanziellen Schwierigkeiten hinweg.

Doch mit diesem Buch kam die Wende. Als Edith dem Garten Eden den Rücken kehrte, der Sehnsucht nach der Kindheit und der verlorenen Unschuld, mit der sie *The Sleeping Beauty* sowie *Bucolic Comedies* geschrieben hatte, richtete sie den Blick nach vorn, und dort sah sie Leere und Tod. Dazwischen fand sie nichts. Sie ist keine Dichterin, die sich mit Problemen der Lebensmitte beschäftigt. In ihren Kindheitsgedichten kommt der Tod ebenso vor wie die verborgene Frucht unter sonnenbeschienenem Laub, und in den Gedichten ihrer späteren Jahre finden sich Hoffnung und Vertrauen eines Kindes. Sie war stets ein Kind und stets eine alte Frau. Dazwischen lag nichts als Verzweiflung. Nach *Gebräuche an der Goldküste* schrieb sie zehn Jahre lang praktisch keine Gedichte.

10

Sorgen in Prosa

1929–1930

Noch vor Erscheinen von *Gebräuche an der Goldküste* hatte Edith beschlossen, mit einer Prosa-Arbeit etwas Geld zu verdienen. In einem Brief, mit dem sie zum Jahresende 1928 Allanah Harper für eine Aquamarinbrosche dankte, heißt es: »Ich habe soeben mein gewaltiges Werk über Pope in Angriff genommen.« Die Studien zu *Alexander Pope*, das Faber and Faber verlegen wollte, zu dessen Direktoren nunmehr T. S. Eliot gehörte, sollten nicht ohne Unterbrechung vor sich gehen. An Weihnachten desselben Jahres schrieb ihr Tanner: »Wir leben in der Erwartung Ihres nächsten Besuchs in Paris ... Beste Wünsche für ein glückliches neues Jahr. Wir werden Montag um Mitternacht an Sie denken, und möge 1929 für Sie ein wunderbares Jahr sein, das sein Füllhorn über Sie ausschüttet.«[1]

Im November 1929 hatte Allen Edith ein wertvolles Buch anvertraut und sie gebeten, es dem Londoner Auktionshaus Sotheby's zum Kauf anzubieten. Er behauptete, es billig bei einem der zahlreichen Buchantiquare am Pariser Seine-Ufer erworben zu haben. »Seien Sie kühn«, schrieb er ihr, »und verlangen Sie einen guten Preis.« Sie bat Sotheby's, ein Limit von mindestens siebenhundert Pfund für das Buch festzusetzen. Obwohl man diese Vorstellung dort für überzogen hielt, erklärte man sich bereit, das Buch in den nächsten Auktionskatalog mit aufzunehmen. Zwar hatte Edith mit Bezug auf die Herkunft des Buches Bedenken, doch war ihr klar, welchen Vorteil dessen Verkauf für sie alle bedeuten würde. Allen hatte geschrieben: »Wenn ich dies Geld bekomme, kann ich Pawlik nach London bringen und mitkommen, vielleicht gegen Weihnachten – wir könnten in Ihrer Nähe leben und *jederzeit* zu einem Besuch vorbeikommen.« Für Edith, die Pawel ins Herz geschlossen und Weihnachten in den vergangenen Jahren stets »still« verbracht hatte, konnte es keine verlockendere Aussicht geben.

Das Buch hatte dem Grafen Louis de Lastéyrie gehört, einem Nachfahren des großen Marquis de Lafayette, den seine Freunde »Lolotte« nannten. Er war ein eingefleischter Junggeselle und Kunstliebhaber. Ein Bekannter, Wladimir Semenoff, hatte es anstelle eines Honorars für juristische Beratung akzeptiert und dem Grafen den nominellen Betrag von tausendachthundert Francs bezahlt. Semenoff, der im Begriff stand, Frankreich zu verlassen, befürchtete Schwierigkeiten mit dem Zoll, wenn er ein solch wertvolles Buch mit außer Landes nahm. Daher kaufte Allen Tanner es ihm ab, wiederum für tausendachthundert Francs, ließ sich aber unglücklicherweise keine Quittung geben. Es war Tanner klar, daß der wahre Wert des Buches weit höher lag und der bei einer Versteigerung zu erzielende Erlös die finanziellen Schwierigkeiten des »Triumvirats« – so bezeichnete er Pawel, sich selbst und Edith – weitgehend lösen würde. Semenoff wies ihn allerdings darauf hin, daß es den Grafen verärgern und unangenehm berühren würde, wenn man einen Teil seines Familienerbes in Frankreich öffentlich versteigern ließ. Daraufhin versicherte sich Allen der Hilfe Ediths.

Sotheby's Katalog für die Auktion vom 19. März 1930 enthielt eine Beschreibung des Buches mit dem Hinweis »Im Besitz eines in Paris lebenden Herrn«. Es handelte sich bei dem Buch um *Notes on the State of Virginia* von Thomas Jefferson in einer gesprenkelten Franzbandausgabe mit Goldprägung, gedruckt 1782 in Paris. Sein besonderer Wert bestand darin, daß Jefferson den Band dem Marquis de Lafayette zum Geschenk gemacht hatte, weshalb es eine lange handschriftliche Widmung Jeffersons enthielt. Bei der Versteigerung erwarb es der New Yorker Händler Rosenbach für 1030 Pfund, weit mehr, als Tanner zu erzielen gehofft hatte. Als der Graf de Lastéyrie von dem Verkauf erfuhr, was gar nicht ausbleiben konnte, verlangte er die 1030 Pfund, Tanner aber forderte Sotheby's auf, den vollständigen Betrag ihm auszuzahlen. Allerdings war er nicht imstande, seinen Eigentumsanspruch nachzuweisen – Semenoff hatte keine Anschrift hinterlassen.

Der Vorfall war Edith nicht nur in höchstem Grade peinlich, sie war auch verstimmt, nahm sie doch an, man habe sie als Werkzeug bei einer Täuschung mißbraucht. Daher begann sie über die Sache zu reden. (»Vergessen Sie nicht, daß es ein Geheimnis ist«, hatte Allen geschrieben, als sie die Modalitäten des Verkaufs festlegten, »niemand darf etwas davon wissen – es ist besser so.«) Sie schickte ihm ein Telegramm und einen Brief, worauf dieser mit einer Flut von Rechtfertigungsversuchen und Vorwürfen antwortete:

> Während der gesamten Angelegenheit habe ich wiederholt an Ihre Klugheit appelliert, wie auch an Ihre Verständigkeit *und* Freundestreue, habe Sie gebeten, dafür zu sorgen, daß die ganze Sache unter *uns* blieb – nicht einmal Helen sollten Sie davon etwas sagen. Die bloße Tatsache, daß Sie ausführten, worum ich Sie gebeten hatte, war gleichbedeutend mit einer Zusicherung, auf jeden Fall mit stillschweigendem Einverständnis. Der »Schwindel«, mit dem ich Ihren Namen in Verbindung gebracht haben soll, wie mir so erregt vorgehalten wird, sollte lediglich ein Abkommen zwischen zwei Freunden und einem Dritten sein – aus Gründen der Sicherheit, und um das gewünschte Ergebnis zu erzielen. Er wurde in denkbar größter Unschuld begangen (sofern ›begehen‹ hier das zutreffende Wort ist) ... Zu wiederholten Malen habe ich Ihnen erklärt, *warum* ich die Angelegenheit vertraulich behandelt wissen wollte ... Doch: *wenn ich liebe, dann liebe ich* und bin mehr als bereit, zwischen Freunden die folgenschwersten Irrtümer zu vergeben ... Doch kränkt es mich *zutiefst*, daß Sie unser Geheimnis nicht zu bewahren vermögen, vor allem aber, daß Sie Peter [Gorer, Geoffreys Bruder] in unsere *in höchstem Grade vertrauliche Angelegenheit* eingeweiht haben.

Edith hatte Tanner vorgeworfen, er habe Pawel mehr geschadet als geholfen, und sie gab ihm zu verstehen, man müsse Pawel vor ihm beschützen. In einem Schreiben, das er kurz nach dem ersten abfaßte, teilte er ihr mit, ihr Brief stelle, was »nackte Grausamkeit« angehe, »alles in den Schatten, was ich je erlebt habe«. Als größte Niedertracht sah Edith das Ende seines ersten Ergusses an: »Ich hatte schon längst – noch bevor ich Ihr Telegramm bekam – Pawlik alles gesagt und erklärt. Er versteht; er ist glücklich und möchte unser Geheimnis bewahren. Werden Sie diejenige sein, die das nicht vermag – trotz allem???«

Arme Edith. Die Freundestreue, die Allen bei ihr in Frage stellte, gehörte zu ihren herausragenden Tugenden. Da sie begriff, daß sie höchstwahrscheinlich Pawel verlieren würde, falls sie die Auseinandersetzung weiterführte, kapitulierte sie, und Allen gab gleichfalls nach. Edith bezahlte Pawel und ihm die nächste Reise nach London. (»Edith, eines Tages müssen Sie uns gestatten, Ihnen die Kosten für unsere Fahrt zurückzuerstatten«, schrieb Allen.) Auch den Menschen gegenüber, mit denen sie gesprochen hatte, mußte sie ihre Spuren verwischen. Beispielsweise schrieb sie im April 1930 an einen neuen Bekannten, Terence Fytton Armstrong (der unter dem Namen John Gawsworth publizierte), sie *flehe* ihn an, »bei allem, was heilig ist, *niemandem* zu sagen, *woher* oder *von wem* das amerikanische Buch stammte, das verkauft wurde.«[2] Auch schrieb sie an Stella Bowen in Paris und erkundigte sich, welche Haltung Pawel in der Angelegenheit einnehme. Sie erwiderte, sie habe ihn nicht allein gesehen, aber »bestimmt vertritt er die Ansicht, daß Allen schuldlos ist, wie Sie sagen ... Ich denke, die beiden hat das Ganze ziemlich mitgenommen, vom Verlust des Geldes ganz zu schweigen.« Sie fuhr fort, sie wünsche, daß Edith die Dinge nicht so schwer nehme, das sei auch Pawels Wunsch. Dann kam sie auf einen einigermaßen delikaten Punkt zu sprechen:

> Er hat lediglich *gesagt*, daß er wünschte, Sie machten sich weniger Sorgen um alles. Auch hat er gesagt, Sie hätten angeregt, er solle nach London gehen, um in Ihrer Nähe zu sein und seine Mahlzeiten mit Ihnen einzunehmen, doch nahm er an, die ›bösen Zungen‹ würden so etwas übel aufnehmen – und ich denke, liebste Edith, daß er möglicherweise recht hat. Sofern Sie zu den Menschen gehörten, denen ›alles egal‹ ist, könnten Sie tun und lassen, was Sie für richtig halten, aber ich fürchte, Klatsch *würde* Sie verletzen ...[3]

Sie hatte recht. Frauen, denen ›alles egal‹ war, taten, was sie für richtig hielten, ohne daß ihnen irgend jemand einen Strick daraus drehte. Edith blieb umsichtig. Im folgenden Jahr schrieb sie an ihre Kusine Veronica Gilliat, sie wolle auf eine Woche nach Venedig reisen, »in einem ruhigen Hotel leben und mit dem Bojaren die Sehenswürdigkeiten ansehen – wozu er mich mit jeder Post dringlichst auffordert. Manchmal schickt er seine Briefe sogar mit Luftpost«:

> Ich werde Helen gegenüber so tun müssen, als hielte ich mich bei Bekannten auf, da es sonst entsetzliche Auseinandersetzungen geben würde. Sie kann sich einfach nicht vorstellen, daß ich (leider) über vierzig bin.
>
> Sag mir aufrichtig: Glaubst Du, daß ich es *wagen* kann (alt, wie ich bin), auf dem Heimweg drei oder vier Tage mit dem Bojaren in getrennten Hotels zu verbringen und mit ihm Sehenswürdigkeiten zu be-

trachten? Oder glaubst Du, daß mein ›guter Name‹ dann auf alle Zeiten dahin wäre?[4]

»Soll ich mein Haar hinten scheiteln? Habe ich den Mut, einen Pfirsich zu essen?« hörte Edith die Meerjungfrauen singen; aber sie war keine Bohémienne. Im übrigen war vermutlich Pawliks Besorgnis, sich selbst zu kompromittieren, größer als die, er könne Edith kompromittieren.

Das Weihnachtsfest 1929 bescherte Edith neben der Sorge um Tanners Machenschaften »das entzückendste Halsband und Armband, die ich je gesehen habe« von Allanah und die Fahnenkorrektur ihres Buchs über Pope: »*Wirklich* begeisternd. Duckworth will im Mai meine *Gesammelten Gedichte* herausbringen.« Das bedeutete Anerkennung. »Natürlich fliegt jede Menge hinaus. Ich werde kaum ein Gedicht aus *The Wooden Pegasus* und nur wenige aus *Clowns' Houses* behalten.«

Im Februar 1930 verschickte sie Exemplare von *Alexander Pope* mit dem von Rex Whistler entworfenen Schutzumschlag. »Auf das Kapitel über seine Dichtung bilde ich mir durchaus etwas ein«, sagte sie zu Allanah, »denn ich bin der Ansicht, daß darin einiges gänzlich Neues gesagt wird, was ein neues Licht auf verschiedene Fragen der Prosodie wirft.« Der originellste Gedanke in ihrem Buch über Pope findet sich in der Aussage, daß seine Hirtengedichte »unter übertriebener Zierlichkeit des Stils und Hinfälligkeit leiden, die auf den schmächtigen Körperbau des Dichters zurückgehen.« Im letzten Kapitel formulierte sie ihre Theorie: »Sofern wir irgendeinen der früheren Dichter fragten, würden wir ohne Zweifel zur Antwort bekommen, Dichtung habe ebensosehr mit physischer wie geistig-seelischer Eignung zu tun.« Sie sei »Ergebnis« physischer und geistig-seelischer Wahrnehmungsfähigkeit; die Gestalt aber, die sie annehme, hänge »in hohem Maße von der Körperkraft ab«.

Aus der Technik eines Dichters läßt sich nahezu immer auf seinen körperlichen Zustand schließen. Beispielsweise wären einem Dichter mit Popes kleinem und schwächlichem Körper Blankverse unmöglich gewesen; aber das heroische Couplet mit seinem stützenden Reim, das dem Gedicht als umschließender Käfig dient ... war das ihm angeborene Maß. Gerade wegen seiner körperlichen Schmerzen und seines schwachen Zustandes vervollkommnete er sich so klug im Gebrauch

> des Couplets. ... Er muß, denke ich, herrliche und gefühlvolle Hände gehabt haben, sonst hätte er es nicht zu dieser überlegenen Beherrschung der Oberflächenstruktur gebracht – dazu und zum Verständnis für die Ansammlung von Eigenschaften, auf die seine ungewöhnliche Vielfalt zurückgeht.

Diese Theorie Ediths war keine vorübergehende Erscheinung, sie betraf und erklärte, wie wir sehen werden, ihre Ansichten über die Unterschiede zwischen Männern und Frauen und die geistige Entwicklung im allgemeinen. Im Jahre 1944 schrieb sie an Stephen Spender, der gerade seinen fünfunddreißigsten Geburtstag gefeiert hatte: »Fünfunddreißig ist ein großartiges Alter. Man erreicht gerade den Gipfel seiner Kräfte, jedenfalls, wenn man Ihren Körperbau hat. Die Kraft kleinwüchsiger Menschen schwindet weit rascher dahin, da sie in manchen Fällen ihren Höhepunkt früher erreichen.«[5]

Da sie selbst ein hochgewachsener Mensch mit feingliedrigen und gefühlvollen Händen war, hätte sie, ihrer eigenen Theorie nach, im Hinblick auf die Dichtung mit ihrer körperlichen Beschaffenheit zufrieden sein müssen. Aber sie war auch eine Frau, körperlich weder besonders robust noch belastbar; und ihre physischen Kräfte standen ihr nicht vollständig zu Gebote. Mit dem, was sie über Pope schrieb, projizierte sie alle Selbstzweifel auf diesen verwachsenen körperlich kleinen Mann: »Trotz seiner Verunstaltung umgaben ihn schöne Menschen, und sie waren stolz darauf, ihn zu kennen – solange er sich nicht an sie heranmachte. Und das zu unterlassen lernte er nur allzu bald.« Mit ihrer Beschreibung der »Kindheit eines Dichters« – »eine sonderbare Verflechtung zwischen der dem Dichter vertrauten Ekstase und dem hilflosen Elend eines Kindes, das sich in der unvertrauten Straße eines Elendsviertels verlaufen hat« – schildert sie ihre eigene Kindheit. Sie zieht es vor, die Beziehung zwischen Pope und Ambrose Philips[6] zu beschreiben, um sich nicht selbst in Beziehung zu ihren in Schafe vernarrte Georgianern setzen zu müssen. Mitgefühl für den oft geschmähten Gegenstand ihrer Untersuchung veranlaßte sie dazu, Rechtfertigungen für all seine Marotten und Unaufrichtigkeiten zu finden. Stets waren, schrieb sie in ihrer Einleitung, geniale Menschen Anfeindungen und falschen Anschuldigungen ausgesetzt. »Da die Beute Genie besitzt, muß sie gejagt und halb zu Tode gehetzt werden.«

Bei *Alexander Pope* wie bei allen anderen darauf folgenden Prosawerken liegt ihre Stärke darin, daß es ihr gelingt, die Epoche und ihre Atmosphäre wachzurufen. Sie stellte Listen und Kataloge zusammen, die sie in das Werk einarbeitete: von Krankheiten (»Kolik und Winde, Wassersucht und Ohrensausen ..., Fallsucht, Ruhr und Pocken ...«) hin zu Bezeichnungen für Textilien (das »isabellfarbene Gewand aus Goldbrokat war mit grünen und goldenen Blumen besetzt ... Sarsenettstoffe, Mantuaseide aus Italien, spanisches und englisches Drogett, verschiedene Arten von Kalmank«). Wie bei Shakespeare, den sie stets in der altertümlichen Orthographie der Zweiten Folio-Ausgabe zitierte, ließ sie die Schreibweise zeitgenössischer Belege, so weit durchführbar, unverändert.[7]

Im wesentlichen übernahm Edith ihre Darstellung von Popes Leben aus achtbaren Sekundärquellen, zensierte allerdings einige Stellen aus Dennis' *Reflections* zu Popes *Versuch über die Kritik* als »zu unschicklich zum Zitieren«. Eine oder zwei Passagen in dieser lebendigen parteiischen, keineswegs umfassenden oder gelehrten, doch einfühlsamen Biographie lesen sich wie in Prosa umgeschriebene Lyrik der Autorin – wie beispielsweise in einer Beschreibung eines Spaziergangs, den Jonathan Swift und Alexander Pope auf dem Lande unternahmen:

> Der Staub auf den Wegen zwischen den Feldern war so trocken, daß es der Staub aller dahingeschiedenen Philosophen der Welt hätte sein können – dort schwankten die marthafarbenen Skabiosen ziellos herum, und von Zeit zu Zeit ertönte von weit hinter den Bäumen mit den baumwollenen Nachtmützen der Lärm eines verrückten Hühnerhofgegackers, Gekicher aus einem kleinen Tal, und ließ den schwarzen Zorn aufsteigen, der wie ein dunkler Brunnen in seinem Herzen lag.

Faber ließ viertausend Exemplare von *Alexander Pope* drucken, die nicht vollständig verkauft wurden, so daß man den Rest dieser Auflage fünf Jahre später für eine billige Ausgabe verwendete. Edith bekam am 27. März eine äußerst feindselige Besprechung in der *Yorkshire Post*, für die Bewohner von Renishaw mehr oder weniger das Lokalblatt: »Miss Sitwell will es nicht anders. Mit ihrer überheblichen Selbstzufriedenheit, der besserwisserischen Haltung, mit der sie bloßen Kritikern und Gelehrten entgegentritt, bringt sie den Rezensenten so sehr auf, daß er seine Wohlerzogenheit und die üblicherweise zu beachtenden Regeln seines Berufsstandes vergißt und Vergeltung mit ihren eigenen Waffen übt.« Der Artikel war mit G.G. gezeichnet; das Kürzel stand für Geoffrey Grigson. Man könne, schrieb er, mit Leichtigkeit »ihre Unkenntnis auf dem Gebiet der Psychologie« anprangern, sowie »ihre gelegentliche Unfähigkeit, auch nur die technischen Einzelheiten von Popes Dichtung zu analysieren, ihre papageienhaften Wiederholungen und die Kniffe ihrer eleganten Schreibweise, mit der sie über die seichten Gedanken hinwegtäuschen will und darüber, daß sie keinerlei grundlegende Nachforschungen angestellt hat.«

Die Zeit ihres ersten und größten Ruhms war wohl vorüber. Man schrieb das Jahr 1930, und wie Edith in ihrer Einleitung zu *Alexander Pope* angemerkt hatte, schlug die Stimmung in der Dichtung um, »als ob es in der Lyrik eine Mode geben könnte. Mit einer solchen Vorstellung wird die Kunst auf die Stufe eines Schneiderladens hinabgewürdigt.« Aber sie sah die Veränderung – sie bestand ihren Worten nach darin, daß »der Dichter kein Dichter sein darf, sondern eine Art moralischer Quacksalber« sein müsse.

Ediths *Collected Poems* kamen im Juni 1930 in einer Normalausgabe von zweitausendfünfhundert Exemplaren sowie einer limitierten und signierten Ausgabe heraus, die ein Tschelitschew-Porträt der Autorin enthielt und drei Pfund kostete. Die *Times* beurteilte ihre Entwicklung voll Scharfblick und wagte eine Voraussage: »Alle Instrumente sind gestimmt, und wir warten auf die Musik ... klar, vollständig und beherrscht.« In jenem Monat, da das Buch erschien, wollte alle Welt etwas von Edith, so daß sie für Besucher, die in ihrer Wohnung in Pembridge Mansions 22 willkommen waren, ein Losungswort ausgeben mußte. »Miss Sitwell hat mir eine Mitteilung zu machen«, war, wie sie Terence Fytton Armstrong anvertraute, die magische Formel, mit deren Hilfe man am Dienstmädchen vorbei in den Salon gelangte. In früheren Jahren hatte es kein Mädchen gegeben; Edith oder Helen hatten Besuchern stets selbst geöffnet.

In der ersten Hälfte des Jahres 1930 war Edith krank gewesen, was nicht nur auf ihre Sorge wegen des Tanner-Buchs zurückging. Sie hatte sich eine Drüsenvergiftung zugezogen und litt außerdem unter den Symptomen einer Gehirnerschütterung. Osbert erklärte seinem neuen

Freund David Horner, der im Mai 1930 zu ihm in sein Haus am Carlyle Square zog, sie sei im März schwer gestürzt, habe aber dem Hausarzt die dabei erlittenen Verletzungen verschwiegen, damit dieser nicht merkte, daß sie schon einen anderen Arzt aufgesucht hatte.

In jenem Sommer trafen die Geschwister Sitwell mit dem damals siebenundzwanzigjährigen Evelyn Waugh zusammen. Etwa in jene Zeit fiel der »entsetzliche Augenblick ... da sich Edith Sitwell wie ein wohlwollender Adler zu mir herüberbeugte und sagte: ›Mr. Waugh, Sie können mich Edith nennen‹«, wie er fünfundzwanzig Jahre später P.G. Wodehouse wissen ließ. »Ich habe fünf Jahre lang nicht gewagt, das Wort an sie zu richten.«[8] Doch ging er im Mai jenes Jahres zu ihr zum Tee und notierte in seinem Tagebuch: »Altbackenes Gebäck und keine Sitzgelegenheiten. Viele Arbeiten von Tschelitschew in Draht und Wachs.« Harold Acton war auch da, außerdem Diana Guinness (eine geborene Mitford und später Lady Mosley)[9] »mit einem ungeheuerlich exzentrischen Hut«. Edith habe, sagte Waugh, »ausschließlich über Lyrik« gesprochen. Er wußte nicht, daß er großes Glück hatte, denn andernfalls wäre Pawel Tschelitschews geniale Begabung Gesprächsgegenstand gewesen. Waugh begegnete ihr im Juni bei einer Abendgesellschaft der Herzogin von Marlborough wieder – sie war die Nachfolgerin von Consuelo Vanderbilt, die vom Unglück verfolgte Amerikanerin Gladys Deacon. Edith fühlte sich zu ihr hingezogen und schickte ihr gelegentlich Gedichte: »Ich *möchte*, daß Ihnen ›Gold Coast Customs‹ gefällt; ich halte viel davon. Kaum jemand versteht es. Ich bin sicher, daß Sie es verstehen werden.«

Evelyn Waugh war bei jener Abendgesellschaft Ediths Tischherr. »Die Wände des Speisesaals waren mit abscheulichen Fresken von G.F. Watts bedeckt. Edith sagte, sie vermute, daß sie von Lady Lavery stammten.« Die Sängerin Nelly Melba war da, und Waugh berichtete nachstehende Unterhaltung: »Ich habe Ihre Bücher gelesen, Miss Sitwell.« »Da kann ich mithalten, Dame Melba – ich habe Sie singen hören.« Es muß ein freudloser Abend gewesen sein. »Zwei Botschafter waren da, und etwa vierzig mittelalterliche Peers mit ihren Gemahlinnen, die strenge Blicke warfen.«[10]

Kummer und Krankheit ließen Edith zunehmen. Virginia Woolf war bei einer Gesellschaft anwesend, die Edith im Juli gab, und notierte in ihr Tagebuch:

> Edith Sitwell ist sehr dick geworden, pudert sich übermäßig, lackiert sich die Nägel silbern, trägt einen Turban & sieht aus wie ein Elfenbeinelefant, wie Kaiser Elagabal. Nie zuvor habe ich eine solche Veränderung gesehen. Sie ist reif und majestätisch. Sie ist monumental. Ihre Finger sind mit weißen Korallen übersät. Sie ist äußerst beherrscht, dennoch blitzt in ihren Augen Humor auf. Die alte Herrscherin erinnert sich an die Streiche ihrer Jugend. Wir saßen alle zu ihren Füßen – die in schmalen schwarzen Pantoffeln steckten, den einzigen Überbleibseln ihrer Schlankheit und Wendigkeit. Wem ähnelte sie? Pope mit der Nachtmütze? Nein; die kaiserliche Majestät muß mit hinein. Wir haben kaum miteinander geredet.[11]

Für den Rest des Sommers zog sich Edith nach Renishaw zurück, wo sich Sir George und Lady Ida aufhielten. Die Familie war nicht allein. »Hier regnet es beständig in Strömen«, schrieb Edith an Fytton Armstrong, »und es ist meinen Eltern gelungen, rund hundert taube Menschen zusammenzutreiben, die alle wie Enten quaken und ›Was, was, was‹ sagen.«[12] Ende August fuhr Waugh mit Robert Byron einige Tage nach Renishaw und fand das Haus voller Menschen vor; weder das Herrenhaus noch dessen Umgebung beeindruckte ihn besonders. In seinem Tagebuch heißt es:

> Hauptdurchgangsstraße, Bergwerke, schmutziges Industriedorf, dann ein Park, teils als Golfplatz angelegt, und das Haus; Nordfassade ausgewaschener Derbyshire-Stein mit Türmchen und Zinnen. Überaus finstere Eingangshalle. Viele weitere Räume von großer Schönheit, prachtvolle Wandbehänge und italienische Möbel. ›Rotfuchs‹ im Frack, über alle Maßen liebenswürdig. ›Rotfuchs‹ und Lady Ida durften nie gemeinsam bei Tisch erscheinen. Das Haus äußerst lärmig, weil Rangierverkehr ringsum. Der See schwarz vom Kohlenstaub.[13]

»Der Haushalt steckte voller Verschwörungen«, schrieb er. »Fast alles war ein Geheimnis, und jede Unterhaltung steuerte kunstvoll auf irgendeinen Witz hin, den außer den Eingeweihten niemand verstehen konnte.« Osbert kam ihm sehr gehemmt vor. »Sachie sprach gern über geschlechtliche Dinge ... Edith hatte von nichts eine Ahnung.«

> Die Dienstboten sind sehr neugierig. Sie leben im feudalen Familienverband. Z. B. überbringt der Lakai der versammelten Familie die Mitteilung, ihre Ladyschaft wünsche Miss Edith oben zu sehen. »Ich kann nicht gehen. Ich war den ganzen Tag bei ihr. Osbert, geh du.« »Sachie, geh du.« »Georgia, geh du.« usw. Lakai: »Nun, vorwärts. Einer von Ihnen muß hin.«

Auch Anthony Powell wurde gegen Ende der zwanziger Jahre mehrfach im Sommer nach Renishaw eingeladen, und er erinnerte sich, wie sich »eine Gesellschaft von etwa zwanzig Hausgästen zum Abendessen setzte und von Glück sagen konnte, wenn jeder mehr als ein Glas weißen Bordeaux bekam«, denn Sir George nahm Anstoß an alkoholischen Getränken. Während er sich nach Tisch über eins seiner Lieblingsthemen wie beispielsweise »Nottingham im Mittelalter« erging, gab es für die Herren weder Portwein noch Weinbrand. Doch wurden vor der Mahlzeit ausgewählte Gäste verstohlen in Lady Idas Salon im oberen Stockwerk gebeten, wo man in aller Heimlichkeit gegen das Alkoholtabu verstieß.[14]

Osbert hat beschrieben, wie Edith in den zwanziger Jahren in Lady Idas Zimmer auf dem Bett saß:

> Mit ihren langen schlanken Gliedern, den langfingrigen Händen und dem verträumten, aber einzigartig entzückenden Ausdruck, der sie stets ausgezeichnet hatte, heute eine Person von äußerster Vornehmheit und Schönheit, gehörte sie einem früheren, minder gewöhnlichen Zeitalter an, das die Maßstäbe billiger Massenproduktion nicht kannte. (Tatsächlich soll ein Amerikaner vor ihrem Porträt in der Tate-Galerie gesagt haben: »Großer Gott, wie gotisch[15] sie aussieht. So gotisch, daß man Glocken drin aufhängen könnte!«)[16]

Ihre Mutter, von der Edith einst so »grausam mißhandelt« worden war, schrieb Osbert, »hatte begonnen, den Umgang mit ihr zu schätzen, ihren Geist und ihre Verstandesschärfe, und es war bezeichnend für Ediths charakterliche Größe, daß sie darauf einging ...«

Unter diesen Umständen kann es kaum überraschen, daß Edith in jenem Sommer lediglich zwei Einleitungen fertigbrachte: eine für die Ausstellung von Serge Lifars Gemäldesammlung, die am 16. September in der Tooth-Galerie eröffnet wurde, und die andere für den ersten Band ihrer Lyrikanthologie *The Pleasures of Poetry*, der die Zeit von Milton bis zu Englands ›klassischem‹ Zeitalter[17] umfaßte. Er sollte im November bei Duckworth erscheinen – doch vorher entfloh sie noch einmal mit Helen nach Paris, in ihr Gelobtes Land.

Der Herbst 1930 war ein strategisch günstiger Zeitpunkt für Edith, um eine Auslandsreise anzutreten, denn in jenem Jahr erschien Wyndham Lewis' Roman *Die Affen Gottes*, in dem er die Geschwister Sitwell ausführlich und äußerst boshaft verspottete. Er hatte mit diesem Werk bereits in den zwanziger Jahren begonnen, es ist ein Schlüsselroman, eine satirische Abrechnung mit der zeitgenössischen Gesellschaft: Bloomsbury, Mayfair und Chelsea werden darin gegeißelt. James Joyce, Roy Campbell, Aldous Huxley, Stephen Spender, Gertrude Stein, André Gide und Jean Cocteau gehören auch zu den Betroffenen, Hauptzielscheibe des Spotts ist jedoch die Familie Sitwell, die unter den Namen Lord Osmund, Lord Phoebus und Lady Harriet Finnian Shaw auftritt.

Lewis verfolgte dieselben Ziele wie Pope mit seiner *Dummkopfiade*; und Ezra Pound erklärte in der *New Review* vom Januar 1931, der Roman sei ausschließlich für Literaturkenner – in achtzig Jahren werde sich niemand mehr darum kümmern, wer wen darstellen sollte, und dann »bleiben nur kolossale Masken, die mit dem Grinsen von Kolossen erstarren«. Seither sind fünf dieser acht Jahrzehnte ins Land gezogen, und dennoch gilt bei diesem (625 Seiten) langen und fast unlesbaren Buch das Hauptinteresse der Frage: ›Wer ist wer?‹

Die Angehörigen der Sippe Finnian Shaw sind »Gottes eigene höchst Peter-Pan-artige Familie«, permanent halbwüchsig, *enfants terribles* mittleren Alters, die ständig von den Schrullen ihres Vaters »Cockeye« erzählen. Sich selbst betrachten sie als ein ganz klein wenig boshaft und ungeheuer wagemutig. Harriet (Edith) ringt verzweifelt um literarischen Ruhm, und als der Herausgeber einer Anthologie auftritt, »macht sie kein Hehl daraus, daß sie ihm am liebsten an Ort und Stelle den Hals umgedreht hätte, weil er nicht *sämtliche* von den Finnian Shaws verfaßten Gedichte in sein gräßliches Werk aufgenommen hat«. Über ihre eigene Lyrik hieß es: »Alles über Vollblutschaukelpferde aus echter Banbury-Kreuzzucht[18]. Spielt mit vierzig noch im Sandkasten.«

Edith blieb als einziger Trost (an dem sie sich allerdings in ihrer Geschwistertreue nicht weiden mochte), daß Phoebus-Sacheverell keineswegs besser abschneidet als sie, und Osbert noch weit schlechter. Zur Abwechslung gingen die Geschwister Sitwell angesichts dieser Offensive in Deckung. Edith schrieb aus Evelyn Wiels Wohnung in der Rue Saint-Dominique nur an Sacheverell und teilte ihm mit, *Die Affen Gottes* seien eine »wahre Pest und in höchstem Grade niederträchtig«. Von Osbert habe sie seit ihrer Ankunft in Paris »überhaupt nichts« gehört. (Er hielt sich mit David Horner auf den Balearen auf.) Die drei Geschwister Sitwell befanden sich, jeder für sich, fern den Zentren, an denen der Klatsch blühte: Sacheverell war im selben Jahr mit seiner jungen Familie nach Weston Hall in der Grafschaft Northamptonshire gezogen, wo sie fortan leben sollten.

Dennoch scheint es auf den ersten Blick ungewöhnlich, daß sich Edith im Fall *Die Affen Gottes* so zurückhielt, wo sie doch sonst bei jeder Kränkung und Verleumdung mit wütenden Briefen förmlich um sich warf und mit gerichtlichen Schritten drohte, mochte die Kritik auch noch so feinfühlig sein. Zwar trieb sie weiter ihre boshaften Späße mit Wyndham Lewis und verfolgte ihn mit hämischen Briefen oder, wo immer das möglich war, in der Presse; doch schweres Geschütz fuhr sie nicht auf.

Die Erklärung, daß sie mit ihren eigenen Angelegenheiten beschäftigt war, liegt auf der Hand. Aber ein Brief an Pawels Schwester Tschura läßt auch andere Schlüsse zu. An sie schrieb Edith ebenso häufig wie an Allen Tanner und sogar noch wesentlich persönlicher. Da Tschura des Englischen nicht mächtig war, verkehrte Edith in ihrem abenteuerlichen Schulmädchen-Französisch mit ihr. Während des trübseligen Monats August, den sie auf Renishaw verbrachte, schrieb sie:

> Un écrivain et peintre très connu a Londres, (j'ai posée pour lui presque tous le jours pendant un an, il y a sept ans) ayant essayé avoir un succès personel avec moi, en vain, s'est vengé sur moi en ecrivant un livre nommé *Les Singes de Dieu*, entièrement sur moi et ma famille, en lequel il dit que j'ai cinquante ans bien passée!! [Das hatte er nicht getan] et que je suis une vierge entêtée!! (Ça, oui!) Vraiment! C'est comme la vengeance d'une demi-mondaine dédaignée! C'est curieux qu'il me connait si peu qu'il pense que cela m'irritera! C'est une des choses qui ne m'irrite nullement. (Et je suis complimentée par une des noms!) ... Et naturellement, comme je suis une lady, je ne peux pas dire (sauf a une amie très intime) la raison de cet haine.

»Vraiment«, schloß sie, die Rache von Menschen, die nicht bekommen, was sie wollen, sei »un peu trop«.[19]

Wenn Edith Lewis' Attacke als Rache dafür hinstellte, daß sie sich seinen Annäherungsversuchen gegenüber unzugänglich gezeigt hatte, befand sie sich in einer Position der Stärke und konnte es sich leisten, großzügig zu sein. Wyndham Lewis als »demi-mondaine dédaignée« zu bezeichnen, ist eher ein Triumph als eine Niederlage. Männer, die sich bei Edith um einen »succès personnel« bemühten, also mit ihr anbandeln wollten, ließen sich, großzügig geschätzt, an den Fingern einer stark verstümmelten Hand abzählen. Wie unwillkommen auch immer seine Avancen gewesen sein mochten, sie maß dem Vorfall doch eine Bedeutung bei, die ihm bei weitem nicht zukam. Für den Fall, daß man *Die Affen Gottes* darauf zurückführte, daß sie den Verfasser hatte abblitzen lassen, mußte man daraus schließen, daß der Vorfall auch für ihn äußerst bedeutsam war. Sie waren würdige Gegner. Er sei, teilte sie Tschura mit »un assez grand écrivain«.

Im Gefolge von *Die Affen Gottes* kam es zu einem weiteren Triumph für Edith. Sie schrieb Ende September an Anthony Powell, der nach wie vor für ihren Verleger Duckworth arbeitete: »Ich möchte Sie bitten, ein Erzengel zu sein und mir *postwendend und per Einschreiben* Wyndham Lewis' neue Schrift zu übersenden, die, wie es scheint, einen Brief von Yeats enthält, in dem ihn dieser mit Bezug auf mich rüffelt. Ich kann sie hier nicht bekommen und möchte sie unbedingt sehen.« Gemeint war *Satire and Fiction*, in der Lewis Eigenwerbung für sein Genie mit einer Rechtfertigung des kontroversen *Die Affen Gottes* verband. Yeats, dessen Unterstützung er sich versichert hatte, war schließlich voll Bewunderung. In seinem eigenen Dämmerlicht außerhalb der Gerüchteküche des literarischen London beschäftigt, waren ihm die Karikaturen des Buches entgangen. »Ich habe gehört, daß Sie bestimmte Personen angreifen«, teilte er Lewis in dem in *Satire and Fiction* abgedruckten Brief mit, »aber für mich bedeutete das weder eine Beeinträchtigung, noch hat es mich zur Bewunderung veranlaßt, denn ich wußte nichts davon und habe niemanden erkannt – ich verbringe alljährlich eine Woche in London.« Sein Brief endete wie folgt:

> Jemand sagt mir, daß Sie Edith Sitwell satirisch verzerrt dargestellt haben. Sofern sich das so verhält, hat visionäre Erregung Ihre Sinne zum Teil betäubt. Als ich vor einem Jahr ihr *Gebräuche an der Goldküste* las,

spürte ich wie beim ersten Lesen von *Die Affen Gottes*, daß etwas wieder da war, das der Literatur eine volle Generation hindurch gefehlt hatte, und daß Leidenschaft auf eine in der Literatur aller Generationen seltene Weise durch Weisheit, Intensität und Ausdauer geadelt wurde. Einst besaßen wir das in einem Manne. Er liegt jetzt unter der großartigsten Grabinschrift der Geschichte in St. Patrick.

Indem der alte Seher Lewis und Edith auf diese Weise mit Jonathan Swift in Beziehung setzte, sprach er in seiner hinterlistigen Unschuld beiden den ersten Preis zu.

11

Abschied auf französisch

1930–1932

Edith war 1930 wieder in England und verbrachte ein einsames, trübseliges Weihnachtsfest. Sie hatte eine Hautentzündung, eine Grippe, litt an Helens Grippe und der Wirtschaftskrise: »Ich bin nur mit sehr wenigen Menschen zusammengekommen, weil die meisten fort sind, und die anderen sind zu bedrückt, als daß sie Lust hätten zu kommen … Ich nehme an, daß viele reiche Leute entsetzlich viel Lärm um nichts machen«, schrieb sie an Allen Tanner. Obendrein kam es in der Literaturausgabe der *Times* zu »einer wüsten Auseinandersetzung«, bei der sich Edith mit atemberaubendem Starrsinn verteidigte, obwohl sie eindeutig im Unrecht war. So teilte sie Tanner am 23. Januar 1931 mit:

> Ich habe in meinem *Pleasures of Poetry* eine Baudelaire-Stelle falsch zitiert – bin aber offen gestanden als Dichterin der Überzeugung, daß Baudelaire sie *ebenso* abgefaßt hätte, wenn er darauf *verfallen* wäre, denn die Wirkung ist in hohem Maße formvollendet und feinsinnig. Ich habe geschrieben
>
> *Mon ange, ma soeur*
> *Songe à la douceur*
> statt
> *Mon enfant, ma soeur*
> *Songe à la douceur –*
>
> Nach wie vor bin ich überzeugt, daß das unzutreffende Zitat unendlich schöner und von eigenem Reiz ist. Jedenfalls hat irgendeine beschränkte alte Jungfer etwas gemerkt und *voll Empörung* einen Brief an die Literaturredaktion der *Times* geschrieben.

Edith reagierte in einer für sie bezeichnenden Art und Weise. Sie erklärte, das falsche Zitat sei »von einem eigenen Reiz und unendlich schöner« als das, was Baudelaire geschrieben hatte. Über den *Sinn* verliert sie kein Wort. Für Edith rangierten Klang und Eindruck stets vor dem Sinn.

T. S. Eliot und John Hayward bemühten sich, sie in Schutz zu nehmen; aber nur teilweise aus Besorgnis um ihren Ruf und ihr Wohlergehen. Viel prosaischer ist die Erklärung, daß ihnen vermutlich die Aussicht nicht behagte, die ohnehin stets überquellenden Leserbriefspalten der Literaturausgabe der *Times* könnten auf Wochen hinaus von einer langen und vorwurfsvollen Korrespondenz über Ediths Ungenauigkeit auf der einen und ihre originelle Verbesserung Baudelaires auf der anderen Seite beherrscht werden.

Edith war zäh. Je mehr man sie anfeindete oder ihr, wie in diesem Fall, nachwies, daß sie Unrecht hatte, desto härter schlug sie zurück. Sie war unsicher, gehemmt und furchtsam. Wird ein solcher Mensch herausgefordert, bleiben ihm nur zwei Möglichkeiten: Entweder gibt er sich der Verzweiflung hin, sieht seine schlimmsten Befürchtungen bezüglich seiner Fähigkeiten, seines Rufs und seiner Unliebenswürdigkeit bestätigt, oder er lehnt sich trotzig auf wie ein ungezogenes Kind: Er bestreitet, etwas falsch gemacht zu haben, unterstellt seinen Widersachern Niedertracht, lobt alle, die ihm zu Hilfe eilen, wegen ihres Anstandes, und ist schließlich selbst überzeugt, Opfer einer ungerechten Nachstellung zu sein. Ein Mittelweg ist für solche Menschen gänzlich ungangbar – sie sind außerstande, Kritik, Zurechtweisung oder Mißbilligung souverän hinzunehmen, ohne an ihrem Selbstwertgefühl oder ihrer Zielstrebigkeit Schaden zu leiden. Ein solches Verhalten verlangt einen gefestigten Menschen, der Edith nicht war.

Andere waren noch schwächer als sie. Während sie sich von ihrer Grippe erholte (»Ich fühle mich noch immer so schwach wie eine Ratte«), erreichte sie Post von Allen und Pawlik, die sich über Geldmangel, Krankheit und Gertrude Steins Verrat beklagten. All dies machte Edith, wie sie Allen mitteilte, »zutiefst betrübt«. Sie bat ihn, er möge ihr schreiben, was sie brauchten. »Es geht um die Frage, ob man ein wirklicher Freund *ist* oder *nicht.*« Sie wollte irgendwann zu Anfang des neuen Jahres wieder nach Paris reisen und suchte nach Möglichkeiten, ihre Karrieren voranzubringen. »Ich werde Sie der Comtesse Anne Jules de Noailles vorstellen. Sie ist die Schwiegertochter des alten Mädchens, das so schlechte Gedichte schreibt.« Außerdem lud sie Eddie Marsh – Sir Edward Marsh, Herausgeber der Anthologie *Georgian Poetry* – in London zum Tee ein, damit er Tschelitschews Bilder sah. Um Pawels willen war sie bereit, mit dem Feind zu paktieren, obwohl Osbert mit Marsh fortwährend »im Streit lag, weil er ein Trottel ist, wenn es um Lyrik geht ... aber er *kauft* nun einmal Bilder und ist nützlich.« Über Gertrude Stein heißt es: »Wenn sie mit uns eins ihrer Spiele anfängt, lachen wir einfach. Ich bin nicht bereit, mich auf irgendeine Weise durcheinanderbringen zu lassen.«

Ihre Fürsorge für Allen und Pawel kam aus tiefstem Herzen; sie schrieb »wir« und »uns«, was ihr zum letzten Mal gelungen war, als sie vor mindestens zehn Jahren mit ihren Brüdern als »unheilvolles Trio« aufgetreten war: »Pawlik soll nur nicht zu niedergeschlagen sein, wir *schaffen* es ganz bestimmt. Ich *will*, daß wir es schaffen. Es wird uns *gelingen*. Nur nicht verzweifeln. Bitte nicht. Sie werden es schon sehen. Alles wird sich wandeln. Sie kennen doch den Spruch, daß Gott denen hilft, die sich selbst helfen. Wer das geschrieben hat, war kein Dummkopf.« Pawel wiederum schrieb an Edith: »Niemand hat Dich je besser verstanden oder ist Dir näher gekommen als ich, und niemand wird das je tun.« Er erklärte, ihrer beider Freundschaft habe »weder Anfang noch Ende, sie läßt mich ungeheures Glück und unendliche Zärtlichkeit empfinden.«[1]

Das einzige, was Edith im Laufe des Jahres 1913 gelang, war die Herausgabe des zweiten Bandes ihrer Anthologie *Pleasures of Poetry*; das Gedicht *Epithalamium*[2], das Duckworth zu Weihnachten in einer kleinen Auflage zum Preis von einem Shilling auf den Markt brachte; *Jane Barston*, das der Verlag Faber in der Ariel-Gedichtreihe verlegte, sowie eine winzige Auflage – lediglich fünfzehn Exemplare – ihres Gedichts *In Spring* mit Stichen von Edward Carrick, die Terrace Fytton Armstrong (»John Gawsworth«) im Mai zum Preis von einer Guinee[3] als Privatdruck herausbrachte. Fytton Armstrong war bei ihr zunehmend ungern gesehen. »Wenn mein Mädchen sagt, ich könne niemanden empfangen, bedeutet das, daß ich wirklich niemanden empfangen kann«,[4] ließ sie ihn im November 1931 wissen. Für ihn gab es kein Losungswort mehr.

Ediths Besorgnis über ihr Werk und ihr Privatleben waren ihr wichtiger als die Tatsache, daß *Façade* eine neue Dimension hinzugewann. Frederick Ashton war der Choreograph des überaus erfolgreichen Balletts *Façade*, das am 26. April 1930 erstmals von der Camargo-Gesellschaft in London und danach in New York aufgeführt wurde, mit Lydia Lopokowa, Alicia Markowa und Ashton selbst in den Hauptrollen. Das Sadler's Wells Ballett in London – heute das Königliche Ballett – hat das Stück ins Repertoire übernommen und später auch das Joffrey Ballett in New

York. Natürlich ging es Ashton in erster Linie um William Waltons Musik und nicht um Ediths Gedichte; und Edith selbst sagte sich schon zu Anfang von dem Projekt los, da sie für Ballett nicht sehr viel übrig hatte. Erst später, nachdem es sich als Erfolg erwiesen hatte, wollte sie, daß ihr Name damit in Verbindung gebracht wurde, und so heißt es heute in der offiziellen Bezeichnung des Balletts: »nach Gedichten von Edith Sitwell«.

Zum Zeitpunkt der Uraufführung des Balletts machte ihr ihre Geldknappheit am meisten zu schaffen. Dabei ging es ihr weder um sich selbst noch um Helen – sie wollte ihre Rolle als Märchenfee für Pawel erfüllen. Ihre *Collected Poems* hatten sich gut verkauft, aber dennoch blieb, wie sie Tschura mitteilte, »la question terrible de l' argent – cela ne fait rien dans la poésie, car on ne gagne rien de la poésie.«[5] Ihr Agent wollte, daß sie gegen ein Honorar von zweihundert Pfund ihre Erinnerungen verfaßte; empört wechselte sie den Agenten und wandte sich künftig an Curtis Brown, wo der junge David Higham in eine Beziehung zu ihr trat, die bis an ihr Lebensende währen sollte. (Als er später in der Agentur Pearn, Pollinger und Higham und anschließend bei David Higham Associates tätig war, nahm er auch die Interessen ihrer Brüder wahr.)

Edith arbeitete während des größten Teils der zweiten Jahreshälfte 1931 lustlos an einem Prosawerk über Bath. Sie hatte sich häufig besuchshalber in jener Stadt aufgehalten, aber nie dort gelebt. In Paris rang sie in jenem Sommer täglich sechs Stunden mit dem Werk – sie ›wohnte‹ bei Helen und Evelyn in der Rue Saint-Dominique, schlief aber meist in einem kleinen Zimmer im nahegelegenen Hôtel de la Bourdonnais, wo sie, von Büchern aus der London Library umgeben, auch den größten Teil ihrer Arbeit an *Bath* erledigte. Viele ihrer Bekanntschaften in Paris verdankte sie der Vermittlung Allanah Harpers, durch sie lernte sie die Maler Louis Marcoussis und Amy Nimr kennen. Allanah, die junge, hübsche und reiche Herausgeberin einer Literaturzeitschrift, hatte Zutritt zu allen literarischen Salons. Viele der Gastgeberinnen wollten Edith kennenlernen, und man konnte ihr nur in Salons begegnen, denn sie arbeitete lange und weigerte sich, in den Cafés herumzusitzen, in denen sich Autoren trafen.

Allanah nahm Edith mit in den Salon der Herzogin de la Rochefoucauld, wo sie den berühmten Anthropologen Sir James Frazer, Verfasser von *Der goldene Zweig*, wie auch Paul Valéry kennenlernte; im Salon der

Gräfin Marthe de Fels begegnete sie Saint-John Perse. Bei Amy Nimr diskutierte Edith fröhlich mit Léon Paul Fargue über Lewis Carrolls »Jabberwocky«; und Allanah nahm sie zu einer alten Dame mit, die zum Kreis von »Rilkes engen Freundinnen« gehört hatte. Edith beschrieb sie wie folgt: »Ihr Haar war schreiend rot, sie hatte eine Adlernase und durchdringende kleine Augen ... auf der Straße jagte sie mit ihrem weiten Umhang und gewaltigen Schlapphut den Kindern Angst ein, denn diese hielten sie für eine Hexe.« Edith interessierte sich für alles, was mit Rilke zu tun hatte, doch »konnte unglücklicherweise nichts die Dame zum Schweigen bringen, wenn sie einmal angefangen hatte zu reden.«[6]

Auf Ediths Bitte hin hatte Allanah sie im Frühjahr 1930 in die beiden berühmten Buchhandlungen mitgenommen, die einander in der Rue de l'Odéon gegenüberlagen – Adrienne Monniers La Maison des Amis des Livres und Sylvia Beachs Shakespeare & Company[7]. Adrienne Monnier sah Edith durch die Schaufensterscheibe ihres Ladens, erkannte sie und begrüßte sie mit »angemessener Feierlichkeit«. Beide Buchhandlungen waren weithin für ihre »Lesungen« bekannt; und an dem Abend, da Edith, einen Monat nach dieser Einführung, in Shakespeare & Company las, drängten sich die Zuhörer dicht an dicht. »Leute standen auf der Schwelle und wurden gegen die Wände gedrückt. James Joyce, Valéry Larbaud, Henri Michaux, Stuart Gilbert, Jean Prévost; die literarische Welt von Paris war mit einem riesigen Aufgebot vertreten«, schrieb Allanah. Dieser erfolgreiche Abend endete mit einer Diskussion und einer Gesellschaft in Sylvia Beachs Wohnung über dem Laden, zu der ausgewählte Gäste geladen waren.

Ein späterer Auftritt Ediths in Shakespeare & Company mündete allerdings in eine peinliche Katastrophe. Einladungen waren für neun Uhr abends ergangen, damit sich das Publikum anhören konnte, »was Edith Sitwell über Gertrude Stein zu sagen hatte – in Miss Steins erwartungsvoller Anwesenheit«, wie die literarische Lesbierin Natalie Barney schrieb, die dabei war. Alice B. Toklas begleitete Gertrude Stein; auch James Joyce befand sich unter den Zuhörern. Es war eine besondere Gelegenheit zu hören, wie eine überlebensgroße Persönlichkeit die Begabung einer anderen pries; alle erhofften sich »einen atemberaubenden Blick auf den rivalisierenden Gipfel«.[8]

Aber irgend etwas stimmte ganz und gar nicht. Zuerst rezitierte Edith in einem von Pawel entworfenen Kleid Shakespeare und elisabethanische Lyrik. Sie »thronte in majestätischer Ferne über ihrem Publikum. Ihre langen elisabethanischen Hände, die keine Papiere hielten, fanden in ihrer züchtigen Schönheit selbstgenügsam zueinander.« Dann schlug sie ein Buch auf und begann laut eigene Gedichte zu lesen. Gertrude Stein saß kerzengerade und abweisend da; sie schien über »eine geziemende Maßregelung statt einer sofortigen Bloßstellung« nachzudenken. Das peinlich berührte Publikum wäre erleichtert gewesen, wenn Gertrude Stein hinausgerauscht wäre; so aber saßen alle da und hörten »diesen einzigartigen Monolog, der ausschließlich Miss Sitwells Ich gewidmet war.«

Später plauderte man oben in Sylvia Beachs Wohnung bei Getränken und belegten Broten, ohne auch nur mit einer Silbe auf die sonderbare Programmänderung einzugehen. Gertrude Stein war am Ende der Lesung unverzüglich nach Hause gegangen. Später schickte sie Allen Tanner zufolge Edith eine Mitteilung, in der sie ihr Mißvergnügen auf »ihre seltsame, indirekte Art« ausdrückte.

Warum hatte Edith das getan? Handelte es sich um ein echtes Mißverständnis? Oder »sahen wir nicht«, wie Natalie Barney schrieb, »wie ein schwacher Schimmer unterdrückter Belustigung durch ihre blonden Wimpern zu uns herüberdrang?« Tschelitschews Biograph deutet den Vorfall so: »Sie weiß, daß Tschelitschew nicht mehr mit Gertrude Stein zusammentrifft, und hat beschlossen ... ihr [Steins] Werk nicht ins Programm aufzunehmen.«[9] Sylvia Beach zahlte Edith die Affäre noch Jahre später heim, indem sie in ihrem Buch *Shakespeare and Company*, das jeden bekannten Autor aufführt, der in ihrem Laden auftrat, den Namen Edith Sitwell nicht ein einziges Mal erwähnt. Gertrude Stein scheint ihr großherzig vergeben zu haben.

Pawel seinerseits war einfach hingerissen. Edith hatte die alte Sibylle brüskiert, die von ihm und seiner Kunst nichts wissen wollte. (Etwa zu jener Zeit ließ Gertrude Stein Cecil Beaton wissen, Pawel gehe jegliches »ästhetische Empfinden« ab.) Edith, seine neue Sibylle, errang »einen glänzenden Triumph«: »Ich bin Deiner so sicher wie meiner selbst«, schrieb ihr Pawel. »Je besser ich Dich kennenlerne, desto mehr fühle ich mich zu Dir hingezogen. Ich bin sicher, daß Du, die Du so groß bist, daß Dich nicht einmal Deine Brüder verstehen können, einige herrliche Gedichte schreiben wirst. Du besitzt eine prachtvolle Seele und ein prachtvolles Herz ... Es gibt eigentlich nur eine einzige Sitwell-Seele, und die bist Du.«[10]

Ediths Aufenthalte in Frankreich wurden immer länger. Zu Pawels angenehmeren Bekannten gehörte Stella Bowen, die jene frühe glückliche Zeit beschrieben hat, in der Edith ohne Wenn und Aber der »gute Engel« von Tschelitschews *ménage* war. Stella mochte Edith und ahnte die »weiche, offensichtlich menschliche Frau hinter der Fassade … Die hochmütige, raubvogelartige englische Aristokratin von über einem Meter achtzig Größe, die lange Gewänder und barbarischen Schmuck trug, bot auf dem Montparnasse, wo man unbekümmert in den Tag lebte, einen merkwürdigen Anblick.« Sie stieß »allenthalben auf große Zuneigung«, schrieb Stella Bowen, und es gab sogar Neckereien. Doch fügte sie hinzu: »Niemand hätte ahnen können, welche Verletzlichkeit hinter jenem Schutzschild verborgen lag … Pawlik war auf seine Weise ebenso verwundbar. Eigentlich waren beide die reinsten Nervenbündel.«[11]

Stella Bowen malte Edith in ihrem Atelier an der Rue de Notre-Dame-des Champs, wo sie auf einer alten Intarsientruhe saß, die als Kohlenkasten diente. »Sie war für einen Maler ein herrliches Sujet und saß mir, so oft ich wollte. Wir redeten unausgesetzt miteinander, und als das Bild fertig war, kannten wir einander wirklich gut.«

Stella Bowen und Ford Madox Ford, die anfingen, eigene Wege zu gehen, hatten in Guermantes »ein altes Steinklopferhäuschen mit vier Zimmern und einem kleinen Obstgarten« gepachtet. Das Dörfchen mit den weißgetünchten, schiefergedeckten Häusern lag etwa eine Stunde mit der Bahn von Paris entfernt, und zu jener Zeit wohnten dort noch keine Pendler. Aus Mitleid mit Pawel, Allen Tanner und Tschura, die in dem »kleinen schwarzen Loch« am Boulevard Montparnasse hausten, bot Stella ihnen das Häuschen in Guermantes zum Gebrauch an. In ihren Augen war Pawel ein »wahrhaft bedeutender Maler« und »der brillanteste Russe«, den sie kannte. Dabei war sie sich seiner verworrenen Lebensführung durchaus bewußt: Er bewegte sich »in einem beständigen Labyrinth von Nervenkrisen, Emotionen, Weitsicht, Blindheit, Torheit und Weisheit«.

Edith erlebte in Guermantes glückliche Tage auf dem Lande. Allanah fuhr sie an Sonntagen dorthin, wenn Pawel in guter Verfassung war, »stets lachend, und wie er uns zum Lachen brachte«. Edith und Amy Nimr lagen in den Hängematten zwischen den Apfelbäumen und lachten mit. Auf dem Heimweg im Dunkeln überfuhr Allanah einen Hund. »Amy lief los, um einen Metzger zu suchen, der den Hund töten konnte. Edith saß im Wagen, ihr Gesicht war weiß und bewegungslos.« Nachdem die Tat vollbracht war, fuhren sie weiter, und Edith redete auf dem ganzen Weg nach Paris ununterbrochen, damit Allanah nicht ständig an den Hund denken mußte, wie sie später Amy erklärte. Die weit jüngere Allanah blickte in liebevoller Verehrung zu Edith auf, ihre Einfühlsamkeit und Rücksichtnahme rührte und beeindruckte sie. Edith achtete zwar darauf, daß weder ihre Beziehungen zu Allanah noch mit sonst jemandem zu eng wurden; doch war sie ihr eine begeisterte und zugeneigte Gefährtin.

Trotz ihres anspruchsvollen Wesens gefielen Edith einfache Vergnügungen, und sie verabredete sich mit Allanah gern in großen, lauten Gaststätten. Wie ihre Brüder ging sie gern ins Varieté, das sie dem ernsthaften Theater vorzog. Sie war begeistert von Nellie Wallace, einer Schauspielerin, die als Witwe Twankey[12] auftrat. Als sie einmal mit Geoffrey Gorer vor dem Finsbury Park Empire wartete, hielt man sie selbst für Nellie Wallace – was sie geradezu entzückte.

Edith wollte sich amüsieren. Als sie ein junges Mädchen war, hatte man ihr Vergnügen beharrlich vorenthalten. Zu jener Zeit in Paris trank sie gewöhnlich Bier statt Wein und ließ sich gern von Geoffrey Gorer in Restaurants in abgelegenen Seitengäßchen führen, wo sie Schweinsfüße und *tripes à la mode de Caen* aß – »die meisten«, sagte Gorer, »warfen einen Blick darauf und bestellten dann Wachteleier«.

Edith verbrachte Weihnachten 1931 in Frankreich. Stella Bowen hat beschrieben, wie Pawel begeistert den Weihnachtsbaum schmückte. »Ernsthafter und konzentrierter als ein Kind trat er zurück und verkündete kritisch: ›*Il faut un peu plus de mystère à gauche.*‹[13] Dann machte er sich daran, das *mystère* zu gestalten ...«[14] Da seine Schwester Tschura wegen ihrer Tuberkulose zur Kur war, schrieb ihr Edith zu Weihnachten und berichtete, was sich in Paris tat. Sie teilte ihr mit, Pawel und Gertrude Stein verstünden sich besser, und sie selbst vermute, daß Gertrudes Sprunghaftigkeit auf die Wechseljahre zurückzuführen sei – »Une difficile moment de sa vie!!!! Imaginez-vous! J'ai pensée qu'elle avait au moins 55 – 60 ans, et maintenant, si elle me dit la vérité, elle ne peut pas avoir plus de 48 – 50 ans! Mais c'est étonnant! Est-ce que c'est possible!«[15] Nein, es war nicht möglich: Gertrude Stein war 1931 siebenundfünfzig Jahre alt.

Edith teilte Georgia daheim mit, daß ihr die Ferien »denkbar gut« taten. »Ich unterhalte mich *glänzend*, sause von morgens bis spät abends herum, und da es mir nie zuvor im Leben vergönnt war, zu tun, was ich wollte, werde ich das jetzt tun, da ich zum ersten Mal die Möglichkeit dazu habe.«[16] Helen sprach von einer »moralischen *dégringolade*«. »Häufig bin ich bei der Herzogin de la Rochefoucauld... Gestern abend schickte Lifar Pawlik und mir Karten für eine Loge in der Opéra, wo er tanzt, und anschließend haben wir ihn hinter der Bühne aufgesucht.«[17]

Im Frühsommer hielt sich Pawel in England auf. Nachdem er dort ein weiteres Porträt von Edith gemalt hatte, reiste er zu den Gorers nach Somerset. Inzwischen schrieb Edith einen Essay über Wyndham Lewis, der, wie sie sagte, im Herbst veröffentlicht werden sollte. Er sei »absolument écrasant, c'est tuant, vraiment«[18], und wie sie Tschura voll hintergründiger Schalkhaftigkeit mitteilte, »très feminine en même temps«.[19] Hierbei handelte es sich um den Essay, den sie nie veröffentlichte, wohl aber einige Jahre später für ihren Roman und noch einmal dreißig Jahre darauf für ihre Autobiographie ausschlachtete. Im letzten Absatz heißt es:

> Das ist alles, was ich gegenwärtig über Mr. Lewis zu sagen vermag. Aber eines Tages, wenn er schon lange tot ist (ich meine, toter als sonst) und ich über meine besten Jahre hinaus bin, werde ich die Geschichte seines Lebens für jene schreiben, die sich seiner dann vielleicht noch erinnern. Darin werde ich zeigen, wie jeder der kleinen Fehler und jeder der kleinen Irrtümer, die dieser im Grunde liebenswürdige und freundliche Mensch beging, auf die Furcht zurückgeht, die ihn in ihren Fängen hält, die Furcht, daß ihn niemand liebt, auf den niederschmetternden Eindruck, daß Menschen, denen er seine Zuneigung geschenkt hat, sie nicht erwidern.[20]

Doch natürlich verfaßte sie diese Geschichte nie. Sie hatte viel Mitgefühl für Lewis, was sie sich selbst nicht eingestand. Selbst in diesem Essay billigte sie ihm eine »hohe intellektuelle Begabung« zu, erklärte aber, er habe nie »ein wirklich befriedigendes Bild oder Buch« geschaffen. Dennoch hängte sie seine Arbeiten in ihrer Wohnung auf, und das Porträt, das er von ihr gemalt hat (es ist jetzt in der Londoner Tate Gallery zu sehen), ist Teil der Legende, die den Maler wie das Modell umgibt. Allerdings sagten Edith die sechs Porträts, die Pawel Tschelitschew von ihr gemalt hat, mehr zu.

12

Zwischenakt: Jungfernfahrt

An einem sonnigen Junitag im Jahre 1924 hatte Constance Sitwell in Bath mit einer Kusine über das »uferlose Meer« ihrer zahllosen Verwandten gesprochen. »Und wir redeten über Edith. Ich denke, sie macht sich doch *mehr* aus schwärmerischer Liebe, als sie durchblicken läßt.«[1]

Das stimmte, auch wenn ihr die von Constance Sitwell gemeinte geradlinige Form schwärmerischer Liebe nicht zugänglich war. Ihre Beziehung zu Pawel war von hoffnungsloser Komplexität – zu einem Teil hing das mit der Rolle von Mäzen und Künstler zusammen. Pawel, dem klar war, daß Edith und ihre Brüder ihm bei seinem Vorankommen helfen konnten, nahm diese Hilfe bedenkenlos an und ließ sich von Edith die Türen zur Gesellschaft und zum beruflichen Erfolg öffnen. Doch bildete dieser Aspekt in ihrer Beziehung nur die Spitze des Eisbergs. Seinem Biographen zufolge fand Pawel in Edith »eine angenehme, ungefährliche erotische Spannung, die weibliche Einfühlung, die nur passiv ist und nie vergeht, eine gläserne Blume unter einem Glassturz, hinter der durchscheinenden Fassade, die schon für sich allein genommen so bemerkenswert war.«[2] Er versuchte nicht, wie wahre Liebende das tun, nach dem Geschöpf hinter der Fassade zu greifen; er half ihr, die Fassade zu festigen und zu vervollkommen, denn nichts fürchtete er mehr, als daß diese Sprünge bekommen und er sich dann einer lebens- und blutvollen Frau gegenübersehen könnte, die dann womöglich Forderungen stellte. Pawels große Schreckensvorstellung war, irgend etwas könnte dem von beiden gespielten Spiel höfischer Liebe ein Ende bereiten. Der bloße Gedanke entsetzte ihn, Edith könnte den Wunsch verspüren, ihn zu besitzen. Als er sich 1930 in England aufhielt, wohnte er nicht bei ihr und auch nicht in ihrer Nähe, sondern in Highgate bei Geoffrey Gorer und dessen Mutter – ein ganzes Stück von Pembridge Mansions entfernt. Mrs. Gorer wurde für ihn eine nachgeordnete Sibylle; er malte ihr Porträt und sagte, die Gorers »schützen mich vor Überfällen durch Edith«. Er war selten mit Edith allein und hinterging sie entsetzlich – zweifellos aus strategischen Gründen – mit Allen Tanner, der Nebenbuhler beiderlei Geschlechts fürchtete:

»Was – mit Sitwuka allein? Non, mon cher! Was glaubst du wohl? *Sie würde mich vergewaltigen!*«[3]

Für ihn sollte sie die ewig jungfräuliche Königin sein, seine Muse und Seelenschwester; doch da er nicht an das Bild zu glauben vermochte, das er schuf, sah er in ihr außerdem die ewig auf Beutefang erpichte, unersättliche Frau. Schließlich war er homosexuell. Wie alle Frauen, die in der Innenwelt eines Mannes viel Platz beanspruchen, mußte sie die Bürde tragen, die darin bestand, abwechselnd – bisweilen auch gleichzeitig – Reinheit und Verruchtheit zu repräsentieren. Als sie im Sommer 1930 in Paris war, schmeichelte er ihr, tat dem Bilde von ihr schön, das er liebte und brauchte, entwarf sonderbare Kleidungsstücke, um ihr »Plantagenet-Aussehen« zur Geltung zu bringen; und sie reagierte darauf mit unverfälschtem Entzücken. »Ich freue mich schrecklich über meine neuen Kleider«, schrieb sie an Fytton Armstrong. »Tschelitschew hat sie alle entworfen. Manche davon sehen aus wie ein della Francesca, und andere wie ein Giotto.«[4]

Wie auch immer die Unvollkommenheiten ihrer Beziehung beschaffen waren – und sie wirkten sich verhängnisvoll aus –, in jenen kostbaren Momenten, da Edith und Pawel den uneinlösbaren Vorstellungen huldigten, die sie voneinander hatten, in den Augenblicken, da ihre »Seelen als Mann und Frau« tatsächlich »bis ins Innerste erschüttert« waren, empfand Edith nichts als Glück. Allanah erlebte das als Zeugin mit. Edith wollte mit ihr Gertrude Stein besuchen, und da Allanah recht schüchtern war, verabredeten sie, vor dem Hause in der Rue des Fleurus aufeinander zu warten und gemeinsam hineinzugehen. Allanah war als erste am Treffpunkt: »Ein Taxi fuhr vor. Pawlik Tschelitschew stürmte heraus und fuchtelte mit den Armen in der Luft herum, tänzelte dann zurück, um Edith beim Aussteigen zu helfen. Während sie den Hof vor dem Pavillon überquerten, tat Edith einige Luftsprünge, die sie mit einer Pirouette beendete. Sie war fröhlich wie ein Kind ... Bei seinem Anblick errötete sie vor Freude.«

Nach dem Besuch bei Gertrude Stein schlug Pawel vor, sie könnten zu seinem Atelier zurückkehren, um sich einige neue Zeichnungen anzusehen. »Wir sind durch den Jardin du Luxembourg zurückgegangen. Edith und Pawlik waren von den Mustern und der Oberflächenstruktur der Rinde an den Bäumen gefesselt. ›Das ist wie Elefantenhaut‹, sagte Edith, und Pawlik: ›Das da ist wie ein Krokodil‹, dann wieder Edith: ›Und hier wie das Muster einer Schlangenhaut.‹«[5] Wenn sie sich richtig wohl fühlten, waren Edith und Pawel zauberhafte kluge Kinder. Sie verkleidete sich als Prinzessin, mit Kleidern, die auf dem Boden schleiften, und er tollte ihr vorauf durch den Park – es war der Park von Dubrowka, der Park von Renishaw.

Im Park von Renishaw findet sich die treffendste Metapher für Ediths unter der Oberfläche verborgene Sexualität. Nachdem sie ihn 1958 in Weston besucht hatte, schrieb Sacheverell ein langes, trauriges Gedicht mit dem Titel »Serenade to a Sister«.[6] Tschelitschew war im Vorjahr gestorben; Osbert war krank; Edith wurde alt. Sacheverell schrieb über sie:

> I have known no being so imprisoned in poetry,
> As if besieged, embattled there ...

> Ich kenne kein so in Dichtung gefangenes Wesen, / Wie dort belagert, kampfbereit ...

»Deine Dichtung«, heißt es da, »ist dein Kloster.« Sie hatte ihn zur Dichtung geführt:

> My sister
> And abbess of the nightingales,
> Who wound up the clockwork in my mortal frame.

> Meine Schwester / Und Äbtissin der Nachtigallen, / Die das Uhrwerk in meiner sterblichen Hülle aufzog.

Was Sacheverell betraf, führten Dichtung und ein weniger leidenschaftliches Temperament in eine weitere Welt aus Natur, Kunst und Reisen, aber auch zu Liebe und Begehren; und das alles hatte mit seiner Schwester begonnen.

> To live as a young man in your flowering shade
> Was wonderful indeed.

> Als junger Mann unter deinem blühenden Schutz zu leben, / War wirklich wunderbar.

Aber sie blieb eingesperrt, wie eine Nonne im Kloster, gerade so, wie sie als Kind nicht gewagt hatte, den Glockenblumenwald hinter dem Park zu betreten:

> In your pelisse of green sheepskin
> And wide-brimm'd hat
> Standing by the statues
> Where the walk goes down into the wood,
> But you would not come more than a foot or two into the bluebells;
> I suppose they are in bloom again at this moment,
> In this month of June ...
> You would not walk, I say, into the bluebell wood ..

> In deinem grünen Schafpelzmantel / Und breitrandigen Hut / An den Statuen wartend, / Wo der Weg zum Gehölz hinabführt, / Aber du wolltest nicht mehr als einen kleinen Schritt weit in die Glockenblumen kommen; / Ich vermute, daß sie gerade jetzt wieder in Blüte stehen, / In diesem Juni ... / Du wolltest nicht, sage ich, in den Glockenblumenwald gehen ...

In gewisser Hinsicht verließ sie die Sicherheit des Parks nie; und so trug sie in sich verschlossen, was Sacheverell in seinem Gedicht eine »bittere Dichotomie« nennt, die sie »spaltete und quälte«. Den größten Teil ihrer sexuellen Energie lenkte sie in ihre Dichtung, ihre freundschaftlichen Bindungen und ihre Glaubensfeldzüge; der Rest, der keinen Weg nach draußen fand, nagte an ihrem Herzen.

In ihrem Leben hatte sich niemand die Mühe gemacht, sie mehr als einen halben Schritt weit in den Glockenblumenwald zu führen oder zu locken. Die Aufgabe ihrer Brüder war es nicht, und kein Mann liebte sie so sehr, daß er das getan hätte. Sie sprach Männer auf sexueller Ebene nicht an. Ihr sonderbares Gesicht, ihre langen weißen Hände und ihre Gesten waren schön, aber von ihrem Körper ging keine sexuelle Lockung aus. Sie sah aus, so sagte es Rosamond Lehmann, wie eine Säule von Henry Moore. Nur schwer konnte man sie sich unbekleidet vorstellen. Da sie kein Vertrauen in ihre Anziehungskraft hatte und sogar annahm, sie sehe grotesk aus und sei mißgestaltet, ließ nichts, das ihr widerfuhr, sie je vermuten, sie könne sich irren. Trotzdem glaubte nicht nur Virgil Thomson, daß sie sich »ihrer Sexualität bewußt war.«

Nur die Frau selbst kann mit Sicherheit sagen, ob sie jungfräulich ist oder nicht. Möglicherweise täuschten sich Ediths Bekannte mit ihrer Behauptung, sie sei zu der Zeit, da sie sich in Tschelitschew verliebte, eine »erbitterte Jungfrau« gewesen. Diese Vorstellung ist ebenso möglich wie die These, daß Elisabeth I. keine jungfräuliche Königin war. Elizabeth Salter, Sekretärin bei Edith, als sie älter war, fand sie eines Tages weinend; auf ihre Frage, worum es gehe, erklärte Edith, sie weine, weil sie nie die körperliche Liebe kennengelernt habe, »und ich fühle, daß ich dafür gemacht bin«. In gewisser Weise stimmt das; sie besaß eine liebevolle, leidenschaftliche Natur voller Treue. Aber sie war in ihrem ungewöhnlichen Leib, in ihrer Musik und Dichtung gefangen; sie war die Äbtissin der Nachtigallen. Berichte über Ediths kindliche Unschuld sind bloße Phantastereien. Beispielsweise heißt es, sie habe gemeinsam mit Tschelitschew eines seiner erotischen Gemälde betrachtet, das ein Liebespaar am Flußufer zeigte, und gefragt: »Aber was tun die da?« Darauf habe er geantwortet: »Er beatmet sie künstlich.« Allerdings konnte man eine solche Geschichte natürlich nur über Edith erzählen. Sie selbst sagte im Jahre 1943 zu Demetrios Capetanakis, sie halte nachstehende Verse Emily Dickinsons für »bemerkenswert« und »außergewöhnlich«:

I did not want eternity
I only begged for time:
In the trim head of chastity
The bells of madness chime.

Ich wollte keine Ewigkeit, / Ich bat nur um Zeit: / Im wohlfrisierten Kopf der Keuschheit / Klingen die Glocken des Wahnsinns.

Die Falle war schon gestellt, lange bevor sie Pawel kennenlernte. Ihr schönstes Gedicht, »The Sleeping Beauty«, dürfte die einzige Fassung des Märchens von Dornröschen sein, in der sich der Prinz *keinen* Zugang zum Palast verschafft, um seine Braut wachzuküssen. (Dazu paßt wohl auch, daß die Freier die Königin um die Hand ihrer Tochter bitten, was die Königin aber nicht hört, da sie schläft.) Das Gedicht endet:

»And oh, far best,« the gardener said,
»Like fruits to lie in your kind bed,

> To sleep as snug as in the grave
> In your kind bed, and shun the wave,
> Nor ever sigh for a strange land
> And songs no heart can understand.«

> »Und auch, bei weitem am besten«, sagte der Gärtner, / »Wie Früchte in deinem freundlichen Bett zu liegen, / So behaglich zu schlafen wie im Grab / In deinem freundlichen Bett, und der Welt aus dem Wege zu gehen, / Noch je nach einem fremden Land zu seufzen / Und nach Liedern, die kein Herz verstehen kann.«

Also blieb Edith keusch. Mehrere Umstände trugen dazu bei – infantile Regression, Todeswunsch, Stolz, Gewohnheit und, wie es in einem alten Kinderreim heißt: »Keiner wollte mich, Sir, sagte sie.« Einer englischen Adligen aus ihrer Zeit fiel es weniger schwer, vor dem eigenen Bewußtsein oder im Gesellschaftsleben die Welt der Sexualität auf Distanz zu halten. Auge und Ohr waren damals nicht dem ständigen Trommelfeuer sexueller Anspielungen ausgesetzt. Auch projizierte sie Würde, Pathos und Macht der Keuschheit nach außen, und selbst lose Mäuler achteten in ihrer Gegenwart auf ihre Worte – sie liebte Skandalgeschichten, nicht aber Schlüpfrigkeiten.

Sie machte aus der Not eine Tugend. Dichter, sagte sie, sollten nicht heiraten. Sie umgab sich oft mit Homosexuellen, obwohl es in der Welt der Kunst anteilmäßig nicht mehr Homosexuelle gibt als in der Gesamtbevölkerung. Die Homosexuellen übten keine lästige sexuelle Verlockung auf sie aus, noch sie auf die Männer. Mit jungen Homosexuellen verstand sie sich gut, und es ist unerheblich, ob ihr von Anfang an im einzelnen klar war, worum es bei deren Vorliebe genau ging. Ob ihr stets bewußt war, was Homosexuelle miteinander tun, ist fraglich. Sie fand nichts Besonderes daran, daß Männer zusammenlebten – das hatten auch ihre Brüder mit Willie Walton getan, und Menschen, die weder reich noch verheiratet waren, bewohnten nun einmal ein Haus gemeinsam mit Angehörigen des eigenen Geschlechts. Sie selbst, die mit Helen in einer Wohnung lebte, wußte, was es mit Liebe, auch mit ausschließlicher und besitzergreifender Liebe, unter Freunden auf sich hatte. Sie wußte, wie sehr Osbert an Adrian Stokes gehangen hatte und wie sehr er inzwischen dem hochgewachsenen blonden David Horner ergeben war, der seit Mai

1930 bei ihm wohnte. Obwohl sich Tanner bemüht hatte, ihr nach der Geschichte mit dem Buchverkauf in seinen Briefen seine besondere Beziehung zu Pawel so deutlich wie möglich zu erklären, ist es nicht wahrscheinlich, daß sich ihre Gedanken mit dem beschäftigten, was in irgendeiner dieser delikaten Beziehungen hinter der Schlafzimmertür geschah.

Gleichwohl war Edith kein Dummkopf. Sie hatte die großen Werke der englischen Literatur gelesen und war in der Geschichte beschlagen. Ihr war klar, daß Männer andere Männer liebten, und sie hatte das auch mitbekommen. Aber über dies Bewußtsein ging ihre Vorstellungskraft, der eigene sexuelle Erlebnisse als Nahrung fehlten, zu jener Zeit nicht hinaus. Paradoxerweise kam sie damit, daß sie die Bindungen ihrer Freunde akzeptierte, einer unvoreingenommenen und gelösten Haltung näher, als das vielen weltgewandten und wissenden Menschen je gelang.

Auf Dauer konnten ihr die Tatsachen im Zusammenhang mit der Homosexualität nicht verborgen bleiben, und sei es auch nur wegen Osberts Beziehung zu Horner und deren Folgen. Ließ es sich nicht vermeiden, homosexuelle Aktivitäten anzusprechen, tat sie das widerwillig und verwendete dabei Ausdrücke wie »Schweinkram«. Ihr letztes Wort in der Angelegenheit stammt aus dem Jahre 1958. Aufgefordert, ihre Unterschrift unter einen Antrag auf eine Gesetzesänderung zu setzen, schrieb die Einundsiebzigjährige ihrer Sekretärin: »Vermutlich muß ich da etwas tun (wie lästig die Leute sind). Natürlich finde ich, daß man das Gesetz ändern sollte, aber ich halte das doch für ein sehr widerwärtiges und anstößiges Thema. Ich könnte laut schreien, wenn ich daran denke.«[7] Dazu hatte sie allen Grund, denn indem sie sich in einen Homosexuellen verliebte, hatte sie sich für eine Sackgasse entschieden. Es dürfte kaum eine Rolle spielen, wieviel sie zu jener Zeit über Pawel wußte oder vermutete; unser verborgenes Ich weiß mehr als wir selbst und veranlaßt uns dazu, uns Menschen anzuschließen, die Bedürfnisse erfüllen, von denen unser Bewußtsein nichts weiß, oder ein Muster verstärken, das wir nicht zu erkennen vermögen.

Auf den Umstand, daß sie mit vierzig Jahren ihr Herz an Pawel verlor, dürfte zurückgehen, daß sie nie eine im üblichen Sinne erwiderte Liebe kennenlernte, daß kein Kuß und keine Erschütterung jemals Dornröschen zu einer Reaktion veranlassen würde. Ihr blieb nur die unglückliche Liebe; und jene Beziehung konnte nur so lange gutgehen, wie sie selbst blieb, was er von ihr erwartete – die Sibylle, die Muse, »eine gläserne Blume unter einem Glassturz«. Allen Tanner, der häufig mit beiden zusammen war, sagte, er habe »nie die Spur eines Hinweises darauf gesehen, daß sie sich auch nur ansatzweise der Täuschung hingab, zwischen ihr und Pawel könne eine gefühlsbetonte oder gar erotische Beziehung bestehen«. »Ihre Zärtlichkeit zeigte sich eher in einer Haltung, die sich auf Humor und sehnsuchtsvolle Bitterkeit« stützte. Doch konnten Spannungen und Treulosigkeit nicht ausbleiben, denn sie war keine Heilige, sondern ein Mensch, und er äußerst eitel, empfindlich und launisch. Es kam zu Streit, Mißverständnissen und Groll, und all das wurde auf Ediths Seite durch sexuelle Regungen verstärkt, die sie sich weder eingestehen noch ausdrücken konnte oder wollte – und die er fürchtete wie die Pest. Dennoch machte es sie anfänglich glücklich, einfach mit ihm zusammenzusein und mit anderen über seine geniale Begabung zu reden.

His Monkey Wife von John Collier war ein erfolgreicher Roman, der im November 1930 herauskam und den man einfach gelesen haben mußte. Er spottet auf gebildete, literarische und »moderne« Weise über alles, was Männer und Frauen voneinander erwarten. Er gehört ganz und gar in seine Zeit – etwa im Stile von *Lady into Fox* – und hat durchaus etwas Sitwellsches. Alles wird durch die Augen der einfühlsamen Schimpansin Emily gesehen, der es gegeben ist, die englische Sprache zu verstehen. Ihrem Herrn, dem eher kläglichen Mr. Fatigay, voll aufrichtiger Zärtlichkeit zugetan, legt sie weibliche Ergebenheit in äußerst traditioneller und unterwürfiger Form an den Tag. Die in diesem Buch auftretenden Frauengestalten sind frigide und launenhaft; zwar sind sie außerstande, Mr. Fatigay zu lieben, doch besteht dafür auch keine Gefahr, daß sie ihn mit Haut und Haar vereinnahmen. Das Buch ist auf niveauvolle Art unterhaltsam, es behandelt einen ernsthaften Gegenstand mit leichter Hand, und Edith war davon begeistert.

Sie las *His Monkey Wife* erst, als es im Juni 1931 in dritter Auflage erschienen war, und schrieb dann um halb fünf morgens voll Enthusiasmus an den Autor. Sein Buch beweise nicht nur Talent, es sei genial, teilte sie ihm mit: »Ich glaube nicht, daß ich ein Werk kenne, welches mehr Weisheit und mehr furchterregenden, destruktiven und konstruktiven Witz enthält. Man hat das Wort ›Witz‹ herabgewürdigt, und es wird nicht mehr mit Swift, sondern mit dem erbärmlichen Clown Noel

Coward in Verbindung gebracht. Aber *Sie* besitzen Witz, wie ihn Swift verstand.«[8]

Die Begriffe, die sie in ihrem Brief an ihn verwendete, zeigen, wie sie selbst die Erwartungen einschätzte, die Männer an Frauen stellen:

> Ich glaube nicht, daß es jetzt angebracht wäre, etwas über die Haltung der Männer den Frauen gegenüber oder über die innersten Gedanken von Frauen zu sagen ... Woher nur wissen Sie so viel? ... Das Verständnis von Frauen als »niedliches Spielzeug« des Mannes ... das tiefgehende Verständnis der Art, wie ein Durchschnittsmann sein weibliches Gegenüber sieht – (zusammen mit all den Tagträumen der Frauen) in der Maskenballszene; die Haltung des Mannes zu den Empfindungen seines weiblichen Gegenstücks in »Zieh sie an den Beinen raus und gieße 'nen Eimer Wasser über sie!« ... Wahrhaftig, was die Darlegung des Standpunktes angeht, den ein Mann einer vertrauten Frau gegenüber einnimmt, und die Art und Weise, wie sich eine Frau insgeheim selbst sieht, wüßte ich nichts, was an die Maskenballszene heranreicht ... Die Haltung der Kirche zur Naturwissenschaft. Die Idealvorstellung, die der Durchschnittsmann von der Frau hat – als Gattin und Mutter – ich glaube nicht, daß nach diesem Buch noch ein Wort verloren werden muß, wirklich nicht.

Sie bat ihn, allein, aber auch zusammen mit Osbert und David Horner nach Pembridge Mansions zu kommen: »Ich kann in Gegenwart Dritter mit niemandem reden.« Sie schickte ihm *Gebräuche an der Goldküste*, »weil es für mich ungeheuer viel bedeutete, als ich es schrieb: sämtliche Kritiker haben so getan, als gehe es darin um Afrika! Und alle außer Yeats, Osbert und Arthur Waley behaupteten, es sei obskur!«

Eine Woche später schrieb sie erneut und teilte ihm mit, sie habe seinen Roman noch dreimal gelesen. Inzwischen las sie alles hinein, was sie je zum Thema Männer und Frauen gedacht und empfunden hatte, und weit mehr, als sich für die meisten Leser aus dem Buch ergab. Am Ende des Romans erliegt Mr. Fatigay, wie man annehmen muß, physisch der Ergebenheit der Schimpansin Emily. »Ich erfasse den Schrecken des Zitats am Anfang des letzten Kapitels tiefer«, schrieb Edith, »wenn ich es mit dem allerletzten Satz zusammensehe, in dem es heißt, daß die Kerze ›von einem Greiffuß erwürgt wird‹ und die Dunkelheit den letzten glücklichen

Seufzer aufnimmt; das als letzten Grabspruch der Zivilisation, wie sie das ganze Buch hindurch gesehen wird.«

Man darf bezweifeln, ob eine so visionäre Darstellung in Colliers Absicht lag. Aber Ediths Reaktion auf *His Monkey Wife* vermischte sich mit den Empfindungen für ihre Beziehung zu dem »Durchschnittsmann« und Pawel. Wenn die Widerwärtigkeiten im Bett der Preis für Zuwendung waren, wollte sie nichts damit zu schaffen haben. Ihre Leidenschaftlichkeit ging mit Ängsten einer Heranwachsenden einher, und alles spielte sich in ihrem Kopf ab. Nicht auszudenken, daß Pawel ihr unverhohlen physische Avancen angetragen hätte – sie hätte empört und enttäuscht darauf reagieren müssen. Trotz allem hatte sie, wie die Schimpansin Emily, »die Tagträume aller weiblichen Wesen« und teilte mit ihr »die Art und Weise, wie sich eine Frau insgeheim selbst sieht«. Jetzt empfahl sie Collier – um ihm zu zeigen, daß sie nicht prüde war – die Lektüre von Faulkners *Freistatt* und Romanoffs *Drei Paar Seidenstrümpfe*. Letzteres Werk nannte sie »schrecklich, wegen der darin beschriebenen Zustände, aber auch überaus lustig für jeden, der das russische Wesen gut kennt (auf diesem Gebiet gehöre ich zu den größten Kapazitäten Westeuropas).« Auch wollte sie ihm die Bilder zeigen, die sie von »einem jungen Russen mit wahrhaft außergewöhnlichen Fähigkeiten« besaß. »Ich bin der festen Überzeugung, daß er zu den drei bedeutendsten Malern in Europa zählen wird« – mit den beiden anderen waren Picasso und Rouault gemeint.

Es wäre falsch, wollte man Ediths *Affenfrau*-Phase große Bedeutung beimessen; sie war zu spontaner Begeisterung fähig, und es gibt hundert Fälle, in denen sie an Autorenkollegen mehrere lange und gefühlvolle Briefe richtete, in denen sie sich über deren Werk äußerte. Doch offenbaren die meisten von ihnen außer Reaktionsbereitschaft und Großzügigkeit nur wenig; selten enthüllen sie uns Edith in diesem Ausmaß.

Sie bezog sich in ihrem Buch *Englische Exzentriker*[9], an dem sie zu jener Zeit arbeitete und das exzentrisch eine ganze Reihe ihrer Empfindungen über die Beziehungen zwischen den Geschlechtern darlegt, ausdrücklich auf *His Monkey Wife* und beschrieb dort die gemischten Gefühle, mit denen Emerson und Carlyle die gebildete und ernsthafte Amerikanerin Margaret Fuller betrachteten. Sie spann ihr Thema aus:

> Gelehrte ... sind bekanntermaßen schwer zufriedenzustellen; Torheit und Oberflächlichkeit bei Frauen, aber auch Bildung, mögen sich zu

verschiedenen Zeiten als gleichermaßen ungenießbare Vergehen herausstellen; wiewohl das letztgenannte meistens das unverzeihlichste ist – zum großen Teil deswegen, denke ich mir, weil man bisweilen ein wenig zu bereitwillig annimmt, daß der Himmel geistige Anmut als eine hinreichende Begabung erachtet und daher keine weitere verleiht. Jedenfalls habe ich den Verdacht, daß die Gefühle, die sowohl Mr. Emerson wie Mr. Carlyle gegenüber der gebildeten Miss Fuller hegten, sehr dem natürlichen männlichen Empfinden ähnelten, das Mr. Fatigay in *His Monkey Wife*, einem Werk meines Freundes John Collier, zum Ausdruck bringt, als er erfährt, daß sich seine Lieblingsäffin selbst beigebracht hat, zu sagen: »Komm, komm, Emily, wenn du schon so klug bist, mußt du verkauft werden und in den Sälen auftreten.«

»In England hat es, wie auch anderswo, eine Zeit gegeben, in der man Frauen als dem Manne nicht ebenbürtig ansah. Doch ist diese Phase hierzulande vorüber...«, schrieb Edith in ihrer Einleitung zum Buch *Englische Frauen*[10], das sie während des Zweiten Weltkriegs verfaßte. Mit ihrem nicht alltäglichen Aussehen, und da ihr nichts daran lag, sich die Zeit so zu vertreiben wie andere junge Frauen Englands in der Epoche König Edwards, hatte Edith darunter gelitten, daß sie die Tochter ihrer Eltern war. Nicht dazu geschaffen, irgend jemandem »ebenbürtig« zu sein, kämpfte sie um ihre Freiheit und errang sie.

Eine dürre Beschreibung ihres Lebens ließe sich als Programmschrift des militanten Feminismus auffassen: Sie dachte nicht daran, zu tun, was die Eltern von ihr erwarteten, lebte unabhängig und ohne emotionalen oder finanziellen Rückhalt von Männern. Das gilt auch für die beiden Brüder, die sie zwar liebten, aber ein eigenes Leben und einen eigenen Hausstand führten. Sacheverell hatte kein Geld übrig, und Osberts finanzielle Unterstützung kam nur unregelmäßig und war auch nicht besonders hoch. Ohnehin verabscheute Edith es, von ihm abhängig zu sein. Sie verdiente ihren Unterhalt, widmete sich dem Schreiben und wollte von »weiblichen« Beschäftigungen nichts wissen. Sie war keine Hausfrau – weder für einen Mann noch für sich selbst. Wie ein Kuckuck oder eine Heldin bei Dorothy Richardson bewohnte sie vorläufige Nester.

Da sie aber unpolitisch war, sich nicht für gesellschaftliches Handeln und gesellschaftliche Theorien interessierte und »damenhafte« Achtung vor der Tradition an den Tag legte, vertrat Edith feministische Vorstellungen – meist sogar sich selbst gegenüber – ausschließlich im verborgenen. In mancherlei Hinsicht trat sie dem eigenen Geschlecht mit beträchtlicher Achtung gegenüber, und zwar keineswegs nur jenen Vertreterinnen, die im Sinne einer beruflichen Karriere etwas ›leisteten‹. In *Englische Frauen* heißt es:

> Begeistert hätte ich über all die unbesungenen Frauen geschrieben ... welche nie zu Ruhm gelangt sind, deren Vorbild aber Tag für Tag dazu beigetragen hat, unser Volk zu zivilisieren: die Hunderttausende gewöhnlicher Frauen. Sie tragen mit ihrer Herzenswärme und ihrer Liebe zu Vaterland und Familie, ihrer unerschütterlichen Treue und Tapferkeit sowie der Art und Weise, in der sie heiter und keineswegs trübsinnig ihre Pflicht erfüllen, zum Ruhm Großbritanniens bei.

Bemerkenswert seien englische Frauen wegen ihres Charakters, schrieb sie, im Gegensatz zu der »unübersehbaren physischen Energie« der Frau in romanischen Ländern. Das war die ›Propaganda‹ in Kriegszeiten. Aber Edith hielt tatsächlich viel von der ›guten Mutter‹, über die sie in ihrem einzigen Roman schrieb, deren Gefühle sie sich vorstellte und für die sie mitempfand, während sie, selbst kinderlos, älter wurde. Auffällig ist, daß ihr diese »unübersehbare physische Energie« fehlte, die sie in jenem Werk auch der Mehrheit der Engländerinnen absprach. Ihre eigene physische Existenz war in jedem Sinne reduziert, außer was Sprache und Gestik betraf. Sie arbeitete gern im Bett, Spaziergängen konnte sie nichts abgewinnen und unterließ sie, wo sie konnte. So rege ihr geistiges Leben war, so träge war sie auf körperlicher Ebene. Möglicherweise besteht ein gewisser Zusammenhang zwischen diesem Mangel an physischer Energie und ihrer Unfähigkeit, sexuell ›Funken zu schlagen‹; es war so, als ob ihre Triebe nie erwacht wären.

Stets achtete sie peinlich genau darauf, auch die Gattinnen ihrer Bekannten aus der literarischen Welt zu ihren Gesellschaften einzuladen – allerdings bezog sie die Damen nicht in allen Fällen in ihre Gespräche mit ein. Wenn sie sich mit beiden Ehepartnern anfreundete, korrespondierte sie mit beiden getrennt. Unter keinen Umständen behandelte sie ein solches Paar als etwas Zusammengehöriges, und so schickte sie Sir Kenneth Clark (später Lord Clark) und seiner Frau Jane jeweils ein eigenes Exemplar ihres neuen Buchs. »Wir haben nicht die Absicht, uns zu trennen«, teilten sie ihr mit. »Schon«, war ihre Antwort darauf, »aber ich möchte, daß jeder von Ihnen sein eigenes hat.«

Edith zur Vorkämpferin des Feminismus emporzustilisieren, wäre freilich ein Versuch am untauglichen Objekt, wenn man bedenkt, welche Haltung sie einnahm, wenn es um den Unterschied zwischen Männern und Frauen ging. Sie bezweifelte die Existenz eines solchen Unterschiedes nicht; ihre Ansicht dazu formulierte sie in ihrer Theorie über den Einfluß des Körpers auf künstlerische Leistungen, die sich in *Alexander Pope* ausgearbeitet findet. An Sacheverell schrieb sie 1930 über Gedichtmanuskripte, die er ihr geschickt hatte: »Willst Du den letzten Gesang zu Donne ... noch einmal überarbeiten? Mir als Frau ist es nicht gegeben, die Blankverse richtig *zu schätzen* – (wie Du weißt, versuche ich mich nie an ihnen, weil ich sicher bin, daß sie nicht zur physischen Konstitution einer Frau passen). Meiner Ansicht nach müßte das Gedicht an mehreren Stellen noch gestrafft werden.[11] Es stimmt schon, sie war äußerst unkörperlich und den leiblichen Freuden nicht zugetan, dennoch entwickelte sie eine auf der Physis gründende Dichtungstheorie. Auf die Dichtung der meisten Frauen reagierte sie äußerst ablehnend. In ihrem tiefsten Herzen sah sie Frauen negativ und nahm sich dabei selbst nicht aus. Im März 1946, zu einer Zeit, da sie große Erfolge hatte, schrieb sie an Stephen Spender:

> Ich frage mich, ob ich [meine Gedichte] jetzt einer strengen »Säuberung und Straffung« unterziehen soll. Eigentlich halte ich das nicht für erforderlich, denn beim Schreiben von Gedichten hat eine Frau andere Schwierigkeiten als ein Mann. Deshalb habe ich auch so entsetzlich lange gebraucht, um zu lernen, wie ich meine Gedichte herauslasse. Niemand [d.h. kein passendes weibliches Vorbild] konnte mir den Weg weisen, und ich mußte alles lernen – unter anderem, nicht gehemmt zu sein, und das gehörte zu den schwierigsten Dingen überhaupt.[12]

Mit Empörung reagierte sie auf die Bezeichnung ›Dichterin‹, denn sie sah sich als Dichter. Eine Ausnahme gab es: Walter Sickert forderte bei einer Abendeinladung im Hause am Carlyle Square, bei der es ungewöhnlich lautstark zuging, mit folgenden Worten Ruhe: »Dichter und Dichterinnen! Redet nicht alle auf einmal!« Dies eine Mal ließ Edith die kränkende Bezeichnung durchgehen, denn sie sagte, es sei so gewesen, als habe er gesagt: »Tiger und Tigerinnen!«[13]

Jegliche Gefühlsschwelgerei war ihr zuwider – jedenfalls in der Theorie. Die »Schwierigkeiten einer Frau beim Schreiben von Gedichten« – wie Edith sie sieht – zeigen sich, wenn man liest, was sie unmittelbar vor ihrem einsetzenden Alter über weibliche Dichter zu sagen hatte. Sie hatte keine Zeit für »persönliche« Gedichte, für die Bekenntnislyrik, die sich nicht vom Einzelfall löst. An John Lehmann schrieb sie am 7. Juli 1943: »Am schlimmsten sind die jungen Frauen. Oh, diese Raines und Ridlers. ›Denn der Regen regnet jeglichen Tag.‹[14] (Und wie!!!) Ich weiß nicht, welche von beiden den größeren Unsinn von sich gibt. Sie haben weder etwas zu sagen, noch verfügen sie über eine Technik.«[15] In einem Brief an Maurice Bowra vom 24. Januar 1944 präzisierte sie ihre Gedanken noch:

> Die Dichtung von Frauen ist einfach *grauenhaft*, abgesehen von den Gedichten der Sappho (ich kann kein Griechisch und spreche über diesen Gegenstand mit großer Demut), [Christina Rossettis] »Goblin Market« und einigen wenigen tiefen und konzentrierten, aber schrecklich ungekonnten Gedichten Emily Dickinsons. Frauendichtung ist kümmerlich, schlapp, weinerlich, neckisch, belanglos und voll Selbstmitleid – und eine Frau, die schreiben lernt, würde, sofern sie auch nur ansatzweise etwas taugen will … in so unerbittlicher und glanzvoller Weise wie möglich schreiben, und mit so sonderbaren Bildern wie möglich – sonderbar, aber glaubwürdig. Alles, nur nicht diese entsetzliche Wehleidigkeit.[16]

Die leidenschaftliche, wenn auch unspezifische Sexualität in »Goblin Market« sprach Edith, die alles andere als gefühlskalt war, im gleichen Maße an wie Swinburnes Dichtung in ihrer Jugend. Am meisten verabscheute sie die »entsetzliche Wehleidigkeit«, weshalb sie im Mai 1950 zu Lincoln Kirstein sagte: »Ich mißbillige es, daß man Lyriker in Dichter und *Dichterinnen* unterteilt. Wer nicht schreiben kann wie ein Mann, sollte es lieber ganz sein lassen.«[17] Ihre Haltung erinnert eher an Professor Higgins in *My Fair Lady*: »Warum kann eine Frau nicht so sein wie ein Mann?« Sie plädierte nicht für eine »androgyne« Empfindsamkeit wie Virginia Woolf oder Rebecca West.

Prosa-Autorinnen kamen bei ihr glimpflich davon. Ihrer Sekretärin Elizabeth Salter teilte sie mit: »Weibliche Romanciers besitzen zusätzlich zu ihrer Leidenschaftlichkeit ein besonderes Verständnis und eine besondere Einfühlung, und das unterscheidet sie von der Einfühlung und dem Verständnis der Männer.«[18] In vielen Fällen trifft das zu, doch hat sie bei ihrer unverblümten Arbeitsteilung übersehen, daß Männer, auch einige derer, die sie gut kannte, keineswegs frei von »entsetzlicher Wehleidigkeit« sind, weder im Leben noch in der Literatur. Es ist, als habe sie ihr männliches Stereotyp als Ideal postuliert und ihre weibliche Natur als zu überwindende und beherrschende Behinderung angesehen, deren Folgen tunlichst zu meiden seien. »Frauen sind das Letzte«, gehörte zu den Aussagen, die man nicht selten von ihr hörte. (Sie war gewiß nicht lesbisch veranlagt.) So paßten ihre Ansichten über sich selbst verheerend genau zu Pawels Angst vor Frauen. Ihre Jungfernfahrt war einsam und fand Zeit ihres Lebens kein Ende.

13

Abschied von Bayswater

1932

Helen Rootham und Edith waren keine gleichberechtigten Partner mehr. Das galt für den Beruf wie für ihre Freundschaften. Edith unterließ es, am Ende ihrer Briefe wie früher »Grüße von Helen« zu schreiben, bevor sie unterschrieb. Seit 1929 ging es Helen nicht gut. Ständig hatte sie Schmerzattacken, erkrankte immer wieder an Infektionen und litt unter schwer definierbarem Unwohlsein. Im Jahr darauf wurde Krebs festgestellt, und im April 1931 verfaßte sie ihr Testament, in dem sie alle Habe ihrer Schwester Evelyn Wiel zum Nießbrauch auf Lebenszeit hinterließ, »und Edith Louisa Sitwell als Nacherbin«. (Der Wert von Helens gesamtem Nachlaß belief sich, als es so weit war, auf weniger als fünfhundert Pfund.) Edith teilte im September jenes Jahres Terence Fytton Armstrong mit – wahrscheinlich, um ihn abzuwimmeln –, sie könne abends keine Besucher mehr in Pembridge Mansions empfangen, da »sich eine mehr oder weniger invalide Person in der Wohnung befindet«. Neu ist daran der beiläufige und anonyme Hinweis auf Helen, die jetzt nicht mehr übermächtig war. Der Grund für die Invalidität Helens, die jetzt Mitte Fünfzig war, lag weniger in der Krankheit, sondern eher in der von der Krankheit bewirkten Persönlichkeitsveränderung oder Verstärkung bereits vorhandener Züge. In ihrer Autobiographie schrieb Edith:

> Doch mit einem Mal nahm das Leben eine Wendung zum Schlimmeren. Helen, die mir als Kind und jungem Mädchen eine großartige Freundin gewesen war, schien halb vergiftet zu sein vom Geruch des Geldes und von einem törichten Wunsch, »in der Gesellschaft zu verkehren«. Sie und ihre Schwester entwickelten sich (als diese in Pembridge Mansions zu Besuch kam) zu solch hoher Abstammung, daß mir klar wurde, sie fehlten dem *Gotha* wahrhaftig.

Helen bemühte sich verzweifelt, mit ihrem früheren Schützling, der jetzt meilenweit vor ihr dahineilte und für sie nicht mehr zu fassen war, Schritt zu halten. Auch Helens Gespräche wurden peinlich. Gern erzählte sie Leuten von ihrem sonderbaren Traum:

> Sie hatte in ihm zwei Lebewesen nebeneinander liegen und mit einem Mal aus einem der beiden etwas wie ein riesiges Blatt hervorkommen sehen – es mochte auch eine gewaltige Flamme sein –, das mit Vorbedacht in das andere eingedrungen war. Was *konnte* das nur bedeuten ... Helen berichtete ... den Traum sämtlichen jungen Männern aus meiner Bekanntschaft in allen Einzelheiten und fragte: »Können Sie sich vorstellen, was das zu bedeuten hat?«
>
> Sie sagten, das könnten sie.[1]

Edith zufolge, deren Zeugnis über das sich lang hinziehende und äußerst betrübliche Ende einer langwährenden und liebevollen Freundschaft nicht unbedingt zuverlässig ist, ließ sich Helen von ihren serbischen Freunden einreden, sie sei die Reinkarnation einer serbischen Prinzessin, die einst die türkischen Eindringlinge vertrieben hatte. Diese Wahnvorstellung erschwerte den Umgang mit ihr in hohem Maße, denn jede Person war automatisch »die vorrückende türkische Armee ... Jeder, der mit mir sprach und dabei nicht zugleich ihr seine ungeteilte Aufmerksamkeit zuteil werden ließ, mußte zwangsläufig kriminelle Neigungen haben – wie hätte er sonst mit mir sprechen können?« Es sieht ganz so aus, als habe Helen ihre Eifersucht mit Hilfe irrationaler Elemente rationalisiert.

Helen beschloß, für immer zu ihrer Schwester Evelyn nach Paris zu ziehen. Die Miete für die Wohnung in Pembridge Mansions 22 wurde 1932 erhöht, und da die Gegend allmählich immer mehr herunterkam, war es Zeit, die Wohnung aufzugeben. Auch Edith würde nach Paris gehen. Sie konnte sich die höhere Miete allein nicht leisten.

Nur wenig hielt die wohnungslose und alleinstehende Edith in London. In Weston fand sie bei Sacheverell und Georgia eine gewisse Sicherheit: »Eigentlich sind wir eine glückliche Familie«, schrieb sie in den zwanziger Jahren nach einem ihrer vielen Besuche an Georgia. »Wenn ich darüber nachdenke, scheint es mir mitunter unglaublich, daß Du in so großer Entfernung zur Welt gekommen bist, denn mir ist ganz so, als ob ich Dich schon immer kennte.« Ein anderes Mal schrieb sie: »Bei euch finde ich das Zuhause, das ich nie hatte. (Obwohl Renishaw, wenn man es so ließe, wie es ist, gleichfalls mein Zuhause wäre, wenn auch kein sicheres.)«[2] Doch abgesehen von Sacheverell und Georgia und Osbert, die in ihren eigenen Kreisen verkehrten, lebten alle Menschen, die ihr nahestanden – und vor allem der, den sie liebte –, in Paris.

In London gewahrte sie auf allen Seiten Bedrohliches, sah Kränkungen, wo sie ging und stand. So hatte beispielsweise der einst mit ihr befreundete William Gerhardie[3], dessen Roman *Vergeblichkeit* sie bewundert hatte, in einem weiteren Buch mit dem Titel *Memoirs of a Polyglot* erklärt, Edith lasse ihn »an einen russischen Obristen denken, der nach dem Diner in der Offiziersmesse nackt auf das Dach seiner Unterkunft stieg und den Mond anbellte wie ein Hund«. Ihre Gedichte, erklärte er, seien »nichts als wirres Zeug«:

> Edith Sitwell ist keineswegs unbegabt. Aber sie weicht vor jedem zurück, der mit ihr spricht, als sei dessen Stimme zu laut und dessen Anwesenheit zu wirklich. Mit Telefonen und dergleichen will sie nichts zu tun haben, und sie ist zerbrechlich wie eine Wachspuppe. Man kann ohne Bedenken frei von der Leber weg über die Sitwells schreiben, denn sie sind imstande, ihre Interessen glänzend selbst wahrzunehmen.

Gerhardies Gemütsathletentum war unangebracht, übersah er doch das private Unglück hinter dem der Öffentlichkeit vorgespielten Aufplustern. Gerhardie bekam seine Lacher und Edith ihre Tränen.

Pawel aber schien nach wie vor auf sie angewiesen zu sein. Er bat sie, ihm zu schreiben: »In meiner Seele tobt zeitweilig eine solche Hölle, daß ich mich davor fürchte, Dir nahe zu kommen, und Du weißt, daß es auf der Welt keinen Menschen gibt, der mich besser verstehen und trösten kann als Du.«[4] Wenn sie doch nur nach Guermantes kommen und sich den anderen anschließen wollte: »Wir könnten beisammen sein, lesen, arbeiten und über alles mögliche lachen.« Im Mai 1932 schrieb Edith an Allen Tanner: »Sie ahnen nicht, wie sehr ich mich auf den Spätherbst freue. Ich werde weit länger dort sein, als Sie wissen. Offen gestanden, kann ich dies Leben nicht viel länger ertragen. Ich möchte dort sein, wo ich in Ruhe arbeiten und mit den wenigen wirklichen Freunden zusammen sein kann, die ich besitze.« Kein Hinweis auf Helen oder deren Zustand. Sie gehörte dem Kreis um Pawel nicht an; an ihr waren diese Menschen nicht interessiert. Edith war sich darüber klar, daß sie die Dinge nicht allzu sehr forcieren durfte.

Regelmäßig schrieb sie Pawel und Allen, doch sind die meisten dieser Briefe nicht zugänglich, weil sie bis zum Jahr 2000 in der Beinecke-Bibliothek an der Universität Yale unter Verschluß gehalten werden. So stehen mit Ausnahme der wenigen Briefe, die diesem Schicksal entgingen – in erster Linie solche von Pawel an Edith –, nur wenige Quellen zur Verfügung, denen wir entnehmen können, wie ihre epistolarische Beziehung wirklich aussah. Zugleich führte Edith einen fortlaufenden Briefwechsel mit Allen Tanner und Tschura, wobei im Vordergrund stets Pawel und die Schwierigkeiten ihres Haushaltes standen; jede Lücke zwischen diesen beiden Mitteilungsblöcken füllt die Gestalt Pawels.

Ediths Buch über die Stadt Bath mit dem schlichten Titel *Bath* kam im Mai 1932 bei Faber heraus. Der Schutzumschlag von Rex Whistler, von dem auch der übrige Buchschmuck stammt, zeigt die Verfasserin mit dem Gänsekiel in der Hand und von Putti umgeben auf einer rosa Wolke über jener Stadt schweben. Edith widmete das Buch ihren Eltern – vielleicht, weil es das erste war, von dem sie annahm, daß diese etwas damit anfangen könnten. Sie äußerte sich mißbilligend über *Bath* und teilte Georgia mit, es sei »das mieseste Buch auf dieser Erde«.

Edith hatte sich ausschließlich auf Sekundärquellen gestützt und ausführlich zitiert; ein Hinweis darauf, daß sie, wie bei den meisten ihrer Prosawerke, ohne wirkliche Begeisterung an die Sache herangegangen ist. Besonders intensiv hat sie sich wohl nicht mit der Stadt vertraut gemacht. Während der Arbeit an jenem Buch war sie mit Sacheverell und Georgia von Lord Berners' Haus in Faringdon aus einmal nach Bath gefahren, hatte es aber nachdrücklich abgelehnt, sich intensiv mit der Stadt zu beschäftigen.

Dennoch gewann sie ihrem Material einige wirklich gute Stellen ab, vor allem hinsichtlich der unhygienischen und skandalösen Zustände der Bäder aus der Zeit, bevor Beau Nash[5] als *arbiter elegantiarum* herrschte. Für das Buch konnte sie die Ergebnisse ihrer Quellenstudien zum Thema Pope und sein Kreis nutzen, und sie verknüpfte die Passagen erneut verwendeten Materials mit den impressionistischen Formulierungen, die zum Merkmal ihrer historischen Prosa werden sollten. Um die zeitliche Abfolge kümmerte sie sich nicht besonders, und unaufhörlich sah sie die Geister der Besucher von Bath durch die Wohnstraßen und Parks huschen: »Was für eine Rolle spielt es in zweihundert Jahren, ob die Uhr

1709 oder 1739 geschlagen hat?« Diese Vorgehensweise verdeckt Schwächen im Aufbau, spiegelt aber auch getreulich ihre nicht-lineare Betrachtungsweise der Geschichte. Nachhall von Musik und Stimmen schwebt »wie kalte Lüftchen durch den verlassenen Raum«; ein Nachhall der den Boden fegenden Damenröcke ist wie das Rascheln »dünnen herabtaumelnden Laubes«. Diese Wendungen, mit denen sie das Leben der Vergangenheit wachrief, finden sich in unterschiedlicher Gestalt, aber kaum anders formuliert, in späteren Prosaarbeiten wiederholt, wie auch ihre Listen exotischer Wörter für Textilien und sonstige Materialien, ihre Absätze über »geisterhafte Damen in Kleidern aus Chiffon, Schalaune, Ratin und Salambore ...«. Mehrfach werden Damen in schönen Toiletten mit Vögeln verglichen – »große Vögel mit leuchtendem Gefieder«. So hatte sie sich selbst beschrieben, als sie, achtzehnjährig, mit ihrer Tante vor einer Buchhandlung in Bath stand.

Das Buch entstand größtenteils in Paris, zu einer Zeit, als ihre psychische und emotionale Situation instabil war, und von daher kann man nachvollziehen, warum das Endprodukt so zusammengestückelt wirkt. Leben und Wirken des Beau Nash dienten ihr als Gerüst des Werks, doch auch, nachdem sie ihn – in äußerst anmutiger Weise in einem wunderschönen Rahmen und phantasievoll das Alterspathos nutzend – umgebracht hatte, war das Buch immer noch nicht lang genug. In den letzten wenigen Kapiteln ging sie den Weg zurück, den sie gekommen war, um einige weitere Aspekte der Gesellschaft von Bath zu behandeln. Da sie »die törichte lachende Menge ... über den Rand des Jahrhunderts hinaus« nicht verfolgt, können Jane Austens und William Beckfords Geister die Lücke nicht füllen. Diese letzten Kapitel wirken schwerfällig, denn inzwischen baumelt ihre »törichte lachende Menge« nicht nur über den Rand des achtzehnten Jahrhunderts, sondern auch über den von Ediths schlecht geplantem Buch hinaus. Trotzdem geht von *Bath* ein gewisser Zauber aus. Das Werk verkaufte sich recht gut; die erste Auflage betrug lediglich eintausendfünfhundert Exemplare, im Juli gab es eine zweite Auflage, und Harrison Smith brachte das Buch im November in New York heraus.

* * *

In jenem Frühjahr, in dem *Bath* herauskam, hielt Edith einen Vortrag in Oxford, wohin Pawel und Geoffrey Gorer sie wie im Triumphzug begleiteten. Während des Vortrags fiel Pawel, der sie beobachtete, auf, wie schmal sie geworden war und wie »scharf ihre Gesichtszüge unter der Deckenbeleuchtung hervortraten«.[6] Nach seinem Fortgang habe das Leben, wie sie Allen mitteilte, aus »Brocken unverdaulicher Langeweile, durchsetzt mit flennenden Witwen und Langweilern« bestanden. Der Hinweis auf Witwen bezog sich auf Alida Monro, einst Gattin Harold Monros vom Poetry Bookshop, die »vor Kummer« versteinert war und sich in den Kopf gesetzt hatte daß sie »außer Edith niemanden sehen wollte«, obwohl sie sie nicht einmal besonders gut kannte. Hinzu kam, daß Vivienne Eliot, die erste Ehefrau des Dichters T. S. Eliot, vollständig den Verstand verloren hatte und nicht nur ihrem Mann, sondern auch ihren Freunden und Bekannten großen Kummer bereitete. Die Situation hatte sich seit Anfang der zwanziger Jahre immer mehr verschlechtert, und 1926 hatten lange und wirre Briefe von Vivienne Edith wie Osbert in Erstaunen versetzt und vor Rätsel gestellt. Jetzt zog sie umher, berichtete Edith Allen, »roch nach Äther (und zwar so durchdringend, daß ich fast in Ohnmacht gefallen wäre) sowie nach einer Arznei, die man nur einem gemeingefährlichen Kranken im letzten Stadium eines heftigen Anfalls gibt.« Als Edith Vivienne zum letzten Mal in London auf der Oxford Street sah, tat diese so, als kennten sie einander nicht oder als wisse sie nicht, wer Edith sei.

Zu allem Überfluß hielten sich noch Sir George und Lady Ida von Mai bis August in England auf: »Meine Mutter ist lästiger denn je«, schrieb Edith an Allen, »und das Schreckliche ist, daß ich meine frühere Geduld nicht mehr besitze, nachdem ich sie achtzehn Monate lang nicht gesehen und in der Zwischenzeit auch selbst ziemlich viel durchgemacht habe. Dies ganze Leben aus Klatsch, Bosheit und kleinlichen ›Interessen‹ setzt mir zu.« Zu Sir George merkt sie an: »Er war hinter uns her, wie der Fuchs hinter den Hühnern.«

Wir wollen noch einen letzten Blick durch die Augen eines Dritten auf Edith werfen, bevor sie aus Pembridge Mansions auszieht. Hubert Foss hatte die Musikabteilung der Oxford University Press begründet und verlegte als erster die Werke William Waltons, mit dem er sich befreundete. Foss war mit der Sängerin Dora Stevens verheiratet; und die beiden luden Edith zu einem Liederabend ein, bei dem drei ihrer Gedichte in Waltons Vertonung gesungen wurden. Anschließend nahm das Ehepaar Foss sie mit zu Sir Henry Wood und seiner Gattin, die in der Nähe wohnten, um ihnen Edith vorzustellen. Lady Wood hatte im Jahr zuvor in der Oper hinter Walton und Edith gesessen und war davon überwältigt gewesen, wie ähnlich sie einander sahen. »Sie kann es einfach nicht fassen«, sagte Mrs. Foss zu ihrem Mann. »Ich habe ihr die ganze falsche Skandalgeschichte erzählt, und sie fand sie großartig.« Die »falsche Skandalgeschichte« bestand darin, daß man behauptete, Willie Walton sei ein unehelicher Sohn aus einer Liaison zwischen Sir George Sitwell und Dame Ethel Smyth[7], denn zwischen beiden habe es, wie das Klischee der Presse dafür lautet, »zarte Bande« gegeben. Im Januar 1935 teilte Virginia Woolf Ethel Smyth in einem Brief mit, sie habe gerade Osbert getroffen und der habe zu ihr gesagt:

> Wie geht's Ethel Smyth? Fragen Sie sie mal, wenn Sie sie sehen – hat ihr mein Vater einen Antrag gemacht? Das erzählt man sich nämlich in der Familie ... Hat er? Und hat er deshalb die Frau geheiratet, die ins Gefängnis mußte (womit er O., Edith und Sachie hervorbrachte – meiner Ansicht nach nicht unbedingt zum Ruhm der englischen Sprache, auch wenn ich einiges an ihnen mag).[8]

Im Mai stattete Mrs. Foss Edith einen Gegenbesuch in Pembridge Mansions ab und berichtete ihrem Mann darüber:

> Mein Liebster, sie lebt buchstäblich in einer ELENDSBEHAUSUNG. Das Haus wirkt wie eine Mietskaserne. Als ich über die Steintreppen keuchend im fünften Stock ankam, öffnete mir ein ordentlich aussehendes Hausmädchen und führte mich ins Wohnzimmer. Edith erhob sich vor mir wie ein Gebirge. Gekleidet war sie in eine Art Dekorationsstoff, der am Rücken hier und da aufgehakt war.
>
> Sie war äußerst freundlich, und ich bemühte mich nach Kräften, ein intelligentes Gespräch zu führen. Es gab Tee und billiges Gebäck. Die Zimmereinrichtung ist ziemlich heruntergekommen. Bestimmt hast Du noch nie solche Sofa- und Sesselbezüge gesehen. Mich erinnert das Ganze ein wenig an Edwin Evans' Behausung, nur daß es da vielleicht nicht so viel *losen Schmutz* gab ... Die Wände ihres Zimmers sind mit Gemälden und Zeichnungen eines Russen förmlich gepflastert, von dem sie mir (mit einem Anflug mädchenhafter Verschämtheit) sagte, er sei ihr bester Freund.[9]

Am stärksten beeindruckte Mrs. Foss die *Grüne Venus* von Ediths »bestem Freund«. Sie zeichnete davon eine durchaus brauchbare Skizze für ihren Mann und erklärte, es handele sich um »eine nackte Dame in einer Hängematte ... Du weißt ja, wenn man in einer ziemlich lose gespannten Hängematte liegt, kommt einem das Hinterteil so schwer und riesig vor – nun, dies Bild war so. Die Teile, die sich am schwersten anfühlen, sind am größten dargestellt.« Durch das Interesse ihres Gastes ermutigt, holte Edith Mappen mit Tschelitschew-Zeichnungen hervor, ein Spektrum »von schlafenden Katzen bis hin zu nackten Herren. Wie ich hörte, sind einige davon verkäuflich.«

Hubert Foss gab seiner Gattin folgendes zu bedenken: »Sie hat, von aller Verschrobenheit einmal abgesehen, kein Geld – und was sie hat, gibt sie für Gesellschaftskleider einer ganz besonderen Art aus. Außerdem schlägt sie aus ihrer Armut Kapital, was die Sitwells schon einmal mit ihren jeweiligen Vorzügen oder Nachteilen getan haben. Sie sind nun einmal in erster Linie Krämerseelen und erst in zweiter sympathische Menschen.«[10]

Offenkundig teilte Foss die Ansicht von F. R. Leavis, der sich im gleichen Jahr in *New Bearings in English Poetry* zu der vollmundigen Behauptung verstieg: »Die Sitwells machen eher in der Werbung als in der Lyrik Geschichte.« Damit machte er sich Edith lebenslänglich zur Feindin. Im Mai 1932 kam auch das erste Heft der Literaturzeitschrift *Scrutiny* heraus, wo Leavis im Verlauf der nächsten zwanzig Jahre die Seiten mit seinen moralischen, kulturellen und erziehungswissenschaftlichen Theorien zur Literatur füllte. Ihm, der eine ganze Generation von Lesern, Lehrern und Kritikern überall auf der Welt beeinflußte, bedeutete die Dichtung der Edith Sitwell nichts. Insofern bereitete jeder, der Leavis kritisierte, Edith unbeabsichtigt eine große Freude. Geoffrey Gorer veröffentlichte 1936 einen Roman mit dem Titel *Nobody Talks Politics*, in dem Leavis als hochgeistiger und aufgeblasener Dr. Litespring auftaucht, der ein Buch mit dem Titel *All Ye Need to Know* veröffentlicht hat: »... Was könnte besser, was bedeutender sein, als die Liebe zur eher trockenen Dichtung zu fördern. (Die eher sinnlichen Dichter wie Milton, Keats, Swinburne und Edith Sitwell haben etwas leicht Anrüchiges an sich, waren zu unterhaltsam; wie recht tat Dr. Litespring daran, sie in der Luft zu zerreißen! Auf welche ehrenwerte Weise übte er damit Enthaltsamkeit!)«

Neben F.R. Leavis tauchten im ›Lyrikbetrieb‹ ganz neue Namen auf. Viele fanden sich 1932 in Michael Roberts Anthologie *New Signatures*[11] bei Hogarth wieder. Faber and Faber hatte 1930 die *Poems* eines jungen Mannes namens Wystan H. Auden veröffentlicht. Der Titel von Gorers Roman *Nobody Talks Politics* war ebenso satirisch wie sein Inhalt; mit einem Mal sprach alle Welt über Politik.

Edith kannte nur eine Politik, die Personalpolitik. Unaufhörlich rührte sie die Reklametrommel für Pawel. Bevor sie nach Paris aufbrach, überredete sie Colin Agnew von der Galerie in der Bond Street, Pawel dort aufzusuchen. Außerdem bearbeitete sie Gerald Berners: »Lord Berners wird *äußerst* nützlich sein«, erklärte sie Allen, »denn er ist reich, kennt *jeden* und bewundert Pawlik ungeheuer.« Im April erfuhr sie, Pawel sei »mit Lady FitzHerbert zusammengetroffen. »Ich hoffe, sie hat ein Bild gekauft. Sie verfügt über ein Einkommen von deutlich mehr als £ 3000 im Jahr und braucht nur für sich selbst zu sorgen.« In Ediths Augen gab es für Reiche nur noch einen einzigen Daseinsgrund – Tschelitschews Meisterwerke zu kaufen. Zwar sah sie nicht gern, daß er viel mit Frauen wie Lady FitzHerbert zu tun hatte; es genügte, sie zu bekehren – zu fraternisieren brauchte man mit ihnen nicht. Edith war ebenso eifersüchtig, wie Pawel es im Interesse seines eigenen Vorankommens war. Beide waren durchaus bereit, einander vorzuwerfen, daß sie ihre Zeit mit nichtsnutzigen »mondänen« Leuten verschwendeten. Tschelitschews Biograph merkte dazu an, zwischen »zwei so titanischen Snobs« wie Edith und Pawel sei »das Wort ›mondän‹ gleichbedeutend mit einer gewaltigen Ohrfeige.«

Edith lud Christabel McLarens Bewunderer, den wohlhabenden Sam Courtauld, zum Tee ein. In einem Brief, den sie William Plomer Jahre darauf schrieb (am 29. April 1948), erinnerte sie sich an »ein fürchterliches Mittagessen«, bei dem sie zwischen Sir Edward Marsh und Sam Courtauld saß (die sie beide um Tschelitschews willen umwarb): »Neben dem ersten kam ich mir vor wie ein Hafenpolizist mit übergroßen Füßen, und neben dem zweiten unverzeihlich leichtfertig – ein Hauch von Chiffon, der dem Großen Jenseits und dem Jüngsten Gericht entgegentreibt.«

In Pawels Interesse pflegte sie den Umgang mit den reichen Dilettanten Edward James und Peter Watson (späterer Mitbegründer der Zeitschrift *Horizon*) – von letzterem malte Pawel ein Porträt in blauer Rüstung. Wenn Pawel aber mehr als wirtschaftliches Interesse an jemandem zeigte, den sie ihm zum Porträtieren zugeführt hatte, wurde Edith unruhig. »Wie ich höre, nennt man Pawliks Freund Mr. Watson jetzt ›Trompetenlippe‹. Ich fürchte, man schätzt ihn in London nicht *wirklich*«, schrieb sie an Allen (August 1933). War einer ihrer Bekannten nicht bereit, sich ihrer Ansicht von Tschelitschews Genie anzuschließen, wurde sie störrisch. Harold Acton, ein treuer Freund Ediths, der viel von Malerei verstand, hatte von Pawel als Maler keine hohe Meinung; seiner Ansicht nach waren seine Bühnenentwürfe für *Ode* und *Undine* das beste, was er je geleistet hatte. Acton, dem sie 1920 ihr Gedicht »Poor Young People« gewidmet hatte, hielt mit seiner Meinung nicht hinter dem Berg, und darüber war sie so verärgert, daß sie die Widmung widerrief. (Später allerdings widmete sie ihm ein weiteres Gedicht, »La Bella Bona Roba«. Als sich Acton schließlich doch von Pawel malen ließ, gelang das Porträt nicht besonders. Auch Pawels Wesen, seine düsteren Phasen und sein *cafard* beeindruckten ihn nicht, und er beschreibt ihn in seiner Erinnerung, wie er »mit seiner phlegmatischen russischen Schwester in seinem kleinen Atelier herumsaß und Trübsal blies, während ein französisierter amerikanischer Freund im Morgenmantel auf dem Klavier herumhämmerte«[12] – eine nicht besonders freundliche Beschreibung, aber äußerst aufschlußreich im Hinblick auf Ediths eigenen Standpunkt den Betroffenen gegenüber. In ihren Bemühungen, Pawel bei seinem Vorankommen nach Kräften zu fördern, vergaß sie die Ansprüche seines »französisierten amerikanischen Freundes« nicht, dessen Karriere als Pianist sie vorantrieb. Sie schrieb an Allen, sie plane in Paris »ein Netz um Leute wie die Prinzessin de Polignac zu weben, damit Sie Engagements bekommen, mit denen Sie Geld verdienen können.«

Cecil Beaton lernte zu jener Zeit Tschelitschew kennen, der anfänglich einschüchternd auf ihn wirkte – »seine Mißbilligung konnte manchmal niederschmetternd sein« –, merkte aber bald, daß Pawel auf ihn einen »nahezu hypnotischen Einfluß ausübte«. Pawel malte Beaton auch, und dieser erlebte das Ende eines von Pawels und Ediths privaten Psychodramen mit, das sich an »einem entsetzlichen Sonntagnachmittag« in Pawels Behelfsatelier in South Kensington abspielte. Hier Ediths Bericht darüber:

> Ich saß ihm zu einem der Porträts, die er von mir gemalt hat. Ohne erkennbaren Anlaß brach ein ganz besonders heftiges Unwetter los. Ich

weiß nicht einmal, warum, und habe es auch nie erfahren, ... Jedenfalls schob er, Wutschreie ausstoßend, den Sessel, in dem ich saß, quer über den glatten Boden, als sei er ein Kinderwagen, und im nächsten Augenblick schleuderte er mir nackte Leinwände um die Ohren, wobei er aber darauf achtete, meinen Kopf nicht zu treffen.

»Ja, ja, ich *bring* dich um, ich bring dich um!« »Nun, alter Junge«, sagte ich schicksalsergeben. »Tu, was du nicht lassen kannst. Aber verschone bitte den Bernstein.« (Ich trug den riesigen Bernsteinschmuck, der auf meinem in der Tate-Galerie ausgestellten Porträt von ihm zu sehen ist.) Er hatte die Tür abgeschlossen und den Schlüssel eingesteckt ...

Doch mit einem Mal ertönten Schritte auf der Treppe ...[13]

Es war Cecil Beaton, der zum Tee kam. Auf seine Aufforderung hin öffnete Pawel die Tür. »Wir genossen eine angenehme Teestunde«, schloß Edith, »und der Zwischenfall wurde mit keiner Silbe erwähnt.« Tatsächlich verfügte Cecil Beaton, der diese Geschichte häufig erzählen hörte, über keinen Hinweis darauf, daß überhaupt irgend etwas vorgefallen war. Und war etwas vorgefallen? Falls ja, verhielt es sich so, wie Edith es darstellte? Beaton machte sich Notizen von einigen seiner Unterhaltungen mit Pawel, bei dem »sich selbst einfachste Anekdoten zu einem Wunderwerk verwandeln. Er flüstert und brüllt dabei, wird abwechselnd zum Stier oder zum Kind.« »Er erzählt, wie die meisten Menschen (wenn niemand zugegen ist), die Geschlechtsteile von Statuen in Museen berühren, weshalb diese ständig gewaschen werden müssen!« In einem Gespräch mit Virgil Thomson über Musik sagte Pawel: »Manche einfühlsamen Menschen fürchten sich vor dem Geräusch eines fallenden Papiers oder eines leisen Windhauchs vor dem Fenster.«[14] Vielleicht dachte er an Edith, die mit seinen Worten »in jeder Hinsicht zu furchtsam« war.

Eine Schlange war bereits auf dem Weg in den erhofften Garten Eden in Paris. In Ediths Augen war Allen, Pawels Gefährte über viele Jahre hinweg, inzwischen keine Ringelnatter mehr, sondern Pawels Schutzengel. Solange er Pawels Leben teilte, konnte das kein anderer. Doch noch bevor sie nach Paris aufbrach, schrieb Allen panikerfüllt, das Schlimmste sei geschehen und er sei verzweifelt. »Sie *dürfen nicht* abreisen«, schrieb ihm Edith. »Es würde allen Beteiligten das Herz brechen.« Die Schuld gab sie Pawels »unheilvoller Gewohnheit, in den übelsten Menschen positive Eigenschaften zu sehen, die diese gar nicht besitzen.« Doch der junge Charles Henri Ford blieb. Allen ging – noch – nicht fort.

Ediths Hoffnung auf ein neues und glückliches Leben in Paris sah nicht mehr ganz so rosig aus. Im August verließ sie ihre Wohnung in Pembridge Mansions 22, die achtzehn Jahre lang ihr Zuhause gewesen war. »Die Stunden, die ich damit verbracht habe, alles auszuräumen, das meiste unterzustellen, anderes zusammenzupacken, Manuskripte zu sortieren – und die Betrübnis, mein Heim verlassen zu müssen, wurden zuviel für mich«, teilte sie Allen mit. Sie unternahm eine Reihe von Verwandtenbesuchen und traf Anfang September in Paris ein.

Pawel und Allen waren nicht da, um sie zu begrüßen; sie hielten sich in Guermantes auf. Was auch immer bei Ediths erstem Besuch vorgefallen sein mochte, Pawel unternahm nichts, damit sie sich wohler fühlte. Sie schrieb am 5. September aus Evelyns Wohnung an Allen, sie erwarte Cecil Beaton: »Darüber freue ich mich, denn er hat mich stets mit großer Ritterlichkeit behandelt und mißt Dingen, die nicht zählen, keinen falschen Wert bei.« Sie beabsichtigte nicht, viel auszugehen – sie hatte »nichts anzuziehen«; sie wollte einfach intensiv an ihrem nächsten Prosabuch – *Englische Exzentriker* – arbeiten. Es gab nichts, worauf sie sich freuen konnte:

> Ich fühle mich heute ziemlich genau so wie ein alter Droschkengaul, und ich ängstige mich vor meinem Leben in Paris. Als ich zuerst daran dachte herzukommen, habe ich mich darauf gefreut, Kränkungen und Verleumdungen in London zu entrinnen, und sah meinem Leben hier voll froher Erwartung entgegen! Ich dachte, ich könnte all das Unglück meines früheren Lebens hinter mir lassen. Jetzt merke ich, daß es mir hier schlimmer ergehen wird, als es mir je irgendwo ergangen ist, da ich einfach nicht hierher passe, weder ins äußere noch ins innere Leben von Paris.

Bis Dezember hatte sich eine Art Gleichgewicht eingestellt. Pawel besuchte mit ihr die deutsche Verfilmung der *Dreigroschenoper*: »Es war einfach hinreißend. Das ist der *einzige* bedeutende Film, den ich je gesehen habe«,[15] schrieb sie an Georgia. Am ersten Weihnachtstag – entnehmen wir einer Mitteilung an Georgia – aß sie mit Pawel und Tschura zu Abend. Möglich. Aber in ihrer Autobiographie schrieb sie, ihr Leben in Paris sei »die reinste Hölle« gewesen.

14

Ratten im Gebälk

1932–1934

Selbst der Gang zum Postamt war ihr zuwider, da man sie fortwährend anstarrte. Sie haßte alles, was mit Kennkarten und der regelmäßigen Meldung auf dem Polizeirevier zusammenhing, zu der im Lande ansässige Ausländer verpflichtet waren. Eines Tages sah Allanah Harper, die in ihrem Wagen vorüberkam, wie sich Edith in einer belebten Straße dicht an eine Mauer drücke und dabei aussah wie ein hilfloser großer Vogel, der nicht fliegen kann.

Wenige Wochen nach ihrer Übersiedlung brachte Faber im Oktober Helens Übersetzungen *Prose Poems from »Les Illuminations« of Arthur Rimbaud* heraus. Edith hatte dazu eine Einleitung verfaßt, in der sie ein Porträt des Achtzehnjährigen zeichnete: grobschlächtig mit roten Händen, knochigen Handgelenken, Frostbeulen und Kleidungsstücken, aus denen er herausgewachsen war. Über die Exzesse des jugendlichen Dichters sagte Edith – im Tonfall einer nachsichtigen Patin: »Beide [Verlaine und Rimbaud] sind zu jener Zeit wahrscheinlich allen auf die Nerven gegangen, nicht nur den Menschen zu Hause, sondern auch allen Zufallsbekanntschaften.« An Allen Tanner schrieb sie: »Die Übersetzungen sind *bewundernswert*, wirklich erstklassig ... Auch mein Aufsatz gefällt mir, besser als der größte Teil meiner Prosa.«

Helens Zustand ließ es nicht zu, daß sie dieser Frucht ihrer langen Beziehung viel Freude abgewann, und auch Edith, deren dritter Band der Anthologie *The Pleasure of Poetry* über das viktorianische Zeitalter im selben Monat bei Duckworth herauskam, konnte den Erfolg nicht recht genießen: »Seit einigen Tagen muß ich mich immer wieder hinlegen, da mir das rasche Abnehmen aufs Herz geschlagen hat. Wie ärgerlich!«

»Das heruntergekommene Viertel links und rechts der Rue Saint-Dominique im siebten Pariser Stadtbezirk«, schrieb John Pearson, »könnte man als französisches Äquivalent von Bayswater oder der Moscow Road in den dreißiger Jahren betrachten.« Das Haus mit der Nummer 129 war ein »gesichtsloses, hohes graues Gebäude gegenüber einer Kohlenhandlung«.[1] Da Evelyn Wiels Wohnung, die aus sechs kleinen Räumen bestand, im obersten Stockwerk lag, mußte man wie in Pembridge Mansions mühevoll viele Treppen ersteigen. Edith war es nicht möglich, Besuch zu empfangen, ohne die bettlägerige Helen zu stören, deren Zimmer der Korridortür am nächsten lag. Die Bücher-, Papier- und Bilderstapel ließen Ediths ohnehin winziges Zimmer noch kleiner erscheinen. Als dort Frohsinn geherrscht hatte und der Aufenthalt in jener Wohnung so etwas wie eine erregende Flucht vor dem tristen Alltag gewesen war, waren Besuche dort angenehm gewesen, doch jetzt schwand in Ediths Augen rasch all ihr Zauber dahin.

Nach ihrer Ankunft arbeitete sie bis ins Jahr 1933 hinein täglich sieben Stunden an ihrem Buch *Englische Exzentriker*. Es kam im Mai 1933 bei Faber und im September bei Houghton Mifflin in New York heraus. Mr. Cox von der London Library schickte ihr – wie schon für *Bath* – getreulich alles, was sie an Büchern brauchte, doch hätte er beinahe das Porto für Pinks *History of Clerkenwell* nicht bezahlt, es wog immerhin zwei Kilo. »Mein langweiliges Buch über die Exzentriker«, titulierte sie es Allanah gegenüber. »Ach, wie froh werde ich sein, wenn es fertig ist und ich mich wieder mit Lyrik beschäftigen kann!«

Sie widmete *Englische Exzentriker* ihrem Arzt, H. Lydiard Wilson, und dessen Gattin. In der Rezension der *Times* vom 18. Mai 1933 hieß es, in jenem Buch »finden sich Spuren der Gestaltlosigkeit, Weitschweifigkeit und unersättlichen Lust an Einzelheiten (wie bei einer Enzyklopädie, die aus dem Einband quillt), wie sie für Abhandlungen über Anatomie der vorklassischen Epoche kennzeichnend sind.«

Sicherlich kamen ihr die Begeisterung und die Ausdauer zugute, mit der sie »exzerpierte«, denn über weite Strecken enthält das Buch lange Auszüge aus anderen Werken, so aus Osberts *Sober Truth* und *Victorians* und aus ihrem eigenen *Bath*. Lebendiges Material stand reichlich zur Verfügung, das Edith in heiter-ironischemTon abhandelt, und dieser editorische Ton, den die Autorin an keiner Stelle aufgibt, hält das Buch zusammen. Gekonnt versteht sie beispielsweise, die Vorliebe der Adligen des achtzehnten Jahrhunderts darzustellen, die Schmuckeremiten zur Zierde ihrer Grotten anstellten. Wer einen neuen Schmuckeremiten brauchte, suchte durch Anzeigen in Zeitungen danach. »Nichts, meinten sie, könne das Auge derart entzücken«, schrieb Edith, »wie der Anblick eines älteren Mannes, der mit einem langen grauen Bart, in einem zottigen, härenen Gewand, durch die Unbequemlichkeiten und Annehmlichkeiten der Natur taperte.« Ein hohes Gehalt gab es für die zu erledigenden Aufgaben nicht, aber sie waren auch nicht besonders mühevoll. (Wenn Edith in Paris besonders trüber Stimmung war, bezeichnete sie sich als »unschmucke Eremitin«.)

Für einen Leser, der die im Entstehen begriffene englische Exzentrikerin, nämlich die Autorin selbst, näher kennenlernen will, ist das »Porträt einer gebildeten Dame« empfehlenswert. Die fragliche Margaret Fuller[2], Feministin und Blaustrumpf, war allerdings keine Engländerin, sondern Amerikanerin. Edith erlaubte sich mehrere Scherze auf Miss Fullers Kosten, doch projizierte sie auf die phantasievoll erdachte Darstellung von deren Liebe zu dem unbefriedigenden James Nathan ihre eigene unbefriedigende Beziehung zu Pawel. Schließlich stand dieses Thema im Vordergrund ihres Denkens, während sie an jenem Buch arbeitete.

Zwischen Miss Fuller und Mr. Nathan entwickelte sich »eine dieser unschuldig-inzestuösen Bruder-Schwester-Beziehungen, die für die Herren so angenehm und bequem, aber so nerven- und würdezerrüttend für die Damen sind«, schrieb Edith. Zwischen ihnen bestehe, »eine *geistige Affinität*«, ließ sie Nathan erklären. »Sie sollten erkennen, schlug er vor, daß ihre Beziehung aus dem Innern kam, obgleich ich mir vorstelle, daß dies hohe geistige Leben auch dann noch durchsetzt war von Zwischenspielen einer quälenden Zärtlichkeit.« Als in Miss Fullers Zügen allmählich die Anzeichen des voranschreitenden Alters erkennbar wurden – »teils infolge von Überarbeitung, teils durch Fehlschläge, Verdruß und das allgemeine Hin und Her dieses verhinderten Inzests« bedingt –, suchte tiefer Kummer Mr. Nathan heim. »Aber all diese Merkmale geistiger Anstrengung veranlaßten die Frau, die ihn liebte, nur, ihm – mit einer noch tieferen, närrischeren, phönixhaften Liebe – noch näherzukommen.« Mr. Nathan freilich brauchte Geld. »Margaret, meinte er, könnte doch ihre wohlhabenden und einflußreichen Freunde um Geld bitten.« Und so weiter; man findet dort alles.

Wer dies Kapitel aus *Englische Exzentriker* gelesen hat, muß davon ausgehen, daß Edith sich der spezifisch sexuellen Zweideutigkeit ihrer Freundschaft mit Pawel bis zu einem gewissen Grad bewußt war und außerdem wie eine normale Frau empfand. Voll beißender Ironie äußert sie sich über die Erwartungen von Männern an Frauen:

Vielleicht hätte sie den Bann, unter dem sie stand, brechen können. Aber obwohl Mr. Nathan selbst sich frei wie die Luft fühlte, hätte es

> seine hohen Ideale verletzt, irgendwelche Anzeichen von Schwäche an einer Frau zu erkennen, deren legendäre Treue ihr Geburtsrecht und ihr vom Himmel verliehen ist. Welche Inspiration bedeutet diese Treue für den Mann, da sie doch seinen Glauben an die menschliche Natur bei den vielen Gelegenheiten stützt, wenn ihn bei Betrachtung seiner eigenen Untreue die Enttäuschung niederdrückt!

Niemand hätte diese Situation besser zusammenfassen können. Dabei legte Edith in keiner ihrer Schriften mehr verblüffende Selbstkenntnis an den Tag als an der Stelle, da sie das Fazit aus Margaret Fullers Leben zieht: »Tatsächlich war ihr Leben erfüllt von edlen Idealen, backfischhaftem Unsinn und Mondschein, von törichten und peinlichen, übergefühligen Freundschaften und verdrängten Lieben (wobei Freundschaft sich oft als Liebe gab, und Liebe als Freundschaft), von einem geistigen und moralischen Mut und einer großartigen Treue gegenüber ihren Idealen, ihren Freunden und Lieben.«[3]

Doch war diese mittelbare Selbstkenntnis das äußerste, was sie zu leisten vermochte: Ihr Taten folgen zu lassen und sich auf diese Weise zu befreien, dazu war sie nicht imstande. Eine Befreiung von ihren eigenen Obsessionen barg zu viele Gefahren; vor allem die der Sexualität. Im selben Kapitel des Buchs *Englische Exzentriker* äußert sich Edith über die »Frauenemanzipation« und nennt sie eine Bewegung,

> in der sich gebildete, behoste und muntere Damen wie George Sand mit der gleichen Häufigkeit, Wahllosigkeit und zu so niederem Preis wegschenkten, wie andere Damen Weihnachtskarten verschickten. Das führte dazu, daß sie mit großem Eifer von Sexsnobs gesammelt wurden, die im Unterschied zu anderen Snobs oder Sammlern das leicht zu Findende dem Seltenen vorziehen.

»Ich *sehne* mich nach dem Ende meines Exils«, teilte sie ihrer Kusine Veronica Gilliat zu Weihnachten 1932 mit. Rettung war in Sicht. »Glaubst du, ich könnte mich für die Zeit um den 20. Februar ansagen? Der Bojar hat dann [am 23.] eine Ausstellung bei Tooth, und ich hatte versprochen, mitzufahren und ihm zu helfen.«[4]

»Ich bin so froh und glücklich, daß ich für so lange verreise«, schrieb sie an Allen, »ehrlich gesagt, zähle ich die Tage.« Von Anfang Februar

1933 bis März hielt sie sich in England auf, um Pawels Werbefeldzug zu planen. Anfänglich tat sie das von Weston aus, wo sie bei Sachie und Georgia wohnte. Diesen beiden, teilte sie Allen mit (der nicht mit nach England gekommen war), schien es das beste, vor der Ausstellung *keinen* Empfang für Pawel zu geben, um sicherzustellen, daß möglichst viele Besucher zur Vernissage kamen. Hinzu kam, daß Osbert – der die Einführung zum Katalog verfaßt hatte – mit David Horner fort war. Wenn man an einem anderen Ort als im Haus am Carlyle Square, das ihnen jetzt nicht zur Verfügung stand, eine Gesellschaft gäbe, bestünde die Gefahr, daß »eine entsetzliche Ansammlung von Nachtclub-Stammgästen und Ateliernassauern« uneingeladen käme und ein »Besäufnis« veranstaltete.

Die Ausstellung war ein großer Erfolg, und Pawel verkaufte viele Bilder. Anschließend schrieb Edith voll Begeisterung an Allen und Tschura. »Sam Courtauld sagt, daß Pawlik ein gemachter Mann ist und die einzige Gefahr darin besteht, daß er bei der mondänden Gesellschaft zu gut ankommt … Diesmal hat sich einer von Pawliks reichen Freunden anständig verhalten – Mr. [Edward] James. Er ist ein schöner Kontrast zu den anderen … Pawlik scheint es gutzugehen, aber natürlich ist er sehr müde.« Er war als Gast Sacheverells und Georgias nach Weston gekommen, doch erwies sich, daß dieser Besuch kein durchschlagender Erfolg war. Zufällig hatte in seinem Zimmer ein Buch über die Krönung des letzten Zaren auf dem Nachttisch gelegen. Pawel faßte das – warum, ist nicht ganz klar – als Beleidigung oder zumindest als Mangel an Feingefühl auf. Sachie erschien im Smoking zum Abendessen, und das trug nicht zu Pawels Wohlbefinden bei, denn ein solches gesellschaftliches Kleidungsstück besaß er nicht. Niemand hat je an Pawels bezauberndem Wesen und an seiner Anziehungskraft gezweifelt; aber er war außerdem sehr schwierig und über alle Maßen unberechenbar. Er verließ Weston am nächsten Morgen.

Helen, die einen Rückfall erlitten hatte, brach im Sommer erneut zusammen und mußte sich noch einmal operieren lassen. Die von Mitleid förmlich zerfressene Edith war keine begabte Krankenpflegerin. Sie hatte mit ihrer Arbeit und ihren eigenen Schwierigkeiten reichlich zu tun und erhob keinen Anspruch auf einen Heiligenschein, der ihr nicht zustand. Da Evelyn Wiel allmählich alt wurde und nicht recht zu helfen vermochte, war es für alle drei Frauen eine schreckliche Situation. »Vor gut zehn Tagen«, schrieb Edith am 24. Juli an Allen,

> hat man entdeckt, daß Helen die scheußliche Sache wieder hat, noch dazu an derselben Stelle ... Es war nicht gerade eine lustige Zeit – es ist nicht schön, wenn mit einem Mal der schreckliche Name der Krankheit fällt ... Es ist auch nicht schön, die ganze Hausarbeit und die Einkäufe zu erledigen und dann nachts die Alpträume des armen Geschöpfes mitzuerleben. Gestern war ich um sechs Uhr auf und hab ihr um acht die Treppe heruntergeholfen, weil sie zum Verbinden in die Klinik mußte.

Durch ihre Flucht nach England im folgenden Monat konnte Edith sich aber nur teilweise lösen, denn von Helen erreichten sie »entsetzliche« Briefe. Außerdem gab es auf Renishaw »fortwährend Streit«, wie sie Allen am 15. August mitteilte. Sie schrieb »etwas, das ein recht ordentliches Gedicht sein müßte«. Schon seit nahezu achtzehn Monaten war sie damit beschäftigt gewesen. Als sie in jenem heißen August 1933 auf Renishaw daran arbeitete (es handelte sich um »Romance«), wurde sie »jede zweite Minute unter den albernsten Vorwänden unterbrochen«. Ihre Eltern waren für den Sommer aus Montegufoni zurückgekehrt, außerdem hielt sich Sam Courtauld dort auf – er war zwar angenehm, »aber schwierig im Gespräch«. Ihr Vater, teilte Edith Allen mit, sei unter den Fenstern auf dem Rasen auf und ab gegangen, wobei er seiner Sekretärin diktiert habe: »An die Anwaltskanzlei Wurmlinger, Wurmlinger und Wurmlinger. Wie ich in meinem letzten Brief erklärte. Elende Kreatur. Lesen Sie, was Sie haben.«

Dann waren da die Auseinandersetzungen zwischen ihren Brüdern und dem Vater, bei denen es um Geld ging: Wie sie sagte, versuchte er seine Vermögensangelegenheiten so zu ordnen, daß Georgia keinen Heller bekam, falls Osbert, Sacheverell und dessen Söhnchen Reresby vor ihr starben. Außerdem behauptete Sir George, wie Edith an Tschura schrieb, daß ihm Osbert zweitausend Pfund schulde.

Sie verließ dies glückliche Familienidyll, um in Badminton eine Weile behaglich und in etwas hochherrschaftlicheren Verhältnissen bei ihrer Tante zu leben, der Herzoginwitwe von Beaufort. Von dort reiste sie zu einer alten Freundin aller drei Sitwells, der Cembalistin Violet Gordon Woodhouse, die nicht weit von Stroud lebte, ebenfalls in der Grafschaft

Gloucestershire. Ihre Besuchsreisen brachten sie nicht nur auf andere Gedanken; sie boten ihr auch die einzige Möglichkeit, den gefürchteten »Rotfüchsen« – ihren Eltern – zu entrinnen. Noch mit Mitte Vierzig besaß Edith nach wie vor kein eigenes Heim.

Abszesse an den Zahnwurzeln, die sie aufs Lager warfen, bereiteten dieser Rundreise ein vorläufiges Ende. Nachdem sie sich in London hatte behandeln lassen, wo sie mit Lady Ida in einem Hotel wohnte – »ich konnte das Gejammer meiner Mutter nicht mehr mit anhören« –, landete sie schließlich wieder auf Renishaw. Drei Lichtblicke gab es in jenem Sommer: Sie beendete »Romance«, faßte insgeheim den Entschluß, einen Roman zu schreiben (was sie Tschura mitteilte), und traf im Haus von Violet Gordon Woodhouse mit W. H. Davies zusammen, dem vorurteilslosen Freund aus alten Tagen, dem sie vertraute. »Wir haben bis zwei Uhr morgens gesessen und geredet«, schrieb sie an Allen, »und ich fürchte, unsere Gastgeberin war völlig erschöpft.«

Tschura vertraute sie weder die Qualen an, die sie um Pawel litt, noch berichtete sie ihr von der Krise zwischen ihm, Allen Tanner und Charles Henri Ford. Ihr teilte sie vor allem Einzelheiten über die nicht endenden Krankheiten in ihrem kleinen Kreis mit, einschließlich ihrer eigenen: Kopf- und Zahnschmerzen, Erkältungen, Grippe und – einzigartig in Ediths Briefwechsel – die Heimsuchungen der Menstruation. So hieß es beispielsweise im März 1933: »Comme toujours, la méfortune qui est infligée par le ciel sur nous tous [*sic*] a choisi ce moment pour me visiter!!!!«[5] Dies Thema veranlaßte sie zu einer großen Zahl von Ausrufezeichen; bei diesem seltenen Anfall weiblicher Vertraulichkeit schrieb Edith wie eine Halbwüchsige. Ihre Periode fiel, wie sich zeigte, in bemerkenswerter Weise mit der Tschuras zusammen. Über Tschura und deren Repertoire an Gebrechen soll Pawel gesagt haben: »Tschuras *métier* ist die Krankheit.«

Das Problem Pawel folgte Edith ebenso nach England wie das Problem Helen. Charles Henri Ford, zwölf Jahre jünger als Pawel und seine neue Liebe, war ein ungewöhnlich gutaussehender, blauäugiger junger Mann aus Mississippi, der im Frühjahr 1931 in Paris eingetroffen war, wo er einen Verleger für seinen Roman *The Young and Evil* zu finden hoffte. Pawels späterer Biograph Parker Tyler, der mit Ford zusammen daran gearbeitet hatte, nannte das Buch einen »unanständigen Roman«. Einander kennengelernt hatten Pawel und Ford bei einer Tee-Einladung im Hause von Djuna Barnes, mit der Ford eine Weile zusammenlebte. Pawel war wie gebannt. Er begann, Ford zu malen und an ihn zu schreiben – »mein liebster huckleberries finn.«[6] Pawel schickte Ford mitsamt seinem unanständigen Roman zu Edith, die ausgesprochen erzürnt und angewidert war – zumal Ford offensichtlich von dem, was sie geschrieben hatte, noch nichts gelesen hatte.

Falls Edith bis dahin nicht bereit gewesen war, sich die Beziehungen ihrer Freunde hinter der Schlafzimmertür anzuschauen, zwang *The Young and Evil* ihrem unwilligen Bewußtsein eine gewisse Wirklichkeit auf. In ihrem Brief, den sie aus Renishaw in jenem streiterfüllten August 1933 an Allen schrieb, gibt es keine unschuldigen oder weltfremden Töne:

> Ich *weiß*, daß jenes Geschöpf äußerst gefährlich ist. Erstens muß er, nach dem üblen und unsagbarem Buch zu urteilen, die entsetzlichsten Unterwelttypen kennen. Es ... ist wie ein toter Fisch, der in der Hölle stinkt! ... Wenn er Ihnen auf die Nerven geht, lieber Allen, *schicken Sie ihn doch mitsamt seinem Buch nach England*, und ich sorge dafür, daß er vom Augenblick seiner Landung an drei bis sechs Monate kostenlose Unterkunft bekommt, bei freier Verpflegung! – Sie verstehen? – Nur ein kleines Wort, und was für ein Empfang durch die Behörden!

The Young and Evil gelang es nicht, die Grenzkontrollen nach England zu überwinden, als es im Frühjahr 1934 veröffentlicht wurde. In einer möglicherweise unverbürgten Geschichte heißt es, Edith habe mit Edward James – dem »schönen Kontrast« zu Pawels anderen reichen Freunden, dessen Gattin Tilly Losch im folgenden Jahr in Balanchines Ballett *Errante* tanzen sollte, für welches Pawel die Entwürfe gezeichnet hatte – beieinander gesessen und feierlich im Kamin ein Exemplar des Romans in Flammen aufgehen lassen.

Doch nicht nur Helen schrieb in jenem Sommer »entsetzliche Briefe« an Edith. Wie letztere Allen mitteilte, hatte sie im August auf Renishaw einen Brief vonPawel bekommen, der »mich entsetzlich verletzt hat«:

> Dieser zusätzliche Hieb war nicht nötig, um mich zu überzeugen und mir zu beweisen, daß nichts von der Zuneigung geblieben ist, die er einst – wenn überhaupt je – für mich empfand. Wenn ihn eines Tages der letzte der nichtswürdigen Menschen, von denen er sich so blenden läßt, betrogen und verraten hat, wird er vielleicht merken, von welcher

Art meine Freundschaft ist und wie liebevoll ich über ihn gewacht und mich bemüht habe, seine Schwierigkeiten zu überwinden und ihn zu trösten. Aber wer weiß, ob es dann nicht zu spät ist.

Sie hatte Pawel mit einigen spöttischen Voraussagen über seinen bevorstehenden Geburtstag verärgert, in denen sie ihre Meinung über seine Zukunftspläne und über die Menschen, mit denen er sich umgab, deutlich kundtat. Allen gestand sie: »Ich fürchtete, daß entweder er oder Sie nach Amerika gingen; denn das könnte nur eins bedeuten: Ratten im Gebälk.« Aber Pawel, dem an Ruhm, Wohlstand und Charles Henri Ford lag, würde nach Amerika reisen, und zwar bald.

In ihrem Gedicht »Romance« – es wurde zum ersten Mal 1933 in *Five Variations on a Theme* veröffentlicht – versuchte Edith weiterhin, aus den Trümmern der Liebe etwas Dauerhaftes zu bergen. Es beginnt: »She grew within his heart as the flushed rose / In the green heat of the long summer grows« (Sie erwuchs in seinem Herzen, wie die glutvolle Rose / In der grünen Hitze des langen Sommers wächst) und wendet sich dann den Würmern, dem Winter und dem Schlaf des Todes zu:

For the vast eternal Night shall cover
The earth from Pole to Pole, and like a lover
Invade your heart that changed into my stone,
And I your Sisyphus. We two shall lie
Like those within the grave's eternity...

Denn die gewaltige ewige Nacht soll / Die Erde von Pol zu Pol bedecken, und wie ein Liebhaber / In dein Herz eindringen, aus dem mein Stein geworden ist, / Und ich dein Sisyphus. Wir beide werden / Wie jene in der Ewigkeit des Grabes liegen ...

Unablässig drängte sie Allen brieflich, er möge zu Pawel stehen; nie dürfe er »glauben ... daß er Sie nicht liebt, das tut er aus tiefstem Herzen. Seine Schwierigkeit besteht darin, daß ihn ordinäre und miese kleine Ungeheuer in Menschengestalt hereinlegen.«

Das machte zum Teil auch Ediths Schwierigkeit aus, obwohl sie diesen Gedanken weit von sich gewiesen hätte. Zu lange war sie in den neurotischen, selbstsüchtigen und sich selbst bespiegelnden Tschelitschew-Zirkus verstrickt gewesen. Es zog sie hinab; ihr Horizont verengte sich. Wir können uns nicht aussuchen, wen wir lieben, und diese Liebe wird nicht gemindert, wenn der, dem sie gilt, ihrer unwürdig ist. Doch sie kostet uneinbringliche Zeit und Unmengen an Energie, und für manche Menschen rangiert der Erfolg weit nach der Liebe. Die Menschen, die Tschelitschew umgaben, der pathologische Zustand ständiger Eifersucht, in dem sie lebten, die Art, wie sie einander manipulierten, wie auch die unwürdigen Zustände, die in der Rue Saint-Dominique herrschten, all das zerstörte Edith.

Niemand konnte ihr raten. Osbert und Sacheverell genossen nicht ihr rückhaltloses Vertrauen. Da Stella Bowen den Leuten ihre Meinung ins Gesicht sagte, ging Edith ihr, wie sie im Oktober an Tschura schrieb, aus dem Weg: »Je ne veux plus de vérités; j'en ai eu assez.«[7] Zu Georgia hatte sie gesagt: »Stella Bowen ist eine äußerst impertinente abscheuliche Nervensäge, und ich werde nicht zu ihr gehen.«[8] Als es gegen Ende 1933 über der Frage, wer an Weihnachten mit wem zu Abend essen würde, zu peinlichen Auseinandersetzungen kam, standen die Dinge in der Tat sehr schlecht. Pawel, der Edith sichtlich aus dem Weg ging, machte Allen unglücklich, weil er nicht imstande war, sich von dem Mann loszureißen, den Edith ironisch als »Proust de nos jours« bezeichnete. Wegen seines Verhaltens zur Rede gestellt, versicherte Pawel ihr, seine Gefühle seien Allen wie ihr gegenüber unverändert. Damit gab sie sich nicht zufrieden und schrieb am 23. Dezember an Allen: »Wahrhaftig, ich wünschte, wir lebten im Mittelalter. Meine reizenden Vorfahren pflegten dafür zu sorgen, daß man Leuten, die ihnen auf die Nerven gingen, die Zähne ausschlug und sie häutete. Aus einer bestimmten Haut würde ich mir eine Badematte machen lassen!«

Mit einer gewissen Erleichterung liest man ihren Briefwechsel mit Menschen, die diesem übelriechenden Kreis fernstanden. Dazu gehört beispielsweise Charlotte Haldane, die deutsch-jüdische Ehefrau des Naturwissenschaftlers J. B. S. Haldane, der sie einige Tage zuvor, nämlich am 12. Dezember, geschrieben hatte. Sie sprach durchaus über ihre persönlichen Schwierigkeiten (»Ich habe in jüngster Zeit Menschen gesehen, die sich auf bestürzend häßliche Weise verhalten, und ich kann mich nie daran gewöhnen. Ich will sagen, in meinem Privatleben steht es sehr, sehr schlimm.«), aber auch über ganz allgemeine Probleme. Sie schrieb über die Lynchjustiz in Amerika und darüber, daß »in der vorigen Woche das französische Sträflingsschiff zur Teufelinsel ausgelaufen ist«. Außerdem äußerte sie sich Mrs. Haldane gegenüber zu dem »tiefen Grauen, das gegenwärtig in Deutschland herrscht« und teilte ihr mit, welche »Wut und welches Entsetzen ich im Angesicht der Greueltaten der Nazis empfinde«. Sie schrieb über Willie Waltons neue Symphonie, Arthur Rubinsteins Klavierspiel und ihre Lieblingsmusik: »Ich liebe auch Bach. Doch Mozart mag ich weniger, obwohl ich ihn bewundere. Das aber liegt an mir. Gluck ist mir unendlich lieber, weil er weniger süßlich ist. Bach ist mein Gott. Er scheint eine vollkommene Welt geschaffen zu haben, in der es keine Sünde gibt und Kummer etwas Heiliges und nicht etwas Häßliches ist.« In Ediths Augen war Kummer häßlich, und in ihrem Weihnachtsbrief an Geoffrey Gorer schrieb sie:

> Ihre Anmerkungen über »Romance« haben mir inmitten nie zuvor empfundener Trübsal wahres Glück gespendet. Niemand vermöchte sich vorzustellen, wie mein Leben hier aussieht. Ich kann in einem Brief nicht in Einzelheiten gehen, aber wenn ich auf der einen Seite sehe, wie verzweifelt schwach und krank die arme Helen ist, und man mir auf der anderen unterstellt, daß ich nicht ganz bei Trost sei (man behandelt mich, als wäre ich es tatsächlich nicht), ist das ein wenig bedrückend. Ich *weiß*, daß ich wild und sonderbar aussehe, wenn ich gerade geschrieben habe; doch andere sähen ebenso wild und sonderbar aus, wenn sie meine Gedichte schrieben.[9]

In ihrer Autobiographie heißt es: »Es machte mir nicht im geringsten etwas aus, jeden Abend die *boîte à l'ordure* nach unten zu bringen, wohl aber machte es mir etwas aus, mir Niedertracht vorwerfen und in Aussicht stellen zu lassen, ich würde verrückt. ›Hast du dich schon mal im Spiegel angesehen?‹«[10] In ihrem Brief an Geoffrey Gorer hieß es weiter: »Außerdem mache ich mir große Sorgen um Pawlik. Ich sehe ihn kaum noch, da er zu sehr mit jener Kreatur beschäftigt ist, die das bewußte unsterbliche Buch verfaßt hat.«

Im Januar 1934 war sie in London, um aus Sir Henry Newbolts Hand die Ehrenmedaille für Lyrik der Royal Society of Literature entgegenzunehmen – eine Ehrung, die sie dem Einsatz von William Butler Yeats verdankte. In dieser Welt hatte sie ihren Platz behauptet; dennoch tauchte die Information im Kontext mit ihrem Leben in Paris als bloßer Nachsatz auf: etwas, das sie sozusagen am Ende ihres Briefes an Gorer noch hinwarf.

Pawel bemühte sich nach Kräften, ihrer beider Beziehung zu zerstören, oder erweckte jedenfalls diesen Eindruck. Allanah Harper erinnerte sich, daß sie gemeinsam mit Edith die Wohnung im Haus Nr. 2 in der Rue Jaques Mawas im XV. Pariser Stadtbezirk aufgesucht hatte, die Tschelitschews *ménage* inzwischen als zweiten Wohnsitz nach dem Häuschen in Guermantes nutzte. Pawel weigerte sich, die beiden zu empfangen. Es quälte sie, die Demütigung Ediths mit ansehen zu müssen. Parker Tyler schrieb, Pawel habe sie mit voller Absicht »in regelmäßigen Abständen (etwa drei Tage lang) äußerst kühl behandelt, weil er nicht möchte, daß sie sich in einen, wie er hyperbolisch formulierte, amourösen Zustand hineinsteigert.«

Als Ergebnis reagierte sie mit immer größerer Verletztheit und Verbitterung. Im April 1934 schrieb sie an Allen:

> Eins ist mir inzwischen klar: Bei den seltenen Gelegenheiten, da er sich bemüht, mich mit Anstand oder auch nur normaler Höflichkeit zu behandeln, ist ihm bewußt, daß ich außer Ihnen der einzige Mensch bin, auf den er sich verlassen kann. Nun, ich werde ihn *nie* im Stich lassen und mein Bestes tun, um ihm aus dieser schwierigen Lage herauszuhelfen, aber meine Liebe zu ihm hat er getötet.

Pawel malte ein weiteres Porträt von ihr; aber sie erklärte, sie werde nicht zur nächsten Sitzung gehen – »soll er auf mich *warten.*«

> Armer Pawlik, er ist ein schrecklicher Narr ... Ein wahrhaft bedeutender Künstler, auf einem anderen Gebiet ebenso bedeutend wie er, und jemand, der mich liebt (keiner meiner Brüder), sagte zu mir, als ich in England lebte: »Was für eine Törin du bist, Edith, daß du dich an einen Menschen verschwendest, der nicht weiß, was du bist.« Und er hat mir das größte Kompliment gemacht, das ich meines Wissens je bekommen habe. Er sagte: »Jeder Mann, der Künstler ist, könnte Bedeutendes leisten, wenn er dich an seiner Seite hätte.«

Man behauptete, dies Kompliment stamme von T. S. Eliot. Es klingt aber nicht nach ihm, sondern eher nach der ungekünstelten Zuneigung von W. H. Davies, »einem der vier besten lebenden englischen Lyriker«, wie

Edith ihn Allen gegenüber genannt hat, als sie ihm berichtete, wie Davies und sie im Sommer des Vorjahres bis zwei Uhr morgens dagesessen und miteinander geredet hatten.

Im Mai 1934 zog Edith mit Helen und der Katze für einige Monate an die italienische Riviera, damit Helen etwas Sonne bekam und Edith mit ihren nächsten Auftragsarbeiten vorankam – einer Lebensbeschreibung der Königin Victoria für Faber und einem Buch über moderne Lyrik für Duckworth. Sie logierten im Hotel Excelsior in Levanto nahe La Spezia. Dies eine Mal war Ediths Französisch ihrer hübschen Beschreibung des Geschlechtszustandes der Katze gewachsen, die sie begleitete. So heißt es in dem Brief an Tschura: »Il est moine, il a prit [sic] ses voeux quand il était un enfant.«[11] Meist lebten sie sehr zurückgezogen und »verschmähten all die kultivierten feinen Damen beiderlei Geschlechts im Hotel«, wie sie Allen wissen ließ. Ihre Eltern hielten sich in Montegufoni auf, ganz in ihrer Nähe. »Laß die Füchse ja nicht wissen, daß ich hier bin«, ermahnte sie Osbert.

Sie schrieb ihm nicht, wie sehr sie sich um Pawel grämte; ihre Hauptsorge war, sie könnte ihn vor seiner geplanten Abreise nach Amerika nicht noch einmal sehen. »Vielleicht war Pawlik nicht klar, als er sich von mir verabschiedete, daß er mich wahrscheinlich ein ganzes Jahr nicht wiedersehen wird«, schrieb sie an Allen.

Von Italien kehrte sie nach Frankreich zurück, und zwar nach Bride-les Bains, wo sie mit Osbert gemeinsam auf dessen Kosten kurte. »Mein lieber alter Junge«, hatte sie ihm im Juli mitgeteilt, »wie herrlich, wieder mit Dir zusammen zu sein! ... Wieviel Spaß wir haben werden, und was das für eine Pleite für den ›Rotfuchs‹ wird.« Doch Osbert vermißte David Horner, und Edith, die ihre privaten Kümmernisse hatte und viel für das Buch über Königin Victoria las, war keine besonders belebende Gesellschaft. »Ich seh sie kaum je, außer zu den Mahlzeiten«, schrieb Osbert an David. Ein Streich gelang den Geschwistern in diesem Urlaub: Eine »gewaltige Schweizerin« machte sich an sie beide heran und fragte Edith, ob sie unter ihrem eigenen Namen schreibe. »Edith hat das verneint, wir seien beide sehr gehemmt, und daher schreibe sie unter dem Namen T. S. Eliot und ich unter dem Namen Clemence Dane[12]. Edith hat die Dame gebeten ... uns unbedingt unter jenen Nummern anzurufen.«

Im September kehrte Edith nach Paris und in die Rue Saint-Dominique zurück. Sie kam nicht zu spät; Pawel reiste erst im November ab, und Allen begleitete ihn. Edith und Tschura brachten beide zum Bahnhof – zusammen mit Serge Lifar, René Crevel, Kristians Tonny und etlichen anderen. Während Edith mit Osbert fort gewesen war, hatte Pawel mit Ford eine Reise nach Spanien unternommen. Bei seiner Rückkehr, schrieb Edith an Veronica Gilliat, sah er aus wie »ein melancholischer und recht reumütiger Gorilla. Zum ersten Mal, seit ich ihn kenne, hat er an meinen Geburtstag gedacht und mir einen wunderhübschen Fächer bemalt.«[13] Nach seiner Abreise schrieb Edith an Allen, der Abschied am Pariser Bahnhof sei »eines der traurigsten und trübseligsten Ereignisse meines bisherigen Lebens [gewesen] ... Und im Augenblick fehlt mir die physische Kraft, um gegen Trauer anzukämpfen.«

Pawel war für sechs Monate fort. Der Atlantik lag zwischen ihnen. Ruhe kehrte ein.

15

Beschimpfungen und ein Bestseller

1934–1936

Edith hatte durchaus damit gerechnet, »assassinée, déchirée en morceaux«[1] zu werden, als ihr Buch *Aspects of Modern Poetry* herauskam. »Ich habe Leavis fast umgebracht, Grigson auch, *und* Lewis. Ach! Wie in diesem Herbst die Fetzen fliegen werden!«[2] prophezeite sie in einem Brief an Georgia. Aber daß es sie selbst so sehr treffen würde, als ihre Erwartungen eintraten – damit hatte sie nicht gerechnet. Das Buch kam am 15. November in England heraus, sie hatte es Helen Rootham gewidmet.

Erst im Hotel Excelsior in Levanto, wohin sie sich nach Pawels Abreise erneut mit Helen zurückgezogen hatte, erreichten sie Berichte über die Reaktion der Kritiker. Es ging ihr nicht gut. Pawels Abreise fiel mit einer Störung ihres Monatszyklus zusammen, die sie zutiefst beunruhigte. »Croyez-vous que je serai comme la femme dans le Bible?«,[3] fragte sie Tschura. (Sie war siebenundvierzig Jahre alt.) Außerdem ärgerte sie ihre Mutter in Montegufoni, »qui est dans une de ses rages«.[4] Zu Weihnachten war der Aufenthalt im Hotel in Levanto besonders bedrückend; dort sei niemand unter achtzig gewesen, berichtete sie.

Unter diesen Umständen machten sie die Angriffe von Kritikern »très nerveuse«, aber in ihrem Bericht an Allen in Amerika blieb sie tapfer: Das Buch, schrieb sie, rufe »einen gewaltigen Sturm hervor; all die Wichtigtuer eilen einander zu Hilfe, und Lewis schäumt vor Wut.«

Der erste Teil des Buches, »Pastors and Masters«, wurde mit offenkundigem Behagen abgefaßt (er war in Auszügen als Artikel in der *Morning Post* erschienen). Edith erreichte hier journalistische Höchstform und massakrierte ihre unmittelbaren Vorläufer, und damit zwangsläufig auch die Georgianischen Dichter. Dann holte sie zu einem Hieb gegen F. R. Leavis aus, »ein Herr, der im literarischen Leben des Mr. T. S. Eliot und in geringerem Maße dem des Mr. Ezra Pound mehr oder weniger dieselbe Rolle spielt wie der getreue Dr. Watson im Leben des Sherlock Holmes ... und gewöhnlich im großen und ganzen auch ähnliche Ergebnisse erzielt wie Dr. Watson, wenn man ihn sich selbst überließ.« Über Geoffrey

Grigson heißt es: »Ich hoffe, ich beleidige die Tanten und sonstigen Bewunderer dieser beiden Herren nicht, wenn ich sage, daß der einzige Unterschied zwischen ihnen in Dr. Leavis' Begabung besteht, vor Schmerz zusammenzuzucken. Bisher hat Mr. Grigson, soweit mir bekannt ist, diese Betätigung noch nicht zu einem Hallensport gemacht.« Über Wyndham schreibt sie:

> Seiner eigenen Aussage nach schätzt man ihn nicht, obwohl er immerhin so weit geht, sich für etwaige kleine Anflüge von Schroffheit zu entschuldigen, die ihm unterlaufen sein mochten: »Tut mir leid, Mädels, falls ich zu brutal war.« Nun, Mr. Lewis, kein Wort mehr. Bitte. Ich *flehe* Sie an! Sie sollten sie nicht verwöhnen, wirklich nicht. Außerdem mögen die hübschen jungen Dinger Ihre Höhlenmenschensachen. Schließlich kommt es nicht oft vor, daß sie mit einem richtigen Kerl zu tun haben.

»Ich muß schon sagen«, schrieb sie an Christabel McLaren, jetzt Lady Aberconway, »– (es gibt nichts Schöneres, als über die eigenen Späße zu lachen) – während ich das schrieb, habe ich gelacht, daß mir fast die Tränen kamen.«[5]

Als der Spaß vorbei war, schrieb sie ernsthafte Kapitel über Gerald Manley Hopkins, W. B. Yeats, W. D. Davies, T. S. Eliot, Ezra Pound sowie ihren Bruder Sacheverell. Diese Kapitel zusammen mit ihrem »Envoi« erregten viel größeres Aufsehen als der eher skurrile erste Teil.

G. W. Stonier rezensierte das Buch am 24. November im *New Statesman* und wies darauf hin, daß trotz ihrer Abneigung gegen Leavis ungewöhnliche Ähnlichkeiten zwischen dessen Äußerungen über Yeats (in *New Bearings in English Poetry*) und ihren eigenen bestünden: »Beispielsweise beginnt Miss Sitwell mit einem Zitat, mit Langs Sonett ›The Odyssey‹. Dies Sonett hat Dr. Leavis mit derselben Absicht und Wirkung zitiert.« Er führt weitere parallele Passagen und Hinweise an und erklärt schließlich, ihm sei Leavis' Fassung lieber, da dieser zumindest richtig zitiere. In der darauffolgenden Woche lieferte auch H. Sydney Pickering eine längere Liste mit Ediths ›Plagiaten‹, und Geoffrey Grigson betrat die Szene, indem er auf die sonderbaren Ähnlichkeiten hinwies, die er in Herbert Reads Bericht über Hopkins' »Akzentuierten Versrhythmus« und Ediths Aussagen über Hopkins entdeckt hatte.

Edith und Osbert äußerten sich beide zu den Vorwürfen. In Ediths Brief hieß es, hätte sie gewußt, daß Dr. Leavis der Verfasser von Langs Sonett »Odyssey« sei, hätte sie ihre Quelle angegeben. Sie schloß: »Es ist angemessen und natürlich, daß Mr. Stonier Dr. Leavis' Kritik der meinen vorzieht. Das erinnert mich an die Aufforderung, die Miss Nellie Wallace an ihre Boa richtete, der die Federn auszugehen begannen: ›Haltet um Gottes willen zusammen, Jungs!‹«

Osberts Gegenangriff führte dazu, daß sich Wyndham Lewis nachdrücklich zu Wort meldete. In der Ausgabe vom 15. Dezember heißt es: »Miss Sitwell hat sich in *Aspects of Modern Poetry* ein wahrhaft monumentales Glashaus errichtet, und dann mischte sich der plumpe Tolpatsch von Bruder ein und schleuderte einen Stein nach mir...« und so weiter; er wandte sich erneut seinem Lieblingsthema zu, dem Sitwellschen Jugendkult, und erklärte, er habe sich in seiner eigenen Rezension von *Aspects* (am 17. November in *Time and Tide*) bemüht,

> ein wahrhaft entwaffnendes Bild dieser unverbesserlich »unartigen« Kriegs-Peter-Pans herauszuarbeiten, die an einer empfindlichen Schützengrabenneurose und einem schwermütigen Alterskomplex leiden – und zum tausendsten Mal aus ihren alten Tornistern ihre ›großen Männer‹ im Spielzeugformat herauszerren...; ihre Schießbudenfiguren; ihre Volière mit den Turteltauben, den Tukanen und den Zaunkönigen; ihre abgedroschenen Kinderlieder, mit denen sie das Auf und Ab zu Tode gerittener Schaukelpferde begleiteten. Ein bißchen traurig, eine Spur trübselig, wie alle Zirkusse, die sich überlebt haben – wobei diesen das eingerostete Gekreisch der Inhaberin beherrscht.

Doch wie immer stellte sich Edith dem Schall seiner Kriegstrompete. Aus Levanto schrieb sie am 7. Januar 1935 an Christabel Aberconway, Lewis habe »Zuflucht bei den alten Damen von *Time and Tide* gefunden und brüllt trotzig unter dem Schutz ihrer Röcke in einer Atmosphäre von Lavendel und alten Spitzen hervor. Was ihn vor allem aufgebracht hat, ist mein Hinweis darauf, er sei ›dazu geschaffen, geliebt zu werden‹ – der Hinweis auf seine Gefühlsduselei und sein Alter! (Er ist scheußlich sentimental. Das ist der Haken dabei.)«[6]

Mit Variationen wurde diese Fehde zwischen Tirila und Tirili auch in den Spalten der Literaturausgabe der *Times* ausgefochten. Bonamy

Dobrée veröffentlichte am 28. November 1934 im *Listener* eine Liste aller falschen Zitate. Edith fühlte sich verpflichtet, wegen einer Rezension von *Aspects*, die John Hayward in der New Yorker *Sun* veröffentlicht hatte, im März 1935 einen scharfen Brief an Eliots großen Freund zu schreiben, mit dem sie sich von ihm lossagte. In gewisser Hinsicht war dieser Krieg an allen Fronten das Beste, was Edith hätte widerfahren können. Das Adrenalin strömte wieder. Osbert kämpfte an ihrer Seite; es war wie in alten Zeiten.

Es gibt keinen Zweifel daran, daß ihre Angreifer gute Gründe hatten. Das Buch war mit falschen Zitaten gespickt. Sie hatte es im Zustand der Einsamkeit und der Depression geschrieben. Bei der Arbeit in ihrer hochgelegenen Wohnung in der Rue Saint-Dominique oder im Hotelzimmer in Levanto war sie Lichtjahre von anderen Autoren und deren Welt entfernt. Sie befand sich in einem beruflichen Vakuum. Sie war daran gewöhnt, ihr eigenes Werk auszuschlachten – Absätze aus *Pope* tauchten in *Bath* wieder auf, und Passagen aus *Bath* finden sich in *Englische Exzentriker* wieder. Wenn ihr etwas, das sie irgendwo gelesen hatte, richtig und passend erschien, floß es ein: Sie übernahm nichts aus Berechnung, sondern spontan. Ihr, die weder über eine Ausbildung noch über Erfahrung auf dem Gebiet der Literaturwissenschaft verfügte, waren die dort herrschenden Gebräuche unbekannt.

Geoffrey Grigson ließ sich die Gelegenheit nicht entgehen, sie in *New Verse* herunterzuputzen. Jetzt duldete er zum ersten Mal, daß der Name Sitwell auf den Seiten dieser Publikation auftauchte. In der Dezemberausgabe des Jahres 1934 legte er seine Gründe dar: »Nun zu Miss Sitwell. Über diese Dame und ihre Brüder wurde im *New Verse* bisher geschwiegen. Mir schien es stets ›das klügste, sie kein einziges Mal beim Namen zu nennen und (wie der Verrückte dem feinen Herrn riet, als dieser ihm sagte, er trage einen Degen bei sich, um seine Feinde zu töten) sie lieber ›*zufrieden zu lassen*, dann sterben sie von selbst‹.« Er setzte alle drei Sitwells herab, indem er sie in einen Topf warf, als ob man ihre Werke und Persönlichkeiten nicht unterscheiden könne und sie gleichermaßen belanglos wären. Damit brachte man sie stets auf. Edith schrieb am 14. Juli 1949 an Rache Lovat Dickson:

> Osbert, Sachie und mir mißfällt zutiefst, wenn man uns behandelt, als sei unser Werk ein *Massenprodukt*. Wir wollen nicht behandelt werden,

> als wären wir wie eine indische Gottheit mit drei Paar Armen und Beinen, ansonsten aber nicht voneinander unterscheidbar ... Eine solche Behandlung entwertet alles und setzt es herab ... Jeder von uns ist ein Künstler, und daß wir zwei Brüder und eine Schwester sind, geht, soweit es unser Werk betrifft, niemanden etwas an.[7]

Grigsons abschließendes Urteil lautete wie folgt:

> Als Autoren besitzen sie die Gabe, den Kopf in den Wind zu halten, sich wie Elstern blitzende Bildungsbrocken anzueignen und wie Stare die Hervorbringung wohlklingender Kehlen nachzuahmen ... Sie haben nichts geschrieben, was die Aufmerksamkeit eines klugen Menschen auch nur fünf Minuten lang verdiente, sondern sind wie Aale, oder »unbedeutende Autoren, die sich mit ihrem *eigenen Schlamm* bedecken, überaus gewandt und flink ...« Am besten läßt man diese unbedeutenden Geschöpfe, diese verächtlichen Schleimfische sich in ihrer dumpfen Umgebung weiter winden.[8]

Angesichts der Beschaffenheit des ›Lyrikbetriebs‹ braucht es nicht weiter zu verwundern, daß ein anspruchsvoller Geist wie Virginia Woolf sich weigerte, Lyrik zu rezensieren. Wie, fragte sie Stephen Spender am 29. Oktober 1934, könne man über seine Zeitgenossen schreiben? »Ist es nicht unvermeidbar, daß man dabei so wird wie Grigson (das heißt, in ein ausgefahrenes Gleis gerät und aus der Boshaftigkeit des eigenen jämmerlichen Herzens heraus schreibt)? Und woher kann man die Wahrheit wissen?«[9]

Edith hatte einen eindrucksvollen Verbündeten in diesem Wettstreit um den ersten Platz im Brüllen – John Sparrow, dessen Buch *Sense and Poetry* (»Aufsätze über den Stellenwert des Sinns in der zeitgenössischen Lyrik«) in jenem Jahr herausgekommen war. Er und Edith hatten über seine Kommentare zu ihren ausgefallenen Bildern korrespondiert, und im Laufe des Sommers waren sie einander in London begegnet. Sparrow war Anwalt bei Gericht und lehrte am All Souls College in Oxford (später, 1952, wurde er dessen Vorsteher).

»Die Art, wie er meine Feinde ›annimmt‹, ist äußerst belustigend«, teilte Edith im Januar 1935 Allen Tanner mit. Sparrow, der *Aspects of Modern Poetry* wohlwollend (und anonym) in der Literaturausgabe der

Times besprochen hatte, verteidigte Edith in den Leserbriefspalten des *New Statesman.* Er bezog Stellung gegen Leavis; und, wie andere Rezensenten mit ihm, vertrat er die These, daß die Autorin in *Aspects* im großen und ganzen ihre eigenen Ansichten zur Lyrik gegen die von Leavis zu verteidigen suche. »Der Doktor hält Lyrik für eine Art Moralhygiene, Miss Sitwell hingegen sieht in ihr ein Mittel, mit Sprache Schönheit zu schaffen.« Bevor das Buch auf den Markt kam, hatte Edith ein Exemplar an John Sparrow gesandt und den Zweck des Buchs erläutert:

> Es behandelt, wenn auch auf unterschiedliche Weise, dasselbe Thema wie *Sense and Poetry* [Sparrows Buch]. Die Wahrheit muß einmal gesagt werden. Vermutlich bringe ich die minder informierten Rezensenten damit in eine Zwangslage, denn obschon ich all ihre vollendeten Götter, beispielsweise Tom Eliot und Mr. Pound, rundheraus bewundere, bin ich nicht bereit, mich von all den jungen Herren beeindrucken zu lassen, die sich in erster Linie durch Geschwätzigkeit auszeichnen. Wie öde doch der junge Auden ist. Und der junge Spender, der in diesem Buch nicht erwähnt wird, ist nicht mehr als eine überhöhte und verfeinerte Ausgabe von Mr. W. J. Turner. Mittlerweile habe ich folgende Lyrikgenies – in der Reihenfolge, wie ich sie aufzähle – kommen und gehen sehen: J. C. Squire, Edward Shanks, Robert Nichols, W. J. Turner, Humbert Wolfe. Où sont les neiges d'antan.[10]

Ungewollt bringt *Aspects of Modern Poetry* noch eine ganz andere, traurige Wahrheit an denTag. Edith führte ein Nachhutgefecht. An ihrer Begabung hatte sich im wesentlichen nichts verändert, aber sie zählte nicht mehr zu den Neuerern. Wie Robert Graves und T. S. Eliot gehörte sie zur älteren Dichtergeneration. In ihrem »Envoi« zu *Aspects* geißelte sie mit einer boshaften Auswahl von Zitaten verschiedene in *New Verse* erschienene junge Autoren, unter ihnen W. H. Auden:

> Mr. Auden ist ein fähiger Kopf, doch unglücklicherweise schreibt er uninteressante Gedichte, oder, anders gesagt, seine Lyrik entbehrt nahezu immer des Interesses. Wenn uns daher ein bewundernder Rezensent mitteilt, seit der Veröffentlichung seines ersten Bandes vor zwei oder drei Jahren sei »allgemein anerkannt, daß er zu den vier oder fünf lebenden Dichtern gehört, um die zu streiten es sich lohnt« und daß

wir »hier etwas ebenso Bedeutendes haben wie bei Erscheinen der Gedichte von Mr. Eliot vor fünfzehn Jahren«, kann ich darauf nur erwidern, daß das vollkommener Blödsinn ist.

Der heutige Leser mag ihre Meinung in diesem speziellen Punkt ohne größere Animositäten teilen oder nicht. Aber die Sicherheit, mit der sie ihren Standpunkt vertrat, machte sie zur Reaktionärin, zeigte, daß sie mit dem inzwischen vorherrschenden Denken und Fühlen nicht Schritt hielt. Während sie in der Abgeschiedenheit der Rue Saint-Dominique ihren Lebensunterhalt sicherte, indem sie unaufhörlich Prosa produzierte, so daß in fünf Jahren nur ein einziges Gedicht entstand, hatte Audens Generation die Herrschaft über den ›Lyrikbetrieb‹ übernommen.

Die Dichtergeneration Audens – zu der man bedenkenlos Stephen Spender, Louis MacNeice, C. Day Lewis, John Lehmann und Charles Magde zählen kann – war mit Kindheitserinnerungen an den Ersten Weltkrieg und Eliots *Das wüste Land* aufgewachsen. Ihre Ansichten zur Geschichte (und ihrem eigenen Stellenwert in der Geschichte), zur modernen Psychologie, zum Gesellschaftssystem, den Verfahren gesellschaftlicher Dokumentation und zum Marxismus waren gefestigt. (Inzwischen ist die linksgerichtete ›Politisierung‹ von Autoren in den dreißiger Jahren zum Klischee der Literaturhistoriker geworden.) Die meisten wollten Lyrik in den Rhythmen und mit dem Wortschatz der Alltagssprache, der Naturwissenschaft und der Technik schreiben. Bilder entlehnten sie der Welt der Motoren, Karabiner, Isolatoren, Turbinen – all das lag meilenweit außerhalb von Edith Sitwells Beschwörungen und ihrer Bilderwelt, in der es um künstliche Blumen, verrottende Knochen auf Komposthaufen und um herrliche Salate ging. Doch die Gruppe um Auden – der zum *New Verse* gute Kontakte hatte – war auf ihre Weise nicht minder schwärmerisch. Ihre Ideale hießen Frieden und Fortschritt; Mythen um Helden, Führer und Märtyrer, die bisweilen den Helden der Schuljungen zum Verwechseln ähnlich sahen, standen bei vielen von ihnen im Vordergrund. In lyrischen Ergüssen drückten sie ihre Sehnsucht nach dem England früherer Zeiten aus, obwohl sie es ideologisch ablehnten; und sie »sprachen von Liebe viel«.

Allerdings war die Gruppe um Auden in den dreißiger Jahren keineswegs die einzige neue Richtung in der Lyrik Englands. Wer sich spezialisierte, individualisierte oder eine akademische Laufbahn einschlug, fühlte sich meist politisch der Linken zugehörig, auch wenn er keiner Partei beitrat. Doch diese allgemeine ›Politisierung‹ schloß eine Vielzahl von Standpunkten und Betrachtungsweisen ein. Arnold Rattenburg schrieb:

> Zwar stimmt es, daß die meisten Intellektuellen einen Hang zur Linken und manche zum Kommunismus hatten, doch gilt das auch für die meisten jener, die Raleigh, die ›Silver Poets‹, die metaphysischen Autoren, Clare, Blake, die Radikalen, Hopkins, die Dichter des Ersten Weltkriegs wiederentdeckten, wie übrigens auch für diejenigen, die sich mit der Kernspaltung beschäftigten ... Zwar strickte Helen Gardner warme Decken für Spanien, während sie Crashaw herausgab ... Ob sie nun zum Kommunismus neigte oder nicht, der Teufel soll mich holen, wenn sie je wirklich mit dem Proletenkult oder mit Ketzerei in Berührung gekommen ist oder man auch nur versucht hat, sie damit in Berührung zu bringen.[11]

Edith strickte auch. Aber keine Decken für Spanien, sondern Pullover für Angehörige und Freunde. Sie gehörte nicht zu jener speziellen Welt der dreißiger Jahre. Sie war so viel älter, und ihre Dichtung aus den zwanziger Jahren hielten die meisten ernsthaften jungen Leute der dreißiger für veraltet und belanglos. Der Geist von »Gebräuche an der Goldküste« hätte ihr unter den Linken Freunde verschaffen können, was auch später geschah, doch schien zu Anfang der dreißiger Jahre vielen die – stets schwer zu fassende – ›Bedeutung‹ dieses Gedichts in Wortgeklingel, Schall und Wahn unterzugehen.

Pawel schrieb aus Amerika an Edith – wenig, nicht genug. Die Mißverständnisse und arrangierten Krisen dauerten an. Cecil Beaton war in Ungnade gefallen, jede Erinnerung an ihn sollte gelöscht werden. Edith hatte ihn beauftragt, in New York ein Auge auf Pawel zu haben, doch sickerte durch, daß er sich auf die Seite des Feindes geschlagen hatte. So zählte er vorübergehend zu den »personnes très inférieures«[12], mit denen Pawel unbedingt »de violents amitiés«[13] zu schließen wünschte.

Im Mai 1935 kam Pawel nach Paris zurück, um der Vermählung Tschuras mit einem Landsmann, Alexander Zaoussailoff, beizuwohnen.

Edith arbeitete das ganze Jahr hindurch an ihrem Buch über Königin Viktoria. Sie hatte den Schock über die Aufnahme von *Aspects* bei den Kritikern noch nicht verwunden, außerdem mußte sie ungeheuer viel für das neue Buch lesen und kam nicht so recht zum Schreiben. Doch war sie voll Zuversicht, wie sie zu Weihnachten 1934 aus Levanto an Tschura schrieb, daß sie »un livre assez bien«[14] schreiben könne, in dem sie »beaucoup de décorations très fantastiques«[15] verwenden werde. Die Lektüre der Tagebücher von Königin Victoria bedrückte sie – »le journal bien embêtant de cette femme à même temps si grande et si stupide!«[16] Sie und Helen blieben bis März in Italien; das Leben im Hotel war billig und ersparte ihnen Hausarbeit.

Zu Anfang des Jahres 1935 hatte Edith die schwierige Frage gelöst, wie sie leben sollte, wenn sie sich in England aufhielt. Sie konnte unmöglich ständig einem ihrer Brüder zur Last fallen, und Renishaw war, wenn niemand von der übrigen Familie dort wohnte, bedrückend und lag zu weit von London entfernt. Also wurde Edith Mitglied in einem Damenklub – dem »Sesame and Imperial Pioneer Club« in der Grosvenor Street 49, W 1, bekannt unter der Kurzform »The Sesame« (eine wirklich gute Adresse). Georgia schickte ihr die Anmeldeformulare nach Paris, der Klub wurde ihr Londoner Stützpunkt. Hubert Nicholson hat das Gebäude beschrieben (seither wurde es umgebaut und modernisiert):

> Vor der schmalen dunkelroten Straßenfront des Gebäudes stehen schwarze Marmorsäulen, innen aber ist der altmodische Klub groß und weitläufig. Die Fenster gehen auf einen Innenhof mit Blumen, einer Statue und einem Springbrunnen. Durch die Gänge des Hauses streiften nachlässig gekleidete seltsame Damen mit forschenden Augen, die ihre Sherrygläser umklammerten.[17]

Die forschenden Augen der Mitglieder des Sesame Club hatten reichlich zu tun, kaum daß Edith Sitwell zu ihnen gestoßen war. Jetzt, da sie nicht mehr ständiger Hausgast bei ihren Verwandten oder den Gorers war, hatte sie die Möglichkeit, in den Räumlichkeiten des Klubs ihre Freunde und Bekannten selbst zu bewirten. Es war fast wie einst in Pembridge Mansions. Im Sommer gab sie mit »une énorme réunion ›cocktail‹« die erste von zahllosen Gesellschaften. Sie war bei den Courtaulds und auch bei Leonard und Virginia Woolf zum Abendessen gewesen, außerdem bei einer Königlichen Gartengesellschaft zu Gast. Tom Eliot, der nicht bereit war, ihrer Cocktaileinladung nachzukommen – solche Veranstaltungen sagten ihm nicht zu – , sie aber vor seiner Abreise nach Amerika sehen wollte, hatte sie damit geneckt, daß sie ihm verwirrende und widersprüchliche Mitteilungen hatte zukommen lassen, wo und wie man sich treffen könne. (Seit Monaten war sie nicht so guter Stimmung gewesen.)

Zu einer zweiten Gesellschaft, die sie im Oktober im Sesame Club gab, lud sie Leonard und Virginia Woolf sowie Stephen Spender ein. Am nächsten Tag sollte die Vernissage einer weiteren Tschelitschew-Ausstellung in der Galerie Tooth stattfinden, zu der der Künstler geladen war. Sie hatte ihre Gefühle für Pawel zwar noch nicht ganz im Griff, war ihnen aber längst nicht mehr so sehr ausgeliefert wie im Vorjahr. In jenem Herbst malte er sein schönstes Porträt von ihr in Pastellfarben; ein klares, knochiges Profil, sehr überirdisch, mit einem Netz feiner blauer Venen an den Schläfen.

Pawel kehrte in die Vereinigten Staaten zurück, und Edith reiste mit Helen nach Spanien, wo sie an der katalanischen Küste im Hotel Marina von San Felíu de Guixols den Winter verbringen wollten. *Queen Victoria*[18] war jetzt fertig – »umfangreicher als das Telefonbuch und genauso langweilig«, teilte Edith David Horner im Dezember abfällig mit. Das Buch, das sie Helen und Evelyn Wiel gewidmet hatte, kam im Februar 1936 bei Faber in einer optimistisch hohen Auflage von 8400 Exemplaren heraus. (Houghton Mifflin in Amerika begnügte sich im August mit zurückhaltenden 3500 Exemplaren.) Doch die Zuversicht von Ediths englischem Verlag erwies sich als gerechtfertigt. Voll Begeisterung schrieb Edith aus dem Sesame Club an Tschura: »Ma chère, mon livre est devenu ce qu'on appelle un ›best-seller‹!!!!«[19] Die zweite Auflage lag bereits nach zehn Tagen vor. Täglich wurden hundertfünfzig Exemplare des Buchs verkauft. Es war ihr erster wirklicher Erfolg auf breiter Front.

Eingedenk der Plagiatsvorwürfe, die man gegen *Aspects of Modern Poetry* erhoben hatte, war Edith diesmal mit großer Vorsicht zu Werke gegangen. Sie hatte deshalb nicht weniger Sekundärquellen verwendet – andere standen ihr nicht zur Verfügung –, aber alle Quellen sorgfältig angegeben, wie Lytton Strachey in seinem Werk *Queen Victoria* belegt sie die eine oder andere Stelle, die sich auf das Verhalten der Königin bezieht, mit dem diskreten und aristokratisch wirkenden Hinweis »vertrauliche Mitteilung«. (Vermutlich hatte sie diese Angaben von Osbert, der bei Königin Mary in hoher Gunst stand.) In ihrem Vorwort weist sie jede

Absicht von sich, etwas anderes liefern zu wollen als »ein Porträt der Königin und einiger ihrer Zeitgenossen sowie ... eine Darstellung gewisser gesellschaftlicher Zustände«. Um letzteres Ziel zu erreichen, zog sie in ihrem Kapitel »March Past« Friedrich Engels' *Die Lage der arbeitenden Klasse in England* heran. Sie schilderte anschaulich eine Prozession verhungernder und kranker Opfer der industriellen Revolution.

Doch am meisten verdankte sie, wie sie einräumte, Lytton Strachey. Dessen Werk *Queen Victoria*, keineswegs die erste Biographie Königin Viktorias, wohl aber die erste, die über die Ebene der Hagiographie hinausgeht, war 1921 erschienen. In der Tat verdankt sie ihm äußerst viel. Der erste Abschnitt ihres Buches ist kaum mehr als eine Paraphrase dessen, was Strachey geschrieben hat, obwohl sie in ihrem Vorwort einer diesbezüglichen Kritik den Wind aus den Segeln zu nehmen versucht:

> Obgleich die allen Darstellungen gemeinsamen Quellen auch für dieses Buch benutzt werden mußten, glaubt die Verfasserin doch, darauf Anspruch erheben zu dürfen, diese Quellen selbständig und von anderen abweichend verwertet zu haben. Wer über Königin Viktoria schreibt, muß ständig ihr Tagebuch und ihre Briefe heranziehen ... und so ist es selbstverständlich, daß gewisse Stellen aus ihren Briefen in allen Büchern über ihr Leben auftauchen.

Das ist weiß Gott wahr. Trotzdem liest sich *Queen Victoria* sehr gut, es ist durchsetzt mit freundlicher Ironie und voller »Überschwang, der den Leser mitreißt«, wie ihr Roger Fulford am 25. Februar 1936 schrieb, dessen *The Royal Dukes* zu ihren Quellen gehört hatte. Sie hatte noch andere Quellen aus der Zeit nach Strachey angezapft – vor allem E. F. Bensons Biographie der Königin Viktoria und die Biographie des Prinzgemahls Albert von Hector Bolitho. Vor allem in ihrem Porträt des Prinzgemahls weicht Edith von Strachey ab und bleibt hinter ihm zurück. Da Albert sie nicht so gefesselt hat wie Strachey, bleibt ihre Schilderung blasser. Lord Melbourne hat sie ebensowenig beeindruckt. Während Strachey die Zeit nach Alberts Tod relativ kurz abgehandelt hat, beschäftigt sich Edith intensiver mit der zweiten Hälfte von Königin Viktorias Regierungszeit und ihren Beziehungen zu Kindern und Enkeln. Im Vergleich mit Stracheys Biographie empfahl der Rezensent des *Observer* Ediths Fassung als »wärmer und umfassender«.

Wieder bediente sie sich ihrer inzwischen gebräuchlichen Katalogtechnik, um Atmosphäre zu erzeugen – diesmal geht es um Kosmetika aus dem neunzehnten Jahrhundert. Eine ganze Seite lang liest man von »Essence Etherée Balsamique, dem Bouquet de Fürstenberg, dem Baume de Judée, Ruban de Bruges, Papier de Vienne, Bois d'Aloès, Gomme d'Olivier...« Ihre ausdrucksstarke Bildersprache hat sie aus der Gartenwelt ihrer Lyrik übernommen und verbindet sie mit charakteristischen Einwürfen und Beschwörungen von Sonnenstäubchen, Staubwölkchen, Schatten, kleinen kalten Geistern und taumelndem Laub, wie in ihren frühen Prosawerken. Doch erst in ihrem *Queen Victoria* und im notwendigen Vergleich mit Stracheys *Queen Victoria* erkennt der Leser, wieviel sie tatsächlich in all ihren historischen Erzählungen Strachey verdankt, der in dem Stil, den sich Edith angeeignet hatte, über den sterbenden Stockmar[20] schrieb, »daß jener den Schatten und den Staub erforschte«. Ihre impressionistische Szenenverwandlung geht auch auf ihn zurück:

> Lord Palmerstons Gelächter – ein eigentümliches metallisches »Ha! ha! ha!«, in dem Erinnerungen an die Tage Pitts und den Wiener Kongreß mitschwangen – wurde in Piccadilly nicht mehr gehört; Lord John Russell entschwand in die Senilität; Lord Derby verließ den Schauplatz unsicheren Schritts. Eine neue Szene tat sich auf; und neue Protagonisten – Mr. Gladstone und Mr. Disraeli – rangen im Rampenlicht miteinander.

Das ist nicht Edith, sondern Strachey. Im berühmten Schluß seines *Queen Victoria* geben die »geheimen Kammern des Bewußtseins« der sterbenden Matriarchin »die Schatten der Vergangenheit« frei, und die Erinnerungen strömen in einem einzigen Satz von einer halben Seite Länge dahin. Ähnlich sieht es bei Ediths sterbender Victoria aus, wenn auch in verkürzter Form, und auch der alte Beau Nash sieht in ihrem *Bath* auf die gleiche Weise die Vergangenheit an sich vorüberziehen. Diese Technik, das Dahingleiten der Zeit darzustellen, fand man 1921 nicht nur bei Strachey; Virginia Woolf vervollkommnete sie in *Orlando* bis zur Virtuosität. Hier soll lediglich so viel gesagt sein: Ediths »häufige und unvermeidliche Verpflichtungen« Strachey gegenüber sind keineswegs auf erzählerische Inhalte in ihrem Buch über Viktoria beschränkt. Diese stilistische Übernahme hätte sie niemals zugegeben, und sie äußerte sich in den vierziger Jahren voll Zorn über Lytton Stracheys »rattenähnliche, nagende unbedeutende Bücher« – sie ging sogar so weit, sein *Elizabeth and Essex* als »ordinär und *ekelhaft*« zu bezeichnen.

Doch erfahrene Beobachter von Ediths Werk erkannten die Übereinstimmung nur allzu deutlich. Wyndham Lewis schrieb an Geoffrey Grigson über das jüngste Erzeugnis »der alten Jane«: »Hier scheint sie mir (habe ich recht?) so *schamlos* abgekupfert zu haben, daß es beinahe nicht zu fassen ist. – Aber solchen Anleihen sollte man ja wohl irgendwie einen Riegel vorschieben, was!?!«[21] Dessenungeachtet verkaufte sich das Buch glänzend. In jeder Generation gibt es mindestens zweimal Platz für eine nicht-wissenschaftliche Untersuchung der überragenden historischen Gestalten. Edith erschloß sich diesen speziellen Markt mit *Queen Victoria* zum ersten, aber nicht zum letzten Mal. Richard de la Mare vom Verlagshaus Faber war, wie sie Osbert mitteilte, »vor Begeisterung ganz aus dem Häuschen«.

16

Ein jugendlicher Silen

1936–1937

Ein Dichter aus *New Verse*, den Edith in *Aspects of Modern Poetry* der Lächerlichkeit preisgegeben hatte – ohne seinen Namen zu nennen –, war der zwanzigjährige Dylan Thomas. Wutschnaubend schrieb er im Dezember 1934 an Glyn Jones: »Ist das nicht ein giftiges Weibsstück? Sie lügt, entstellt, verdreht, schreibt von anderen ab, zitiert falsch und tut das so geschickt wie alle durchtriebenen Publizisten.« Er hatte sich bei ihrem Verleger Gerald Duckworth gegen die Verwendung seines in »lächerlicher Weise kritisierten« Gedichts in ihrem »neuesten Stück jüngferlichen Mist« verwahrt. Duckworth antwortete ihm, es seien »so viele Beschwerden ähnlicher Art eingegangen, daß er zur Zeit nichts in dieser Sache unternehmen könne«. Dylan Thomas äußerte die Hoffnung, daß Duckworth »das Buch vom Markt nehmen« müsse.[1]

Etwa um dieselbe Zeit las Edith in Levanto DylanThomas' jüngst erschienene *Eighteen Poems* und schrieb an John Sparrow, man müsse mit dem jungen Mann »sofort zum Psychiater, bevor die Sache schlimmer wird; denn wenn er anschließend zehn Jahre lang nachdächte, könnte er möglicherweise einige gute Verse zustande bringen.«

John Sparrow war mit Geoffrey Grigson befreundet, und dieser mit Dylan Thomas. Alle drei hatten in jenem Jahr im Westen Irlands Ferien gemacht. Dabei hatte es zu ihrem Zeitvertreib gehört, daß sie mit Farbstiften Gesichter auf große weiße Kiesel malten, die sie dann aufbauten und mit anderen Kieseln bewarfen, bis sie in »literarische Niemande« zerbarsten – denn es waren lauter Gesichter von Autoren. Edith war auch darunter.

Der junge Waliser hatte ihre Lyrik bereits als Halbwüchsiger in seiner Schulzeit am Gymnasium in Swansea kennengelernt. Er hatte für die Schülerzeitung einen Aufsatz über moderne Dichtung geschrieben und sich darin nicht minder ausfällig geäußert als manch anderer erfahrener Kritiker. Edith Sitwells Gedichte, hatte er 1929 geschrieben, »sind ihrem Wesen nach weiblich. Das gilt für die Treffsicherheit, mit der darin Einzelheiten erfaßt, Glanzlichter gesetzt und intensive Gefühle dargestellt sind. Schwierig werden ihre Gedichte durch die eher unerheblichen Manierismen ihrer Weiblichkeit.«[2] Jetzt, da sie ihn und Grigson verspottet hatte, warf er Steine.

Im folgenden Jahr änderte Edith ihre Ansicht über Dylan Thomas. In einem Artikel, der 1935 im Dezemberheft von *Life and Letters To-Day* erschien, behandelte sie eine Gruppe der jüngeren Dichter, unter ihnen William Empson und Louis MacNeice, und stellte Thomas als »einen noch jüngeren Dichter« heraus, den sie für »äußerst vielversprechend« hielt. »Er hat noch nicht zu sich selbst gefunden, da er in ein Netz von Komplexen verstrickt ist, die sich vorwiegend mit dem menschlichen Körper befassen.«

Den Winter verbrachte Edith in San Felìu in Spanien. *Queen Victoria* war abgeschlossen, und sie hatte Zeit und Lust, sich in den Leserbriefspalten des *Observer* mit Grigson herumzustreiten und Pläne zu schmieden, wie sie den neuen Dichter kennenlernen könnte. »Ich möchte ihm die eine oder andere Frage stellen und ihm einige Ratschläge geben«, schrieb sie am 27. Januar 1936 an Robert Herring, den Herausgeber von *Life and Letters To-Day*. Nach Paris zurückgekehrt, begann sie mit der Planung ihrer nächsten Sesame-Gesellschaft. Sie sollte am 8. Februar stattfinden, teilte sie Richard Jennings mit, und sie bat ihn zu kommen, um »den jungen Dylan Thomas« kennenzulernen. »Ich zweifle nicht im geringsten daran, daß er der kommende Dichter ist, wenn er *nur* seine Umstandskrämerei aufgibt. Und ich möchte, daß man ihm auf den rechten Weg hilft.« Vor der Gesellschaft schrieb sie an Dylan und teilte ihm mit: »Ich erinnere mich nicht, wann mich die Arbeit eines Lyrikers der jüngeren Generation zum letzten Mal so tief angerührt und angenehm erregt hat.«[3]

Dylan Thomas, der sich geschmeichelt (zugleich aber auch beunruhigt) fühlte, nahm vor der Gesellschaft Verbindung mit Robert Herring auf. »Sie können mir viel über Miss S. erzählen«, schrieb er Ende Januar aus seiner Wohnung in Cwmdonkin Drive 5 in Swansea. »Sie ist hoffentlich nicht sehr furchterregend, oder? Ich habe einmal ein Foto von ihr gesehen, in einem mittelalterlichen Kostüm ...« Da er Robert Herring noch nicht persönlich kennengelernt hatte, schickte er eine Beschreibung von sich selbst: »Klein, mit vorstehenden Augen, einem fehlenden Zahn, Locken und einer Zigarette.«[4] Außerdem war er ein starker Trinker.

Aber das war nicht der gleiche Dylan, den Edith bei der Gesellschaft im Sesame Club wahrgenommen hatte. »Als ich ihm zum ersten Mal begegnete, hatte ich sogleich den Eindruck, Rubens habe es sich in den Kopf gesetzt, einen jugendlichen Silen zu malen. Er war nicht groß, aber äußerst breitschultrig, und er erweckte den Eindruck ungewöhnlicher Kraft, Robustheit und im Übermaß vorhandener Lebensenergie.«[5] Dylan Thomas blieb bis zum Ende der Gesellschaft nüchtern – »mehr Adel als Alkohol«, lautete sein Kommentar.

Edith hatte ihm in der Vorwoche öffentlich in einem Aufsatz mit dem Titel »Four New Poets« gehuldigt [die drei anderen waren Empson, Ronald Bottrall und Archibald MacLeish], der in der Februarnummer des *London Mercury* erschienen war. Über Jahre hinweg war der *London Mercury*, seit 1919 von J. C. Squire, der alten Zielscheibe ihres Spotts, herausgegeben, den Geschwistern Sitwell ein Greuel gewesen, doch war Squire im Herbst 1934, inzwischen kraftlos und dem Alkohol verfallen, aus dem Amt geschieden. Neuer Herausgeber wurde R. A. Scott-James, der mit viel Elan dem Blatt eine Linie zu geben versuchte. Allerdings blieb ihm der Erfolg versagt, und der *Mercury* ging bald ein. Doch während der kurzen Zeit der neuen Herausgeberschaft schrieb Edith für die Zeitung; bemerkenswert ist vor allem ihr Aufsatz »Some Notes on My Own Poetry«, dem sie große Bedeutung beimaß. Er erschien in jener Publikation im März 1935 in seiner ursprünglichen Gestalt.

Edith, die von Dylan Thomas entzückt war, rühmte in ihrer Autobiographie seine »große Wärme ... seinen Charme und seine anrührende Spaßhaftigkeit.« »Nie«, erklärte sie, habe sie »einen Menschen von heiligerer und kindlicherer geistiger Unschuld gekannt. Obwohl er vor Kraft strotzte, eine starke Körperlichkeit ausstrahlte, wurde dieser Eindruck davon nie beeinträchtigt oder überdeckt.« Damit überging sie seine Unzuverlässigkeit, sein Trinken und seine Frauengeschichten. Als sie in einem Interview der BBC gefragt wurde, wie sich Dylan bei ihrem ersten Zusammentreffen aufgeführt habe, antwortete sie: »Wunderbar. Ich habe nie erlebt, daß er sich bei mir je anders als wunderbar verhalten hätte. Er hat sich mir gegenüber immer so betragen wie ein Sohn zu seiner Mutter.«[6]

Edith war inzwischen fünfzig Jahre alt. Sie durfte kluge junge Männer lieben, fördern, umwerben und sich von ihnen umwerben lassen, konnte sich an der Vitalität ihrer »starken Körperlichkeit« erwärmen, ohne sich, wie sie das in ihrer altjüngferlichen Art zuvor getan hatte, um ihren »Ruf«

sorgen und sich fragen zu müssen, ob sie Anlaß zum Klatsch gebe. Das war eine Erlösung. Das akute Stadium ihrer Leidenschaft für Tschelitschew war vorüber (wenn auch nicht ihre Liebe zu ihm, die trotz allem, was sie bisweilen von sich gab, nie erstarb). Der Erfolg mit *Queen Victoria* verlieh ihr neue Zuversicht, die sie weitergeben konnte. Dylan Thomas bezauberte sie mit seinem Wesen und seiner Dichtung: Reichtum und Sinnlichkeit seiner Sprache, die Art, wie er sich mit mythischen und religiösen Themen beschäftigte, die Musikalität und »Intensität des Gefühls«, die er als Heranwachsender in ihrer eigenen Dichtung erkannt hatte, all das beglückte sie. Das war die »reine Dichtung«, nach der sie selbst lebte, und noch dazu stammte sie von einem jungen Menschen.

Und er? Was er für Edith empfand, schrieb sein Biograph Constantine FitzGibbon, »waren Zuneigung und Dankbarkeit. Obwohl er ihre Gedichte nicht übermäßig bewunderte, nahm er sie häufig in seine späteren Lyrik-Rundfunksendungen auf.« Er las sie sehr eindringlich und führte ihr neue Bewunderer zu. »Als sie sich erst einmal miteinander angefreundet hatten«, schrieb FitzGibbon, »äußerte er in seinen Briefen nie ein unfreundliches Wort über sie.« Doch hieß es, er habe sich rüpelhaft über sie geäußert, wenn er nicht ganz nüchtern war. Der Autor Jack Lindsay, der beide gut kennenlernte, äußerte die Vermutung: »Dylan mochte Edith Sitwell und wußte, daß er ihr viel verdankte«, aber ihre Arbeit habe Dylan Thomas nie rückhaltlos gelobt. »Trotz einer gewissen tiefen Übereinstimmung mit seiner eigenen Dichtung störte ihn der Eindruck ungehemmter Großmut.« (Lindsay spricht von ihrer späteren Dichtung.) »Meiner Ansicht nach empfand er möglicherweise das Bedürfnis, sich gerade wegen der verwandten Elemente vor Ediths Werk zu schützen«, schrieb er.[7]

Wie auch immer: Nach Dylans Tod zeigte sich, daß an der rauhen Wand seines letzten Aufenthaltsortes ein Foto von Edith hing – bis man im Schuppen in Laugharne aufräumte, alles umkrempelte und eine Wallfahrtsstätte daraus machte.

Über Weihnachten 1935 und bis ins Frühjahr 1936 mietete Edith zusammen mit Helen und Evelyn ein Haus in San Felìu, statt im Hotel zu wohnen. Es gab kein Dienstmädchen, einen wunderbaren verwilderten Garten und »une foule de pouces [puces] dans mon lit!!!«[8], wie sie Tschura mitteilte. Ihr gefiel es dort, aber »Ach! Die *Langeweile*!« klagte sie Georgia ihr Leid. »Eine gemeinsame Bekannte, die stets ein wenig zur Weitschweifigkeit neigte, hat diese Kunst jetzt zu einer solchen Vollkommenheit entwickelt ... hinzu kommt, daß ihre Schwester jetzt taub wird.« Das bedeutete, daß Helen, die Weitschweifige, jetzt gezwungen war, alles zweimal zu erzählen. »Gott segne unser glückliches Heim«, war Ediths spöttischer Kommentar. Sie war zwischen Zorn und Zuneigung hin und her gerissen. Helens Krankheit nahm langsam ihren natürlichen Verlauf. »Das Leben der armen Frau war *elend.*«[9]

Edith versuchte, den Plan zu verwirklichen, den sie schon seit einer Weile hegte – sie wollte einen Roman schreiben. Sie hatte zu verschiedenen Zeiten viele Anfänge formuliert, bei denen es meist um zwei junge Frauen ging – hübsch und verzogen die eine, häuslich und treu die andere, abwechselnd Spanierinnen und Italienerinnen – Bianca, Vittoria, Pepita ...

Vertrauensbrüche, dunkle Punkte in der Familiengeschichte, Überläufertum, Gespenster, blutrünstige Mordfälle wurden im Umriß entworfen. Der Handlungsfaden konzentrierte sich schließlich auf Lily und ihren geliebten Vetter Laurie und ihrer beider herzlose Großeltern. Lady Ida trat in mancherlei Verkleidung auf. Über ihren Mann ließ Edith sie mit fester Stimme sagen: »Selbstverständlich wäre es mir am *liebsten*, wenn man ihn für unzurechnungsfähig erklärte und er für immer ins Irrenhaus käme.« Auch steuerte Lady Ida ohne ihr Wissen die Vorlage zu einem Fragment einer Tragödie nach antikem Muster bei, das sich in Ediths Arbeitskladden findet:

> ELEKTRA: Möchtest du etwas, Mutter?
> KLYTÄMNESTRA (*quengelig*):
> Ich weiß, daß ich was wollte, Elektra, aber ich hab vergessen, was. Könntest du die Tür schließen, Liebste? Es zieht so schrecklich.
> ELEKTRA:
> Das ist der Geisterwind, der da weht. [In Wirklichkeit ist es Orest hinter der Bühne.]

Natürlich hatte all das keine Zukunft. Erst als es ihr gelang, sich ihrer Familie zu entziehen und sich mit dem fiktiven Bericht über Jonathan Swifts Leben zu beschäftigen, gewann ihr späterer Roman allmählich Gestalt.

Gleichzeitig verfaßte sie etliche journalistische Arbeiten. Zwischen

1935 und 1937 schrieb sie regelmäßig Sonderbeiträge für den *Sunday Referee*. Worum es sich dabei handelte, läßt sich aus Überschriften entnehmen: »Menschen, denen ich im Zug begegnete«, »Was ist Sklaverei?«, »Weg mit dem Parlament«, »Edith Sitwell, die englische Exzentrikerin«. Es fiel nicht weiter auf, daß sie in den voraufgegangenen sieben Jahren nur wenige Gedichte geschrieben hatte, denn bei Duckworth erschienen im Juni 1936 zusammen mit einer überarbeiteten Fassung ihres Aufsatzes »Some Notes on My Poetry« ihre *Selected Poems*. Möglicherweie wollte sich der Verleger damit an den Erfolg von *Queen Victoria* anhängen.

Die Auswahl enthielt lediglich zwei neue Gedichte, beide aus dem Vorjahr. Es handelte sich um »The Fox« und »Prelude«, die beide im Juni 1935 im *London Mercury* erstmals abgedruckt worden waren. Kenneth Clark hat »Prelude« eine »entscheidende Bedeutung« beigemessen, »denn das Gedicht bereitet den grundlegenden Veränderungen in ihrer späteren Lyrik den Boden«:

> Erstens weisen die Verse ein völlig anderes Zeitmaß auf. Verschwunden sind die Rhythmen chinesischer Tapeten, verschwunden die schmückenden Einzelheiten, die Verkleinerungen, die hübschen Vornamen und, Gott sei Dank, auch die Trommelschläge der Finsternis ... Die neue Vision braucht einen weiter ausgreifenden Stil, einen Rhythmus, mit dem man einfache, leidenschaftliche und prophetische Glaubensaussagen vermitteln kann.[10]

Die Schlußverse von »Prelude«, auf die Kenneth Clark hingewiesen hat, tauchen fast unverändert in Ediths veröffentlichtem Roman wie auch in ihrem Gedicht »An Old Woman« (1942) auf. Offensichtlich ist die darin enthaltene Aussage »für sie ungewöhnlich bedeutsam«. Sie drücken einen Glauben an eine einende Lebenskraft von Licht und Wachstum aus:

> The man-made chasms between man and man
> Of creeds and tongues are fill'd, the guiltless light
> Remakes all men und things in holiness.

Die vom Menschen durch Religionen und Sprachen geschaffenen / Abgründe zwischen Mensch und Mensch werden angefüllt, das schuldlose Licht / Schafft alle Menschen und Dinge in Heiligkeit neu.

Sechs Gedichte oder Teile von Gedichten wurden im *Oxford Book of Modern Verse* aufgenommen, womit sich ihre Position im Kanon der modernen Lyrik weiter zu festigen schien. Ihr alter Förderer William Butler Yeats hatte diese Anthologie kurz vor seinem Lebensende nach seinem Geschmack zusammengestellt. Am 3. Dezember 1936 dankte er ihr in einem Brief dafür, daß sie keine Bezahlung für ihre Beiträge verlangte; er erklärte, der Verlag Oxford University Press habe ihm ein Budget von fünfhundert Pfund zur Verfügung gestellt, das er um über zweihundert Pfund überzogen habe, »und man hat mir zu verstehen gegeben, daß ich aus meinen eigenen Tantiemen für diesen Betrag aufkommen muß.«

Außerdem fragte er sie, ob er ihr frühes Gedicht »The King of China's Daughter« für einen der »Einblattdrucke« illustrieren und vertonen lassen dürfe, die in limitierter Auflage in dem von seiner Schwester betriebenen Verlag Cuala Press erschienen. »Sie werden in leidlich guter Gesellschaft sein.« Für die Vertonung des Gedichts war Arthur Duff vorgesehen, die Veröffentlichung sollte im folgenden Jahr erfolgen. Yeats, der nie viel Geld hatte, zahlte Edith ein Pfund dafür.

In seiner Einleitung zu *The Oxford Book of Modern Verse* schrieb er:

> Edith Sitwell ist in ihrem Wesen von so hochgespannter Eigenart, daß sie sich in ihrer Kunst nicht anders hätte ausdrücken können. Man kann sie sich in keinem anderen Zeitalter oder Land vorstellen. Mit ihrer metrischen Virtuosität hat sie herkömmliche Metren verwandelt, die nicht neu geschaffen wurden, um gelesen, sondern gesprochen zu werden. Sie hat Metaphern ins Mythologische übersteigert ... Die Natur erscheint vor unseren Augen wie im Traum eines Haschischessers.

Ein Traum, fuhr er fort, in zweifacher Hinsicht: einerseits die fortwährende Metamorphose »einer scheinbaren und künstlerischen Kindheit«, andererseits »eine Alptraumvision von den Sinnbildern der Sterblichkeit wie bei Webster.«

Anerkennung in einem Buch der Oxforder Reihe durch den Dichter, den Edith als den bedeutendsten aller Zeiten ansah, war viel wert. Der

Ehrlichkeit halber muß angemerkt werden, daß Yeats in seine Sammlung längere Beiträge von einer oder zwei anderen Frauen aufgenommen hat, die sich bei ihm beliebt gemacht hatten, die aber nicht annähernd so gut schrieben, wie er annahm. Das gilt vor allem für Dorothy Wellesley. Hie und da dürften bei diesem Band den alternden Yeats seine Gefühlsbindungen zu einer minder strengen Auswahl bewogen haben. Edith allerdings gehört nicht in diese Kategorie. Zwar kannten sie einander seit Jahren, doch hatte zwischen ihnen kein regelmäßiger Briefwechsel stattgefunden – sie redeten einander nicht einmal mit Vornamen an.

Nach Ediths erstem Zusammentreffen mit Dylan Thomas, das sie so mit Glück erfüllt hatte, war ein unbehagliches Schweigen eingetreten. Am 2. September 1936 meldete er sich erneut, diesmal aus Swansea:

> Ich weiß, daß ich nicht mit einer Antwort auf meinen Brief rechnen konnte, der so viele Monate zurückliegt. Es war schrecklich unhöflich von mir, nicht vorbeizukommen oder dergleichen, und ich verstehe durchaus, daß Sie auf meinen albernen Entschuldigungsbrief nicht geantwortet haben. Doch hoffe ich, daß Sie mir nicht wirklich grollen ... Sie bedeuten mir nach wie vor eine große Ermutigung – und werden das stets tun –, und das weiß ich zu würdigen.[11]

Möglicherweise war es kein Zufall, daß er diese versöhnliche Geste eine Woche vor der Veröffentlichung seines nächsten Buches *Twenty-five Poems* machte. (Er kann auch nicht ganz uneigennützig gehandelt haben, als er sie im August des folgenden Jahres fragte, ob sie ihm zu Arbeiten für die BBC verhelfen könne, und hinzufügte: »Es würde mich sehr freuen, wenn ich einige von Sacheverell Sitwells Gedichten lesen dürfte, sofern die BBC und er es irgendwann einmal gestatten.«) Edith grollte ihm »nicht wirklich«, und sie rezensierte sein Buch für die *Sunday Times*, wenn auch ziemlich spät, nämlich am 15. November.

In einem Brief, den er achtzehn Monate später an Henry Treece schrieb, erklärte Dylan, aus Ediths Artikel in der *Sunday Times* gehe hervor, daß sie seine Gedichte »an einigen Stellen in aufschlußreicher Weise falsch verstanden oder besser gesagt, nur halb gelesen« habe. Er hatte in »A Grief Ago« nicht gemeint, daß das Grab, wie sie schrieb, ein gütiger Gärtner sei, sondern »eher zäh festhält, was es besitzt und unübersichtliche Raubzüge ausführt, nicht aber ... harmlosen Gartenbau treibt.« An anderen Stellen blieben die halbverhüllten Lenden und Schöße von ihr unbemerkt oder unkommentiert. Ihre Analysen kamen ihm »sehr verschwommen und sonntagszeitungshaft« vor.[12]

Obwohl inzwischen auch andere Kritiker seinen Rang anerkannten, hat doch Edith dafür gesorgt, daß im Lesepublikum jeder von Dylan Thomas gehört hatte.

In jenem September, in dem Dylan seinen besänftigenden Brief verfaßte, hatte Edith in London schlechte Nachrichten aus Paris bekommen. Es stand nunmehr fest, daß Helen an inoperablem Knochenkrebs litt. Nach Ediths Rückkehr in die Rue Saint-Dominique wurde das Leben dort noch bedrückender. Evelyn ging ihr auf die Nerven. Edith hatte mit *Queen Victoria* mehrere hundert Pfund verdient; dies Geld schwand jetzt durch die Ausgaben für den Haushalt und für Helens Radiumbehandlung dahin. Wieder einmal hatte die Armut sie überfallen.

Auch Pawel war nach Paris zurückgekehrt und begann im Oktober ein neues Porträt von Edith. Die Faszination, die von Edith als Modell ausging, hatte unter seiner Zuwendung zu Charles Henri Ford nicht gelitten. »Diesmal ist es einfach ein Porträt«, schrieb Edith an David Horner, »und es gefällt mir ausnehmend ... Er malt es mit grauenvollen Zügen, aber gut.« Es handelte sich um das Porträt »Sibylle«, das Edward James erwarb und das jetzt in der Tate Gallery hängt – eine Sitzende in einem weiten braunen Gewand. Auf ihrer Brust prangt ein gewaltiger Bernsteinschmuck, das helle Haar ist schulterlang, und unter der dünnen, blassen Haut des alt-jungen Gesichts schimmert der Knochenschädel durch. Die schmalen Hände, in denen sie Papier und einen großen Gänsekiel hält, sind deutlich herausgearbeitet.

Da Edith nach wie vor nichts mit Ford zu tun haben wollte und Allen Tanner als Verbindungsmann nicht mehr verfügbar war, kam sie, außer vor der Staffelei, nur selten mit Pawel in Berührung. Der Krieg hatte sie bereits alle auseinandergerissen, aber Edith weigerte sich nach wie vor, Ford auch nur aus diplomatischen Gründen anzuerkennen. Noch im Juni 1939 ließ sie in einem Brief an den verlassenen Allen ihrem Abscheu darüber freien Lauf, daß Pawel Ford mit nach England genommen hatte:

> Ich konnte nicht glauben, daß *irgend jemand* zu einer solchen Mißachtung Ihrer und meiner Gefühle fähig sei ... Es ist mir unmöglich, Ihnen

> zu sagen, was ich dem Geschöpf gegenüber empfinde, das jetzt meinen Landsleuten – allen, die ich kenne – vorgestellt wird ... Es macht mich fuchsteufelswild, wenn ich nur daran denke, daß sich dieser durch und durch charakterlose und nichtsnutzige Schmarotzer, der nichts kann, jetzt in England breitmacht ...

Sie hätte dafür gesorgt, daß man Ford »wegen jenes Buches [*The Young and Evil*] aus jedem Haus wies«, wenn das nicht Pawliks Aussichten in England zunichte gemacht hätte. Und Pawel besaß »keinerlei Feingefühl; er hat sogar geschrieben: ›*Nous parlons souvent de toi avec Edward [James]*‹!«

Nachdem Edith Weihnachten 1936 in Spanien verbracht hatte – bis sie und Helen das Land wegen des Bürgerkrieges überstürzt verlassen mußten –, konsultierte sie ihren Arzt, inzwischen Lord Dawson, Leibarzt des Königs. Dieser teilte ihr mit, sie leide unter Erschöpfung. Nachrichten von den Greueltaten in San Felìu folgten ihnen nach Paris. »Der Arzt in San Felìu hat Helens guten Freund, den Priester, und einen weiteren Priester für geistesgestört erklärt und ins Krankenhaus eingewiesen ... um ihr Leben zu retten«, berichtete Edith an Georgia. »Die Roten haben in einem Dorf nahe San Felìu zwanzig Priester in einem Versteck aufgestöbert ... sie mit Benzin übergossen und verbrannt.«[13]

In der Rue Saint-Dominique begann Edith, ernsthaft an dem Roman zu arbeiten, der später den Titel *Ich lebe unter einer schwarzen Sonne*[14] bekam. Sie berichtete Georgia, daß sie beim Schreiben weinen müsse. »Ich kann mich nach dem Schreiben kaum jemandem zeigen. Der Stoff nimmt mich wirklich mit.«[15] Nicht lange nach ihrer Rückkehr nach Paris reisten Edith und Helen wieder ab, und zwar nach Levanto. Edith konnte bei dem in Paris herrschenden Lärm nicht arbeiten, und Helen ging es in einem wärmeren Klima besser. Sie blieben bis Juni.

Von Levanto aus führte Edith ihren Feldzug für Dylan Thomas weiter. Vor ihrer Abreise aus Paris hatte sie ein Exemplar von *Twenty-five Poems* nach Dublin an Yeats geschickt. Jetzt versicherte sie sich Richard Jennings' Unterstützung, denn »ich *muß* einfach (sofern es menschenmöglich ist) eine Arbeit für den zweiundzwanzigjährigen Dylan Thomas finden ... Der arme Junge lebt von dem, was er mit seinen Gedichten und Erzählungen verdient, und ihm ist klar, daß es so nicht lange weitergeht.

Ebenso hat er begriffen, daß es ein Fehler ist, sich wie ein unreifer Student aufzuführen.« Sie ließ alle ihre Beziehungen spielen; sie bat sogar Victor Gollancz, dem jungen Mann eine Anstellung zu verschaffen. Doch war es schwer, Dylan zu helfen. Bald teilte sie Jennings mit, er bekomme »bestimmt bald eins auf die Nase ... *Was* für ein schwieriger Junge er ist, dabei so hochbegabt. Erst hat er uns allen Mühe gemacht, hat mich dazu gebracht, Ihnen und Dutzenden von Leuten zu schreiben, die viel zu tun haben und jetzt bestimmt den Namen verfluchen – und wieder ist er verschwunden – ohne eine Spur zu hinterlassen.« Sie konnte nicht wissen, daß sich Dylan im Haus seiner Eltern in Swansea verkrochen hatte, wo er eine Geschlechtskrankheit auszukurieren hoffte.

Edith schickte einen Scheck zu seiner Hochzeit mit der ihr bis dahin nicht bekannten Caitlin Macnamara. Er schrieb am 20. August einen passablen Dankesbrief aus Cornwall und teilte ihr mit, sie hätten von dem Geld alles gekauft, »von Messern und Handtüchern bis zu einem Bild der Garbo, und den Gläubigern den Hals gestopft«. Er sei nach wie vor ohne Arbeit, vielleicht könne sie ihm – wieder – helfen.

Jetzt aber gehörte Ediths Herz ihrem Roman. Pro Tag brachte sie viertausend Wörter zu Papier, die sie anschließend ins Reine schrieb. Abends war sie, wie sie im April Margery Beevers mitteilte, so müde, daß sie sich »nur noch mit offenem Mund aufs Bett legen [konnte] – ohne zu lesen oder zu denken«. Sie liege einfach so da. Im Mai teilte sie Geoffrey Gorers Mutter mit, daß es mit dem Buch gut vorangehe: »Es ist die einzige Prosaarbeit (mit Ausnahme kritischer Schriften), mit der ich je zufrieden war. (*Natürlich* meine ich, *meine* einzige Prosaarbeit!!!!)«[16] Jeden Morgen begann sie um sechs Uhr zu schreiben – im Bett, eine Angewohnheit, von der sie sich allmählich nicht mehr lösen konnte. Der Standard des Hotels hatte sich vermindert – »die Mahlzeiten sind schlechter, der Lärm ist entsetzlich, und es wimmelt von dumm daherredenden entsetzlichen Leuten.« Da Helen inzwischen ständig das Bett hüten mußte, können die entsetzlichen Leute keiner der beiden häufig ansichtig geworden sein.

Edith teilte Georgia mit, sie könne es sich nicht leisten, zu Pfingsten nach London zu reisen, denn sie habe »von der Bank einen energischen Brief« bekommen. Doch schon bald, nachdem sie Ende Juni 1937 mit Helen nach Paris zurückgekehrt war, erkrankte Lady Ida. Sie wurde von Montegufoni nach England gebracht, und Edith mußte zu ihrer Mutter fahren, die Mitte Juli starb. Zur letzten Ruhe gebettet wurde sie in

Weedon Lois, nahe Weston, und in der St. Georgs-Kirche am Hanover Square in London fand ein Gedenkgottesdienst statt. Den Nachruf, der am 13. Juli in der *Times* – ohne Hinweis auf ihre kurze Haftstrafe in Holloway – erschien, zierte der Untertitel »Eine bedeutende Dame aus Yorkshire«.

Edith nahm das alles mit kühler Gelassenheit auf. Sie zeigte sich ungerührt, weil sie nichts empfand oder nichts zu empfinden wagte. Sie blieb der Beisetzung fern und hielt sich am Tag danach im Sesame Club auf. Von dort aus teilte sie Tschura in dürren Worten mit: »Elle est morte il y a deux jours.«[17] Sie erklärte, sie sei erschöpft und habe den ganzen Tag mit anhören müssen, wie der Vater geweint habe, »usw.« . Heißt das, daß Sir George geweint hat, als seine Frau starb?

Hatte er sie überhaupt geliebt? Er war einst heftig in sie verliebt gewesen, aber zu jener Zeit war sie noch ein Schulmädchen. Sie hatten eine zutiefst unglückliche Ehe geführt, die nur deshalb von Dauer war, weil Besitz und Anstand das forderten. Sie war vorwiegend auf Feindseligkeit und gegenseitiges Mißverstehen gegründet gewesen. Bis an ihr Lebensende war Lady Ida so selbstverliebt und töricht geblieben wie eh und je, hatte aber auch in den Augen jener, die sie bezaubernd fanden, nichts von ihrem Zauber eingebüßt. »Die Jungen haben ihren Verstand natürlich von mir, aber ich kann mir nicht denken, woher Edith ihren hat.« Milde gesagt war es, wie Harold Acton in der für ihn kennzeichnenden Weise formuliert hat, »schmerzlich klar, daß sie ihre berühmte Tochter weder verstand, noch deren Gedichte zu schätzen wußte.«[18]

Doch war ihr im Leben Zuneigung zuteil geworden, und das keineswegs nur von ihren Söhnen. Da sie in ihren letzten Jahren auf Montegufoni nicht wagte, ihrem Mann die Rechnungen von Teesalons und Bars in Florenz vorzulegen, schickte sie diese an Harold Actons Vater Arthur, der für die doppelten Whiskies bei Doney's in der Via Tornabuoni aufkam – er konnte es sich leisten, außerdem mochte er Lady Ida.

Sir George war zwar ein Hypochonder, aber von zähem Naturell. Er wurde nach Montegufoni zurückverfrachtet und dort der Fürsorge eines neu eingestellten Gesellschafters und Sekretärs, Francis Bamford, unterstellt. Dieser sollte, wie ihm Osbert mitteilte, »Mutters Stelle« einnehmen. Jetzt hatten die jüngeren Angehörigen der Familie Sitwell Renishaw wieder für sich allein. Gegen Ende des Sommers schrieb Edith an David Horner: »Renishaw war in diesem Jahr vollkommener denn je. Nicht einmal der kurze Aufenthalt des Baronets war dem im geringsten abträglich.« Durch die Lieblosigkeit, mit der ihre Eltern sie behandelt hatten, war sie in ihren mittleren Lebensjahren zu einer äußerst lieblosen Tochter geworden.

Gleichwohl sorgten die reifen Jahre für Entschädigung. Die jungen Intellektuellen der dreißiger Jahre hatten Edith zwar nicht zu schätzen gewußt, aber neben dem Erfolg, ins *Oxford Book of Modern Verse* aufgenommen worden zu sein, wurden ihre Brüder und sie im Oktober jenen Jahres eingeladen, am Londoner University College die Lord-Northcliffe-Literaturvorlesungen zu halten. Edith sprach über »Die drei Zeitalter der Modernen Lyrik«, und Macmillan brachte im folgenden Jahr alle Vorträge unter dem Titel *Trio: Some Aspects of National Genius* heraus. Im August hatte Edith an drei Tagen gemeinsam mit Humbert Wolfe und Middleton Murry in einem Sommerkurs in Cambridge Vorlesungen gehalten. Ursprünglich war ihr die Aussicht darauf, wie sie Richard Jennings mitgeteilt hatte, nicht besonders verlockend erschienen.

> Umberto wird nicht mit mir sprechen, weil er glaubt, ich hätte Siegfried Sassoon dazu aufgestachelt, ihn zu ärgern; und Middleton Murry wird nicht mit mir sprechen, weil Osbert ihn Muddling Moral[19] genannt hat ... Ich weiß noch, wie es war, als Siegfried zwei Jahre lang nicht mit mir sprach und mich sogar bei Gesellschaften geschnitten hat, weil Osbert ein vergrößertes Foto von W. J. Turner für eine Karte des Vesuv gehalten hatte.

Viel hatte sich, wie es scheint, nicht verändert, seit Edith Arnold Bennett im Jahre 1924 mit Schreckensgeschichten über den ›Lyrikbetrieb‹ ergötzt hatte. Nur waren die Streithähne inzwischen Veteranen, und ihre Schlachtfelder standen nicht mehr im Mittelpunkt des allgemeinen Interesses.

17

Unter einer schwarzen Sonne

1937–1939

Ediths Roman *Ich lebe unter einer schwarzen Sonne* kam am 27. September 1937 im Verlag Gollancz heraus, denn für dies Buch hatte sie Duckworth verlassen.[1] Victor Gollancz hatte bereits 1935 mit Edith wegen eines Buches in Verhandlungen gestanden; ursprünglich sollte sie für ihn eine Lebensbeschreibung des berühmten Tragöden David Garrick verfassen, doch bat sie ihn, er möge statt dessen ihren Roman akzeptieren, der sich auf das Leben Swifts stützte und den sie, wie sie Norman Collins aus dem Hause Gollancz im Februar 1935 mitteilte, »schon seit drei Jahren« schreiben wollte. Doubleday kam im darauffolgenden Jahr mit einer amerikanischen Ausgabe auf den Markt.

Edith setzte große Hoffnungen auf ihren Roman, den sie so konzentriert und mit so großem Engagement geschrieben hatte. Allein der Titel, den sie einem Vers von Gérard de Nerval entlehnt hatte, war auf einen wirtschaftlichen Erfolg hin angelegt. Ursprünglich war Edith unschlüssig gewesen, ob sie das Buch *Black Sun*, *Dark Sun* oder *Nowhere to Go* nennen sollte, entschied sich aber schließlich für den schwerfälligeren Titel *I Live Under a Black Sun*. Das Buch errang einen Achtungserfolg – doch bei weitem keinen so bedeutenden oder anhaltenden wie beispielsweise *Nachtgewächs*, das Charles Henri Fords gute Freundin Djuna Barnes im Vorjahr mit einer Einleitung von T. S. Eliot herausgebracht hatte.

Unbegreiflicherweise stellte der Klappentext eine Beziehung zwischen Ediths Roman und Virginia Woolfs *Die Jahre* her, vermutlich, weil es deren neuestes Buch war und sich gut verkauft hatte. Im Unterschied zu Virginia Woolf, die in *Die Jahre* und anderen Romanen lange lineare Zeitabschnitte durchmaß, nahm Edith Leben und Wesen von Jonathan Swift, von Stella und Vanessa, die ihn geliebt hatten, sowie einen Teil seiner Werke und verlagerte all das in die Zeit des Ersten Weltkriegs und seiner Nachwehen.

Zweierlei bedrückte sie vor allem und trieb sie zum Schreiben. Da war zum einen die Lage in Europa: die Armut und die Hoffnungslosigkeit, deren Zeugin sie selbst in den letzten zehn Jahren auf den Straßen von Paris,

London und Sheffield geworden war, dazu der Aufstieg der Diktatoren. »In gewisser Hinsicht handelt es sich um eine Allegorie«, teilte sie Raymond Marriott im Februar 1939 mit, der zu jener Zeit bestrebt war, sich einen Namen als Journalist zu machen. In Ediths Augen war er eine Niete. »Ich habe Swift in neuzeitliche Kleider gesteckt, weil sich das Wesen der modernen Welt auf eine Macht gründet, die verrückt spielt. Auch Swift war eine Macht, die verrückt spielte.«[2] Noch klarer drückte sie sich E. M. Forster gegenüber aus, als sie ihm am 1. Oktober 1939 – »mit einer gewissen Beklommenheit« – ein Exemplar des Buches schickte. »Aber glauben Sie mir bitte, daß ich es *nicht* als Roman ansehe. Es ist eine Allegorie.«[3]

In ihrem Buch beschwört Edith die Vezweiflung von Menschen herauf, die nicht einmal über ihr eigenes Leben Macht haben – beispielsweise eine junge Obdachlose: »Jetzt blieb nichts als Not, wie eine grausame Ratte, die sich zum Herzen durchfraß. Bald würde auch das Herz verschwunden sein; doch selbst dann würde die Not sie nicht verlassen; sie würde bleiben, weiternagen, bis kein Fleisch mehr auf den Knochen blieb, bis es keine Hoffnung und keine Erinnerung mehr gab, und am Ende nicht einmal mehr den Willen zu sterben.« Noch trostloser ist die letzte Seite, auf der Jonathan Swift – oder, wie sie ihn nennt, Jonathan Hare – in stumpfem Irresein in seinem leeren Zimmer sitzt und aus starrer Hand Brot zu Boden fallen läßt, ohne Kopf oder Augen zu bewegen, während hinter der Wandtäfelung

> die auf den Krieg gegründete Zivilisation der Mäuse für die Nachwelt unschädlich gemacht wurde. Statt sich das der Hand des Riesen entfallene Stück Brot zu teilen, waren sie bereit, sich vernichten zu lassen. Im Staub quiekend und schreiend, stürmten sie los, um sich gegenseitig umzubringen.
>
> Und draußen sah die Katze mit ausgestreckter Pfote zu, wartete.
> Mochten sie kämpfen. Mochten sie einander umbringen.
> Danach kommt die Finsternis.
>
> Die Finsternis.

Diese machtvolle und visionäre Beschreibung entstammt keinem leichtfertigen oder unbekümmerten Kopf. Es sind die Worte eines Menschen, der keine Erlösung vor dem Grabe sieht, und selbst dieser Erlösung haftet nichts Positives an. Die gleichsam religiöse Zuversicht des Gedichts »Prelude« mit seiner Bildersprache des Lichts ist erloschen.

Ediths zweites Hauptthema ist unerwiderte Liebe, ein Gebiet, auf dem sie Erfahrung hatte. Ihr Jonathan Swift/Hare vermag sich nicht an eine Frau zu binden, weil er weiß, daß er an einer erblichen Geisteskrankheit leidet – eine durchaus gängige Deutung von Swifts Verhalten. Doch ergänzte Edith diese Aussage mit einem Bericht über seine Haltung Frauen gegenüber, die große Ähnlichkeit mit der Tschelitschews aufwies: »Weiblichkeit war in seinen Augen ein Symbol der Natur, einer ungeheuerlichen Schöpferkraft, die bereit war, alles vorherige Leben und alle Formen der Schöpfung zu vernichten, um etwas schaffen zu können – diese Kraft war, wenn sie von der Zivilisation überdeckt wurde, noch entsetzlicher als im natürlichen und unverfeinerten Zustand.« Doch »wenn er arm oder vom Glück verlassen war... jagte er dem Herzen einer Frau nach und setzte sich darin fest, denn er sah im endgültigen Absterben all ihrer natürlichen Impulse nichts als das Ergebnis seiner geheimnisvollen Kraft.« Ebenso war Tschelitschew mit Edith verfahren.

Ediths Stella/Anna war die Frau, die sich für die Liebe aufopfert. Sie hat »mein ganzes Leben, mein gesamtes Dasein, *all* meine Gedanken seit Jahren Jonathan hingeopfert. Ich habe mein Leben hingegeben, weil ich ihm helfen wollte, *seines* zu gestalten.« Dann aber wird sie allmählich alt: »Um ihre Mundwinkel ziehen sich feine Linien«, »hohle Dunkelheit umlagert sie, hinter dem ungeheuren klaffenden schwarzen Schatten ihrer Augen«, wie auch auf dem »großen, mit Haaren wie ein Tierpelz besetzten Leberfleck nahe ihren Lippen, der anzeigte, daß sie ihr Leben schon so viele Jahre auf Zehenspitzen verbrachte«, denn Jonathan hat ihr die Wahrheit gesagt: »Es gibt gewisse Dinge, die sich die meisten Frauen erhoffen – Dinge, die im Leben nahezu jeder Frau nahezu alles bedeuten. Du aber mußt ihnen für immer entsagen, denn du wirst sie nie besitzen – Hoffnungen, Wünsche, die einer Seite deines Wesens angehören.« Zum Lohn für dies Opfer »werde ich dir alles geben, was ich meinem Wesen nach geben kann. Du wirst die einzige Frau in meinem Leben sein, die ich meine Freundin nennen werde.«

Damit hätte das Opfer unter Umständen der Mühe wert sein können. Doch Jonathan betrog Stella mit Vanessa (in Ediths Buch Essy). Essy verkörpert auf der einen Seite die wilde, auf der anderen Seite die zaghafte Seite der Liebe: »Sie ist heftig, unbeherrschbar und unsterblich« in Jonathan verliebt. Essy spielt Jonathan gegenüber, den das Schauspiel mit Widerwillen erfüllt, die Glut der geschriebenen Briefe aus, der erwarteten Antworten, die ungehemmten Vorwürfe und das Liebesgestammel, bei dem jeder Stolz aufgegeben wird. Er sagt ihr, sie habe »angefangen, sich das Elend zur Gewohnheit werden zu lassen«: »Du hast zugelassen, daß es in dir immer stärker wird, hast es aus deinem freien Entschluß heraus wachsen lassen, bis es für dich unerläßlich wurde. Es ist keine Empfindung oder ein Gefühl mehr, sondern etwas, dem du dich hingibst, so wie sich die Armen der Sorge hingeben, weil das ihr einziger Luxus ist.« Edith gehörte zu den Frauen, die gemerkt haben, daß selbst unerwiderte Liebe der Zurückweisung von Liebe vorzuziehen ist; die Selbsterkenntnis oder die liebevoll vorgetragenen bitteren Wahrheiten der Stella konnten beschreiben, aber nichts verändern.

Auffällig ist, wie oft die Beziehung zwischen Edith und Tschelitschew Parallelen zum historischen Bericht über Swift und seine beiden Frauen aufweist. Swift war nie bereit, mit Stella allein zu sein (»Was – mit Sitwuka allein?... *Ich würde vergewaltigt!*«), und Stella lebte mit Mrs. Dingley, einer älteren Gefährtin, so zusammen wie Edith mit Helen. Vanessa wohnte bei ihrer Schwester, die auf den Tod erkrankte; als diese stirbt, sagte Vanessa/Essy in Ediths Roman zu sich: »›*Das* bringt ihn mir wieder.‹ So tief war sie gesunken.« Als Edith jene Szene schrieb, lag Helens Tod noch in der Zukunft. Er brachte ihr Pawel nicht zurück.

* * *

Diese Parallelen und Deutungen sind für jeden, der sich mit Ediths Herz und Gedanken beschäftigt, aufschlußreich, sagen aber nichts Objektives über den Wert des Buches. Aus den zitierten Stellen ergibt sich eine eindrucksvolle Intensität und Höhe des Gefühls und bisweilen der Erkenntnis. Aber das genügt nicht. Edith verfügte über keine dialogische Begabung. Sobald zwei Personen in ihrem Roman ein Gespräch beginnen, wirkt, was sie sagen, gestelzt und unwirklich. Hinzu kommt, daß ihre lyrischen, poetischen Passagen in keinem gefestigten Zusammenhang stehen; dies zu meistern, hätte mehr Geschick und größere Selbstkritik erfordert, als Edith zu jener Zeit besaß.

Sehr genau beobachtet aber ist alles, was sie über psychische Zustände und aus der Nähe wahrgenommene Verhaltensweisen schreibt. Sie kann mit einer Mutter beim Tod eines Kindes empfinden – indem sie sich mit leidtragenden Müttern identifizierte, betrauerte Edith, die in ihrem Werk zunehmend »den Tod all ihrer natürlichen Impulse« erlitt, das Kind, das sie nie empfangen hatte. Ebenso glänzend stellt sie die schrille Gegenwart von Annas beständiger Gefährtin dar, ihre ermüdende Ausstrahlung – »eingehüllt in, und dann hervorbrechend aus der Dichte ihres Busens, Geistes, Haars und ganzen Wesens ...« Gut beobachtet ist auch die Szene beim Tee, wo diese Gefährtin »tüchtig aß, dabei unaufhörlich den Eindruck erweckte, als erfülle sie still und entschlossen widerwillig eine Pflicht, die sie der Öffentlichkeit gegenüber hatte«. Edith erfaßt die unnachahmliche Vornehmheit einer älteren Schneiderin, die von einer anderen älteren Schneiderin »als ›meine Freundin‹ sprach, als könne man nur *eine* Freundin haben«. In diesen Frauen, denen man sich nicht entziehen kann, finden sich raffiniert gespiegelte Züge Evelyn Wiels.

Ediths Roman hinterläßt letztlich den Eindruck, daß Vorsatz und Durchführung auseinanderklaffen. Prophetische Äußerungen, Beobachtungen gesellschaftlichen Verhaltens, recht anspruchslose Höhenflüge der Phantasie, psychologische Erkenntnisse, neuzeitliche Empfindsamkeit, Ereignisse des zwanzigsten Jahrhunderts, Sprachgebrauch und Zitate des achtzehnten sorgen dafür, daß der Leser unaufhörlich überlegen muß, wo er sich befindet. Es gibt keinerlei Definition des Handlungsortes. Alles, was sich nicht in einem Elendsviertel in den Vorstädten der Hölle ereignet, scheint sich in einer angenehm bewaldeten Traumlandschaft abzuspielen.

Ähnliches ließe sich auch über das eine oder andere von Shakespeares Stücken sagen, und nichts von all dem wäre von Bedeutung, wenn man den Eindruck hätte, daß alles im richtigen Zusammenhang stünde. Doch fehlte Edith der Blick für das richtige Verhältnis der Dinge zueinander, und sie war ebenso verwirrt, wie es ihre Leser sind. Alles, was sie hatte, legte sie in das Buch. »Mir kam es vor, als hätte ich ein Erdbeben erlebt, nachdem ich es geschrieben hatte«,[4] teilte sie Raymond Marriott mit. Nach solch grundlegenden Erschütterungen hätte ein erfahrener Romancier möglicherweise abgewartet, bis sich der Staub gelegt hatte, und sich dann an die Arbeit gemacht, um wieder Ordnung in das eingestürzte Mauerwerk zu bringen. Edith schickte es einfach an Victor Gollancz. Er nahm es voll Begeisterung an – »ein wahrhaft vorzügliches Buch« – und zahlte ihr für die britischen und amerikanischen Rechte dreihundertfünfzig Pfund.[5]

* * *

Von der Aufnahme, die ihr Roman fand, war Edith enttäuscht. Die Kritiker wußten nicht recht, wie sie reagieren sollten. Evelyn Waugh gehörte (in *Night and Day* vom 21. Oktober 1937) zu denen, die sich die Mühe machten, sich näher mit dem Buch zu beschäftigen, um es zu verstehen, und das gelang ihm auch recht gut. Der Roman entziehe sich »einer oberflächlichen Betrachtung«, schrieb er.

> In welcher Epoche sich die Handlung abspielt, ist unerheblich ... An anderen Stellen hat Miss Sitwell gezeigt, daß sie es meisterhaft versteht, sich in andere Zeitalter zu versetzen. Unschwer kann man sich vorstellen, wie sie uns mit geschickten und vielsagenden Elementen einen historischen Hintergrund von Swifts Leben ... hätte liefern können; vielleicht darf man annehmen, daß sie anfänglich eine Art historischen Roman im Sinn hatte ... Doch waren die Tragödie und das Geheimnis um Swift für eine solche Vorgehensweise zu ausgeprägt; anscheinend hat sie einen tiefen Blick in die gequälte Seele getan, bis dort hinab, wo Grauen hinter Grauen verborgen liegt, in eine Welt, in der Kostüme und äußerer Rahmen ihre Bedeutung verlieren. Es ist ein Buch, das den Leser in Angst und Schrecken versetzen kann.

Was das Grauen betrifft – William Empson, dem Edith das Buch schickte, beklagte sich bei ihr im April 1938 von Hanoi aus darüber, daß sie Swifts pathologisches Elend als »normal und bezeichnend« hingestellt habe; und es trifft zu, daß seine Verzweiflung in Ediths Roman lediglich Ausdruck der Verzweiflung der ganzen Welt zu sein scheint.

Der Rezensent der Literaturausgabe der *Times* vom 2. Oktober 1937 lobte die »exzentrischen und lebhaften« Nebengestalten des Buches. Den Jungen vom Lande, der in den Krieg zieht, hat Edith aus ihrer Beschreibung des jungen Rimbaud in ihrer Einleitung zu Helen Roothams Übersetzungen adaptiert. Ihr eigener Vater, Sir George, durchstreift die Seiten des Buches als Sir Henry Rotherham verkleidet, und Wyndham Lewis verbirgt sich hinter der Maske des Henry Debingham. Ursprünglich hatte Edith für diese Gestalt den Namen »Ratney Pierpoint« vorgesehen, der aus Bestandteilen der Namen in Lewis' *Die Affen Gottes* zusammengesetzt war. Der Anwalt H. F. Rubinstein, der den Roman im Auftrag des Verlags las, um festzustellen, ob er Anlaß zu Verleumdungsklagen geben könnte, schrieb an Victor Gollancz: »Wyndham Lewis ist gefährlich. Ich spreche aus Erfahrung. Daher schlage ich vor, daß man ihm keine noch so geringe Gelegenheit bietet, Schwierigkeiten zu machen.« Also wurde der Name geändert. Edith beschrieb die Gestalt mit den gleichen Begriffen, die sie in ihrem unveröffentlichten Essay über Wyndham Lewis verwendet hat.

Die Rezension in *The Times Literary Supplement* endete entmutigend. Es hieß dort, der Roman bedürfe der Glättung: »Ganz allgemein gewinnt man den möglicherweise beabsichtigten Eindruck, daß die Handlung in keiner bestimmten Epoche spielt.« Jonathan bleibe, hieß es, »den größten Teil des Buches hindurch eine recht dürftige, halb legendäre Gestalt.«

Edith bemühte sich nach Kräften, mit den »äußerst wohlwollenden« Besprechungen zufrieden zu sein. »Der arme Mr. [Edwin] Muir ist ein wunderlicher Mensch«, sagte sie zu Victor Gollancz. »Mir gefällt es, wie er mich mit dem unbedeutenden Dickens in einem winzigen Päckchen zusammenschnürte und uns beide zusammenzuckend beiseite warf.« Zehn Tage nach Erscheinen waren zweitausendfünfhundert Exemplare verkauft, ein sehr gutes Ergebnis, teilte ihr Gollancz mit. Von viertausend gedruckten Exemplaren wurden schließlich 3.898 verkauft – ein gutes Beispiel für verlegerische Urteilskraft.

Zu Weihnachten 1937 war Edith wieder in der Rue Saint-Dominique. Dort sah sie, daß sich Helens Zustand deutlich verschlechtert hatte. Man mußte sie jetzt, wenn das Bett gemacht werden sollte, heraus- und wieder hineinheben; dabei empfand sie so starke Schmerzen, daß sie in Ohnmacht fiel. Edith litt unter einer ernsthaften Erkältung, und um Helen nicht anzustecken, verbrachte sie einige Tage allein im Hotel, was ihr sehr willkommen war. Doch kehrte sie wieder in die Wohnung zurück, wo man jetzt unmöglich Besucher empfangen konnte. Um die Mittagszeit schlich sich Edith gewöhnlich für eine Stunde aus dem Haus und ging in die Brasserie Universelle in der Rue de L'Odéon, um Tschura zu treffen. In der Wohnung arbeitete sie an einem Hörspiel – über Beau Brummell[6] – mit dem Titel *The Last Party*. Der neue Roman, den sie für Victor Gollancz in Angriff nahm, begann mit einem gewaltsamen Tod.

In den Monaten vor Helens Tod schrumpfte Ediths Leben auf nahezu nichts zusammen. Sie schrieb kaum Briefe und teilte Victor Gollancz im März mit, Helen »sterbe in dieser Wohnung, Stück für Stück an Krebs, der ihre Wirbelsäule, ihre Hüften, ihre Leber und ihre Nieren zerfrißt. Die Wohnung ist sehr klein, und die Geräusche, die man hört, sind unerträglich. Außerdem ist man so von Mitleid überwältigt.« Noch weitere sechs Monate sollte dieser Zustand dauern, obwohl Edith das nicht geglaubt hätte. In den beengten und stickigen Räumen bot ihr die geliebte Katze als einziges Lebewesen Trost.

Während des Sommers reiste Edith für kurze Zeit nach Renishaw, wo sie von Henry Moat, Sir Georges altem Diener, besucht wurde. Dieser berichtete getreulich seinem früheren Arbeitgeber nach Montegufoni: »Ich habe mich gefreut, dort auch Miss Edith anzutreffen. Ich finde, sie sieht von Jahr zu Jahr aristokratischer aus, und sie unterscheidet sich mit ihrem einwandfreien Verhalten so sehr von den angemalten Flittchen, die man jetzt überall sieht.«[7]

Edith aber war fast am Ende ihrer Kräfte. Nicht einmal Dylan Thomas' Briefe beantwortete sie. Am 1. Juni schrieb er an Henry Treece und teilte ihm mit, er sei nicht sicher, ob Edith »mich zur Zeit als Menschen mag oder nicht. Ich habe den Eindruck, daß sie gekränkt ist, es kann aber sein, daß ich da irre. Ich habe ihr vor etwa zwei Monaten an ihre Pariser Anschrift geschrieben, aber keine Antwort bekommen.« Vielleicht, fügte er hinzu, sei sie faul oder unhöflich geworden, »aber das bezweifle ich doch sehr.«[8]

Helen, deren Sterben so viele Monate und Jahre gedauert hatte, fiel es ganz zum Schluß schwer, sich aus dem Leben zu stehlen:

> Drei Tage bevor sie starb, kamen einige ihrer guten Bekannten, religiöse Menschen, setzten sich zu ihr und sprachen sie an. Es sah aus, als werde sie jeden Augenblick sterben. Aber das brachte sie wieder ins Leben zurück. Anschließend sagte sie mir mit fürchterlicher Verzweiflung und unendlicher Bitterkeit: »Weißt du, Edith, ich hatte solchen Frieden. War im Begriff davonzugehen. Und die *gute arme Närrin* hat mich zurückgeholt.«[9]

Als sie schließlich im Oktober 1938 dahinschied, waren die Folgen für Edith verheerend. Helens Tod war eine Erleichterung und Erlösung; nicht nur eine Erlösung von zehn Jahren der Besorgnis und der Verpflichtung, sondern auch von dem Mechanismus, mit dessen Hilfe sie ihre Gefühle erstickt hatte. Die heftig widerstreitenden Empfindungen, die sie beim Tod ihrer Mutter unterdrückt hatte, verschmolzen mit den ähnlich widerstreitenden Empfindungen, die sie Helen gegenüber hatte, und in den folgenden Monaten versank sie in der Welle ihrer Gefühle. Kummer um einen Menschen, den man ausschließlich liebt, läßt sich einfacher ertragen. Ediths komplexer Seelenschmerz war mit der Dankbarkeit und dem Groll vieler Jahre vermischt. »Sie war mir wie eine Mutter«, schrieb sie über Helen mehr als fünf Jahre später an John Lehmann. Helen nahm einen großen Teil der Vergangenheit mit sich. Niedergeschlagenheit und Perioden am Rande der Verzweiflung waren Edith nicht fremd, aber gewöhnlich ließ sie sich das nicht anmerken. Geoffrey Gorer, der sogar in der qualvollsten Zeit ihrer Beziehung zu Pawel die Verbindung mit ihr aufrechterhalten hatte, sah nie, daß sie ihr Unglück offen zeigte, außer bei Helens Tod.

Hinzu kam die angsterregende praktische Frage, wo und wie sie jetzt leben sollte. Zwar war Helen zur Last geworden, doch hatte sie über zwanzig Jahre in einem Haus mit Edith gewohnt. Wegen der Ereignisse, die sich im Herbst 1938 in Europa abspielten, war es fraglich, ob man weiterhin in Frankreich bleiben sollte, also begann sie halbherzig, ihre Habe zu ordnen. Die Aussicht, mit Evelyn Wiel eine Wohnung und ihr Leben zu teilen, war für sie in keiner Weise verlockend.

Im November reiste Edith nach London, um Massines Ballett *Nobilissima Visione* zu sehen, für das Pawel die Entwürfe gezeichnet hatte. Doch war nicht nur Ford bei ihm; auch umgaben ihn seine reichen Bewunderer, wie Ford an Parker Tyler schrieb: »Lady Cunard, Sir Kenneth Clark, Lady Juliet [Duff], Lord Berners, Baron de Gunsburgh.« Über Edith, die deprimiert war und wegen Helen Trauer trug, heißt es:

> Mit unbeirrbarem Blick ... faßt der Künstler das wallende Gewand ins Auge, das seine Freundin trägt, findet, daß es schlecht geschnitten ist, und teilt ihr diese Ansicht mit. Dann fügt er gleichsam abschließend hinzu: »Darin siehst du aus wie ein riesiges Waisenkind.« Die Gewänder der Dame sind für Tschelitschew zu einem ständigen Thema geworden und werden nie aufhören, ihn zu beschäftigen, solange sie in seinem Blickfeld ist ... alles verdient es, gut gemacht zu werden, und vielleicht vor allem Trauerkleidung.[10]

Unentschlossen verbrachte Edith Neujahr und einen Teil des Jahresanfangs 1939 bei Evelyn. Osbert befand sich mit David Horner auf einem deutschen Kreuzfahrtschiff, das nach Guatemala fuhr; Sacheverell und Georgia hielten sich mit ihren beiden Söhnen – der zweite, Francis, war 1935 zur Welt gekommen – in Weston auf. Am 26. Februar schrieb Edith aus der Rue Saint-Dominique an Raymond Marriott, sie könne sich Helen nicht zurückwünschen: »Sie hat ein halbes Jahr lang unsagbare Qualen gelitten, und während ihre Schwester und ich sie in dieser Wohnung mit diesen sechs winzigen Zimmern pflegten, waren wir völlig erschöpft. Woran ich jetzt *leide*, ist ein verspäteter Schockzustand. Über so etwas kommt man hinweg.«[11] Aber sie kam monatelang nicht darüber hinweg, daß sich Pawel nichts aus ihr machte, wie sie im Juni 1939 aus ihrem gewohnten Quartier in Levanto an Allen Tanner schrieb.

> Ich kann nicht umhin, mir darüber klar zu werden: daß ich den ganzen vergangenen Herbst hindurch sehr arm, unsagbar einsam und unglücklich war und nicht wußte, wie ich mein Leben weiterführen könnte. *Auch P. hat mich meinem Schicksal überlassen*, während er mit diesem Schmarotzer umhergezogen ist ... Ich hätte in Paris gänzlich allein sein können, und das vermag ich nicht zu vergessen.
>
> Jetzt möchte er natürlich, daß ich ihm schreibe, weil er in England ist, wo mein Name einen gewissen Glanz besitzt.

Es gab Orte, an denen der Glanz ihres Namens nicht genügte. Im Jahre 1939 brachte der damals siebenundsiebzigjährige Sir Arthur Quiller-Couch sein 1900 erstmals erschienenes *Oxford Book of English Verse* auf den neuesten Stand, ohne Edith unter die modernen Autoren aufzunehmen. (Möglicherweise hat sie sich selbst ausgeschlossen, indem sie sich jeder Auswahl aus ihrem Werk widersetzte, die er traf.)

Zu Anfang jenes Jahres hatte sich ihr Agent bemüht, ihre finanziellen Schwierigkeiten damit zu lösen, daß er eine Vortragsreise durch die Vereinigten Staaten für sie organisierte. Geoffrey Gorers Mutter hielt sich bereits dort auf. »*Wie* werden wir uns amüsieren«,[12] schrieb Edith ihr im März. »Moby Dick, das Mädchen und ich« hatten alle die Grippe. (Mit Moby Dick war Evelyn Wiel gemeint.) Doch aus der Sache wurde nichts. Die vom Agenten Colston Leigh für die amerikanische Vortragsreise festgelegten Bedingungen jagten ihr Angst ein: »Ich kann *unmöglich* Vorträge halten, *wenn ich kein Manuskript habe* ... Die verlangen, daß ich nicht von einem Manuskript ablesen darf, doch in dem Fall kann ich nicht gehen. Mein Gedächtnis ist furchtbar schlecht, und meine Vorträge sind äußerst kompliziert ... Die glauben wohl, ich sei keine Künstlerin, sondern eine Kunstradfahrerin.«[13] Ohnehin, sagte sie, habe sie nur dorthin reisen wollen, um Moby Dick für eine Weile zu entrinnen.

Als Deutschland am 1. September 1939 in Polen einfiel, befand sich Edith in Levanto und arbeitete an der Zusammenstellung einer Anthologie für Victor Gollancz. Auf ein Telegramm Osberts hin, der sich ebenfalls im Ausland aufhielt, kehrte sie unverzüglich nach Renishaw zurück, wo sie vor ihm eintraf. Sie ließ beinah alles, was sie besaß, in Paris – Bücher, Arbeitskladden, Tschelitschew-Gemälde und -Zeichnungen, Briefe, Papiere sowie ihre Katze – und auch Evelyn Wiel blieb dort. Der Ausbruch des Krieges hatte Edith die Entscheidung abgenommen. Sie kehrte nie wieder in die Rue Saint-Dominique 129 zurück.

18

Krieg

1940–1943

Edith empfand den Krieg in erster Linie als eine entsetzliche Vergeudung – von Leben, von Begabung und Zeit. »Tatsächlich!« schrieb sie an Anthony Powell, als er im Dezember 1939 eingezogen wurde. »Das unaufhörliche Elend, Unglück und, weniger bedeutend, die Langeweile! Die Zeitverschwendung! ... Wie fern all das scheint, an dem wir uns einst erfreuten!«[1] Im Frühjahr 1940 kam das Vic-Wells Ballett nach Sheffield, »und so waren Constant [Lambert], Freddie [Ashton] und Bobbie [Helpmann] hier«, teilte sie Georgia mit. »Es ist so schauderhaft, all diese armen jungen Männer am Rande dieser gräßlichen Katastrophe zu sehen.«[2]

Wie es damals schien, gab es nur wenig, was Edith, unpraktisch und über fünfzig Jahre alt, im Krieg für ihr Land hätte tun können. Im Januar 1940 schrieb sie an Lady Violet Powell, Anthony Powells Gattin:

> Ich habe keinerlei Nachrichten. Das Leben ist nichts als ein einziges langes Murren, unterbrochen von Frieren und Unterhaltungen mit Majorsgattinnen. – Osbert ist Friedensrichter[3] geworden und hat in Ausübung seiner Pflichten eine ganze Menge neuer ekelhafter Ausdrücke gelernt, aber nicht einmal das scheint viel zu helfen. Ich stricke und versuche, nicht auf das zu hören, was im Radio gesagt wird. So schleppt man sich durchs Leben.[4]

Edith, die in den meisten Haushaltsdingen unerfahren war, hatte stets gestrickt. In früheren Jahren waren dabei für sie selbst und Helen lange, ziemlich unförmige Strickjacken herausgekommen. Jetzt bedachte sie jeden mit Socken und Pullovern: von David Horner, der zur Royal Air Force gegangen war, Sachie, Alec Guinness (er hatte im Jahr vor Kriegsausbruch Merula Salaman geheiratet, die entfernt mit der Familie Sitwell verwandt war, ein »äußerst reizendes junges Geschöpf«) bis hin zum kleinen Kind der beiden Guinness'. Den ganzen ersten Kriegswinter hindurch strickte sie, während sie und Osbert sich in dem großen Haus gemeinsam einrichteten, wo es anfänglich keinen geregelten Tagesablauf gab, obwohl es »ihr Zuhause« war: Nie hatten sie länger als einige Monate dort gelebt, und fast immer nur im Sommer. Osbert war sechsundvierzig und kränklich. Strom gab es auf Renishaw nach wie vor nicht; gestrickt, gelesen und geschrieben wurde im Schein von Öllampen, wenn das Licht der kurzen Wintertage schwand. Im Haus war es bitter kalt, obwohl mit Hilfe von Kohle und Holz in den Kaminen oben und unten gewaltige Feuer in Gang gehalten wurden. Das Brennholz, klagte Edith in einem Brief an Georgia, schien »ausschließlich aus Fliegenpilzen und Schwamm« zu bestehen. Im Badezimmer war es unbehaglich und eiskalt.

Osbert und Edith entwickelten ihren Lebensstil wie in einer Vernunftehe, die zunehmend harmonischer wird. Sein früherer Offiziersbursche John Robins und dessen Frau kümmerten sich um beide. Die Gesellschaft ihres »lieben alten Jungen« war Edith hochwillkommen. Als sie im Oktober 1942 nach einer längeren Zwangspause wieder an Evelyn Wiel schrieb, teilte sie ihr mit: »Ich bin jetzt diese ganze lange Zeit, die ich im Lande verbracht habe, mit Osbert zusammen. Welch wundervolles Wesen er hat ... Ich stricke und schreibe.«[5] Bruder und Schwester tauchten nie vor der Mittagszeit unten auf. Oft blieb Edith noch länger allein, bis fünf Uhr nachmittags. Sie las und arbeitete in ihrem Zimmer im ersten Stock, gewöhnlich im Bett. Nachdem sich dieser Tagesablauf einmal eingespielt hatte, wurde er den ganzen Krieg über beibehalten. »Wir gehen nie zum Frühstück hinunter«, schrieb sie am 2. Juli 1945 an Eliot in einem Brief, mit dem sie ihn zu einem längeren Besuch veranlassen wollte. »Wem danach ist, der verschwindet stundenlang ... setzt sich irgendwo hin und arbeitet oder hält mehrere Stunden lang Siesta.« Für einen Besucher, der die übliche Art der Gästebetreuung erwartete, war diese Aussicht gewiß beunruhigend, doch den meisten war es so gerade recht: »Meine Gastgeber haben sich so verhalten, wie ich es erhofft hatte – sie haben mich nachmittags zufrieden gelassen«, schrieb Evelyn Waugh im Juni 1942 seiner Frau Laura.

Waugh war einer von vielen, die in den Streitkräften dienten und auf Renishaw eine seltsame Oase fanden, wenn sie auf Fronturlaub oder in der Nähe stationiert waren. Waugh teilte seiner Frau in jenem Sommer mit, das Haus wirke von außen unansehnlich, »das Gras der Rasenfläche steht hoch & die Hecken sind nicht gestutzt, so daß man glauben könnte, das Haus sei verlassen«. Wo einst die symmetrisch angelegten Blumenbeete geprangt hatten, wuchs jetzt Kohl; den ganzen Krieg hindurch gab es auf Renishaw, wo man sich mit Gemüse selbst versorgte, frisches und gutes Essen. Das vernachlässigte Äußere des Herrenhauses ließ nicht ahnen, was zumindest im Sommer in seinem Inneren vor sich ging: »Dort ist alles offen; es gibt keine Evakuierten und keine einquartierten Soldaten; außer im Ballsaal sind die Möbel nirgendwo verhängt. Überall stehen Topfpflanzen & Vasen mit Rosen, liegen stapelweise neue und alte Bücher, und die Küche ist ganz hervorragend.«[6] Auch hielt sich dort, wie Waugh seiner Frau mitteilte, »ein äußerst bezaubernder Maler namens Piper auf, der eine ganze Reihe von Zeichnungen des Hauses anfertigte.«

Der als Kriegszeichner[7] tätige John Piper war Mitte Dreißig. Sein guter Freund Geoffrey Grigson machte ihm klar, daß er dessen Kontakte zu Renishaw für ein seiner unwürdiges, emporkömmlingshaftes Verhalten hielt. Aber die Aufenthalte auf Renishaw boten Piper eine willkommene Erholung vom Krieg; Osbert entlohnte ihn großzügig für seine Arbeit und machte ihn mit einer kultivierten Welt bekannt, die es ihm ermöglichte, seinen Horizont zu erweitern. In der erzwungenen Abgeschiedenheit Renishaws hatte Osbert mit der Arbeit an seinem Hauptwerk begonnen: seine große fünfbändige Autobiographie, die universale Mythologie des Sitwellismus. John Piper sollte sie illustrieren. Die Originale dieser Bilder hängte er in der großen Eingangshalle von Renishaw auf. Dieses Mäzenatentum im großzügigen alten Stil hatte für Piper nur Vorteile, zumal er sich leicht einfügte und, da er nicht auf Ärger aus war, auch keinen bekam.

Außer Grigson paßte das nur einem nicht, nämlich David Horner, der sich dagegen verwahrte, daß »sein« Zimmer auf Renishaw Piper bei dessen Besuchen zur Verfügung gestellt wurde. Horner war bei Kriegsausbruch im Luftfahrtministerium in London tätig, kam aber bald als Abwehroffizier nach Watnall Chaworth, von wo aus Renishaw leicht erreichbar war. Für Osbert bedeutete das eine große Freude, obwohl die Beziehung zwischen ihm und Horner zu jener Zeit nicht immer einfach war. Das galt auch für die Beziehung zwischen Horner und Edith: Bei einem seiner Besuche in den ersten Kriegsmonaten gab es einige unangenehme Szenen, bei denen es um Geldschwierigkeiten ging – entweder ihre oder Sacheverells. Jedenfalls sah sie sich dadurch veranlaßt, eine ihrer seltenen Entschuldigungen zu verfassen.

> Ich schäme mich entsetzlich, diese widerwärtige Szene gemacht zu haben, als Sie gekommen waren, um sich auszuruhen, müde wie Sie waren ... Auch muß der arme Osbert alle Sorgen Sachies auf sich nehmen, und es war nicht schön von mir, eine Szene zu machen ... Zum Teil ist das darauf zurückzuführen, daß mich die geschäftlichen Dinge ängstigen, weil ich sie nicht durchschaue. Ich werde es nicht wieder tun und verspreche Ihnen einen Donnerstag und Freitag ohne Tränen ...

Sie und David kamen miteinander aus, weil sie es mußten. Seine nahezu beständige Anwesenheit langweilte, ärgerte und belastete sie. Wenn Edith während des Krieges bisweilen Lustlosigkeit empfand und einräumte, von Gewalttaten – ja sogar von Mord – zu träumen, lag das an David Horner. Aber das hätte niemand merken können. Sie verbarg ihre Gefühle vollständig, weshalb sie um so schwerer zu ertragen waren. Am ehesten noch ließ sie ihren Gefühlen in Briefen an Georgia freien Lauf, und selbst da begnügte sie sich mit Andeutungen: »Wenn Du wüßtest, wie schwierig es manchmal ist, sich unter den gegebenen Umständen nicht allzusehr gehen zu lassen.«[8] Aus Treue zu Osbert ließ sie nichts nach außen dringen. David war zu einem Mitglied der Familie geworden.

Gegen Ende 1941 gab es Schwierigkeiten in Weston, als Sacheverell, inzwischen über vierzig, Adjutant bei der dortigen Bürgerwehr wurde. Edith wandte sich gegen diese zusätzliche Belastung ihres Bruders. »Eine schreckliche Sorge«, schrieb sie ihm. »Worte können nicht sagen, was ich empfand ... Ich bin schrecklich betrübt. Es gibt kaum noch etwas, das der Mühe wert ist.«[9] Osbert und Sacheverell standen einander jetzt recht fern, und wegen Meinungsverschiedenheiten in Gelddingen war die Beziehung zwischen beiden eher angespannt. Als Edith für eine Woche nach Weston reiste, fuhr sie allein.

John Piper, der Edith jeweils nur dann zu sehen bekam, wenn sie gegen Ende des Tages herabkam, fühlte sich in ihrer Gesellschaft wohl und sah in ihr eine Art Schwester. Abends, wenn Edith strickte, ließen sie auf dem Grammophon Debussy-Platten laufen. Mit einer gewissen Erschütterung nahm Piper wahr, daß »unverdünnter Gin aus riesigen Gläsern« getrunken wurde. Alkohol bot auf Renishaw eine Möglichkeit, die Angst, Einsamkeit und Langeweile des Lebens im Krieg zu lindern. In jenen Jahren entstand unbemerkt und allmählich Ediths Abhängigkeit vom Alkohol.

Am schlimmsten waren die Winter. Osbert wie Edith hatten eine neurotische Angst vor Erkältungen, und Edith pflegte die Überträger der gefürchteten Erreger mit einer Wut aufzuspüren, die eher Straftätern gegenüber am Platze gewesen wäre. Ein undatiertes Schreiben an John Lehmann ist bezeichnend für ihre Haltung: »Eine der Damen ›war so freundlich‹, am Samstag vor einer Woche hier einzutreffen, einen kurzen Blick auf Susan [Robins' Ehefrau] zu werfen, sie anzuniesen – und sich zurückzuziehen wie eine Najade in ihren Brunnen.« Anschließend erkälteten sich alle im Hause. »Das Haus hallt wider von dem löwenähnlichen Gebrüll, mit dem sich Robins räuspert, und es ist feucht von Susans Seufzern und Tränen – ach, ich *könnte allen den Hals umdrehen.*«[10]

Anthony Powell verbrachte im Winter 1942 gemeinsam mit seiner Gattin eine Woche Urlaub von der Truppe auf Renishaw. »Schnee bedeckt den Boden, die Statuen im italienischen Teil des Parks tragen, wie es sich im Krieg gehört, ihre der Jahreszeit entsprechenden Gewänder aus Sackleinen.« In ihrem Einladungsbrief hatte Edith geschrieben: »Drei Bomben sind unmittelbar vor dem Fenster gefallen (nun, *fast unmittelbar* davor... relativ gesehen)... unsere ersten seit einiger Zeit. Wenn doch der Mistkerl verschwände. Da kommt er gerade wieder... Ich fühle mich stumpfsinniger denn je und habe nicht die Spur von Unternehmungsgeist.«[11]

Während ihres Besuchs beschlossen die Powells und Edith, in die nahegelegene zerbombte Stadt Sheffield zu fahren. Vor ihrem Aufbruch nahm Osbert – der mit allen Angelegenheiten des Hauses weit vertrauter war als Edith – Lady Violet beiseite. »Wir brauchen dies und jenes an Lebensmitteln«, sagte er, »es wäre schön, wenn Edith nicht damit belastet würde.« Sie sollten einen bestimmten Fischhändler aufsuchen, der ihnen von Zeit zu Zeit einen Lachs abtrat. Während der kurzen Autofahrt nach Sheffield kam man auf diesen Punkt zu sprechen, und Lady Violet setzte Edith in knappen Worten darüber in Kenntnis, wie man einen Lachs so verarbeitete, daß sich möglichst viel davon verwenden ließ, und schloß mit den Worten: »Und aus dem Endstück machen Sie Kedgeree[12].«

Zu dieser Exkursion in die Stadt hatte sich Edith Sitwell mit ihrem Aufzug ziemlich viel Mühe gegeben. Ihr hoher zylinderförmiger Hut war ein Mittelding zwischen der Kopfbedeckung eines Archimandriten und der eines Tatarenreiters aus »Sohrab and Rustum«[13]. Sie gehörte zu den Menschen, die sich nie vorsätzlich in einer Schlange vorgedrängt hätten, doch den Kopf voller Anweisungen ihres Bruders und Violets Erklärungen zu den Verwendungsmöglichkeiten eines Lachses in der Küche, stürmte sie in den Laden, ohne auf die Menschen zu achten, die geduldig draußen warteten, und ergriff den Fischhändler ... bei der Hand.

Sie fragte ihn nach seinem Befinden. Sie fragte ihn, wie es seiner Familie gehe. Sie teilte ihm mit, er sehe gut aus. Sie sei gekommen, ihn zu fragen, fuhr sie fort: »›ob Sie zufällig einen Lachs haben? Wir brauchen einen, um Kedgeree zu machen.‹ ... Der gute Mann erbleichte. Waren die Tage der Bourbonen zurückgekehrt? Selbst Lukull hätte es sich zweimal überlegt, ob er einen ganzen frisch gefangenen Lachs zu Kedgeree verarbeitet hätte; jedenfalls, solange sich Rom im Krieg befand.«[14] Dennoch trieb der Fischhändler einen Lachs auf, der in einem anderen Geschäft übriggeblieben war, in dem die Leute wohl etwas anderes kauften; er wurde zur Bahn gebracht und erreichte Renishaw rechtzeitig zum Abendessen. (Anthony Powell berichtete diese Anekdote. Sie ist im Zusammenhang mit einem Ereignis aus der Vergangenheit zu verstehen: Lange vor dem Krieg hatte Ediths alte Zielscheibe des Spottes, J.C. Squire, der Zeitschrift *Punch* eine Ballade geliefert, die sich auf eine bei einer Gesellschaft zufällig gehörte Bemerkung gründete: »Ich hab Edith Sitwell mal Fisch kaufen sehen ...«)[15]

Mehrere Luftangriffe auf Sheffield richteten schwere Zerstörungen an; nach dem zweiten, der die Stadt im Sommer 1943 heimsuchte, fuhr Edith erneut hin, diesmal allein. »Da war ein stiller Jahrmarkt, unbeschreiblich schmutzig und elend unter dem grauen Nieselregen. Dort, wo die Buden aufgeschlagen waren, hatten einst Häuser gestanden. Bomben hatten sie dem Erdboden gleichgemacht ... Sheffield hat keine Stadtmitte mehr, nichts.«[16] Diesmal ließ sich Edith keine Einkäufe nachschicken und kehrte stehenden Fußes nach Hause zurück. Sie brachte es nicht über sich, irgend etwas zu kaufen.

Im dritten Kriegswinter schrieb Edith – es war Januar 1942 – an Mrs. Gorer in Amerika, daß sie das Leben »– mit Ausnahme seiner unsagbaren Schrecken und Katastrophen – als eine Eisenbahnfahrt [betrachte], die man unternehmen muß. Wenn man aber an die Tausende und Millionen zugrunde gerichteter Leben denkt ...« An Georgia schrieb sie, sie fühle sich »täglich älter – und so entsetzlich lustlos –, und ständig spürt man ein Gefühl des Entsetzens.«

Eins der vielen zugrunde gerichteten Leben war das Evelyn Wiels, die allein und mittellos im von Deutschen besetzten Paris festsaß. Edith hatte dafür gesorgt, daß ihr Coutts' Bank monatlich zehn Pfund überwies, angeblich, damit sie sich um ihre inzwischen vierzehn Jahre alte Katze kümmerte. Doch im Januar jenes Jahres erhielt Edith wegen Evelyn ein Telegramm von einem Unbekannten: »*Envoyer d'argent d'urgence. Situation désespérée.*«[17] »Es ist ein Alptraumschrecken«, schrieb Edith an Anthony Powell. »Ich kann sie nicht erreichen.«[18] Nach dem Fall Frankreichs – Paris war seit Juni 1940 besetzt – hatten die Geldanweisungen Evelyn nicht mehr erreicht; und Post konnte ausschließlich über das Rote Kreuz geschickt werden, das sie über neutrale Länder weiterleitete.

Als das Telegramm eintraf, machte sich Edith wie eine Löwin ans Werk. Sie schrieb ans Rote Kreuz, ans britische Außenministerium, an die Abteilung für Handelsbeziehungen mit dem Feind im britischen Handelsministerium, erläuterte, unter welchen mitleiderregenden Umständen Evelyn lebte, und bat um die Erlaubnis, ihr Geld zu schicken: »Sie ist völlig mittellos, hat keinen Pfennig ... Sie ist eine Freundin, die ich zeit meines Lebens kenne und seit Jahren unterstütze.« Sie legte Evelyns Familienstand dar, ihr Alter und ihren schlechten Gesundheitszustand: »Sie mußte denkbar schlimme Unterleibsoperationen über sich ergehen lassen ... Außerdem hat sie offene Krampfadern, an beiden Beinen offene Wunden von den Zehen bis zu den Knien und kann nicht gehen.« Auch Osbert schrieb Briefe; Ernest Rootham hingegen, der als Anwalt in Barnstaple lebte, war nicht bereit, seiner Schwester Evelyn in ihrer unglücklichen Lage beizustehen.

Edith erhielt einen verzweifelten Brief von Evelyn, die sich verlassen wähnte. Sie antwortete in tröstendem Ton: »Du fehlst mir jede Stunde eines jeden Tages. Liebste, ich würde *Dich nie* verlassen. *Nie* ... Wie gut ich die Räume in der Wohnung vor mir sehe. Ich träume beständig, manchmal wochenlang jede Nacht, daß ich wieder in der Wohnung bin.« Die Träume, in denen sich Edith in der Rue Saint-Dominique sah, waren Alpträume, doch gehörte Evelyn, so sehr sie ihr manchmal auf die Nerven gegangen war, und so wenig sie sie manchmal verstanden hatte, zu ihrer Vergangenheit und durfte keinesfalls im Stich gelassen werden. Ihre hoffnungslose Abhängigkeit rührte mit Macht an Ediths liebevolles Herz. Außerdem war da noch die Katze: »Und dann wache ich gequält auf, frage mich, wie es Dir und meinem lieben Engel geht, den Du nicht erwähnst ... Bedeutet das, daß er tot ist? Ich sehne mich nach ihm und liebe ihn mit ganzem Herzen und werde das mein Leben lang tun!«[19] Das Tier lebte noch. In einem Nachtrag zu ihrem Testament, das Edith im Mai jenes Jahres verfaßte, schrieb sie: »Es ist mein Wunsch, daß man meinen Kater, der sich gegenwärtig in Madame Wiels Obhut befindet, reichlich und großzügig bedenkt und sich um ihn kümmert, denn ich könnte nicht ruhigen Gewissens sterben, wenn ich annehmen müßte, es fehle ihm an der erforderlichen Fürsorge.«

Wäre das die ganze Geschichte von Ediths Kriegserlebnissen – die Geschichte einer bekannten Autorin in mittleren Lebensjahren, die den Krieg mit ihrem Bruder auf dem Stammsitz ihrer Familie verbringt und sich um die Sicherheit ihrer Freunde sorgt –, wäre sie nicht bemerkenswert. Doch das ist lediglich das Stützwerk ihrer Geschichte. Drei Faktoren trugen dazu bei, daß der Krieg, wie ihn Edith erlebte, für andere wie auch für sie selbst weitere Dimensionen gewann.

Der erste hieß Pawel Tschelitschew. Am 7. September 1941 schrieb Edith an Alec Guinness, Pawel habe gesagt, daß Auden in Amerika »entsetzlich durchgefallen« sei. »Seine Briefe – gewöhnlich schreibt er mir einmal pro Woche – sind absolut vollkommen.«[20]

Andere mochten sich nach wie vor über ihre Beziehungen zu Pawel Gedanken machen – wie beispielsweise Geoffrey Gorer, der im August 1941 aus New Haven in Connecticut an Edith schrieb, es falle ihm sehr schwer, Pawel »zu verzeihen, wie er Mutter behandelt hat ... Als sie Geld hatte, um seine Bilder zu kaufen, war er die Dienstbeflissenheit in Person; jetzt aber, wo sie keines mehr hat, kommt nicht einmal ein Weihnachtsgruß oder irgendein anderes Zeichen der Aufmerksamkeit ... Es hat sich gezeigt, daß er kein Freund mehr ist.« So gern sie die Gorers mochte, diese Worte können Ediths neues Gefühl der Sicherheit nur bestärkt haben. Hatte sie nicht stets gesagt, Pawel werde eines Tages noch merken, wer seine wahre Freundin sei?

Bei Kriegsausbruch hatten sie keine Gelegenheit gehabt, sich voneinander zu verabschieden; sie war nach Renishaw zurückgeeilt und Pawel nach New York. Aber er hatte ihr Anfang September 1939 vom Schiff aus geschrieben, und seither korrespondierten sie regelmäßig und ausführlich miteinander. All diese vielen geschriebenen Worte sind, wie schon erwähnt, bis zum Jahre 2000 unter Verschluß und unzugänglich. Parker Tyler hatte Zugang zu dem Material, als er seine Tschelitschew-Biographie verfaßte, da Edith damals noch lebte und die Erlaubnis erteilen konnte. Lediglich aus dem, was er geschrieben hat, läßt sich herleiten, welcher Art die Briefe waren.

Nun lag der Ozean zwischen ihnen, und Edith wurde wieder seine »Seelenschwester«. Es kam erneut zu einer inneren Beziehung, so intensiv wie in den frühen Tagen ihrer Freundschaft. Für Edith war das ein Wunder. Sie war wieder sein Orakel von Delphi, seine Dame Blanche, die Sibylle des Porträts, das er 1937 von ihr gemalt hatte, die »Bienenpriesterin« – Honig ist flüssiges Gold. Er schrieb über sich und seine Stimmungen. Er teilte ihr mit, er träume von ihr. Er schrieb über sein Werk und seinen schlechten Gesundheitszustand. Er lieferte ihr die Bestätigung, die sie brauchte: »Nein, nein, meine Liebe, sei nicht kindisch: Du bist in meinem Kopf und meinem Herzen die größte Freundin.« Und: »Edith, meine teuerste Freundin, Du bist wie ein riesiges Herz, das Ohr und Auge zugleich ist, womit Du meine irren Gedanken lesen kannst.«[21]

Beide waren auf diesen Briefwechsel angewiesen und machten großes Aufheben von Absendedaten und verlorengegangenen oder noch nicht eingetroffenen Mitteilungen. Da beide zu Wahnzuständen neigten, verglichen sie, welche Kränkungen und Demütigungen ihnen jeweils widerfahren waren. Pawel teilte ihr mit, durch ihre Heimsuchungen und Schwierigkeiten sei sie zu einer »Großen Eiche« herangereift. Sie wetteiferten miteinander darin, gemeinsame Bekannte herunterzumachen. Sie diskutierten ausführlich über Pawels Hauptanliegen – die mystische Funktion der Anatomie und die Art und Weise, wie jede in der Natur vorkommende Gestalt ihr Gegenstück im menschlichen Körper hat.

Und was war mit Charles Henri Ford? Sie scherzten in ihren Briefen über »hübsche junge Männer«, und Edith erklärte, sie kenne etliche, die »ihre Dessous an der Maginot-Linie aufhängen sollten.«[22] Pawel fühlte sich verpflichtet, ihr zuzustimmen. »Sexualität ist nicht dasselbe wie Liebe, und auch nicht ihr Gegenteil – es ist eine Art Wahn, wie Freßgier oder Kleptomanie.« Er teilte ihr mit: »Außer dir habe ich keine Freunde, keine wirklichen.«[23] All das stimmte Edith milde. Im Oktober 1940 rezensierte sie für die Zeitschrift *Life and Letters To-Day* einen Band mit

Gedichten von Charles Henri Ford positiv, und behutsam begannen sie miteinander zu korrespondieren: »Liebe Miss Sitwell«, schrieb Ford und lobte ihre Gedichte. Er fragte, ob er ihr seine Übersetzungen von Baudelaire-Gedichten widmen dürfe.

Der unaufhaltsame Strom von Briefen Pawels dauerte den ganzen Krieg und drei Nachkriegsjahre hindurch an, bis sie einander wieder begegneten.

Zweiter und wichtigster Bestandteil von Ediths Kriegserfahrung waren die Gedichte, die daraus entstanden, in die aber auch Themen aus ihrer Korrespondenz mit Pawel einflossen. Möglicherweise hätte ihre Bedrückung und ihre Mutlosigkeit ohne die Anregung und das Hochgefühl, die sie aus seinen Briefen gewann, sie daran gehindert, ihre Stimme zu finden. Der dritte neue Bestandteil, nämlich neue Freundschaften, erwuchs aus ihrer Dichtung; denn sie rührte Herz und Sinn an und führte ihr Menschen zu. All das faßte sie in einem Brief zusammen, den sie Evelyn Wiel unmittelbar vor Weihnachten 1944 schrieb. Ihr Bericht klingt einfach, beinahe naiv, denn sie hatte ihn auf ihre Briefpartnerin zugeschnitten, die eher schlichten Gemütes war.

> Ich habe neue und *viel* nettere Freunde ... meine bedeutenden neuen Freunde sind der Dichter Stephen Spender und seine Frau; sowie John Lehmann [Rosamond Lehmanns Bruder – der Herausgeber von *New Writing*]. Außerdem Bryher MacPherson, von der ich Dir schon berichtet habe ...
>
> Was ich schreibe? Fortwährend Gedichte. Von meinem Gedichtband, der im August herausgekommen ist, sind bereits 5000 Exemplare verkauft, 2000 weitere sind gedruckt – und das bedeutet, daß sie bestimmt Abnehmer finden. Mein voriger Gedichtband, der 1942 erstmals veröffentlicht wurde, hat 4 Auflagen erlebt! Es heißt jetzt, ich hätte Yeats' Platz eingenommen. Aber natürlich erhebt das Fußvolk nach wie vor sein mißtönendes Geschrei. Täte es das nicht, würde das bedeuten, daß meine Dichtung leblos ist. Sie ist jetzt unvorstellbar bedeutsamer denn je.[24]

All das traf zu. Wie war es dazu gekommen?

* * *

Die neuen Freundschaften und die neue Dichtung erwuchsen gemeinsam aus dem Schrecken des Krieges, so wie auf den Trümmergrundstücken in den Großstädten Waldrebe und Roter Heinrich gediehen und blühten. Im Oktober 1940 schrieb Edith an Geoffrey Gorer, der sich gerade in Amerika aufhielt, sie sei »in einer Grenzzone des Entsetzens erstickt, wie in einem Alptraum, in dem ich mich nur mit Mühe bewegen konnte. Ich schreibe Gedichte, weil das mein naturgegebener Auftrag ist, und ich spinne sie aus mir heraus wie eine Spinne ihren Faden, aber das ist alles.«[25] Sie teilte ihm mit, sie habe sich mit Alec Guinness, der zur Zeit in der Royal Navy diente, »sehr angefreundet«; er wurde zu einem konstanten Brieffreund.

Zu den Freunden der Kriegszeit gehörte auch die Romanautorin »Bryher«, die in den Jahren danach für Edith die Rolle der guten Fee spielte. Bryher Ellerman, die wohlhabende Tochter des Schiffahrtsmagnaten Sir John Ellerman, war sieben Jahre jünger als Edith. Sie war in den zwanziger Jahren einige Jahre lang mit Robert McAlmon verheiratet gewesen und hatte anschließend den Schotten Kenneth MacPherson geheiratet, der nicht nur Autor, sondern auch eine Autorität auf dem Gebiet des Kinofilms war. Mit ihm gemeinsam gab sie die Zeitschrift *Close up* heraus. Bei Kriegsausbruch war sie die Lebensgefährtin der Lyrikerin »H. D.« – Hilda Doolittle, einst Gemahlin Richard Aldingtons. Bryher war einer rückhaltlosen Hingabe fähig, die dank ihrer praktischen Veranlagung und Wesensart nie sentimental wurde. Thornton Wilder sagte über diese kleine, blauäugige, vor Energie berstende Frau, auf deren Kopf meist eine Baskenmütze thronte, zu Gertrude Stein: »Bryher ist ganz wie Napoleon, sie geht wie er und redet wie er – wahrscheinlich empfindet sie auch wie er.«[26]

Der weibliche Napoleon hatte sich in der Schweiz niedergelassen; doch während des Kriegs lebte sie mit voller Absicht in London. Dort bewohnte sie gemeinsam mit H. D. eine Wohnung am Lowndes Square. Wegen ihrer Vaterlandsliebe und Tapferkeit wuchs sie den Geschwistern Sitwell ans Herz: »Osberts Freundschaft und Ediths Liebe«, schrieb sie, halfen ihr über den Krieg. Bryher lieferte den finanziellen Rückhalt für die von Robert Herring herausgegebene Zeitschrift *Life and Letters To-Day*, für die Edith schrieb. Als die Verlagsräume im Jahr 1940 ausgebombt wurden, suchte Robert Herring Zuflucht auf Renishaw und mietete später im Nachbardorf Eckington ein Haus, von wo aus er die Zeitschrift weiter herausgab. Bryher fuhr hin, um sie alle zu besuchen.

> Während dieses Besuchs auf Renishaw begann meine Freundschaft mit Edith. Wir waren einander einige Male in der Wohnung in Bayswater begegnet, stets im Gedränge von Teegesellschaften. Diesmal las mir Edith, sobald die anderen Gäste gegangen waren, auf der Terrasse im blassen Schein der Oktobersonne Gedichte vor. Gewiß war ihr nicht klar, wieviel mir das bedeutete ... Noch jetzt, da wir seit mehr als zwanzig Jahren den sogenannten Frieden haben, ist Renishaw für mich wie ein Diadem goldener Augenblicke in einem staubbedeckten Tempel.[27]

Nach diesem ersten Buch fuhr Bryher immer wieder hin. Andere Menschen, die Edith feindselig gesonnen waren, sahen in ihr stets nur das Extravagante und Spleenige, aber Bryher blickte dahinter und erfaßte ihr Wesen mit liebevollen Augen: »Für sie war Dichtung gleichbedeutend mit der Hingabe an Gott, wie man sie bei Nonnen im Mittelalter fand, und sie duldete keine Verstellung. Vielleicht hatte sie deshalb so viele Feinde.«

> Immer wenn ich an Edith denke, ist es Sommer auf Renishaw. Selten befolgten wir Osberts Aufforderung, uns nach draußen zu setzen, sondern blieben einfach in der Tür zur Terrasse sitzen ... Dort las mir Edith regelmäßig Shakespeare vor, die alten Balladen, und, wenn ich sehr bat, ihre eigenen Gedichte. Ihre Stimme, die Luft, ein Ornament an ihrem Kleid, alles schimmerte golden.[28]

Wie Allanah Harper zwanzig Jahre zuvor, fand Bryher keine Möglichkeit, Edith gegenüber auszudrücken, was sie empfand. »Andere, denen sie ihre Gedichte vorlas, fanden die richtigen Worte, um ihre Dankbarkeit auszudrücken. Ich war zum Schweigen erzogen worden, und so konnte ich nur empfinden ... Uns allen wird eine Aufgabe zugewiesen, und meine war die einer Botin.« Bryher war äußerst geschickt. Als warme Kleidung im Krieg schwer zu bekommen war, besorgte sie sich aus dem Zoo einen Sack voll abgeschnittenen Kamelhaars, ließ es in Schottland zu Garn verspinnen und Jacken für sich und Osbert daraus herstellen. Ihre Bewunderung und Liebe zu Edith beschränkte sich nicht auf Worte, sondern drückte sich auch in der Großzügigkeit ihrer finanziellen Zuwendungen aus.

Ediths wirtschaftliche Lage war bei Kriegsanfang prekär. Sie schrieb im

Herbst 1941 an ihren Agenten, weil sie nicht bereit war, für ihre neuen Gedichte *Street Songs* ungünstige Bedingungen hinzunehmen – man wollte ihr nicht einmal einen Vorschuß von zehn Prozent auf die zu erwartenden Tantiemen zahlen. Sie erklärte, »wenn von mir nach einer Pause von mehreren Jahren ein neues Buch erscheint, müßte das, sofern man die Sache richtig anpackt, größte Aufmerksamkeit erregen und günstige Verkaufszahlen zur Folge haben.«[29] (So verhielt es sich auch.) Außerdem verhandelte sie mit dem Verlag Macmillan wegen eines Buches, das den Titel *Fanfare für Elisabeth*[30] tragen sollte. »Ich kann mich *nicht* länger von Osbert mit durchfüttern lassen; es ist ihm gegenüber einfach nicht anständig und für mich äußerst schmerzlich. Ich *muß* Geld verdienen: ich muß für mich selbst aufkommen.«[31]

Vielleicht waren das die Umstände, die zu den Tränen geführt hatten, für die sie sich bei David Horner entschuldigt hatte. Nicht lange danach schrieb sie an Alec Guinness, sie hoffe, daß sie in Bath ein Haus geschenkt bekomme – »ja, geschenkt.« An Ann Pearn schrieb sie: »Bei der Vorstellung, ein Haus in Bath zu besitzen, fühle ich mich wie in einem Stück von Tschechow. Entweder redet man auf alle Zeiten davon und kauft es sich nicht – oder man kauft es und hat nicht das Geld, darin zu leben.«[32]

Bryher erwarb tatsächlich das Haus in Bath für Edith: Gay Street Nr. 8. Dies hübsche Häuschen hatte Dr. Johnsons Mrs. Thrale gehört, als sie Mrs. Piozzi war.[33] Edith wohnte nie darin, und es wurde für den Rest des Krieges, da es leer stand, von der Bath Corporation beschlagnahmt, die Edith später £ 282 5s. 5d. zahlte. Sie verkaufte es 1949, ohne je eine einzige Nacht darin verbracht zu haben. Aber es war eine vernünftige Investition von Bryher gewesen, wie alle ihre Unternehmungen. Bryher war von einer Heiligkeit gleich jener der Theresa von Avila.

Das Haus löste die Einkommensfrage nicht. Bei ihrer Bank stand Edith 1943 mit dreitausend Pfund in der Kreide. Doch allmählich besserte sich die Lage. Osbert gab ihr 1944 zu drei Prozent verzinsliche Kriegsanleihen im Wert von tausend Pfund, die sie 1955 einlöste; und bei Kriegsende machte ihr Bryher eine notariell beurkundete Schenkung, die Edith sieben Jahre lang ein Monatseinkommen von £ 41 13s, 4d. sicherte, das sie allerdings versteuern mußte. Wichtiger aber war, daß sie mit ihrer Lyrik Geld zu verdienen begann. Bei Kriegsausbruch hatte sie sich mit ihrem zweiten Roman geplagt; als sie jetzt wieder anfing, Gedichte zu schreiben, trat er in den Hintergrund, und man hat nie wieder davon gehört.

Mit der Veröffentlichung von *Street Songs* kam der Wendepunkt in Ediths Leben als Lyrikerin; der Band rechtfertigte die ansonsten eher groteske Vorgehensweise der Geschwister Sitwell im voraufgegangenen Jahr. Unmittelbar vor Erscheinen von *Street Songs* brachte Edith drei Anthologien heraus, um sich ein Einkommen zu sichern: *Edith Sitwell's Anthology* erschien im Januar 1940 bei Gollancz (sie bekam dafür pauschal fünfhundert Pfund), *Poems Old and New* im Oktober 1940 bei Faber sowie *Look, the Sun*! im September 1941, die ihr weitere hundert Pfund eintrugen. (»Ich *behaupte*, es handelt sich um eine Anthologie für Kinder, aber natürlich ist es keine«, teilte sie Merula Guinness[34] mit.) Schwierigkeiten gab es mit der ersten der drei Anthologien.

Hamilton Fyfe, der *Edith Sitwell's Anthology* für die Sonntagszeitung *Reynolds News* rezensierte, nutzte die Gelegenheit, nicht nur seine Ansichten zu dem Buch darzulegen – es fand durchaus seinen Beifall –, sondern auch die über die Geschwister Sitwell, die er als »Versatzstücke aus dem literarischen Kuriositätenkabinett der zwanziger Jahre« abtat. Er gab zu verstehen, ihr Erfolg gründe sich eher auf Energie und Selbstsicherheit als auf Begabung, und erklärte, was äußerst unklug war: »Jetzt sind sie der Vergessenheit anheimgefallen, und man erinnert sich ihrer mit freundlichem, wenn auch leicht zynischem Lächeln.« In den Augen des Anwalts der Geschwister Sitwell, Philip Frere, war damit der Tatbestand der Ehrverletzung erfüllt.

Die Auseinandersetzung brachte das Trio erneut für kurze Zeit zusammen. »Bestimmt hat Dir Georgia gesagt«, schrieb Edith an Sacheverell, »daß wir von Reynolds *pro Person* £ 500 verlangen. Natürlich dürfen wir nicht damit rechnen, daß wir so viel bekommen, aber man muß diesen Leuten eine Lektion erteilen.«[35]

Die Beklagten boten einen außergewöhnlichen Vergleich an: hundertfünfzig Pfund für jeden der Kläger und Übernahme der Verfahrenskosten. Doch die Sitwells lehnten ab und erklärten, Fyfe habe mit seiner Aussage sagen wollen, es handele sich bei ihnen »um Personen ohne literarische Fähigkeiten, deren Anspruch auf Bekanntheit sich ausschließlich auf ihre Arroganz und Eingebildetheit gründet«, und daher seien sie »in ihrem Persönlichkeitsrecht und Ruf sowie in ihrer Glaubwürdigkeit und allgemeinen beruflichen Situation nachhaltig geschädigt« worden. Sie erklärten, den Fall vor Gericht bringen zu wollen, »um zu verhindern, daß die Zeitungen Künstlern die Ehre abschneiden.«

Der Fall kam im Februar 1941 vor dem Richter Cassels zur Verhandlung. Alle drei Sitwells machten dabei einen guten Eindruck. Edith wies darauf hin, daß sie keineswegs der Vergessenheit anheimgefallen sei, sondern in den neun Jahren seit dem Erscheinen von *Alexander Pope* (das Hamilton Fyfe als ihr letztes bemerkenswertes Werk bezeichnet hatte) neun Bücher verfaßt oder herausgegeben hatte. Er hatte das darauf folgende und äußerst erfolgreiche Werk *Queen Victoria*, von anderen ganz zu schweigen, einfach unter den Tisch fallen lassen. Als ihr Fyfes Anwalt Publizitätssucht vorwarf, gab sie zur Antwort: »Ich habe meine Bücher nicht mehr angepriesen als jeder Gewerbetreibende seine Waren.« Der böse Hamilton Fyfe habe vor Gericht »einem Insekt ähnlich« gesehen, schrieb sie später an Christabel Aberconway, und mit Bezug auf sich selbst erklärte sie: »Ich gab meiner Ansicht nach eine wirklich schöne Vorstellung von einer netten alten Dame mit freundlichem Wesen, die intensiv nach Lavendel riecht, sich mit alten Spitzen behängt und ganz so aussieht, als ob sie kein Wässerchen trüben könnte.«[36] Daniel Macmillan legte als Vertreter des Verlags Zeugnis über das literarische Werk der Geschwister Sitwell ab, das gleiche taten Mr. Wilson von der Buchhandlung Bumpus, Arthur Waley und Charles Morgan. Die Geschwister Sitwell gewannen das Verfahren und bekamen jeweils dreihundertfünfzig Pfund zugesprochen; auch die Prozeßkosten mußte der Beklagte übernehmen. Hugh Walpole schrieb am 14. Februar an den *Daily Telegraph* und erklärte, alle Autoren müßten den drei Sitwells dankbar sein, daß sie den Rechtsstreit geführt hatten, und die *Times* widmete dem Thema einen mokanten Artikel:

> [Die Sitwells] werden nicht behaupten, daß man sie aus dem Satz aus der Heiligen Schrift ausnimmt: »Unsere Namen wird man im Laufe der Zeit vergessen, und niemand wird sich unserer Werke erinnern.« Sainte-Beuvre definiert einen Kritiker mit Recht als jemanden, dessen Uhr gegenüber der der anderen fünf Minuten vorzugehen pflegt, doch liefert das gestrige Urteil einen heilsamen Hinweis darauf, daß diese Angewohnheit teuer werden kann.

Einige der Gedichte aus *Street Songs*, die später Ediths bekannteste Kriegsgedichte werden sollten, erschienen schon vor der Veröffentlichung des Buchs in *Life and Letters To-Day* – »Any Man to Any

Woman« im April 1940 und »Street Song« selbst im Januar 1941, außerdem »Still Falls the Rain«[37] in der Literaturausgabe der *Times* vom 6. September 1941. Das Buch kam im Januar 1942 bei Macmillan heraus. Die Erstauflage betrug eher bescheidene fünfzehnhundert Exemplare; ihr folgten innerhalb von fünf Monaten fünf weitere Auflagen. Wie John Lehmann in *A Nest of Tigers* schrieb: »Es war der rechte Dichter zur rechten Zeit.« Edith stand im Einklang mit ihrer Zeit, sprach für sie, was sie dreizehn Jahre lang, seit Erscheinen von *Gebräuche an der Goldküste*, nicht getan hatte.

Street Songs machte die Halbherzigen zu Bewunderern. Dazu gehörten Cyril Connolly – er forderte Edith auf, für *Horizon* zu schreiben, doch lieferte sie keineswegs regelmäßig Beiträge – und vor allem sein Mitherausgeber Stephen Spender. In einem Brief vom März 1942 an Mrs. Gorer sprach Edith von den »wirklich großartigen Rezensionen«, die *Street Songs* bekam, und erklärte, Spender, »der sich wohl nie viel aus meiner Dichtung gemacht hat, sagt jetzt, daß die Gedichte wunderschön sind.«[38] Er hatte in *Horizon* und im *New Statesman* darüber geschrieben. Spender wendete sich eher seinen früheren Meinungen zu als von ihnen ab, denn er hatte ihre frühen Gedichte als Schüler gelesen und war »sogleich von dieser dichterischen Kraft gefesselt, die alles zum reinen, harten Bild gestaltet.« Mit seinen eigenen frühen Versuchen habe er »häufig Variationen« abgeliefert, solange sich in der Zeit vor Auden die »dichterische Welt außerhalb des Alltags« abspielte.[39]

Diese Position hatte er aufgegeben und sich seither mit Politik, Selbstbeobachtung, der Theorie der Psychoanalyse und mit Malerei beschäftigt. Er heiratete 1941 in zweiter Ehe die Pianistin Natascha Litwin, und beide Spenders schätzten Ediths Großzügigkeit und »einfühlsames Mitempfinden« – »ihr Wohlergehen war mit dem ihrer Freunde verknüpft« – wie auch ihre äußerst scharfen schlagfertigen Antworten. Da sie sich meist auf Renishaw aufhielt, Spender hingegen in London und in den Jahren unmittelbar nach Kriegsende häufig im Ausland, äußerte sich die Freundschaft vorwiegend in Briefen. Sie schrieben ohne Übermaß gegenseitiger Lobhudelei über ihr eigenes Werk oder das anderer. Seine »Lines for Edith Sitwell« – ein öffentlicher Tribut an ihre Freundschaft – erschienen im Juli 1943 in *Horizon*; Ediths »Song of the Cold« ist Natascha gewidmet und ihr Gedicht »Harvest« Stephen Spender.

John Lehmann hat sich über einen sonderbaren Nebeneffekt des Krieges geäußert: ein »großes Lesefest« sei daraus hervorgegangen. Man las Literaturzeitschriften »mit einer wilden Hingabe und Begeisterung, mit der Zeitschriften in unserem Jahrhundert vielleicht nie zuvor oder danach gelesen wurden.«[40] Ediths Gedichte nahmen auch an diesem Fest teil. Andere Feste, vor allem für die in der Gefahr und Dumpfheit der Großstädte Eingeschlossenen, waren Musik und darstellende Künste, Oasen des Vergnügens und Erinnerungen an andere Welten. Nachdem das Griller Quartet in Sheffield musiziert hatte, gab es im Oktober 1943 in Renishaw Hall ein Privatkonzert für die Familie Sitwell und ihre Besucher. Gespielt wurden Werke von Mozart, Bloch, Brahms, Haydn und Benjamin Britten. Edith trat mit C. Day Lewis, Walter de la Mare, T.S. Eliot, Louis MacNeice und Stephen Spender in die Apollo Society ein, deren Gründungsziel darin bestand, »die vernachlässigte Kunst des Lesens von Lyrik wiederzubeleben und zu zeigen, daß Musik und Lyrik einander ergänzen«. Im Februar 1943 bat Osbert Bryher, sie möge H.D. überreden, für eine ganz besondere Lesung, die er auf die Beine stellte, um »die Künste am Leben zu erhalten«, ein neues Gedicht zur Verfügung stellen.[41]

Edith und Osbert wählten die Autoren aus, die bei dieser Lesung zu Wort kommen sollten, probten das Vorlesen und erstellten den Zeitplan. Dorothy Wellesley, schrieb Edith am 28. März an David Horner, »war so ermüdend, daß man es mit Worten kaum ausdrücken kann ... Praktisch jeden Tag bekomme ich Briefe, in denen sie mich mit irgend etwas belästigt. Sie schickt mir alles Gewäsch, das sie zu Papier bringt.« Wie um Himmels willen kam Yeats nur mit ihr zurecht, fragte sich Edith. »Wissen Sie, ehrlich gesagt muß der alte Mann nicht ganz bei Trost gewesen sein, wenn er glaubte, daß sie als Lyrikerin etwas taugt.« (Edith lud sie nur aus einem Grund ein: sie wollte, daß eine weitere Frau beteiligt war – aber keine, die ihr dichterisch die Schau stehlen konnte.)

Die große Lesung – deren Erlös an Lady Crewes Stiftung für Franzosen in Großbritannien gehen sollte – fand am 14. April 1943 im Konzertsaal Aeolian Hall statt. Als Programmverkäuferin fungierte die Revuekünstlerin Beatrice Lillie. In der ersten Reihe saß die Königin mit ihren beiden jungen Töchtern[42]; sie trugen Fausthandschuhe. Die Dichter lasen in alphabetischer Reihenfolge: Edmund Blunden, Gordon Bottomley, Hilda Doolittle, T.S. Eliot (der aus *Das wüste Land* den Teil »London Bridge Is

Falling Down« las)[43], Walter de la Mare (er las »The Listeners«) sowie John Masefield.

In der anschließenden Pause sorgte Dorothy Wellesley, die ziemlich betrunken war, für einen Zwischenfall. Bryher hat die Szene beschrieben:

> Mehrere Herren bemühten sich, sie zum Gehen zu veranlassen, doch sie wandte sich statt dessen einem von ihnen zu (einem älteren achtbaren Herrn) und begann mit ihrem Stock auf ihn einzudreschen, da sie ihn für Osbert hielt... Manche Leute verloren den Kopf, niemand wußte, was zu tun war. Beatrice Lillie ließ ihre Programme fallen, nahm die Sache in die Hand und führte die Dame entschlossen aus dem Gang, unmittelbar, bevor die feierliche Prozession erneut einzog.[44]

Der achtbare ältere Herr war Harold Nicholson. Die zweite Hälfte des Programms begann mit einem Gedicht von seiner Ehefrau Vita Sackville-West (»Es war vielleicht ein wenig lang«, meinte Bryher); dann »trat Edith vor, als ob sie einem großen Wandbehang entstiegen sei, um uns ›Anne Boleyn's Song‹ vorzutragen, wie nur sie es konnte. In jenem Augenblick war es nicht einfach ein Gedicht über Erinnerung und Verlust, sondern auch über den Aufstieg und Niedergang einer Epoche, was genau in die Zeit paßte.«

19

Leben und Tod

1943–1944

Nach diesem Leseabend fühlte sich Edith unwohl. Ihr Blutdruck war zu niedrig, ihr Puls ungleichmäßig, und sie fühlte sich zutiefst enttäuscht, nicht viel anders als Dorothy Wellesley. »Das schreckliche ist«, schrieb sie am 18. Juni 1943 an David Horner, »daß ich ohne weiteres einen Mord begehen könnte ... Mich drängt es in einer an Irrsinn grenzenden Weise danach, bestimmten Menschen körperlich Gewalt anzutun.« Renishaw und seine Atmosphäre begannen sie zu deprimieren. Bis Dezember hatten alle, die dort lebten, Erkältung und Husten, was zur Jahreszeit gehörte, aber Ediths angestaute Aggression nicht verminderte. Natascha Spender erklärte sie: »Der Wachhund gestattet keinem zu husten: und wenn es *doch* jemand tut, bellt er etwa neunzehn Stunden lang ... Ich trage Handschuhe und halte die Hände im Schoß gefaltet (außer, wenn ich als Engel vom Dienst fungiere) – denn wenn ich sie voneinander löse, könnte es sein, daß ich jemanden erwürge.«[1] Größtenteils ging diese mordlüsterne Spannung auf die wirklich ungewöhnlichen Umstände zurück, gekennzeichnet durch die letzten Tage ihres Vaters, Sir George Sitwell. Sein Verhalten, schrieb sie dem griechischen Dichter Demetrios Capetanakis im August 1943, »hat so entsetzliche und verheerende Sorgen auf unsere Häupter herabgesenkt (und einen Abscheu, einen Ekel erzeugt, der mich nahezu erstickt)«, daß sie nicht mehr arbeiten konnte.

Sir George hatte sich bei Kriegsausbruch dafür entschieden, in Italien zu bleiben. Als er krank wurde, stand ihm Bernard Woog freundschaftlich zur Seite, ein Schweizer, einst bei der Züricher Bank angestellt, der Sir George sein Geld anvertraut hatte. Woogs Ehefrau Olga war eine geborene Chandos-Pole. Diese Familie war mit den Sitwells weitläufig verwandt und gut bekannt und besaß nicht weit von Renishaw ein Haus. Als die Woogs in die Schweiz zurückkehrten, ging Sir George mit ihnen.

Der erste Hinweis darauf, daß etwas nicht in Ordnung war, kam im September 1942. Zu jener Zeit erfuhren Edith und Osbert, Sir George, inzwischen über achtzig und recht schwächlich, beabsichtige eine deutsche Witwe zu ehelichen und ihr eine jährliche Leibrente von fünfhundert Pfund auszusetzen. Zu dieser Eheschließung kam es nicht, was die entsetzten Kinder zutiefst beruhigte. Als dann gegen Anfang 1943 durchsickerte, ihr Vater habe nicht nur selbst hohe Beträge von der Züricher Bank abgehoben, sondern auch Bernard Woog Vollmacht über das Konto erteilt, wurden sie erneut aufgeschreckt.

Sir George starb am 8. Juli 1943 in der Villa Fontanelle in Porte Ronco, Locarno. Nun zeigte sich, daß sein Testament nicht dazu angetan war, die Spannungen zwischen seinen Söhnen zu vermindern. Aus Osbert wurde Sir Osbert; ihm gehörte jetzt neben Renishaw auch das (ursprünglich auf seinen Namen erworbene) Montegufoni. Bargeld allerdings hinterließ ihm der Vater nur wenig. Dieser Schlag wurde dadurch gemildert, daß ihm die kurz zuvor verstorbene wohlhabende Witwe Mrs. Ronald Greville ein Legat von zehntausend Pfund ausgesetzt hatte. Diese in der Gesellschaft für ihre Empfänge bekannte Tochter eines schottischen Millionärs, die Osbert als sehr jungen Mann gleich nach dem Ersten Weltkrieg unter ihre Fittiche genommen hatte, ließ ihn bis zum Schluß nicht im Stich.

Der Betrag von tausend Pfund jährlich, den Sir George ursprünglich seiner Tochter Edith zugedacht hatte, war durch einen Testamentsnachtrag auf sechzig Pfund gekürzt worden; und es zeigte sich, daß auch Sacheverells Erbteil beschnitten worden war. Was von Sir Georges Vermögen noch vorhanden war, sollte eine Generation überspringen und an Sacheverells Söhne Reresby und Francis fallen. Mit Verspätung stellten sich nach dem Tode des Vaters noch einige weitere Wohltaten ein: So bekam Edith 1948 Vorzugsaktien der Eisenbahngesellschaft Canadian Pacific mit einer garantierten Dividende von vier Prozent im Wert von 6454 Pfund und einige Aktien des Unternehmens Swift International, die ursprünglich zu Lady Idas Nachlaß gehört hatten.

Das Testament war schlimm genug; doch im Frühjahr 1944 zeigte sich, wie wenig Geld von Sir Georges Schweizer Konto noch da war. »£ 78 000 waren verschwunden«, teilte Edith im Juni 1944 Stephen Spender mit. »Die letzten £ 10 000 hatte er seinem Gastgeber vermacht, obwohl dieser drei Monate zuvor erklärte hatte, der alte Herr sei nicht mehr imstande, ein Testament zu erstellen.«[2] Edith verwendete, wenn sie über den Tod ihres Vaters an Freunde schrieb, grundsätzlich unpersönliche Ausdrücke

(»der alte Mann«), sei es, weil sie den Zensor oder eine Verleumdungsklage fürchtete, sei es aus Mangel an töchterlichem Empfinden oder aus Gründen der Melodramatik. Bereits im Mai hatte sie in einem Brief an Spender eine Geschichte geschrieben »über einen alten Mann von 82 Jahren, ein wahrer Despot, sehr dickköpfig, der seinen eigenen Angehörigen mit Argwohn gegenübertritt, aber jedem hergelaufenen Betrüger vertraut – der Pläne schmiedet, um seinem ältesten Sohn das Erbe vorzuenthalten (teils, um es selbst zu verwenden, teils, um es seinen Enkeln und zweifelhaften späteren Erben zu hinterlassen).«[3] Als Ergebnis dieser Pläne, schrieb Edith, sei der alte Mann »in eine unsagbare Falle getappt ... Ich sehe einen räudigen alten Tiger, der in einem Zirkus dressiert wird, und einen alten, menschenfressenden Tiger, der in einem entsetzlichen Kampf bis aufs Blut gegen einen jungen Schakal kämpft, der beängstigend gut beieinander ist. Der Schakal hat gewonnen. Bisher.«

Edith kam zu dem Ergebnis, daß sich Woog in den Besitz von Sir Georges Geld gebracht und dann – um es freundlich zu sagen – seinen Tod beschleunigt hatte. Diese Schlußfolgerung war entweder das Ergebnis einer Projektion ihrer eigenen gewalttätigen Antriebe oder ihrer Vorstellungskraft, die sich bereitwillig solchen Gedanken hingab, denn immerhin besaß sie eine ausgeprägte Vorliebe für Kriminologie und Mordgeschichten.

Bei Osbert fand sie für ihre Vorstellungen ein offenes Ohr. Er forderte Miss Andrade, seine Sekretärin, auf, mit einem Brief Sir Georges zu einem Medium zu gehen. Dessen unheilvolle Ausdeutungen der Emanationen des Briefes nährten die morbiden Befürchtungen und Hoffnungen der beiden Sitwells. Ediths Vorstellungskraft beschäftigte sich mit Berichten über die letzten Tage des alten Mannes. In einem Brief an Evelyn Wiel schrieb sie im Februar 1945:

> Sicherlich hat Zwang eine Rolle gespielt. Aber was noch? Wie hat das Ende ausgesehen? ... Deine Freundin und ihr Bruder haben die schrecklichsten Briefe bekommen ... Voll Kichern und Triumph, aber ach wie freundlich. In einem Brief, der unmittelbar nach dem Tod des alten Mannes einging, heißt es: »Das Gebiß, das die Pflegerin bestellt hat, ist angekommen.« Stell dir nur vor, falsche Zähne kommen für einen Mann, der schon eingeäschert ist![4]

Und »einmal entkam der alte Mann seinen Wächtern in den Garten (schwach, wie er war – unmittelbar vor seinem Tode). Es kam zu einer schauderhaften Szene, bevor man ihn wieder ins Haus zurückschaffen konnte.« All das habe er wegen seines »boshaften Hasses auf seinen ältesten Sohn, der von äußerst *edlem* Wesen ist und angesichts des *zum Himmel schreienden* Unrechts, das man ihm angetan hat, niemandem etwas nachtrug und nichts als Würde an den Tag gelegt hat«, selbst über sich gebracht. Auch Sachies Geld habe Sir George »leichtfertig aufs Spiel gesetzt« und dabei vollständig eingebüßt. »Nun ist der alte Mann tot, und das Geld ist fort ...«[5] Natürlich ließ sich nichts daran ändern. Woog blieb im Besitz des ihm ausgesetzten Betrags; und es zeigte sich, daß ein Teil des unerklärbaren Verlusts auf ein Fehlverhalten der Bank zurückzuführen war.

So verwundert es nicht, daß Edith im Oktober 1943 Laurence Whistler eine Absage schickte, denn die familiären Schwierigkeiten waren so groß, daß sie »niemanden einladen konnte, uns zu besuchen.«[6] Es verwundert auch nicht, daß sie sich offen gegen die Anwesenheit Beryl de Zoetes aussprach, der Geliebten Arthur Waleys, als dieser zu Besuch kam. Sie konnte Beryl nicht ausstehen, die die Angewohnheit hatte, ihnen Besucher ins Haus zu schicken, die ebenso unwillkommen waren wie sie selbst: »Sie hat ein untrügliches Gespür für die Menschen, die man am wenigsten zu sehen wünscht«, beklagte sich Edith bei Mrs. Gorer.

Doch war das noch nicht das Ende ihrer Mißhelligkeiten. Angesichts von Osberts Mammutprojekt einer fünfbändigen Autobiographie schob Edith die Arbeit an einer eigenen Autobiographie einstweilen auf, da sich »ein großer Teil unseres Materials überschneiden würde«, wie sie im März 1943 John Lehmann erklärte, als er für seine Zeitschrift *New Writing and Daylight* etwas über sie selbst haben wollte. Sacheverell arbeitete damals an einem Buch persönlicher Eindrücke, *Splendours and Miseries*; Edith, die einen großen Teil davon während des Entstehungsprozesses gelesen hatte, erklärte, es gehöre zum Besten, was er geschrieben habe. Das Buch kam im Dezember 1943 heraus. Sacheverell ließ sich in seinem Schlußkapitel mit dem Titel »Songs My Mother Taught Me« nicht durch die Arbeit seines Bruders hemmen: Er schrieb in den zärtlichsten lyrischen Worten über die Kindheit im Hause Sitwell und über die Mutter.

Als jetzt zusätzlich zu all dem Elend und den melodramatischen Ereignissen im Zusammenhang mit dem Tode des Vaters Sachies breit angelegter Hymnus an die Mutter kam, die nichts von Edith hatte wissen wollen, war das Maß voll. In einem Brief an David Horner im Dezember schäumte sie: »Sie wird als liebenswürdige und reizende Frau hingestellt, die vor Mutterliebe überquoll ... Mir fehlen die Worte, um auszudrücken, was er *mir* mit diesem Kapitel angetan hat.« Sachie hatte es fertig gebracht, »mich mit der Hölle meiner Kindheit allein zu lassen« und den Eindruck zu erwecken, als sei »alles *meine* Schuld gewesen«. Er habe »meine ganze Kindheit und Jugend heraufbeschworen ... und mir nachdrücklich in vollem Umfang vor Augen geführt, wie sich auch mein Vater verhalten hat.«

Die Qual dauerte über das Weihnachtsfest 1943 an. Am 6. Januar 1944 schrieb Edith mit mehr Beherrschung an Stephen Spender, nachdem ihr bewußt wurde, daß Sachie die Wahrheit aus eigenen Bedürfnissen heraus gefälscht hatte:

> Ich war in letzter Zeit sehr unglücklich ... Der arme Sachie – der auf der Welt nichts lieber täte, als mir jeden Kummer zu ersparen – hat sich (einfach, weil er auf die eine oder andere Weise äußerst unglücklich war) eine wundervolle Traummutter erschaffen, die alles verstand ... die Tatsachen sahen in betrüblicher Weise verheerend anders aus. Doch tatsächlich blieb er von all dem verschont: den ganzen Schrecken habe ich ertragen.[7]

In Wirklichkeit gibt es mehr als eine Wahrheit – glücklicherweise auch über Menschen, die ihrer Aufgabe so wenig gewachsen sind wie Lady Ida das war. Sacheverell berichtete *seine* Wahrheit, wie selbst Edith hier einräumte; und wer kann sagen, daß sich in dem von Edith konstruierten Rechtfertigungsgebäude keine Spur von einer anderen Wahrheit fand? »Doch angesichts all der furchtbaren Erinnerungen und auch, wenn ich bedenke, wie unglücklich er gewesen sein muß, um dies Traumbild zu erschaffen, hat mich das doch alles ziemlich mitgenommen.« Wirklich unglücklich machte sie das erneut auftretende Gefühl persönlichen Versagens und persönlich erfahrener Zurückweisung. Es war eine Sache, sich zu dritt über die verachteten »Füchse« lustig zu machen und gegen einen gemeinsamen Feind zu kämpfen; etwas gänzlich anderes aber war es, daß sie jetzt glaubte, außerhalb eines magischen Kreises fortwährend mit ihrer Verzweiflung allein gewesen zu sein. Es ist auch nicht ungewöhnlich, daß sie sich, Mitte Fünfzig, »mit der Hölle ihrer Kindheit allein gelassen« fühlte. Mit zunehmendem Alter rückt die Vergangenheit wieder nahe und gewinnt eine neue Wirklichkeit; und für Edith gab es zwischen ihrer Kindheit und ihr selbst keinen Puffer, kein eigenes Heim, keine eigenen Kinder, mit denen und für die sie einen Ausgleich für ihr eigenes frühes Unglück schaffen konnte.

Osbert, der sich ihrer Krise bewußt war und der Edith während des Krieges näher gestanden hatte, schrieb in seiner Autobiographie mit mehr Verständnis und größerer Umsicht über die Kindheit der Geschwister Sitwell, und er unterließ es zu zeigen, wie er Lady Ida sah. Als 1945 der erste Band seiner Autobiographie mit dem Titel *Linke Hand, rechte Hand!* herauskam, schrieb Edith an Stephen Spender: »Ich habe den Eindruck, daß in diesem wunderbaren Buch aus dem nutzlosen Leben meiner Eltern etwas gemacht worden ist. Es erinnert mich daran, daß ich sie nie wieder sehen werde. Ich bin wahrhaft stolz auf dies Buch.«[8]

Menschen, deren Los schwerer war als das eigene, standen Ediths Denken stets nahe. Alles vermischte sich im Empfinden allgemeinen Leidens. Freunde starben und wurden betrauert: der eng mit John Lehmann befreundete Demetrios Capetanakis, der nicht im Kugelhagel fiel, sondern an Leukämie starb; Laurence Whistlers Frau, die im Kindbett starb, nachdem drei Monate zuvor ihr Bruder Rex – der Anfang der zwanziger Jahre ein kleines und schönes Porträt Ediths gemalt hatte – gefallen war. Ein Edith unbekannter Soldat mit literarischem Ehrgeiz – ein Kanonier Rhys – klagte in einem sehr rührenden Brief an sie beredt über die Zustände beim Militär; sie schickte den Brief an John Sparrow, der inzwischen im Kriegsministerium arbeitete. Dieser befand nüchtern: »Es sollte mich wirklich überraschen, wenn das ein guter Dichter ist – das schließe ich nicht aus seinem Prosastil, sondern aus den Empfindungen, die er in seinem Brief an den Tag legt. Also! Edith! Es tut mir leid. Ich glaube, daß Sie wie gewohnt viel zu weichherzig und edelmütig sind.«

Gegen Ende des Krieges fiel im Sommer 1944 auch der Sohn ihrer Kusine Veronica Gilliat. »Ich halte es für durchaus wahrscheinlich, daß sie den Verstand verliert«,[9] schrieb Edith am 28. August an John Lehmann. Das Entsetzen und der Schrecken, fuhr sie fort, »lassen Empfindungen und auf sonderbare Weise auch das Ausdrucksvermögen schrumpfen.« Schock und Entsetzen rückten in jenem Sommer noch näher, bis nach

Renishaw, als eins der Dienstmädchen, das jetzt bei den Marinehelferinnen war, eine Woche nach ihrer Trauung erfuhr, daß ihr junger Ehemann vermißt wurde. Edith, die an ihrem Gedicht über Leiden und Tod, »The Song of the Cold« arbeitete, stand ihr in ihrem Kummer bei.

Als sich Virginia Woolf im Jahre 1941 das Leben genommen hatte, schrieb Edith in ihrem Beileidsbrief an Leonard Woolf: »Vielleicht wird der Tag kommen, an dem wir denken, ›zumindest ist es ihr erspart geblieben, mit ansehen zu müssen, wie Menschen immer tiefer sinken – und all die Entweihungen und Schändlichkeiten, zu denen es jetzt kommt‹, doch das hilft im Augenblick überhaupt nicht.« Das bedeutet nicht, daß Edith in der Zwischenzeit in die Reihen jener übergewechselt war, die von Virginia Woolf als Autorin besonders viel hielten – »keineswegs eine bedeutende Künstlerin« hatte sie von oben herab in einem Brief an Demetrios Capetanakis geschrieben. Auf dem Papier pries sie in *Englische Frauen*[10] ihre Wortkunst und die von ihr ausgehende Ausstrahlung, über die Gestalten in Virginia Woolfs Romanen aber sagte sie: »Ich glaube nicht, daß sie uns die Geheimnisse ihres Herzens mitteilen ... Sie leben nicht gefährlich, die großen Abenteuer sind nicht ihre Sache.« Virginia Woolf ihrerseits teilte dem literarischen Herausgeber der Zeitschrift *Listener*, J. E. Ackerley, am 4. Oktober 1940 mit, »die Sitwells als Familie langweilen mich.«[11]

Edith brachte auch Leonard Woolf keine besonders große Bewunderung entgegen, und später bestärkte sie John Lehmann, als er erwog, den Verlag Hogarth Press zu verlassen:

> Ich bin ganz sicher, daß Sie recht damit haben, auf eigene Faust etwas zu unternehmen und all den abstumpfenden Einfluß von Hogarth hinter sich zu lassen ... es wäre falsch und unzuträglich, sich von Mr. Woolfs Schrullenhaftigkeit, Kleinkariertheit und Ängstlichkeit zurückhalten zu lassen. Ich hatte von ihm schon immer diesen Eindruck. Er ähnelt in allem den alten Puritanern, allerdings ohne deren Schwung, Entschluß und Mut.

Freilich stand sie zu jener Zeit John Lehmann weit näher, als sie Virginia oder Leonard Woolf je gestanden hatte.

Als er sie nach Veröffentlichung von *A Poet's Notebook* im Frühjahr 1943 in einem Brief bat, für *New Writing and Daylight* etwas zu schreiben, war er für sie noch der »liebe Mr. Lehmann« gewesen. Er selbst schrieb in seiner Autobiographie, daß »die meisten von uns in London beim Erscheinen von *Street Songs* zu Anfang des Jahres 1942 den Eindruck hatten, daß es sich hier wieder um ein großes Ereignis handelt.«[12] Bald war er vertrauter Freund Ediths und zuverlässiger Verbündeter auf dem Gebiet der Literatur geworden, und sie wechselten unaufhörlich Briefe miteinander. Er erfaßte, was sie hervorbringen würde, und konnte ihr als Herausgeber behilflich sein, ihre neue Dichtung so zu präsentieren, wie sie das wünschte. Die Sache war keineswegs ausschließlich einseitig: Sie besprach seine eigenen Gedichte mit ihm und ermutigte ihn unaufhörlich.

Auch andere Autoren, von denen sie sich früher zurückgezogen hatte, waren nunmehr bei ihr wohlgelitten: Henry Reed, der voll Anerkennung in *New Writing* über sie schrieb; Louis MacNeice, dessen Gedichte sie jetzt als »superb« einstufte, nachdem sie diese in ihren Northcliffe-Vorlesungen mit Worten wie »von klebriger Textur oder bröckelig, grobkörnig und sandartig« gebrandmarkt hatte. Einige Jahrzehnte zuvor hatte sie zu dem Maler C.R.W. Nevinson gesagt, der sie porträtiert hatte: »Ich hatte stets den Eindruck, daß Erfolg das einzige sein würde, das mir gut täte.« Sicherlich sorgte der Erfolg, den sie während der Kriegsjahre errungen hatte, dafür, daß sie anderen Dichtern weniger kämpferisch und angriffslustig gegenübertrat – jedenfalls eine Weile. Jetzt traf sie erneut mit Roy Campbell zusammen, den sie vor langer Zeit als Studenten kennengelernt hatte; und sie legte ihren Streit mit John Hayward bei.

Es kam zu einer kurzen und lebhaften Kriegsfreundschaft, die der Tod vorzeitig beendete. Denton Welch war 1942 ein aufstrebender Autor, seit sieben Jahren Halbinvalide nach einem schweren Unfall, bei dem ihn ein Auto auf dem Fahrrad angefahren hatte. Dieser Unfall hatte ihn physisch und emotional geschwächt: Der als Dichter wie als Maler begabte Denton Welch, der einen Hang zum Grüblerischen hatte, war überempfindlich und labil. Im August 1942 veröffentlichte *Horizon* einen Bericht, den er über einen Besuch bei Walter Sickert, einem alten Freund der Sitwells, verfaßt hatte. Aus heiterem Himmel schrieb Edith dem jungen Autor einen ihrer langen offenherzigen Briefe und teilte ihm darin mit, sie und Osbert hätten über seinen Artikel »Tränen gelacht« und er sei ein »geborener Autor«.

Sie schickte ihm ein signiertes Exemplar von *Street Songs* und erklärte sich bereit, das Vorwort zu seinem ersten Buch, *Maiden Voyage*, zu schreiben, das kurz vor der Veröffentlichung stand und jetzt ihr gewidmet werden sollte. »Es ist ein herrliches Ereignis im Leben, wenn das erste eigene Buch herauskommt«, schrieb sie ihm am 25. Oktober. »Mein erstes Buch umfaßte lediglich fünf Seiten; es hatte einen dunkelbraunen Pappumschlag, und ich habe £ 5 10 s gezahlt, um es herauszubringen – damals für mich ein ungeheurer Betrag.« Damit meinte sie *The Mother*; der Verkaufspreis hatte 6 d betragen, inzwischen war es »bis zu £ 10 pro Stück wert! Ist das nicht seltsam?«[13] Denton Welch schrieb am 31. Oktober in sein Tagebuch: »Es ist so sonderbar, so beschwingend, so berauschend, von einem berühmten Menschen stets angenehme Dinge über die eigenen Versuche zu hören. Wie viel sie sagt, ohne Angst vor gefühlvollen Wörtern. Es ist schön, wenn jemand großzügig ist, selbst wenn es auf Grund von Mißverständnissen zu Schwierigkeiten und dazu führen könnte, daß sich der Betreffende zurückzieht.«[14] Zu Weihnachten schickte er ihr in jenem Jahr einen Topasring.

Im April 1943 lud ihn Edith telegraphisch zum Mittagessen im Sesame Club ein. Er mußte dafür zwar eigens nach London reisen, traf aber rechtzeitig ein und war schrecklich nervös. »In die trübselige Halle des Sesame Club, Korbsessel, Häßlichkeit«, notierte er anschließend in seinem Tagebuch, »voller Furcht, daß ich Edith Sitwell möglicherweise nicht erkannte«:

> Die hochgewachsene, von Kopf bis Fuß schwarz gekleidete Gestalt, schwarzer Hut aus weichem Filz, spanischer Hexenhut, schwarzer Umhang, bis zu den Knöcheln reichendes schwarzes Atlaskleid, zwei Finger mit riesigen Aquamarinen. Prächtige Ringe auf puderweißen Händen, und ein Gesicht, so puder-perlenhaft, so schildpattweiß, daß man es fast nicht glauben mochte, mit dem geröteten Mund, der schmalen, scharfen, zerbrechlich wirkenden Nase und den sanft geschwungenen Nasenflügeln. Kein Haar, ich erinnere mich, anfänglich kein Haar gesehen zu haben. Die Ringe, der glänzende Atlas, und die glacéweiße Haut.

Sie tranken etwas an der Bar, dann gingen sie zum Mittagessen in den Speisesaal. Sie sprach über seine Arbeiten.

»Meiner Ansicht nach ist es jetzt an der Zeit, daß Sie etwas Gewalttätiges und Gewöhnliches tun«, sagte sie.

Die Worte schlugen in mir eine Glocke an.

»Danach sehne ich mich förmlich«, sagte ich ...

»Ich werde Ihnen sagen, was für Sie gefährlich ist; es ist Ihr nach innen wachsender Zehennagel. Alles nach innen, nach innen, nach innen.«

Sie senkte ihr sehr würdevoll wirkendes Haupt und hob mir mit rhythmischen, schwingenden, nach innen gerichteten Bewegungen ihre Hände entgegen.

Nach dem Mittagessen erschien Osbert wie verabredet und setzte sich zu ihnen. »Edith Sitwell begann, etwas zu sagen, doch ihr Bruder folgte rasch mit einer eigenen Äußerung. Sie lehnte sich zurück und verstummte sofort. Es war, als lasse sie ihn reden und amüsant sein, jetzt, da er gekommen war.«[15]

Sie begegneten einander nicht wieder. Edith schickte ihm ihre neuen Bücher, sobald sie erschienen waren, und lud ihn noch einmal in den Sesame Club ein, doch sein Zustand verschlechterte sich, und er war nie gesund genug, um hinzufahren. Er starb Ende Dezember 1948. Zu jener Zeit hielt sich Edith in New York auf. »Armer kleiner Denton, ich bin voller Trauer um ihn«, schrieb sie an John Lehmann.

Mit der Veröffentlichung von *Street Songs* war Edith wieder ins Rampenlicht getreten, und sie genoß im eigenen Lande ein Ansehen wie nie zuvor. Ihre andere größere Sammlung von Kriegsgedichten, *Green Song* (das David Horner gewidmete Titelgedicht war im Dezember 1942 in *Life and Letters To-Day* erschienen), kam im August 1944 heraus. Mit einer ersten Auflage von fünftausend schätzte Macmillan die Nachfrage nicht zu hoch ein. In der von Vanguard verlegten amerikanischen Ausgabe erschien ein Tschelitschew-Porträt von Edith als Frontispiz.

Ihre erneute Fruchtbarkeit kam neben diesen beiden wichtigen Sammlungen auch anderen, minder bedeutenden Aufgaben zugute. So fand im Mai 1942 im Konzertsaal Wigmore Hall eine Aufführung von *Façade* statt. Edith fügte der Liste von Titeln, die Collin in der Reihe »Britain in Pictures« herausbrachte, *Englische Frauen* bei; W. J. Turner gab diese Reihe nicht besonders umfangreicher Bücher heraus, deren Texte von angesehenen Autoren stammten. Sie schrieben als patriotische Pflichtübung für ein Pauschalhonorar von fünfzig Pfund über Aspekte der britischen Gesellschaft und Kultur. Die Bücher waren im Kriegsklima außerordentlich beliebt und verkauften sich glänzend. *Englische Frauen* – Edith nannte es ihr »Propagandabuch« – war keine besonders schwierige Aufgabe. Es besteht aus kurzen Texten von jeweils einigen hundert Wörtern über Frauengestalten seit der Zeit Elisabeths I. Es sind – recht willkürlich ausgewählte und behandelte – Forschungsreisende, Schauspielerinnen, Philantropinnen, Autorinnen. Der Stil ist lebendig. Am bemerkenswertesten ist der Text über Königin Elisabeth I., zu deren Persönlichkeit Edith eine ausgeprägte Affinität empfand und der sie sich vom Aussehen her allmählich annäherte. In ihrer Darstellung erscheint sie »je nach Blickwinkel unfruchtbar und zugleich unendlich ertragreich«. »Der hohe Mut des Löwen, ihre Beherztheit und ihr Groll standen im Gegensatz zu einem feinen Geist; jener ›Stolz des Pfaus zum Ruhm Gottes‹, verbunden mit dem Wissen, daß die Liebe der Königin galt, nicht aber der Frau.« In ihrer Arbeitskladde nennt sie Elisabeth I. im Entwurf dieser Stelle »Bienenkönigin aller Bienenköniginnen«. Das ist ein Vorgriff auf den Titel, den sie zwanzig Jahre später ihrem Buch über sie, *The Queens and the Hive*, geben würde. Pawel nannte Edith gelegentlich »Bienenpriesterin«.

Edith fertigte einige Engländerinnen in ihrem »Propagandabuch« kurz ab. »Gegenwärtig fällt es mir schwer, ihr Werk zu lesen«, sagte sie über George Eliot. Großes Mitgefühl bringt sie zwei Frauen entgegen – Dorothy Wordsworth und Christina Rossetti –, die ihre ganze Hingabe den Brüdern widmeten. Edith hielt Dorothys Bindung an Wordsworth für absolut natürlich und löblich, und sie war der Ansicht, daß Dorothy Coleridge geliebt habe, »ohne es zu wissen«. Über Christina Rossettis »Goblin Market« schrieb sie, es sei »möglicherweise das vollkommenste Gedicht, das je von einer Frau in englischer Sprache verfaßt wurde.«

Im April 1943 erschien bei Macmillan *A Poet's Notebook*. Es wurde von der Kritik positiv aufgenommen, die zu anderen Zeiten vermerkt hätte, daß sie manches bereits sattsam verwendete Material darin aufgenommen hatte – so aus ihrem *Alexander Pope*, ihren Einleitungen zu *Edith Sitwell's Anthology*, *The Pleasures of Poetry* und *Aspects of Modern Poetry*. *A Poet's Notebook* war kein besonders günstiges Schicksal beschieden. In erster Linie ist das Buch eine Sammlung von Aphorismen und Zitaten zu Dichtung, Musik und Malerei von Vertretern dieser Kunstgattungen, die sie verschiedenen Sachgebieten zuordnete. Da Edith alle Zitate irgendwann in ihre Kladden exzerpiert hatte, wirkt das Buch sehr intim. Die angeführten Texte haben sie beeindruckt oder bewegt, und der Leser fühlt sich aus zweiter Hand bewegt – durch die Intensität des Empfindens, die Hingabe, den Geruch der Öllampe, die in den einsamen Stunden der Autodidaktin brannte, während sie viele Jahre lang las, reagierte, herausschrieb. *A Poet's Notebook* gibt wesentlich mehr Aufschluß über Ediths ästhetisches und kritisches Empfinden als irgendeiner ihrer ausgearbeiteten Texte, in denen sie Gedichte bewertet und deren technische Mittel analysiert.

Im Verlauf des Jahres 1943 stellte sie eine weitere Anthologie zusammen, die im März 1944 unter dem Titel *Planet and Glow-Worm: A Book for the Sleepless* herauskam. Die Literaturausgabe der *Times* gehörte zu den Zeitschriften, die ihren neuen Gedichten positiv gegenüberstanden. »Heart and Mind«[16] erschien dort im Juni 1943 zum ersten Mal. Im Sommer des Jahres, in dem *Green Song* erschien, wurden Edith und Osbert zu Mitgliedern der Königlichen Gesellschaft für Literatur ernannt.

Wenn man zu dieser beachtlichen Steigerung von Ediths schöpferischen Aktivitäten die öffentlichen Lesungen hinzuzählt, ihre Großzügigkeit in Freundschaften, die vielen Briefe, die sie schrieb, um andere zu stärken und zu ermutigen, und die Gastfreundschaft, mit der sie auf Renishaw und im Sesame Club Autoren, Maler, arme Verwandte und Freunde bedachte, die auf Urlaub oder bedürftig waren, wird deutlich, daß sie während des Krieges in ihrem eigenen Leben die neue Hoffnung zum Ausdruck brachte, die sich durch ihre Arbeit zieht. Jetzt erzählt sie »Tales of the old world's holiness, finds veins of ore / In the unripe wheatear« (Geschichten von der Heiligkeit der Alten Welt, findet Erzgänge / In der unreifen Weizenähre), wie sie in »Invocation« schrieb, dem Gedicht im Stile Yeat's aus *Green Song*, das sie Alec und Merula Guinness widmete. Sie schickte es an John Lehmann:

I who was once a golden woman like those who walk
In the dark heavens – but am now grown old
And sit by the fire, and see the fire grow cold,
Watch the dark fields for a rebirth of faith and of wonder.

Ich, die ich einst eine goldene Frau war wie jene, / Die in den dunklen Himmeln wandeln – doch jetzt bin ich alt, / Sitze am Feuer und sehe das Feuer erkalten, / Blicke auf die dunklen Felder und warte auf eine Wiedergeburt von Glauben und Staunen.

Ihr Roman hatte in einer dürren Finsternis geendet. Jetzt spürte sie den Einfluß einer gütigen Lebenskraft, die sie manchmal »die Sonne« nannte, »den ersten Liebhaber der ganzen Welt«.

Bryher formulierte in ihrer trockenen Art, welchen praktischen Beitrag die Geschwister Sitwell im Kriege für Großbritannien leisteten:

Als man Autoren während des Krieges für »nutzlose Esser« hielt, hatten Osbert und Edith darum gekämpft, ein Skelett der Künste am Leben zu erhalten. Sie gaben Gesellschaften, um den vom Wege Abirrenden unter uns zu helfen, sie unterstützten jene, die nicht nur darunter litten, daß sie kein Geld hatten, sondern auch unter extremer Abgeschlossenheit von der Außenwelt, und obwohl sie die Einstellung der Kriegsdienstverweigerer nicht teilten, taten sie ihr Bestes, um sie vor dem Gefängnis zu bewahren.[17]

Ein Beispiel für Ediths Einstellung zu Kriegsdienstverweigerern war die sanft tadelnde Art, mit der sie im Oktober 1939 einen Brief beendete. Es war eine Zeit, da sie sich mit größtem Nachdruck bemühte, für Raymond Marriott und dessen Freund George Bullock »sichere« zivile Arbeitsplätze zu finden: »Ich frage mich, ob es nicht irgendeine nationale Aufgabe gibt, die Ihr Gewissen als Pazifisten nicht bedrückt? – Im vorigen Krieg haben Pazifisten für die Nation gearbeitet.«[18]

Bryher beendete ihr Lob der von den Geschwistern Sitwell »für die Nation« geleisteten Arbeit mit dem Gedanken, daß ihnen »von einigen vertrauten Freunden abgesehen nach Kriegsende niemand dankte«. Aber noch war der Krieg nicht ganz vorüber.

20

Der grausige Regen

1944–1946

Die Nachricht, die Renishaw im August 1944 erreichte, hieß: Montegufoni ist gerettet. Es war nicht bombardiert und auch nicht in die Luft gesprengt worden. Die italienische Regierung hatte den Landsitz beschlagnahmt und als Depot zur Lagerung einiger bedeutender Gemälde aus den Uffizien und dem Palazzo Pitti in Florenz sowie aus Kirchen und Museen aus der ganzen Toskana benutzt. Sie unterstanden der Obhut von Sir Georges einstigem Verwalter, Guido Masti. Ganze zweitausend Flüchtlinge teilten sich das Schloß mit den Gemälden. Als die alliierten Streitkräfte nach Florenz vorrückten, war der Romancier Eric Linklater als erster britischer Offizier auf Montegufoni. Mit einer kleinen Abteilung kam er durch den Weinberg die Terrasse empor und betrat das Schloß der Familie Sitwell durch eine Fenstertür. Er sah ein Gemälde an der Wand lehnen, das Botticellis *Geburt der Venus* sehr ähnlich sah – es war das Original. Auch der *Frühling* und die großartigen Madonnenbilder von Cimabue, Giotto und Duccio waren dort, außerdem Piero della Francescas *Herzog und Herzogin von Urbino* und Uccellos *Schlacht von San Romano*. Die Deutschen hatten die Flüchtlinge hinausgeworfen, das Schloß beschlagnahmt und anschließend ein umgedrehtes rundes Ghirlandaio-Gemälde als Eßtisch benutzt, sonst aber keinen großen Schaden angerichtet.

Den Londoner Sommer 1944 verdarben die V-1-Flugbomben, eine unerträgliche Belastung im fünften Kriegsjahr. Alle waren erschöpft. »Mit Ausnahme der ganz Jungen«, erklärte Bryher, »*wollten* nur wenige von uns weiterleben.« Während sich der Krieg dem Ende zuneigte, hatten alle den Eindruck, Jahre verloren zu haben. Bryher schrieb: »Nur die Routine hielt uns in Gang, und wenn sie nachließ ... fiel alles auseinander. Menschen stritten mitleidlos mit denen, für die sie große Opfer gebracht hatten, und in uns allen kam das Schlimmste zum Vorschein.«[1] Auf Renishaw verhielt es sich nicht anders, wie Edith am 5. September in einem Brief an William Plomer zu verstehen gab:

> Niemand, an den man schreibt, beantwortet Briefe – aber aus ganz England schicken mir Unbekannte ihre Gedichte. Die Glöckner üben, und der Regen fällt in wahren Wolkenbrüchen herab. Susan (Robins' Frau) weint, weil der Gärtner (den sie haßt) jemandem, den sie haßt, ein paar Tomaten verkauft hat. Das liegt zwar Wochen zurück, aber sie ist erst jetzt dahintergekommen.

Andere Klagen erreichten Edith von jenseits des Atlantik. Geoffrey Gorer schrieb ihr im Oktober aus Washington, Pawel, der sich in New York aufhielt, sei

> vollständig in sein sehr ausgedehntes Gesellschaftsleben verstrickt, von dem er nicht eine einzige Stunde für einen alten Freund abzwacken kann. Das mag bitter klingen, und vermutlich ist es das auch; jedenfalls finde ich, daß sich New York ziemlich verheerend auf ihn auswirkt. Auf der einen Seite ermutigt ihn die Stadt in seinen gesellschaftlichen Vorlieben und *en vogue*-Attributen (einmal konnte er sich nicht mit mir treffen, weil er mit Cecil Beaton zum Abendessen verabredet war ...), und auf der anderen entwickelt er allerlei Spielarten eines wahrhaft hochgestochenen Mystizismus, vermutlich in erster Linie unter dem Einfluß des lieben Charles Henri.

Inmitten der Härte des Weltkriegs klingt die alte Leier blechern. Edith selbst hörte noch regelmäßig von Pawel. Sie veröffentlichte 1945 in *New Writing and Daylight* ein Gedicht mit dem Titel »The Two Loves«, das sie »Pawel Tschelitschew und dem, woran er gerade arbeitet« widmete. In diesem Gedicht kommt der Naturmystizismus zum Ausdruck, über den er sich nicht nur mit Charles Henri, sondern auch mit ihr unterhielt.

> And great is the heat of the fires from elementary and
> terrestrial nature –
> Ripening the kernel of amethysts in the sun of the peach –
> The dancing seas in the heart of the apricot.

> Und groß ist die Hitze der von Elementen und Erde hervorgebrachten Feuer – / Sie lassen den Amethystkern in der Pfirsichsonne reifen – / Die tanzenden Meere im Herzen der Aprikose.

Ihrer Verbindung zu Pawel über die große Entfernung einigermaßen sicher, legte sie ihr Verständnis seiner Furcht vor der Frau und ihre eigene sublimierte Liebe in »The Two Loves«:

> And the lover seeing in Woman the rankness of Nature, –
> A monstrous Life-force, the need of procreation
> Devouring all other life ... or Gravity's force
> Drawing him down to the centre of his earth.
>
> ...
>
> I see Christ's wounds weep in the Rose on the wall.
> Then I who nursed in my earth the dark red seeds of Fire –
> The pomegranate grandeur, the dark seeds of Death,
> Felt them change to the light and fire in the heart of the rose ...

> Und der Liebende, der in der Frau die wuchernde Fülle der Natur sieht – / Eine monströse Lebenskraft, die Unerläßlichkeit der Fortpflanzung / Die alles andere Leben verschlingt ... oder die Macht der Schwerkraft / Die ihn zur Mitte seiner Erde hinabzieht // ... // Ich sehe Christi Wunden in der Rose an der Mauer bluten. / Dann ich, der ich in meiner Erde die dunkle rote Saat des Feuers hegte – / Die Großartigkeit des Granatapfels, die dunkle Saat des Todes, / Spürte, wie sie sich in das Licht und Feuer im Herzen der Rose verwandelte ...

Im bombenreichen Sommer 1944 verhielt sich Edith bei einer weiteren berühmten Lesung mit einem Mut und einer Unerschrockenheit, die um so mehr ins Reich der Legende rückte, je häufiger die Augenzeugen die Geschichte erzählten. Sie hielt mit Osbert und Sacheverell die zweite von zwei Lesungen aus eigenen Werken im Londoner Churchill Club, den man im Ashburnham House, das zur zeitweilig evakuierten Westminster School gehörte, für alliierte Offiziere eingerichtet hatte. Der Klub wurde von Randolph Churchills damaliger Gattin Pamela geleitet.

Der Raum war gedrängt voll mit Offizieren – Briten, Kanadiern, Amerikanern – und mit Bekannten der Geschwister Sitwell. Die Pipers waren gekommen, und auch John Lehmann war da. Osbert las als erster und sagte etwas über seine Autobiographie, an der er gerade arbeitete. Dann kam Edith an die Reihe. Was geschah, beschrieb einer der Anwesenden, Donald Sutherland:

> Sie hatte erst wenige Minuten gelesen, als die Luftschutzsirene ertönte. Zu jener Zeit bedeutete ein solches Signal, daß feindliche Flugbomben an der Küste aufgetaucht waren ... Edith Sitwell las ihr Gedicht »Still Falls the Rain« mit der düsteren Wiederholung jener Stelle, die an die Luftangriffe von 1940 denken läßt. Inzwischen konnte man das unheilvolle Surren der sich nähernden V-Bombe hören, doch sie las weiter:
>
> »Still falls the Rain
> In the Field of Blood where the small hopes breed ...«
>
> »Stumm fällt der Regen / Auf dem Blutacker, wo die kleinen Hoffnungen wachsen / ...«
>
> Mit einem Mal ertönte aus dem Dekanatshof die schrille Pfeife des Luftschutzwartes, der alle aufforderte, den Schutzraum aufzusuchen.[2]

Es verwundert nicht weiter, daß unter der Zuhörerschaft »hörbare Unruhe« eintrat, doch Edith las, als ob nichts geschehen sei, und niemand wagte, sich zu rühren. »Es war eine bravouröse Leistung«, schrieb John Lehmann, »eines britischen Admirals würdig, der gelassen inmitten eines Seegefechts seine Befehle von der Brücke herab erteilt. Sie hielt die gesamte Zuhörerschaft mit ihrer Disziplin fest im Griff ...«[3] Das Geräusch der sich nähernden Flugbombe wurde lauter und lauter, sie kam sehr nahe; alle Fenster des Raumes standen weit offen, und man hatte den Eindruck, als könne die Bombe geradewegs hereingeflogen kommen.

> Als sich die Bombe über dem Gebäude befand, ging ihr Antrieb aus, und jeder wußte mit der Erleichterung, die die Erfahrung gelehrt hatte, daß sie mit ihrer Last von Tod und Zerstörung jenseits der unmittelbaren Nachbarschaft herabschweben würde. Edith las immer noch weiter und kam schließlich zum letzten Vers:

»Still do I love, still shed my innocent light, my Blood, for thee.«

»Noch immer liebe ich, vergieße mein unschuldiges Licht, mein Blut für dich.«[4]

Als sie endete, detonierte die Bombe schätzungsweise einen bis zwei Kilometer entfernt. Man zollte ihr ohrenbetäubenden Beifall, »vielleicht ein Gemisch aus Erleichterung und Anerkennung«. »Man hat nie erfahren«, fügte Donald Sutherland hinzu, ob Edith »die Pfeife des Luftschutzwarts nicht gehört oder sich tapfer entschlossen hatte, seine Warnung absichtlich zu überhören, um zu vermeiden, daß ihre Zuhörerschaft voll Panik versuchte, eilends aus dem überfüllten Raum hinaus ins Freie zu gelangen.«

In einem Brief an Evelyn Wiel gab Edith deutlich zu verstehen, was sie empfunden hatte:

> Gerade war ich aufgestanden, um ein Gedicht zu lesen, das ich über die Luftangriffe des Jahres 1940 geschrieben hatte, als der Alarm ertönte. Wenig später hörte man das Geräusch der V-1 und die Luftschutzpfeife, das Signal für unmittelbar bevorstehende Gefahr!!! Ich muß sagen, daß ich mir *tatsächlich* ziemlich altmodisch vorkam, da sich das Ding unmittelbar über dem Gebäude befand, wo es das *ganze* Gedicht hindurch weiterbrummte!!! Doch las ich weiter, als wäre nichts geschehen, und durch ein Wunder zog das Ding weiter. Aber natürlich haben ein paar andere Unglückselige es abgekriegt. Ich erzählte Dir den Vorfall, weil er mir zum täglichen Leben zu gehören scheint, und Du doch wolltest, daß ich Dir tägliches Leben berichte.[5]

Nachdem in jenem Herbst Paris befreit wurde, war es einfacher, mit Evelyn – sowie Tschura, deren Mann gestorben war – in Kontakt zu treten. Die Wochenschau zeigte die vertrauten Straßen voller Soldaten und Zivilisten, und alte Erinnerungen wurden wach. Jetzt konnte Edith in langen Briefen an Evelyn ihre Besorgnis und ihre Tröstungen mitteilen. Erneut berichtete sie ihr über ihre immer wiederkehrenden Träume von der Rue Saint-Dominique und erklärte wieder: »Du fehlst mir jeden Tag meines Lebens.« Sie teilte Evelyn mit, sie werde ihr monatlich sechzehn Pfund schicken. Im Gegenzug übergoß Evelyn Edith mit einem Sturzbach aus Zuneigung und

Klagen. Ediths Antworten klingen gelegentlich etwas schroff: »Schäbig gekleidet? Armer Schatz ... Aber laß Dir sagen, hier gehen alle schäbig, wegen der Kleidermarken!!! Ich kann mir, weil ich so riesengroß bin, nichts anzuziehen kaufen und sehe aus wie der letzte Mensch.«[6]

Edith blieb nach der Lesung im Churchill Club im Herbst 1944 noch längere Zeit zu Besuch in London und gab im Sesame Club viele Gesellschaften, gelegentlich gemeinsam mit Osbert. Das waren »gewaltige Teegesellschaften« und Einladungen zum Mittag- oder Abendessen, bei denen Lehmann und die Spenders zu den häufigsten Gästen gehörten. Unter den hausbackenen und bisweilen mißbilligenden weiblichen Honoratioren des Sesame Club war Edith » so fehl am Platze wie ein Wiedehopf unter Staren«[7], dachte John Lehmann. Doch da der Klub sogar im Krieg einen guten Küchenchef hatte, konnte Edith ihre Gäste weit besser bewirten als je in Pembridge Mansions. Ihre großen Gesellschaften waren, fährt Lehmann fort, keine »idealen Gelegenheiten, Edith kennenzulernen«, doch herrschte eine »Spannung wie bei einer Lotterie«, was die Frage anging, wer außer einem selbst da sein würde. Einige von Ediths liebsten und ältesten Freunden – William Walton, das Ehepaar Kenneth Clark, T.S. Eliot – blieben diesen »gewaltigen Teegesellschaften« damals und später lieber fern. »Ich komme dich jederzeit gern besuchen«, sagte Walton, »will aber keinen von diesen abscheulichen Menschen sehen, mit denen du dich umgibst.«

Maurice Bowra, der mit großem Einfühlungsvermögen über ihre Lyrik geschrieben hatte, gehörte zu denen, die regelmäßig eingeladen wurden. Von ihm und seinen Büchern lernte Edith viel Interessantes über die Dichtung Valérys und »jene außergewöhnliche elektrische Batterie« Apollinaire. Es ist erstaunlich, daß Helens Einfluß und ihre Beziehungen zu Frankreich sie nicht schon früher ausgiebig mit diesen Autoren vertraut gemacht hatten. Edith las viel, aber unsystematisch. Der einzige Mensch, der sie je unterrichtet hatte, war Helen, und bei beiden war die Literaturauswahl Ergebnis des Zufalls gewesen. Als Edith 1937 an ihrer Anthologie für Victor Gollancz arbeitete, hatte sein Assistent Norman Collins in einer Aktennotiz vermerkt, er sei »sehr verblüfft [gewesen] zu sehen, welche Gedichte sie für wenig bekannt hielt, und sie gab zu, daß sie erst vor vergleichsweise kurzer Zeit überhaupt angefangen hatte zu lesen! Sie sprach von Keats' ›Hyperion‹ und Blakes Lyrik, als handle es sich dabei um etwas, das noch niemand gelesen hatte.« Er hätte sie nicht so sehr beim Wort nehmen sollen. Edith hatte als junges Mädchen den gesamten Keats gelesen und zitierte Blake in den zwanziger Jahren. Sie wollte Lyrik ganz allgemein und insbesondere ihre Anthologie im Wortsinne volkstümlich machen – und bei einer willkürlichen Befragung von Passanten auf einer englischen Geschäftsstraße hätte man nur wenige gefunden, die mit Blake oder auch nur mit Keats vertraut waren. Das wäre auch heute nicht anders. Dennoch ist das von Norman Collins Gesagte in einem Sinne wahr, wie auch, daß sie hier, wenn man zum Vergleich Fachleute heranzieht, ein wenig ›Hochstapelei‹ betrieb.

John Lehmann machte sie nun auch mit Hölderlins Werk vertraut; und sie bediente sich ihrer »einflußreichen neuen Freunde«, um einen Verleger für ihren neuen Schützling zu finden, José García Villa. Dieser in New York lebende Filipino hatte ihr seine Gedichte geschickt, von denen einige, wie sie Spender am 8. September 1944 mitteilte, »wirklich *herrlich*« waren, andere wieder »so katastrophal, daß mir das Blut in den Adern zu Eis erstarrt.«[8] Ediths Vorstellungskraft ließ sich davon berauschen, daß er Filipino war; sie stellte sich ihn als eine Art magischen Leguan vor und schrieb an Georgia, wie außergewöhnlich es sei, »sich vorzustellen, daß dies vermutlich winzige dunkelgrüne Geschöpf von der Farbe neuseeländischer Jade diese scharfen, flammenähnlichen Gedichte aus sich herausspinnt. Natürlich sind manche schlecht.«[9]

Sie wollte, daß Spender ein Gedicht von García Villa in *Horizon* aufnahm, doch erschienen seine Gedichte – insgesamt sieben – erst im Mai 1949 in dieser Zeitschrift, wenige Monate bevor sie ihr Erscheinen einstellte. (Auffälligstes Merkmal von García Villas Gedichten ist, daß in jedem Vers zwischen allen Wörtern ein Komma steht. Das erzeuge, wie er in seiner kurzen Einführung behauptete, »ein Verstempo von gemessener Würde und Vornehmheit«.)

An Georgia schrieb Edith: »Ich werde meine [Weihnachten] im Bett verbringen.« Osbert, beklagte sich Edith bei Natascha Spender, hatte Weihnachten in Badminton verbracht, »an Königin Mary festgeschmiedet, so daß ich nicht an ihn herankomme«. Den ganzen Krieg hindurch war er immer wieder herbeizitiert worden, um die alte Königin zu unterhalten, die mit den Beaufort-Vettern der Sitwells die Zeit in Badminton verbringen mußte. Offenkundig gehörte zu diesen Weihnachtsbesuchen, wie Edith an Stephen Spender schrieb, »daß man eine Papiermütze trägt und sehr ausgelassen ist.«[10]

Edith, die an einem Buch über Shakespeare arbeitete, machte sich Sorgen um die Sabotagebemühungen der »Kleingeister«: James Agate hatte sich über Osbert lustig gemacht. Sie nahm den Bruder im Januar jenen Jahres in *Horizon* in Schutz, in einer Rezension von Osberts *Noblesse Oblige*, dem Werk, das Anstoß erregt hatte, und äußerte sich mißbilligend über Agate. J.R. Ackerley hatte sich im *Listener* negativ über Demetrios Capetanakis geäußert, und Julian Symons hatte ihre eigene Lyrik als »lebensfern« kritisiert. Während sich Osbert bei Königin Mary amüsierte, schrieb sie an Lehmann: »Der Abschaum der literarischen Population hat sich wie *ein Wurm* erhoben, um mich zu beleidigen.« Einer solchen Ausdrucksweise, schrieb John Pearson, »war nur Edith fähig.«[11]

Doch Osbert, wie auch sie selbst, hatte während des Krieges eine Wiedergeburt als Autor erfahren. Niemand hatte damit gerechnet, daß Edith auf das Entsetzen und die gesellschaftliche Isolierung mit einem Aufblühen ihrer Empfindungen und Ausdrucksmöglichkeiten reagieren und eine Ernte in Form von Anerkennung einfahren würde. In ihren Kriegsgedichten sprach sie für die Menschen, die keine Stimme hatten. Sie war zu einer eindrucksvollen Gestalt geworden, der man mit Hochachtung begegnete. Die neue Generation britischer Komponisten, die nach zu vertonenden Texten Ausschau hielt, nahm sich die ihren vor. So vertonte Michael Tippett 1944 »The Weeping Baby« und Elizabeth Lutyens »O Ye Forgive«. Stellvertretend freute sie sich für die Freundin: »Wie glücklich wäre Helen gewesen«, schrieb sie im Februar an Evelyn Wiel, »haben doch ihre Rimbaud-Übersetzungen durch einen jungen Komponisten, der gleich nach Willy Walton kommt, einen denkbar schönen Rahmen bekommen ... sein Name ist mir gerade entfallen: er ist ebenfalls schrecklich berühmt – ach, ja, Benjamin Britten.«[12]

Als im Mai 1945 der Krieg auf dem europäischen Kontinent schließlich zu Ende war, empfand Edith auf Renishaw, von den Orten gemeinsamer Freude weit entfernt, lediglich jene emotionale Erschöpfung, über deren Ausbreitung Bryher im Herbst des Vorjahres geschrieben hatte. Zu Anfang des Krieges hatte sie das Empfinden der sinnlosen Aufopferung bedrückt. Jetzt war sie, wie sie John Lehmann mitteilte, nicht imstande, »*irgend* etwas wahrzunehmen ... wenn man erst anfängt, an das Leben der jungen Menschen zu denken! Glauben Sie mir, man verlöre dabei *vollständig den Verstand.*« Sie ging, wie sie sagte, »mit Tränen in den Augen« umher.

Am 10. September 1945 hielten Edith und Osbert einen Vortrag im Royal Pavilion von Brighton. Unter den Zuhörern befand sich Hubert Nicholson, ein junger Autor der Linken, mit dem Edith Briefe gewechselt hatte. Wie er sich erinnerte, trug sie an jenem Tag

> ein mit dunklem Pelz besetztes schwarzes zeltartiges Kleid und belebte das Ganze mit einem scharlachroten Turban und den größten Schmucksteinen, die ich je gesehen habe ... Ihr Gesicht war, wie ihre Gestalt, im Laufe der Jahre weicher geworden und hatte an Schärfe des früheren Profils und an Ausdruck eingebüßt. Ihre Lippen waren fest aufeinander gepreßt, und ihre winzigen Augen wirkten völlig glanzlos. Da sie sich einen Zeh gebrochen hatte, mußte sie im Sitzen vortragen ... Doch selbst ihre Stimme war schwächer geworden, und so war sie bisweilen kaum zu hören. Mit dem Mikrofon konnte sie jedenfalls nicht umgehen.[13]

In Wahrheit stand sie an jenem Tag unter einem Schock. Sie hat selbst beschrieben, wie sie, von Osbert begleitet, mit dem Zug nach Brighton fuhr. Osbert hatte sich im Abteil vorgebeugt, ihr die *Times* gegeben und auf einen Artikel verwiesen – »in dem ein Augenzeuge über die unmittelbaren Wirkungen des Abwurfs der Atombombe auf Hiroshima berichtete«: »Er hatte einen Totempfahl aus Staub zur Sonne emporsteigen sehen ... Ein Totempfahl, das Symbol der Schöpfung, das Symbol der Zeugung. Von dem Augenblick an entstand das Gedicht.«[14]

Mit der Niederschrift ihres ersten Gedichts über Hiroshima – »The Shadow of Cain« – begann sie allerdings erst im April des folgenden Jahres. Hubert Nicholson rezensierte es nach Erscheinen in *Adam*.

Die Abfolge aus ruhmreichen Reisen nach London, auf die Rückzüge in Renishaws kalte Abgeschiedenheit folgten, wurde in den Nachkriegsjahren für Edith zu einem ständig wiederkehrenden Muster – ein Rezept für äußerst extreme Stimmungsumschwünge. Ihre Besuche bei Sacheverell und Georgia in Weston bedeuteten ungetrübtes Glück; doch waren es lediglich Besuche. Da sie in ihrem Haus in Bath nicht zu wohnen beabsichtigte, verkaufte sie es 1949. »Natürlich habe ich Verständnis für Deine Entscheidung, was das Haus in Bath angeht«, schrieb ihr Bryher aus der Schweiz im September jenen Jahres. »Seit jenen frühen Zeiten im

Kriege, als wir auf diesen Gedanken kamen, hat sich in England alles grundlegend geändert.« Sie fügte – wie immer – für Ediths Geburtstag einen »kleinen Scheck« über einen keineswegs geringen Betrag bei.

Im November 1945 hatte der Verlag Macmillan *The Song of the Cold* herausgebracht. Obwohl es sich bei diesem Band im wesentlichen um eine Sammlung ihrer bereits veröffentlichten jüngeren Gedichte handelte, trug er Edith weitere Bekundungen der Hochachtung ein. Das Titelgedicht, zum ersten Mal in *Penguin New Writing* veröffentlicht, war Natascha Litwin (Spender) gewidmet. Cyril Connolly, inzwischen bekehrt, hielt viel von Ediths Gedichten. Er hatte ihr John Lehmann gewidmetes »Euridice« (Eurydike) in den Mittelpunkt der Augustausgabe von *Horizon* gestellt und schrieb ihr jetzt über »Nataschas Gedicht« – »The Song of the Cold« –, es sei »atemberaubend, wie eine Sinfonie, die um eine einzige Oktave herum komponiert ist«. Außerdem teilte er ihr mit, er habe in Oxford Maurice Bowra getroffen und ihm erklärt, Edith schreibe »jetzt die hervorragendsten Gedichte unserer Zeit«. Er trug ihr sogar die Verwaltung seines literarischen Nachlasses an. An dieser wahrhaft exzentrischen Bitte läßt sich ermessen, wie sie inzwischen zueinander standen.

Außerdem teilte ihr Connolly in einem späteren undatierten Brief aus Malaga mit: »Ich vermute, daß Ihre Gewohnheit, all Ihre Gedichte jemandem zu widmen, einige Rezensenten gegen Sie einnehmen könnte, könnten sie darin doch eine Auswahl der ›vornehmsten Menschen‹ sehen, von der sie ausgeschlossen bleiben.« Verschiedene ihrer literarischen Gewohnheiten beschäftigten andere Freunde und Bewunderer. Im April 1946 veröffentlichte Spender in *Horizon* einen Artikel mit dem Titel »Poetry for Poetry's Sake and Poetry Beyond Poetry«. Ediths Dichtung, erklärte er, zähle er zur »Poetry for Poetry's Sake«, also Dichtung um der Dichtung willen. »Ihre eigentliche Größe liegt in ihrer Fähigkeit, das Wachstum ihrer Gesamtpersönlichkeit auf ihre Dichtung zu projizieren« und »das Innenleben des Geistes« zu enthüllen. Ohne diese Größe in Frage zu stellen, bemühte sich Spender, im rechten Licht zu sehen, was jeden beschäftigen muß, der Ediths Gedichte ernsthaft liest: die häufigen Wiederholungen in ihrem späteren Werk.

Zuvor (im Februar 1942) hatte Spender in einer lobenden Rezension von *Street Songs* in *Horizon* unmißverständlich von den »monotonen Themen und Manierismen« gesprochen, die inzwischen zu literarischen

Lastern geworden seien. Affe, Tiger, Löwe, Sonne, Knochen, Kälte und Rose, Ixions Rad[15], der Sündenfall, das Herz des Menschen, »Ich, ein alter Mann«, »Ich, eine alte Frau«, Gold, Weizen, Honig, Blut, »die Straße aus dem Nichts ins Nirgendwo«, »der grausige Regen« – die Formeln und Bilder, ja ganze Verse, kehren wieder; sie sind Code und Verschlüsselung für das, was Edith förmlich zur fixen Idee geworden war.

Ihre eigene Erklärung oder Rechtfertigung bestand darin, daß etwas in denkbar vollkommener Weise Ausgedrücktes durch eine andere Art des Ausdrucks zwangsläufig unvollkommen wäre. Darauf kann es nur eine Antwort geben: Warum denselben Gedanken mehr als einmal ausdrücken? Doch Edith Sitwell kam über die Musik und die Musik von Worten zur Dichtung. Sogar dem Ohr eines technisch ungeschulten Hörers sagen die vertraute musikalische Sprache eines Komponisten, die von ihm verwendeten Intervalle – die Textur, um Ediths Lieblingsausdruck zu verwenden –, ob ein Stück von Prokofjew, Brahms oder Britten stammt. Man erkennt ein Gemälde eines bestimmten Malers an der vertrauten Farbpalette, den ihm eigenen Kompositionstechniken und sogar an häufig wiederholten Themen. Variationen zu einem Thema, ob in der Musik oder in der Malerei, sind nicht an und für sich Zeichen von Schwäche oder mangelnder Erfindungsgabe – sehr häufig ist das Gegenteil der Fall. Edith vertrat die Ansicht, daß es sich bei der Lyrik ebenso verhält.

Doch wollen die Konventionen, die um die Wortkunst herum entstanden sind, daß ständige Wiederholung bestenfalls Rhetorik und schlimmstenfalls nichts weiter sei als ständige Wiederholung. In den Augen der Leser und Kritiker, die dem zustimmten – also für die meisten Menschen –, hat Edith einfach zu viel veröffentlicht. Ein zweites und drittes Auftreten von Formeln und Bildern, die beim ersten Mal verblüffend und kraftvoll wirkten, schmälert und schwächt sogar die Erinnerung an diesen ersten Eindruck. Doch bedeutet die bloße Tatsache, daß ihre vertrauten Sinnbilder von ihrer Kriegsdichtung an bis zum Ende ihres Lebens eine so durchgehende Botschaft oder einen Mythos mit sich bringen, daß man bei Edith Sitwell wie nur bei wenigen modernen Lyrikern von ›Musik‹ sprechen kann. Spender nannte ihre Kriegsgedichte »erstaunliche Hymnen«, und die sich darin wiederholenden Rhythmen, Reime und Auflösungen wirken wie Stellen aus dem Alten Testament: beschwörend, in sich ruhend, auf ein System von Symbolen und Verweisen gegründet, für das sich kein Wort besser eignet als ›Religion‹.

Frederick Prokosch hat zu erklären versucht, warum und auf welche Weise Edith für so viele Menschen zu schreiben schien, was Kenneth Clark als »bedeutendste Gedichte über den Krieg« bezeichnet hat. In jenen Jahren besonders starker Emotionen kam es

> zu einer machtvollen Bewegung gegen Auden und zu einem Wiederaufleben herkömmlicher Einflüsse bei der überlieferten Bildersprache und den Metren. Zwei Gestalten sind mit dieser Tendenz im weitesten Sinne verknüpft: Dylan Thomas und Edith Sitwell. Beide sind rätselhafte und (in ihrem jüngeren Werk) beschwörende Dichter, und beide verwenden ein hochentwickeltes System von Symbolen, das sich grundlegend von den Symbolen Audens unterscheidet. Sie haben mit dem Alltagsleben wenig zu tun, sind voller Sehnsucht nach der Vergangenheit und nahezu archaisch. Beide sind überragende Handwerker.[16]

Die neue Romantik wurde nicht ausschließlich von Edith und Dylan getragen. Die Gruppe, die sich selbst den Namen »Apocalypse« beilegte – Nicholas Moore, Henry Treece, J. F. Hendry, G. S. Fraser –, veröffentlichte 1941 ihre bedeutende Anthologie *The White Horseman.* Sie wendeten sich gegen den Einfluß des Maschinenzeitalters auf die Dichtung und setzten ihre Hoffnung auf den Mythos, der ihnen als Mittel zur Vervollkommnung der Persönlichkeit dienen sollte. Wie diese gehörte Edith zu den dionysischen und nicht den apollinischen Dichtern. Die Triebkraft, die ihr erlaubte, Verse und Formeln wie Mantras zu wiederholen, in Verbindung mit ihrem beschwörerischen Kompositionsverfahren, bei dem sie etwas »herausschrieb«, war bei sonst so unterschiedlichen Zyklen wie den Kriegsgedichten und beispielsweise den *Bucolic Comedies* im wesentlichen gleich: Musik und Wortmagie. Zu *Street Songs* schrieb sie an Maurice Bowra: »Es ist gefährlich, so etwas zu sagen, aber Ihnen kann ich es sagen. Manchmal schreibe ich fast automatisch, wenn ich ein Gedicht anfange. In einem solchen Fall gehe ich später mit meinem Verstand daran.«[17] Über eins ihrer Gedichte, das sie sehr ernst nahm, nämlich »Gebräuche an der Goldküste«, schrieb sie, es sei »bis zum sechsten Vers offenkundig nichts ... als abstrakter Klang – abstrakt, aber, wie ich meine, bedeutungsvoll.«[18] In ihren frühen Gedichten fasziniert sie mit dieser Art, an das Schreiben heranzugehen, aber ein solch willkürliches

Haschen nach Bedeutungsschwere in ambitionierter Dichtung, die sich mit Leben, Tod, Krieg, Angst, Erbsünde, Erlösung und geistiger Wiedergeburt beschäftigt, ruft Unbehagen hervor. Der Dichter könnte ein Juwel zutage fördern – oder vielleicht zum zehnten Mal das abgestandene und seichte Gewässer seines überfischten Unterbewußten aufrühren. »Still Falls the Rain«, das erste Gedicht aus *Street Songs*, dürfte das berühmteste ihrer Kriegsgedichte sein.

Still falls the Rain –
Dark as the world of man, black as our loss –
Blind as the nineteen hundred and forty nails
Upon the Cross.

Still falls the Rain
With a sound like the pulse of the heart that is changed to the
hammer-beat
In the Potter's Field, and the sound of the impious feet
On the Tomb:
Still falls the Rain
In the Field of Blood where the small hopes breed and the human brain
Nurtures its greed, that worm with the brow of Cain.

Still falls the Rain
At the feet of the Starved Man hung upon the Cross,
Christ that each day, each night, nails there, have mercy on us –
On Dives and on Lazarus:
Under the Rain the sore and the gold are as one ...

Stumm fällt der Regen – / Dunkel wie die Welt des Menschen, schwarz wie unser Verlust – / Blind wie die neunzehnhundertvierzig Nägel / Am Kreuz. // Stumm fällt der Regen / Mit einem Klang wie der Schlag des Herzens, der sich in den Hammerschlag / Auf dem Töpferacker verwandelt hat und den Klang der pietätlosen Füße / Auf dem Grabstein: / Stumm fällt der Regen / Auf dem Feld des Blutes, wo die kleinen Hoffnungen heranwachsen und des Menschen Gehirn / Seine Gier nährt, jene Schlange mit dem Angesicht Kains. // Stumm fällt der Regen / Zu Füßen des Mannes, der am Kreuz hängend verblich, / Christus, der Tag für Tag, Nacht für Nacht dort festgenagelt hängt, erbarme dich unser –

/ Des reichen Mannes und des Lazarus: / Unter dem Regen sind Gold und die Schwäre eins …

»Religiöse Dichtung läßt der Phantasie keinen Spielraum«, schrieb Edith am 9. April 1942 an Stephen Spender. »Phantasie würde mich zur Lügnerin machen.«[19] In jenem Gedicht habe sie mit ›Die neunzehnhundertvierzig Nägel am Kreuz‹ auf ihre Art verdichtet, »was ich angesichts der entsetzlichen Grausamkeit jenes sinnlosen Opfers an Menschenleben empfand! – All diese Jahre hindurch!« Als sich Julian Symons entschloß, das Gedicht hart zu kritisieren, schrieb er: »Ist es bloße Beckmesserei, wenn man darauf hinweist, daß Regen an sich weder schwarz noch überhaupt dunkel ist und daß das Wort ›schwarz‹ selbst in diesem symbolischen Sinne (Regen = Bomben) weder angemessen noch kraftvoll zu sein scheint? Ist die Frage unzulässig, warum die Nägel am Kreuz ›blind‹ genannt werden, und darf man sich nicht überlegen, wie sie wohl sehen könnten?«[20] Ja, es ist bloße Beckmesserei. Es gibt ungeheuer kraftvolle Bilder, die sich weder buchstäblich noch leicht erklären lassen. Wie steht es beispielsweise mit Shelleys »white radiance of eternity« oder Yeats' »gong-tormented sea«? Doch zielt Symons indirekt auf etwas Bedeutendes ab – darauf, daß Edith Sitwell in loser Verknüpfung unter dem Einfluß von ›Inspiration‹, Suggestion oder Assoziation schrieb (auch wenn sie dabei technisch perfekt vorging), und daß sie in der Überzeugung handelte, Dichtung müsse so abgefaßt werden: ungenau und instinktiv. Im Dezember 1943 schrieb sie an Demetrios Capetanakis: »Ich halte Keats für einen der größten englischen Dichter; er war für die Lyrik geschaffen, wie ein Rennpferd für das Rennen.« Doch habe es ihm an Intellekt gefehlt. »Daß er nicht besonders klug war, hat ihn in keiner Weise daran gehindert, ein bedeutender Dichter zu werden. Immer wieder verwechseln die Menschen Dichtung und Intellekt.«

Entscheidend dabei ist möglicherweise – wenn man die Unterschätzung Keats' einmal außer acht läßt –, daß der große Dichter intuitiv und auf kürzerem Wege zu eben der Vision vorzudringen vermag, die der Intellektuelle verschwommen erspäht. Versucht er, das Bild festzuhalten, entgleitet es ihm. Hier muß man den jeweiligen Schuster ersuchen, bei seinen Leisten zu bleiben: Wo Edith mit ungeheuer weit ausgreifenden metaphysischen Universalien zu tun hatte, geriet sie in den Bereich der verschwommenen Mythologie. Ihr Blick wird präzise, wenn sie sich mit begrenzten Themen beschäftigt. Sie gewinnt Bedeutung mit zunehmender Einfachheit; wie beispielsweise in »Any Man to Any Woman« aus *Street Songs*:

> ... And so I love you till I die –
> (Unfaithful I, the cannon's mate):
> Forgive my love of such brief span,
> But fickle is the flesh of man,
> And death's cold puts the passion out ...

> ... Und so liebe ich dich, bis ich sterbe – / (Ungetreu ich, dem Geschütz anverlobt): / Verzeih meine Liebe von so kurzer Dauer, / Doch unbeständig ist des Mannes Fleisch, / Und Todeskälte löscht die Leidenschaft ...

Das Gedicht endet mit einem konventionellen lyrischen Bild:

> – A rainbow shining in the night,
> Born of my tears ... your lips, the bright
> Summer-old folly of the rose.

> – Ein Regenbogen leuchtet in der Nacht / Aus meinen Tränen entstanden ... deine Lippen, die leuchtende / Sommer-alte Torheit der Rose.

Edith verzaubert – wie Walter de la Mare, Dylan Thomas und William Butler Yeats. Man kann sich diesem Zauber widersetzen oder ihm erliegen. Es gibt keinen eindeutigen Maßstab für die Macht eines Zaubers: Er erfüllt seine Aufgabe oder nicht. John Russell hat berichtet, daß Logan Pearsall Smith seine Nachschlagewerke neben seinem Bett in einer Art drehbarem Bücherregal aufbewahrte. Ganz obenauf legte er neue Bücher, die er ausgewählt hatte – entweder, weil sie besonders gut, oder, weil sie besonders schlecht waren. »Deshalb wuchs meine Neugier«, schrieb John Russell, »als ich eines Tages auf diesem gefährlichen Regal ein Exemplar von Miss Sitwells *Green Song* liegen sah«:

> Mein Gastgeber sagte: »Ein wirklich bemerkenswertes Buch. Ich hatte keine Ahnung, daß es diese Art von Lyrik überhaupt noch gibt. Sie ist

eine wahre Dichterin. Als ich zum ersten Mal die Verse las – wie gingen sie noch mal? –

> I who was once a golden woman like those who walk
> In the dark heavens – but am now grown old
> And sit by the fire, and see the fire grow cold

sagte ich zu mir: ›Das ist die alte Stimme der Dichtung, der alte beschwörende Zauber ist zurückgekehrt.‹« Er unterbrach sich, um zu husten, das waren sozusagen die Taktstriche seiner Unterhaltung. »›Ja‹, sagte ich zu mir. ›Ist doch wirklich toll!‹«[21]

Stets lauerten Selbstzweifel hinter Ediths Erfolg, und es gelang ihr nicht immer, ein unbehagliches Gefühl abzuschütteln. Obwohl sie ihr Ziel erreicht hatte, gab sie keine alten Freunde auf. Zu Weihnachten 1945 reiste Evelyn Wiel zum ersten ihrer künftighin regelmäßigen Besuche nach England. Edith übernahm die Fahrtkosten und kam auch für den Aufenthalt auf. Beide wohnten im Sesame Club, wo Evelyn, von Edith mit der erforderlichen Garderobe ausgestattet, an allen Gesellschaften teilnahm.

Doch ging Ediths Freundestreue gelegentlich in die falsche Richtung. Als 1946 Roy Campbells *Talking Bronco* erschien, das in der Kunstfigur des »Macspaunday«[22] jene Teile der Linken verspottete, die nie für ihre Ideale gekämpft hatten, tobten Spender und Lewis, beschlossen aber, nichts zu unternehmen. Lewis, der damals mit Rosamond Lehmann zusammenlebte, schrieb an Spender: »Edith, die heute von Rosamond einen empörten Brief erhalten hat, rüstet sich schrecklich zum Gefecht; wenn wir nicht aufpassen, werden wir uns in einer von den berüchtigten Bravourattacken der Geschwister Sitwell wiederfinden. Ich muß sie irgendwie zum Schweigen bringen.«[23]

Ostern 1946 sammelte Edith im Sesame Club die Getreuen um sich – George Barker, die Ehepaare Louis MacNeice und Henry Moore, und natürlich Lehmann sowie das Ehepaar Spender – »Du und Natascha. Mit Euch beginnen alle meine Gesellschaften. Damit will ich sagen, daß Ihr der Mittel- und Ausgangspunkt seid, von dem ich mich nach außen bewege.«[24] Auf Renishaw hatte sie fast nichts geschrieben. Zeiten unfruchtbarer Trübsal überwältigten sie dort; und nur mit ständigem Briefeschreiben verschaffte sie sich Erleichterung. Unmittelbar vor Ostern, noch auf

Renishaw, hatte sie dann John Lehmann im Rundfunk über ihre Gedichte sprechen hören, und die Hoffnung kehrte zurück. »Was haben Sie nicht alles für meine Dichtung getan!« schrieb sie ihm am 28. März. »Ich denke, wenn ich sterbe, muß ich auf meinen Grabstein meißeln lassen: ›Sie ist John Lehmann nach wie vor dankbar!‹« Edith hatte »Bestärkung« gebraucht: »Ich bekomme schreckliche Anfälle von Niedergeschlagenheit.« Seine Rundfunksendung hatte ihr den Eindruck vermittelt, »daß meine Dichtung bald wieder in mir lebendig wird«. Sie lud ihn für den 10. April zum Tee im Sesame Club ein – »das heißt, wenn wir nicht zu einer Ausschußsitzung über diese alberne Dichterlesung müssen.«[25]

Für Osbert war sein erster Besuch in Montegufoni seit der Vorkriegszeit das größte Ereignis im Frühjahr 1946. Er reiste zusammen mit David Horner, schloß auf, nahm sein Erbe in Besitz und vertrieb den Geist seines Vaters. Edith hatte in jenem Frühjahr zwei wichtige Erlebnisse. Erstens stellte sie unmittelbar nach Lehmanns Sendung fest, daß sie wieder schreiben konnte. Sie begann mit der Arbeit an »The Shadow of Cain«. (Dylan hatte bei einer ihrer Gesellschaften zu Anthony Powell gesagt: »Wenn man Edith die Lyrik fortnähme, würde sie vielleicht nicht sterben, aber sie wäre verdammt krank«[26] – und sie war in jüngster Zeit verdammt krank gewesen.) Zweitens kehrte Dylan Thomas persönlich wieder in Ediths Kreis zurück; mit sich brachte er Caitlin und fröhliche Unterhaltung.

21

Nachkriegsfanfare

1946–1947

Die alberne Dichterlesung« hatte der Autorenverband ausgerichtet. Sie fand am 14. Mai 1946 in der Wigmore Hall statt. Wieder war Königin Elisabeth mit den beiden Prinzessinnen anwesend; es lasen John Masefield (amtierender Poeta Laureatus)[1], C. D. Lewis, Walter de la Mare (»Er ist ja ganz reizend [wie immer], aber bestimmt nicht bei klarem Verstand«, hatte Edith nach der Ausschußsitzung am 14. März an David Horner geschrieben), T.S. Eliot, Edith Sitwell – und Dylan Thomas. Edith berichtete Denys Kilham Roberts vom Autorenverband, sie halte Dylans Rezitation von Blakes Gedicht »Tiger« für eins der »bedeutendsten, eindrucksvollsten und wahrhaft wunderbarsten Ereignisse, an denen ich je teilgenommen habe«.[2] Wie stets war sie voll Nachsicht; Dylans Vortrag war überaus nachdrücklich, jedoch von langen Pausen unterbrochen, weil er nicht ganz nüchtern war.

Sechs Wochen zuvor, am 31. März, hatte er aus Oxford, wo er und Caitlin zu jener Zeit von A.J.P. Taylor ein Haus gemietet hatten, an Edith geschrieben. Sein langer Brief war ein Bravourstück, ein meisterlicher Höhenflug aus Selbstvorwürfen und Besänftigungsversuchen. Er begann damit, daß er erklärte, wie sehr er bedauere, was in »den neun oder zehn Jahren« seit ihrem Kennenlernen vorgefallen war, und wie sehr es ihm gefehlt habe, sie wegen seiner Arbeiten um Rat fragen zu können:

> Ich vermute, daß ich Sie vor neun oder zehn Jahren auf die eine oder andere Weise bei irgendeiner Gelegenheit durch eine gedankenlose und unverantwortliche schriftliche oder mündliche Äußerung gekränkt habe. Und es kommt mir unverzeihlich vor, daß ich mich nicht erinnern kann, worin diese Kränkung genau bestand, wie taktlos oder unhöflich sie war. Auf jeden Fall schien sie das Ende unserer Briefe zu bedeuten, als sei es für immer, von persönlichen Begegnungen ganz zu schweigen. Darf ich jetzt sagen, was ich, wie mir bewußt ist, schon vor vielen Jahren hätte sagen sollen: wie sehr ich bedaure (und nicht nur das, doch mir fehlen die Worte zu sagen, was), daß ich unsere sich gerade

> entwickelnde Freundschaft durch eine nicht besonders schwerwiegende (wie sehr hoffe ich, daß es sich so verhält) Garstigkeit, Ungezogenheit, Überheblichkeit, Ungeschicklichkeit, scheinbaren Undank, ungehobeltes Auftreten, unangebrachte Anmaßung oder Schlimmeres, wenn nicht gar weit Schlimmeres, störte und mich für eine so lange Zeit um das Glück und die Ehre brachte, Ihnen meine Arbeiten schicken zu können, sowie sie geschrieben waren, und Ihnen über den Teufelskreis aus nie endenden Schwierigkeiten und über die Zweifel an meiner Kunst wie am Sinn meines Tuns zu schreiben, die uns stets bedrängen müssen. Sofern meine Entschuldigung, die so aufrichtig ist wie meine Liebe zu Ihrem *Song of the Cold*, Ihnen so gestelzt vorkommt wie mir, der ich rasch schreibe, bedaure ich auch das, und ich kann nur sagen, wie schwer es mir fällt, das lange Schweigen, das sich zwischen heute und der schönen schrecklichen Zeit von vor neun Jahren erstreckt, auf natürliche Weise zu durchbrechen.

Das ist lediglich ein Viertel des Briefes.

Selbstverständlich hörte er von ihr. Nach der Lesung in der Wigmore Hall schloß Edith auch Dylan und Caitlin Thomas in die Einladung zu der »gräßlichen« Abendveranstaltung ein, die sie für alle Teilnehmer und einige andere im Sesame Club gab. Sie schrieb nach dieser Gesellschaft sehr viele Briefe; und worin genau der Skandal bestand, läßt sich stückweise daraus rekonstruieren. Natürlich wurde Dylan im weiteren Verlauf des Abends nicht nüchterner. »D. T. hat sich *mir* gegenüber einwandfrei verhalten«, schrieb sie am 29. Mai an David Horner nach Montegufoni, aber er

> empfand mit einem Mal den übermächtigen Drang, sich zum Thema Milton mit Tom Eliot anzulegen. Er murmelte ihm an mir vorbei zu: »Es erstaunt mich, daß man uns heute nachmittag *Milton gegönnt* hat. Ich dachte, er sei tot.« Dann fuhr er in unglaublich höhnischem Ton fort: »Milton sozusagen *ohne Umstände* beiseite schieben ...«
>
> Tom sagte sanftmütig: »Man kann mich nicht für Dinge verantwortlich machen, die Leavis sagt.« »Nun, Sie müßten ihn davon *abhalten*«, sagte D. »Und sehen Sie mal. Warum veröffentlicht ein Dichter wie Sie solche *abscheulichen* Gedichte? *Sie wissen*, daß sie schlecht sind.«

Mit dem Nachtisch kam es noch schlimmer. Caitlin Thomas, der etwas Eiskrem auf den Arm gefallen war, forderte ihren Nachbarn, John Hayward, auf, es aufzulecken. (Hayward saß in seinem Rollstuhl neben Edith, zu Ediths anderer Seite saß Sacheverell.) Er weigerte sich. Caitlin gab nicht nach. Hayward sagte, er sei »bereit, jeden anderen Teil ihres Körpers abzulecken, aber *nicht* im Speisesaal des Sesame Club«. »Muttergottes!« gab sie zur Antwort. »Wie beleidigend Männer doch sind! Sie schwuler Hund!«

So etwas hatte es im Sesame Club noch nicht gegeben. Schließlich führte jemand Caitlin aus dem Speisesaal. Edith entschuldigte sich in einem Brief an Hayward für »*ennui* und Schock« wie auch dafür, daß Eliot ebenfalls »einen Augenblick lang – aber glücklicherweise nur einen kurzen Augenblick – lästig war«: »Es beunruhigt und betrübt mich so entsetzlich, wenn ich daran denke, daß dieser wunderbare Mensch [Dylan Thomas] durch das Geschöpf Freunde verliert (und das *wird* er bestimmt). Er vergöttert sie. Er hat mir gesagt, er werde sie immer lieben, ganz gleich, was sie tue. Meine Freundschaft wird er nicht verlieren – aber natürlich kann ich so etwas meinen anderen Freunden nicht antun. Es ist so traurig.«[3] Edith verzieh Dylan alles; nie war er im Unrecht, und ihr romantisches jung-altes Herz war von seiner Liebe zu Caitlin belustigt und beeindruckt: »Er saß neben mir und sah sie nur an. ›Ist sie nicht schön?‹ sagte er. Und ich antwortete: ›Ja, mein lieber Junge, das ist sie.‹ ›Wissen Sie, Edith, Promiskuität ist nicht wichtig.‹ ›Natürlich nicht, mein lieber Junge. Gott behüte!‹« Am 29. Mai schrieb sie ausführlich an Stephen Spender über das allgemeine Problem von Ehemännern und Ehefrauen – Arthur Waley hatte ihr kürzlich mitgeteilt, er und Beryl de Zoete würden nicht heiraten.

> Doch hat A[rthur] wohl recht, wenn ich an den einen Vorfall mit Mr. D. T. denke. Wenn eine Frau, ganz gleich wie alt, D. einladen möchte, bedeutet das, daß sie Mrs. D. mit einlädt, weil diese sich sonst beklagen könnte, daß man sie gekränkt habe. Sie hat ein *Recht* zu kommen. Wie gut Männer es doch haben. Ein Mann kann es sich ohne weiteres leisten, die unmögliche Frau seines Freundes nicht mit einzuladen.[4]

Die Aussöhnung mit Dylan Thomas stand nach der Abendeinladung auf sehr wackeligen Füßen. Im Juli schrieb Edith an William Plomer, Dylan habe sich »erneut von mir gelöst, verleugnet mich und will nichts mit mir zu tun haben«.

Das hinderte sie nicht daran, ihm weiter unter die Arme zu greifen. In jenem Jahr war sie Vorsitzende des Ausschusses, der über die Vergabe des Reisestipendienfonds des Autorenverbandes entschied. (Das Geld hatte Bryher aufgebracht, »ein Stifter, der nicht genannt werden wollte«, wie Edith erklärte.) Dylan bekam hundertfünfzig Pfund und beschloß, eine Reise nach Italien zu unternehmen, von wo er im April 1947 in einem bezaubernden Brief an Edith schrieb, er sei ihr dankbar für »jede warme blaue Minute, für jeden Orangen- und Ölbaum, jede Pinie auf einem Hügel«.

Den größten Teil des Sommers 1946 verbrachte Edith auf Renishaw, wo sie an *A Notebook on William Shakespeare* arbeitete und »The Shadow of Cain« beendete. William Plomer machte ihr im Juli damit eine Freude, daß er im Rundfunk über die Geschwister Sitwell sprach, aber da der Vortrag im überseeischen Dienst der BBC ausgestrahlt wurde, konnte sie ihn nicht hören. Im August jenes Jahres lud der junge Dichter Maurice Carpenter sie zur Teilnahme an einer Lyriklesung und Diskussion im »roten« Unity Theatre ein. Nach einem Blick auf die Namensliste der anderen Eingeladenen bekam Edith einen akuten Anfall von Größenwahn – das Gefühl der Bedrohung machte sich als Empörung Luft. Bissig antwortete sie Carpenter am 5. August:

> Mr. [Dylan] Thomas ist ein genialer junger Dichter, und Mr. [W. J.] Turner ist ein bekannter und erfahrener Lyriker, doch besitzt Miss [Anne] Ridler, bei der es sich um einen angenehmen jungen Menschen handeln dürfte, nicht die Kompetenz, mit mir über Lyrik zu diskutieren. Mr. [Roy] Fuller, für den der letzte Teil des vorigen Satzes gleichfalls gilt, schreibt meines Erachtens unerhebliche Verse und war außerdem so vermessen, mir gegenüber unverschämt aufzutreten.
>
> Wenn man mich auffordert, mit diesen Leuten über Dichtung zu reden, ist das etwa so, als verlange man von Sarah Bernhardt, daß sie mit einem angenehmen – oder unangenehmen – jungen Menschen über die Schauspielkunst redet, der in irgendeinem abgelegenen, wenig besuchten und verstaubten Provinztheater zweimal aufgetreten ist.
>
> Hoffentlich gelingt Ihnen Ihr Vorhaben – aber – nun, *Sie* wissen ja.[5]

Dieser deutliche Brief war ihre unmittelbare Reaktion auf die unausgesprochene Befürchtung, wie in den dreißiger Jahren könne sich eine modische Welle fremdartiger Dichtung und fremdartiger poetischer Ideale erneut daranmachen, sie mit sich fortzureißen und dem Untergang entgegen zu treiben. Sie war König Knut, was jedem alternden Künstler im Grunde seines Herzens widerfahren muß.[6] Ein berechnenderer Mensch als sie hätte sich verstellt, doch das entsprach nicht ihrer Art. Außerdem hatte sie jetzt viel zu verlieren. Sie sollte es noch behalten dürfen.

Maurice Carpenter bestand höflich auf seiner Einladung, was ihm sehr zur Ehre gereicht, und zwölf Tage später teilte ihm Edith mit: »Natürlich möchte ich nicht, daß die arme Mrs. Ridler enttäuscht ist.«[7]

Planung und Schreiben von *Fanfare für Elisabeth*, Ediths Prosabuch über die Jugend von Königin Elisabeth I., hatten sich entmutigend lange hingezogen. In Angriff genommen hatte Edith das Projekt in den ersten Kriegsjahren – das Gedicht »Anne Boleyn's Song« fiel als Nebenprodukt bei ihrer Lektüre für dieses Buch ab –, und Auszüge aus dem Buch wurden im Laufe des Jahres 1945 in vier Ausgaben von *Life and Letters To-Day* abgedruckt. Sie hatte sich dem Thema zugewandt, »weil ich Geld verdienen *mußte*«, bevor klar wurde, daß aufgrund ihrer neuen Gedichte ihre Einkünfte zu- und ihre Energien abnahmen. Wie sich zeigte, steigerte ihr Ruhm als Dichterin die bereits durch die Popularität von *Queen Victoria* geweckte Erwartung in der Öffentlichkeit, und als *Fanfare* im September 1946 auf den Markt kam, erfüllte das Buch jedermanns Erwartungen, einschließlich derer des Verlages – Macmillan kam mit einer auf gerechtfertigten Optimismus gegründeten Erstauflage von zwanzigtausend Exemplaren heraus (die amerikanische Filiale von Macmillan, die das Buch bereits im Juli herausgebracht hatte, druckte lediglich zehntausend). Erneut gehörte Edith zu den bestverkauften Autoren. Alexander Korda zahlte zweihundert Pfund für eine Option auf die Filmrechte, die er allerdings später zurückgab; doch waren damit noch nicht alle Hoffnungen begraben, *Fanfare für Elisabeth* verfilmt zu sehen.

Das Interesse der Filmzaren an *Fanfare* läßt sich leicht verstehen. Dies kurze Buch ist bei weitem die beste von Ediths »Brotarbeiten«. Was Rylands ihren »nachimpressionistischen« Stil nannte, wie er inzwischen aus ihren früheren historischen Büchern vertraut war, wurde hier mit so leichter Hand und so flott gehandhabt, daß er sich in hohem

Grade für das Kino eignet. Ein Beispiel dafür ist eine Passage, in der sie Anne Boleyn mit ihren auf Eifersucht gegründeten Ängsten beschreibt:

> Sie konnte die Galerie des Palastes nicht entlanggehen, ohne von unsichtbaren Spitzeln durch halbgeöffnete Türen beobachtet zu werden, aus Räumen, die sie leer wähnte... Aber sie redete sich ein, all ihre Feinde seien besiegt, einer nach dem anderen. Hatte sie nicht sogar die wachsende Macht jener schattenhaften, verborgenen Schönheit zerstört, deren zunehmende Gewalt über den König sie einst bedrohte – und sie so gründlich beseitigt, daß nicht einmal ihr Name zu uns gelangt ist? Wir erhaschen nur einen Blick auf jenes lächelnde, liebliche Gesicht, und dann ist es verschwunden, als hätten glänzende, große Blätter ein Schattennetz darüber geworfen, es verdunkelt und unserem Blick entrückt.

Da Elisabeth Tudor am Ende von *Fanfare* erst fünfzehn Jahre alt ist, wird das Buch vom Bericht über die Heirat der Eltern und über Elisabeths aufeinanderfolgende Stiefmütter beherrscht. Die Gestalten Heinrichs VIII. und seiner unglücklichen Gemahlinnen stellt Edith in ihrer besonderen Sehweise so lebhaft und nachdrücklich dar, daß es einem sehr jungen Menschen, der das Buch gelesen hat, später möglicherweise schwer fällt, sie je in einem anderen Licht zu sehen. Der ekelerregende Dunstkreis der Armut in den »nach Schlachthaus riechenden Straßen, wo die Pest gedeiht«; die gleichermaßen ekelerregende Drohung des Todes in den prunkvollen Palästen von Greenwich und Hampton Court, in denen der unumschränkte Wille des Königs galt; Samtstoffe, Goldstickereien, die verschiedenen Tränke, Bücher und Musik, Klatsch, Intrige, Korruption, geflüsterte Gerüchte, Schimpftiraden, Kummer, Schuld, Schrecken – auch wenn ein Historiker aus den Stimmungen, die Edith hier heraufbeschwört, und aus ihren gut gewählten Zitaten möglicherweise nichts Neues erführe, gibt Edith dem Nicht-Fachmann hier eine lebendigere Schilderung, als es die meisten Historiker vermögen.

Elisabeth selbst ist ein »kleines, trauriges Mädchen... in einer Welt, die sie nie verstehen sollte«, einsam und ungeliebt. Der Tod überschattet ihr Dasein in mancherlei Gestalt – vor allem der Tod dreier Frauen, die ihr nahestehen: ihrer Mutter Anne Boleyn, ihrer Stiefmutter Jane Seymour und einer weiteren Stiefmutter, die als die »unzüchtige, verschlagene, bedauernswerte ... Katherine Howard« dargestellt wird. Das grausame Geschick dieser drei jungen Frauen, schrieb Edith, sollte »das ganze Leben Elisabeths verändern ... Sie sollten sie sexuell beeinflussen und inmitten der Leidenschaft Todeskälte auf ihr heißes Blut legen.«

Aus den Umständen, in die hinein die mißverstandene und vernachlässigte Prinzessin geboren wurde, die sich so klar ausdrücken konnte, machte Edith eine sophokleische »Tragödie der Leidenschaften, des Glaubens, der Triebe und des Ehrgeizes, der das Fieber der Lust in sich trug ...« Sie machte daraus auch ein Märchen mit grausamen Stiefmüttern und niederträchtigen Onkeln. Sie beschrieb die Taufe der kleinen Elisabeth, bei der die guten und bösen Feen anwesend waren, wie den Anfang des Märchens von Dornröschen; wie das Dornröschen in Ediths Gedicht »Sleeping Beauty« forderte nie ein Prinz Elisabeth I., keiner erweckte sie. In ihrem Buch identifizierte Edith in gewissem Maß das Kind, das sie einst war, mit der einsamen jungen Prinzessin. Noch mehr identifizierte sie sich mit der reifen Elisabeth, der Jungfräulichen Königin; in *Englische Frauen* spricht sie vom sonderbaren Widerspruch »im Leben einer Frau, das je nach Blickwinkel unfruchtbar und zugleich unendlich ertragreich war«.

Das Ende des Jahres 1946 brachte Edith den gewohnten Anfall nervöser Depression, und sie suchte unruhig nach jemandem, den sie verschlingen konnte. Mit übermäßiger Heftigkeit nahm sie Berichte über eine negative Kritik Lawrence Durrells an den drei Sitwells auf, und eine Kettenreaktion des Grolls brachte alten Ärger erneut an die Oberfläche, der wie Blasen von einer fauligen Stelle im Teich der Erinnerung aufstieg. In solchen Stimmungen kritzelte sie ›schwarze Listen‹, nachstehend ein Beispiel aus ihrer Arbeitskladde:

> Jemand, der Sachie beleidigte, indem er ihn Sir Patchwork Quilt[8] nannte.
> Jemand, der mich schriftlich beleidigte.
> Jemand, dem Kingsley Martin es gestattet hat, mich im *New Statesman erneut* zu beleidigen.

Da sie den jeweiligen »Jemand« nicht namentlich nannte, erlangen die gemeinten Personen eine mythische Dimension.

In jenem Winter fühlte sie sich in übertriebener Weise an den Verrat Noel Cowards erinnert, der mehr als zwanzig Jahre zurücklag. Sie erfuhr, daß man Geoffrey Grigson aufgefordert hatte, vor der Literarischen Vereinigung von Sheffield zu sprechen, und bat Osbert, sich in einem Brief über diese an ihr verübte Treulosigkeit zu beklagen. Da ihr Verschiedenes mißfiel, was Grigson in einem Rundfunkvortrag der BBC zwischen den Zeilen gesagt hatte, ließ sie ihm durch ihren Anwalt schreiben. Grigson antwortete ihr persönlich am 9. Dezember 1946 mit beachtlicher Zurückhaltung und Würde: »Sie werden mit mir dahingehend übereinstimmen, daß ein Kritiker, wenn er über ein Buch usw. hinreichend fundierte Ansichten hat, berechtigt, wenn nicht verpflichtet ist, diese Ansichten auszudrücken. Ich würde Ihnen dies Recht nicht absprechen. (Wie viele Male haben Sie ebenfalls davon Gebrauch gemacht!)«

Er teilte ihr mit, sie brauche nichts zu befürchten; er beabsichtige keinen größeren Angriff: »Nein, ich habe gesagt, was ich zu sagen hatte.« Wer sich dem mittleren Lebensalter nähert, schrieb Grigson, »begreift, daß es besser ist, einWerk zu loben, als es herunterzumachen«. Am Ende des Briefes regte er an, er und Edith könnten vielleicht »ein Abkommen dahingehend treffen, daß künftig jeder von uns beiden für sich behält, was er über das Werk des anderen denkt.«

Das waren besänftigende Worte. Und im Januar des neuen Jahres, 1947, reiste Edith nach London, um in einer BBC-Sendung von *Façade* zu lesen. Vor Sarkasmus triefend schrieb sie an Georgia: »*Nichts lieber als das*!!!« Immerhin holte die Fahrt sie aus ihrer winterlichen Trübsal auf Renishaw heraus, wo die Wirklichkeit nicht immer leicht zu erkennen war.

The Shadow of Cain, das erste von Ediths »drei Gedichten des Atomzeitalters«, wurde im Juni 1947 als Einzeldruck in Buchform von John Lehmann herausgebracht, der jetzt seinen eigenen Verlag betrieb. Gewidmet war es Maurice Bowra. Die Aufnahme, die es fand, stärkte Ediths Stellung als Seherin der Neuzeit, die dem Leiden der Menschheit Worte verleiht. »Die beiden ersten Seiten«, sagte sie selbst, »waren teils eine physische Beschreibung der äußersten Kälte« – stets Ediths Hölle – »teils ihre spirituelle Beschreibung.«[9]

Under great yellow flags and banners of the ancient Cold
Began the huge migrations
From some primeval disaster in the heart of Man.

Unter prächtigen gelben Fahnen und Bannern der uralten Kälte / Begannen die ungeheuren Wanderungen / Fort von einer Urkatastrophe im Herzen des Menschen.[10]

Sie sagte, das Gedicht als Ganzes behandele den zweiten Sündenfall der Menschheit, »die allmähliche Wanderung des Menschen (die endgültige Loslösung des Bruders vom Bruder, Kains von Abel, und der Reichen von den Armen) ... hin zum endgültigen Untergang, dessen Symbol auf Hiroshima fiel.«[11]

Die Juliausgabe von *Horizon* des Jahres 1947 enthielt neben Ediths Gedicht »A Simpleton« und einem Auszug aus Osberts Autobiographie einen langen Artikel von Kenneth Clark mit dem Titel »On the Development of Miss Sitwell's Later Style«. Er läßt eine wahrhaft intime Vertrautheit mit ihrem frühen wie späteren Werk erkennen. Die Schlußfolgerung hieß, in *Street Songs* und *Green Song* hätten »diejenigen, denen Lyrik am Herzen liegt, einen wahren dichterischen und politischen Ruf vernommen, wie man ihn seit dem Tode Yeats' in England nicht zu hören bekommen hat«, und daß *The Shadow of Cain* sie als Verfasserin des »bedeutendsten Kriegsgedichts« bestätigte. Cyril Connolly schrieb einen Kommentar in seiner eigenen Spalte. »Wenn man bedenkt, daß die ›progressive‹ Bewegung der letzten Jahre es eigentlich nicht geschafft hat, sich über den intelligenten politischen Journalismus hinweg ins Reich der Literatur aufzuschwingen, müssen wir woanders suchen: entweder bei den Verrückten und Einsamen, oder bei denen, die mit einer gewissen verbissenen Beharrlichkeit ihren eigenen Acker bestellt haben.« Während er offenließ, ob er sie zu den Verrückten und Einsamen oder zu denen rechnete, die ihren eigenen Acker bestellten, fuhr er fort: »Unter ihnen ragen die Sitwells hervor ... Daher ist diese Nummer, im Bewußtsein der unvermeidlichen Beschuldigung, eine literarische Clique zu unterstützen, rückhaltlos ihnen gewidmet.«

Im Herbst jenen Jahres lud Edith Evelyn Wiel auf einige Wochen ins Branksome Towers Hotel in Bournemouth ein. (Später suchten die beiden in jenem Küstenbadeort regelmäßig Zuflucht.) Ediths Shakespeare-

Buch blieb deshalb unbeendet. Unmittelbar vor Weihnachten gewann sie in Ian Fleming einen neuen Freund. Damals war er noch nicht der geistige Vater von James Bond, sondern arbeitete bei der *Sunday Times*. Sie hatten eine – wenn auch wenig tragfähige – Gemeinsamkeit entdeckt, nämlich ein Interesse an Paracelsus, der im frühen sechzehnten Jahrhundert der neuzeitlichen Medizin den Weg bereitet hat. Edith las dessen Werke, weil sich Pawel gerade wie besessen mit ihm beschäftigte. Ihr Briefwechsel mit Pawel über Paracelsus wirkte sich auf ihre Dichtung aus, die häufig ans Schwülstige oder Bombastische grenzt. Das ist buchstäblich zu verstehen, denn Paracelsus hieß in Wirklichkeit (Theophrastus) Bombastus (von Hohenheim). Ian Fleming hatte einmal einen Essay von Jung über Paracelsus übersetzt; er und Edith sprachen ernsthaft von einer gemeinsamen Arbeit an einer Monographie über ihn – Edith sollte sie schreiben, und Fleming wollte die Bibliographie zusammenstellen. Aus diesem Projekt wurde aber nichts.

Den Weihnachtsfesten, die stets auf Renishaw und meist in der Gesellschaft David Horners verbracht wurden, gewann Edith nie Freude ab. In jenem Jahr hatte sie »entsetzliche Kopfschmerzen – wegen der Öllampen, die etwa so viel Licht geben wie eine Zigarre«, teilte sie Lehmann am 11. Dezember mit. Halb spöttisch schrieb sie am 29. Dezember an William Plomer, sie beginne »an ein früheres Leben zu glauben«:

> Ich bin sicher, daß ich drei alte Frauen eingekerkert und langsam aus bloßer *Langeweile* und Selbstsucht vom Leben zum Tode befördert habe. Und wenn ich ›vom Leben zum Tode befördern‹ sage, dann *meine* ich das auch so. Das muß schon seit Jahren so gehen, und sie müssen am Ende unter einem behaglichen Federbett, das ich niederhielt, einen langsamen Erstickungstod gestorben sein.

Die drei alten Frauen wirken wie eine Variante der drei Königinnen, die in ihrem *Fanfare für Elisabeth* »das ganze Leben Elisabeths verändern« sollten. Möglicherweise sind sie auch die drei Nornen von der letzten Seite ihrer bitteren Autobiographie.

Ediths großer Feind war die Langeweile. In der Langeweile, die sie auf Renishaw und Montegufoni umschloß, wandte sich ihre Vorstellungskraft dem Makabren zu. Langeweile als Motiv für Mord war Edith ein längst vertrauter Gedanke. Schon mehr als zwanzig Jahre zuvor hatte sie 1924 in *The Golden Hind* ihre Kurzgeschichte »Undergrowth« veröffentlicht. Sie handelt von zwei Schwestern. Mit der jüngeren, die Gefahren und Erregung sucht, nimmt es kein gutes Ende. Die Ältere bleibt zu Hause, wo es zwar keine Verlockungen gibt, aber auch keine Anregungen, und begeht aus Langeweile und Teilnahmslosigkeit einen Doppelmord – sie tötet die beiden Kinder eines Dienstmädchens. Zwar kommt man ihr nicht auf die Schliche, doch ahnt die heimkehrende Schwester, was vorgefallen ist, und beide leben, jede mit ihrem Schuldgefühl und ihrem Scheitern in stummer Komplizenschaft miteinander, ungefähr so wie die beiden Schwestern aus Christina Rossettis »Goblin Market«. In »Undergrowth« findet sich ein Konflikt ausgedrückt, den Edith nie zu lösen vermochte. In der Welt werden Energien verschleudert und wird die Moral korrumpiert, doch wirkt es auf andere Art und Weise ebenso zerstörerisch, sich von der Gesellschaft zurückzuziehen.

Zum Vergnügen und zur Entspannung las Edith blutrünstige Reißer und Kriminalromane. Mordphantasien hatten sich seit frühester Jugend in ihrem Kopf getummelt. Die Atmosphäre, die im Winter auf Renishaw herrschte, brachte die alten schwarzen Gedanken wieder herauf, die in ihrer Kindheit Einsamkeit und Entfremdung hervorgerufen hatten. Wie sie Lehmann mitteilte, glaubte sie zu halluzinieren, da sie nichts als Blake gelesen habe. »Eine himmlische Halluzination, bei der man sich aber doch ziemlich übergeschnappt vorkommt.«

Gemildert wurde ihre Trübsal durch die Nachricht, daß der englische Monarch persönlich T.S. Eliot im Rahmen der zu Neujahr üblichen Ehrungen den Order of Merit verliehen hatte, den höchsten Orden, den ein Zivilist bekommen kann. Edith schrieb ihm sofort: »Nie hätte ich gedacht, daß ich miterleben würde, wie der bedeutendste Dichter unserer Zeit in angemessener Weise geehrt und geachtet wird. Jetzt habe ich es doch erlebt.«

22

Linkswendung

1948

Jack Lindsay, im Jahre 1900 in Melbourne geboren und Sohn des australischen Malers Norman Lindsay, ging 1926 nach England. Als Marxist und Universalgelehrter kam er kaum mit den Hauptvertretern der britischen Literatur und der britischen literarischen Gesellschaft in Berührung, denn ihren großen Autoren gestatten die Briten höchstens einen angedeuteten Flirt mit der kommunistischen Partei, und es ist ihnen lieber, wenn sich die Gelehrsamkeit ihrer Gelehrten auf ein deutlich abgegrenztes Gebiet konzentriert. Jack Lindsay verfaßte in so kurzen Abständen so zahlreiche Bücher, daß Edith schließlich ihre Sekretärin anwies, ihn zu bitten, er möge ihr keine mehr schicken, da sie unmöglich imstande sei, alle zu lesen – und damit endete eine intensive literarische Freundschaft. Aber dazu kam es erst fünfzehn Jahre später, als sie alt und müde war.

Zu Anfang des Jahres 1948 rezensierte Lindsay in *Our Time* »The Shadow of Cain« und bestärkte Edith in einem Maße, das sie immer wieder brauchte, um sich aus ihrer tiefen Niedergeschlagenheit herauszureißen. In einem Brief vom 2. Februar dankte sie ihm für seine Hilfe und das Glücksgefühl, das er damit bei ihr ausgelöst habe.

> Die Beglückung, die Bestärkung und das tiefe, kluge Verständnis all dessen, was im Gedicht angedeutet wird, richten mich auf, und das zu einer Zeit, da es mir nahezu unmöglich war zu arbeiten und ich das sonderbare Gefühl eines *schmerzlichen Verlustes* hatte – vermutlich ging es auf die zunehmende Bedrohlichkeit und Dummheit der Welt zurück. Fast könnte man glauben, Sie hätten diesen Aufsatz genau im richtigen Augenblick veröffentlicht, in dem er für mich die größte Hilfe bedeutete, denn er hat mich dazu veranlaßt, das Schreiben erneut aufzunehmen.

Sie traten in einen Briefwechsel ein, führten eine Unterhaltung auf dem Postweg. Nur vier Tage später teilte sie ihm mit: »Voll Begeisterung höre ich, daß Sie erwägen, eine weit längere und detailliertere Untersuchung meiner Arbeit zu verfassen.«

Obwohl sie einander nie begegnet waren, hatte Lindsay sie bereits zweimal gesehen. Beim ersten Mal stand sie vor dem Unity Theatre, wo sie und Hugh MacDiarmid einen Vortrag über Lyrik halten wollten. »Sie hatte angenommen, jemand werde sie erwarten, und sie brachte es nicht über sich, unangekündigt hineinzugehen ... Ich fragte mich, in was für eine sonderbare erbärmliche Räuberhöhle sie ihrer Ansicht nach da wohl eindrang.«[1] So stand sie draußen in der Kälte, wie jemand, der darauf wartet, zu einem Vorstellungsgespräch hereingebeten zu werden. Sie war an einen festlicheren Rahmen gewöhnt, als ihn das Unity Theatre bot. Ihre Schüchternheit und ihre Selbstzweifel überwand sie nie – daher war sie auf das Stützkorsett der Feierlichkeit angewiesen, und das war auch der Grund für ihr übermäßiges Bedürfnis nach Lob, denn es betäubte, wie Lindsay geschrieben hat, »für eine Weile den Schmerz des Zweifels.« Doch Edith unterschied sich in dieser Hinsicht nicht besonders von den meisten bildenden und darstellenden Künstlern. Der Unterschied liegt lediglich darin, daß Stolz und Weltweisheit die meisten Menschen dazu veranlassen, vor anderen – und bisweilen sogar vor sich selbst – nicht nur den Schmerz des Zweifels, sondern auch das Bedürfnis nach Lob zu verbergen.

Die zweite Gelegenheit, bei der Lindsay sie sah, war die Taufe des Carpenter-Kindes, bei der keiner der Anwesenden den anderen vorgestellt wurde. Ihm fiel auf, »wie sich der von Edith unkundig gehaltene Säugling wand und fast in das Taufbecken gefallen wäre«.

Schließlich lernten sie einander am 24. März beim Mittagessen im Sesame Club kennen. Lindsay brachte seine Frau Ann mit. Es war die erste von vielen Begegnungen, deren Häufigkeit und Intensität nach den ersten fünf Jahren abnahm. Edith genoß es, daß er sie verstand und zu schätzen wußte, und ihr gefiel die intellektuelle Unterweisung, die sie von ihm bekam. Er brachte sie mit Lancelot Law Whytes *The Next Development in Man* in Berührung, einem Werk, das sie beeindruckte, und sie bat ihn, Whyte mitzubringen, damit sie ihn kennenlernte, was er auch tat. »Ich würde auch nichts sagen«, schrieb sie ihm zuvor, »sondern Ihnen und ihm zuhören. Die Fähigkeit zu schweigen gehört zu meinen wenigen Gaben.« Lindsay widmete Edith seine Dickens-Biographie *Life of Dickens*, und sie gab ihm für die Vierteljahresschrift *Arena*, an der er mitarbeitete, die jedoch bald einging, das Gedicht »Street Acrobat«. »Sie und Arthur Waley sind die beiden einzigen Menschen, die die Bedeutung meiner früheren Dichtung verstanden haben«, teilte sie ihm mit. »Und niemand außer Ihnen weiß, was ›The Shadow of Cain‹ bedeutet ... Sie hätten der Geist und das Herz sein können, der es geschrieben hat.«

Unter diesen Umständen tut man gut daran, sich anzusehen, was er über »The Shadow of Cain« und ihre spätere Dichtung gesagt hat. Er sah in den Gestalten Kains, Dives', Lazarus' und Christi, wie sie sie immer wieder verwendete, »grundlegende Symbole der *conditio humana* und Ausprägungen des gesellschaftlichen Kampfes, der die Geschichte prägt.« Über ihre Themen, nämlich die »grundlegenden Ereignisse Tod und Erneuerung«, äußerte er sich wie folgt:

> Der Kampf des Menschen findet nicht als unbeteiligtes Ereignis auf der Kinoleinwand des Universums statt, er ist ein Sturm von Mächten, der sich in alle Richtungen auswirkt ... Eine Form des Pantheismus? Ja, aber nicht ganz so, wie es sich in den Lehrbüchern der Philosophie definiert findet ... Eher besteht eine philosophische Affinität zu Marx.[2]

Lindsay sah Edith als Dichterin der Revolution im Sinne des Marxismus. (Er neigte dazu, in jedem Dichter, den er bewunderte, einen Dichter der Revolution zu sehen.) Sie akzeptierte seine Deutung; sie sah keinen Widerspruch zwischen Christus und Marx. »Gebräuche an der Goldküste« ist unter anderem ein politisches Gedicht.

Doch widersetzte sich Edith ständig und entschlossen jedem Druck, der in eine parteipolitische Richtung ging. Niemand könne ein Dichter sein, teilte sie Lindsay mit, der sich »nicht um die großen Probleme des Menschen kümmert«; doch »ich bin außerstande, die Mechanismen der Politik zu erfassen«. Damit meinte sie, daß ihr Politik im engeren Sinne unerheblich schien und sie langweilte.

Dennoch war es ein neues und berauschendes Erlebnis, aus einem Lager begrüßt zu werden, dem sie bisher fremd und ohne Zugang gegenübergestanden, wenn sie es nicht sogar für völlig unerheblich gehalten hatte – der äußersten Linken. »Sie sagen, daß Sie außerhalb aller [literarischen] Cliquen stehen«, schrieb sie an Lindsay. »Großer Gott, ich auch! ... Das aber verschärft, wie Sie sagen, die Schwierigkeiten nur ... Ich weiß das, denn niemand war bereit, sich zu meinen Gedichten zu äußern. Jahrelang ging das so – genau gesagt, bis 1942! Unterdessen schanzten sich all die Jungs der dreißiger Jahre in ihren Braunhemden, auf denen in großen roten Lettern das Wort ›Freiheit‹ prangte, gegenseitig alles mögliche zu, und einer wusch die Hand des anderen, daß es nur so eine Art hatte.«

Bei einer Versammlung in Hampstead, bei der Harry Pollitt, der Generalsekretär der britischen KP, anwesend war, trug Ann Lindsay »Gebräuche an der Goldküste« vor. »›Jau, die Kleine hat das Herz auf dem rechten Fleck‹, erklärte er nickend und tat einen tiefen Zug aus dem Bierglas.«

Doch für Edith war der Kommunismus keine Lösung. Sie blieb »ein wenig außerhalb des Lebens«, selbst im Rahmen der gehobenen Schicht, der sie durch Geburt und Herkommen angehörte. Die hundertste Nummer von *Horizon*, die im April 1948 erschien, enthielt ihr Gedicht »The Coat of Fire« – ein Gedicht der Verzweiflung über die Sünden der Welt. Es stammte aus der Zeit, bevor sie Lindsay kannte. Connolly schrieb in seiner Spalte »Comment«, man habe »sechs bedeutende Dichter« aufgefordert, für die hundertste Ausgabe ein neues Gedicht beizusteuern, doch hätten die anderen nichts fertig gehabt. Er verwies darauf, daß Edith Sitwell als einzige von ihnen ausschließlich Dichterin sei; bei den fünf anderen handele es sich um »schwer arbeitende Beamte, Verleger, Lehrer usw.« Damit sollte kein Vorwurf an Ediths Adresse ausgedrückt werden, sondern eine Entschuldigung für die anderen, die in jener Nummer nicht vertreten waren. Dennoch weist seine Äußerung auf eins der vielen Spannungssysteme hin, innerhalb deren sie existierte. Sie hatte nie Geld, lebte aber ungebunden unter jenen, die Geld besaßen. Sie löste nicht die Probleme der Welt, aber in den Augen Pollitts und anderer seines Schlages hatte sie »das Herz auf dem rechten Fleck«.

* * *

Auch in ihr selbst sah Lindsay das System von Spannungen – zwischen Himmel und Hölle, Leben und Tod, Zeitlosem und Gegenwärtigem, reich und arm –, in dem er die Kraft hinter ihrer Dichtung erkannte; nur äußerte er sich dazu weder im Druck noch ihr selbst gegenüber. Der überzeugte Anhänger Freuds merkte, daß sie Nietzsche, Hegel, Goethe und die deutschen Naturphilosophen sowie Jung gelesen hatte (letzteren allerdings zum ersten Mal 1946) – nicht aber Freud. Er sah in ihr einen sinnlichen Menschen; er spürte ihren »Hunger nach Leben«, und das sinnliche Element ihrer Dichtung hatte ihn angezogen. Als er sie näher kennenlernte, erkannte er auch, daß ihr instinktives spontanes Ich weit stärker ausgeprägt war als ihr intellektuelles. Er sah, daß sie körperlich gehemmt war, in einem unvollkommenen Körper eingekerkert; er hatte den Eindruck, daß ihr sexuelles Ich in einer ganz anderen Sphäre lebte. Nur in ihrer Dichtung traf alles zusammen, dort vermochte sie sich vollständig auszudrücken. Wer Ediths Dichtung ablehnte, lehnte sie selbst in einem absoluteren Sinne ab, als das gewöhnlich bei Autoren der Fall ist.

Wie John Lehmann gehörte Lindsay zu den Freunden, die bewirkten, daß sie länger schrieb, als sie es sonst getan hätte. Diese Rolle war ihm bewußt. Die Schrecken des Krieges hatten ihr eine poetische Vision geliefert, »doch fühlte sie sich angesichts ihrer nachlassenden Kräfte außerstande, diese Vision aufrechtzuerhalten. Durch mich gewann sie die Fähigkeit und Möglichkeit für eine klare Auflösung wie in ›A Song of the Dust‹.« Dies Gedicht, sagte er, sei in »unmittelbarer Reaktion« auf Lindsays eigene begeisterte und bewegte Berichte über seine Erlebnisse bei einem Besuch der UDSSR im Jahre 1949 entstanden.[3] (Später revidierte er seine Ansichten über die Sowjetunion, und wahrscheinlich hat Edith mehr auf den hoffnungsvollen Idealismus des Ehepaars Lindsay reagiert als auf den Inhalt ihrer Reiseberichte.)

Lindsay oder irgendeinem anderen ihr privates Ich zu erklären, wäre das letzte gewesen, was sie gewollt hätte, weder vor sich selbst noch vor der Welt. Dagegen war sie bestens gewappnet und widersetzte sich Einbruchsversuchen in die Privatsphäre, auch wenn sie sie nicht selbst betrafen. So schrieb sie am 30. Juni 1946 an John Hayward über Shakespeares »sexuelle Bitterkeit«: »Ist es nicht herrlich, wie er sein gesamtes Privatleben vor Ben Jonsons zudringlichen Blicken verborgen hielt?«[4] Im Dezember jenes Jahres besuchte sie Richard Ellmann, »ein junger Amerikaner«, der im Begriff stand, ein Buch über William Butler Yeats zu schreiben. Es wurde 1948 unter dem Titel *Yeats: The Man and the Masks* veröffentlicht. Nachdem ihn Mrs. Yeats nach Renishaw geschickt hatte, teilte Edith John Lehmann mit:

> Ich fragte mich, ob er irgendeine Vorstellung davon hat, was er *eigentlich* tut! Er interessierte sich ausschließlich ... für die Frage, wie die Beziehung zwischen Mr. Y. und Mrs. Maud Gonne und anderen genau ausgesehen hat. Er sagte, er werde das Buch darauf gründen, welche

> Auswirkungen diese Beziehung auf seine Dichtung hatte!!! Oh, oh, oh! Ist es nicht *schrecklich*, daß man jeden großen Mann ausgraben und ihm am Kreuzweg einen Pflock durchs Herz treiben muß?... Der junge Mann hatte durchaus die besten Absichten.[5]

In Ediths Gedichten taucht das Personalpronomen Ich weniger häufig auf als im Werk der meisten Lyriker des zwanzigsten Jahrhunderts; es läßt sich sogar feststellen, daß an den Werken anderer Dichterinnen am häufigsten beklagt wurde, daß sie ichzentrierte, bekenntnishafte Gedichte schrieben. Doch ging Ediths Selbsttäuschung nicht so weit, daß sie eine Beziehung zwischen Kunst und Autobiographie bestritten hätte. Ihren Standpunkt machte sie in einem Brief an Olivia Manning vom 15. Mai 1952 hinreichend klar:

> Der größte Teil bedeutender Dichtung entsteht dadurch, daß das Persönliche universell wird. Ich habe *nicht* gesagt, man solle keine Gedichte über persönliche Empfindungen schreiben. Ich habe gesagt, man müsse diese Empfindungen so umwandeln, daß ich beim Schreiben eines Liebesgedichts nicht eine Frau bin, die über ihre individuelle Liebe zu Herrn Maier oder dem Herzog von Malfi schreibt, sondern eine Frau, die über ihre Liebe zu einem Mann (und daher über die Liebe jeder Frau) schreibt. Wer keine persönlichen Empfindungen hat, ist kein Dichter – und auch kein Mensch.
>
> Wer ein Liebesgedicht schreibt, sollte über *Liebe* schreiben, nicht aber über die bevorstehende Eheschließung mit Herrn Maier – oder darüber, daß er die Verlobung gelöst hat. Um große Lyrik schreiben zu können, muß man *erleben*.[6]

Der 7. Mai 1948 war, wie Edith Professor Bonamy Dobrée von der Universität der nicht weit von Renishaw gelegenen Stadt Leeds versicherte (eben jenem Herrn, der sich selbst so herabsetzend über die Geschwister Sitwell geäußert hatte), »der stolzeste und glücklichste Tag meines Lebens – völlig ungetrübt... Nicht einmal meine Schüchternheit konnte mir den Tag verderben.«[7] Die Universität hatte ihr die Ehrendoktorwürde für Literatur verliehen. »Meine liebste künftige Doktorin!« hatte ihr Pawel geschrieben, als er die Neuigkeit erfahren hatte. »Ich kann Dir gar nicht sagen, wie glücklich ich war zu hören, daß Du den Doktortitel bekommst, denn wenn es jemanden gibt, der ihn aufgrund seiner Weisheit verdient, bist gewiß *Du* das. Cecil [Beaton] hat gerade gesagt: ›Eigentlich müßte sie Poeta Laureata bei Hofe werden, denn eine Poeta Laureata ist sie bereits.‹«[8] Er erklärte, wenn er sie erneut male, werde es das Porträt einer Muse und nicht einer Sibylle sein. Aber dazu kam es nicht.

Alle, die mit Edith im Briefwechsel standen, wurden davon in Kenntnis gesetzt, daß sie es jetzt mit Edith Sitwell, D. Litt. zu tun hatten. »Oh, William«, schrieb sie am 19. Mai an Plomer, »wie grausam Sie sind! Nie schreiben *Sie* D. Litt. auf den Umschlag.« Im Juni verdoppelte eine weitere bedeutende Universität Nordenglands, nämlich Durham, ihre Freude: jetzt hieß Dr. Sitwell auf allen Briefen »D. Litt. D. Litt.«.

Im Oktober 1948 brachte Macmillan ihr Buch *William Shakespeare* heraus, zu dessen Vollendung sie so lange gebraucht hatte. Mit vielen Menschen hatte sie über den Gegenstand geredet – so mit Stephen Spender und vor allem mit dem Schauspieler John Gielgud über *König Lear*, das Stück, das ihr am meisten bedeutete. Das Buch, von dem im Verlauf der voraufgegangenen drei Jahre zahlreiche Teile in verschiedenen Zeitschriften erschienen waren, widmete sie Arthur Waley und Beryl de Zoete. In ihrem Vorwort schrieb sie, es sei »eine Reihe von Äußerungen, die nicht als Aufsätze angesehen werden sollen, sondern eher als fortlaufende Kommentare zu gewissen Aspekten Shakespeares«. Das sehr persönliche und charakteristische Kapitel »A Hymn to Life« betont Shakespeares lebenspendende Erdverbundenheit: Gestalten wie Falstaff seien »Lehmklumpen der Schöpfung«, besäßen »noch Leben aus den Wurzeln, einen Teil, der noch nicht von der Allnatur abgetrennt ist«, sowie ein »krasses physisches Übermaß der Empfindung, die sich einer Art körperlicher Gottheit annähert.« Diese Bilder spiegeln jene ihrer zur gleichen Zeit entstandenen Gedichte wie »The Canticle of the Rose«, das im selben Jahr in *Wake* veröffentlicht wurde:

I rise upon my stem,
The Flower, the whole Plant-being, produced by Light
With all Plant-systems and formations ...

Ich erhebe mich auf meinem Stengel, / Die Blüte, das ganze Pflanzen-Wesen, vom Licht hervorgebracht / Mit allen Bestandteilen der Pflanze und ihrem Aufbau ...

(In den Jahren 1947 und 1948 hatte sie Passagen aus Lorenz Okens *Lehrbuch der Physiophilosophie* in englischer Übersetzung in eine ihrer Arbeitskladden übernommen: »Ein Tier ist eine Blume ohne Stengel«; »Die Pflanze ist ein wegen Lichtmangels zurückgebliebenes Tier, das Tier ist eine Pflanze, die unmittelbar durch das Licht blüht und der Wurzeln ermangelt«.)

Shakespeare, schrieb sie, »ist wie die Sonne, jener alles küssende Titan, der eine Leidenschaft für reine und unreine Materie hat, eine Energie jenseits von Gut und Böse.«

Edith schickte ein Vorausexemplar des Buchs an Ian Fleming bei der *Sunday Times*, der ihr in seinem Dankesbrief schrieb: »Sagen Sie mir doch bitte, von wem Sie es am liebsten für die S. T. rezensiert haben wollen, und ich werde meinen geringen Einfluß beim Leiter der Literaturredaktion geltend machen.«

In der Literaturausgabe der *Times* lobte der Rezensent, der selbstverständlich anonym blieb – es war George Rylands –, die »feinfühligen Einfälle und die Fülle der Einsichten« ihres Shakespeare-Buchs sowie die »auf die postimpressionistische Art wiedergegebenen Wahrnehmungen, die sie sich ganz besonders zu eigen gemacht hatte.« Die Besprechung war liebenswürdig gehalten, wenn auch ein wenig herablassend, und endete mit einem »vorwurfsvollen, wenn nicht tadelnden Hinweis«: Das Buch sei als Begleitband zu *A Poet's Notebook* angekündigt worden – »Ist das nicht eine unredliche Art, damit herauszurücken, daß mehr als ein Viertel des vorigen Bandes hier eingearbeitet wurde, in vielen Fällen, ohne kaum mehr als ein Wort zu ändern?«[9]

Wie sich das auch immer verhalten mag, Ediths noch junge Wertschätzung Shakespeares als eines Autors, der, mit Rylands' Worten, »elementares Leben liebt und schenkt«, entsprang ihrer fruchtbaren Phase, die im Krieg begonnen hatte und durch Jack Lindsays Anerkennung in ihr wachgehalten worden war. Am bedeutendsten unter ihren 1948 veröffentlichten Gedichten waren das zweite und dritte der »Poems of the Atomic Age«, beide weit kürzer als »The Shadow of Cain«: das Geoffrey Gorer gewidmete »The Canticle of the Rose«, das sie, wie sie William Plomer mitteilte, geschrieben hatte, nachdem sie gelesen hatte, in Hiroshima beginne die Vegetation erneut zu sprießen; und »Dirge for the New Sunrise«[10], das zuerst in *Quarterly Review of Literature* veröffentlicht wurde. Die befreiende Fruchtbarkeit verlieh auch den Kommentaren in

William Shakespeare über die Isabella in *Maß für Maß* Biß. Es ist die Geschichte der jungen Frau, die sich weigert, ihre Keuschheit zu opfern, um das Leben ihres Bruders zu retten. Isabella, schrieb Edith, sei eine »Heuchlerin, ohne daß es ihr bewußt« sei: »Die kalte und unausstehliche Isabella sagt selbst, daß ihr natürlicher Widerwille gegen Angelos verhaßten Versuch kein natürlicher Widerwille sei, sondern eine Art Schauder vor der Sünde als solcher. Dennoch lügt und betrügt sie bedenkenlos.« Dieser Einwand ist interessanter als die übliche neuzeitliche Aversion gegen Isabellas selbstsüchtige Tugendhaftigkeit.

John Lehmann wollte im Herbst 1948 Ediths Roman *Ich lebe unter einer schwarzen Sonne* in seiner Reihe Holiday Library herausbringen. Edith war hoch beglückt, denn das Buch lag ihr sehr am Herzen. Doch sie verdiente ihren Vorschuß von hundert Pfund kaum.

Glücklicherweise war etwas Neues und Aufregendes im Gange, als die Lehmann-Ausgabe herauskam. Edith – und Osbert – zog es nach den Vereinigten Staaten. Seit mehr als achtzehn Monaten war sie für Charles Henri Ford »liebste Edith«; ihr Name stand im Briefkopf von *View*, der Zeitschrift, die er herausgab. Im Mai 1947 beendete er einen Brief mit: »Alles denkbar Beste, liebste Edith – ich wünschte, die Liebe könnte mehr Wunder bewirken.« Eines der Wunder, von denen man erwarten konnte, daß die Liebe sie bewirkte, war die Zusammenführung der lang getrennten Freunde Edith und Pawel. Sie erwog, nach Paris zu reisen, als Pawel dort ausstellte; doch schraken beide nervös vor Paris als dem Ort der bedeutsamen Wiederbegegnung zurück.

Obwohl Edith beständig in Kontakt mit Evelyn war und diese immer wieder die Reise über den Kanal auf sich nahm, kehrte Edith nach dem Krieg nicht in die Rue Saint-Dominique zurück, um dort ihre Bücher, Briefe, Arbeitskladden und Manuskripte abzuholen – ja, nicht einmal ihre Tschelitschew-Bilder. Hier zeigt sich einerseits, wie unglücklich sie sich gefühlt hatte – ihre Alpträume, in denen die Wohnung vorkam, dauterten an –, und andererseits, wie wenig sie von persönlichem Besitz, liebgewordenen Gegenständen und Familienerbstücken abhängig war, die den meisten Menschen ein Gefühl von Sicherheit geben und ihnen ein Gefühl von eigener Identität vermitteln. Sie war nicht auf einen festgefügten Rahmen angewiesen. Elizabeth Salter schrieb: »Der Frau, die aus ihrer Erscheinung eine künstlerische Glanzleistung gemacht hat, war es gleich, was für Möbel sie umgaben, welche Farben ein Zimmer und welches Muster ein Teppich hatte, wenn sie dergleichen überhaupt bewußt wahrnahm.«[11]

Paris konnte sie nicht locken, wohl aber ein Aufenthalt mit Osbert in Amerika. Charles Henri Ford setzte sich dafür ein, daß das Colston Leigh Bureau für Ende 1947 eine Vortrags- und Lesereise organisierte. Edith wußte nicht viel über die Amerikaner, und die Art, wie man bei der Planung der Tournee vorging, schien diesem Wissen nicht sehr zuträglich. »Ach je! Unser einem Nashorn ähnelnder Vortragsagent in Amerika hat gerade die Amerikanische Gesellschaft für Dichtung beleidigt«, jammerte sie in einem Brief an Jack Lindsay. Colston Leigh hatte jener Gesellschaft erklärt, »sie müßten Gott weiß wieviel zahlen, bevor sie auch nur einen Blick auf mich werfen dürfen.« Sie beendete den Brief mit einem für sie kennzeichnenden Ausruf, der hier in einer neuen Tonart erscheint: »Der ganze amerikanische Kontinent steht gerüstet gegen mich.« Sie war unruhig; der Ausruf war teilweise scherzhaft gemeint, aber auch eine Vorwegnahme negativer Kritik.

Natürlich brauchte sie für ihre öffentlichen Auftritte neue Kleider. Nina Astier, eine Modeschöpferin aus der King's Road in Chelsea, fertigte ihre Tourneegarderobe an. Weihnachten 1947 verbrachte Edith in Montegufoni und schrieb von dort im Januar 1948 an Madame Astier mit der Bitte, für Amerika einige »reizende neue Kleider« zu machen:

> Ein neues Abendkleid wäre wohl empfehlenswert (besorgen Sie sich doch bitte einige Brokatmuster von Liberty's) – ein schwarzes Wollkleid für den Tag, ein kurzer Samtmantel und ein Mantel aus schwarzem stumpfen Atlas. Das Wollkleid bitte *ohne* Borte, da ich gern einfache Kleider trage – auch hätte ich es gern deutlich kürzer als gewöhnlich – so kurz wie das vorige, das mit der Borte.
>
> Und machen Sie bitte keinen zu tiefen Ausschnitt, da bei mir stets Unterkleid und Unterhemd zu sehen sind. Einfach einen runden Ausschnitt unmittelbar unter dem Schlüsselbein.[12]

Sie hatte so sehr abgenommen, wie sie Madame Astier mitteilte, »daß Sie mich kaum erkennen würden – (mager für *meine* Verhältnisse!). Ich habe mich um die Hüften herum gemessen und das Maßband schließlich dicht um das Unterkleid gehalten – es waren 103 Zentimeter.« Als Pawel erfuhr, daß sie endgültig komme, schickte er seiner »Bienenpriesterin« schwarz-gold gestreiften Stoff, aus dem sie sich ein Abendkleid machen ließ.

* * *

Vor ihrer Abreise in die Vereinigten Staaten begegnete Edith zum ersten Mal Wystan Auden; Natascha Spender brachte ihn zum Mittagessen in den Sesame Club mit. Ediths Meinung von Auden hatte sich im Lauf der letzten Jahre grundlegend gewandelt. Er und die anderen Macspaunday-Dichter – die inzwischen alle mit ihr befreundet waren – hatten in den dreißiger Jahren die Richtung bestimmt, ihr selbst war niemand gefolgt. Auden hatte all das verkörpert, wogegen sie sich in der Dichtung wandte. Sie hatte *con brio* alle abfälligen Äußerungen weitergetragen, die über ihn als Dichter und Mensch gemacht wurden, und beispielsweise während des Krieges an Robert Herring geschrieben: »Gerade habe ich einen Brief von Pawlik bekommen, und es scheint, daß er Auden nicht mehr ausstehen kann. Wenn man seine Gedichte liest, schreibt er, kommt man sich vor, als würde man ›Regenmäntel in einem großen Lagerhaus zählen‹ ... Auch Mr. Audens Gesicht entgeht seiner Kritik nicht: ›Die reinste Katastrophe, schlecht geschnittener Roquefort-Käse‹.« Trotzdem hatte Edith ihn grollend anerkennen müssen. In ihrer zweiten Northcliffe-Vorlesung hatte sie ihn »einen guten, wenn auch minder bedeutenden Dichter« genannt, dabei aber einem seiner bekanntesten und inzwischen klassischen Gedichte »Lay your sleeping head, my love, / Human on my faithless arm« (Leg deinen schlafenden Kopf, meine Liebe, / Menschlich auf meinen treulosen Arm) eine scharfe Absage erteilt: »Es besitzt eine gewisse Schönheit«, hatte sie gesagt, »ist aber voller abgedroschener Klischees ... ein Klischee folgt auf das andere.« Doch das konnte sie nicht durchhalten. Gegen Kriegsende hatte sie nach der Lektüre von *For the Time Being* an Georgia geschrieben: »Du weißt, das schrecklichste ist, daß ein großer Teil von Audens neuem Buch *ungeheuer* gut ist. Das ist ein harter Schlag.«[13] Jetzt hatten sie einander endlich kennengelernt, und sie teilte Stephen Spender mit: »Ich kann Ihnen gar nicht sagen, wie gut er mir gefällt und was für ein Gefühl von *Wirklichkeit* er mir vermittelte.«[14]

Auden und Spender konnten ihr sagen, was sie in den Vereinigten Staaten erwarten durfte. Gleichzeitig wurde die literarische Welt Amerikas auf Edith eingestimmt. Maurice Bowra hatte eine Monographie über ihre Lyrik verfaßt, eine anglo-amerikanische Produktion, die in jenem Sommer im Verlag Lyrebird Press verlegt wurde. Vanguard in New York bereitete eine Anthologie ihrer Gedichte *The Song of the Cold* vor, die zum Zeitpunkt ihres Besuchs erscheinen sollte (später notierte sie in ihre Arbeitskladde, daß davon im ersten Jahr 3483 Exemplare verkauft worden waren). José García Villa gab *A Celebration for Edith Sitwell* heraus, und James Laughlin sorgte dafür, daß sie bei New Directions erschien. Den Umschlag des Bandes mit Aufsätzen zu Ediths Werk von Stephen Spender, Maurice Bowra, Frederick Prokosch, Horace Gregory, Jack Lindsay, John Piper, Kenneth Clark, Gordon Bottomley, John Lehmann, Arthur Waley, Charles Morgan, Richard Church, John Russell und L. P. Hartley zierte Tschelitschews Porträt von Edith als Sibylle. Außerdem enthielt der Band eine »Reminiscence« von Osbert, Gertrude Steins Prosagedicht »Sitwell Edith Sitwell« und Yeats klangvollen Brief an Wyndham Lewis – eine königliche Anerkennung –, dazu zehn ihrer Gedichte.

Edith trat im Oktober 1948 mit Osbert und David Horner die Überfahrt auf der *Queen Mary* an. Unmittelbar zuvor schrieb sie einen letzten Brief an Stephen Spender: »Ich fürchte mich vor allem und habe Angst. Aber ich denke, man kann sich an alles gewöhnen ... Das einzige, worauf ich mich in Amerika freue, ist, Ihnen zu begegnen, und Pawlik (den ich zehn Jahre nicht gesehen habe!).«[15]

23

Pyrrhussiege

1948–1949

Edith schrieb in ihre Arbeitskladde:

> Die Stadt ist so schön, so merkwürdig, so voller Wunder für einen Europäer wie die Fabelstädte der Alten Welt – Babylon, Theben, Palmyra. Ich denke, sie zählt zu den vier schönsten Städten unserer gegenwärtigen Zivilisation. Mit merkwürdig meine ich ungewohnt – denn das Leben dort ist ausgesprochen freundlich. Die Wolkenkratzer wirken kunstvoll und gleichzeitig solide.

Wie die meisten Europäer war Edith auf das pulsierende Leben in New York und auf die Freundlichkeit der Amerikaner vorbereitet. Pawel hatte ihr in seinem letzten Brief vor ihrer Abreise mitgeteilt, New York werde ihr »sehr kindlich, sehr berauschend und auch sehr anstrengend« vorkommen – alles erwies sich als zutreffend. Aber auf die Schönheit Manhattans war sie nicht gefaßt, die im hell schimmernden Sonnenlicht des frühen Herbstes besonders stark beeindruckt – eine Schönheit, die selten genug hervorgehoben wird, vielleicht, weil es soviel anderes gibt. »Mein erster Eindruck von New York war überwältigend. Alle Menschen schienen jung zu sein. Unmöglich, sich so lebendige Menschen alt vorzustellen«, schrieb sie in ihrer Autobiographie. Bei diesem ersten Besuch schwankten ihre Eindrücke zwischen persönlichem Triumph und persönlicher Trostlosigkeit, was genau zu den Extremen paßt, die man in dieser einzigartigen Stadt antrifft.

Pawel legte Anzeichen von Nervosität an den Tag, als es Zeit wurde, Edith und Osbert am Schiff abzuholen. Hätten ihm nicht Charles Henri Ford und Kirk Askew von der Firma Durlacher, seinem Galeristen, den Edith bereits aus London kannte, Mut zugesprochen, er wäre nicht zum Hafen gefahren. Pawel hatte in New York beträchtlichen Erfolg beim mondänen Publikum und hatte erreicht, daß Mrs. David Pleydell-Bouverie und Mrs. Vincent Astor – steuerlich absetzbare – Spendengelder zur Verfügung stellten, so daß Edith und Osbert im St. Regis Hotel, das verkehrsgünstig an der Ecke Fünfte Avenue und 55. Straße lag, eine Suite beziehen konnten. Zufällig hielten sich zur gleichen Zeit auch englische Bekannte an der Ostküste Amerikas auf. Sie nutzten die in der Nachkriegszeit vorherrschende probritische Stimmung, die britische Autoren, Geisteswissenschaftler und Unterhaltungskünstler nach Amerika brachte, wo sie es sich wohl sein ließen. So befanden sich im Herbst 1948 außer den Geschwistern Sitwell Stephen Spender, Harold Acton, Geoffrey Gorer, Cecil Beaton, Evelyn Waugh und Maurice Bowra in den Vereinigten Staaten, um ihrer jeweiligen Tätigkeit nachzugehen.

Die erste gesellschaftliche Verpflichtung der Geschwister Sitwell war eine Abendgesellschaft der Damen Pleydell-Bouverie und Astor. Die anderen Gäste waren Lady Ribblesdale (Alice Pleydell-Bouveries Mutter), Monroe Wheeler vom Museum of Modern Art, Lincoln Kirstein vom New York City Ballet mit seiner Gemahlin Fidelma, Pawel Tschelitschew sowie Charles Henri Ford. Von Anfang an zeigte sich, daß Ediths Wiederbegegnung mit Pawel anders verlaufen würde, als beide es sich vermutlich vorgestellt hatten. Sie waren älter geworden: Edith war einundsechzig Jahre alt. Zehn lange Jahre hindurch hatte ihr Briefwechsel ihnen Trost gespendet und die Möglichkeit gegeben, ihr Herz auszuschütten. Jede Woche hatte eine idealisierte Edith einem idealisierten Pawel geschrieben und umgekehrt; außerdem waren sie einander auf einem Gebiet begegnet, auf dem es keine Konflikte gab, waren unmittelbar auf die jeweiligen Bedürfnisse des anderen eingegangen. Es war eine Phantasiebeziehung, aber nur insofern, als für beide die Wirklichkeit unendlich komplexer und verworrener war.

Bei der Abendgesellschaft trug Edith das Kleid aus dem goldschwarzen Stoff, den ihr Pawel geschickt hatte, doch sah sie darin nicht so aus, wie er sich seine Bienenpriesterin vorgestellt hatte. Er sagte ihr, daß ihm die Machart des Kleides nicht gefalle, »und weder seine Stimme noch sein Verhalten in der Konversation kann seinen Ärger verbergen.«[1] Er sprach während der Abendgesellschaft viel, doch nicht mit ihr.

Der Augenblick, dem er wirklich entgegengefiebert hatte, war der, in dem er Edith sein Hauptwerk würde zeigen können, sein Gemälde *Hide and Seek*, das das New Yorker Museum of Modern Art angekauft hatte. In seinen Briefen hatte er ihr jeden Arbeitsschritt von Entwurf und Ausführung mitgeteilt; er wollte im Museum neben ihr stehen, ihre Zustimmung und ihr Lob hören. Dieser Augenblick war seit Monaten geplant.

Doch am Morgen nach der Gesellschaft rief ihn eine niedergedrückte und entmutigte Edith an und teilte ihm mit, ihr Hexenschuß bereite ihr so große Schmerzen, daß sie ihn nicht zum Museum begleiten könne. Also kam er ins Hotel, um mit ihr und Osbert zu Mittag zu essen. Er war schwierig, und er machte keinen Hehl aus seiner Enttäuschung. Das Unbehagen, das er mit seinem Verhalten in Edith hervorrief, war auch ein Auslöser der darauffolgenden Katastrophe: Als sie schließlich gemeinsam vor *Hide and Seek* standen, befand Edith, sie könne zu dem Bild überhaupt nichts sagen. Schweigend stand sie davor.

Es gibt Fälle, in denen Schweigen der angemessenste Tribut für ein Kunstwerk ist, doch es war nicht das, was Pawel erwartet hatte. Er wollte eine histrionische, wortreiche, überwältigende Reaktion. Am folgenden Tag erhielt er einen Brief von Edith, in dem sie ihn mit all dem Lob überschüttete, das sie ihm in jenem Augenblick nicht zuteil werden lassen konnte. Es war zu spät. Von Anfang bis Ende ging bei ihrer Begegnung alles daneben. Nach dem Debakel aßen sie miteinander zu Abend, und Edith versuchte ihm zu erklären, wie gehemmt sie gewesen sei und wie wenig sie sich imstande gefühlt habe, etwas zu sagen. Er konnte ihr nicht glauben und erklärte sich selbst und Ford gegenüber ihr Schweigen auf eine Weise, in der seine früheren Klagen über sie mitschwangen: »Ihre übermäßige Reaktion auf ihn als Mann, als Geschlechtswesen, hatte dieses Verhalten hervorgerufen.«

Stets erzwang er ihre Ergebenheit, und wenn er bekam, was er wollte, zog er sich angewidert vor der Bedrohung alles umschlingender Weiblichkeit zurück – die er nach klassischem Freudschen Beziehungsmuster aus Sprachlosigkeit oder Überschwang herleitete. Für den Rest von Ediths Aufenthalt litt er an akuter Kolitis.

Sein Verhalten kostete Edith viel Kraft. Verstärkt wurde das durch die Rezension eines von Maurice Wollman zusammengestellten Buches mit dem Titel *Poems of the War Years*, die am 14. Oktober im *Listener* erschien und ihr nach New York nachgeschickt wurde. Darin hieß es: »Miss Sitwells neuere Lyrik, die hier mehr als angemessen durch fünf Gedichte vertreten ist, hat viel Lob erfahren, doch empfinden wir nach mehrfachem Lesen der sich wiederholenden Bilder, der goldenen Sonne, Löwen, Tiger und Rosen sowie der geschwätzigen Gespräche von Zeit und Weisheit schließlich nur noch Leere.« Daraus konnte sie zu einer Zeit, als sie sich anschickte, ihrem amerikanischen Publikum gegenüberzutreten, keine Ermutigung schöpfen.

Cecil Beaton, der im Plaza abgestiegen war, besuchte die Geschwister Sitwell in ihrer Suite im St. Regis, als Pawel Edith zu einem Besuch in seiner Wohnung einlud. Es sei dort herrlich, teilte er ihr mit, die Hochbahn fahre direkt vor dem Haus entlang, und man könne aus dem Fenster all die blinkenden Lichter sehen. Edith, inzwischen argwöhnisch, sagte, sie müsse sich die Sache durch den Kopf gehen lassen. Beleidigt entfernte sich Pawel.

Dies beständige Unvermögen, von Angesicht zu Angesicht miteinander auszukommen, bekümmerte beide zutiefst. Am 26. Oktober wiederholte Pawel seine Einladung schriftlich. Er gab zu erkennen, daß er die Differenzen zwischen ihnen gern begleichen würde, und zeigte auch eine gewisse Einsicht in deren Ursachen. Er sei (schrieb er in seinem etwas merkwürdigen Englisch) an sie als Briefpartnerin gewöhnt, als stets »freundliche und kluge Empfängerin«:

> Unsere persönlichen Beziehungen ... die stets von vielen anderen umgeben waren, sind ziemlich schwierig, alles Geheimen entkleidet. Wir sehen einander an, machen stumme Zeichen und warten auf die Gelegenheit zu schreiben, um zu unseren zehn glücklichen Jahren zurückzukehren ... Es ist äußerst betrüblich, daß wir das tun müssen, aber vielleicht ist es besser so, denn seit jenen zehn Jahren sind wir beide sehr gewachsen.[2]

Noch etwas, hieß es in seinem Brief, führe zwischen ihnen zu Schwierigkeiten. Alle Menschen, die sie umgaben, wo auch immer sie einander begegneten, schätzten Edith. Sie halte sich, schrieb er, in New York auf, um »in einer weit größeren« und »stürmischeren« Arena Ruhm und Beifall zu gewinnen, als Maler sie je kennenlernten. Pawel war eifersüchtig – auf sie selbst und auf den Eindruck, den sie hinterließ. Er sei, wie er schrieb, »ein Mönch in einer Klosterzelle«. Doch der Platz für die Sibylle, die Muse, sei im Schatten, als »freundliche und kluge Empfängerin«. Er fand es empörend, daß er mit anderen um ihre Aufmerksamkeit buhlen mußte. Doch selbst wenn sie die ihr zugedachte Rolle übernommen hätte, der unvermeidliche Stimmungsumschwung, der in seinen Augen Ergebenheit als Raubgier erscheinen ließ, hätte sie bald wieder zurückgestoßen.

Pawel ließ sich im Hinblick auf den »Ruhm«, den Edith in New York und anderswo einheimste, nicht täuschen. Zwar waren die erste und letzte Etappe ihres Aufenthalts in Amerika von privater Enttäuschung überschattet, doch der Triumph, den sie in der Öffentlichkeit erzielte, war unerwartet und grenzenlos. Das für die Geschwister Sitwell vorgesehene Programm war anstrengend – die Lesereise führte sie in den Mittelwesten, sie lasen öffentlich und hielten Vorträge an Universitäten, vor Frauenvereinen und studentischen Vereinigungen. Pro Vortrag oder Lesung mußten Vereine und Colleges 1750 Dollar zahlen, von denen die Geschwister Sitwell die Hälfte bekamen. Die Agentur, der die andere Hälfte zufloß, übernahm auch den größten Teil ihrer Auslagen. Osbert sprach über »Persönliche Abenteuer« und »Der moderne Roman: seine Ursache und Heilung«; Edith über »Neue englische Lyrik«. Beliebter als die Vorträge waren die öffentlichen Lesungen, denn »das Publikum hatte gezahlt, um die Sitwells *selbst* zu erleben«, wie John Pearson schrieb. »In Yale war der Vortragssaal überfüllt, in Boston ausverkauft, und in New York stürmten ihn zehntausend Leute, um die beiden zu hören.«[3] Angesichts eines so strapaziösen Programms, eines so überwältigenden Erfolges und der entsprechenden gesellschaftlichen Verpflichtungen mußte Edith die Katastrophen, die sie mit Pawel erlebt hatte, relativieren.

Sie begegnete Charlie Chaplin und Greta Garbo – »letztere körperlich ein Wesen aus dem Reich der Lilien, mit Herz und Sinn eines Menschen«[4] –, wurde von New Yorks wohlhabenden Gastgeberinnen, den Schwestern Cushing eingeladen – Mrs. Vincent Astor, Mrs. Jock Whitney, Mrs. William Paley. Mrs. Pleydell-Bouverie gab für sie auf ihrem hochherrschaftlichen Besitz am Hudson eine Gesellschaft, damit sie Marianne Moore kennenlernte. Mit diesen reichen Frauen war Billy McCann befreundet, zugleich ein alter Freund sämtlicher Sitwells – er hatte als ganz kleiner Junge in der Moscow Road gewohnt, wo sich seine Mutter sehr für die ungewöhnlichen Besucher interessiert hatte, die die Treppe hinaufgingen, um Edith und Helen Rootham zu besuchen. Er war zugegen, als Marianne Moore Edith vorgestellt wurde, und auch bei anderen Gesellschaften.

> Edith landete in Vincent Astors Amphibienflugzeug auf dem Hudson vor Minnie Astors Anwesen, ganz wie zum Maskenball gekleidet. Ich werde den Anblick nie vergessen, wie sie in der Mitte des Flusses aus

> dem Flugzeug in die kleinste Barkasse umsteigen mußte, die ich je gesehen habe. Fast hätte sie diese mit ihrem außergewöhnlichen Gepäck (allein zwei Koffer voller Bücher, noch dazu altmodische Koffer!), das sie – gerade hundertdreißig Kilometer von New York entfernt – für ein langes Wochenende für erforderlich hielt, zum Kentern gebracht. Natürlich war sie noch nie zuvor geflogen, aber die kindliche Freude, die sie einem noch nie zuvor erlebten Abenteuer abgewann, wirkte ganz natürlich.[5]

Evelyn Waugh, der sich in New York aufhielt, um einen Auftrag für die Zeitschrift *Life* auszuführen, schrieb am 14. November an seine Frau nach Hause, daß die Geschwister Sitwell »durch New York gezogen sind und beträchtliches Aufsehen erregten, aber ich habe mich von ihnen ferngehalten«. Und an Nancy Mitford schrieb er, Osbert habe sich die Haare lang wachsen lassen und sehe aus wie Einstein: »Er und Edith (sowie Mr. Horner) sonnen sich in der öffentlichen Aufmerksamkeit. Jede Zeitschrift bringt sechs Seiten mit Fotos von ihnen, über denen steht: ›Die sagenhaften Sitwells‹. Sie haben das Philharmonische Orchester gemietet, was in dieser Stadt wirklich etwas bedeutet, damit es spielt, während sie Gedichte rezitieren. Müssen die das genießen.«[6] Wyndham Lewis bekam von einem Freund aus Amerika einige der Zeitschriftenfotos zugesandt. Beim Betrachten der Bilder von seiner alten Gegnerin im Ring erklärte er: »Seit ich sie gemalt habe, hat sie sich verändert. Jetzt ist sie ein Van Eyck.«[7]

Weder Edith noch Osbert ging es gesundheitlich besonders gut. Edith mußte sich unmittelbar vor Weihnachten einem kleineren Eingriff zur Beseitigung einer gutartigen Geschwulst im Hals unterziehen. Nach der Lesung in Cambridge verbrachte sie das Weihnachtsfest im tiefverschneiten Boston. Am 6. Januar schrieb sie, nach New York ins St. Regis zurückgekehrt, an John Lehmann: »Ach je, wie *gut* ich die Amerikaner leiden kann. Wer sie nicht mag, muß glatt verrückt sein.«

Im Gotham Book Mart an der 47. Straße richtete Francis Steloff – ein »schrecklich wichtiger Buchhändler« und »salbeigrüner Vegetarier«, wie Edith Georgia mitteilte – einen Presseempfang aus. Dabei wurde Edith, die mit Osbert an ihrer Seite wie eine Königin thronte, für *Life* fotografiert. Berühmte Dichter und Autoren, unter ihnen Stephen Spender, Horace Gregory, Tennessee Williams, Richard Eberhart, Gore Vidal, José

García Villa, W. H. Auden, Elizabeth Bishop, Marianne Moore, Randall Jarrell, Delmore Schwartz, umgaben sie – im Schneidersitz und wie ein Kobold hockte zu Ediths Füßen der Hofnarr, Charles Henri Ford.

Eine Aufführung von *Façade* im Museum of Modern Art wurde zu Ediths persönlichem Triumph und zum Höhepunkt der Tournee, die geradezu der Rundreise eines Monarchen glich. Der Einfall dazu stammte von Monroe Wheeler, und Mrs. Astor sorgte dafür, daß Edith für diesen Anlaß ein neues Goldbrokatkleid bekam. Bei der Probe merkte sie, daß sie nicht mehr imstande war, das rasche Stakkato von »Hornpipe« zu rezitieren, ohne ins Stottern zu geraten, und so übernahm David Horner ihren Part für dies eine Gedicht. Die Vorstellung war ausverkauft, obwohl der Eintrittspreis mit 35 Dollar gesalzen war, und die Presse berichtete hymnisch und voll Ehrerbietung. Prausnitz dirigierte, und die Aufführung wurde aufgezeichnet.

Edith sah keinen Grund, in Sack und Asche zu gehen; sie genoß ihren Erfolg. »Das geht einem richtig warm runter«, schrieb sie an John Lehmann und fügte die Pressebesprechungen bei. Wenn sie verzweifelt und wütend war oder dringend Hilfe brauchte, flog ihr Waterman-Füller spät nachts förmlich über das Papier, doch im Augenblick des Triumphs waren ihre Briefe eher zurückhaltend. Harold Acton, der Zeuge ihres Tourneetriumphes wurde, schrieb, man habe »die Sitwells in Amerika auf eine Weise willkommen geheißen, wie nur wenige Dichter je in England«:

> Trotz ihrer Erschöpfung legte Edith ihre ganze Energie in ihre Rezitationen. Ihre gotische Erscheinung, ihre Umhänge, die wallenden Kleider und Turbane, ihre schönen, feinen und zarten Hände, an deren langen schlanken Fingern riesige Aquamarine prangten, fesselten das Auge ebenso wie ihre Stimme das Ohr. Nach den Jahren der Zurückgezogenheit auf Renishaw war es für sie ermüdend, so viele Hände schütteln und so viele Fragen beantworten zu müssen, doch hat sie auf mich nie einen so glücklichen Eindruck gemacht.[8]

Das Glücksgefühl war ungekünstelt; dennoch ging es nach der Aufführung von *Façade* mit ihrer Stimmung abwärts. Es fiel auf, daß sie angespannt und reizbar wirkte und sich zunehmend Mut antrinken mußte, um ihren Verpflichtungen nachkommen zu können. Ihre und Osberts Heimkehr stand kurz bevor. Die Begegnungen mit Pawel waren immer seltener geworden; trafen sie doch zusammen, verdarb er ihr alle Begeisterung über ihren Erfolg und warf ihr vor, sie sonne sich »geradezu schamlos in der Bewunderung der Massen, von der sie nicht genug bekommen« könne.[9] Von seiner Absicht, sie als »Muse« zu porträtieren, war schon seit einer Weile keine Rede mehr gewesen. Ihre ganze Beziehung war ungelöst. Wenn sie beim gegenwärtigen Stand der Dinge abreiste, würde ihr seit zehn Jahren geführter Briefwechsel kaum weitergehen; einziges Ergebnis des großartigen Wiedersehens wäre dann die Zerstörung einer mehr als zwanzig Jahre währenden Freundschaft gewesen. Nie hatte sie jemanden so sehr geliebt wie Pawel. Sie sagte zu dem Romancier Glenway Wescott, der sie eines Morgens im St. Regis besuchte, sie könne sich selbst nicht ausstehen, weil sie so häßlich sei. Sie hatte wieder begonnen, ein wenig zu trinken, und die letzten Tage gingen dahin.

Im Restaurant Voisin wurde für Edith und Osbert ein Abschiedsdiner gegeben. Anwesend waren Pawel Tschelitschew und Charles Henri Ford, wie auch Auden, Kirk Askew, Lincoln Kirstein und David Horner. Dies eine Mal riß Pawel die Konversation nicht an sich; er wirkte im Gegenteil äußerst gedämpft. Dann aber, gegen Ende, brachte er alle zum Verstummen, als er in einen lautstarken Monolog ausbrach, mit dem er Ediths Verhalten anklagend kritisierte. In einer Szene »vorsätzlicher Mißbilligung« überschüttete er sie mit einem ganzen Katalog von Vorhaltungen. Er warf ihr jede erdenkliche Art unwürdigen, schäbigen und treulosen Verhaltens vor und behauptete, sie ziehe die reichen, oft ordinären neuen Freunde ihren alten vor, sei von sich selbst besessen und habe die Dichterin verraten, die sie einst gewesen sei. Damit war das Band zwischen ihnen endgültig zerschnitten. Tief getroffen saß Edith mit aschfahlem Gesicht da und sagte kein Wort. Auch die anderen Anwesenden brachten nicht mehr als beruhigende Laute heraus; niemand, nicht einmal Osbert, setzte etwas dagegen, und die Gesellschaft ging, als der Sturm vorüber war, in einer nur mühsam kaschierten Atmosphäre eisiger und peinlicher Berührtheit zu Ende – eine von Ediths Höllen der Kälte. Das war ihrer beider Abschied.

Gewissensbisse empfand Tschelitschew nicht. Sein eigentlicher Vorwurf, erklärte er seinen Freunden, beziehe sich darauf, daß sie »nicht weiblich genug« sei. Dazu ein Kommentar seines Biographen Parker Tyler: »Damit meint er ›nicht passiv genug‹.« Aus eigener Beobachtung fügte er hinzu, daß sie ihm in New York vorgekommen sei wie »das majestätischste wie weiblichste Geschöpf, das ich meiner Erinnerung nach je gesehen habe«. Tschelitschew teilte Ford mit, Edith besitze »weder Klugheit noch Herz«. Er bedaure, erklärte er, daß er sich vor vielen Jahren von Gertrude Stein zurückgezogen und Edith zu seiner Sibylle gemacht habe. (Vielleicht hatte er vergessen, daß ihm Gertrude Stein den Stuhl vor die Tür gesetzt hatte.) Er wolle Edith ohrfeigen, sagte er, »sie soll vor mir knien und sich wie ein Wurm krümmen.« Vielleicht schrieb er ihr in der Hoffnung, diese Wirkung zu erzielen, vor ihrer Abreise noch einen »versöhnlichen Brief«.

Nach Renishaw zurückgekehrt, formulierte Edith das ganze Frühjahr 1949 hindurch in ihrer Arbeitskladde Entwürfe von Briefen an Pawel. »Liebster P. Seit Wochen versuche ich Dir zu schreiben, aber es war so traurig und viel zu schwer. Ich möchte im Augenblick nur sagen, daß ich Deine Entscheidung, eine Freundschaft zu beenden, die nahezu ein Vierteljahrhundert gedauert hat, natürlich hinnehmen muß ... Du wirst mich nie wiedersehen.« In der endgültigen Fassung, die sie abschickte, hieß es:

> Du mußt in Deinem Herzen wissen, daß ich Dir eine ergebene Freundin war ... Es war für mich ein furchtbarer Schlag, nach New York zu kommen, Dich unglücklich und dann krank vorzufinden – wirklich einer der entsetzlichsten Schläge, die ich im Leben erlitten habe. Du hast mir keine Gelegenheit gegeben, Dir zu zeigen, was ich für Dich empfand, aber es hat mich wirklich in den Grundfesten erschüttert, wie Osbert wußte.

Einige Wochen lang antwortete Pawel nicht. Dann hörte sie wieder von ihm, am 28. März. Er schrieb ihr einen »herzlosen und gefühlskalten Brief«. Erneut entwarf sie achtseitige Briefe, in denen sie sich zur Wehr setzte und ihm Vorwürfe machte, den ersten bereits am Abend des Tages, da sie seinen Brief bekam:

> Liebster Pawel –
>
> Ich nenne Dich so, da Du jetzt auf diese Weise von mir angesprochen werden möchtest ...
>
> Erstens habe ich, seit ich Dich kenne, nie meine Interessen den Deinigen vorangestellt.

Bereits am Abend unserer Ankunft in New York wußte ich, daß Du Dich in Deinem Verhalten mir gegenüber geändert hattest. Du konntest nicht einmal so *tun*, als wolltest Du mit mir reden. Das wurde mir immer klarer, während die Tage ins Land zogen. Ich verstehe durchaus. Aber ich hatte mich zehn Jahre lang so gefreut, Dich zu sehen ...

Ich weiß nicht, was Du damit meinst, wenn Du sagst, ich hätte Deinen Freunden der Linken den Rücken gekehrt und meine Zeit mit Menschen zugebracht, die Du verachtest. Schließlich hat Charlie [Ford] M. Cocteau zum Mittagessen mitgebracht, und ich dachte, Du seiest Mr. Strawinskis Freund ...

Seit meiner Ankunft hast Du beständig darauf hingewiesen, daß Dich niemand leiden könne. Das ist nicht nur gemein und ungezogen, es stimmt auch keineswegs ... Würde es Dich wirklich *freuen*, wenn mein nächstes Buch in Amerika schlechte Besprechungen bekäme? ...

Nie habe ich Dir gegenüber irgendwelche Ansprüche angemeldet. Dazu habe ich weder ein Recht, noch entspricht das meinen Absichten. Doch Du solltest Dich für den Brief, den Du mir geschrieben hast, und für Dein Verhalten mir gegenüber auf alle Zeiten schämen.

Zwischen den Entwürfen und verschiedenen Fassungen liegt ein an »Pawel Tschelitschew, Esq.« adressierter Umschlag, über dessen Anschrift geschrieben steht: »Diesen Brief *nicht* absenden.« Es ist also möglich, daß er diese Worte nie zu Gesicht bekommen hat.

Die beiden anderen Menschen, die Ediths Herzen am nächsten waren, ihre Brüder, bereiteten ihr jetzt gleichfalls Kummer, wenn auch auf ganz andere Weise. Bevor sie mit Osbert nach Amerika aufgebrochen war, hatte sich Sacheverell unglücklich und nicht besonders wohl gefühlt. Im Juli 1948 schrieb Edith an Jack Lindsay, sie und Osbert machten sich Sorgen. Er leide »so *entsetzlich* unter Melancholie, weil man ihn so unterschätzt – (und vermutlich, weil er im Internat war, als meine Mutter ins Gefängnis mußte), daß er sich ein Magengeschwür eingehandelt hat. Schon ewig hat er keine Gedichte mehr schreiben können – und er wollte auch nicht.«

Sacheverells Wesensart und sein sehr zurückgezogenes Leben sorgten dafür, daß er dem Auge der Öffentlichkeit verborgen blieb. Der Umstand, daß Edith – und in geringerem Maße Osbert – eine Gestalt des öffentlichen Lebens war, der auf privater wie auf literarischer Ebene viel Aufmerksamkeit zuteil wurde, vertiefte seinen Trübsinn und das Gefühl, von der Welt abgeschnitten zu sein. »Er ist außerstande zu sehen, daß auch andere unterschätzt werden«, schrieb Edith an Lindsay, »und er besitzt weder die ordinäre Aufdringlichkeit noch die natürliche Arroganz und Ruhmsucht seiner Schwester.«

Durch die Amerikatournee wurde Sacheverells Niedergeschlagenheit noch verstärkt und die Spannung zwischen Renishaw und Weston verschärft. Doch hat es, wie Edith im Juli 1949 Lovat Dickson mitteilte, »nur selten Familien gegeben, deren Angehörige einander so ergeben waren wie wir.« Zwischen Edith, Osbert und Sacheverell bestand eine tiefere Zuneigung, als das bei Geschwistern üblich ist. Alle drei redeten einander mit »Liebling« oder »mein Liebling« an, und das hing nicht einfach mit den in ihren Kreisen und ihrer Epoche üblichen Anredeformen zusammen. Sie bluteten und weinten füreinander. Die einzige schwache Bindung bestand zwischen Osbert und Sacheverells Frau Georgia; sie hatten wenig gemeinsam. »Jedenfalls muß unsere Liebe zu Sachie stets unser kräftigstes Band sein, auch wenn die meine zu ihm von Jahr zu Jahr stärker wird«, schrieb Georgia im Februar 1950 voll Bitterkeit an Osbert.

Spannungen zwischen Osbert und Sacheverell hatten nichts mit mangelndem Gefühl zu tun. Als Sacheverell mit seiner Heirat der engen Beziehung, die schon früh zwischen ihm und dem Bruder bestanden hatte, ein Ende bereitete, war Osbert sehr unglücklich und einsam gewesen, und Sacheverell fühlte sich in späteren Jahren von Osbert im Stich gelassen. In erster Linie traten Geldschwierigkeiten zwischen sie. Osberts Haltung war die eines Patriarchen. Edith, die beiden Brüdern sehr zugetan war, konnte Unfrieden zwischen ihr und einem von ihnen nicht ertragen. In jener bewußten Krise allerdings stand sie Osbert näher.

Nach ihrer beider Rückkehr aus den Vereinigten Staaten ließ Georgia, die sich um ihren Mann Sorgen machte und sich wie eine Tigerin vor ihn stellte, Edith und Osbert wissen, daß sie ihrer Ansicht nach zu Sacheverells Krankheit beigetragen hatten, weil sie ohne ihn nach Amerika gereist waren. (Evelyn Waugh bekam in New York auf die Frage »Kommt Sachie auch?« die Antwort: »Leider nicht. Er ist High Sheriff[10] seiner Grafschaft und darf daher das Land nicht verlassen.« Nach der zweiten Vortragsreise von 1949–50 warf Georgia in einem Brief Osbert und Edith erneut vor, daß sie Sacheverell ausgeschlossen hatten; außerdem beklagte sie sich über ihre unlösbaren finanziellen Schwierigkeiten. Da Georgia diejenige war, die sich äußerte, traf sie auch die ganze Wucht von Osberts patriarchalischer Mißbilligung. Am 13. Februar 1950 schrieb er ihr:

> Mißverständnisse häufen sich. Die finanzielle Notlage hat mir entsetzliche Sorgen verursacht und mich ganz krank gemacht. Niemand legt mit Vergnügen £ 20.000 auf den Tisch des Hauses, nicht einmal dann, wenn es ihm leichtfällt. Ich liebe Sachie; aber er stellt sich nicht gern den Tatsachen ... Was mir außerdem (schon seit langem) nicht in den Kopf will, ist, daß Du meinst, ich habe Sachie schlecht behandelt, weil ich ihn nicht mit nach Amerika genommen habe. Drei sind zu viele für Vorlesungen. Auch muß ich für die finanzielle Seite dieser Vorlesungen geradestehen, und kann das nicht bei drei Personen ... Ich bewundere rückhaltlos, wie ergeben Du Sachie und den Kindern bist, und hoffe, daß er, wenn diese Sache vorüber ist, zur Ruhe kommt und *arbeitet*. Außerdem wünsche ich, daß auch Du zur Ruhe kommst und lernst, seine Angelegenheiten für ihn zu führen. Ich bin sicher, daß Du das könntest.

Diesen Brief wie auch den von Georgia, den er damit beantwortete, legte Osbert seiner Schwester vor. Edith kopierte beide sorgfältig in ihre Arbeitskladde, bevor sie sie zurückgab. Der Ton, den Osbert seiner Schwägerin gegenüber darin anschlägt, bestätigt, was Edith vier oder fünf Jahre zuvor in einem Brief an Georgia erklärt hatte: »Offensichtlich ist er fest davon überzeugt, daß er für die ganze Familie eine Art *elterliche* Verantwortung trägt ... Wenn die beiden zusammentreffen, müssen wir darauf achten, daß sie nicht auf *einen unpassenden Gegenstand zu sprechen kommen.*«[12]

Bemerkbar machten sich diese Kümmernisse und Entfremdungen zu einer Zeit, da Osberts Gesundheit Anlaß zur Besorgnis gab. Was ihn krank machte, war nicht die finanzielle Notlage seines Bruders – er litt seit der Rückkehr von der Amerikareise an einer Augengeschichte, immer häufiger auftretenden Schwindelanfällen und Schmerzen in den Beinen. Seine Krankheit und Ediths dichtgedrängter Terminkalender verstärkten die Spannungen. »Es fällt mir *schrecklich* schwer zu schreiben«, teilte sie Georgia mit. »Zur Zeit bin ich darüber ganz verzweifelt.

Mein Sommer war so etwa wie der eines Handlungsreisenden.«[13] Kaum hatte sie sich auf Renishaw niedergelassen, als sie für die Proben zur ersten Aufführung von Humphrey Searles musikalischer Fassung von »Gebräuche an der Goldküste« für die BBC nach London mußte. Die Aufgabe des Rezitierens teilte sie sich mit Constant Lambert. Nach wie vor war sie »müde von Amerika«. (Doch teilte sie Lehmann im selben Atemzug mit: »Das ist das Land, wohin wir alle reisen und wo wir einen großen Teil des Jahres verbringen müßten.«) »Proben mit Musik sind ungeheuer ermüdend und nervenzerfetzend.« Die Aufführung fand am 17. Mai statt, und der Literaturagent der Geschwister Sitwell, David Higham, kam, um sie sich anzuhören: »Als meine Frau und ich vor dem Gebäude der BBC darauf warteten, in den Konzertsaal eingelassen zu werden ... drehte ich mich um und sah Osbert in der Schlange vor mir. Er war in Amerika gewesen: Wir hatten einander einige Monate lang nicht gesehen. Sein Aussehen kam mir ungewohnt vor. Sein Gesicht war gerötet, und seine Hand, die den geschmückten Knauf des Spazierstocks umschloß, zitterte.«[14]

Noch war die Diagnose nicht gestellt. Osbert litt an der Parkinsonschen Krankheit, die sich noch in einem frühen Stadium befand.

Sargents Gruppenporträt: Sir George Sitwell und Lady Ida mit Edith, Osbert und Sacheverell.

Porträt Ediths von Roger Fry, 1918.

Die Herausgeberin von Wheels *von Alvaro Guevara. Dies Porträt Ediths entstand 1916 im Haus Pembridge Mansions 22.*

Das ›unvollendete‹ Porträt Ediths von Wyndham Lewis, das er 1923 begann.

Porträt von Felix Topolski; 1959. Edith mochte es nicht.

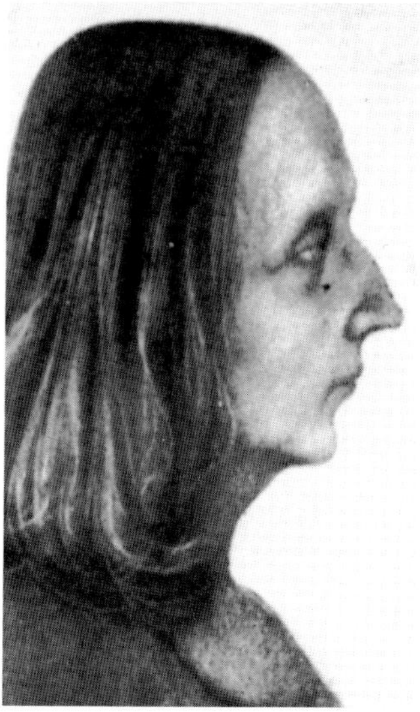

Porträt Ediths von Tschelitschew (1935) – sein bestes.

Tschelitschews Porträt von Edith, das sie als ›Sibylle‹ zeigt, 1936.

24

Unfriede und Versöhnung

1949–1950

Die Triumphe, die Edith in Amerika feierte, hatten eine wachsende Aufmerksamkeit in der Heimat zur Folge. »An allen Mädchenschulen im Lande soll ich beim jährlichen Schulfest die Preise übergeben«, schrieb sie Ende Juni 1949, den sie ihren »Sommer eines Handlungsreisenden« nannte, an John Hayward. »Und die BBC hat mich – zweimal – aufgefordert, drei Minuten lang zu den Frauen Englands über einen beliebigen Gegenstand zu reden, der mich interessiert«.[1] Außerdem wirkte sie beratend bei der Abfassung des Drehbuchs von Robert Helpmanns Filmfassung von *Ein Sommernachtstraum* mit.

Zur gleichen Zeit stellte sie für John Lehmann eine Anthologie amerikanischer Lyrik zusammen, ein Projekt, an das sie mit unbekümmerter Keckheit heranging: »Ich werde in Teufels Küche kommen, weil ich nicht alle amerikanischen Lyriker darin unterbringen kann. Also werde ich in meinem Vorwort erklären, es handele sich lediglich um den ersten Band, und sie würden im zweiten selbstverständlich alle berücksichtigt. Den aber wird es *nicht geben*!«[2]

In jenem Sommer war sie indirekt in einen für sie erfrischenden Streit zwischen Roy Campbell und Geoffrey Grigson verwickelt. Campbell hatte sich bereits mit Stephen Spender gezankt (beide gehörten zu den diversen Paaren unter Ediths Freunden, die nicht gemeinsam in den Sesame Club eingeladen werden durften). In einem Seitenhieb auf Edith hatte sich Grigson darüber mokiert, daß sie über Mutterschaft schreibe, obwohl sie kinderlos sei. Das zahlte ihm Roy Campbell heim, indem er 1949 in der August/September-Nummer der *Poetry Review* die von Grigson herausgegebene Anthologie *Poetry of the Present* förmlich in der Luft zerriß. Der Angriff richtete sich weniger gegen das Buch als gegen dessen Herausgeber:

> Denn der dichterisch impotente Mr. Grigson leidet all die Liebesqualen, die einen gehörnten Ehemann vor dem eigenen Schlüsselloch martern … Sie gehen darauf zurück, daß andere mit den Musen tän-

> deln, sich mit ihnen vergnügen und vollbringen, wozu er selbst nicht fähig ist. Häufig ist sein Groll ganz und gar widersprüchlich – schlimmstenfalls grenzt er an erbärmliche Heuchelei. Das gilt beispielsweise für den Fall, als er Miss Sitwell angriff, weil sie trotz ihrer Kinderlosigkeit über das Gebären geschrieben hatte. Dennoch schreibt er beständig über den Krieg, obwohl die Seite, die seine Leistungen im Kriege verzeichnet, ebenso jungfräulich ist wie die mit Miss Sitwells Beitrag zur Geburtenrate.

Überschrieben war dies Bravourstück mit »Muh! Muh! Oder Die altneue Bewußtheit«; und Campbell hielt Ausschau nach weiteren unangenehmen Gründen für Grigsons Zorn gegen »phantasievolle, schöpferische, dynamische Autoren wie Dylan Thomas, Edith Sitwell, T.S. Eliot, George Barker«.

Edith schickte Campbell erst ein Glückwunschtelegramm und dann ein ausführliches Schreiben. Darin heißt es unter anderem: »Das zu tun bedurfte es eines Dichters.« Grigson ließ Campbell brieflich wissen, daß er ihm seinen Angriff vergebe, »denn Sie haben einige schöne Gedichte verfaßt. Sie wissen, daß ich nicht einmal einen Tischtennisball auf Ihrer ehrwürdigen Birne aufspringen lassen würde.« Campbells Erwiderung darauf lautete: »Wenn ich damals jung genug war, für Sie zu kämpfen, bin ich jetzt auch jung genug, daß Sie gegen mich kämpfen können.«[3]

Fast wäre es vor dem Funkhaus der BBC am Langham Place tatsächlich zu einer Prügelei gekommen. Edith, die mit unendlichem Vergnügen ihre eigene übertriebene Fassung der Geschichte berichtete, in der Roy Campbell den Erzfeind Grigson ausschließlich um ihretwillen körperlich angegriffen habe, stand Campbell nunmehr auf literarischer wie auf persönlicher Ebene in jeder Hinsicht zur Seite. »Roy Campbell gehört zur äußerst geringen Zahl bedeutender Dichter in unserer Zeit«, heißt es in ihrer Autobiographie. Darin beschreibt sie ihn wie folgt: »Hochgewachsen, breitschultrig, kräftig und lebensvoll, hatte er Augen vom blitzenden Blau des Eisvogels.« Weiter heißt es: »Ich habe nie einen mit so viel Lebenskraft erfüllten Gesellschafter erlebt, und auch keinen, der Seltsameres erlebt hätte.« Zu seiner politischen Haltung (er hatte im Spanischen Bürgerkrieg auf Francos Seite gestanden) erklärte sie, er sei nie Faschist gewesen, habe aber »als tief religiöser Mensch gegen die Roten in Spanien« gekämpft. »Ihn durchdrang die Überzeugung – und ich teile sie –, daß es keinen Unterschied macht, ob man Priester, Nonnen, Juden, Bauern oder Aristokraten abschlachtet.«[4]

Im September 1949 brachte der Verlag Macmillan unter dem Titel *The Canticle of the Rose* eine Sammlung von Ediths Gedichten der Jahre 1920 bis 1947 heraus. Der letzte Teil ähnelte in seiner Auswahl dem Band *The Song of the Cold*, der 1948 in Amerika veröffentlicht wurde. Auch dort kam es zu einer Ausgabe von *The Canticle of the Rose*. Sie unterschied sich dadurch von der britischen, daß »Some Notes on My Own Poetry« darin aufgenommen war. Ediths Sammlungen ihrer eigenen Gedichte – die jeweils in England und Amerika sowie die in beiden Ländern unter demselben Titel erschienenen Varianten – sind ein Alptraum für Bibliographen, vor allem, da sie in späteren Jahren Verse und Passagen wiederholte oder von einem Gedicht auf ein anderes übertrug, Titel änderte und beständig Überarbeitungen vornahm. Für jede dieser Sammlungen erwartete sie eine ausführliche und abgewogene Besprechung, obwohl im hier angeführten Fall lediglich vier Jahre zwischen der britischen Ausgabe von *The Song of the Cold* und *The Canticle of the Rose* lagen. Ihre Erwartungen waren mit Bezug auf die letztgenannte Sammlung eher gerechtfertigt, da sie einen großen Teil ihrer frühen Gedichte enthielt; bei ihrer Ankündigung hieß es, sie umfasse »nahezu alle Gedichte, die Edith Sitwell erhalten zu wissen wünscht.«

Doch sie wurde enttäuscht. Die Rezension vom 30. September im *Times Literary Supplement* hätte, wie sie zu Horner sagte, ein »lieber, alter, moosbewachsener Pfarrer der Anglikanischen Kirche, der ein Pfarrhaus nahe Aberdeen bewohnt«, verfassen können, und so verhalte es sich wohl auch. In Wirklichkeit hatte der Herausgeber Alan Pryce-Jones die Rezension selbst verfaßt. *Time and Tide* besprach ihre Gedichte zusammen mit einem Band von Kathleen Raine, der den Rezensenten stärker begeisterte als ihrer. Terence Tiller rezensierte ihr Buch kritisch in der *Tribune* und bekam einen scharfen Beschwerdebrief.

Der Haken bei der Sache war, daß man von keiner Zeitung erwarten konnte, einen Band mit Gedichten (wenn es sich nicht gerade um *Gesammelte Gedichte* handelte) besonders herauszustellen, wenn alle Gedichte bereits publiziert und sowohl zur Zeit ihres ersten Erscheinens als auch seither in der Presse hinlänglich gewürdigt worden waren. Noch etwas anderes kam hinzu: Die Flut, von der Edith seit 1942 getragen worden war, begann zu verebben.

Allerdings nicht in den Vereinigten Staaten. Amerika hatte einen Star aus ihr gemacht und wollte jetzt alles haben, was sie zu geben vermochte. Den dort erschienenen Besprechungen von *The Canticle of the Rose* haftete nichts von der Gehässigkeit der in Großbritannien publizierten an – sie waren einfach »großartig«, wie sie Lehmann am 19. Dezember mitteilte. »Die *Herald Tribune* hat *die ganze erste Seite* und ... zwei weitere Spalten voll des Lobes dafür zur Verfügung gestellt. Auch die *New York Times* hat sich sehr ausführlich und anerkennend geäußert.« Hier bestätigte sich, was sie schon empfunden hatte, bevor die Rezensionen veröffentlicht worden waren – daß man sie jetzt allein in Amerika richtig verstand. »Ich bin so empört über die Art, wie man meine Gedichte behandelt hat (mein Werk aus nahezu dreißig Jahren), daß ich es der britischen Öffentlichkeit nie, *nie* wieder gestatten werde, eins meiner Gedichte zu lesen.« Sie sollten ab sofort nur noch in Amerika erscheinen, hatte sie Lehmann am 6. Dezember informiert.

Unvermeidlich kam über Charles Henri Ford der Kontakt mit Tschelitschew wieder zustande, und auch Kirstein hielt sie über die Entwicklung auf dem laufenden. Bei einem Aufenthalt von Ford und Pawel im Herbst 1949 in Paris erkrankte Pawel. Auch Tschura fand er krank vor, und die Stadt, die er seit der Zeit vor dem Krieg nicht wiedergesehen hatte, wirkte insgesamt enttäuschend und trostlos auf ihn. Er hatte erneut Geldsorgen, und wieder einmal litt Edith Qualen wegen seines Gesundheitszustandes und seiner Mittellosigkeit.

Da er beschlossen hatte, ihrer beider Briefwechsel aus den Kriegsjahren an der Universität Yale zu hinterlegen, war sie im Sommer jenes Jahres eine gewisse Zeit damit beschäftigt gewesen, alle alten Briefe, die sie von ihm besaß, zusammenzutragen. Der Gedanke an diese Investition in die Unsterblichkeit hatte ihn schon eine Weile beschäftigt, und bis Oktober 1949 waren die Briefe vollständig im Tresorraum von Yale in Sicherheit. Nach wie vor machte sich Edith Sorgen um eine formale Regelung für den Zugang zu diesem Briefwechsel und stritt mit Pawel darüber. Zwei Jahre später zog sie Geoffrey Gorer zu Rate, der entsprechend ihrer letztwilligen Verfügung aus dem Jahre 1942 als einer ihrer Testamentsvollstrecker vorgesehen war. Seine Antwort vom November 1951 lautete wie folgt:

> Zum einen ist die Annahme widersinnig, man werde sich in hundert Jahren an Pawlik erinnern und Sie vergessen haben! Außerdem kann angesichts der individuellen Art Ihrer Briefe und der in ihnen geäußerten überaus persönlichen Betrachtungsweise niemand, der sie gründlich liest, umhin, Sie zu identifizieren ... Im übrigen, denke ich, sollte man schlafende Pawliks nicht wecken ... Sofern Sie den Zugang zu Ihren Briefen wirklich beschränken wollen, schreiben Sie doch einfach an den Bibliothekar in Yale und schicken ihm [Pawlik] eine Kopie – es hat keinen Sinn, sich mit einem Russen herumzustreiten, wenn es um Treubruch geht ... Pawlik ist *sehr* russisch. Wenn er sagt: »Dir [E. S.] liegt nichts an meinem Werk«, meint er in Wirklichkeit: »Mir liegt nichts an deinem Werk« – genau wie Wyschinski[5] in der UNO!

Und so sperrten Pawel und Edith den Zugang zum Briefwechsel bis zum Jahre 2000; Ausnahmen waren zu ihren Lebzeiten lediglich mit Zustimmung beider möglich.

Für Edith war Charles Henri Ford inzwischen beinahe so wichtig wie Allen Tanner ein Jahrzehnt zuvor; sie verfaßte 1949 ein Vorwort zu seinen Gedichten *Sleep in a Nest of Flames*. Die Ansprüche an die Freundschaft wirkten sich – zusammen damit, daß sie einen Teil des Materials noch nicht lange kannte – in ungewöhnlicher Weise auf ihre Anthologie amerikanischer Lyrik *The American Genius* aus. Nächst Ezra Pound dürfte Walt Whitman der amerikanische Lyriker gewesen sein, für den sie am meisten empfand – sie hatte ihn in *A Poet's Notebook* »den schimpflich verleumdeten Mann« genannt, »der zu den bedeutendsten Dichtern gehörte, die begnadete und große Seele, die durch die schmutzigen Augen kleiner, gemeiner und armseliger Seelen gesehen wurde«. Als sie Lehmann im September 1949 die von ihr vorgeschlagene Auswahl zusandte, war er ausnahmsweise ganz und gar nicht begeistert. Er bedaure, schrieb er ihr am 12. September, daß sie es in ihrer Einführung unterlassen habe, »das spezifisch Amerikanische« an ihrer Auswahl zu erläutern. »Auch kam es mir vor, wenn Sie mir verzeihen wollen, daß ich das sage, als ende es recht unvermittelt.« Was ihre Auswahl betreffe, fuhr er fort, »konnte ich einem Großteil des Werks von Mr. Patchen, Mr. Ford und Mr. Villa nicht viel abgewinnen. Meiner Ansicht nach verdient keiner von ihnen den von Ihnen eingeräumten Platz auch nur annähernd ... Ebensowenig schließe ich mich Ihrer Ansicht an, daß man Eliot *und* Auden als amerikanische Dichter hinstellen kann.«

Eine Woche später rechtfertigte Edith in ihrer Antwort die von ihr getroffene Auswahl dreist und ungerührt: »Ich stimme dem zu, was Sie über diese Autoren sagen. Doch ist die Sache sehr schwierig. José [García] Villa, der gekommen war, um sich zu verabschieden, brach um halb sechs am Abend meiner Abreise in Tränen aus; und obwohl ihn anschließend jemand zum Abendessen einlud, liefen ihm die Tränen den ganzen Abend wie große Perlen über die dunklen grünen Wangen.« Charles Henri Ford sei »ein merkwürdig interessanter Dichter. Auch hier befinde ich mich in einer schwierigen Lage, weil ich ihm zugesagt hatte, ich würde seine Gedichte mit aufnehmen.« Und Kenneth Patchen? »Er steht *buchstäblich vor dem Verhungern.* Ich habe von seiner Frau einen Brief über die entsetzlichen Verhältnisse bekommen, in denen die beiden leben ...«

Doch leistete sie Wiedergutmachung. Als Lehmann wegen der Kosten für die Korrekturen unruhig wurde, ließ sie ihn unvermittelt wissen, sie wolle seinem Verlag das Buch zum Geschenk machen. Zwar müsse das Honorar für ihren Agenten David Higham gezahlt werden, aber »ich möchte an dem Buch keinen Pfennig verdienen.« Es war ganz gut, daß sie sich so entschied; erst im Februar 1951 wurde *The American Genius* mit einer Widmung an Minnie Astor veröffentlicht, und es hatte keinen besonderen Erfolg.

Im Frühjahr 1950 reiste Tschelitschew mit Ford nach Italien; im Mai fuhr Edith, in der Hoffnung, sie zu sehen, nach Montegufoni. Im Unterschied zu den Brüdern, die ihr Leben lang unermüdlich reisten, vermochte Edith dem Reisen um seiner selbst willen nichts abzugewinnen. In den Nachkriegsjahren erschwerten es ihr verschiedene Einschränkungen noch zusätzlich. Sogar bei kurzen Reisen brauchte sie eine Ausfuhrlizenz, um ihren Schmuck ins Ausland mitzunehmen. Im Jahre 1950 las sich ihr Antrag auf Erteilung einer solchen Genehmigung wie folgt:

> 2 große Aquamarinringe – einer rund, einer rechteckig.
> Großer quadratischer Anhänger mit einem Aquamarin, den kleine in Messing gefaßte Jadeperlen umgeben.
> Große mit Jadeperlen besetzte Rosenquarzbrosche.
> Große Hyazinthbrosche.

Jadebrosche in Gestalt einer Lotosblüte.
Sehr großer gelber Topas.
Ring mit hellem (fast weißem) Aquamarin in Gestalt zweier Bären.
Zwei goldene Sklavenarmreifen.
Breiter Armreif aus Gold und Silber.
Großer Ring mit einem blaßgrünen Similistein, ähnlich einem Chrysolithen.

Die Reise nach Montegufoni bedeutete für sie immer ein Schreckgespenst, besonders dann, wenn sie sie allein unternehmen mußte. So ließ sie kurz nach ihrer Ankunft in einem Brief Lehmann wissen:

> Ich hatte eine entsetzliche Reise ... und habe von London bis Pisa eine Spur aus Nervenzusammenbruch und Verwüstung hinter mir gelassen. Auf dem Victoria-Bahnhof habe ich einen Erlaubnisschein verloren, der mit Mühe wiederbeschafft wurde. Als ich den Zug zur Kanalfähre bestieg, verlor ich meinen Gepäckträger mitsamt dem Gepäck aus den Augen (das wiederum nur mit Mühe aufzutreiben war) ... In Pisa war niemand da, um mich abzuholen, und mein Gepäck ging (abermals) verloren. Von dort bis Montegufoni fährt man mit dem Auto 2 1/2 Stunden über die Berge. Ich spreche kein Italienisch, kenne den Weg nicht, es herrschte dichter Nebel, und es wurde dunkel. Ich nahm eine Taxe und rechnete damit, die Nacht in den Bergen verbringen zu müssen, wurde aber schließlich gerettet.

Sowohl Osbert wie Sacheverell liebten den Landsitz wegen seiner Schönheit, der mit dem Anwesen verknüpften Geschichte und der Umgebung. Edith aber bedeutete all das nur wenig, und obwohl ihr der Park – mit seiner Wärme, den Zitronenbäumen und den Glühwürmchen am Abend – gefiel, war sie auf Montegufoni nur selten sehr glücklich. Sie konnte nicht ständig arbeiten und langweilte sich entsetzlich.

Pawel kam am 19. Mai mit Ford zu einem Wochenendbesuch. Natürlich waren alle auf den Ausgang des Unternehmens gespannt. Edith gab sich äußerst vorsichtig. Parker Tyler hat beschrieben, wie sie sich Fords Erinnerung nach verhielt: »[Pawels] große alte Freundin, die englische Dichterin, mit Ehren überhäuft, scheint zu einer neuen, weiseren Haltung gefunden zu haben. Wenn sie den Mund auftut, dann nur, um die allgemeinsten Dinge zu sagen. Pawel hat den ganzen Tag über das Wort.«[6] Den »gänzlich gelangweilten« Ford erstaunte diese neue Edith. »Ist das überlegener Spott? Vielleicht ist es ihre Art, sich in idealer Weise feminin zu geben: liebliche, schweigende, vollkommene Hingabe. Endlich – *vielleicht hat sie etwas gemerkt.*«[7]

Dem Bojaren gegenüber hatte Edith ihren Kampfgeist aufgegeben und ging keine Risiken ein. Sie war erleichtert, wenn es keine Schwierigkeiten gab – aber Pawel bedrückte sie, weil er ihr depressiv vorkam. (Er war tatsächlich krank und unzufrieden.) Persönlich litt sie nach wie vor. Zu jener Zeit vertraute sie die intimsten Dinge und familiären Angelegenheiten Evelyn Wiel an, so töricht und beschränkt die alte Dame war. Sie gehörte nicht zum Kreis, in dem der Klatsch blühte, ihre Treue und Hingabe waren über jeden Zweifel erhaben, sie war Teil der Vergangenheit und gehörte zu Edith, ob diese wollte oder nicht, denn sie war Evelyns einzige finanzielle und emotionale Stütze. »Ich verdanke Dir mein Leben, und Du darfst darin bestimmen«, schrieb Evelyn 1954. Als Gegenleistung für diese völlige Abhängigkeit ging sie auf alles, was Edith ihr im Vertrauen mitteilte, mit ihren unumwundenen Kommentaren ein, die stets Partei für Edith nahmen und stets voll Liebe für sie waren. Auf die Situation mit Pawel reagierte sie schroff und führte alles auf die entmythologisierte Stufe gemeinsamen Erlebens zurück. Vier Monate nach dem Wochenende von Montegufoni schrieb sie im Oktober 1950 an Edith:

> Was für ein Narr Pawlik ist! Und was für ein mißgünstiges Geschöpf. Er sagt, daß er Dich nicht liebt, erwartet aber, daß Du Dich wie ein Schoßhündchen benimmst, das er aufnehmen oder niedersetzen kann, wie es ihm gerade gefällt. Bei der Art, wie er sich aufführt, kann es nicht ausbleiben, daß Du seiner immer mehr überdrüssig wirst. Was meint er damit, wenn er sagt, daß Dir der Ruhm etwas bedeutet? Das geht doch jedem so, aber nicht jeder bleibt dabei so natürlich und bezaubernd wie Du.

Edith hatte Gelegenheit gehabt, sich kurz nach dem Zusammentreffen mit Pawel mit Evelyn zu unterhalten; da sie für erneute Proben zu *Façade* wieder nach England mußte, verließ sie Montegufoni bald nach seinem Besuch. Die Aufführung sollte bei den Festspielen von Aldeburgh im Juni stattfinden. Im Juli kam Evelyn zu einem Sommerurlaub nach London, und auch Osbert kehrte nach London zurück. Jetzt wurde die Diagnose gestellt, daß er an der Parkinsonschen Schüttellähmung litt.

Diese Krankheit ist unheilbar, aber nicht tödlich. Edith gab sich die größte Mühe, optimistisch zu sein. Doch wer die beiden in jenem Sommer in London sah, dem fiel eine Veränderung an Osbert auf – sein Zittern und seine Unsicherheit. Er war siebenundfünfzig Jahre alt. Edith hingegen wirkte so zeitlos und fest gegründet wie eine Skulptur von Henry Moore. Auch Aldous Huxley, der alte Freund der Geschwister Sitwell, der inzwischen in Kalifornien lebte, hielt sich in jenem Sommer in Europa auf und schrieb am 11. August an Christopher Isherwood: »Ich war zwei Wochen lang in England … Edith ist ein Denkmal und Osbert mit einem Mal ziemlich alt und müde … Alle sehr ähnlich wie *Die wiedergefundene Zeit.*«[8]

Zu jener Zeit schrieb Edith nur sehr wenig Gedichte. Im Oktober 1950 brachte Duckworth neben *Façade* weitere Gedichte aus den Jahren zwischen 1920 und 1935 heraus. Obwohl Edith die Proben und Aufführungen sehr erschöpften, war die Beliebtheit von *Façade* untrennbar mit ihrem persönlichen Erfolg verknüpft: Es war, wie John Pearson sagte, das »beschwörende Hochamt« des Sitwell-Kultes. Im Juli 1951 veröffentlichte Oxford University Press in einem Band Waltons Musik und Ediths Gedichte mit einer Widmung an den eng mit beiden befreundeten Constant Lambert, der zum inneren Kreis der Aufführungsgeschichte von *Façade* gehörte und in jenem Jahr ziemlich jung gestorben war. Gegen einige der darin enthaltenen Anweisungen zum Vortrag erhob Edith nachdrücklich Einspruch und beschwerte sich bei Alan Frank vom Verlag Oxford University Press: »›Die Schwarze Mrs. Behemoth‹ mit ›leiser fester Stimme‹!!! So möchte ich das nicht ausgeführt wissen. Für ›Popular Song‹ ist, wie es scheint, ein ›leichter‹[9] Vortrag vorgesehen!! (Es muß flüssig rezitiert werden.)«

Edith hatte angeregt, als Einleitung für die Ausgabe der *Façade*-Gedichte bei Duckworth ihre schon recht strapazierten »Some Notes on My Own Poetry« zu verwenden, doch brachte Mervyn Horder aus dem Hause Duckworth sie klug davon ab: »Ich glaube, daß sich ein zu umfangreicher Teil ihrer ›Anmerkungen‹ damit beschäftigt, den ›Grünlingen‹[10] darzulegen, warum ›blunt‹ ein kälteres Wort ist als ›dull‹[11]. Sicherlich bedurfte das in den dreißiger Jahren der Erläuterung, scheint aber zum gegenwärtigen Zeitpunkt Ihrer Entwicklung (jedenfalls mir) ein wenig überholt.« Er regte an, statt dessen Jack Lindsays Essay aus *A Celebration* zu verwenden, und Edith stimmte zu.

Bei seinem eigenen verlegerischen Abenteuer brachte Lindsay als erstes Bändchen einer Reihe, die den Namen *Key Poets* (also: Die wichtigen Dichter) tragen und zum Preis von einem Shilling verkauft werden sollte, eine kleine Auswahl aus ihren jüngsten Gedichten heraus. Einzig »The Madwoman in the Park« war zuvor noch nicht veröffentlicht worden. Dies Gedicht hatte sie nach der Lektüre eines Essays von Lindsay mit dem Titel »Hanging Goddesses« geschrieben. Dem Unternehmen war kein wirtschaftlicher Erfolg beschieden. »Selbst Ediths Büchlein ließ sich kaum verkaufen.«[12] Als Brotarbeit stellte sie für Macmillan eine weitere Anthologie zusammen. Sie trug den Titel *A Book for the Winter* und kam im folgenden Jahr in den Vereinigten Staaten bei Vanguard heraus. Außerdem kündigte John Lehmann das Erscheinen ihrer Auswahl aus William Blake an. Dazu kam es zwar nie, doch veröffentlichte sie 1951 in der Zeitschrift *Proceedings of the American Academy of Arts and Letters* einen Essay mit dem Titel »Whitman and Blake«.

Amerika lockte erneut. Die Vortragsagentur hatte für Edith und Osbert eine noch bessere und größere Tournee als die vorige geplant. Sie sollte im Herbst 1950 beginnen. Als kleinen Auftakt dazu veröffentlichte im Oktober der Verlag Little, Brown *A Poet's Notebook* (da die amerikanische Fassung einige Auszüge aus *William Shakespeare* enthielt, wurde die Beziehung von Geben und Nehmen zwischen den beiden Büchern noch komplexer). Amerikanische Leser, die man zwei Jahre zuvor hatte überreden müssen, Edith Sitwell zu lesen, waren jetzt für ihre frühen Arbeiten bereit.

An Bord der *Queen Elizabeth* brachen Edith, Osbert und David Horner erneut auf. Für den geschwächten Osbert war ein weniger anstrengender Terminplan vorgesehen; die Primadonna des Unternehmens war Edith. Diesmal sollte es an die Westküste und nach Hollywood gehen: George Cukor und die Filmgesellschaft Columbia zeigten sich an einer Verfilmung von *Fanfare für Elisabeth* interessiert.

25

Zwischenakt: Montagen

1950–1952

Erneut stiegen sie im St. Regis Hotel ab. Sofern Edith den im Vorjahr mit *Façade* errungenen Triumph übertreffen wollte, mußte sie sich eine größere Veranstaltung einfallen lassen. Tollkühn nahm sie sich vor, Auszüge aus der Rolle der Lady Macbeth zu lesen. Sie hörte es ausgesprochen gern, wenn man ihr sagte, an ihr sei eine Schauspielerin verlorengegangen, doch diesmal schoß sie über das Ziel hinaus. Was sie sich vornahm, war nicht einfach eine Lesung, sondern eine Aufführung mit Beleuchtung, Kostümen und Maske. Edith trug eine goldene Zackenkrone, Armreifen von wilder Großartigkeit und ein wallendes Gewand. Mit einem makabren verbalen Zerrbild setzte Evelyn Waugh, der sich abermals in New York aufhielt, Nancy Mitford am 9. November über die Situation ins Bild: »Der arme Osbert ist eine tatterige Leiche, Edith spielt am 16. Nov. im Museum of Modern Art *Macbeth*. Glenway Wescott gibt den Banquo, David Horner in einem Smoking mit Schottenkaros den Macduff und Lady Ribblesdale die Hexen. Der billigste Platz kostet £ 5. Könnte ich doch nur dabei sein.«[1] In Wirklichkeit las Glenway Wescott die Rolle des Macbeth; in den Presseankündigungen hieß es: »Dr. Edith Sitwell zusammen mit Mr. Glenway Wescott und Miss Gertrude Flynn in einer szenischen Rezitation aus Shakespeares *Macbeth*«. Vorgesehen war das Ereignis für den 16. November um neun Uhr abends im Museum of Modern Arts. Der Eintritt kostete zwischen drei und fünfzehn Dollar, hinzu kamen zwölf Dollar als steuerlich absetzbare Spende für den Ausstellungsetat des Museums.

Die Darbietung war ein unvergeßliches, nie dagewesenes und groteskes Erlebnis. So etwas konnte sich nur Edith leisten, und nicht einmal dessen waren sich alle Kritiker sicher; lediglich die Verwegenheit des Vorhabens und Ediths Status als Primadonna bewahrten das Unternehmen davor, ins Lächerliche abzugleiten.

Die Generalprobe war eine Vorstellung für sich: Edith lud Freunde und Bekannte dazu ein, unter ihnen Marianne Moore, Tennessee Williams und Carson McCullers. Bei einer Gesellschaft, die Tennessee Williams kurz nach Ediths und Osberts Ankunft gegeben hatte, war Edith zum ersten Male Carson McCullers begegnet, die damals Anfang Dreißig war. Später schickte ihr Carson ihre Romane *Das Herz ist ein einsamer Jäger* und *Das Mädchen Frankie* zu, und Edith äußerte sich voll Achtung und Bewunderung darüber. Auch auf einer anderen Ebene reagierte sie auf die kranke, sprunghafte und dem Alkohol verfallene Carson und erkannte in ihr, wie sie das stets vermochte, nicht nur die Mit-Künstlerin, sondern auch die Mit-Außenseiterin, noch dazu eine, die weniger als sie selbst dazu fähig war, der Welt von gleich zu gleich entgegenzutreten. Aus dieser Erkenntnis heraus ließ sie in ihrem Mitgefühl und ihrer Geduld für ihre »Schützlinge« nicht nach, von denen die meisten weit weniger berühmt waren als Carson McCullers. Da diese wiederum einen Hang zur Heldenverehrung hatte, erwählte sie Edith zum Gegenstand übermäßiger Zuneigung. Von Stund an führten die beiden einen ausführlichen Briefwechsel, in dem der »liebe Schatz Edith« voll Besorgtheit auf Carsons Leidensberichte einging.

Fünf Tage nach dem *Macbeth*-Abend brachen Bruder und Schwester zu »unserer entsetzlichen Tournee« auf, wie Edith sie später nannte. Osbert litt unter den Nebenwirkungen der Medikamente, die er nehmen mußte, um durchzuhalten; Edith hatte außer Bronchitis eine Drüsenvergiftung und bekam in Mexiko um Weihnachten herum Amöbenruhr: »Ich dachte wirklich, ich müßte sterben. Bin aber nicht gestorben«, schrieb sie im Januar 1951 aus dem Fairmont Hotel in San Francisco an Lehmann.

Edith, ein Stern unter Sternen, vergnügte sich in Hollywood, das sie und Osbert zum ersten Mal Anfang 1951 besuchten.

> Während Osbert und ich die gewaltige Strecke vom Bahnhof zum Hotel Bel Air fuhren, wo wir die erste Woche blieben, bevor wir in einen hohen Wohnblock am Sunset Boulevard zogen, schien die frühmorgendliche Luft voll bezaubernder Schönheit ...
>
> Große goldene Tausterne fielen von den hohen Mimosenbäumen, den Oleandern, den riesigen Baumfarnen ... (Obwohl es Januar war, herrschte eine beinahe tropische Hitze.)[2]

Kaum waren sie in Hollywood eingetroffen, als sie zu einer Mittagsgesellschaft bei George Cukor eingeladen wurden. Nie vergaß Edith, die ihrer

Umgebung sonst so gleichgültig gegenüberstand, sein Haus, denn es war »grundlegend anders als alle anderen Häuser, die ich kenne.« Insbesondere fielen ihr »einige ausnehmend schöne Stühle mit vergoldeten Beinen« auf. »Sie stammen aus dem achtzehnten Jahrhundert, und ihre Lehnen und Sitzflächen sind aus riesigen Perlmuttstücken gefertigt.«[3] Ethel Barrymore kam zu der Gesellschaft – »ein mit Leben und Witz begabtes prachtvolles Standbild«, wie Edith in ihrer Autobiographie schrieb, auch wenn die beiden Geschwister damals Osberts Laryngitis und Ediths zweiten Bronchitisanfall auf die verdächtige Tatsache zurückführten, daß Miss Barrymore »schwer atmete«. Auch Merle Oberon, »die wie ein dunkler und entzückender Schwan wirkte«, war an jenem Tag zugegen.

Bei einer anderen Gesellschaft lernte Edith Mary Pickford kennen, die sie in ihrer Autobiographie mit den unübertrefflichen Worten »Zuckerbäckergöttin aus Eis mit Vanillegeschmack« beschrieb. In ihrem Brief vom 17. Januar an Lehmann nannte sie diese Begegnung »einen Laokoon-Schlangenkampf, der eine dreiviertel Stunde dauerte.« Miss Pickford »erzählte mir von ihrer Rolle als Kleiner Lord Fauntleroy und sagte, sie habe sich selbst stets als geistiges Leuchtfeuer angesehen.«

In Hollywood hielten Osbert und Edith, die sich als Ergebnis von Ethel Barrymores schwerem Atmen »die Seele aus dem Leib hustete«, drei Dichterlesungen ab. Bei einer davon waren mehr als zweitausend Zuhörer anwesend, unter ihnen Dorothy Parker, Harpo Marx und Aldous Huxley. Ediths frühe Zuneigung zu ihm war ungetrübt, über einen späteren Besuch bei Huxley heißt es: »Ich gewann die Freude, die Lebhaftigkeit und das Glück meiner verlorenen Jugend zurück.« Die Lesungen aus *Macbeth* nahm sie in ihr Programm auf:

> Während ich die Szene las, in der Lady Macbeth schlafwandelt, und gerade an der Stelle angekommen war, in der Hölle sei es finster, stieß ein armer Herr im Publikum einen durchdringenden Schrei aus und wurde mit Schaum vor dem Mund von vier Männern davongetragen. Einer der Zuschauer sagte mir: »Darüber müßten Sie sich eigentlich schrecklich freuen. Das ist eine der schmeichelhaftesten Reaktionen, die ich je gesehen habe.«
>
> Für die Plattenfirma Columbia habe ich Aufnahmen von dieser Szene, wie auch von der Kissenszene aus *Othello*, Kleopatras Todesszene usw. gemacht.[4]

»Ich muß sagen«, teilte sie Lehmann mit, »Hollywood hätte mich nicht mehr begeistern können.« Ihre überschwenglichen Beschreibungen sind von einer surrealistischen Heiterkeit – beispielsweise, wenn sie überlegt, ob die Kellner im Hotel unter dem Einfluß von Haschisch standen oder nicht: »Sie kreischten mit einem Mal laut lachend auf, mischten sich in die Unterhaltung ein, beugten sich über die Sofas, auf denen wir bei den Mahlzeiten saßen, und steckten die Köpfe zwischen die unsrigen.« Nur wenige dreiundsechzigjährige altjüngferliche Engländerinnen aus behüteten Verhältnissen, mit deren Gesundheit es nicht zum besten stand, würden eine solche Anpassungsfähigkeit beweisen und so viel Bereitschaft aufgebracht, das Leben in vollen Zügen zu genießen wie Edith in Hollywood – selbst wenn man ihnen die Gelegenheit dazu böte.

Nachdem sie einige Wochen in Hollywood verbracht hatten, durchquerte sie mit Osbert erneut den Kontinent – David Horner hatte sich inzwischen von ihrem Troß gelöst. Diesmal ging es nach Florida, wo sie Vorträge im Ringling Museum in Sarasota hielten. Als Edith Anfang März ins New Yorker St. Regis Hotel zurückkehrte, wartete dort ein Brief von Maurice Bowra auf sie (seinerzeit Vizekanzler der Universität Oxford sowie Vorsteher des Wadham College). Dieser teilte ihr mit, daß sie im Juni ihren dritten und bedeutendsten Ehrendoktorhut bekommen sollte, nämlich den der Universität Oxford. Sie antwortete am 5. März, es werde der »stolzeste und glücklichste Augenblick meines Lebens« sein.[5]

Sie reiste mit Osbert nach England zurück. Dank des Dollarsegens hatte sich ihre finanzielle Lage gebessert, und Cukor hatte sie beauftragt, sich an eine Filmfassung von *Fanfare für Elisabeth* zu machen. Osberts Zustand allerdings hatte sich keineswegs gebessert; er war ständig benommen, seine Arme zitterten, und er war auf große Dosen von Medikamenten angewiesen. Im Mai bekam Edith erneut Bronchitis.

Die Sorge um ihren »lieben alten Jungen« entlud sich in Angriffen auf Außenstehende. Sie fuhr zu einer Ausstellungseröffnung nach London, »um die schurkischen Machenschaften des Griglet [Grigson][6] zuschanden werden zu lassen, der unbedingt hatte verhindern wollen, daß man mich einlud.« In einem scharfen Brief an den mit Mrs. Vincent Astor befreundeten Dichter David Lutyens beklagte sie sich, er habe sie bei einer Mittagsgesellschaft in New York damit verleumdet, daß er ihre Dichtung faschistisch und antisemitisch nannte. Zu ihrer Verteidigung führte sie ein gegen die Nazis gerichtetes Schreiben an, das sie während des Krieges in der *Times* veröffentlicht hatte.

Den 18. und 19. Juni verbrachte sie zusammen mit anderen Ehrenpromovenden in Oxford. Zu ihnen gehörten neben ihrem alten Freund Arthur Waley der Marquess of Salisbury, Feldmarschall Lord Alexander of Tunis und Lester Pearson. Unterkunft fand sie im Wadham College, wo sie die »zauberhaftesten Tage meines Lebens« verbrachte, wie sie am 20. an Bowra schrieb:

> Bisher hatte ich den Tag, an dem mein zehnseitiges Buch *The Mother* erschien, für den Gipfel der Glückseligkeit gehalten. Aber das war erst der Anfang der Reise, und jetzt bin ich an meinem Ziel angekommen.
>
> Nie habe ich auch nur eine Sekunde lang gedacht, geträumt oder gehofft, daß mir das widerfahren könnte, und mir ist bewußt, daß ich es ganz und gar Ihnen verdanke.[7]

Am 22. Juni gab Edith zur Feier des neuen Doktorgrades eine »gewaltige Mittagsgesellschaft, auf die eine Teegesellschaft folgte«. Sie erwartete nunmehr unter Androhung einer scharfen Rüge, daß jegliche Korrespondenz die Bezeichnung »Dr. Sitwell« mit der Dreifachkrone von »D. Litt., D. Litt., D. Litt.« verziert aufwies. Die beiden ersten Ehrendoktorgrade hatten sie entzückt, doch der aus Oxford bedeutete ihr mehr. Als zwei Jahre später jene hochmögende Universität John Gielgud den Grad eines Doktors honoris causa verlieh, schrieb Edith in ihrem Glückwunschbrief: »An anderen Universitäten ernennen Narren andere Narren zum Doktor, doch hat bisher in Oxford noch kein Narr[8] einen D. Litt. ehrenhalber bekommen.«

Der *New Yorker* hatte am 2. Juni als fröhlichen Tribut an ihre neue Ehrung und an das Phänomen Sitwell einen bezaubernden Limerick von Roger du Béarn gebracht:

> Il y a une soeur et deux frères,
> Qui s'appellent Sitwell, pour vous plaire –
> Faut les lire quelquefois –
> Il sont drôles tous les trois:
> La Docteur, le Sachère, et l'Osbert.[9]

Doch am großen Tag ihrer Schwester waren weder »le Sachère« noch »l'Osbert« anwesend. Da sie die Entzweiung ihrer Brüder nicht durch einen Anlaß verschärfen wollte, der lediglich zu einer unglücklichen Konfrontation hätte führen können, hatte sie keinen von beiden eingeladen.

Carson McCullers, die in Edith eine »Geistesgefährtin und Fürsprecherin«[10] gefunden zu haben glaubte, kam in jenem Sommer für drei Monate nach England, nicht ausschließlich, aber doch weitgehend, um ihre neue Freundin wiederzusehen. Während ihres Aufenthaltes kümmerte sich der Dichter David Gascoyne um sie. Beide tauchten mitten in einer Lesung auf, die Edith im Rahmen eines Sommerkurses im Senate House der London University hielt, und Carson unterbrach Edith mit der Bitte, ein Gedicht zu lesen, das sie bereits vor ihrem Eintreffen gelesen hatte. Wo Carson auftauchte, mußte man mit Unvorhergesehenem rechnen – noch mehr galt das für ihren Mann Reeves. Bei einer kleinen Gesellschaft im Sesame Club, an der beide teilnahmen, »pichelte« Reeves McCullers »drauflos«, während er dem Gespräch zwischen seiner Frau und Edith zuhörte. »Mit einem Mal glitt er zu Boden, wo er eine Stunde lang liegenblieb – während das Geplauder ohne Unterbrechung weiterging und die berühmte Autorin nicht im geringsten Notiz davon zu nehmen schien.«[11]

Im Juli bekam Edith nach mehreren Telegrammen einen begeisterten Brief von Cukor zu ihrem Entwurf für den Film, der nach *Fanfare* gedreht werden sollte. Für die Rolle der Anna Boleyn hatte er Vivian Leigh und für Heinrich VIII. Laurence Olivier vorgesehen. Vivian Leigh traf mit Edith zusammen, las den Entwurf und war begeistert. »Ich bin einfach *hingerissen* von ihrer wunderbaren Bearbeitung für den Film und kann es gar nicht abwarten, daß wir alle gemeinsam daran arbeiten.«

Im März 1952 kam bei Penguin in der Reihe Penguin Poets ein Band ihrer *Selected Poems* heraus, ein deutlicher Hinweis darauf, welche Position sie in der Lyrikszene bekleidete. Im Juli gab es einen weiteren jener öffentlichen Auftritte, von denen sie inzwischen aus Erfahrung wußte, daß man ihnen nicht mit wachsendem Gleichmut entgegentreten durfte, sondern mit wachsender Besorgnis begegnen mußte. Ihr Stehvermögen und ihre Sprechfertigkeit waren nicht mehr, was sie einst gewesen waren. »Ich gebe am Montag *Façade*, habe Angst davor«, teilte sie am 14. Mai Plomer mit. Die Juliaufführung fand in der Royal Festival Hall unter der Schirmherrschaft der Gesellschaft für Musik des zwanzigsten Jahrhunderts statt, deren Präsident William Walton war – seit dem Vorjahr Sir William Walton.

* * *

Der persönliche Erfolg und der Ruhm, die Edith in den fünfziger Jahren bis zu ihrem Tode genoß, sind kaum zu überschätzen. Ihr Name und ihr Gesicht waren Millionen von Menschen vertraut, die nie ein Wort ihrer Dichtung gelesen hatten. Sie war sie selbst, und damit erregte sie die Art von Aufmerksamkeit, für die Werbeagenturen ein Vermögen zahlen würden, ohne sie je zu erreichen. Nicht alle Kollegen standen ihrem Ruhm neidlos gegenüber. Ivy Compton-Burnett sagte: »Der Erfolg hat sie verwöhnt. Sie ist unmöglich geworden: eine Mischung aus der heiligen Jungfrau Maria und Königin Elisabeth.«[12]

Was der Ruhm in seinem Gefolge mit sich brachte, läßt erkennen, welcher hohe Preis dafür gezahlt wurde, wenn auch nicht in Geld. Gleichwohl gab sie mehr Geld aus, als sie zur Verfügung hatte, und zwar in einem Ausmaß, das ihr Angst einjagte, wenn sie darüber nachdachte (ihr fiel dabei ihre Mutter ein). Sie lebte wie eine reiche Frau und eine Dame von Welt, obwohl sie keins von beidem war. Sie verstand nichts von Geschäften und war unfähig, irgend etwas zu organisieren.

Wenn sie Kleider kaufte, schwankte sie zwischen bescheidener Zurückhaltung und Extravaganz hin und her. Eine gewisse Agnes Booth, die in einem kleinen Häuschen in Eckington wohnte, änderte Kleider für sie und machte ihre Korsetts. Die Hüte kamen, sofern sie nicht speziell entworfen wurden, aus dem großen gutbürgerlichen Kaufhaus Whitley's in Bayswater, dem sie seit ihrer Zeit in Pembridge Mansions die Treue hielt. Doch verlangten ihre Gesellschaften, ihre öffentlichen Lesungen und ihr eigener Geschmack nach einer großartigen und aufwendigen Garderobe. Der Abendmantel aus rotem Samt, von Adrienne in der South Molton Street, der korallen- und goldfarbene Umhang und die Gesellschafts- und Abendkleider aus schwarzem Seidenrips von Nina Astier kosteten so manche Guinee. (Elizabeth Bowen sagte, sie sehe aus »wie ein wandelnder Hochaltar«.)

Wenn sie sich im Sesame Club aufhielt, mietete sie von der Mietwagenfirma Raper Bros. aus Chelsea einen Daimler[13]. Bei solchen Gelegenheiten fungierte Mr. Raper selbst als Chauffeur, der sie auf diese Weise recht gut kennenlernte. Ihr diente das Fahrzeug nicht nur für die eigenen Fahrten zu und von Abendgesellschaften, sonstigen Einladungen, Konzerten und Lesungen, sie ließ damit häufig auch besonders gebrechliche oder besonders liebe Gäste zu und von ihren Einladungen im Sesame Club chauffieren. Nach einem sechswöchigen London-Aufenthalt im Sommer 1951 belief sich die Rechnung, die sie von Raper bekam, auf einen dreistelligen Pfundbetrag.

Dann waren da die Rechnungen für Unterkunft und Verpflegung sowie für ihre großen Gesellschaften im Sesame Club selbst, außerdem die für Verzehr an der Bar und die Rechnungen der Londoner Weinhandlung F.F. Matta und die der Weinhandelsfirma Hay and Sons in Sheffield, die in den Monaten auflief, die sie auf Renishaw verbrachte – sie war höher, als sie es sich leisten konnte und ihrer Gesundheit zuträglich war. Jedenfalls ließ sie auf einen beachtlichen Weinkonsum schließen.

Der halbfeudale Status, den die Familie Sitwell auf Renishaw genoß, brachte es mit sich, daß man dort bestimmten Verpflichtungen nachzukommen hatte, und nahm ihre Zeit und ihre Mittel stark in Anspruch: Zwar war Edith nicht in jedem Jahr imstande, selbst bei der Blumenschau und Gala der Eisenfabrik Renishaw aufzutreten, sie schickte aber stets einen Scheck. In einem Brief, den ihr 1950 eine Dame aus dem nahegelegenen Rotherham schrieb, bedauerte sie, daß es Edith nicht möglich gewesen sei, an einer örtlichen Veranstaltung teilzunehmen: »Sie wissen, daß wir Sie alle schrecklich bewundern, doch fürchte ich, daß wir uns hier im Norden scheuen, unsere Gefühle zu zeigen ... Verzeihen Sie mir, daß ich Ihnen schreibe. Ich bin sehr einsam, und vielleicht liebe ich Sie so, weil wir beide etwas für Tiere empfinden.« Ähnlich einem Gedicht oder Gemälde wirkten Edith und der Gedanke an sie wie ein Magnet auf die Empfindungen selbst jener Menschen, denen sie nie begegnet war. Sie war zu einem Gegenstand großer Verehrung geworden.

Andererseits war sie für all ihre Bediensteten sehr zugänglich und wurde von ihnen geliebt. Das begann mit den Dienstmädchen und Haushälterinnen, die für ihre Familie arbeiteten: Barbara Nopper, die sich auf Renishaw um sie kümmerte, wie auch Gertrude Stevenson in Weston. Die Geschäftsführerin von Peggy Sage in der Bond Street, wo sie sich maniküren ließ, sprach sie mit »liebste Edith« an. Das im Sesame Club für sie zuständige walisische Dienstmädchen Hannah Lewis schrieb ihr, wenn sie getrennt waren, und bekam mit Mr. Rapers Wagen Eintrittskarten zu Ediths Lesungen geschickt.

Unter Ediths Papieren finden sich Dankesbriefe zahlreicher Autoren, denen sie Schecks über kleinere Beträge geschickt hatte, um ihnen über schwierige Zeiten hinwegzuhelfen. Sie sorgte dafür, daß Tambimuttu, damals Herausgeber von *Poetry London* und mittellos, Kohlen geliefert wurden. Außerdem mußte sie beständig Evelyn Wiel aus eigener Tasche unterstützen.

Ihre eigene größte Wohltäterin war nach wie vor Bryher, die aus ihrem Hause in der Schweiz Geschenke in Form von Pelzen, Schmuck, Kleidung, Büchern und Schecks schickte: »Ein kleiner Chinchilla von meiner Mutter«, ein Scheck für »einen Hut oder etwas für eine Ihrer Gesellschaften im Herbst«, ein weiterer, »damit Sie in London einkaufen gehen können«. Im Jahre 1950 gab sie Edith dreitausend Pfund für den Kauf eines Hauses; doch verwendete diese das Geld zur Begleichung ihrer Steuerschuld. Bryhers Großzügigkeit war völlig selbstlos und entsprang der Zuneigung zu Edith und der Verehrung ihrer Dichtung (und nicht nur Edith, sondern auch Sacheverell gelangte in den Genuß ihrer finanziellen Unterstützung).

Allerdings machten auch Menschen, die sie kaum kannte, dem Symbol ihrer Verehrung Edith Sitwell unverlangte Angebote peinlicher Art: Beispielsweise wollte eine reiche Witwe, Alice Hunt (sie belagerte auch Osbert), ihr wertvollen Schmuck schenken. Dem schob Edith entschlossen einen Riegel vor: »Es hat nichts mit dem Wunsch zu tun, Klatsch im Keim zu ersticken, sondern damit, daß jemand, der über eine gewisse Würde verfügt, nicht zulassen kann, daß bestimmte Dinge gesagt werden. Es ist alles unsagbar *geschmacklos* und *déplaisant*.«

Edith genoß es, allerlei Anekdoten zu erzählen, in denen es darum ging, wie sie Feinde, Narren, Langweiler, »unverschämte« Menschen und Verrückte in die Schranken gewiesen und vernichtend besiegt hatte. Sie sind zusammen mit ihrem entzückten und ungehemmten Gelächter ins Reich der Legende eingegangen. Doch die Legende ist nur die halbe Wahrheit, da sie buchstabengetreu das Gebot befolgte: »Wenn aber du Almosen gibst, so soll deine linke Hand nicht wissen, was deine rechte tut.« (Sehr ähnlich sah die Beziehung zwischen ihren Bankkonten aus, mit denen sie kräftig jonglierte und die in den fünfziger Jahren stets überzogen waren.) Edith übertrieb aber keineswegs, wenn sie davon sprach, daß Geistesgestörte sie verfolgten. Mit jeder Post bekam sie Briefe von Überspannten und Einsamen, die ihr Herz ausschütteten.

Überspannte Menschen kamen zu ihren Gesellschaften und tauchten in anschließend erzählten Anekdoten wieder auf, in denen ihre Verrücktheit immer schärfer herausgearbeitet wurde, je mehr Edith ihrer dichterischen Freiheit die Zügel schießen ließ. Beispielsweise wurde Ende Juli 1952 ein junger Mann, den sie in den Sesame Club eingeladen hatte, »beim Mittagessen verrückt«, wie sie am 29. Harriet Cohen schrieb. »Es gab sogar einen Augenblick, als ich dachte, er wolle sich über die Balkonbrüstung stürzen, um seinem Leben ein Ende zu setzen.«[14] Außerdem habe er sich, wie es hieß, »vier Damen in ungewöhnlicher Weise ›genähert‹« – eine von ihnen war Alan Searles Gattin Gillen und eine andere Lady [Kenneth] Clark. Die Lindsays, die zu dem Zeitpunkt eintrafen, als aus der Mittagsgesellschaft eine Teegesellschaft wurde, erfuhren später von Edith »die ganze Geschichte, deren Erzählung etwa eine Stunde in Anspruch nahm«: An Einzelheiten war hinzugekommen, daß der junge Mann, ein einstiger Mönch, beim Mittagessen einer anwesenden Dame über den Schenkel gestrichen und sich dann seiner Kleider zu entledigen versucht habe. Außerdem gab es noch eine Nebenhandlung, in der eine andere Dame den australischen Pianisten Gordon Watson verfolgte, dessen Spiel Edith sehr bewunderte. Jeder Augenblick, den Edith dem »verrückten Trappisten« abzwacken konnte, wurde darauf verwendet, diese auf Raubzug befindliche Frau um ihre Beute zu bringen.

Nach dieser Gesellschaft – vermutlich aber nicht wegen ihr – wurde der Sesame Club vorläufig geschlossen, und Edith mußte in ein Hotel ziehen, was sie in keiner Weise beglückte. »Nach den lediglich symbolischen Mahlzeiten«, teilte sie William Plomer mit, »starben die Gäste wie die Fliegen an Entkräftung.« Sie schrieb von Montegufoni aus, wohin sie sich im September aus dem ihr unsympathischen Hotel geflüchtet hatte. Sie war erkältet und hatte sich einen Knöchel verrenkt. Sie mußte wieder auf die Beine kommen, im November erwog sie die Anschaffung eines »dünnen, *sehr dunklen*, piniengrünen Kleides mit weißem Samtumhang«.[15]

Ihr Leben als Star und als Symbol der Verehrung bot keinen Ersatz für das Schreiben. In jenem Jahr, 1952, hatte sie lediglich bei Macmillan eine weitere Anthologie herausgebracht, *A Book of Flowers* – die Blumen anderer Männer –, den Artikel »Poetry« für Cassells *Encyclopaedia of Litera-*

ture sowie ein Vorwort zu Sydney Goodsir Smiths Gedichten, das sie mehr oder weniger aus Freundschaft zum Verleger, Peter Russell, verfaßt hatte. König Georg VI. war im Februar jenes Jahres dahingeschieden, und Edith schickte Königin Elisabeth, jetzt Königinmutter, die während des Krieges zu den Dichterlesungen der Geschwister Sitwell gekommen war, und ihrer mit Osbert befreundeten Schwiegermutter, der alten Königin Mary, ihre Anthologie. Am 15. September schrieb die Königinmutter aus Schottland, um ihr zu danken:

> Es macht mir das größte Vergnügen, und ich habe es mit hierher genommen. Ich habe angefangen, darin zu lesen, als ich am Fluß saß. Es war ein Tag, an dem man sich vom Unglück und Elend wie von großen düsteren Wolken umringt fühlte, und ich habe gemerkt, daß sich ein wenig Frieden in mein Herz stahl, während ich diese wunderschönen Gedichte und himmlischen Worte las.
>
> In George Herberts Gedicht »Wer hätte gedacht, daß mein runzliges Herz noch einmal ergrünen könnte. Es war ganz unter der Erde verschwunden«[16] habe ich eine Hoffnung entdeckt und mußte denken, wie klein und selbstsüchtig doch der Kummer ist. Aber er schüttelt uns, bis man ganz betäubt ist, und ich kann Ihnen nie genug dafür danken, daß Sie mir ein so herrliches Buch geschenkt haben, in dem ich eines Tages ganz plötzlich unten am Fluß so viel Hoffnung fand.

Auch Ediths Herz mußte wieder ergrünen. Sie hatte keine neuen Gedichte veröffentlicht. Hollywood wartete auf sie. Zwar hatte sie keinen festen Vertrag mit Columbia, doch sollte sie für die Zeit, die sie dort verbringen würde, fünftausend Pfund für ihre Reise- und Aufenthaltskosten bekommen; weitere fünfundvierzigtausend Pfund waren ihr zugesagt. Im September jenes Jahres schrieb sie von Montegufoni aus an Geoffrey Gorer: »Es wäre wirklich hübsch, wenigstens einmal etwas Geld zu haben.«

Bevor Edith aufbrach, veranstaltete die Filmfirma Columbia im Londoner Claridge's Hotel eine Pressekonferenz für sie. Sie trug einen schwarzen Persianermantel und – mit den Worten der Tageszeitung *Manchester Guardian*[17] vom 20. November – »einen selbst entworfenen prachtvollen Kopfschmuck – keinen Hut – mit bestickten goldenen Tressen, die zu beiden Seiten des Kopfes mit dunkelgrünem Samt drapiert waren«.

26

Tod und sich öffnende Türen

1953–1954

Mit Osbert und David Horner reiste Edith über New York und Los Angeles nach Hollywood. Dort begegneten sie Wystan Auden, mit dem sie jetzt sehr gut auskam. Sie tauschten die Erfahrungen aus, die sie mit Nachstellungen gemacht hatten, und spielten literarische Spiele: »Wir überlegten uns, mit wem man am wenigsten gern in der Hölle schmoren würde ... Wystan sagte, mich müsse man mit Wordsworth zusammen dort einsperren; ich glaube nicht, daß er da ganz recht hatte, denn ich denke immer, daß ich Wordsworth nicht mag, doch sobald ich ihn lese, finde ich ihn hinreißend.«[1] (Das entsprach eher ihrer Haltung Auden gegenüber, den sie inzwischen Wystan nannte.)

Kaum war Edith in ihren Räumen im Sunset Tower am Sunset Boulevard 8358 untergebracht, als Osbert nach Florida und Horner nach New York abreiste: die beiden Männer führten zunehmend ein getrenntes Leben.

Edith war bereit, Hollywood nach dessen eigenen Gesetzen entgegenzutreten. Hedda Hopper kündigte die Ankunft der Berühmtheit an, ohne sich zuvor hinreichend zu informieren – wie Edith am 22. Januar 1953 T. S. Eliot berichtete.

> Meine besondere Wonne finde ich hier in den Klatschspalten, die ich begierig verschlinge ... Da sie meiner nicht habhaft werden konnte – ich wollte nämlich nicht mit denen zusammentreffen –, schrieb eine der Klatschkolumnistinnen: »In Hollywood ist eine *kleine* alte Dame eingetroffen: Edith Sitwell« (die Hervorhebung ist von mir). Einem Reporter, der mich am Telefon fragte: »Stimmt das, daß Sie 78 sind?« sagte ich: »Nein. Zweiundachtzig.« »Aber ich habe vorige Woche gelesen, daß Sie 78 sind.« »Ja, das war *vorige* Woche!« [Sie war zu jener Zeit sechsundsechzig Jahre alt.]

Sie revanchierte sich bei Hedda Hopper, indem sie überall herumerzählte, die gerade in Hollywood grassierende Tollwutepidemie sei darauf zurückzuführen, »daß Miss Hopper auf die Hunde Jagd gemacht hat und es ihr gelungen ist, sie zu beißen.«

Edith mochte Cukor und vertraute ihm, und er mochte und achtete sie. Allerdings hatte sie nicht die entfernteste Ahnung davon, wie sich die Filmfirma Columbia ein Drehbuch vorstellte. Sie arbeitete an ihren Gedichten, wenn sie nicht gerade mit ihrer Auftragsarbeit kämpfte. Bis Ende März hatte sie ziemlich viel Material vorgelegt, das für die Belange des Filmstudios in höchstem Grade unbrauchbar war. Taktvoll und wohlerzogen sagte Cukor: »Anscheinend gibt es hier noch einige Unstimmigkeiten«, und sorgte dafür, daß Walter Reich, ein professioneller Drehbuchautor, einen »kurzen, fachmännischen Überblick« in einer Form ausarbeitete, daß ihn »die da oben« verstehen konnten. Eine weitere Enttäuschung war, daß sich Vivian Leigh von dem Projekt zurückgezogen hatte. Inzwischen überlegte Cukor, ob er mit Audrey Hepburn oder Elizabeth Taylor über die Rolle der Elisabeth verhandeln sollte.

Im April 1953 waren die Geschwister Sitwell wieder in England, und im Mai schickte Reich seine neue Bearbeitung, damit sich Edith dazu äußern konnte. Sie war entsetzt. Von Renishaw aus schüttete sie dem portugiesischen Lyriker Alberto de Lacerda ihr Herz darüber aus, wie gedemütigt und wütend sie war, und erlegte ihm auf, außer seinem Freund Gordon Watson niemandem darüber zu berichten, *»da ich nicht möchte, daß meine Schwierigkeiten in ganz London herumgehen und von den Leuten durchgehechelt werden, wenn sie nach Kartoffeln Schlange stehen«*:

> Der Film beginnt jetzt mit einer Szene, die wie eine Kissenschlacht in einem Internat aussieht (Anna erwacht). Wenn die Atmosphäre nicht gerade an *Thronfolgerin*[2] oder ein Stück mit einem Titel wie *Die Tudor-Maid* erinnert, dann an *Amber, die große Kurtisane*[3] oder *Die süße Nellie aus der Old Drury Lane*. Außerdem haben sie noch vieles andere in ganz unerhörter Weise verhollywoodisiert. So betritt George Boleyn das Gemach Annas, als sie bloß ein Badelaken umhat! Und Heinrich liegt schnarchend im Bett, wenn er sich nicht gerade volltrunken auf dem Fußboden wälzt oder im Nachthemd herumrennt.[4]

Edith nahm sich Reichs Drehbuch vor, merzte die Anachronismen mitsamt den Geschmacklosigkeiten aus und schickte es an George Cukor zurück.

Am 6. September geriet Edith, die vor ihrer Abreise nach Montegufoni stand, bei der Lektüre der Literaturausgabe der *Times* jener Woche in großen Zorn. Stehenden Fußes faßte sie einen Brief an Lehmann ab, in dem sie sich über einen »äußerst geschmacklosen Angriff auf mich ... in einem Artikel über Ihre alte Freundin Miss oder Mrs. Manning« beklagte. »Er ist wirklich *sehr* kränkend, und die Überschrift auch.«[5]

Die Überschrift des nicht gezeichneten Artikels hieß »Durch einen Neuling ersetzt«, und er behandelte Olivia Mannings *A Different Face* in einem langen, allgemeinen Essay über ihr bis dahin erschienenes Werk. An einer Stelle wurde zwischen den »goldenen« Bildern in Ediths Dichtung und in Olivia Mannings Erzählung »The Children« eine Parallele gezogen. Dabei vertrat der Verfasser die These, es handele sich um einen natürlichen Prozeß des Ersetzens, »der in der Literatur ganz allgemein beständig im Gange ist, da er, ob in Prosa oder Lyrik, die Dichtung des Lebens destilliert, so daß am Ende das edlere Metall zeigt, was Legierung ist und was nicht.«

Edith hatte bereits an Alan Pryce-Jones, den Herausgeber des *Times Literary Supplement*, geschrieben (»wirklich, die Vögel sind zu träge; sie stehen nicht früh genug auf«). Sie hielt Lehmann auf dem laufenden und teilte ihm am 19. September aus Montegufoni mit, ein »wütender« Pryce-Jones habe ihr einen Brief geschrieben, »der ihm zur größten Unehre gereicht«, und Arthur Waley habe an die Zeitung geschrieben, um zu protestieren. Osbert vermutete, daß eine Frau den Artikel verfaßt hatte, Edith verdächtigte Honor Tracy: »Offenkundig ist es jemand, der in Miss Manning verschossen ist. Natürlich weiß ich nicht, ob Miss T. Miss M. kennt.« (Der Artikel stammte von William Gerhardie.) »Natürlich ist Alan [Pryce-Jones] wütend, weil ich ihm mitgeteilt habe, daß seine Rezensenten in der großen Tradition stehen und der Nachwelt als jene überliefert werden, die kleine Elendsgestalten wie J. D. [*sic*] Enright[6] bewundert und mich beleidigt haben.« Und dann tritt ein aufrichtiger Schmerz zutage, der diese hektische Ersatzhandlung ausgelöst hat: »Dabei hätten sie sich gar nicht die Mühe zu machen brauchen, denn ich mache mir zur Zeit so *entsetzliche* Sorgen um Osbert und fühle mich so gräßlich elend, daß ich zweifle, ob ich je wieder ein Gedicht schreiben werde. *Aber das – ich meine die Sache mit Osbert – behalten Sie bitte für sich.*« Daß sie sich »gräßlich elend« fühlte, ging auf die Verschlechterung von Osberts Gesundheitszustand zurück, den Verlust ihrer Fähigkeit, Gedichte zu schreiben, und auf die Demütigungen, die man ihr mit Bezug auf das Filmdrehbuch zugefügt hatte.

Dieser letzte Kummer fand Linderung. Im selben Brief konnte sie Lehmann mitteilen, sie habe von Cukor erfahren, der Film werde gedreht. Er hatte sie wissen lassen, der Präsident der Filmfirma Columbia habe ihn an einem Sonntagmorgen um viertel vor sieben angerufen, um ihm zu sagen: »Der ist wunderbar *erotisch*!«

Also brach sie im November erneut nach Hollywood auf. Im selben Monat brachten Macmillan in London und Vanguard in New York ein schmales Bändchen mit ihren neuesten Gedichten, *Gardeners and Astronomers* heraus. Es enthielt »The Road to Thebes«, »A Song of the Dust«, drei Roy und Mary Campbell gewidmete Lieder und zwei weitere, die sie für Gordon Watson geschrieben hatte, nachdem sie ihn im Mai 1952 hatte Liszt spielen hören. Die Sprache der Bilder ist zunehmend klassisch und religiös, und es finden sich keine neuen Themen. Die einzige erkennbare Entwicklung fiel Cecil Day Lewis auf. Er schrieb ihr, nachdem er die Gedichte gelesen hatte: »Wie um Himmels willen können Sie nur die langen Verse durchhalten? Eigentlich müßten die umkippen und sich den Hals brechen: Sie schweben förmlich frei in der Luft – erstaunlich.«

In jenem Herbst hielt sich auch Dylan Thomas in den Vereinigten Staaten auf, er war auf einer Lesereise. Im Jahr davor hatte Edith Jack Lindsay beschrieben, wie sich das Ehepaar Thomas durch Amerika vorangearbeitet hatte. Es war ein Bericht aus zweiter Hand, und das bedeutete, daß sie ihrer Phantasie die Zügel schießen ließ: »Wie ich höre, hat unser Mr. Dylan New York (buchstäblich) in Rot getaucht, wobei er Mrs. Murray Cranes literarischen Salon zum Mittelpunkt seiner Aktivitäten machte.« Als sich Dylan und Caitlin in die Haare gerieten, kam es zu Schlägen und Tritten, und schließlich war Blut geflossen. Mrs. Crane »kreischte auf und fiel in Ohnmacht«. Dylan wurde nach Hause geschickt, kehrte aber »bald zurück und verlangte Geld für sein Taxi.«

Caitlin Thomas haßte all das: die Tourneen, die Frauen, die »einzeln, paarweise und häufiger in Meuten jagten«, und den Alkohol. Diesmal allerdings hatte sie ihren Mann nicht nach Amerika begleitet – und auf dieser Reise starb er am 9. November 1953.

John Malcolm Brinnin schickte Edith ein Telegramm mit dieser Nachricht an Bord ihres Schiffes und holte sie in New York am Anleger ab. Dann begann die Flut der Schreckensgeschichten um Dylan Thomas. Edith leitete sie an John Lehmann und Stephen Spender weiter. An Lehmann schrieb sie:

> Er liebte niemanden außer Caitlin, hatte sich aber seit seinem ersten Besuch in Amerika mit zwei anderen Frauen eingelassen ... Ich vermute, es hängt damit zusammen, daß Geld C. nicht erreichte. Jedenfalls hat sie ihm zehn Tage vor seinem Tod ein ekelhaftes Telegramm geschickt ... Von Stund an hörte er nicht mehr auf zu trinken und wurde von dem ekelhaften Oscar Williams auch noch angestachelt. Dylan hat den Leuten gesagt, er stehe vor dem Tor zur Hölle. Eines Nachts dann ist er ins Koma gefallen, aus dem er nicht wieder erwachte.

Damit, daß Caitlin auf der Bildfläche erschien, kam zur Tragödie auch noch das Entsetzen. In Ediths Bericht »warf sie sich auf den Leib des sterbenden Dylan«, versuchte John Brinnin zu erwürgen und »riß den Pflegeschwestern die Kleider vom Leibe«. In den Berichten wie in Ediths Vorstellungskraft trat derselbe Mangel an Selbstbeherrschung zutage, der Caitlin Thomas eigen war. »Wir werden sagen, daß *er an Diabetes gestorben* ist, vergessen Sie das nicht!«[7] mahnte Edith Stephen Spender. Und an Lehmann schrieb sie: »Ich *kann nicht* glauben, daß mein guter Dylan, den ich liebte und von dem ich wußte, daß er ein wirklich großer Dichter war – tot ist. Ich spüre nichts als entsetzliche Betäubung.«

Nach Dylan Thomas' Tod flogen Beschuldigungen und Skandale hin und her. Getröstet wurde Edith von Roy Campbell, der ihr schrieb: »Sie bringen in all Ihren Freunden stets das Edelste zum Vorschein. Sie sind der einzige Mensch, vor dem Dylan bisweilen Ehrfurcht empfand.«

Lehmann hätte gern für das *London Magazine*, das er inzwischen herausgab, ein Gedicht von ihr gehabt. In jüngerer Zeit hatte sie einige ihrer neuen Gedichte, einschließlich »The Road to Thebes«, an die Zeitschrift *Atlantic Monthly* geschickt. Sie arbeite an einem, teilte sie Lehmann mit, doch habe Dylans Tod sie erschöpft, und sie bekomme es nicht fertig, da sie den Eindruck habe, es werde »Osbert betrüben, dessen Zustand immer grauenvoller wird ... Seine rechte Hand ... noch nicht schlimm, aber ...« Dennoch schickte sie Lehmann das Gedicht – »A Young Girl's Song« – für die Ausgabe vom Mai 1954.

Unter diesen unglücklichen Umständen konnte es gar nicht ausbleiben, daß sie zu heftig auf Presseberichte über ein Stück von Peter Ustinov, *No Sign of the Dove*, reagierte, das gerade in London Premiere gehabt hatte. Darin ging es um ein auf dem Gebiet der Literatur tätiges Geschwisterpaar namens »D'Urt«[8]. Am meisten verärgerte Edith, daß John Lehmanns Schwester Beatrix die Rolle der Naomi D'Urt spielte, von der Edith sicher war, daß sie selbst damit parodiert werden sollte. Sie schrieb ihrem getreuen Arthur Waley, der ihr am 20. Januar 1954 vom Gordon Square ausweichend antwortete:

> Über das Stück muß gesagt werden: Alle, die es gesehen haben, vertreten übereinstimmend die Ansicht, daß die Schwester nicht als berühmte Dichterin oder überhaupt als Dichterin angelegt ist ... Ich habe von verschiedenen Kritiken gehört (aber keine gesehen), in denen es hieß, Vorbild dazu sei zweifellos »eine wohlbekannte literarische *ménage*« ... Allgemein ist man der Ansicht, daß damit Connolly und seine gegenwärtige Frau gemeint sind ... Manche hielten auch Clemence Dane für das Vorbild ... Ich selbst bin der Ansicht, daß Beatrix L. nicht die blasseste Ahnung davon hatte, daß Sie gemeint sein könnten. Aber vielleicht irre ich mich.

Mit dieser Art diplomatischen Taktierens kam man bei Edith nicht durch, und so schrieb sie quer über den unteren Teil von Waleys Brief, wahrscheinlich für Osberts Augen bestimmt: »John L. hat Arthur ›geimpft‹. Sein Brief ist praktisch eine Abschrift von Johns Brief an mich. Alle werden sich ergeben auf die Seite der Lehmanns schlagen und würden verhindern, daß wir den Prozeß gewinnen, falls wir vor Gericht gingen ... *Selbstverständlich* waren wir gemeint.« Doch redete ihnen der Anwalt der Geschwister, Philip Frere, der auf langjährige Erfahrung zurückblicken konnte, einen Prozeß aus. Seine Wortgewalt brauchte den Vergleich mit Ediths nicht zu scheuen: »Ist es denn klug, diese kleinen Wellen der Verunglimpfung auch nur zur Kenntnis zu nehmen, die sich am Fuß Ihres Sockels brechen?«

Am selben Tag, da Waley an Edith schrieb, brachte der *New Statesman* ein »Profil« von ihr unter der Überschrift »Königin Edith«, zusammen mit einer Karikatur des berühmten »Vicky«. Es war ein flott geschriebener typischer *Statesman*-Artikel, und er war weniger boshaft und kritisch, als man hätte erwarten können. Doch war die Ansicht des anonymen Autors, daß die »wahre Faszination nicht von dem ausgeht, was sie schreibt, sondern davon, was sie ist«, sehr kränkend für Edith. Dieser Artikel, den sie einige Tage später bekam, trug zu ihrer Niedergeschlagenheit und Galligkeit bei. Sie beschwerte sich brieflich bei der Zeitschrift, was zu ihrer Freude und Befriedigung auch Tom Driberg und John Pudney taten – ihre Briefe erschienen in der Ausgabe vom 30. Januar. Edith schickte beiden ein Schreiben des Dankes.

* * *

Edith genoß ihre Besuche bei Aldous und Maria Huxley. »Es ist so, als wäre man bei seiner eigenen Familie, wenn man seine eigene Familie mag«, schrieb sie an Michael Stapleton. »Aldous hat sich seit seinem dreiundzwanzigsten Lebensjahr nicht im geringsten verändert.« Die Huxleys nahmen sie zu Ausflügen nach Forest Lawn mit, wo Evelyn Waughs *Tod in Hollywood* spielt. Dort lernte sie nicht nur die »nette Janet Gaynor« und ihren Mann kennen, sie besuchten auch den bedeutenden Astronomen Edwin Hubble, der im Lauf jenes Jahres starb. In Hollywood ging Edith zu den meisten Gesellschaften, zu denen man sie einlud. Ihre Begegnung mit Katharine Hepburn beeindruckte sie, deren Persönlichkeit sie als »die außerordentlichste« bezeichnete, »die ich je kennengelernt habe«. Sie betonte Katharine Hepburns »ungewöhnliche Sauberkeit – nicht nur, was die äußere Person betrifft, sie gilt ganz offensichtlich auch in ihrem geistigen Leben«.[9] Von all ihren Begegnungen in Hollywood aber wurde die mit Marilyn Monroe am meisten herausgestellt, wohl, weil sich die beiden bei oberflächlicher Betrachtung kraß voneinander unterschieden. Der Einfall, sie zusammenzubringen, stammte von der Zeitschrift *Life*.

Man brachte Marilyn Monroe im Februar 1954 in Ediths Wohnung im Sunset Tower, wo sie etwa eine halbe Stunde blieb. Sie trug ein grünes Kleid und sah mit ihrem gelben Haar, schrieb Edith in ihrer Autobiographie, »wie eine Narzisse« aus. Sie rührte Edith an – im Herzen und im Geist:

Sie war sehr still, besaß viel natürliche Würde (ich kann mir nicht vorstellen, daß irgend jemand, der sie kannte, versucht hätte, sich bei ihr Freiheiten herauszunehmen), war überaus intelligent und ungewöhnlich empfindsam ...

Im Ruhezustand lag auf ihrem Gesicht in gewissen Augenblicken eine sonderbare prophetische Tragik; es war das Gesicht eines schönen Geistwesens – ein kleiner Frühlingsgeist, ein unschuldiger Fruchtbarkeitsdämon, der Vegetationsgeist, der Ophelia war.[10]

Sie sprachen über Rudolf Steiner, mit dessen Schriften sich Marilyn gerade beschäftigt hatte, und Edith erzählte lustige Geschichten über Helen Roothams verunglückte Rudolf-Steiner-Phantasie, in der sich Edith genötigt gesehen hatte, etwas mit anzusehen, »was – glaube ich – Naturtanz hieß (vermutlich gelangt man dabei zur Einheit mit der Allmutter Erde), und wobei Damen eines gewissen Alters mit staubbedeckten großen und bloßen Füßen über einen teppichlosen Boden galoppierten ... ich füchte, Miss Monroe und ich konnten uns das Lachen dabei nicht verkneifen.«[11]

Der Kampf, den Edith täglich mit Walter Reich um das Drehbuch führte, war weniger lustig. In einem Brief vom 4. Februar an Driberg hatte sie beschrieben, daß Reich »es naturalistisch machen will, wie er es nennt. Man kann ihm nicht widersprechen, denn tut man es doch, brüllt er wie ein von einer Kanone niedergemähtes Regiment Pferde.« Er saß dann »mit hängendem Kopf schreiend auf dem Sofa«, teilte sie E. M. Forster mit. Bis zum 18. Februar hatte sich ihre Zusammenarbeit noch verschlechtert. Sie schrieb an John Lehmann: »Ich bin außer mir: Der ganze verdammte Film muß noch mal gemacht werden – wegen der unüberwindbaren Halsstarrigkeit des lieben Walter. Er hat sich nämlich in die königliche Gestalt Charles Laughtons verschossen, und so verkleinert er alles auf diesen Maßstab.« Reichs Versuche, das Drehbuch naturalistisch zu gestalten, führten in Ediths Augen dazu, daß die Atmosphäre am englischen Hof zu »einer Kreuzung zwischen Le Nid und Mon Repos in Surbiton[12] mit der Atmosphäre eines Oberstufen-Schlafsaals im Internat wird. Anne Boleyn verzehrt hinter einem Pfeiler Pralinen und zwickt hinter Kardinal Wolseys Rücken Jane Seymour ins Hinterteil.«[13] Edith war alles andere als in ihrem Element und fühlte sich entsetzlich. Sie wollte nach Hause zurückkehren. »Ich fühle mich schon eine ganze Weile sehr unglücklich und bin völlig durcheinander – ehrlich gesagt, am Rande eines Zusammenbruchs«, teilte sie Stephen Spender am 26. Februar mit, und sie erklärte, warum sie nur selten geschrieben hatte. »Hier war mir alles zuwider.«[14]

Am Tag ihrer Begegnung mit Marilyn Monroe hatte sie noch ein Erlebnis, das sie sehr mitnahm. Die Fotografen von *Life* hatten sie erst durch Hollywood, dann durch Chinatown und schließlich in die Elendsviertel von Los Angeles gefahren – nach Skid Row. Begleitet wurde sie von ihrer schwarzen Zofe Velma LeRoy und einem befreundeten Polizisten. Die Elendsgestalten und verlorenen Seelen erweckten in Edith Mitgefühl, Entsetzen und Mitleid: Das waren die Ausgestoßenen, die Ungeliebten; hier war die Welt, die sie in ihren schwärzesten Augenblicken gesehen hatte, als ihre Kriegsgedichte und »Gebräuche an der Goldküste« entstanden waren. Hier war die »Seemannstraße« aus jenem Gedicht: »In the sailor's street / To the rat that had only my bones to eat«[15], und diese heimatlosen Männer waren der unerlöste und nicht auferstandene Lazarus.

> Die Menschen, die über die Gehsteige krochen, sahen aus, als bestünden sie entweder aus roten oder aus grauen Fetzen. Die aus roten Fetzen Bestehenden husteten unaufhörlich, die anderen starrten lediglich vor sich hin.
>
> Es gibt keine Berührung zwischen einem Menschen und einem anderen. Verhungert jemand, ist das ausschließlich seine Sache. Er darf nicht erwarten, daß sich ein anderer darum kümmert, dem dasselbe Geschick droht. (Jedesmal, wenn ich einen Armen sehe, sehe ich den am Kreuz Geschundenen vor mir.)[16]

Dies Amerikabild sollte ihr bleiben, Seite an Seite mit dem des anderen, glitzernden Amerika, das aus Vergnügen und Freundschaft, Gesellschaften und Dichtung bestand. Am Ende der ersten Märzwoche 1954 kehrte sie – »Gott sei Dank!« – nach New York und zu Osbert zurück. Von dort ging es nach London, wo sie Tennessee Williams' *Camino Real* sah. Es gefiel ihr, und das schrieb sie ihm. Dann reiste sie nach Montegufoni weiter, um sich im toskanischen Frühling zu erholen. Sie arbeitete in Räumen im ersten Stock, die man durch einen von Severini ausgemalten Salon erreichte und von wo sie einen Blick auf den sogenannten Kardinalspark hatte.

Ein Buch, das Edith gegen Ende ihrer unglücklichen Monate in Hollywood sehr viel Freude bereitet und sie aufgemuntert hatte, war Kingsley Amis' Roman *Glück für Jim*. Darin findet sich ein Hinweis auf sie. Jim Dixon stellt sich am Telefon als Journalist vor und macht dabei »sein Edith Sitwell-Gesicht«. In einem wirklich begeisterten Brief teilte sie Amis Anfang Februar 1954 mit, sie habe sein Buch in zehn Tagen zweimal gelesen. Sie schrieb erneut, nachdem er ihr geantwortet hatte, und schlug vor, ihn im Sesame Club zu treffen, wenn sie und er sich gleichzeitig in London aufhielten. (Zu jener Zeit unterrichtete Amis Englisch am University College im walisischen Swansea.) Es sah aus wie der Anfang einer angenehmen neuen literarischen Freundschaft. Doch ihre großzügige und anerkennende Geste galt jemandem, der einer Bewegung – *der* Bewegung – angehörte, von der sie ausgeschlossen blieb.

Das wichtigste Sprachrohr der neu ausgerufenen Bewegung war die Zeitschrift *Spectator* in der Person des Rezensenten Anthony Hartley. Er hatte am 8. Januar 1954 Ediths *Gardeners and Astronomers* besprochen und dabei mit durchaus einleuchtenden Argumenten auf all jene Aspekte ihres Schreibens hingewiesen, die seiner eigenen Vorstellung von Dichtung zuwiderliefen. Ihr Buch, erklärte er,

> zeigt, wohin es führt, wenn man duldet, daß der Bildersprache freier Lauf gelassen wird. Das Vorgehen ihrer Dichtung ist barock: Bilder werden in dekorativen Haufen zusammengetragen, die die Gestalt eines Gedichts eher verbergen als seine Umrisse zeigen … Ein Bild führt zum nächsten, doch die dahinterstehenden Gedanken folgen dem nicht. Ganz im Gegenteil, sie werden zerstört und lächerlich gemacht … Ich wollte, die Autorin kehrte zu den härteren Rhythmen und sparsameren Bildern ihrer früheren Gedichte zurück, bei denen eine Spur Ausschmückung angebracht war.

Doch kann man natürlich nie »zurückkehren«. Edith ging auf die Rezension ein, zuerst mit einem Brief, in dem sie sich über einen angeblichen »Little Mr. Tompkins (oder wie auch immer er heißen mag), den neuen großen Dichter dieser Woche« lustig machte, und dann mit einem Telegramm aus Hollywood. »Bitte sorgen Sie dafür, daß Anthony Harteles [*sic*] auf meine Kosten ausgestopft und mit Mottenkugeln in eine Vitrine gestellt wird. Das beste Stück Ihrer Sammlung. Meine Gründe werden bald der ganzen Welt mitgeteilt. Edith Sitwell.«

Der Briefwechsel nahm an Intensität zu. Am 29. Januar erschienen in der Zeitung Briefe von John Wain, Elizabeth Jennings und einem unbekannten Witzbold, der mit »Little Mr. Tompkins« unterschrieb; am 4. Februar kam ein weiterer, mit »Peridot und Beryl« unterzeichneter Spaßvogelbrief. (Zu Ediths Bildern, die Hartley fragwürdig erschienen waren, gehörte auch »Where the sap like peridots and beryls – / Rises in the budding fig-branches« – Wo in den knospenbesetzten Zweigen des Feigenbaums / Der Saft aufsteigt wie Oliven und Berylle.) Edith schrieb erneut für die Ausgabe vom 19. Februar und vertrat die Ansicht, hinter dem mit »Peridot und Beryl gezeichneten Brief verbirgt sich offenkundig derselbe lästige Mensch, der den mit der Unterschrift ›Little Mr. Tompkins‹ verfaßt hat.« Das, hieß es in einer Fußnote, sei nicht der Fall. Ediths Brief lautete weiter: »Zumindest eines haben Mr. Hartley und ich gemeinsam. Soweit ich weiß, bewundert er das Werk von Mr. Kingsley Amis. Ich habe bisher Mr. Amis' Gedichte noch nicht gelesen, wohl aber voll begeisterter Bewunderung seinen äußerst bemerkenswerten und wirklich ausgezeichneten Roman *Glück für Jim.*« An Kingsley Amis selbst schrieb sie am 8. März: »Die ganze *Spectator*-Affäre ist unsagbar befremdend. Von allen, die so impertinent waren, mich anzugreifen, hat *keiner* auch nur die Spur einer lyrischen Begabung. Die Leute können einfach nicht schreiben.«[17]

Die Ausgabe des *Spectator* vom 26. Februar, in der Kingsley Amis sich selbst äußerte, hat sie wohl nicht zu Gesicht bekommen. Er schrieb: »Kaum ein Autor darf zu Anfang seiner Laufbahn auf ein so großzügiges Lob hoffen wie das im letzten Absatz von Dr. Sitwell enthaltene. Gleichwohl fühle ich mich verpflichtet, darauf hinzuweisen, daß ich selbst ›Little Mr. Tompkins‹ bin.«

Den Schlußstrich unter den Briefwechsel setzte schließlich am 26. Februar Laura S. Deane, Edmund Blundens erste Gattin. Sie hatte bereits bei früheren Gelegenheiten Ediths Standpunkt vertreten und schrieb erneut, um sie gegen jene in Schutz zu nehmen, die ihr bei ihrer Reaktion auf Kritik Überheblichkeit und Inkonsequenz vorwarfen. In ihrem Brief forderte sie dazu auf, zwischen »Schöpfung und Verhalten« sowie »Dichtern und Randgestalten« zu unterscheiden, und schloß ihren Brief mit der Aufforderung: »Jeder Leser, Rezensent, ausgestopfte Vogel oder jede umherziehende Stimme möge eine tote oder lebende englischsprachige Lyrikerin nennen, die man zu Recht mit Edith Sitwell auf eine Stufe stellen kann.« Niemand nahm die Herausforderung an, und so blieb es dabei.

Alles war wieder wie in den dreißiger Jahren: Der Kreis hatte sich geschlossen. Die von der Kritik mit der »Bewegung« in Beziehung gebrachten Namen junger und nicht ganz so junger Autoren waren Kingsley Amis, Donald Davie, D. J. Enright, Elizabeth Jennings, Thom Gunn, Philip Larkin, John Wain sowie Robert Conquest.[18]

Ganz allgemein wandte sich die »Bewegung« gegen Eliot, die Moderne sowie den Symbolismus und stellte sich auf Lewis' Seite. (Auch wenn sie nie mit einer Stimme sprach, ließ sich aus ihrem zusammenhanglosen Konzert eine Melodie heraushören.) Im von Armut gekennzeichneten Nachkriegs-England waren die der »Bewegung« nahestehenden Dichter noch jung, hatten ihren Wehrdienst geleistet und genossen die Segnungen des Wohlfahrtsstaates. Sie waren keine weltoffenen Bürger der oberen Mittelschicht; sie waren Dozenten und Studenten, aber nicht von den Eliteuniversitäten des Landes, sondern im Normalfall von den anglistischen Instituten von Provinzuniversitäten. Sie hielten nichts von romantischen Attitüden, Metaphernreichtum, Preziosität, *concetti*, Hermetik und Kunst für Minderheiten.

Dylan Thomas' *Collected Poems* kamen 1952 heraus. Er – obwohl Sohn armer walisischer Eltern – und Edith Sitwell standen für alles, was die »Bewegung« nicht wollte. »Bedeutete« die Art von Lyrik, die sie schrieben, etwas? Die Dichter der »Bewegung« schätzten Genauigkeit und Entmystifizierung; für Zauber, Beschwörung und Sehnsucht nach der verlorenen Kindheit hatten sie überhaupt nichts übrig. Was die »Bewegung« überdies nicht schätzte, war das romantische Bild vom Dichter als einem besonderen Menschen; verächtlich wies man die Vorstellung von sich, man ziehe – wie Dylan Thomas und Edith – mit Baudelaires Albatros um den Hals durch die Lande.[19]

In Großbritanniens Armutsatmosphäre waren diesem Albatros, ähnlich wie Nellie Wallaces Boa in Ediths altem Scherz, größtenteils die Federn ausgegangen.

Die Dichtung der »Bewegung« prägte einen abgehackten Konversationsstil. Obwohl Dichter, die ihr angehörten, eine neue, nicht-patriarchalische literarische Intelligenzschicht bildeten, gaben sie sich denkbar große Mühe, nicht intellektuell zu wirken. Damit erhielt die Bedrohung, die sie für Edith darstellten, auch eine ironische Komponente. Immerhin ähnelten sie weniger der Generation Audens als den Georgianern, gegen die Edith ihre ersten, lange zurückliegenden Kreuzzüge geführt hatte. Sie traten als unbeschwerte, streng heterosexuelle, trinkende englische Kraftnaturen auf und reagierten auf die große – möglicherweise leere – Geste mit zuchtvollen herkömmlichen Versformen. Alles, was englisch war, hießen sie gut; ausländische Einflüsse galten als affektiert, und das führte dazu, daß die Kultur Kontinentaleuropas erneut in den Hintergrund geschoben wurde. Zum Teil geschah das zur Selbstverteidigung, kamen doch die Dichter der »Bewegung« größtenteils nicht aus privilegierten Elternhäusern. Rohmaterial ihrer Dichtung war das, was sie kannten und hatten, und sie verspotteten alles, was sie für falsch, aufgeblasen und unwirklich hielten. Edith sah die Banausen wieder einmal auf dem Vormarsch.

Allerdings war die Sache zu keiner Zeit so eindeutig, wie sie in einer Zusammenfassung zwangsläufig erscheint. Wer Lyrik las, hörte nicht über Nacht auf, Edith Sitwell zu lesen. Wer ihre Gedichte mochte, las sie weiter, und es gab nach wie vor Menschen – auf Sinnlichkeit, Romantik und Mystik erpichte Seelen –, die zum ersten Mal darauf stießen und in ihnen fanden, was sie suchten. Aber die »Bewegung« bot eine zusammenhängende alternative Auffassung von Dichtung. Obwohl die meisten der Dichter, die der »Bewegung« angehörten, bereits Mitte der fünfziger Jahre ihre eigenen Wege gegangen waren, hatte eine neue Gruppe von Literaten die Herrschaft angetreten und eine neue Leserschaft hervorgebracht.

Die Perspektiven verschoben sich. Das von Philip Larkin zusammengestellte und 1973 – neun Jahre nach Ediths Tod – veröffentlichte *Oxford Book of Twentieth Century Verse* enthält vier Gedichte von ihr: eins aus *Façade*, »Sir Beelzebub«; einen Auszug aus *The Sleeping Beauty*, »Heart and Mind«; und »The Shadow of Cain« in seiner ganzen Länge. In dieser Auswahl zeigt sich, daß ihre unterschiedlichen Gemütsverfassungen und Eigenschaften insgesamt anerkannt waren. Helen Gardner, die *The New Oxford Book of English Verse* (1972) zusammengestellt hat, übernahm denselben Auszug aus *The Sleeping Beauty*, die »Polka« aus *Façade* sowie »Still Falls the Rain«, womit sie Edith Sitwell in durchaus großzügiger Weise eine ähnliche Spannweite zubilligte. (Die Hauptsammlungen der meisten Angehörigen der »Bewegung« und anderer zeitgenössischer Dichter sowie deren bedeutende Anthologien fielen nicht in den von ihr erfaßten Zeitraum, der 1950 endete, was dem Wettstreit um einen Platz unter den Autoren der Moderne ein wenig die Schärfe nahm.)

Es dürfte Edith Sitwells Geist beruhigen, daß sie mit Belegen aus all ihren Schaffensperioden in die Oxford-Anthologien aufgenommen wurde. Verstärkt wird die Gültigkeit dieser Aufnahme dadurch, daß es lediglich ihr Geist ist, der beruhigt werden muß, denn zu ihren Lebzeiten hatte jeder Kritiker es äußerst schwer, in leidenschaftsloser Weise etwas über ihre Dichtung zu sagen, ob es nun positiv oder negativ war. Wie Charles Osborne im Dezember 1962 im *London Magazine* schrieb: »Man muß ihr mimosenhaftes Verhalten gegenüber der Kritik allein schon deshalb bedauern, weil es bei manchen zu extremer Speichelleckerei und bei anderen zur Feindschaft geführt hat. Damit hat sie in den vergangenen Jahren nicht nur ihre wirklichen Verdienste verdunkelt, sondern es nahezu unmöglich gemacht, ernsthaft über diese zu diskutieren.

Die »Bewegung« war nicht imstande, Edith ihren Platz auf Dauer streitig zu machen, zumal sich das Rad ohnehin weiter drehte. Dennoch bot ihr der ›Lyrikbetrieb‹ in den letzten Lebensjahren nur wenig Sicherheit hinsichtlich des von ihr Geleisteten; und hinter dem Ruhm wie dem Gelächter, den Freundschaften mit herausragenden Persönlichkeiten, hinter den öffentlichen Ehrungen, den großartig inszenierten öffentlichen Auftritten und den Gesellschaften lauerte ängstlicher Selbstzweifel wie ein Schmerz.

27

Gott und Mammon

1954–1955

Enttäuscht von der Art, wie sie von den Kritikern im eigenen Lande behandelt wurde, hatte Edith ihren Nachruf auf Dylan Thomas der Zeitschrift *Atlantic Monthly* zugesagt, und dort erschien er im Februar 1954. Eine neue Ausgabe von Edith Sitwells *Collected Poems* war in Vorbereitung, sollte aber (im Dezember 1954) ausschließlich bei Vanguard in New York herauskommen: »Ich werde in England nicht erscheinen«, teilte sie am 9. Juli William Plomer mit.

Doch dann tat Großbritannien etwas für sie, was das republikanische Amerika nie hätte tun können. Aus der Liste der Ehrungen, welche die Königin alljährlich zu ihrem Geburtstag verleiht, ging hervor, daß Dr. Edith Sitwell ab sofort den Titel ›Dame Commander, Order of the British Empire‹[1] trug. Auf Renishaw gab es Champagner, Glückwunschbriefe strömten ins Haus, und Edith stellte eine Sekretärin ein. John Sparrow, Leiter des All Souls College in Oxford, lange einer ihrer »stillen Korrespondenten«, wie sie sagte, gehörte zu den Hunderten alter Freunde, die ihr schrieben. »›Dame‹ zu sein, macht wirklich Spaß«, erklärte sie in einer Antwort auf Cecil Beatons Brief. Alan Searle schrieb scherzhaft, er vertraue ihr ein Geheimnis an: »Willie [Maugham] ist ziemlich pikiert, weil Sie den Titel nicht redlich mit ihm geteilt haben, und ich kann sagen, was ich will, aber es gelingt mir nicht, ihn davon zu überzeugen, daß er sich nicht ›Dame Willie‹ nennen kann.«

An Plomer schrieb sie aus dem Sesame Club: »Wie *freue* ich mich, den Titel ›Dame‹ bekommen zu haben, denn er hat all die elenden Kleingeister im *New Statesman and Nation* und im *Spectator* zum Verstummen gebracht, die seit Monaten hinter mir her sind.« Das schrieb sie am 18. Juni. Am selben Tag hatte der *Spectator*, der Dorn in ihrem Auge, auf ihre neue Ehrung reagiert – nicht etwa, wie man hätte erwarten können, mit hämischer Verachtung, sondern mit einer Huldigung wie Posaunenschall von Compton Mackenzie:

Dr. Edith Sitwell ist die bedeutendste Lyrikerin, die Englands Frauen bisher hervorbrachten, und der Order of the British Empire sah im Parnaß ohne Dr. Sitwell als ›Dame‹ allmählich recht lachhaft aus. Es war wirklich höchste Zeit, daß ihre Bedeutung in aller Form Anerkennung fand. Vor nahezu vierzig Jahren hatte ich den starken Verdacht, sie werde im Laufe der Zeit meine geliebte Christina Rossetti entthronen; über die Jahre hinweg hat eine sanfte Reife Edith Sitwells Genius den Glanz eines goldenen Herbstes verliehen. Wenn ich das Vergnügen haben werde, sie als ›Dame Edith‹ anzusprechen, werde ich mit einem Titel, dem die Weihe von Märchenträumen der Kindheit zu eigen ist, eine Gestalt der englischen Geschichte ansprechen.

Bryher verband ihren liebevollen Glückwunsch mit einem großzügigen Präsent (»Das müssen wir angemessen feiern, und ich hab mir überlegt: wie wäre es mit einem neuen Pelzmäntelchen oder Umhang für den Sommer?«), dem sie Ende Juni mit der Begründung »Sie werden jetzt sicher zusätzliche Ausgaben für den Besuch im Palast usw. haben und brauchen für eine solche Gelegenheit von allem das beste« ein weiteres folgen ließ.

In jenem Sommer konnte Osbert, der die Herrschaft über seinen Bewegungsapparat verloren hatte, nicht mehr allein gehen, er hing zunehmend von der Hilfe anderer ab. Er schloß sich von der Außenwelt ab und wurde zugleich zugänglicher, als habe er sich mit dem Abnehmen seiner Kräfte abgefunden. Im September reiste er mit Edith nach Montegufoni, wo David Horner später zu ihnen stieß. Als Harold Acton von Florenz zu einem Besuch herüberkam, sagte Edith zu ihm: »Ich bin nicht so lahm, wie es den Anschein hat, aber ich möchte nicht, daß Osbert meint, ich strotze vor Gesundheit, wo er selbst so wackelig auf den Beinen ist.«[2]

Es war ein erholsames Zwischenspiel. Sie schrieb im Oktober an Lehmann und lehnte seine Aufforderung, für das *London Magazine* Rezensionen zu verfassen, mit der Begründung ab, sie stehe umittelbar davor, »nachdem Ewigkeiten lang nichts geschehen ist, wieder Gedichte zu schreiben. (Ich glaube sogar – wage das aber kaum zu sagen, weil die Sache erst im Zustand des Keimens ist –, daß ich eine neue Atmosphäre werde erzielen können.)« Hier dämmerte jedoch eine falsche Morgenröte.

Mitte November 1954 brachen Edith, Osbert und David Horner zu ihrem inzwischen üblichen Winterbesuch in den Vereinigten Staaten auf. Für Edith war eine Vorlesungsreise arrangiert worden, und sie hatte jetzt ein neues und lebensvolles Thema, »Hollywood«, im Repertoire. Osbert, der die besten Ärzte in New York aufsuchen wollte, hoffte, dort eine andere Behandlungsmethode für sich zu finden.

Auch in jenem Jahr unternahm Edith einen kleinen Ausflug nach Hollywood, allerdings lediglich, um Höflichkeiten auszutauschen. Columbia hatte *Fanfare für Elisabeth* auf Eis gelegt, weil so recht nichts dabei herauskam – endgültig, wie sich im weiteren Verlauf zeigte. Aufgewogen wurde ihre Enttäuschung durch die Erleichterung, daß sie sich nicht länger mit dem Drehbuch herumschlagen mußte. Sie hatte ihren »Sündenlohn«, wie sie das damit verdiente Geld nannte, und erwarb damit zwei weitere große Aquamarine.

Etwas weit Beunruhigenderes machte ihr Sorgen. Sie sah, wie Osbert in New York litt, wenn ihn David Horner, gesund und voll Energie, über längere Zeit allein ließ, während sie sich auf ihrer Vortrags- und Lesereise befand. Osbert stand dieser Situation hilflos gegenüber. Zwar klagte er nicht, aber die weltmännische Maske der Kultiviertheit und Zurückhaltung, die er stets getragen hatte, um Empfindungen vor anderen zu verbergen, war dünn geworden. Er war sehr krank, und daß David nicht ihm, sondern anderen Freunden Gesellschaft leistete, machte ihn unglücklich, und Edith sah, daß er unglücklich war.

Bei den ersten Anzeichen von Osberts Krankheit hatte sich David Horner aufmerksam und liebenswürdig gezeigt und die Symptome auf eine Weise heruntergespielt, die freundschaftlich und ermutigend wirkte. In ihren Grundzügen veränderte sich diese Haltung nie. John Pearson hat in seiner Beschreibung der langwährenden Beziehung dieser Männer gesagt, beiden sei stets klar gewesen, daß Horner ein gewisses Eigenleben führen müsse, daß er, als sich Osberts Zustand verschlimmerte, gewisse Phasen der Unabhängigkeit noch dringender brauchte und dies außerdem eine Sache sei, die ausschließlich die beiden Beteiligten etwas angehe.[3] Es ist auch nicht klar, was Anfang Dezember 1954 in New York zwischen Osbert und Edith vorfiel. Doch was auch immer er und sie gesagt haben mögen – gerade zu jener Zeit, als Horner im Begriff zu stehen schien, ihn zu verlassen, erkannte sie die Art und Tiefe von Osberts Gefühl für ihn. Über die Offenbarung von Osberts Bedürfnissen entsetzt, war sie voller Zorn auf Horner; dieser Zorn verschmolz mit der Wut und der Angst, die sie empfunden hatte, als Tschelitschew Allen Tanner fallen ließ. Für Edith war Liebesentzug wie für ein kleines Kind ein Verbrechen, das entsetzlicher nicht sein konnte, das man nie vergab und nie vergaß.

Bryher, der sich Edith vor Weihnachten anvertraut hatte, hatte ihr am 14. Dezember voll Mitgefühl für Osberts Lage geschrieben und Edith aus ihrem Kummer ins Leben und zur Arbeit zurückzuholen versucht. Edith hatte eine Einleitung zu Bryhers kurz zuvor erschienenem Roman *The Fourteenth of October* verfaßt; und Bryher erklärte Edith, wie hoch sie »Ihre Liebe, Ihr Mitgefühl, Ihr Verständnis und vor allem Ihre Dichtung« zu schätzen wisse, »jene Erhabenheit, die uns allein als Schild gegen das Gorgonenhaupt dient« – und daß sie einen Scheck an Ediths Bank geschickt habe, »als Weihnachtsgruß«.

Von Ediths Standpunkt aus mochte das ganze Elend, das sie bezüglich Horners empfand, gerechtfertigt sein, wenn es dazu geführt hätte, daß sie und Osbert nunmehr gegen den Verräter waren. Wenn dieser den Bruder so schlecht behandelte, würde es Osbert ohne ihn besser gehen. Osbert empfand jedoch keinerlei Groll, und so reiste Horner mit ihnen zurück nach England und nach Renishaw, als wäre nichts geschehen. Offen mit Horner streiten konnte Edith um Osberts willen und um das Gesicht zu wahren nicht, und so verkehrten sie während der gesamten fünfziger Jahre höflich und wie Familienmitglieder miteinander. Wenn Edith auch ihre ausgeprägten Empfindungen von Abscheu und Groll unterdrückte, so blieb sie doch auf der Rückfahrt meist in ihrer Kabine, nachdem sie vor der Abreise an Lehmann geschrieben hatte: »Der liebe kleine Lord Fauntleroy kehrt mit uns zurück, um das Haus erneut zu verseuchen.«

Am 8. August 1955 schrieb Edith an John Hayward: »Mein Leben war in Amerika und ist, seit ich von dort zurückgekehrt bin, *eine* anhaltende *Hölle* ... Ich habe es nicht geschafft, mich zu etwas aufzuraffen, das über das Überarbeiten von Texten und den Übertritt zur katholischen Kirche hinausging (Katholikin wurde ich am Donnerstag).«[4]

Zum Teil war es das Bedürfnis nach einer Autorität, die hoch genug stand, den Aufruhr ihrer Gefühle gegenüber David Horner zu bändigen und zu beherrschen, das sie dazu veranlaßte, einen Schritt zu tun, den dieser mehr als zehn Jahre zuvor getan hatte. Horner war im Jahr 1944 zur römisch-katholischen Kirche übergetreten, und Edith hatte ihm am 2. April jenes Jahres geschrieben: »Ich bin sicher, Sie werden damit großen Seelenfrieden erreichen, und Sie haben absolut richtig und absolut klug gehandelt, als Sie sich für diesen Schritt entschieden. – Ich habe nie verstanden, warum sich Menschen vor Richtlinien ängstigen, die ihnen förderlich sind. Nur sehr wenige Menschen vermögen bedeutende Entschlüsse zu treffen, und Sie waren dazu imstande.« Sie sei sicher, daß auf eine solche Entscheidung »ein Gefühl unermeßlicher Gelassenheit, des Friedens und der Sicherheit folgt, eine dauerhafte Grundlage, auf der man sein Leben Tag für Tag neu aufbauen kann.« (Nach ihrer Konversion sagte sie zu Jack Lindsay und anderen über Horner: »Wäre ich nicht Katholikin gewesen, ich hätte ihn umgebracht.«)

Doch wie »absolut richtig und absolut klug« sie Horners Entscheidung auch fand, zu jener Zeit hatte sie der katholischen Sicht der Dinge nicht besonders positiv gegenübergestanden. In einem undatierten Brief aus dem Krieg schrieb ihr Stephen Spender:

> Tom [Eliot] hat schrecklich Gutes zu sagen, aber die Selbstgefälligkeit, mit der er Zuflucht bei der »katholischen« Sichtweise des Lebens sucht, ist stets ärgerlich ... Auch ist es einfach nicht wahr, daß der katholische Standpunkt eine so überlegene Lösung für die Schwierigkeiten des Lebendigseins mit sich bringt, wie Eliot das anzunehmen scheint. Auf dem Papier klingt das alles gut und schön, aber in der Praxis können Katholiken den Tag nur mit Hilfe von Aspirin oder Whisky überstehen. Die meisten von ihnen leiden an akuter Neuralgie. Und diejenigen, für die das nicht gilt, sind Hypochonder.

Hätte sie seine Worte etwa zehn Jahre später noch einmal gelesen, wäre sie davon vielleicht beunruhigt gewesen.

Jack Lindsay deutete ihren Übertritt von seinem marxistischen Standpunkt aus. »Sie dachte immer noch mehr oder weniger wie Carlyle oder Dickens. Zerstörung und Erneuerung gehen auf den Zorn Gottes und die Racheengel zurück, nicht auf das Tun planvoll vorgehender Menschen. Und so stand im Mittelpunkt ihrer Vorstellung von revolutionärer Veränderung das Bild Christi.«[5] Er vertrat die Ansicht, nachdem Christus in ihrer Dichtung ursprünglich als »notwendiges Bild menschlicher Einheit« aufgetreten sei, benötige sie das Bild zunehmend als »äußerliche

Wirklichkeit sowohl innerhalb als außerhalb ihrer Dichtung«. Ein weiterer guter Bekannter, John Piper, brachte für Ediths Bedürfnis weniger Verständnis auf; überzeugter Anglikaner, der er war, pflegte er nach ihrem Übertritt kaum noch Umgang mit ihr.

Dem Jesuitenpater Martin D'Arcy war Edith im Hause Roy und Mary Campbells begegnet, die beide Katholiken waren. Als sie im April 1955 in einem Brief ihre Entscheidung ankündigte, befand sich D'Arcy in Notre Dame, im amerikanischen Bundesstaat Indiana. In seiner Antwort ließ er große Freude über die Neuigkeit erkennen: »Ich hatte in Ihren letzten Gedichtbänden das Wirken von Gottes Liebe gespürt.« Diesen Eindruck hatten seit »Gebräuche an der Goldküste« auch andere Leser und Kritiker gewonnen, und sie hatte ihre Beobachtungen akzeptiert. In einem Brief, den sie am 24. Januar 1944 über den Aufsatz schrieb, der später in *A Celebration for Edith Sitwell* erschien, hatte sie Bowra mitgeteilt: »Ihr Satz: ›Die Erde ist mehr als ein Gewand Gottes: In ihr manifestiert sich Gott selbst‹ ist wunderschön und die Wahrheit, die all meinen Gedichten zugrunde liegt.«[6] Auch den Pantheismus in ihrer Lyrik, den Lindsay als marxistisch ansah, hatte Kenneth Clark in seinem *Celebration*-Aufsatz als christlich gedeutet: »Miss Sitwell ist im wesentlichen eine religiöse Dichterin; das soll heißen, sie hat das Übel und Elend der Welt nicht bloß auf intellektueller Ebene, sondern mittels ihrer Vorstellungskraft erfahren und diese Erfahrung mit Hilfe der Überzeugung überwunden, daß alle Schöpfung der göttlichen Liebe untersteht.« Edith war religiös veranlagt, hatte aber bis dahin kein Bedürfnis nach den festen Formen organisierter Religion empfunden.

Nach einem Briefwechsel mit D'Arcy hatte Edith am 23. April in der Wigmore Hall Benjamin Brittens Fassung ihres »Still Falls the Rain« gehört. »Ich konnte in der Nacht nach der Aufführung nicht schlafen, und ich kann an nichts anderes denken«, schrieb sie in einem Brief an Britten, den sie mit »Mein lieber Ben« begann. Da sich D'Arcy in Amerika befand, hatte er Edith an seinen Kollegen in der Londoner Farm Street verwiesen, den Jesuitenpater Philip Caraman, der sie in der katholischen Glaubenslehre unterweisen sollte. Sie begegneten einander am 29. April zum ersten Mal. Edith schrieb ihm, diese Begegnung habe ihr »ein Gefühl des Glücks, der Sicherheit, des Friedens, wie ich es seit Jahren nicht kannte« gegeben. »Welche Törin ich war, diesen Schritt nicht schon vor Jahren zu tun.«[7] Mehr als alles andere suchte sie Seelenfrieden. Sie sagte einmal, die würdevolle Gefaßtheit auf den Gesichtern der Bauersfrauen, die sie in italienischen Kirchen hatte beten sehen, habe sie zum Katholizismus geführt.

Sogleich brach sie nach Montegufoni auf. Von der Zeitschrift *Atlantic Monthly* sowie dem Verlag Little, Brown hatte sie den Auftrag bekommen, eine umfangreiche Anthologie britischer und amerikanischer Lyrik zusammenzustellen – die einbändige Ausgabe der amerikanischen Lyrik belief sich schließlich auf über tausend Seiten –, und diese Aufgabe versuchte sie zu bewältigen. Pater Caraman, dem sie die Anthologie schließlich widmete, schrieb ihr am 1. Mai nach Italien: »Möglicherweise ist recht kühn, was ich sage – aber ich bin davon überzeugt, daß der Heilige Geist in Ihrem Herzen und Sinn bereits so gewirkt hat, daß einem Priester nur noch wenig zu tun bleibt, außer Sie systematisch mit den Hauptartikeln des katholischen Glaubens vertraut zu machen.« Das war auch ganz gut so, denn als sie im Juni nach London zurückkehrte, war ihr Terminkalender ziemlich voll – »Ich bin bis dahin wahrscheinlich krankenhausreif«, teilte sie Bowra mit, als sie eine Mittagseinladung für den 22. Juni plante, zu der er, die Clarks und David Jones, »den ich nicht kenne, aber ich halte ihn für einen wirklich bedeutenden Dichter«, eingeladen werden sollten. Im Juni hatte sie auch in Cambridge rezitieren und für eine Aufführung von *Façade* proben müssen, die am 15. in der Festival Hall stattfand. Außerdem nahm sie *Façade* für Decca auf, wofür man ihr einen Vorschuß von fünfzig Guineen gezahlt hatte.

Nichts von all dem, einschließlich der Verleihung ihres vierten Ehrendoktortitels (von der Universität Sheffield), war den Vorbereitungen ihres neuen Unternehmens förderlich. Doch den ganzen Mai hindurch hatte sie von Italien und im Juni von London aus regelmäßig mit Pater Caraman korrespondiert. Am 7. Mai vertraute sie ihm aus Montegufoni ihre religiöse Hauptschwierigkeit an. Da hieß es, sie stehe »täglich in Versuchung, sehr wütend zu werden.«

> Und zwar wegen einer schäbigen Niedertracht, die meinem lieben Osbert angetan wurde, noch dazu von seinem besten Freund. Sie hat dazu geführt, daß sich Osbert, dem man jetzt sogar das Essen klein schneiden muß, als hoffnungslosen Krüppel sieht, der von der ganz alltäglichen Güte abhängt, die ihm in diesem Fall verweigert wurde. Sein

Freund hat ihn verlassen ... dabei verdankt er Osbert alles auf der Welt, er befindet sich jetzt wieder in diesem Hause, weil es ihm so paßt, und er beabsichtigt, erneut mit uns zu leben, was mir große Schwierigkeiten bereitet. Ich habe bisher keinen Zorn gezeigt, aber ich empfinde ihn. Natürlich darf ich nie meine eigenen schweren Fehler vergessen.

Caraman äußerte den Gedanken, man könne hoffen, daß Osberts Leiden auch ihn in den Schoß der Kirche führen würde. Evelyn Waugh, ebenfalls Konvertit, allerdings schon seit fünfundzwanzig Jahren, hatte denselben Gedanken. Edith schrieb ihm im Juli, um ihm mitzuteilen, daß sie unterwiesen werde, und Waugh erwiderte: »Willkommen, willkommen ... Ist es übertrieben zu hoffen, daß Ihr Beispiel und Ihre Gebete auch Osbert zum Glauben hinführen könnten? Ich hatte häufig den Eindruck, daß er in dem, was er schrieb, (wenn auch nicht so deutlich wie bei Ihnen) der Wahrheit nahe zu sein schien.«[8] Doch weder Osbert noch Sacheverell folgten ihr. »Where are you refuged, my sister, / Among orisons and litanies?« (Wohin hast du dich geflüchtet, meine Schwester, / Unter Gebeten und Litaneien?), schrieb Sacheverell in »Serenade to a Sister«:

The telling of the rosary
Is but a counting of the petals,
Is but a rose held in an old and withered hand,
Not hands as yours,
Supple and youthful,
That are the tiger in the tiger-lily.

Das Hersagen des Rosenkranzes / Ist nichts als ein Zählen der Blütenblätter, / Ist nichts als eine Rose in einer welken alten Hand, / Keine Hände wie deine, / Geschmeidig und jugendlich, / Die der Tiger in der Tigerlilie sind.

Im Juli reiste Caraman zum Jesuitenhaus in Spinkhill, gut einen Kilometer von Renishaw entfernt, auf der anderen Seite des Tales, um sie zu unterweisen. Er hatte sie bereits mit Literatur versorgt. »Mr. Sheeds Werk *Theology and Sanctity* ist mir eine große Hilfe«, teilte sie ihm mit. »Der heilige Thomas von Aquin ist natürlich in jeder Hinsicht ein Wunder. Allerdings ist das Buch des Monsignore Knox für mich aus verschiedenen

Gründen nicht besonders hilfreich. Einer davon ist, daß ich seine Art zu schreiben nicht mag.«

Aber in Fragen der Dogmatik und der Lehre machte sie ihrem Glaubenslehrer keine Schwierigkeiten. Die Kirche bot ihr eine Familie und einen Ort der Zuflucht, und sie befolgte die Hausordnung bereitwillig. Obwohl sie mit vielen Menschen Kontakt hatte, war ihr Leben einsam. Die Kirche mit ihren auf die Beichte gegründeten Beziehungen nahm sie in bereitwilligerer und beruhigenderer Weise an ihren Busen, als die Mutter, der Geliebte – oder der Psychoanalytiker – das vermocht hätten, die es in ihrem Leben alle miteinander nie gegeben hatte. Niemandem kann man einen Platz auf dem Parnaß garantieren; aber »in meines Vaters Hause sind viele Wohnungen«. Wenn die Rettung nicht von Christus kam, gab es nichts, nur die Knochen, den Staub, den Eselsschrei, »des Herzens düsteren Slum«, die Straße Skid Row in den Elendsvierteln von Los Angeles, die ewige Kälte. Häufig war sie in ihrem Herzen wie in ihrer Dichtung überzeugt, daß das alles sei. Indem sie sich dem zuwandte, der am Kreuz verblich, stellte sie sich nicht nur rein äußerlich mit den Armen und Ausgestoßenen auf eine Stufe und bereitete sich auf den Tod vor, sondern sie nahm die Hoffnung an, das Leben zu bewältigen, wie es tatsächlich ist – »die blinde, alles sehende Macht bei ihrem großen Werk von Tod und Wiedergeburt«, wie sie in »Bagatelle« schrieb, einem der Gedichte aus *Gardeners and Astronomers*.

Was ihr eigenes Leben anging, sah sie eine Möglichkeit der Transzendenz für sich selbst ausschließlich in ihrer Dichtung (die allmählich versiegte). Die meisten Menschen finden eine Möglichkeit, aus sich selbst herauszuströmen; den meisten sind die nicht auf der physischen Ebene beruhenden Erfahrungen zugänglich, die ihnen die körperliche Liebe oder die Sorge um ein Kind vermittelt. Edith war es nicht einmal vergönnt, sich darin zu verlieren, daß sie einen Garten pflegte, ein Haus in Ordnung hielt oder einen Kuchen buk. »From pent-up aching rivers, / From that of myself without which I were nothing« (Aus schmerzend angestauten Strömen / Aus dem in mir, ohne das ich nichts wäre)[9] – Whitmans Litaneien drücken etwas von Ediths Enttäuschungen aus, wenn auch in einem zu offensichtlich physischen Zusammenhang. Jeder Fluß, wie sehr er auch aufgestaut wird, findet seinen Weg ins Meer. Die römisch-katholische Kirche ist ein großes Auffangbecken, das alles aufnehmen und in sich halten konnte, was Edith hineingießen wollte. In »How

Many Heavens« aus *Street Songs* hatte sie geschrieben: »He is the core of the heart of love, and He, beyond labouring seas, our ulimate shore.« (Er ist das Innerste des Herzens der Liebe, und Er, jenseits der qualvollen Meere, das Gestade, das uns allen bestimmt ist.)

»Sie war eine Exzentrikerin, und sie war eine exzentrische Katholikin«, schrieb Pater Caraman. Evelyn Waugh, der peinlich genau auf die Form achtete, machte sich Sorgen, daß auch ihre Aufnahme in die Kirche exzentrisch ausfallen könnte, und schrieb am 19. Juli an Caraman:

> Ich bin seit langem mit Edith gut bekannt und mag sie sehr. Sie neigt bisweilen zu etwas auffälligen Auftritten. Sie sagen, sie wolle in London in die Kirche aufgenommen werden. Ist es möglicherweise übereifrig von mir, wenn ich annehme, daß sich Mount St. Mary's sehr viel besser dafür eignet? Ich befürchte, daß die Massenblätter sie als eine Art Königin Christina im Stile der Garbo herausstellen werden ... Es gibt so viele böswillige Menschen, die bereit sind, einen der Sitwells als Trottel hinzustellen. Es wäre tragisch, wenn dies große Ereignis in ihrem Leben in irgendeiner Weise besudelt würde.[10]

Das Ereignis mag ein wenig exzentrisch gewesen sein, aber es blieb unbesudelt. Es fand am 4. August um die Mittagszeit in der Kirche in der Farm Street im Londoner Stadtteil Mayfair statt. Aufgenommen wurde Edith von Pater Caraman. Waugh, ihr Pate, trug einen karierten Anzug und einen Strohhut mit einem rotblauen Band. (Als weitere Paten hatte Edith die Campbells benannt, die aber nicht kommen konnten, weil Roy Campbell krank war.) Da sie vor dem zweiten vatikanischen Konzil und den darauf folgenden Reformen konvertierte, mußte sie öffentlich allerlei Ketzereien abschwören, eine Aufgabe, der sie sich mit großer Gelassenheit unterzog. Evelyn Waugh hat die Vorgänge in der Kirche in seinem Tagebuch festgehalten:

> Ein kahlköpfiger schüchterner Mann stellte sich als der Schauspieler Alec Guinness vor. Sogleich erschien Edith, schwarz eingehüllt wie eine spanische Infantin aus dem sechzehnten Jahrhundert. Mir war bewußt, daß andere hinter ihr knieten, aber es gab keine Zeitungsleute oder Fotografen, wie ich insgeheim befürchtet hatte. Sie schwor nach-

drücklich ihren Glaubensirrtümern ab und empfing als ersten Schritt in die neue Gemeinschaft die Taufe. Anschließend wurde sie zum Beichtstuhl geleitet, während sich sechs von uns in der Sakristei versammelten.

Diese sechs waren er selbst, Pater D'Arcy, Alec Guinness, »eine alte, lahme und taube Frau mit gefärbtem rotem Haar, deren Namen ich nie erfuhr« (Evelyn Wiel), »ein kleiner Mann mit dunklem Teint, seinem Äußeren nach Jude, aber angeblich Portugiese« (Alberto de Lacerda) und »ein blonder junger Mann, der amerikanisch aussah, aber Engländer zu sein behauptete«. Sie alle wurden in Mr. Rapers Daimler zum Sesame Club gebracht:

Ich hatte beängstigende Geschichten darüber gehört, aber Edith hatte ein Festmahl kommen lassen – kalte Consommé, Hummer Newburg, Steak, Erdbeerflan –, und der Wein floß in Strömen. Unvermittelt sagte die alte Dame: »Habe ich das Wort ›Whisky‹ gehört?« Ich fragte: »Wollen Sie einen?« »Nichts lieber als das.« »Ich hol Ihnen einen.« Aber der Portugiese stieß mich an und sagte: »Das hätte verhängnisvolle Folgen.«[11]

Am 9. August schrieb Waugh an Edith, um ihr für die Einladung zur Mittagsgesellschaft zu danken – »Mir erschien der Kreis Ihrer um den Tisch versammelten Bekannten in seiner Vielfalt und Herzlichkeit bemerkenswert typisch für die Kirche« –, und überlegte, ob er sie als ihr Pate vor »den wahrscheinlich eintretenden Schocks« im Hinblick auf die »menschlichen Aspekte des Katholizismus« warnen müßte: »Nicht alle Priester sind so klug und freundlich wie die Patres D'Arcy und Caraman ... Aber sicherlich kennen Sie die Welt hinlänglich, um auch mit katholischen Langweilern, Frömmlern, Verbrechern und Schurken zu rechnen. Ich selbst denke immer: ›Ich weiß, daß ich abscheulich bin. Aber wieviel abscheulicher wäre ich ohne den Glauben.‹« Am Schluß erklärte er: »Ich habe am Sonntag eine aufrüttelnde Predigt gehört, die vor den Gefahren unzüchtiger Badekleidung warnte, und ich dachte, daß Sie und ich zumindest dieses Vergehens schuldlos waren.«[12]

Zwei Monate später, am 4. Oktober, überschritt Edith den letzten Rubikon und bekräftigte ihren neuen Glauben in der Kirche in der Farm Street vor »einem großen geladenen Publikum, der Crème des katholischen London«. Waugh war nicht da; er wiederholte in seinem Tagebuch, was ihm Lady Pakenham gesagt hatte. Der gute Erzbischof Roberts schien die Versammlung kultivierter Menschen mit »einer seiner Missionsschulen in Bombay« zu verwechseln: »›Jetzt möchte ich, daß ihr alle dies sehr nützliche Gebet lernt und es täglich sagt, soweit ihr das nicht schon tut. Sprecht mir nach – O Gott – wir erflehen – deine Gnade …‹ Dreimal ließ er sie das im Chor sagen.« (Vermutlich wußte der Erzbischof genau, was er mit »der Crème des katholischen London« tat.) Anschließend, erfuhr Waugh, gab es im Connaught Hotel eine Cocktailgesellschaft »auf Kosten der Jesuiten«. »Nachdem Edith gegangen war, verkündete Pater Caraman: ›Bevor wir auseinandergehen, möchte ich nur sagen, daß jeder von Ihnen, der Dame Edith zu einer Mahlzeit einladen möchte, das gern tun darf.‹«[13] Es gab Dinge, die nicht einmal die katholische Kirche für Edith tun konnte.

Sie hatte am 25. August an Lady Lovat geschrieben:

> Ich bin *tatsächlich* noch verwirrt … Aber sobald ich die Anthologie von 1700 Seiten beendet habe, an der ich arbeite, werde ich mit angemessener Konzentration Werke der religiösen Literatur lesen können. Wie wunderbar die von Pater Gilbey übersetzten theologischen Schriften des heiligen Thomas von Aquin sind. Ihre Lektüre hat dieselbe Wirkung wie ein Sauerstoffzelt auf einen Sterbenden.

Der göttliche Sauerstoff machte aus Edith aber keinen katholischen Eiferer oder auch nur einen Menschen, der im katholischen Glauben aufging. Diese »exzentrische Katholikin« machte den Katholizismus, nachdem sie sich ihm verbunden hatte, zum Hintergrund ihres Lebens, rückte ihn aber nicht in den Vordergrund. Möglicherweise hatte sie auf ein Wunder gehofft und war wie eine Ehefrau nach der Hochzeitsnacht enttäuscht, daß sie nach ihrer Aufnahme in die Kirche völlig unverändert geblieben war – oder besser gesagt, daß sich ihre Widersacher, ob Menschen oder Schwierigkeiten, nicht verändert hatten, obwohl sie über neue Waffen und neue Verbündete verfügte. In den Wochen zwischen ihrer Aufnahme in die Kirche und ihrer Firmung war sie mit Sicherheit unglücklich. »Sie wissen nicht, was ich da durchgemacht habe«, teilte sie am 14. September Denys Kilham Roberts von Renishaw aus mit, ohne ihn wissen zu lassen, was das war.

Obwohl sie ihren Glauben nie aufgab oder verlor und die enge und vertraute Beziehung zu ihrem Beichtvater beibehielt, ging sie nach etwa einem Jahr nur noch unregelmäßig zur Messe. Sie glich einer Ehefrau, die sich in ihre neue Situation eingelebt hat und es nicht mehr für nötig hält, weiterhin die Flammen hoch schlagen zu lassen wie zu der Zeit, da sie umworben wurde. Auch gab sie sich keine Mühe, andere zu bekehren. Als ihr Allanah Harper, die sich mit der Absicht trug, zur katholischen Kirche überzutreten, im folgenden Jahr ausführlich über ihre Zweifel und geistlichen Schwierigkeiten schrieb, war sie enttäuscht, wie kurz Edith sie abfertigte.

28

Untergang und Fall

1955–1957

Tschelitschews letzte Londoner Ausstellung fand im Oktober 1955 in der Hanover Gallery statt. Erica Brausen von der Galerie bat Edith, die Eröffnungsansprache zu halten; Pawel befürchtete, wie sie erklärte, »hier in Vergessenheit geraten zu sein.« Auch Edith war besorgt und bat John Hayward, sie an dem Abend zu begleiten. Anschließend reiste sie mit Osbert nach Montegufoni, wo sie den Winter zu verbringen gedachten. Osbert schrieb zwar noch, war aber inzwischen bei allen körperlichen Aktivitäten auf Hilfe angewiesen.

Edith schuftete an ihrer kolossalen Anthologie. An Eliot schrieb sie am 1. November in einem Brief, in dem es darum ging, welche seiner Gedichte aufgenommen werden sollten: »Das Buch wird so, wie ich es möchte, bis wir zu Teil III der modernen Dichtung kommen ... Dieser endet nicht nur, sondern beginnt auch ›Nicht mit Gewalt, mit Gewimmer.‹«[1] Teil II hatte mit T. S. Eliot und Ezra Pound geschlossen. Letzterer kommentierte die von ihr getroffene Auswahl aus seinen Gedichten mit einem seiner üblichen Kryptogramme:

> Ja, hübsche Anthol wahrscheinl. beste Auffassung von U. S. Lyrik, die ein Brite je hatte. Jedenfalls nicht in entsetzlich viel schlechter Gesellschaft.

Das schrieb er im April 1957; im September jenes Jahres wurde Edith ersucht, eine Bittschrift englischer Autoren mit zu unterschreiben, die Präsident Eisenhower aufforderten, Pound aus der Heilanstalt zu entlassen. Edith war der Ansicht, damit werde man nichts erreichen, eher die in Amerika gegen den faschistisch gesonnenen Pound herrschende Stimmung noch verstärken, wie sie Pater Caraman erklärte:

> Wirklich! Ich frage Sie, was die Engländer sagen würden, wenn Amerikaner anfingen, ihnen wegen Lord Haw-Haw[2] auf die Nerven zu gehen. Können Sie sich etwas Gefährlicheres für Ezra vorstellen? Er ist

> meiner Ansicht nach einer der bedeutendsten lebenden Dichter, und sein Wohlergehen liegt mir daher außerordentlich am Herzen. Es ist doch ganz klar, daß Bittschriften von amerikanischer Seite kommen müssen.

Neben der vielen mühevollen Arbeit an ihrer Anthologie hatte sie die Aufgabe übernommen, für den Verlag Macmillan als natürliche Fortsetzung von *Fanfare für Elisabeth* eine vollständige Lebensbeschreibung Königin Elisabeths I. zu verfassen. Notizen und Entwürfe begannen sich zu türmen. Im Januar 1956 fragte ihre Sekretärin aus England schriftlich an, ob sich Edith dazu bereit finden könne, ihr Gehalt zu erhöhen. Edith war finanziell ohnehin nicht besonders gut gestellt, und das Schreiben trug ihr nicht viel ein. Schließlich verließ die unterbezahlte Sekretärin Ediths Dienste, und das Durcheinander bei Ediths in Arbeit befindlichen beiden Projekten nahm immer größere Ausmaße an.

Auf Montegufoni war es erbärmlich kalt. Als sie an einem späten Januarabend nach der Tagesarbeit in dem eiskalten Schloß unsicheren Schritts ihr Zimmer verließ, stürzte sie eine steinerne Treppe hinab. »Ich habe mich irgendwie aufgerappelt und bin nach oben gekrochen«, teilte sie am 3. Februar Pater Caraman mit. »Osbert habe ich nicht gesagt, was *wirklich* vorgefallen war, weil ich wußte, daß es ihn fürchterlich erschreckt hätte. So log ich, daß ich auf einem der Korridore ausgeglitten sei.«

Sie kehrten im Frühjahr nach London zurück, und Osbert reiste nach New York, um Ärzte zu konsultieren. Ted Weeks von der Zeitschrift *Atlantic Monthly* hielt sich in London auf und sprach mit Edith über die Anthologie, versuchte, bei ihr seine hohen editorischen Maßstäbe durchzusetzen – sie sind in Amerika ganz allgemein höher als in Großbritannien. Dabei hatte Edith wegen ihrer fehlenden akademischen Ausbildung und ihrem natürlichen Hang zur Unordnung bereits gewisse Schwierigkeiten, auch nur den englischen Maßstäben gerecht zu werden. »Mein Leben war eine Kreuzung zwischen dem elenden Dasein in einer Tretmühle und dem eines armen, ausgepumpten elektrischen Hasen, hinter dem besonders wilde Hunde her sind«, schrieb sie zu jener Zeit.[3]

Sie hatte den Auftrag übernommen, für die *Sunday Times* John Malcolm Brinnins Buch *Dylan Thomas in America* zu rezensieren. Er erwies sich, wie sie Leonard Russell mitteilte, der die Arbeit in Auftrag gegeben hatte, als »entsetzlich schmerzlich und schwierig ... Erstens mußte ich

(a) Dylan, (b) seine Frau Caitlin und schließlich (c) John Brinnin in Schutz nehmen. Nahezu das ganze in dem Buch geschilderte Verhalten scheint mir gänzlich unvertretbar.«[4] (Brinnin selbst hatte sich, wie Edith zur Zeit von Dylans Tod Stephen Spender mitteilte, »anständig« benommen.) Sie traf nicht mit Caitlin zusammen, »die mich haßt, also ist das wohl sinnlos«, aber sie behandelte Caitlins Werk *Riß im Himmel quer*[5] nachsichtig, als es 1957 erschien.

Auch ihre amerikanischen Erlebnisse folgten ihr nach London: Marilyn Monroe besuchte sie mit ihrem Gatten Arthur Miller zum Mittagessen im Sesame Club – diesmal redeten Miller und Edith, während der Filmstar dabeisaß und zuhörte. Das Zusammensein wurde durch das Eindringen ungeduldiger Fotografen und Journalisten verdorben. Die Rolle, die Edith bei Marilyn Monroes Besuch spielte, wurde in haarsträubender Weise falsch dargestellt. Nein, schrieb Edith an den *Sunday Chronicle*, nicht sie habe Miss Monroe nach England gebracht; sie habe sie lediglich eingeladen, mit ihr zu Mittag zu essen, *sofern* sie einmal nach England kam. Das Beieinander von Edith Sitwell und Marilyn Monroe regte die Vorstellungskraft der Öffentlichkeit an. Selbst Benjamin Britten schrieb ihr im Juli jenes Jahres und fragte, ob sie Miss Monroe dazu bewegen könnte, als Publikumsmagnet zur Eröffnung des Wohltätigkeitsbasars und als Gast bei der Gartengesellschaft die Festspiele von Aldeburgh zu besuchen, bei denen Edith lesen sollte.

Osbert und David Horner hatten sich in New York wieder vereint. Im Mai 1956 klagte Edith von Renishaw aus in einem Brief an Lehmann: »Der Mann kommt Donnerstag her – ich vermute, für den Sommer, wenn nicht für immer –, und ich hasse ihn wirklich ganz entsetzlich.«

Sie war nicht mehr imstande, ihre Abneigung gegen Horner zu unterdrücken. Langfristig hatte ihre Konversion ihr nicht dazu verholfen, ihren Zorn zu bezwingen. Sie begann ihren Gästen im Sesame Club gegenüber zweideutige Bemerkungen über ihn zu machen – so sagte sie, wenn man ihm die Hand gebe, sei das so, »als schüttele man halb gefüllten Sandsäcken die Hand.« In jenem Sommer teilte sie Osbert ihre Empfindungen mit. Osbert, der sich selbst nicht mehr helfen konnte, war zwischen den beiden hin und her gerissen. Doch sein Vergnügen an Davids Gesellschaft war unvermindert und deutlich erkennbar.

Edith war fort, als Henry Reed im Rundfunk zwei Vorträge über ihre

Dichtung hielt, aber die Mitschrift kann sie nur erfreut haben: »Ein Platz in der Geschichte der Lyrik ist ihr sicher.« Und in eine von C. Day Lewis und John Lehmann herausgegebene Anthologie, *Chatto Book of Modern Verse*, die durch ihre Auswahl die Zeiten besser überdauert hat als die meisten anderen, wurden fünf ihrer Gedichte aufgenommen (sowie vier von Eliot und jeweils sechs von Yeats und Hardy).

Sie selbst hatte einen neuen Autor gefunden, über den sie sich begeistern konnte: Ein junger Amerikaner, James Purdy, schickte ihr aus Allentown in Pennsylvania seinen Band mit Erzählungen, *Don't Call Me by My Right Name*. Am 20. Oktober schrieb sie ihm und teilte ihm mit, es handele sich »geradezu um Meisterwerke«, und sie werde wegen einer Veröffentlichung in Großbritannien an Gollancz schreiben. Purdy schickte ihr ein weiteres seiner Bücher, *63: Dream Palace*, über das sie ähnlich in Begeisterung geriet. Sie empfahl ihm ihren eigenen Agenten, David Higham; der Roman wurde später von Gollancz verlegt und von Edith in der Literaturausgabe der *Times* gelobt. Purdy sei, teilte Edith im November Alberto de Lacerda mit, »ein *weit* bedeutenderer Autor als Faulkner.«

Purdys Erfolg wurde wie der vieler junger Autoren durch Ediths recht willkürliche Unterstützung stark gefördert. Sie schrieb 1961 eine Einführung zu seinem *Color of Darkness*. Er vergalt ihre Güte mit herzlichen und liebevollen Zeichen der Hochachtung, die ihr wundes Herz wärmten. »Den Nobelpreis, meine liebe Edith, müßte man von Rechts wegen *Ihnen* zusprechen! So mancher Dichter, der es nicht wert ist, Ihnen die Schuhbänder zu lösen, hat ihn bekommen.« Ihr Hunger nach Schmeichelei war eine große Schwäche Ediths.

So angefüllt mit Arbeit, Gefühlen und Bewegung war ihr Leben, daß man trotz ihres Sturzes staunt, wenn man von ihrer eigenen Feder an die Wirklichkeit ihrer physischen Grenzen erinnert wird. Im Herbst 1956 marschierten Truppen der damaligen UdSSR in Ungarn ein, dessen Volk sich erhoben hatte. Edith, stets bereit, die Schwachen gegen die Starken zu verteidigen und ebenso entsetzt wie die meisten Menschen im Westen, erteilte Stephen Spender am 16. November von Montegufoni aus nachstehende Antwort, als dieser sie aufforderte, sich einer Gruppe von Autoren anzuschließen, die zur Unterstützung des Aufstandes nach Ungarn reisten:

> Ich werde beim nächsten Geburtstag siebzig und bin gegenwärtig furchtbar schlecht zu Fuß. Ich habe Arthritis in beiden Knien, stechendes Rheuma in beiden Füßen und kann häufig nur mit Hilfe eines Stocks gehen – auch dann nur langsam. Außerdem leide ich schon seit über einem Jahr an schrecklich schmerzhaften Ischiasanfällen, die immer wiederkehren. So mußte man mich bei der Heimkehr von den Festspielen in Aldeburgh ... aus dem Zug tragen, auf einem Wagen den Bahnsteig entlangfahren und in meinem Klub tragen.[6]

Daher, schloß sie, werde sie niemandem eine große Hilfe sein und auch nicht imstande, rasch Deckung zu suchen, wenn die Russen zu feuern begännen.

Selbst die gewöhnlichen Gefahren des Alltagslebens erwiesen sich in jenem Herbst als Schlachtfeld für sie. Kurz nachdem sie an Spender geschrieben hatte, erlitt sie auf Montegufoni erneut einen ziemlich bösen Sturz, wie sie am 26. November an Alberto de Lacerda schrieb. Ein Bekannter Osberts wurde zum Mittagessen erwartet:

> Ich ging ihm bei seiner Ankunft zur Begrüßung entgegen und stürzte – weil das Hausmädchen *unbedingt* den Steinboden einwachsen mußte – krachend aufs Gesicht. Als ich wieder zu mir kam, lag ich in einer Blutlache. Mein Kleid, drei Handtücher und sämtliche Taschentücher aller Anwesenden troffen vor Blut, Miss Andrade [Osberts Sekretärin] kühlte mir den Kopf mit Eis, und der junge Butler versuchte mir Weinbrand einzuflößen.[7]

Doch war Weinbrand in jenem Augenblick nicht das, was sie brauchte – wahrscheinlich hatte sie davon bereits genug gehabt. Sie war schlecht zu Fuß, sie wurde alt, und alte Menschen stürzen gelegentlich; doch gingen Ediths wiederkehrende Unfälle vornehmlich darauf zurück, daß sie viel trank. Sie ließ sich das nie besonders anmerken, aber Alkohol trübte ihren Blick und ihre Urteilskraft; sie bewegte sich steif und war klappriger, als nötig gewesen wäre. So ging es schon lange. Jetzt aber, da nicht nur die Sorgen sie bedrängten, die sie sich wegen Osberts Krankheit machte, sondern auch ihr unauflösbarer Konflikt wegen David Horner sowie ihre Anthologie amerikanischer Lyrik, ihr »verwünschtes Buch« über Elisabeth I., ihre Einsamkeit auf Montegufoni sowie Zweifel und Kümmernisse ihr zu schaffen machten, war das Trinken für sie keine bloße Angewohnheit mehr; es war eine Notwendigkeit geworden, ihre einzige Möglichkeit, Tage und Nächte zu überstehen. Jeder Kniff war ihr recht, damit Osbert nichts davon merkte.

Vor ihrer Abreise erfuhr sie, daß der schon lange geschiedene T. S. Eliot mit seiner jungen Sekretärin Hals über Kopf eine neue Ehe eingegangen war, was alle überraschte, auch John Hayward, mit dem Eliot seit vielen Jahren im selben Hause lebte. Da weder Eliot noch Hayward homosexuell waren, konnte keine Rede von verratener Liebe sein – äußerstenfalls fühlte sich Hayward hintergangen, weil Eliot ihm nichts gesagt hatte. Wegen einer Behinderung auf den Rollstuhl angewiesen, war er verletzt, daß ihn sein Freund ohne vorherige Mitteilung verlassen hatte. Dennoch war Ediths Reaktion übertrieben; sie sah darin genau den gleichen Fall wie bei David Horner und Osbert, der sich nicht selbst helfen konnte. Am 19. Januar machte sie Lehmann gegenüber ihrer Empörung Luft:

> Ach! Was für ein *Scheusal* Tom ist!!! Nein, nein, was Sie mir da mitteilen, ist wirklich zu viel! Warten Sie nur! *Ich* werde mir die junge Frau vornehmen! Wenn ich mit ihr fertig bin, wird sie sich zu Tode ängstigen. Was Tom betrifft – natürlich bekommt er seine Strafe. Er wird *nie* wieder etwas Vernünftiges schreiben. Das hat er ohnehin schon lange nicht mehr getan. Meiner Einschätzung nach taugen die *Vier Quartette* unendlich weniger als seine frühere Arbeit – kein Blut und keine Seele.
>
> Es macht mich ganz krank, wenn ich mir vorstelle, welche Qualen John [Hayward] gelitten haben muß – als er morgens um 5.30 oder 5.45 wach wurde und erfuhr, mit welch tödlicher und gemeiner Grausamkeit ihn sein bester Freund behandelt hat, auf den er bei seiner unsagbaren körperlichen Hilflosigkeit und Erniedrigung angewiesen ist.

In jenem Frühjahr 1957 vertraute Edith, deren Kummer über jedes Maß hinaus angewachsen war, ihre Besorgnis um Osberts Situation Georgia und Sacheverell an. Ihr jüngerer Bruder teilte ihre Meinung, Osbert werde offenkundig von David ausgebeutet. Anfang März reisten alle gemeinsam nach Amerika – Sacheverell, Georgia, Osbert und Edith, David Horner und ein weiterer Bekannter. Von Bord des Schiffes schrieb Sacheverell an Pater Caraman, der am Familienrat beteiligt worden war und sich längere Zeit bei Edith in Weston aufgehalten hatte, einen Bericht über den Stand der Dinge. Es herrschte eine Atmosphäre von Besorgnis, die Züge einer Verschwörung annahm. Edith hatte an Osberts Arzt geschrieben: »Etwas *muß* unternommen werden, um Osbert zu schützen. Seinen Zustand verschlimmert eine widerwärtige, abscheuliche und groteske Situation nachhaltig... Wir können so nicht weitermachen... Wäre ich ein Mann, müßte ich Sie nicht belästigen.« Inzwischen verärgerte es alle Angehörigen, wie Horner seine Zeit mit anderen Freunden zubrachte, während er seinen Lebensunterhalt nach wie vor von Osbert und Edith bestreiten ließ. Auch fürchteten sie die Macht und den Einfluß, die Horner – sie nannten ihn untereinander »Blüte« oder »Tier« – ihrer Ansicht nach auf den behinderten Osbert ausübte. »Manche Leute kommen mit dem Silberlöffel anderer im Mund zur Welt«, teilte Edith Evelyn Shrifte, ihrer Lektorin bei Vanguard, mit, wobei sie keinerlei Zweifel daran ließ, auf wen sie sich bezog. Der einzige Sitwell, den die Sache nicht weiter zu berühren schien, war Osbert selbst. Er, der im Auge des Taifuns saß, wollte lediglich, daß seine Angehörigen ebenso zuvorkommend waren wie er selbst. In seiner Beziehung zu David war er stets passiv und darauf bedacht, sich dessen Freundschaft zu erhalten; sein Streben ging darauf hinaus, daß David sowohl in seiner Gegenwart als auch fern von ihm glücklich war.

Ediths anstrengende dreiwöchige Lesereise in Amerika war das beste, was ihr geschehen konnte – es lenkte sie ab. »Milwaukee hat mir sehr gefallen«, teilte sie Evelyn Wiel mit, »und in den Zeitungen hieß es, niemand brauche sich mehr Sorgen über Mr. Elvis Presleys Publikum zu machen, denn ich hätte ihn vor der Ziellinie geschlagen.« Pater D'Arcy hatte erklärt, es sei nicht unerläßlich, daß sie zur Messe gehe, aber »die jungen Leute holten mich aus dem Bett und schleppten mich mit in die Kirche.«[8] Mitte April schrieb sie, ins St. Regis Hotel in New York zurückgekehrt, an Charles Causley, einen Lyriker, den sie bewunderte (sie verfaßte ein Vorwort zu seinem dritten Band *Union Street*): »Die Lesungen waren ein gewaltiger Erfolg, und ich bekam überall ›stehende Ovationen‹. (Die Amerikaner brechen nicht in lauten Jubel aus: Wenn sie jemanden ehren wollen, erheben sie sich von ihren Plätzen.)«

Mit vielen ihrer amerikanischen Bekannten ließ sie den Kontakt nie abreißen, sie korrespondierte mit Carson McCullers, Katherine Anne Porter und Marianne Moore; Betsy Whitney, deren Mann Botschafter der Vereinigten Staaten am Hof von St. James wurde, begegnete sie in London. Es war Ediths letzter Besuch in jenem Land, in dem man sie so zuvorkommend behandelt hatte.

Im Mai hielt sie in London die Hermon-Ould-Gedächtnis-Vorlesung des PEN-Club. Dabei griff sie die »Bewegung« so scharf an wie einst in ihren Northcliffe-Vorlesungen die Dichter der dreißiger Jahre. Abneigung verlieh ihr neue Kräfte und schärfte ihren Witz. Als sie mit Pater Caraman auf dem Paddington-Bahnhof wartete – sie waren auf dem Weg nach Weston –, sagte sie bei einer der unverständlich hallenden Lautsprecherdurchsagen: »Den Mann würde ich gern dazu anstellen, daß er Robert Conquests Gedichte vorträgt.«

Kaum in Weston, kam gleich das unvermeidliche trübe Kapitel zur Sprache. Nachdem Edith jahrelang als einzige einen Widerwillen gegen Horner in sich genährt hatte, erkannte sie, welch zerstörerische Kraft von solchen Unterredungen ausging, und, was noch schlimmer war, wie diese immer mehr einen Keil zwischen ihre Brüder trieben. Sie begann Osberts Lage realistischer einzuschätzen. Vor diesem Besuch schrieb sie an Caraman: »Meine Reise [nach Weston] wird hier vermutlich Schwierigkeiten verursachen. Auf keinen Fall darf O. wissen, daß über irgend etwas irgendwo geredet wird.« Das Ergebnis dessen sei möglicherweise, daß sie Osbert ganz und gar verlöre, »und das wäre mir einfach unerträglich.«

> Er war mir ein wunderbarer Bruder. Zwar hat er, als wir in Amerika waren, etwas gesagt, das mich entsetzlich verletzt hat, aber ich komme darüber hinweg und beginne zu verstehen. Es ist mehr als eine Platitüde, wenn ich sage, daß jede Sache zwei Seiten hat und stets etwas für beide Seiten spricht. O. hatte entsetzlich viel zu ertragen ... doch S.s Wesen ist voll hingebungsvoller Liebe, und ich mag ihn sehr.

Ihre Liebe zu Sacheverell veranlaßte sie, sich stets schützend vor ihn zu stellen; doch Osbert war der einzige Mensch, über den sie kaum je ein kritisches Wort geäußert hatte.

Hätte sie doch Geoffrey Gorers vernünftigem Rat folgen können: »Und, liebste Edith, genieß das Leben, ruh dich aus, vergiß deine streitsüchtigen Angehörigen und *schreib Gedichte*.« Hilfe war nahe.

In London gab es mehrere junge Männer, die den Kern von Ediths Hofhaltung im Sesame Club bildeten. Da war Alberto de Lacerda, »klein, makellos gekleidet, seine dunklen Augen leuchteten vor tiefer Bewegung, und jederzeit war er bereit, ein Kompliment in die Unterhaltung zu werfen wie ein Dartspieler seinen Pfeil«, sowie Gordon Watson, der australische Pianist, »hochgewachsen, mit überschäumender Lebenskraft und einem so lauten Lachen, daß es die fest in ihren Rahmen sitzenden Fenster der Grosvenor Street erschüttern konnte«, und schließlich Michael Stapleton, den Watson nach seinem Liszt-Konzert in der Overseas League im Jahr 1952 mit zu einer Abendgesellschaft im Sesame Club gebracht hatte. Gordon Watson und Michael Stapleton machten Edith mit Elizabeth Salter bekannt, die für Ediths letzte sieben Jahre ihre Sekretärin und Verbündete wurde.

Zum ersten Mal sah sie Dame Edith Sitwell im Sommer jenes Jahres, als diese bei den Festspielen von Aldeburgh in der Gemeindekirche des Städtchens las. Miss Salter saß hinten und betrachtete ihre spätere Arbeitgeberin, die eine dunkle Brille trug:

> Diese wahrhaft gewaltigen Exemplare ihrer Gattung hatten eine spiegelnde Fassung, die in einem teuflischen Winkel zu den Schläfen hin anstieg. Golden und schwarz saß die Brille unter einem mit goldenen Zierknöpfen besetzten und mit zwei schwarzen Chiffonbändern eingefaßten Tudor-Hut. Ihr bodenlanges Kleid war aus schwarzem Atlas. Ihr Mantel im chinesischen Stil changierte grüngolden.[9]

Elizabeth Salter fragte sich, »wie man Sekretärin einer Legende« sein könne.

Es klappte glänzend. Miss Salter war Mitte Dreißig, eine fröhliche, findige, einfühlsame Frau voll Herzensgüte, die als Australierin außerhalb des in England herrschenden Klassensystems und der kulturellen Hierarchie stand. Sie war außerdem eine erfolgreiche Kriminalschriftstellerin, womit sie sich Edith sogleich empfahl. Jetzt hatte sie einen Menschen, dem sie die Briefe verrückter, lästiger und langweiliger Zeitgenossen wie auch die von Lektoren, Verlegern, Journalisten weitergeben konnte; hatte jemanden, dem sie die Entwürfe zu *The Queens and the Hive* zum Tippen geben konnte; einen Menschen, der ihr nicht nur vernünftige und ehrlich gemeinte Ratschläge erteilen, sondern sie auch vor ihren eigenen Launen beschützen und als Puffer bei den persönlichen Begegnungen dienen konnte, denen sie besorgt entgegensah. (Es überraschte

Miss Salter, daß Edith sie aufforderte, bei fast allen Mittagseinladungen und sonstigen Gesellschaften, wie auch bei Besuchen mit ihr bekannten Autoren und Schauspielern zugegen zu sein.) »Bald zeigte sich, daß meine Pflichten wegen ihres Alters, ihres Gesundheitszustandes und vieler anderer Dinge weit über den Aufgabenrahmen einer Sekretärin hinausgingen«, schrieb sie. »Sie fehlen mir als Freundin und auch als Adjutantin«, erklärte ihr Edith im Herbst 1957 in einem Brief aus Montegufoni.«[10]

Edith wurde ihrem festen Vorsatz untreu, ihre *Collected Poems* ausschließlich in Amerika erscheinen zu lassen. Macmillan brachte im Juli 1957 ihr Lebenswerk in einer der Vanguard-Ausgabe sehr ähnlichen Gestalt heraus – es war vereinbart worden, daß sie die üblichen zehn Prozent Tantieme bekam, doch zahlte ihr Macmillan keinen Vorschuß. Cyril Connolly, jetzt Chefkritiker der *Sunday Times*, überschrieb seinen Artikel mit »Gruß an eine bedeutende Dichterin« und beendete ihn mit einem unverhüllten Lobgesang: »Beim Vergleich der gesammelten Gedichte Dame Edith Sitwells mit jenen von Yeats, Mr. Eliot oder Professor Auden zeigt sich, daß ihre den reinsten dichterischen Gehalt von allen haben; die Wabe ist stets vollkommen, auch wenn es der Honig bisweilen nicht ist.«[11] Ähnlich zustimmend äußerte sich Stephen Spender in der Zeitschrift *Time and Tide*, bei der Edith jetzt über einen Freund und Verbündeten verfügte, nämlich den irischen Autor Anthony Cronin, der für die Buchbesprechungsseiten zuständig war. A. Alvarez vertrat, was keineswegs überrascht, im *Observer* einen gänzlich anderen Standpunkt und erklärte, ihr Ruhm sei künstlich aufgebläht. Auch die Dichter der »Bewegung« meldeten sich in den Wochenzeitungen mit säuerlichen Kommentaren zu Wort.

Stärker enttäuscht zeigte sich Edith von dem, was Alan Pryce-Jones in der Literaturausgabe der *Times* schrieb. Sie hatte angenommen, ihrem Buch werde der lange Artikel in der Mitte des Blattes gewidmet (und war der Ansicht, man habe ihr auch Hoffnung darauf gemacht). Was sie schließlich bekam, noch dazu mit zweimonatiger Verspätung, war ein nicht signierter Artikel von 655 Wörtern. (Sie hat sie gezählt.) Er stammte vom Herausgeber selbst. »Was er geschrieben hat, war ganz nett«, teilte Edith Sir Malcolm Bullock mit, »doch eine alte Dame wie ich mag es nicht, wenn man ihr Lebenswerk in 655 Wörtern abtut. Vielleicht hat er auch gedacht, er würde mich verwöhnen, indem er mir fünf

Worte mehr als 650 zubilligte.«[12] »Interesssant« war das recht unverbindliche Wort, mit dem Pryce-Jones schließlich ihre Leistung zusammenfaßte: Diese Sammlung verschaffe ihr einen Platz »unter den interessantesten englischen Dichtern der neueren Zeit«.[13]

Für Enttäuschung blieb wenig Zeit. Im September las Edith im Dorchester Hotel, um Mittel für die Wiederherstellung der Kapelle im Stonor-Park in der Nähe von Henley aufzubringen, in welcher der Selige Edmund Campion[14] unmittelbar vor seiner Gefangensetzung die Messe gelesen hatte. Dieser Akt der Frömmigkeit trug ihr mit Jeanne Stonor eine neue Freundin ein, die auch eng mit Graham Greene befreundet war.

Zu Ehren ihres siebzigsten Geburtstags brachte Vanguard im September 1957 eine neue, überarbeitete Ausgabe von *English Eccentrics* heraus. Englands Presse feierte ihre eingesessene Lieblingsexzentrikerin in geradezu ritueller Weise. Der *Daily Express* brachte eine ganze Seite mit Fotos und erklärte, ihr stehe ein Platz im Oberhaus zu; die *Sunday Times* gab für sie eine Mittagsgesellschaft und veröffentlichte ein langes Gespräch zwischen ihr, John Lehmann, William Plomer, Frederick Ashton und Raymond Mortimer über ihr Leben und ihre Arbeit.[15] Ihre *Collected Poems* bekamen 1957 den mit zweihundertfünfzig Pfund dotierten William-Foyle-Lyrikpreis, der ihr im März des folgenden Jahres im Dorchester Hotel überreicht wurde.

Privater Kummer drängte die Triumphe und Enttäuschungen, die sie im Beruf erlebte, in den Hintergrund. Während ihrer letzten Amerikareise hatte sie zu ihrem Entsetzen erfahren, daß Roy Campbell bei einem Autounfall ums Leben gekommen war. Diese Mitteilung machte ihr im Verlauf einer Pressekonferenz, die sie in Boston gegeben hatte, ein Journalist auf besonders hinterhältige Weise. »Er fragte, ob ich Roy kenne. Ich sagte ja, er ist einer meiner besten Freunde und mein Taufpate. ›Ach, tatsächlich?‹ sagte dieser Flegel. ›Nun, der ist gestern tödlich verunglückt.‹ Einfach so.«[16]

Drei Monate später gab es eine schlimmere Nachricht. Am 1. August, nur wenige Tage nach dem Erscheinen ihrer *Collected Poems*, wurde ihr im Sesame Club ein Telegramm aus Rom zugestellt:

> Liebste Edith, diese Mitteilung bringt neben einer tragischen Nachricht auch unsere tiefempfundene Liebe. Gestern abend um acht hat

> Pawliks großartiges Herz aufgehört zu schlagen. Erneut liebe Grüße, teure Freundin – Tschura Charlie.

Es war vorüber. Die ideale Edith konnte den idealen Pawlik lieben, wie in ihren »zehn glücklichen Jahren« während des Krieges, doch für die Ewigkeit, jetzt gab es keine Stimme, die antwortete, aber auch keine falschen Töne und Mißverständnisse. Vier Jahre später schrieb sie:

> Seine Lebenskraft war so groß, ich kann nicht glauben, daß ich ihn nie wiedersehen werde.
>
> Wenn ich jetzt an ihn denke, sehe ich ihn so wie kurz nach unserem ersten Zusammentreffen. Tiefer Schnee bedeckte den Boden, und er sprang in die Luft und schlug seine großen Malerhände zusammen, denn der Schnee erinnerte ihn an seine Kindheit und seine früheste Jugend, bevor Elend und Ruhm begannen.

Diese Äußerung findet sich nicht in einer liebevollen Erinnerungsschrift, sondern im Katalog ihrer Tschelitschew-Gemälde, die sie über das Auktionshaus Sotheby's verkaufte. Ediths Liebe und Treue waren frei von Sentimentalität. Sie sehnte sich weder nach den schon recht weit zurückliegenden Jahren zurück, noch beschäftigte sie sich in ihren Gedanken oder Gesprächen lange mit dieser Vergangenheit. Für sie wie für Tschelitschew war der einzige unwiederbringlich verlorene Garten Eden jener der »Kindheit und frühesten Jugend, bevor Elend und Ruhm begannen.«

29

Die Nacht senkt sich herab

1957–1961

Ein letzter geliebter Schützling trat in ihr Leben. 1957 erschien ein Gedichtband mit dem Titel *The Succession* und einem Text auf der Bauchbinde, der von Dame Edith Sitwell stammte. Unter der Überschrift »Ein katholischer Dichter« schrieb sie im *Weekly Dispatch*, ihrer Ansicht nach handele es sich bei dem Autor um den »bemerkenswertesten Lyriker, der seit Dylan Thomas aufgetaucht ist«. Er hieß Quentin Stevenson.

Es war eben der blonde junge Mann, den Evelyn Waugh 1954 bei Ediths Aufnahme in die katholische Kirche für einen Amerikaner gehalten hatte. Als er und Edith einander kennenlernten, war er Student am Christ Church College in Oxford. Er hatte ihr seine Gedichte schicken wollen, doch Edith sagte: »Läse ich alle Gedichte, die man mir schickt, bliebe mir keine Zeit, eigene zu schreiben.« Dennoch suchte er sie in Durrant's Hotel auf, wo sie den August hindurch während der Schließung des Sesame Clubs logierte, und sie las seine Gedichte. Er war Meßdiener bei ihrer Erstkommunion gewesen, aber diesen Umstand empfand er als einen schlechten Start: stand er doch im Begriff, die katholische Kirche gerade zu der Zeit zu verlassen, als Edith zu ihr übertrat.

Im Oktober 1954 schrieb er für sie ein Gedicht, das sie »schön und anrührend« nannte. Sie las und besprach alles, was er schrieb. Ihre Haltung war liebevoll-mütterlich: »Liebster Quentin, ich halte sehr viel von Ihrer Dichtung.«

Als er Interesse an den Dichtern der »Bewegung« zeigte, grollte sie ihm vorübergehend, und als er sich entschloß, eine wissenschaftliche Arbeit über die Lyrikerin Charlotte Mew zu schreiben, schrieb sie ihm: »Ich mag keine hausbackene Lyrik. Dichtung sollte nie in der Mittelschicht angesiedelt werden, sondern entweder aristokratisch oder bäurisch sein.« Allmählich gewann er den Eindruck, daß er sich in einer falschen Position befand. Es kam ihm vor, als werde er, wie er sagte, zum »bloßen Speichellecker«. Davon gab es seiner Ansicht nach um Edith herum mehr als genug. Er hatte von ihr so viel über »Verräter« gehört – Menschen, zu denen sie gut gewesen war und die sie enttäuscht hatten. Er vertrat die

Ansicht, alles laufe darauf hinaus, daß er der nächste Verräter werde, und schämte sich, weil er sich all ihren Ansichten und Wünschen fügte. Wenn er seinen Willen durchsetzte, war ihr das nicht recht. Als er Anfang 1957 gegen ihren ausdrücklichen Wunsch beschloß, für ein halbes Jahr nach Polen zu reisen, vergalt sie ihm das mit einem Brief, in dem sie ihn mit einem Hagelschauer von Gründen dafür überschüttete, warum er unterwegs *nicht* in Montegufoni vorbeikommen sollte, um sie zu besuchen (ein einziger hätte genügt):

> Die Köchin hat die Bräune; ihre beiden Kinder haben eine schlimme Grippe; den kleinen Neffen des Hausmädchens (sie leben alle im Hause) muß man zu einer Operation nach Florenz schaffen (das bringt alles durcheinander) – *und* die Schwester der Köchin hat Paratyphus!!! … Obendrein ist es schwer, Kohlen zu bekommen, da die Kohle in Florenz ausschließlich aus Rußland kommt! Leider hat es *keinen* Sinn, daß Sie nach Florenz reisen; wir liegen eine dreiviertel Autostunde von Florenz entfernt und haben keinen Wagen … Also wird es, mein Lieber, so betrüblich es ist, nicht möglich sein, einander vor Ablauf der sechs Monate zu sehen.

»Aber ich werde täglich an Sie denken und Sie stets in meine Gebete einschließen«, versicherte sie ihm.

Weder er noch sie konnte die Beziehung verwirklichen, die sie anstrebten. Sie war zu anspruchsvoll und zu empfindlich, doch er entdeckte Falsches in seinem eigenen Verhalten. »Je mehr sie mich lobte – was ich ja wollte –, desto unruhiger wurde ich.« Es war ihm im tiefsten Herzen sehr wohl klar, daß er nicht so gut war, wie sie behauptete. Schließlich faßte ihn eines Tages Joe Ackerley auf den Stufen des Sesame Club am Ärmel und sagte entschlossen: »Sie wissen es selbst – nicht wahr? – daß sie Sie grundlos über den grünen Klee lobt.« Er hörte es mit Erleichterung.

Quentin Stevenson schrieb immer weniger; er wollte jetzt Schauspieler werden, was Edith nicht ernst zu nehmen bereit war. Der intellektuellen Redlichkeit zuliebe traf er schließlich eine endgültige und recht brutal wirkende Entscheidung. Edith widmete ihm das Gedicht »The Yellow Girl«, das am 29. Januar 1959 im *Listener* erschien (dessen Literaturredakteur Joe Ackerley war). Da Stevenson es nicht besonders gut fand, sagte er nichts und dankte ihr nicht einmal für die Widmung. Sie war sehr verletzt und schrieb an Pater Caraman:

> Er hat nicht geschrieben, um mir zu danken. Damit, daß er sich so schlecht benimmt, nachdem er genau das bekommen hat, was er von mir wollte, d. h., ich habe ihn *allen* vorgestellt, die ihm nützlich werden könnten, begeht er von seinem eigenen Standpunkt aus einen schrecklichen Fehler. Inzwischen schreibt er mir nur noch, wenn er etwas möchte ...

Sie machte die Widmung rückgängig und widmete das Gedicht statt dessen Alberto de Lacerda.

Damit war Quentin Stevenson ins Lager der Verräter übergelaufen. Er hatte sie enttäuscht – ein Schicksal, dem er nicht ausweichen konnte. Die Freundschaft war zu hoch angesetzt und auf zu viel Wunschdenken gegründet gewesen; ein Geflecht aus Bedürfnissen und Eitelkeiten. In ihrem Buch *The Queens and the Hive* fand Edith folgende Worte für die alternde Königin Elisabeth I. und den jungen Grafen Essex:

> Elisabeths Zuneigung zu ihrem jungen Vetter wurde vermutlich gänzlich falsch dargestellt. Die Autorin glaubt nicht, daß es sich dabei um die abstoßende Verliebtheit einer eitlen alten Frau in einen jungen Mann handelt. Möglicherweise sah die einsame Königin, die seit eh und je insgeheim ihre Kinderlosigkeit betrauerte – nicht nur, weil sie als Folge dieses Zustandes allein war, sondern auch, weil er Gefahren für ihr Königreich heraufbeschwor –, in ihm den Sohn, den sie hätte haben können.

Im Kern von Ediths Empörung steckte ein Element aufrichtigen Schmerzes, da ihre Liebe erneut gescheitert war. Denton Welch – er war gestorben, lange bevor seine Freundschaft zu Edith Zeit gehabt hatte, ihren Höhepunkt zu erreichen – hatte einsichtsvoll ihre Offenherzigkeit erkannt und wußte die Zeichen zu deuten: »In der Großzügigkeit liegt Schönheit«, hatte er in sein Tagebuch geschrieben, »selbst wenn sie zu Schwierigkeiten führt, die auf Mißverständnisse zurückgehen, und bewirkt, daß man sich zurückzieht.«[1]

Als Edith im September 1957 Quentin Stevensons Gedichtband pries, hatte sich noch keiner von beiden zurückgezogen. (»Er bekommt abscheuliche Rezensionen, der arme Junge«, vertraute sie um Weihnachten herum James Purdy an, ihrem anderen Schützling.) Sie quälte sich weiter durch ihr *Atlantic Book*. Ted Weeks, der sie gewissenhaft beriet, wollte, daß sie einige der sehr frühen religiösen Gedichte heraus- und, am anderen Ende der Zeitskala, nicht zu viele ihrer persönlichen Freunde aufnahm. »Er scheint nicht zu begreifen«, beklagte sie sich bei Pater Caraman, »daß für mich als Dichterin alle bedeutenden englischen Lyriker ganz natürlich meine Freunde *sind*.«

In ihrem Leben gab es noch Platz für neue Freunde – zu ihnen zählten Sir Charles und Lady Snow (die Romanautorin Pamela Hansford Johnson). Als junges Mädchen war Lady Snow Dylan Thomas' erste Liebe gewesen; aus Hansford Johnsons Haus in Battersea hatte er sich mit für den Anlaß sauber geschrubbtem Hals zu seiner ersten Begegnung mit Edith aufgemacht. Jetzt, im Mai 1958, schrieb ihr Sir Charles voll Besorgtheit, jemand, der das Manuskript des Romans gelesen hatte, an dem seine Frau gerade arbeitete – *The Unspeakable Skipton* –, habe zu bedenken gegeben, man könne dessen Hauptfigur als Parodie Ediths auffassen. Selbstverständlich konnte davon keine Rede sein, und so schrieb Edith in ihrer Antwort: »Einmal ganz davon abgesehen, daß das Unsinn ist, hat doch alles seine guten Seiten.« Sie habe »schon ewig Sie beide kennenlernen« wollen. Als sie zu einer Abendeinladung im Hause Snow ging, trug sie das rot-goldene Brokatkleid, das sie bei ihrer ersten großartigen New Yorker *Façade*-Aufführung getragen hatte: »Um Ihnen eine Freude zu machen«, sagte sie.

Sie machte weiterhin die sonderbarsten Bekanntschaften. Unterstützt von Elizabeth Salter und Quentin Stevenson bewirtete sie die Dichter der *beat generation* Gregory Corso und Allen Ginsberg bei einer Mittagseinladung im Sesame Club, wo sich, durch Kleidung und Auftreten der Besucher bedingt, noch mehr Köpfe nach ihnen umdrehten als sonst. Fast wäre die Begegnung gescheitert. Später im Verlauf des Sommers begegnete sie den *beat*-Autoren erneut in Oxford, wo sie in *Façade* auftrat. Zum Programm gehörte auch Schönbergs *Pierrot Lunaire*; die Sängerin war Hedli Anderson, mit der Louis MacNeice in zweiter Ehe verheiratet war. Bei dieser Gelegenheit duldete Edith die gezielten Unverschämtheiten in Corsos und Ginsburgs Unterhaltung mit eindrucksvoller Fassung und Würde.[2] Weniger Geduld legte sie angesichts der katastrophalen Generalprobe zu *Façade* an den Tag, bei der eine Kulisse zu Boden fiel – wobei unklar blieb, ob von selbst oder weil jemand sie umgestoßen hatte –, und sie schäumte, weil man *Façade* auf den Plakaten weniger auffällig ankündigte als *Pierrot Lunaire*, das sie ein »pathologisches, psychopathisches sadomasochistisches Meisterstück« nannte.[3] Später konnte Elizabeth Salter sie mit ihrer Nachahmung der »jaulenden Hedli MacNeice« im verhaßten *Pierrot Lunaire* unfehlbar zum Lachen bringen.

Seit Elizabeth Salter die Zügel führte, womit eine gewisse Ordnung, Stabilität sowie ein stützendes System in Ediths Leben einkehrten, konnte sie erneut dichterisch tätig werden. Sie verfaßte 1958 einige gute Gedichte – neue, keine Bearbeitungen ihrer zehn Jahre alten Litaneien und Bilder. Als sie etwas über die heilige Agnes las, beeindruckte sie der Satz »Sein Blut färbt meine Wange«, und sie fragte Elizabeth: »Ist das nicht hinreißend?« Jener Satz diente ihr als Ausgangspunkt eines Gedichts, das sie Pater D'Arcy widmete; es wurde im Mai 1958 in der katholischen Zeitschrift *The Month* veröffentlicht. Das ursprünglich Stevenson zugedachte Gedicht »The Yellow Girl« erschien im *Listener*, ebenso »La Bella Bona Roba«. Zu denen, deren Rat sie jetzt mit einer aus Schwäche geborenen Bescheidenheit suchte, gehörte Geoffrey Gorer: Er beriet sie kundig bei der Interpunktion von »La Bella Bona Roba« und äußerte Bedenken wegen des Titels. Er hatte ihr im Januar jenes Jahres geschrieben: »Keinesfalls *keinesfalls* KEINESFALLS dürfen Sie sich von den albernen Kleingeistern, die in den Zeitungen Lyrik rezensieren, auch nur im geringsten beim Schreiben ihrer Gedichte beeinflussen lassen.«

Sie schrieb wieder gut, aber in ihren Gedichten trat der Tod deutlicher hervor denn je:

I, an old dying woman, tied
To the winter's hopelessness
And to a wisp of bone
Clothed in the old world's outworn foolishness

Ich, eine alte sterbende Frau, gebunden / An die Hoffnungslosigkeit des Winters / Und an eine Handvoll Gebein / Gekleidet in die abgetragene Torheit der alten Welt

Hier geht es nicht um einen Tod, den man fürchtet; die Autorin läßt sich »nicht schrecken«:

> No more eroded by the seas of the world's passions and greeds, I rise
> As if I never had been ape, to look in the compassionate,
> the all-seeing Eyes.
> (»His Blood Colours My Cheek«)

> Nicht mehr ausgehöhlt von den Seen der Leidenschaften und Gier der Welt, erhebe ich mich, / Als wäre ich nie Affe gewesen, um in die mitfühlenden, die alles sehenden Augen zu schauen.
> (»Sein Blut färbt meine Wange«)

Über ein weiteres in jenem Jahr entstandenes Gedicht, »The Death of the Giant«, das im November im *London Magazine* erschien, schrieb sie an Lehmann: »Übrigens könnte man es – *nur sagen Sie das um Gottes willen niemandem* – einen Schlüsselroman nennen, wenn es ein Roman wäre. *Ich* bin der Riese, um den es hier geht, auch wenn ich sein Geschlecht aus poetischen Gründen verändert habe.«

Mit dem Herbst kamen sackweise Druckfahnen für das *Atlantic Book*, und das Korrekturlesen ging bis an die Grenzen der Belastbarkeit ihrer Augen und ihrer Geduld. Wieder begann alles schiefzugehen. Zu jener Zeit stand sie – wie Georgia mit einem Ausdruck sagte, der von großer Wahrnehmungsfähigkeit zeugt – »am Rande eines Nervengalopps«; einen Nervenzusammenbruch konnte man das kaum nennen, denn in diesem Begriff schwingt der Verlust von Entscheidungsfreude und Funktionsfähigkeit mit. Sie schlug in alle Richtungen um sich. So schrieb sie am 9. September an den *Daily Mirror*:

> In Ihrer heutigen Ausgabe haben Sie die entsetzliche Geschichte George Chobriks aus Hadylane, Chesterfield, gebracht, der eine Katze von einem Baum herunterholte und zuließ, daß seine beiden deutschen Schäferhunde sie in Stücke rissen – ein Vorgang, der *volle sieben Minuten* dauerte.
>
> Dies Ungeheuer bekam – eine Geldstrafe von £ 3. Wann wird es möglich sein, daß man Menschen wegen Grausamkeit so bestraft, daß sie sich das hinter die Ohren schreiben.

Im Dezember machte sie Roger Senhouse vom Verlag Secker und Warburg Vorwürfe wegen der Verweise auf Tschelitschew in Edouard Roditis *Dialogues on Art*, das Senhouse ihr geschickt hatte. Das war ein schrecklicher Fehler, denn das Buch enthielt auch einen besonders anerkennenden Absatz über Ediths Erscheinung, der auf einen Nichtbetroffenen vermutlich herrlich lustig gewirkt hätte, sie aber nicht trösten konnte: Roditi schrieb, »sie wirkte mit ihrer Statur, ihrem gebieterischen Auftreten und den Proportionen einer Juno wie ein hermaphroditischer Gardeoffizier, der sich im portugiesischen Goa des achtzehnten Jahrhunderts für ein religiöses Schaugepränge als Madonna verkleidet hat.« Das sei unverzeihlich, schrieb Edith, und sie werde es auch nicht verzeihen.

Verzeihlich hingegen war eine hermaphroditische Katze. Von Montegufoni aus, wo sie sich wie gewöhnlich den Winter über aufhielt, schrieb Edith an Elizabeth in London über ihre italienische Katze Savonarola, die unter dem Namen ›Boy Friend‹ firmierte, bis dieser neun Junge warf und anschließend auffraß. »Wie *abscheulich*!! Sie steht jetzt wegen Transvestitentums, Inzestes, Kindermordes und Kannibalismus unter Anklage. Aber ich will kein Wort gegen sie hören.«[4] Auch gegen die unbescheiden auftretende Evelyn Wiel wollte sie kein Wort hören; doch war jene grellrot geschminkte alte Frau, wenn sie sich auch keine der Verbrechen Savonarolas hatte zuschulden kommen lassen, zum Teil dafür verantwortlich, daß die in ihren Nervengalopp eingesperrte Edith Gefahr lief, fluchtartig den Rückzug anzutreten.

Andeutungsweise legte sie Elizabeth ihre Schwierigkeiten dar:

> Drei Tage lang konnte ich nichts bei mir behalten und habe überhaupt nicht geschlafen. Die Nächte waren der reinste Alptraum, so mußte ich würgen, außerdem suchten mich allerlei Schreckensbilder heim. Auslöser dafür war einerseits die Aufforderung des Finanzamts, ich solle ihnen Unterlagen schicken, die ich nicht hier habe, und das Gejammer der lieben armen Evelyn. *Entre nous*, sie hat *alles* Geld meiner Mutter (was ein Drittel meines Einkommens hätte ausmachen sollen).[5]

Detailliert zählte sie auf, was ihr Evelyn genommen hatte, und schloß: »Sie hat alle meine Bilder.« Diese Bilder wurden in Madame Wiels Händen zu einer Waffe. Als sie zwei Jahre zuvor erwogen hatte, aus der Rue Saint-Dominique auszuziehen, hatte sie an Edith geschrieben: »Ich muß wissen, was ich mit all Deinen Bildern, Büchern und Papieren tun soll, die ich hier habe. Ich kann sie unmöglich mitnehmen.« Im September 1959 schrieb sie, nachdem drei Bilder zurück nach England geschafft worden waren, über das Verbleibende:

> Zu Deinen Bildern. Ich kann mir nicht vorstellen, was mit ihnen geschehen soll. Sie zu schicken würde ein kleines Vermögen kosten, und es sind zu viele, als daß ein Bekannter sie im Gepäck mitnehmen könnte. Die einzige Lösung scheint mir zu sein, daß wir so tun, als gehörten sie mir; und da ich Dir in meinem Testament alles in meiner Wohnung Befindliche vermacht habe, bekommst Du sie schließlich doch.

Das war unaufrichtig, denn am Transportproblem würde sich durch Evelyn Wiels Tod nichts ändern. Den Bildern kam in ihrer Beziehung zu Edith die Rolle von Geiseln zu, sie stellten ein Bindeglied dar und bedeuteten für sie eine Art Sicherheit. Vermutlich wäre sie nicht so weit gegangen, sie ohne Ediths Zustimmung zu verkaufen. Edith hatte bereits 1955 ihr Nacherbschaftsrecht an Helens Nachlaß (im Wert von etwa achthundert Pfund) auf Evelyn übertragen und bemühte sich, stets daran zu denken, daß »jene alte Dame in mancher Hinsicht ein sehr tapferer Mensch ist.« Immerhin wären die Bilder ohnehin nicht mehr vorhanden gewesen, hätte Evelyn sie nicht in den Jahren der Besetzung vor den Deutschen versteckt.

Edith beschrieb Pater Caraman ihr Leben in den zurückliegenden Jahren als »Versuch, auf einem Hochseil eine tiefe Schlucht zu überqueren«. Elizabeth Salter verstand einen Aspekt dieses Abgrundes zum ersten Mal; sie kannte jetzt die ganze Wahrheit über Ediths Geldängste. »Ihre zunehmende Verschuldung, die auf die Forderungen des Finanzamts zurückging, wurde zu einem Ungeheuer, das wegen der Erinnerung an die Schmach ihrer Mutter entsetzliche Ausmaße annahm.«[6]

In ihrer Angst, wie ihre Mutter zu werden, hatte Edith im praktischen Teil ihres Lebens genau das getan, wovor sie am meisten Angst hatte: Vormittage und bisweilen auch Nachmittage verbrachte sie im Bett, sie trank übermäßig; sie gab Unsummen für die Bewirtung von Freunden und

Bekannten aus; sie empfand insgeheim Panik, wenn sie an die Folgen dieser Verhaltensweise dachte – genau so hatte das Muster auch bei ihrer Mutter ausgesehen. Vielleicht gestand sie sich die Parallele nicht ein, weil ihr diese Vorstellung zu entsetzlich gewesen wäre; die Schuld für das »schreckliche Nervensystem« und für die »*angoisse*«, jene, die sie auf Schritt und Tritt begleitete, schob sie auf das Temperament des Vaters, das sie geerbt hatte.

Die Aufnahme, die ihr *Atlantic Book of British and American Poetry* bei den amerikanischen Kritikern fand, war nicht dazu angetan, ihre *angoisse* zu vermindern. Als das Buch im Herbst 1958 in den Vereinigten Staaten erschien, äußerte sich die *New York Times* zurückhaltend-kritisch, was Edith »krank vor Wut« werden ließ. Winfield Townley Scott verglich es in der *American Review of Literature* ungünstig mit Audens *Poets of the English Language*. Die amerikanische Ausgabe wurde der Londoner Sonntagszeitung *Sunday Dispatch* geschickt, die in einer sehr kurzen Rezension bemängelte, daß die Verfasserin ihren Brüdern so viel Platz eingeräumt hatte.

Doch bevor Edith im Frühjahr 1959 nach London zurückkehrte, konnte sie im British Institute in Florenz, wo sie eigene Gedichte las, einen Erfolg verbuchen. Von allen Vortragenden am Institute, schrieb Harold Acton, habe keiner je eine größere Zuhörerschaft angezogen. Selbst der Raum neben dem Vortragssaal war gesteckt voll, was aber nicht viel nützte, da das Mikrofon beharrlich den Dienst verweigerte. (Edith schien Mikrofone mit einem Fluch zu belegen.) »Ich konnte kein Wort hören«, sagte jemand aus dem Publikum, »aber es war schon ein Genuß, sie zu sehen.«[7]

* * *

Als Edith nach London zurückkehrte, stand Elizabeth zu einer Rettungsaktion bereit. Edith machte ihr den Vorschlag, nach Paris zu reisen und drei ihrer Lieblingsbilder abzuholen; Elizabeth hatte sie dazu überredet, sie zu Geld zu machen, um ihre Schulden zu bezahlen und damit Seelenfrieden zu erlangen.

Anfang Mai brach Elizabeth mit einer Bekannten in ihrem alten Austin-Sportwagen nach Frankreich auf. In der Rue Saint-Dominique angekommen, erstieg sie die Treppen des Hauses Nr. 129, wie Edith so oft vor ihr. Da die Wohnungstür angelehnt war, trat sie ins Wohnzimmer: »Es sah aus wie das, was es war – ein Raum, in dem fünfunddreißig Jahre lang nichts angerührt worden war. Die Tapeten lösten sich hinter den Spinnweben in den Ecken von den Wänden, die Sessel verbargen ihre Narben unter frisch bezogenen Kissen, die als einziges im Raum erneuert worden waren.« Bezogen waren sie mit dem Stoff von Ediths alten Kleidern, die bei Kriegsausbruch mit allem übrigen dort geblieben waren. Und die alte Evelyn Wiel war da:

> Sie war liebenswert, bezaubernd, rücksichtslos hinter dem Geld her und bewirtete mich mit dem Whisky, den ihr Edith geschickt hatte. Für den Augenblick war der Zweck meiner Reise vergessen, als sie mich, in Ediths Kleidern, die Arme mit Armreifen geschmückt, die ihr Edith geschenkt hatte, damit unterhielt, daß sie erzählte, wie in den Jahren vor dem Krieg, als sie Gattin des norwegischen Vizekonsuls war, Edith mit Helen Paris besucht hatte.[8]

Elizabeth kehrte außer mit den drei Bildern, die Edith hatte haben wollen, auch mit der Erkenntnis nach London zurück, daß Ediths Besitztümer, die in der verstaubten Wohnung gestapelt und gehortet wurden, unter Umständen nützlicher für sie sein könnten, als sie angenommen hatte.

Während Elizabeth in Frankreich war, stellte sich Edith einem Fernsehinterview in John Freemans Reihe *Face to Face*. In dieser berühmten und nie übertroffenen Reihe wurden herausragende Persönlichkeiten rigoros, aber in durchaus persönlicher Weise nach ihrem Leben und ihrer Arbeit befragt. Die Einfühlsamkeit und ruhige Gelassenheit, mit der das geschah, entwaffnete die Befragten, und so enthüllten sie ihr Ich, ohne es zu merken oder dagegen aufzubegehren. Zu dieser friedlichen Heimsuchung trug Edith eine Kopfbedeckung, die sie ihren »Vogelkönigshut« nannte, dazu eine Hermelinjacke von Solongoi, die sie kurz zuvor in einem Pelzgeschäft an der Regent Street für 271 Guineen erworben hatte. Stets gelang es ihr, sich dann am besten zur Geltung zu bringen, wenn man sie einfach sie selbst sein ließ. Nach allgemeiner Ansicht gehörte John Freemans Interview mit Dame Edith Sitwell zu den zwei oder drei bemerkenswertesten der ganzen Reihe. Da sie auf seine Fragen einging, hatten »zum ersten Mal in Ediths Leben gewöhnliche Sterbliche Gelegenheit, sie zu sehen, ohne daß Presseberichte und die Feder der Karikaturisten sie verzerrte, und was sie sahen, gefiel ihnen.«[9]

Die Interviews der Reihe *Face to Face* wurden mit Porträts der Befragten eingeleitet und beendet. Felix Topolski, von dem all diese Porträts stammten, war der letzte der zahlreichen Maler, denen Edith saß. Das Ergebnis gefiel ihr nicht – sie bezeichnete es als »unsägliche Karikatur«. Es ist ein beeindruckendes Bild: Sie trägt darauf eine Krone, und ihre Schultern hängen herab, so daß sie aussieht wie ein altes Exemplar einer exotischen Vogelart mit einem Schopf. Noch vier Jahre später versuchte Topolski ihr zu erklären, wie er sie gesehen hatte, so in einem Brief, den er am 14. September 1963 schrieb: »Für mich sind Sie von ganz ungewöhnlicher PRÄSENZ« – wie eine Gestalt in einem Stück des japanischen No-Theaters. »Diese Ihre Aura (sehe ich jetzt nachträglich) muß mich bei meinem Gemälde geleitet haben: Zerbrechlichkeit, mithin Stil, mithin wahre Autorität.«[10]

Im Sommer jenes Jahres bekam Edith gemeinsam mit W.H. Auden, Robert Lowell und Edwin Muir den Guinness-Lyrikpreis, der im Londonderry House an der Park Lane verliehen wurde; in grünen Atlas gewandet und mit einem schwarzen Samtturban auf dem Kopf trug sie »La Bella Bona Roba« vor. Im Juni las sie in der Royal Festival Hall: Benjamin Britten hatte sie um ein Gedicht gebeten, mit dem der dreihundertste Geburtstag des Komponisten Purcell gefeiert werden konnte. Den Auftrag hatte sie in den voll ängstlicher Niedergeschlagenheit auf Montegufoni verbrachten Wochen bekommen, und keine Eingebung wollte sich einstellen. Als sie Britten im Mai das Gedicht »Praise We Great Men« schickte, erklärte sie zu ihrer Verteidigung: »Ich habe für das Gedicht frühere Arbeiten herangezogen, denn es ist klar, daß jemand, sofern er überhaupt schreiben kann, für das, was er zu sagen hat, nur das passendste Medium wählen und seine Aussage nicht in anderen, schwächeren Worten machen kann.«[11]

In jüngeren Jahren war es Edith, wenn sie bei Kräften war, möglich gewesen, offen gegen Feindseligkeit vorzugehen. In ihren Augen war das der Preis, den ein Pionier und Dissident zu zahlen hatte. War sie aber bedrückt, zumal jetzt im Alter, machte ihr der Gedanke zu schaffen, daß manche Menschen sie haßten. Eine starke und expressive Persönlichkeit wie sie mußte gleichermaßen Abneigung wie Bewunderung hervorrufen;

es gibt eigentlich niemanden, den alle Menschen mögen, die ihn kennen. Doch die Annahme, man werde gehaßt, ist schreckenerregend, weil sie an die Züge des eigenen Ichs denken läßt, die tatsächlich verabscheuenswert, ursprünglich sündhaft, häßlich, potentiell zerstörerisch oder mörderisch sind. Nicht alle Briefe, die man ihr nach ihrem Triumph in der Sendung *Face to Face* schickte, waren ermutigend. »Ich bekam gestern wegen meines Auftritts im Fernsehen einen abscheulichen anonymen Brief«, schrieb sie am 27. Mai an Pater Caraman, »mit den übelsten Äußerungen über meine Erscheinung. Haß ist ungefähr der einzige Charakterfehler, von dem ich verschont worden bin, und er entsetzt mich.«[12]

Dies Entsetzen wurde dadurch verstärkt, daß es bei einer öffentlichen Lesung im Rahmen der Edinburgher Festspiele beinahe zu einer Katastrophe gekommen wäre. Sie fuhr mit Elizabeth Salter im Auto hin; zu dieser Lesung, bei der Sir Compton Mackenzie den Vorsitz hatte, trug sie ihren großen goldenen »aztekischen« Kragen, ein Geschenk von Graf Fulco Verdura. Wie so häufig bei Edith funktionierte das Mikrofon nicht. Aus dem Publikum kamen Klagen, daß man nichts hören könne. »Dann besorgen Sie sich ein Hörgerät«, sagte Edith schnippisch, aus ihrer königlichen Rolle heraustretend. Nach wie vor konnte man nichts hören. Beschwerden des Publikums und schlagfertige Antworten der Künstlerin flogen hin und her. Schließlich trat Ruhe ein. Es war ein unorthodoxer persönlicher Triumph, und anschließend warteten drei- oder vierhundert Menschen vor dem Bühnenausgang, um sie zu sehen und ihr zum Abschied zuzuwinken. Doch bald darauf verlor sie bei einem Interview mit Robert Muller für das Blatt *Daily Mail* am 10. September die Beherrschung und ließ ihre Befürchtungen offen zu Tage treten. »Sie werden doch nett zu mir sein?« bat sie Muller. »Die Menschen hassen mich so sehr.«[13]

Gegen Ende Oktober erfuhr Edith von Parker Tyler, daß er sich die ehrgeizige Aufgabe gestellt hatte, Tschelitschews Biographie zu verfassen. Sie hatte ihn bei Pawel und Ford in New York kennengelernt, und Tschura hatte sie in einem Brief gebeten, ihm zu helfen, soweit ihr das möglich sei. Edith schrieb ihm am 18. November:

> Am besten kann ich Ihnen einen Eindruck von unserer Freundschaft vermitteln, wenn ich Ihnen sage, daß sie von der gleichen Art war wie die zwischen Michael Angelo [*sic*] und der Fürstin Colonna[14]... Da ich

nicht gern über mein Privatleben spreche, schreibe ich auch nie über meine Freundschaften – ich war mit mehreren bedeutenden Männern befreundet.

Leider kann ich Ihnen *nicht* gestatten, Briefe zu sehen, die zwischen Pawlik und mir gewechselt wurden. Mir würde das nichts ausmachen, aber er hat entsprechende Anweisungen hinterlassen.

Sie riet ihm, sich an Pawels Testamentvollstrecker Lincoln Kirstein zu wenden, der die Benutzung von Pawels Briefen zu genehmigen hatte.

Tyler suchte Edith im folgenden Jahr auf. »›Werfen Sie ihn [Tschelitschew]‹, sagte sie mit ihrer Stimme, die wie fernes Glockengeläut klang, ›nicht den Wölfen vor.‹«[15] Ihre Korrespondenz ging weiter. Im Mai 1960 lieferte sie ihm einen knappen und eher irreführenden Bericht über den Bruch zwischen ihr und Tschelitschew: »Vermutlich wissen Sie, daß Pawlik (in erster Linie, weil ich angeblich eng mit der Herzogin von Windsor befreundet war – eine Frau, *die ich nie im Leben auch nur gesehen habe*) einen Streit vom Zaun gebrochen und mir damit das Leben zur Hölle gemacht hat. Als ich zur ›Dame‹ erhoben wurde, hat er mir großherzig vergeben, woraufhin der Briefwechsel wieder aufgenommen wurde.« Im Oktober 1960 schrieb sie ihm, es bekümmere sie ein wenig, »zu sehen, daß einige von Pawliks bedauerlich dummen Freunden in dem Buch in unmittelbarer Nachbarschaft zu mir auftreten. Wäre mir das bekannt gewesen, hätte ich das Einverständnis, aus meinen Briefen zu zitieren, nicht erklärt.«

Bevor sie im November 1959 ihren ersten Brief an Parker Tyler schrieb, hatte Edith einen weiteren schweren nächtlichen Unfall. Sie fiel in ihrem Zimmer im Sesame Club aus dem Bett (sie behauptete, es sei zusammengebrochen – ein Stapel Telefonbücher stützte es an einem Ende) und schlug mit dem Kopf gegen ein Möbelstück. Für den folgenden Tag war eine Teegesellschaft für hundert Personen vorgesehen, die sie zu Ehren von David Lutyens, mit dem sie sich wieder gut verstand, geben wollte. Da sie sich außerstande sah, dort aufzutreten, fungierte Elizabeth Salter als Gastgeberin, und die Gesellschaft verlief wie eine Aufführung von *Hamlet* ohne den Prinzen. »Ich sage keinem etwas von dem Unfall, sondern erkläre, ich hätte die Grippe gehabt«, teilte Edith Pater Caraman mit. Ihr Humor wurde bissiger. An Maurice Cranston schrieb sie: »Der Nachtpförtner wollte wissen, ob ich irgendwelche Aufträge für den nächsten Morgen hätte, und ich sagte: ›nur einen Sarg‹. Er fragte: ›Schwarz oder weiß?‹«

Im November unternahm sie zum letzten Mal ihre alljährliche anstrengende Zweitagesreise nach Montegufoni. Im selben Monat kam das *Atlantic Book* bei Victor Gollancz in der zweibändigen britischen Ausgabe heraus. Der Verleger schrieb ihr, es freue ihn, wie gut es sich in den ersten Wochen verkaufe. (Er hatte von beiden Bänden je viertausendfünfhundert Exemplare drucken lassen; siebzehn Jahre später, im Juli 1976, wurden einige hundert unverkaufte Exemplare verramscht.) Auf Montegufoni schrieb Edith ein Gedicht, das sie Elizabeth Salter widmete. Wie in den meisten ihrer späten Gedichte wird auch hier Liebe mit Tod gleichgesetzt und willkommen geheißen: »Love me, my ultimate Darkness, kiss me, my infinite Sun!« (Liebe mich, meine letzte Finsternis, küsse mich, meine unendliche Sonne!)

Bevor es unter dem Titel »Choric Song« im März 1960 im *Listener* erschien, stürzte sie auf Montegufoni noch einmal nachts, als die Lampe auf dem Nachttisch erlosch. Schon seit dem vorigen Unfall war ihr die Finsternis zuwider gewesen. Sie schilderte Pater Caraman, was geschehen war:

> Ich Dummkopf versuchte mich zu einem Fenster vorzutasten, um etwas Sternenlicht einzulassen. Das aber gelang mir nicht. Als ich daraufhin wieder ins Bett wollte, ergriff ich etwas, das ich für mein Bett hielt, das in Wirklichkeit aber ein äußerst gebrechlicher Stuhl war. Dieser brach zusammen, so daß ich mit dem Rücken auf den Steinboden stürzte. Ich lag von drei Uhr nachts da und litt Qualen, bis man gegen acht Uhr nach mir rief.[16]

Sie kam nicht so recht wieder auf die Beine. Im Sommer 1961 verbrachte sie mehr als einen Monat im Pflegeheim Claremont in Sheffield. Am Abend nach ihrer Rückkehr nach Renishaw stürzte sie erneut, brach sich ein Handgelenk und wurde ins Royal Hospital nach Sheffield gebracht. Sie kehrte wieder nach Renishaw zurück – und fand dort eine bestürzende Situation vor. Seit Jahren war sie bekümmert, weil Osberts Krankheit immer schlimmer wurde, und sie wütete gegen David Horners beständige Anwesenheit. Jetzt wurde der Spieß umgedreht: David Horner beklagte sich über Ediths lästige Anwesenheit. Er brachte keinerlei Verständnis für sie auf, weder für ihr heimliches Trinken, ihre beständigen Unfälle noch für all die Schwächen des Alters, die nun einsetzten. Er äußerte die Ansicht, man müsse wegen ihr etwas unternehmen, und brachte Osbert in eine äußerst schwierige Lage. Er schrieb sogar an Sacheverell und Georgia, die aber nicht beabsichtigten, mit David Horner Partei dafür zu ergreifen, daß ihre Schwester und Schwägerin aus dem eigenen Haus vertrieben wurde, und ihm eine frostige Antwort schickten.

Auch die Dienstboten auf Renishaw, dem Haus der Geheimnisse, wo nichts sehr lange geheim blieb, erkannten, welche Gefahr ihrer Miss Edith drohte. Der alte Robins, inzwischen im Ruhestand, lebte in Sheffield. Doch er erfuhr, was vor sich ging, und schrieb ihr in einer dramatischen Weise, die ihr zeigte, daß er nicht ein halbes Jahrhundert im Hause Sitwell gelebt hatte, ohne dessen Stil zu übernehmen. Er hatte ihr im September eine Geburtstagskarte geschickt und machte sich Sorgen, weil er seither nichts von ihr gehört hatte: »Ich habe sie nach Renishaw Hall geschickt, und vielleicht hat man sie Ihnen vorenthalten, denn ich nehme an, wir wissen, daß dort einige Menschen sonderbare Dinge treiben.« Er erkundigte sich nach Osbert: »Ist die Kreatur noch immer bei ihm? Ich meine nicht Miss Andrade. PS. Bitte vernichten Sie diesen Brief. Ich verbleibe Ihr gehorsamer Diener Robins.«[17]

Ungeachtet dieser verschwörerischen Atmosphäre war die Beziehung zwischen David und Edith nach außen hin so ungetrübt, wie sie eh und je den Anschein hatte. Doch alle Freunde Ediths erkannten, daß die Dinge einer Krise zutrieben. Bryher schrieb ihr am 21. September 1960 in der für sie kennzeichnenden sachlichen Weise, sie sei der Ansicht, Edith brauche jetzt »ein Mädchen für sich selbst«: »Ich würde dabei jederzeit gern finanziell helfen.«[18]

In den Augen der Außenwelt war Edith unverändert bei Kräften. Die Universität Texas bot ihr ein Honorar von siebenhundertfünfzig Dollar für eine Lesung im Poetry Center der Universität an. Im September veröffentlichte der Verlag Weidenfeld and Nicolson ihr Buch *Swinburne: A Selection* mit einer fünfzigseitigen Einleitung über den Dichter, der zu denen gehörte, welche sie seit ihrer frühesten Jugend liebte. Doch die dringenden Besprechungen des Familienrats drehten sich jetzt um sie, die älteste aus dem »unheilvollen Trio«, die sich sonst voll liebender Besorgnis mit anderen über Sachies trübe Stimmungen und Geldsorgen sowie über Osberts Krankheit beraten hatte. Vielleicht war ein Pflegeheim die Lösung?

Damit konnte sich Edith nicht anfreunden. Krank, erschöpft und voll Sorgen verließ sie Renishaw letztmals im September 1960 und suchte Unterschlupf im Sesame Club, wo Elizabeth sie erwartete.

Doch das war kein Zufluchtsort auf Dauer. Zum einen war es dort zu laut: In jenem Winter trieb Edith der Lärm von Bohrmaschinen und Gehämmer im Nebengebäude, das für den Verlag Longmans renoviert wurde, zur Verzweiflung. Ihrem Zorn machte sie mit lebhaften Beschwerdebriefen Luft, und sie gewann eine gewisse Befriedigung aus ihren gleichermaßen lebhaften Kontakten zur Gesellschaft für Lärmbekämpfung. »Voll Freude sehe ich, daß Ihre Mißgeschicke Ihrer reinen und erfrischenden Schalkhaftigkeit keinen Abbruch getan haben«, schrieb ihr Pamela Hansford Johnson am 5. Januar 1961. Edith verbrachte die meiste Zeit im Bett und verfaßte das Gedicht »A Girl's Song in Winter«. Sie rief Elizabeth herbei: »Ich habe ein neues Gedicht geschrieben, das ich für ganz gut halte.« »Sie begann es laut zu lesen, kam aber nicht weiter... und das Bewußtsein dessen, was sie dazu gebracht hatte, es zu schreiben, bedrückte uns beide«, schrieb Elizabeth.[19] »Oh, soon you will be / Colder, my sweet, than me«, (Oh, bald wirst du / Kälter sein als ich, meine Liebe) singt der Schnee in Ediths Gedicht. Stephen Spender veröffentlichte es im Januar 1962 in der Zeitschrift *Encounter*.

Um die Weihnachtszeit schrieb Edith in ihrem unbeholfenen Französisch an Tschura: »Nos derniers années ont été horriblement triste, pour vous et pour moi. Je pense à vous continuellement, et des jours où nous étions heureuses.«[20] Wer hätte, fragte sie, nachdem sie Osberts Krankheit beschrieben hatte, einst gedacht, daß »nous serions tous arrivés à ceci?«[21] Unbeeindruckt von Ediths elender Lage, vor der sie die Augen verschloß, schrieb Evelyn Wiel einen Dankesbrief für ihr Weihnachtsgeschenk: »Meine Liebste... Du, die Du mich am Leben erhältst, was würde ich ohne Dich tun... Deine elektrische Heizdecke ist einfach wunderbar; sie kam wie ein Geschenk des Himmels.«[22]

Es wurde beschlossen, über das Auktionshaus Sotheby's so viel wie möglich von Ediths Besitz zu verkaufen, um ihre Schulden bezahlen zu können (sie hatte ihr Konto um mehr als fünftausend Pfund überzogen). Im April 1960 hatte sie auf die Anfrage eines Händlers, Jacob Schwartz, geantwortet, sie könne ihre Tschelitschews »unter keinen Umständen« veräußern:

Es wäre ein Akt entsetzlichen Verrats meinerseits. Ich gehörte zu seinen besten Freunden. Er starb in tiefer Armut, und jetzt werden für seine Bilder, wie ich erfahre, horrende Preise gezahlt. Wie widerlich ist die Vorstellung, daß Sammler, die seine Bilder nicht kaufen wollten, als er noch lebte, scharf auf sie sind, kaum daß er tot ist! Finden Sie nicht auch?

Doch sie überlegte es sich anders. Es war der Preis der Freiheit. Im Frühjahr 1961 fuhr Elizabeth nach Renishaw und brachte von dort außer zwei großen Koffern voller Manuskripte (Ediths Arbeitskladden im Folioformat) eine ganze Ladung von Tschelitschew-Gemälden und -Zeichnungen mit. Auch ins Haus an der Rue Saint-Dominique kehrte sie noch einmal zurück. Für die Kladden wurden bei zwei Sotheby-Auktionen unmittelbar vor Weihnachten 1961 6250 Pfund und für die neununddreißig Bilder (einige behielt Edith zurück) 10350 Pfund erzielt. Die *Grüne Venus* – den Akt mit dem schweren Hinterteil in der Hängematte, der schon in Pembridge Mansions gehangen hatte – erbrachte 900 Pfund, und das von Pawel 1930 gemalte Porträt Ediths mit kleinem Mund und hochgewölbtem Schädel 1200 Pfund. Drei Zeichnungen erwarb Sir Kenneth Clark, um sie Edith zurückzugeben; darüber aber war sie nicht so erfreut, wie er sich das vorgestellt hatte, denn sie hatte keinen Platz, um sie aufzuhängen.

Inzwischen wohnte sie nicht mehr im Sesame Club. Ebensowenig wie sie darauf erpicht war, ihr Leben dort in dem trübseligen Zimmer mit der Nummer 15 zu beenden, war die Verwaltung von der Aussicht angetan, sie im Hause zu behalten. Auf die Pflege, die sie brauchte, war ein Klub nicht eingerichtet. Elizabeth fand im Haus Nummer 42, Greenhill im nördlichen Londoner Stadtteil Hampstead eine Mietwohnung. Die billigen klapprigen Möbel, die schon in Pembridge Mansions 22 gestanden hatten, wurden von Renishaw geholt, wo sie dreißig Jahre lang eingelagert gewesen waren, und erneut in Dienst gestellt. Insgeheim fand Elizabeth, Osbert hätte sich großzügiger zeigen und für seine Schwester ein oder zwei ordentliche Stücke mitschicken können. Geld für weitere Möbel, Vorhänge und Teppiche wurde von der Firma Sotheby's vorgeschossen, die bereit war, vor Abschluß der Verkäufe »zu ihren Schätzwerten zu stehen und zu ihrer Auftraggeberin zu halten.«[23] Zur Zeit der Versteigerungen befand sich Edith im Krankenhaus; nach ihrer Entlassung zog sie in das Haus am Greenhill, wo die neue ständige Pflegerin, Schwester Farquhar, auf sie wartete.

Edith reiste nicht mehr nach Montegufoni; wohl aber verbrachte Osbert mit David Horner dort wie gewohnt den Winter, allerdings im Rollstuhl. Am 6. März 1962 hatte David – ein kräftiger Mann von einundsechzig Jahren – einen abscheulichen Unfall, nachdem Osbert zu Bett gebracht worden war. Später sagte er, er habe zwar etwas getrunken, sei aber nicht betrunken gewesen. In einem Teil des Schlosses, in dem sich aufzuhalten er so recht keinen Grund hatte, stürzte er über achtunddreißig Stufen eine alte Steintreppe hinab. Er erklärte, er habe den Eindruck gehabt, gestoßen worden zu sein.[24]

Er erlitt einen Schädelbruch, außerdem brach er sich den rechten Arm und mehrere Rippen. Die ganze Nacht lag er am Fuß der Treppe in seinem Blut, erlangte von Zeit zu Zeit kurz das Bewußtsein, war aber nicht imstande, um Hilfe zu rufen. Oben schlief Osbert, der ihn liebte. Hunderte von Kilometern entfernt lag Edith, die ihn gehaßt hatte, auf dem Krankenlager. »So gewalttätig ist mein geistiges Leben, daß meine körperliche Existenz kaum mehr der Rede wert ist«, hatte sie Robert Muller von der *Daily Mail* mitgeteilt. »Wäre ich nicht Katholikin, ich hätte ihn umgebracht«, hatte sie häufig gesagt. Das Schicksal oder das Gespenst, das der festen Überzeugung aller Sitwells nach in Montegufoni umging, hatte zu tun versucht, was sie sich in ihren schrecklichsten Phantasien selbst zugetraut hatte.

Früh am folgenden Morgen wurde David Horner von Luigi gefunden und im Koma ins Krankenhaus gebracht. Allgemein nahm man an, er werde den Sturz nicht überleben. Er erholte sich, aber sein Gleichgewichtsgefühl und seine Sprechfähigkeit blieben lebenslänglich beeinträchtigt, und seinen rechten Arm konnte er nicht mehr benutzen. Stets hatte er sich die Jugendlichkeit eines Peter Pan bewahrt; jetzt war er plötzlich gealtert. Nie wieder würde er unbeschwert gehen können. Zwar erholte er sich in erstaunlicher Weise, doch war sein Leiden anfangs kaum weniger schwerwiegend als das Osberts.

30

Umsorgt
1962–1964

Ende August 1962 kam bei Macmillan Ediths letztes Prosawerk *The Queens and the Hive* heraus, das sich glänzend verkaufte. Im November brachte der Verlag Little, Brown das Buch auch in den Vereinigten Staaten auf den Markt. Es hatte ihr nichts als Widrigkeiten eingetragen. Schon im November 1957 hatte sie an Elizabeth Salter geschrieben: »Mein Buch treibt mich fast zum *Wahnsinn*. Es hat mich umgebracht.«[1] Als Elizabeth Jenkins' *Elizabeth the Great* erschien, war sie verzweifelt: »Jetzt muß ich *The Queens and the Hive* noch einmal vollständig neu überarbeiten.« Schließlich war sie bereit einzugestehen, daß sie beim Ordnen der ungeheuren Fülle an Material und der vielen Entwürfe von Kapiteln, die sich im Laufe von sechs Jahren angesammelt hatten, Hilfe brauchte. Michael Stapleton machte sich dazu erbötig, und dankbar übergab sie ihm den gewaltigen Typoskriptstapel. Seine Aufgabe war nicht einfach; immerhin gab es fünf Entwürfe eines einzigen Kapitels und fünf Exemplare von jedem der fünf Entwürfe. Er verbannte einige der »Nebenhandlungen« in Anhänge und stellte ein zusammenhängendes Manuskript her.

Die Art, wie Edith mit den Augen Elisabeths I. sah, hatte sich seit der jener Königin gewidmeten kurzen Skizze in *Englische Frauen* und dem Porträt der jungen Frau in *Fanfare für Elisabeth* nur wenig geändert. Die Frau, »die so einsam war wie die Sonne am Himmel, sehnte sich danach zu glauben, sie könne um ihrer selbst willen geliebt werden.«

> Obgleich sie die fraulichste aller Frauen war – die groteske Weiblichkeit imitierende Erscheinung, die schulterklopfende Munterkeit eines Fischweibs, die ihr gewisse Autoren späterer Zeiten unterstellten, liegen diesem Wesen aus Luft und Feuer denkbar fern – besaß sie das Gerechtigkeitsgefühl eines Mannes, das sich bisweilen in schrecklichen Worten äußerte … Welcher schwarze Haß, der unausgeloteten Tiefen des Leidens entstammen mochte und kein Ziel fand, machte diese ansonsten großartige Frau zu einer vernunftfernen und sinnlichen Grausamkeit fähig?

Der Titel des Buches geht darauf zurück, daß Edith darin Elisabeth und der schottischen Königin Maria Stuart, zwei Bienenköniginnen, nahezu gleich wichtige Rollen zugewiesen hat. Das starke Interesse der Autorin an Gewaltverbrechen veranlaßte sie dazu, lebhaft über Maria, ihre blutbefleckte Umgebung und ihr trauriges Ende zu schreiben. Voll Behagen schilderte sie Darnley mit Worten, die daran denken lassen, welche Abneigungen sie in ihrem eigenen Leben empfand: »Der langgliedrige und knochenlose Wachsfigurenkönig, Lord Darnley, mit seinem weißen, schlaffen, nichtssagenden Gesicht... dem lockigen ringelblumenfarbenen Haar und den langen Händen, ähnlich Atlashandschuhen, die mit feuchtem Sand gefüllt sind.«

Was sie beim Schreiben erschöpft hatte, war die nackte Darstellung der Ereignisse einer langen Regierungszeit. Unschwer läßt sich erkennen, an welchen Stellen die Autorin mit Lust bei der Sache war und wo sie ihre Pflicht tat. Wie immer reagierte sie genußvoll auf die Sprache der Epoche. Beispielsweise zeigt ein zeitgenössischer Bericht, wie John Knox Mary zum »(H)Eulen« brachte; diese und alle späteren Stellen, an denen dies »(H)Eulen« vorkommt, machte sich Edith für ihre Zwecke zunutze. »Kormoranverführer« war ein Ausdruck Elisabeths, den Edith kunstfertig verwendete. Was sich in den Anhängen findet, gehört zum Besten, was sie geschrieben hat: Insbesondere ein kurzer, aber glänzender Bericht über die kostspieligen Unterhaltungen, die man jeweils dort für angebracht hielt, wo die Königin auf dem Weg durch ihr Reich verweilte, machte in anschaulicher Weise klar, warum der Earl of Bedford, einer ihrer Gastgeber bei einer solchen Gelegenheit, Lord Burleigh bat, dafür zu »sorgen und dabei mitzuwirken, daß Ihre Majestät« in Woburn »nicht länger als zwei Nächte und einen Tag verweilen möge«.

Kurz gesagt, als menschliches und gesellschaftliches Dokument ist das Buch ein Treffer. Aber es ist nicht kurz; hätte sich die Autorin auf die Darstellung von Persönlichkeiten, das Schaffen einer Atmosphäre – worin sie Meisterin war – und die Hauptereignisse beschränkt, es wäre dem Buch zugute gekommen. Politische und militärgeschichtliche Ereignisse beflügelten Edith nicht. Sie war zu alt, zu wenig daran interessiert und zu unordentlich, um eine solche Materie noch in den Griff zu bekommen. Doch die Rosinen im Kuchen, die Großartigkeit ihres Materials und ihr eigener Name sicherten den wirtschaftlichen Erfolg des

Werks. Penguin brachte es vier Jahre nach der ersten Veröffentlichung, zwei Jahre nach Ediths Tod, als Taschenbuch heraus.

Fanfare für Elisabeth wurde mit dem ersten Erscheinen von *The Queens and the Hive* neu aufgelegt, und gleichzeitig kamen auch ihre letzten Gedichte heraus. Der Band, der in Großbritannien unter dem Titel *The Outcasts* und später in den Vereinigten Staaten als *Music and Ceremonies* herauskam, enthielt das Werk ihrer letzten produktiven Phase, die 1958 begonnen hatte. Edith wurde in der Öffentlichkeit viel und in angenehmer Weise herausgestellt. Cecil Beaton kam nach Hampstead, um für eine begierige Presse neue Aufnahmen zu machen. »Ich bin von den Fotos im *Daily Express* begeistert«, schrieb sie ihm. »Es ist ein solcher Trost, *nicht* wie eine Kreuzung zwischen einem Ausbrecher aus Broadmoor und einem Truthahn auszusehen, den man für das Weihnachtsfest nicht hinreichend gemästet hat.«[2]

The Queens and the Hive war George Cukor gewidmet – und dieser führte eine Aussöhnung zwischen Edith und Noel Coward herbei. Das Buch hatte Coward gefallen, aber er wagte nicht, Edith darüber zu schreiben. Cukor ermunterte ihn dazu. Sie reagierte mit einem Telegramm (»Hingerissen stop Freundschaft nie zu spät«), sie wechselten Briefe, und schließlich suchte er sie im Haus an Greenhill auf, wo sie ihre Besucher im Rollstuhl empfing. Dazu trug sie bei jedem Wetter einen Hut, einen kurzen Pelzmantel und Pantoffeln. Coward kam wegen einer Augenentzündung mit einer dunklen Brille. Er entschuldigte sich dafür, daß er vor so vielen Jahren über *Façade* gespottet hatte. Er sei so jung gewesen, sagte er, er habe das Werk nicht verstanden. Dann plauderten sie miteinander und holten vierzig verlorene Jahre nach.

Immer noch genoß sie die Freundschaft aller bedeutenden Gefährten der Vergangenheit – außer Eliots. Da sie sich mit seiner zweiten Eheschließung nie anfreunden konnte, mied sie ihn. Im November 1960 äußerte sie sich im *Observer* in einem Artikel mit der Überschrift »Gefahren beim Porträtiertwerden« über Wyndham Lewis, worauf Eliot zu Lewis' Verteidigung schrieb, und das entfremdete ihn ihr noch mehr. Sie hatte sich 1958 mit Spender zerstritten, da dieser, wie sie Pater Caraman gegenüber formulierte, »einem jungen Herrn namens Levine, von dem ich nie zuvor gehört hatte«[3], gestattet hatte, im *Encounter* kritische Anmerkungen über ihre spätere Lyrik zu machen; doch sie war stets auf seine gute Meinung erpicht und vereinbarte 1961 mit seinem jungen Sohn Matthew Spender, daß sie in der Westminster School einen Vortrag hielt.

Im Oktober 1960 wechselte Edith sehr höfliche Briefe mit – ausgerechnet – Geoffrey Grigson über E. W. Tedlocks Buch *Dylan Thomas: The Legend and the Poet*, in dem ein von Edith 1947 für *The Critic* verfaßter Essay abgedruckt worden war. Im Juni 1961 hörte sie von Sylvia Beach, in deren Pariser Buchhandlung in der Rue de l'Odéon Edith es einst so betont unterlassen hatte, Gertrude Steins Genie zu huldigen. Bei der Erstellung des Katalogs der Bestände von Shakespeare & Company war Miss Beach auf ein Exemplar von Sacheverells *The Hundred and One Harlequins* gestoßen, das er handschriftlich Edith gewidmet hatte. »Vielleicht haben Sie es hier vergessen, als Sie so freundlich waren, für Les Amis de Shakespeare & Company zu lesen.«[4] Die Zeit glättete das Gesicht der Vergangenheit. Am 21. Oktober 1962 schrieb Edith an Cecil Beaton, der sich erinnerte, was sie vor langer Zeit getragen hatte – das gestreifte Kleid mit dem schwarzen Dreispitz und das leuchtend blau bestickte Kleid: »Ach, wie Ihr Brief mich in einige der wenigen glücklichen Augenblicke meines Lebens zurückversetzte! Das blaue Kleid, das Sie erwähnen, ist jetzt ein Kissenbezug in der Pariser Wohnung von Helen Roothams Schwester.«

Die Feier zu Dame Edith Sitwells fünfundsiebzigstem Geburtstag – ein Konzert in der Royal Festival Hall – organisierte ihr Neffe Francis, Sacheverells jüngerer Sohn. Selbstverständlich hatten er und sein älterer Bruder Reresby Edith als Kinder gekannt, schließlich war sie ja des öfteren zu Besuch nach Weston gekommen. Als Francis etwa drei Jahre alt war, hatte man ihn eines Morgens in das Eichenzimmer geführt, wo Edith schlief und arbeitete – für einen so kleinen Jungen war es ein Wunder von eindrucksvoller Schrecklichkeit, seine berühmte Tante in dem großen Bett sitzen zu sehen, das ganz und gar mit Bücherstapeln und Papieren bedeckt war. Edith sagte, sie wolle ihm gern ein Geschenk kaufen; was er denn gern hätte? Francis antwortete schüchtern, er hätte gern etwas, das »klick« machte. (Er hatte eine Vorliebe für mechanisches Spielzeug.) »Das einzige, wovon ich mir denken kann, daß es ›klick‹ macht«, sagte Edith, gütig über den Rand ihrer Brille auf das Kind hinabspähend, »sind falsche Zähne.«

Francis hatte nach der Schulzeit im Internat für das Unternehmen

Shell in Kenia gearbeitet; erst nach seiner Rückkehr im Jahre 1960, mit Ende Zwanzig, lernte er seine Tante besser kennen. Er besuchte sie ein- oder zweimal die Woche daheim, und sie gewöhnte sich daran, sich auf diesen munteren, unbeschwerten Neffen zu verlassen. Schließlich setzte sie ihn zu ihrem Testamentsvollstrecker und Haupterben ein. Da Reresby Renishaw erben sollte, sah sie vor ihrem inneren Auge Francis als »armen Verwandten«, wie sie es selbst gewesen war. Da er auf dem Gebiet der Öffentlichkeitsarbeit tätig war, besaß er das ideale Rüstzeug dafür, die Ereignisse des 9. Oktober 1962 zu organisieren.

Am 26. September schrieb Edith an Noel Coward, der »neunte sollte ein Tag sein, an den sich alle Anwesenden erinnern werden. Ich glaube nicht, daß je zuvor ein Mensch seiner eigenen Gedenkfeier beigewohnt hat.«[5] Eine Woche später berichtete sie John Gielgud, die Presse sei »verrückt vor Erregung beim Gedanken daran, daß ich demnächst dahingehen könnte. Die gute Schwester Farquhar ... verbringt einen großen Teil ihrer Zeit damit, die Leute die Treppe hinabzuwerfen.«[6]

Wie an ihrem Spott zu erkennen ist, handelte es sich um eine ungewöhnliche Affäre. Der riesige Saal war bis auf den letzten Platz besetzt. Eingefunden hatten sich neben der ganzen Verwandtschaft auch Freunde und gute Bekannte, von Graham Greene und Carson McCullers (bei besorgniserregender Gesundheit und halb gelähmt) bis zu Mr. Raper und Hannah Lewis. Die Großen und Berühmten wurden nicht gedrängt zu erscheinen. Als alles vorüber war, bekam Edith ein Glückwunschschreiben von E. M. Forster. In ihrer Antwort vom 18. Oktober teilte sie ihm mit, sie habe ihn nicht von dem Konzert in Kenntnis gesetzt, »weil es mir nicht recht gewesen wäre, Sie zu belästigen.«[7] Der über achtzigjährige Forster war nicht bei bester Gesundheit, dennoch sollte er Edith überleben.

Einer der besten unter den vielen Berichten über den Abend stammt von Charles Osborne. Er erschien im Dezember 1962 im *London Magazine*:

> Wenige Minuten nach acht wurden die Lichter gedämpft, und ein Scheinwerfer richtete sich auf eine der Seitentüren, ein Rollstuhl mit Dame Edith glitt herein. Sie trug roten Samt, klotzigen Schmuck, einen Plantagenet-Hut und ihr delphisches Beinahe-Lächeln. Mit einer die Vokale weniger liebkosenden Stimme als bei früheren Gelegenheiten begann sie einige ihrer Gedichte zu lesen.

Lediglich Elizabeth Salter und Schwester Farquhar wußten, welchen Kampf gegen körperliche Schwäche und Nervosität es sie gekostet hatte, dorthin zu gelangen:

> Um das ganze Gewicht des Augenblickes abschätzen zu können, in dem sie zu lesen begann, hätte man ihn vor dem Hintergrund der voraufgegangenen Monate sehen müssen; man hätte sich die weißgesichtige, hingestreckte Gestalt vor Augen führen müssen, der bisweilen die Tränen der Ermüdung über das Gesicht liefen, weil jede Bewegung eine Anstrengung bedeutete, an die Knochen, die zerbrechlich aus dem Flanellnachthemd hervorstanden, und die durchsichtige feine Haut, die ebenso verletzlich war, wie sie in der Kindheit gewesen sein mußte.[8]

Edith las mit langsamer und etwas undeutlicher Stimme, wobei ihre Brille den Rand des goldenen Hutes nach oben schob, aus ihrem jüngsten Werk: »His Blood Colours My Cheek«, »A Girl's Song in Winter«, »Choric Song« sowie »Prothalamium«, das sie im Vorjahr für die *Yorkshire Post* zur Feier der Eheschließung zwischen Herzog und Herzogin von Kent verfaßt hatte. (Die neue Herzogin stammte aus einer in der Grafschaft Yorkshire ansässigen Familie; Edith war zur Hochzeit eingeladen gewesen, hatte aber der Einladung aus Gesundheitsgründen nicht Folge leisten können.) Als sie fertig gelesen hatte, zog sie sich in die Königsloge zurück, wo sie von ihren Brüdern erwartet wurde.

Später sang Peter Pears ihr von Benjamin Brittens vertontes Gedicht »Still Falls the Rain«, und schließlich dirigierte Sir William Walton eine Aufführung von *Façade* – seine Musik, Ediths Gedichte, die man ein halbes Jahrhundert zuvor zum ersten Mal in ihrem damals sonderbar und jetzt vertraut rhythmisch schwungvollen Zusammenklang im kalten Salon des Hauses am Carlyle Square vernommen hatte. Es lasen Irene Worth und Sebastian Shaw. Charles Osborne schrieb im *London Magazine* über Walton: »Man hatte ... schon früher Gelegenheit, ihn zu bewundern – aber nie liebte man ihn so wie diesmal, als er am Schluß des Geburtstagskonzerts für Edith Sitwell den Stab niederlegte, nachdem er die überaus elegante Aufführung seines 1922 entstandenen Werks *Façade* dirigiert hatte.« Nach dem Beifall für Walton, die Vorlesenden und die Instrumentalisten wandten sich die dreitausend Zuhörer zur Königsloge um und ließen Edith hochleben, daß es widerhallte. Sie konnte nicht aufstehen; sie winkte und weinte.

Bissig bis zuletzt, fand sie anschließend reichlich Anlaß zu Beanstandungen. Mit Ausnahme ihrer selbst waren Constant Lambert und Peter Pears die einzigen Vorleser von *Façade*, denen stets ihre rückhaltlose Zustimmung gegolten hatte. Sebastian Shaw sei »unsagbar schrecklich« gewesen, teilte sie Cecil Beaton mit. Und das Ganze, schrieb sie an Noel Coward, sei »eher wie etwas Makabres aus Proust« gewesen.[9] Das traf sicherlich auf die anschließende gewaltige Abendgesellschaft zu. Edith war erschöpft. Diesmal mußte man ihr Alkoholisches aufnötigen, damit sie durchhielt. Gedankenverloren und schweigsam saß sie zwischen Sir Kenneth Clark und Sir William Walton, die über sie hinweg und an ihr vorbei Konversation machten, so gut sie konnten. »Die Abendgesellschaft war für mich der reine Schrecken, ganz gleich, was sie für andere gewesen sein mag«, schrieb sie am 21. Oktober an Cecil Beaton. An den darauffolgenden Tagen mußte sie das Bett hüten.

Einige Wochen später, am 19. November, wurde sie durch die Fernsehsendung *This Is Your Life*, die unter der Leitung von Eamonn Andrews stand, gerollt – »Mr. Andrews' Inquisition«, wie sie die Sendung nannte, wurde zur Farce. Der jeweils davon Bedachte soll überrascht, ins Studio gebracht und von alten Freunden mit einer aus Erinnerungen und Huldigungen bestehenden »Biographie« verblüfft werden, doch angesichts ihres kritischen Gesundheitszustands und ihres Temperaments informierte man sie zuvor von dem Vorhaben. Nur die Eröffnung, daß Velma LeRoy, ihr schwarzes Zimmermädchen aus dem Sunset Tower in Los Angeles, eigens für die Sendung hergeflogen wurde, veranlaßte sie dazu, bei der Angelegenheit mitzumachen. »Ich konnte sie unmöglich enttäuschen.«

Eamonn Andrews' Rechercheure hatten eine willkürlich zusammengestellte und recht nichtssagende Gruppe von Wegbegleitern aus Ediths Leben zusammengetrommelt. An der Spitze der Liste stand Marjorie Proops, die beliebte Kolumnistin des *Daily Mirror*, die Edith kurz zuvor recht erfolgreich interviewt hatte. Edith mochte sie sehr wegen eines von ihr verfaßten Artikels über Grausamkeit an Tieren; und der *Daily Mirror* hatte als erstes Blatt eines ihrer Gedichte abgedruckt. Veronica Gilliat, der alte John Robins, Cecil Beaton, Tom Driberg, Geoffrey Gorer, ihre Brüder und Neffen, alle traten auf und »erinnerten« sich vor den Kameras an Geschichten, die sich um Edith drehten. George Cukors Beitrag wurde in Hollywood aufgenommen und als Film eingeblendet.

Velma LeRoy erinnerte sich in diesem Programm, wie Edith an der Feier ihres einunddreißigsten Geburtstags teilgenommen hatte, mit einer »Freundin von mir, meiner Schwester und zwei Polizisten«. Dame Edith sei, erklärte sie, »die wunderbarste Frau der Welt«. In Ediths Augen rechtfertigte Velmas Anwesenheit das ziemlich belanglose Unternehmen von Anfang bis Ende.

In einem Brief an Cecil Beaton, in dem sie ihm für seinen Beitrag »und für all die *großartige* Freundschaft dankte, die er über die Jahre hinweg gezeigt hatte«, bat sie ihn, der Königinmutter, der sie gegen Ende des Monats in seinem Hause zum Mittagessen begegnen sollte, zu erklären, sie könne weder stehen noch einen Hofknicks machen. An jenem Tag wurde sie in einem Krankenwagen von Hampstead zum Pelham Place gefahren – sie reiste nur noch im Krankenwagen. Cecil Beaton beschrieb ihr Eintreffen in seinem Tagebuch:

> Truman Capote war eine Stunde zu früh gekommen, und wir sahen zusammen mit Eileen [Hose] von einem hohen Fenster aus, wie ein riesiger Krankenwagen vor dem Hause anhielt und zwei stämmige Männer sich daran machten, die Dichterin ans Tageslicht zu fördern. Ein Paar sehr langer Schuhe wie aus dem Mittelalter tauchten auf, dann eine eingemummelte Gestalt, und schließlich eine gewaltige goldene Melone von Hut. Edith wurde an Ort und Stelle gerollt und bekam zwei kräftige Martinis.[10]

Sie hatte die Gläser geleert, bevor der königliche Gast eintraf, und sie genoß die Gesellschaft.

* * *

Zusammen mit dem Winter kamen Enttäuschungen und Bedrücktheit. »Wenn ich in ihr Zimmer ging«, schrieb Elizabeth, »kam es mir manchmal so vor, als sei Edith gar nicht da. Ihre Stimme war unklar, ihre Augen eulenhaft.«[11] Wenn ihre Lebenskraft zurückkehrte, wurde sie geradezu besessen aufgebraucht. Entsetzt und angewidert von Grausamkeiten an Tieren, verfaßte sie Briefe an Einzelpersonen und Zeitungen, in denen sie ihren Protest und ihren Schmerz ausdrückte und die Elizabeth bisweilen zur Post zu bringen ›vergaß‹. Sie trank, konnte aber nicht essen. Über ihr Trinken wurde nie gesprochen, weder zwischen ihr und Elizabeth noch zwischen ihr und ihren Brüdern. Eine Freundin Elizabeths, Lorna Coates, machte Edith den Vorschlag, Milch in den Weinbrand zu gießen. Fortan lebte sie, soweit man ihr das gestattete, von Milch und Weinbrand. Eine annehmbare Alternative bildeten Champagner und ein Bröckchen Räucherlachs.

Einen ziemlich begründeten Groll hegte sie gegen Kenneth Allott, der in der Einleitung zu seiner bei Penguin erschienenen *Anthology of Contemporary Verse* geschrieben hatte, die »erstaunliche Beliebtheit« von Ediths späterem Werk Ende der vierziger Jahre gehe »allmählich ihrem Ende entgegen«. Edith brachte Denys Kilham Roberts dazu, einen Protestbrief an Allen Lane vom Verlag Penguin Books zu schreiben; die Tage gerichtlichen Vorgehens – wie im nicht unähnlich gelagerten Fall der *Reynolds News* – waren vorüber. Sie war in der Anthologie nicht vertreten; das aber konnte man niemandem vorwerfen. Allott hatte sie um »Still Falls the Rain« und »Anne Boleyn's Song« gebeten, aber sie hatte sich geweigert, diese beiden Gedichte zur Verfügung zu stellen, mit der Begründung, sie repräsentierten ihr Werk nicht in angemessener Weise. Daß Werke Edith Sitwells in zeitgenössischen Anthologien fehlten, hing häufig damit zusammen, daß sie selten bereit war, ihre Zustimmung zu erteilen, wenn sie in einer solchen Sammlung mit weniger Gedichten vertreten war als die jeweils anderen darin aufgenommenen Dichter.

Ablenkung war unbedingt erforderlich, und so brach Edith im Frühjahr 1963 mit Elizabeth und Schwester Farquhar zu einer Kreuzfahrt auf. Sie wollten auf der *Arcadia* über Colombo in Elizabeths Heimat Australien reisen und von dort mit einem anderen Schiff über Miami zurückkehren. Georgia und Sacheverell begleiteten sie bis Gibraltar. Edith nahm einen großen Reisekoffer voller Bücher und Manuskripte mit, denn sie hatte in den vergangenen zwei Jahren sporadisch ihre Erinnerungen niedergeschrieben, nachdem der Verlag Hutchinson und die Notwendigkeit, Geld zu verdienen, sie dazu gebracht hatten, zu tun, wogegen sie sich lange gesträubt hatte.

Selbst bei guter Gesundheit und in guter Stimmung war Edith nie gern gereist. An Bord gab ihr dreißig Jahre alter Füllfederhalter, den ihr Osbert geschenkt hatte, den Geist auf – ein ungünstiges Vorzeichen. In Colombo, wo sie ein Schmuckstück zu kaufen gehofft hatte, war sie nicht imstande, an Land zu gehen. Verbotenerweise schmuggelte Elizabeth eine Auswahl an Bord, und Edith entschied sich für einen weiteren Aquamarin. In Fremantle wurde sie von Vertretern der australischen Presse bedrängt. In Sydney gab sie erschöpft eine Pressekonferenz in ihrem Hotel, dann ging es für den zweiten Teil der Reise an Bord der *Willem Ruys*.

Es gefiel ihr auf dem Schiff nicht, obwohl sie von zu Hause die erfreuliche Nachricht erhielt, man habe sie in den Kreis der »Companions of Literature« gewählt, dessen Mitgliederzahl auf zehn beschränkt ist. In Miami erlitt sie während der Nacht eine Blutung. Sie war gefährlich krank. Gleich nach Anlaufen der Bermudas wurde sie an Land und ins Krankenhaus gebracht. Die Diagnose war nicht gesichert, aber auch nicht beruhigend. Man flog sie nach Hause.

Als die Krise vorüber war, schien es Edith mehr oder weniger so zu gehen wie zuvor. Wieder in ihrer Wohnung an Greenhill, fand sie Anregung in Gesprächen mit dem Komponisten Malcolm Williamson – noch ein Australier –, der als Grundlage für eine Oper, die Britten bei ihm für die Festspiele von Aldeburgh in Auftrag gegeben hatte, ihr Buch *Englische Exzentriker* verwenden wollte. Robert Helpmann, der die Oper produzieren sollte, kam gleichfalls, und sie reagierte auf die Vitalität dieser beiden Männer. Williamson, mit britischen Stammesbräuchen nicht vertraut, erkundigte sich, warum adlige Engländerinnen bisweilen als »Lady Mary Smith« und dann wieder als »Mary, Lady Smith« bezeichnet wurden. In letzterem Fall, erklärte Edith, handele es sich um eine Witwe von Stand. »Aber Tennyson war immer als Alfred, Lord Tennyson bekannt.« »Nun, er *war* doch auch eine Witwe von Stand.« Vor Entzücken lachte sie so laut auf, daß es ihren Siamkater Shadow aufstörte, der auf ihrem Bett lag. Sie war jetzt ständig bettlägerig. Im Hause an Greenhill gab es insgesamt vier Katzen: Shadow, den cremefarbenen Leo und zwei ehemals streunende Katzen, Orion und Belaker.

Am zweiten Weihnachtstag 1963 reiste Elizabeth erneut nach Paris. Edith hatte erfahren, daß Evelyn Wiel mit einem gebrochenen Hüftgelenk im Krankenhaus liege. Sie machte sich Sorgen um ihren Zustand, fürchtete aber zugleich, daß man ihr mit gewaltigen Krankenhausrechnungen kommen werde. (Nach wie vor schickte sie Evelyn allmonatlich eine Zuwendung, wie sie es seit dem Krieg gehalten hatte.) Elizabeth besuchte die alte Dame, die jetzt senil war und nicht mehr lange zu leben hatte, und traf Abmachungen mit der Krankenhausverwaltung.

Dann suchte sie ein letztes Mal die kalte und leerstehende Wohnung in der Rue Saint-Dominique auf. Eine Nachbarin ließ sie ein. In Ediths einstigem Zimmer »warf eine nackte Glühlampe gelbes Licht auf die Stapel verstaubter Bücher, die nackten Bodendielen, die morschen Möbel.« Einer Eingebung folgend zerrte sie ein schweres Bücherregal aus dem vorigen Jahrhundert von der Wand – dahinter befanden sich ein Dutzend weitere Tschelitschews: Zeichnungen, Gemälde und ein schimmelfleckiges Pastellporträt Ediths – das schönste von allen, das feine Profil wie aus der Zeit der Renaissance mit den blauschimmernden Venen an der Schläfe.

Nun sah sich Elizabeth weiter um und entdeckte einen übertapezierten Wandschrank. Sie öffnete die Tür und fand sechsundfünfzig Arbeitskladden, die alle Manuskripte enthielten, die Edith im Verlauf der in Frankreich verbrachten Jahre geschrieben hatte.

Elizabeth kündigte ihren Fund telefonisch in London an und transportierte den Schatz im Auto nach Hause. Die Manuskripte wurden verkauft, das Porträt wanderte als Leihgabe für eine größere Tschelitschew-Aussstellung im Museum of Modern Art nach New York. Als es zurückkehrte, nahm es den Ehrenplatz in Ediths Zimmer ein und hing dort, wo sie es vom Bett aus am besten sehen konnte.

Im Frühjahr 1964 zog Edith zum letzten Mal um. Die Wohnung im Haus am Greenhill war nicht nur laut, sondern auch zu klein für ihre Bücher und ihren sonstigen Besitz, die vier Katzen und die zahlreichen Besucher. Elizabeth fand ein zu vermietendes Häuschen aus der Zeit Königin Annas in Keat's Grove, gleichfalls im Stadtteil Hampstead. Edith brach mit Schwester Farquhar nach Bournemouth auf; Michael Stapleton nahm die vier Katzen bei sich auf, und am Ende von Ediths Erholungsaufenthalt waren ihre Bücher und Tschelitschew-Bilder an Ort und Stelle. Das neue Heim stand bereit. Sie nannte es Bryher House.

Pater Caraman kam regelmäßig und gab ihr einmal im Monat die Heilige Kommunion. Obwohl er nach wie vor ihr Beichtvater war, zog er sie bisweilen in sein Vertrauen. Eines Tages verzehrte er, ins Gespräch vertieft, ohne es zu merken einen ganzen Teller voll trockener Kekse für

Katzen. Marianne Moore, die selbst krank war, besuchte Edith: »Sie unterhielten sich, diese hochbegabten Frauen, die aufrichtige Zuneigung füreinander empfanden, doch redeten sie mehr oder weniger aneinander vorbei, so daß sie im Gespräch nie wirklich zusammenkamen. Die kleine vogelähnliche Frau flatterte davon und hinterließ eine Spur unverbundener Sätze, und Edith schloß die Augen und schlief wieder ein.«[12]

Osbert besuchte sie Anfang November 1964, bevor er zum üblichen Überwintern nach Montegufoni aufbrach – diesmal ohne David Horner. Frank Magro, der als Diener ins Haus gekommen war und der letzte Pfleger, Gefährte, Sekretär und Freund des jetzt völlig hilflosen Osbert wurde, brachte ihn nach Hampstead. Wie alle anderen Lebensfunktionen war Osberts Sprachvermögen hoffnungslos in Mitleidenschaft gezogen. Als sie aufbrachen, sagte Edith zu Magro: »Kümmern Sie sich gut um ihn.«

Die letzte Ironie bestand darin, daß es schließlich Osbert war, der David Horner verließ. Osberts geistige Fähigkeiten waren in keiner Weise angegriffen, auch wenn er sich von willensstarken Bekannten mehr beeinflussen ließ als früher – in diesem Fall war es Christabel Aberconway. Schon vor seiner Abreise nach Montegufoni hatte er seinen Anwalt angewiesen, er möge David schriftlich mitteilen, daß er die gemeinsame Wohnung in London zu räumen habe: Das Bündnis war vorüber. Jetzt befand sich David Horner, der nach wie vor stark unter den Folgen seines Sturzes litt, in der Lage all der aufgegebenen Freunde und Liebhaber, die Edith im Laufe der Jahre wie eine Tigerin gestützt und gefördert hatte. Sie hätte es wohl nicht so gesehen – selbst wenn Osbert sie von seiner Entscheidung in Kenntnis gesetzt hätte. Herbeigesehnte Ereignisse von gewaltiger Auswirkung pflegen zu spät einzutreten, wenn sie nicht mehr wichtig sind. Edith war jetzt zu müde, um für die endgültige Auflösung des eingerosteten Dreiecks zwischen Osbert, David und ihr noch viel Anteilnahme aufzubringen.

Ihr letzter großer Ausflug bestand darin, daß man sie auf einer Trage im Krankenwagen zur Premiere der Oper *The English Eccentrics* in London fuhr. Doch jetzt, da ihre Leistungsfähigkeit in jeder Hinsicht zunehmend nachließ, fiel es ihr schwer, das Zimmer zu verlassen. Auch Elizabeths Rolle wurde jetzt eingeschränkt, da sich Edith zunehmend auf den Trost und die pflegerischen Fähigkeiten Schwester Farquhars angewiesen sah.

Music and Ceremonies, ihr letzter Gedichtband, kam in Amerika heraus und wurde sehr gelobt. Ein letztes Kanonengrollen tönte von Julian Symons im *London Magazine* vom November 1964 herüber. Er wählte Edith

Sitwell zum Gegenstand für einen Artikel in der Reihe »Reputations«. Der Artikel mit der Überschrift im Stil der Gertrude Stein, »Edith Sitwell haben und gehabt und gehört«, war zu keinem Entgegenkommen bereit: »Es ist mein Ziel, die Legende in Frage zu stellen ...« Der Zeitpunkt war grausam gewählt; Edith Sitwell lag im Sterben.

Zum ersten Mal im Leben ließ sich Edith gern etwas vorlesen: Elizabeth versicherte sich der Hilfe eines befreundeten Schauspielers, John Downing. Nicht nur las er auf eine Weise, die ihr gefiel, er untermalte, was er sagte, auch mit den angedeuteten theatralischen Gesten, die sie für kurze Zeit mit Leben erfüllten. Vom Lande zurückkehrend, betrat er Bryher House mit Armen voller Ringelblumen und verstreute die orangenfarbenen Blüten über ihre grasgrüne Samtüberdecke: »Flowers of the sun, those marigolds!« (Ringelblumen, Kinder der Sonne), wie Edith in »The Song of the Beggar-Maid to King Cophetua« (Das Lied des Bettlermädchens vor König Kophetua) geschrieben hatte. Vor Freude hob sie die beringten Hände und lachte.

Anfang Dezember stattete ihr John Freeman, der sie für *Face to Face* interviewt hatte, mit seiner Frau einen Besuch ab. Sie empfing beide in einem pfauengrünen Bettjäckchen aus Atlas; der Siamkater Shadow stolzierte über das Bett. Das kürzlich heimgekehrte Tschelitschew-Porträt hing an der Wand gegenüber, und die Freemans – sie hatten die Ausstellung in New York gesehen – teilten ihr mit, jenes Bild sei von allen das beste gewesen. Sie war in guter Verfassung: Der Priester, sagte sie, sei dagewesen, weil er ihr die letzte Beichte abzunehmen gehofft hatte, aber »ich habe ihn davongejagt«.

Ihre Autobiographie, *Mein exzentrisches Leben*, war bereits beim Verlag. Graham Nicol von Hutchinson war einmal wöchentlich vorbeigekommen, um ihr Mut zuzusprechen, damit die Arbeit am Buch nicht ins Stocken geriet. Schwierigkeiten machte ihr weniger das Zusammenstellen des Materials als das Ordnen, eine Aufgabe, die schließlich Elizabeth mit Schere und Kleister vollendete. *Mein exzentrisches Leben* ist eine sehr subjektive Darstellung, und obwohl das Werk die meisten ihrer Lieblingsscherze enthält, ist es ein bitteres Buch, da es am Ende ihrer Tage entstanden war. Als es fertig war, hatte Edith zu Elizabeth gesagt: »Jetzt ist alles vorüber, abgesehen vom Schreien und den Würmern«, und dann schrieb sie den letzten Absatz. Das Buch endet mit den Sätzen:

Aber jetzt ist alles stiller, eine geschrumpfte Welt ohne Horizonte. Dennoch gewahre ich bisweilen eine riesige Löwenpranke auf meiner Fensterbank, und meine drei Besucherinnen kommen wie eh und je – die mit dem einen Zahn ... die mit dem einen Auge, sie schaut in die von den undurchsichtigen Schwaden der Bombe verhüllte trübe Zukunft ... die mit dem einen Ohr wartet auf eine Botschaft aus dem Jenseits.

Sie kommen nach wie vor zu mir. Aber bald werden die drei Nornen ihre Besuche einstellen.

Dann wird alles vorüber sein, abgesehen vom Schreien und den Würmern.

In der Nacht vom 8. auf den 9. Dezember 1964 erlitt Edith Sitwell einen Zusammenbruch. Man schaffte sie ins St.-Thomas-Krankenhaus und benachrichtigte die Angehörigen. Sie starb am 9. Dezember kurz nach Mittag.

Zwanzig Jahre zuvor hatte sie in Erinnerung an Helens Tod an John Lehmann geschrieben:

> So Erniedrigendes geschieht dem armen Leib, wenn man stirbt – und man sieht hinterher so schön aus, – so schön und edel. – Natürlich möchte man, daß einen die Menschen sehen, an denen einem liegt – nicht erniedrigt, sondern schön und edel, und das ist man ja auch in Wirklichkeit.

ENVOI

In der Kirche an der Londoner Farm Street fand eine Totenmesse statt. Die Beisetzung erfolgte in Weedon Lois, in der Nähe von Weston – nicht auf dem alten Kirchhof, sondern auf der Erweiterung, auf der anderen Straßenseite, einem aus dem Ackerland herausgeschnittenen umzäunten Stück Wiese. Die Feier leitete Pater Valentin Elwes zusammen mit dem Seelsorger der anglikanischen Gemeinde am Ort. John Lehmann las den Bibelabschnitt.

Es gibt nur wenige Gräber auf dem Friedhof. Ediths hoher Grabstein, der am hinteren Ende in der Mitte steht, hebt sich vor den Feldern ab. Sachie und Georgia wählten aus Henry Moores Atelier eine Bronzeplakette, welche die Hand einer Frau und die eines Kindes zeigt, die den Daumen der Frau umschließt, und ließen diese in den Stein einsetzen. Darunter sind die letzten Verse aus Ediths Gedicht »The Wind of Early Spring« eingemeißelt:

The past and present are as one –
Accordant and discordant, youth and age,
And death and birth. For out of one comes all –
From all comes one.

Gestern und heute sind wie eins,
Einklang und Mißklang, Jugend und Alter,
Tod und Geburt. Denn aus einem kommt alles –
Aus allem eins.

Anhang

Danksagung

In erster Linie danke ich Francis Sitwell, dem Verwalter von Dame Ediths literarischem Nachlaß; außerdem Sir Sacheverell und Lady Sitwell sowie Reresby Sitwell für ihre Großzügigkeit und Geduld. Besonderen Dank schulde ich Sir Sacheverell für die Genehmigung, aus seinem eigenen lyrischen und erzählerischen Werk zu zitieren, und Francis Sitwell für die umfangreichen Zitate aus Edith Sitwells Lyrik, erzählerischem Werk und Briefwechsel; in gleicher Weise gilt mein Dank den Verlegern der Werke der Geschwister Sitwell. Die bibliographischen Einzelheiten im Text entstammen vorwiegend Richard Fifoots 1979 in der von Rupert Hart-Davis herausgegebenen Reihe *Soho Bibliographies* erschienenen Werk A *Bibliography of Edith, Osbert and Sacheverell Sitwell* (2. Aufl.), dem ich viel verdanke.

Ebenfalls zu großem Dank verpflichtet bin ich Elizabeth Salter und John Pearson, dem Verfasser von *Façades*, die beide ungewöhnlich großzügig waren; außerdem Judith Jones vom Verlag Knopf, die mir wertvolle editorische Hilfen und Fingerzeige gegeben hat, sowie John Curtis, Alex MacCormick und Linda Poley vom Verlag Weidenfeld & Nicolson.

Dank abstatten möchte ich darüber hinaus nachstehend angeführten Universitäten und Instituten sowie deren Bibliothekarinnen und Bibliothekaren: In den Vereinigten Staaten ist das in erster Linie das Humanities Research Center an der Universität des Staates Texas in Austin; sodann die Sammlung Berg in der Öffentlichen Bibliothek der Stadt New York; die Universität von Iowa; die Mugar-Gedächtnis-Bibliothek an der Universität Boston, die Lyriksammlung der Lockwood-Gedächtnis-Bibliothek an der Universität des Staates New York in Buffalo; in Großbritannien sind es die Universität Durham; die Universität von Sussex; die Bibliothek des King's College in Cambridge; das Westfield College an der Universität London; und in Kanada die Scott-Bibliothek an der York-Universität von Ontario.

Auch habe ich das Bedürfnis, vielen Menschen Dank zu sagen, die mir die Verwendung durch Copyright geschützten Materials gestattet und mich auf mancherlei andere Weise unterstützt haben. Das gilt insbesondere für Ihre Majestät, die Königinmutter Elizabeth, Sir Harold Acton, Arthur P. Bean, Sir Cecil Beaton, Alan Bell, Fr. Philip Caraman S.J., Lord Clark, Norman Collins, Gillian Diamond, John Downing, Rochelle Holt Dubois, Lady Gladwyn, Nigel Glendinning, Olive Glendinning, Paul Glendinning, Livia Gollancz und dem Verlag Victor Gollancz Ltd., Geoffrey Gorer, Geoffrey Grigson, John Gross, Sir Rupert Hart-Davis, Lord Horder, John Kelly, John Lehmann, Rosamond Lehmann, Sean Day-Lewis, Jack Lindsay, Robert Liddell Lowe, C.W. McCann, Frank Magro, Blake Morrison, Hubert Nicholson, Gertrude Nopper, Professor Elder Olson und Gemahlin, John Piper, Anthony Powell und Lady Violet Powell, Felix Pryor, Michael Rhodes, Michael Rubinstein, Peter du Sautoy, Lady Snow und ihrem inzwischen verstorbenen Gemahl, Lord Snow, Diana Sparkes, John Sparrow, Michael Stapleton, Allanah Harper Statlender, Quentin Stevenson, Donald Sutherland, Denys Sutton, Allen Tanner, Virgil Thomson, Hugo Vickers, Alison Waley, Laurence Whistler – und ganz besonders Terence de Vere White.

Anmerkungen

VORWORT

1 Im Original *Gold Coast Customs*.

1 DIE KLEINE E.

1 Osbert Sitwell, *Left Hand, Right Hand!*, 1945. Zitiert nach: O. S., Linke Hand, rechte Hand, Krüger Verlag, Hamburg 1948.
2 Ebd., wie auch alle weiteren Auszüge aus Florences Tagebuch.
3 Ebd.
4 Sacheverell Sitwell, *Sacred and Profane Love*, 1940.
5 Ein Baronet gehört nicht wirklich dem englischen Adel an. Diesen merkwürdigen Titel – eine Art erblichen Ritterschlag – führte König Jakob I. als Belohnung für jene ein, welche für England die nordirischen Provinzen besiedelten. [Anm. d. Übers.]
6 O. S., *Left Hand, Right Hand!*
7 Ebd.
8 Dieser Name geht darauf zurück, daß bei jener Art von Gefährt den Sitz nicht der Kutschkasten trug, sondern ein elastisches Brett (board). [Anm. d. Übers.]
9 Aus dem Französischen, Verkleinerungsform zu ›laideronne‹, die Häßliche. [Anm. d. Übers.]
10 E. S., »Readers and Writers«, *The New Age*, Juli 1922.
11 O. S., *The Scarlet Tree*, 1946.
12 E. S., »Readers and Writers«.
13 E. S., »*Mein exzentrisches Leben*«, Frankfurter Verlagsanstalt, Frankfurt am Main 1989. Orig.: *Taken Care Of*. [Anm. d. Übers.]
14 Der Londoner Amtssitz des Erzbischofs von Canterbury. [Anm. d. Übers.]
15 Leichter vierrädriger, zweisitziger Kutschwagen. [Anm. d. Übers.]
16 E. S., »Readers and Writers«.
17 Susan Hill, »A Mutual Scarborough«, in *Sacheverell Sitwell: A Symposium*, Hg. Derek Parker, 1975.
18 S. S., *All Summer in a Day*, 1926.
19 O. S., *Left Hand, Right Hand!*
20 S. S., *Splendours and Miseries*, 1943.

21 O.S., *The Scarlet Tree*.
22 O.S., *Left Hand, Right Hand!*
23 Ebd.
24 Ebd.
25 E.S., *Mein exzentrisches Leben*.

2 GLANZ UND ELEND

1 E.S., *Selected Letters*, Hg. John Lehmann und Derek Parker, 1970.
2 Anna Stuart, Königin von England, lebte von 1665 bis 1714. [Anm. d. Übers.]
3 O.S., *The Scarlet Tree*.
4 Elizabeth Salter, *The Last Year of a Rebel*, 1967.
5 Heather Bigg, *Essay on the General Principles of the Treatment of Spinal Curvature*. [Anm. d. Übers.]
6 S.S., »Serenade to a Sister«.
7 S.S., *All Summer in a Day*.
8 Felicia Dorothea Hemans (1773–1835), minder bedeutende englische Lyrikerin. [Anm. d. Übers.]
9 S.S., »Serenade to a Sister«.
9a In E.S., *Mein exzentrisches Leben* heißt die Gouvernante Miss King-Church. [Anm. d. Übers.]
10 O.S., *Left Hand, Right Hand!*
11 O.S., *The Scarlet Tree*.
12 Ebd.
13 Elizabeth Salter, *The Last Year of a Rebel*.
14 S.S., *Sacred and Profane Love*.
15 O.S., *The Scarlet Tree*.
16 Constance Sitwell, *Bright Morning*, 1942.
17 Ebd.
18 E.S., *Selected Letters*.
19 O.S., *Noble Essences*, 1950.
20 S.S., *All Summer in a Day*.
21 Einmal davon abgesehen, daß sich ›Peregrine‹ selbstverständlich auch auf einen Mann beziehen, also ›Peregrinus‹ heißen könnte, hat das englische Wort ›peregrine‹, wie bei E.S. üblich, mehrere Bedeutungen, beispielsweise ›ausländisch, fremd, exotisch, umherziehend‹. [Anm. d. Übers.]
22 E.S., *Evening Post*, Yorkshire, 1936.
23 O.S., *The Scarlet Tree*.

3 NACH BAYSWATER

Die nicht gekennzeichneten Zitate von E. S. in diesem Kapitel – mit Ausnahme der Brief-Zitate – entstammen ihrer Autobiographie *Mein exzentrisches Leben.*

1 O. S., *Great Morning,* 1948.
2 John Pearson, *Façade,* 1978.
3 O. S., *Great Morning.*
4 Peter Quennell, *The Marble Foot,* 1976.
5 Donald Alfred Davie, geb. 1922, englischer Dichter, Literaturkritiker und Literaturprofessor. Nachstehender Text stammt aus: »Frost, Eliot, Thomas, Pound«, *The New York Book Review,* 19. Februar 1978. [Anm. d. Übers.]
6 T. S. Eliot, Einleitung zu *Literary Essays of Ezra Pound,* 1954.
7 Rupert Shawner Brooke, 1887–1915, Verfasser stark patriotisch gefärbter Lyrik, dessen Sonett »The Soldier« *das* englische Gedicht des Ersten Weltkriegs wurde. [Anm. d. Übers.]
8 Die Hauptquellen für Autoren der georgianischen Epoche sind Robert H. Ross, *The Georgian Revolt* (1965) und Timothy Rogers, *Georgian Poetry 1911–1922: The Critical Heritage* (1977).
9 O. S., *Noble Essences.*
10 *The Life and Letters of Edmund Gosse,* Hg. Evan Charteris, 1931.
11 Constance Sitwell, *Bounteous Days,* 1976.
12 O. S., *Noble Essences.*
13 Peter Quennell, *The Marble Foot.*
14 O. S., *Queen Mary and Others,* 1974.
15 Anne Olivier Bell, Hg., *The Diary of Virginia Woolf,* Bd. 1, 1977. Deutsch: *Virginia Woolf, Tagebücher* 1915–1919, Bd. 1, Hg. Klaus Reichert, S. Fischer Verlag, Frankfurt am Main 1990.
16 E. S., Artikel im *Sunday Referee,* 3. Januar 1936.

4 IM RÄDERWERK

E. S.'s Briefe an Brian Howard und Howards Bericht über seine Begegnung mit E. S. sind dem Werk M. J. Lancaster, *Brian Howard: Portrait of a Failure,* 1968, entnommen.

1 O. S., *Great Morning.*
2 Ein Wortspiel mit dem Namen Sitwell. Es bedeutet so viel wie ›Leute, die unruhig auf ihrem Hinterteil hin- und herrutschen‹, also ›Stuhlrutscher‹, während sich ›Sitwell‹ als ›gut (d. h. bequem und ruhig) sitzen‹ auffassen läßt. [Anm. d. Übers.]
3 Grover Smith, Hg., *The Letters of Aldous Huxley,* 1969.

4 Nina Hamnett, *Laughing Torso*, 1932.
5 Dem deutschen Lesepublikum unter seinem eigentlichen Namen Robert (von) Ranke-Graves mit dem Titel *Ich, Claudius, Kaiser und Gott* bekannt. [Anm. d. Übers.]
6 Robert Graves, *Strich drunter*, 1929. Orig.: *Goodbye to All That.*
7 John Press, *A Map of Modern English Verse*, 1971.
8 O. S., *Laughter in the Next Room*, 1949.
9 Robert Gathorne Hardy, *Ottoline at Garsington*, 1974.
10 E. S., *Mein exzentrisches Leben.*
11 Künstlername des englischen Erzählers, Lyrikers und Kritikers Ford Hermann Hueffer (1873–1939), der vor allem als Anreger von Bedeutung war. [Anm. d. Übers.]
12 *The Letters of Aldous Huxley.*
13 Robert Gathorne Hardy, *Ottoline at Garsington.*
14 Diane Holman Hunt, *Latin Among Lions*, 1974.
15 E. S., *Selected Letters.*
16 Das frz. Wort ›barouche‹ (f.) bezeichnet die früher auch ›Barutsche‹ genannte Halb-Chaise. In Windsor (keine zehn Fußminuten von Eton entfernt) steht – und stand wohl damals auch – eine kleine schwarze Barutsche im Kinderformat ausgestellt, die der späteren Königin Adelaide gehörte. [Anm. d. Übers.]
17 Olive (Valentine) Glendinning an V. G.
18 8. Dezember 1920. Arnold Bennett, *Journals*, Bd. 1, Hg. Newman Flower, 1932.
19 Michael Holroyd, *Lytton Strachey*, 1968.
20 O. S., *Noble Essences.*
21 *Arnold Bennett's Letters to His Nephew*, 1936.

5 FAÇADE

Nicht gekennzeichnete Zitate von Osbert Sitwell in diesem Kapitel stammen aus seinem Werk *Laughter in the Next Room.*

1 John Pearson, *Façade.*
2 Elizabeth Salter, *The Last Years of a Rebel.*
3 Charles Osborne im *London Magazine*, Dezember 1962.
4 »The Octogenarian« erschien als Privatdruck.
5 M. J. Lancaster, Hg., *Brian Howard: Portrait of a Failure.*
6 Ebd.
7 Harold Acton, *Memoirs of an Aesthete*, 1948.
8 Ebd.
9 Peter Quennell, *The Sign of the Fish*, 1960.
10 O. S., *Tales My Father Taught Me*, 1962.

11 O. S., *Great Morning.*
12 Nigel Nicolson, Hg., *The Letters of Virginia Woolf*, Bd. 2, 1976.
13 E. S., *Mein exzentrisches Leben.*
14 John Pearson, *Façade.*
15 3 Shilling und 6 Pence. [Anm. d. Übers.]
16 *The Letters of Virginia Woolf*, Bd. 2.
17 Harold Acton, *Memoirs of an Aesthete.*
18 John Richardson, Besprechung von John Pearsons *Façade* in *The New York Review of Books*, 19. April 1979.
19 Wörtlich ›Kurbeln‹ (also etwas, womit man Räder [»Wheels«] in Gang setzen kann); es bedeutet aber zugleich auch ›Wirrköpfe, Spinner‹. [Anm. d. Übers.]
20 Zumindest die Vornamen sind sprechende Spottnamen (der Familienname Whittlebot ließe sich unter Umständen als ›endlos lange am Hinterteil herumschnitzen‹ deuten). Bei Hernia (das Wort bedeutet Leistenbruch) assoziiert der einigermaßen gebildete englischsprachige Leser unweigerlich Hermia, Tochter des Egeus aus Athen, die in Shakespeares Sommernachtstraum dem Demetrius vermählt werden soll; ›Gob‹ heißt ›Schleimklumpen‹, könnte aber auch als ›Großmaul‹ aufgefaßt werden, da es in der Umgangssprache ›Maul, Schnauze‹ bedeutet. Da ›Sago‹ Stärkemehl bedeutet, ist die hier gemeinte Anspielung ›geschmackloser Griesbrei‹, darüber hinaus steckt in dem Namen phonetisch das Verb ›say‹, möglicherweise ein Hinweis darauf, daß die hier Gemeinten (zu) viel reden.
21 Noel Coward, *Collected Sketches and Lyrics*, 1931.
22 Cole Leslie, *Noel Coward*, 1976.
23 C. R. W. Nevinson, *Paint and Prejudice*, 1937.
24 E. S., *Mein exzentrisches Leben.*
25 Roy Campbell, 1901–1957, südafrikanischer Dichter. Er nahm auf Francos Seite am Spanischen Bürgerkrieg teil und kämpfte im Zweiten Weltkrieg in der britischen Armee. Er hat Gedichte, Erzählungen und Essays verfaßt und u. a. Baudelaire übersetzt. Seine Autobiographie ist auf deutsch unter dem Titel *Ritter ohne Furcht und Tadel* erschienen. [Anm. d. Übers.]
26 Cyril Vernon Connolly, englischer Autor und Journalist, Mitschüler George Orwells und am Balliol College in Oxford im selben Studentenjahrgang wie Graham Greene. Er war in den vierziger Jahren Literaturredakteur der Sonntagszeitung *Observer* und gründete gemeinsam mit Stephen Spender die Literaturzeitschrift *Horizon*. Im deutschen Sprachraum wurde er mit seinem (unter dem Pseudonym Palinurus verfaßten) Tagebuch *Das Grab ohne Frieden* bekannt. [Anm. d. Übers.]
27 Cedric Morris, 1889 geborener Maler und Gartenkünstler, Mitglied der London Group. [Anm. d. Übers.]
28 Constance Sitwell, *Bounteous Days.*

29 Elizabeth Salter, *The Last Years of a Rebel.*

30 Die im Original deutsch geschriebenen Textstellen sind kursiv hervorgehoben. [Anm. d. Übers.]

31 27. März 1924. Arnold Bennett, *Journals*, Bd. 2, Hg. Newman Flower, 1933.

6 ZWISCHENAKT: FRÜHE GEDICHTE

1 Kenneth Clark, »On the Development of Miss Sitwell's Latest Style«, *Horizon*, Juli 1947.

2 L. P. Hartley, »Trends in the Poetry of Edith Sitwell«, in: *A Celebration for Edith Sitwell*, Hg. José García Villa, 1948.

3 Ursprünglich ein Volksbuch, Büchlein mit Balladen oder Geschichten. Hier Titel einer Lyriksammlung. [Anm. d. Übers.]

4 E. S., »Some Notes on My Own Poetry«.

5 Die Übersetzung weicht vom Original ab, weil es bei diesen Gedichten in erster Linie auf das Klangspiel der Begriffe ankommt. Deutsch in: Dame Edith Sitwell, Gedichte. Englisch und deutsch. Hg. Werner Vordtriede. Insel-Verlag, Frankfurt am Main o. j.. [Anm. d. Übers.]

6 E. S., »Some Notes on My Own Poetry«.

7 Ebd.

8 Julian Symons, »Miss Edith Sitwell Have and Had and Heard« (Miss Edith Sitwell haben und hatte und gehört), *London Magazine*, November 1964.

9 Harold Acton, *Memoirs of an Aesthete*.

10 In Stefan Georges Übertragung heißt der Anfang dieses Gedichts »Seufzer gleiten die Saiten des Herbsts entlang«. [Anm. d. Übers.]

11 Rimbauds Rhetoriklehrer am Gymnasium von Charleville, der sich 1870 als väterlicher Freund des hochbegabten, aber schwierigen Sechzehnjährigen annahm. So holte er ihn im selben Jahr in Paris aus dem Gefängnis, in das er wegen einer Schwarzfahrt mit der Bahn gekommen war, und quartierte ihn drei Wochen lang bei seinen eigenen Tanten in Douai ein, von wo er ihn später nach Charleville zurückbrachte. [Anm. d. Übers.]

12 Ziel ist es, zum Unbekannten vorzudringen, indem man dem üblichen Funktionieren aller Sinne etwas entgegenstellt. [Anm. d. Übers.]

13 Kenneth Clark, »On the development of Miss Sitwell's Latest Style«.

14 Erschienen 1929, eines der Hauptwerke des Sprach- und Literaturwissenschaftlers I. A. Richards, mit dem er die sogenannte Cambridge School stark beeinflußte. Richards, der auch selbst Gedichte schrieb, versuchte zur Beurteilung der Literatur objektive Kriterien zu entwickeln und trug damit entscheidend zum »new criticism« bei. [Anm. d. Übers.]

15 E. S., »Some Notes on My Own Poetry«.

16 Jack Lindsay, Einführung zu E. S., *Façade and Other Poems*, 1920–35, 1950.
17 E. S., *Selected Letters*.
18 William Hazlitt, »Character of Cobbett«, in *Table Talk*, 1821.
19 Die Vermutung liegt nahe, daß auch das phonetisch mit ›sun‹ (Sonne) identische ›son‹ (Sohn) mitgemeint ist. [Anm. d. Übers.]
20 William Shakespeare, *Maß für Maß*, III / 1.

7 EIN EINHORN UNTER LÖWEN

1 Orig.: *The Hollow Men*, deutsch: »Die hohlen Männer«. In: *Museum der modernen Poesie*, Suhrkamp Verlag, Frankfurt am Main 1960. [Anm. d. Übers.]
2 John Pearson, *Façade*.
3 *A Romantic Friendship: The Letters of Cyril Connolly to Noel Blakiston*, 1975.
4 *The Letters of Virginia Woolf*, Bd. 3, 1980.
5 Bibliothek der Universität des Staates Iowa.
6 Georg Iwanowitsch Gurdjieff (um 1873–1949). Nach Jahren des Herumziehens in Asien und Europa begann dieser russische Mystiker seine Lehre, die das Erreichen eines höheren Bewußtseinsstandes zum Ziel hatte, in seiner Heimat zu verbreiten. Er faßte sie in einem umfangreichen Buch zusammen und gründete in späteren Jahren ein Ausbildungszentrum in der französischen Stadt Fontainebleau. Peter D. Uspenskij (1878–1947), gleichfalls Russe. Ursprünglich Anhänger Gurdjieffs, trennte er sich von dessen Bewegung, blieb ihr aber innerlich verbunden. Seine Lehre, über die dieser Mystiker mehrere Bücher verfaßt hat – z. B. *Tertium Organum* –, beschäftigt sich in erster Linie mit der vierten Dimension (und darüber hinausgehenden Dimensionen). [Anm. d. Übers.]
7 Allanah Harper, unveröffentlichte Erinnerung.
8 Ebd.
9 *The Diary of Virginia Woolf*, Bd. 3, 1980. Deutsch in: Susanne Amrain (Hg.): *So geheim und vertraut. Virginia Woolf und Vita Sackville-West*. Suhrkamp Verlag, Frankfurt am Main 1994.
10 E. S., *Selected Letters*.
11 Allanah Harper, unveröffentlichte Erinnerung.
12 Cecil Beaton, *The Wandering Years*, 1961.
13 Ebd.
14 Privatsammlung aus dem Nachlaß von Sir Cecil Beaton.
15 Elizabeth Salter, *The Last Years of a Rebel*.
16 Tom Driberg, »Edith Sitwell at Home: A Partial Recall«, *Encounter*, Mai 1966.
17 *The Letters of Virginia Woolf*, Bd. 3.
18 Ebd.

19 Sammlung Berg, Öffentliche Bibliothek der Stadt New York.

20 *The Letters of Virginia Woolf*, Bd. 3.

21 Westfield College, Universität London.

22 Nachgedruckt in Rebecca West, »Two Kinds of Memory«, in *The Strange Necessity*, 1928.

23 Ebd.

24 E. S. im Katalog, den das Londoner Auktionshaus Sotheby & Co. für den Verkauf ihrer Sammlung von Werken Tschelitschews herausgegeben hatte. Die Auktion fand am 31. Dezember 1961 statt.

8 GERTRUDE STEIN UND DER BOJAR

1 Bibliothek der Universität des Staates Iowa.

2 Alice B. Toklas, *What Is Remembered*, 1963.

3 James R. Mellow, *Charmed Circle: Gertrude Stein & Company*, 1974.

4 16. Januar 1929. E. S., *Selected Letters*.

5 Das Wort ›Hausfrau‹ steht auf deutsch im Originaltext. [Anm. d. Übers.]

6 Tom Driberg, »Edith Sitwell at Home: A Partial Recall«.

7 *The Letters of Virginia Woolf*, Bd. 3.

8 Ein Erfrischungsgetränk mit Zitronengeschmack, das mit kochendem Gerstenwasser hergestellt wird. [Anm. d. Übers.]

9 *The Diary of Virginia Woolf*, Bd. 3.

10 Harold Acton, *Memoirs of an Aesthete*.

11 Ebd.

12 Angaben zu Tschelitschews Leben verdanke ich Parker Tylers Buch *The Divine Comedy of Pavel Tchelitchev*, 1967.

13 Parker Tyler, ebd.

14 Wörtlich ›der Alte‹. Im Mönchtum der Ostkirche gewöhnlich eine charismatische geistliche Autorität, bei der die Menschen Rat und Hilfe suchen. [Anm. d. Übers.]

15 A. J. P. Taylor: *Beaverbrook*, 1972.

16 *The Letters of Virginia Woolf*, Bd. 3.

17 E. S., *Selected Letters*.

9 BARBARISCHE GEPFLOGENHEITEN UND GEBRÄUCHE AN DER GOLDKÜSTE

1 Harry T. Moore, Hg., *The Collected Letters of D. H. Lawrence*, 1962.
2 Eine ausführlichere Darstellung zu Osbert und *Lady Chatterley* findet sich in John Pearson, *Façades*.
3 »Wörter aus vier Buchstaben« (four-letter-words) heißen im Englischen unanständige oder obszöne Wörter. Von ihnen setzt sich E. S. spöttisch mit einem (keineswegs salonfähigeren) »five-letter-word« ab. Gemeint ist ›balls‹, im Sport natürlich ›Bälle‹, in der Umgangssprache allerdings ›Hoden‹ und (als Ausruf) ›Quatsch‹ – E. S.s Werturteil über den Roman. [Anm. d. Übers.]
4 Das Wort ›woolly‹ hat mehrere Bedeutungen. Während es im Fall der Strickwaren aus dem Hause Jaeger so viel bedeutet wie ›aus Wolle‹, meint E. S. mit Bezug auf Lawrence ›wirr‹. [Anm. d. Übers.]
5 E. S., *Mein exzentrisches Leben*.
6 Tom Driberg, *Ruling Passions*, 1977.
7 O. S., *Laughter in the Next Room*.
8 Tom Driberg, »Edith Sitwell at Home: A Partial Recall«.
9 Zitiert in Elizabeth Salter, *The Last Years of a Rebel*.
10 Universität von York, Ontario.
11 Bibliothek des King's College in Cambridge.
12 Bibliothek der Universität des Staates Iowa.
13 Im Original heißt es »the rat-eaten bones / *Of a fashion-able* god that lived not / Ever, ...«; in Christian Enzensbergers Übersetzung »das rattenzerfreßne Gebein / Von einem gesellschaftsfähigen Gott, / Der kein Leben ... hat«. [Anm. d. Übers.]
14 Deutsch in: *Dame Edith Sitwell. Gedichte*. Deutsch von Christian Enzensberger. [Anm. d. Übers.]
15 Dies 1874 in Leipzig erschienene Werk schildert das Leben eines afrikanischen Kannibalenstamms, der Mangbattu. Ihr Häuptling war zu jener Zeit eben jener Munsa, von dem es hieß, für ihn würden täglich mehrere kleine Kinder geschlachtet. [Anm. d. Übers.]

10 SORGEN IN PROSA

1 Soweit nicht anderes angegeben, sind alle Zitate Tanners seinen Briefen an E. S. entnommen, die sich im Besitz der York-Universität in Ontario befinden.
2 Sammlung Berg, Öffentliche Bibliothek der Stadt New York.
3 Ebd.
4 Elizabeth Salter, *The Last Years of a Rebel*.

5 Sammlung Berg, Öffentliche Bibliothek der Stadt New York.

6 Englischer Dramatiker und Lyriker aus der Grafschaft Shropshire (um 1675–1749), unter anderem Herausgeber der Zeitschrift *The Freethinker*. Pope und andere machten ihn lächerlich, und seine Dichtung wurde mit dem an den Vornamen Ambrose anklingenden Spottnamen »namby-pamby« belegt, der soviel bedeutet wie ›Muttersöhnchen‹, mit allen dazu gehörigen Konnotationen wie ›verweichlicht‹, ›affektiert‹, ›seicht‹, ›abgeschmackt‹, ›geziert‹ und ›sentimental‹. [Anm. d. Übers.]

7 Beispiele dafür sind ›Colick‹ statt ›colic‹, ›Bed-Matt‹ statt ›bed mat‹ usw. [Anm. d. Übers.]

8 29. Dezember 1954, Mark Amory, Hg., *The Letters of Evelyn Waugh*, 1980.

9 Die Mosleys waren bekannte Hitler-Verehrer. Sir Oswald Mosley, nacheinander konservativer, unabhängiger und Labour-Abgeordneter im Unterhaus, gründete 1932 die British Union of Fascists (Britische Faschistenvereinigung), die 1940 verboten wurde. [Anm. d. Übers.]

10 24. Mai 1930. Michael Davie, Hg., *The Diaries of Evelyn Waugh*, 1976.

11 *The Diary of Virginia Woolf*, Bd. 3.

12 Sammlung Berg, Öffentliche Bibliothek der Stadt New York.

13 23. August 1930. *The Diaries of Evelyn Waugh.*

14 Anthony Powell, *Messengers of Day*, 1978.

15 Das englische Wort ›gothic‹ hat eine ganze Reihe von Bedeutungen und heißt beispielsweise außer ›gotisch‹ auch ›mittelalterlich, romantisch‹ usw. Die – in der Romantik sehr beliebten – Schauerromane werden im Englischen als ›Gothic Novels‹ bezeichnet. [Anm. d. Übers.]

16 O. S., *Laughter in the Next Room.*

17 Damit ist die Regierungszeit der Königin Anna gemeint. Grob gesagt umfaßte das Buch etwa den Zeitraum von 1620 bis etwa 1700. [Anm. d. Übers.]

18 Anspielung auf einen Kinderreim, in dem es heißt »ride a cock-horse to Banbury Cross to see a fine lady on a white horse«. [Anm. d. Übers.]

19 Ein in London sehr bekannter Autor und Maler (vor sieben Jahren habe ich ihm ein Jahr lang nahezu täglich gesessen), der vergeblich versucht hat, bei mir privat zum Zuge zu kommen, hat sich gerächt, indem er ausschließlich über mich und meine Angehörigen ein Buch mit dem Titel *Die Affen Gottes* verfaßte, in dem er erklärt, ich sei weit über fünfzig Jahre alt!! [Das hatte er nicht getan] und eine widerspenstige Jungfrau!! (Stimmt!) Wirklich! Das ist wie die Rache einer aufgebrachten Halbweltdame! Es ist sonderbar, daß er mich so wenig kennt, um zu glauben, es könnte mich ärgern! Es gehört zu den Dingen, die mich in keiner Weise ärgern. (Und eine der Bezeichnungen schmeichelt mir!) ... Und natürlich kann ich als Dame den Grund dieses Hasses nicht sagen (außer einer sehr vertrauten Freundin). ... Wahrlich [...] etwas übertrieben. [Anm. d. Übers.]

11 ABSCHIED AUF FRANZÖSISCH

1 Zitiert in Elizabeth Salter, *The Last Years of a Rebel.*

2 Epithalamion, soviel wie Hochzeitsgedicht. [Anm. d. Übers.]

3 Bis 1816 eine Goldmünze im Wert von 21 Shilling, also einer mehr als das Pfund. Danach bis zur Dezimalisierung des Pfundes Anfang der siebziger Jahre nur noch von Berufsständen als Rechnungseinheit verwendet, die sich von der ›Plebs‹ abheben wollten – beispielsweise in Liquidationen von Modeärzten und Anwälten. Auch diente die Preisangabe in Guineen häufig dazu, einer Ware den Anschein der Hochwertigkeit zu verleihen. Bis auf den heutigen Tag lauten Preisgelder bei Pferderennen auf ›guineas‹. [Anm. d. Übers.]

4 Sammlung Berg, Öffentliche Bibliothek der Stadt New York.

5 Die schreckliche Geldfrage. In der Dichtung macht das nichts, weil man mit ihr nichts verdient.

6 Sammlung Berg, Öffentliche Bibliothek der Stadt New York.

7 Diese Buchhandlung gewann große literaturgeschichtliche Bedeutung, da Sylvia Beach sie eigens für James Joyces *Ulysses* zu einem Verlagshaus umwandelte. Da Joyces Werke bis 1934 weder in Großbritannien noch in Amerika erscheinen durften, konnten sie nur aus Frankreich in diese Länder geschmuggelt werden. [Anm. d. Übers.]

8 Ein Augenzeugenbericht über dies Debakel findet sich in Natalie Clifford Barneys *Adam* (1962), einer ausschließlich E. S. gewidmeten Ausgabe mit dem Untertitel »The Amazon of Letters«.

9 Parker Tyler, *The Divine Comedy of Pavel Tchelitchev.*

10 Zitiert in Elizabeth Salter, *The Last Years of a Rebel.*

11 Stella Bowen, *Drawn from Life*, 1940.

12 Eine – meist von Männern gespielte – Hauptgestalt aus einer der in England üblichen ›Weihnachtspantomimen‹, die allerdings weder etwas mit unserer Vorstellung von Weihnachten noch mit der von Pantomime gemein haben. Gewöhnlich handelt es sich um Unterhaltungsstücke mit slapstickartigen Einlagen für Kinder wie Erwachsene – z. B. Der Gestiefelte Kater, Hans und die Bohnenranke, Dick Whittington usw. [Anm. d. Übers.]

13 Links muß noch etwas Geheimnis hin. [Anm. d. Übers.]

14 Stella Bowen, *Drawn from Life*, 1940.

15 Ein schwieriger Augenblick in ihrem Leben!!!! Denken Sie nur! Ich hatte angenommen, sie sei mindestens 55 bis 60 Jahre alt, und jetzt zeigt sich, wenn stimmt, was sie mir sagte, daß sie höchstens 48 bis 50 ist! Das ist doch erstaunlich! Ist das möglich? [Anm. d. Übers.]

16 Privatsammlung aus dem Nachlaß von Lady Sitwell.

17 Ebd.

18 Frei: Damit mache ich ihn fertig, ein für alle Mal. [Anm. d. Übers.]

19 Gleichzeitig sehr weiblich. [Anm. d. Übers.]
20 Bibliothek der Cornell University.

12 ZWISCHENAKT: JUNGFERNFAHRT

1 Constance Sitwell, *Bounteous Days*.
2 Parker Tyler, *The Divine Comedy of Pavel Tchetlitchev*.
3 Ebd.
4 Sammlung Berg, Öffentliche Bibliothek der Stadt New York.
5 Allanah Harper, unveröffentlichte Erinnerung.
6 Privatdruck.
7 Elizabeth Salter, *The Last Years of a Rebel*.
8 Alle Zitate aus dem Brief Edith Sitwells an John Collier stammen aus dem im Besitz der Bibliothek der Universität von Iowa befindlichen Schriftwechsel.
9 Orig.: *English Eccentrics*. [Anm. d. Übers.]
10 Orig.: *English Women*. Zitiert nach: *Englische Frauen*. Frankfurter Verlagsanstalt, Frankfurt am Main 1992. [Anm. d. Übers.]
11 Bibliothek der Universität von Iowa.
12 Sammlung Berg, Öffentliche Bibliothek der Stadt New York.
13 O. S., *Noble Essences*.
14 Anspielung auf »Denn der Regen ...« aus Shakespeares *Was ihr wollt*, V/1 und Wortspiel mit dem Namen Raine und dem Wort ›rain‹ (Regen). Die 1908 in Nordengland geborene Lyrikerin Kathleen Jessie Raine (Mrs. Charles Madge) studierte ursprünglich Naturwissenschaft und wurde, als sie sich der Dichtung zuwandte, stark von den visionären Autoren William Butler Yeats und William Blake beeinflußt. Über letzteren verfaßte sie auch literaturwissenschaftliche Arbeiten. Gekennzeichnet wird ihr Werk durch seinen Symbolismus und seine esoterischen Elemente. Ihre *Collected Poems* erschienen 1956.
Anne Ridler (geb. Bradby) wurde 1912 geboren. Sie ist als Dichterin, Kritikerin und Herausgeberin von Anthologien hervorgetreten. In ihren Gedichten und Versdramen bemüht sie sich, christliches Gedankengut mit Hilfe der Alltagssprache dichterisch zu erfassen. [Anm. d. Übers.]
15 Bibliothek der Universität von Iowa.
16 E. S., *Selected Letters*.
17 John Pearson, *Façade*.
18 Elizabeth Salter, *The Last Years of a Rebel*.

13 ABSCHIED VON BAYSWATER

1 E. S., *Mein exzentrisches Leben.*

2 Beide Briefe stammen aus Lady Sitwells Privatsammlung.

3 Bisweilen auch als ›Gerhardi‹ verzeichnet. [Anm. d. Übers.]

4 Elizabeth Salter, *The Last Years of a Rebel.*

5 Richard Nash, 1674–1762, englischer Dandy. Wurde nach einem Studium in Oxford Offiziersanwärter, verließ aber den Militärdienst bald wieder. Trat in die Londoner Anwaltsvereinigung ein, doch zogen ihn Vergnügungssucht und Spielleidenschaft in den mondänen Badeort Bath, wo er seinen Lebensunterhalt am Spieltisch erwarb und zum allseits anerkannten Autokraten der Stadt aufstieg. Berühmt wurde er durch seine Überspanntheit und Verschwendungssucht. [Anm. d. Übers.]

6 Parker Tyler, *The Divine Comedy of Pavel Tchelitchev.*

7 1858–1944, Komponistin, die in Leipzig studierte und deren erste Werke auch dort aufgeführt wurden. Nach England zurückgekehrt, schloß sie sich um die Zeit nach 1910 der Suffragettenbewegung an. Später komponierte sie nur noch wenig, verfaßte aber eine Reihe autobiographischer Bücher.

8 *The Letters of Virginia Woolf*, Bd. 5, 1979.

9 Privatsammlung Diana Sparks.

10 Ebd.

11 Mit diesen ›Neuen Signaturen‹ sind Wystan H. Auden, Julian Bell, Cecil Day Lewis, Richard Eberhart, William Empson, John Lehmann, William Plomer, Stephen Spender sowie A. S. J. Tessimond gemeint. [Anm. d. Übers.]

12 Harold Acton, *Memoirs of an Aesthete.*

13 E. S., *Mein exzentrisches Leben.*

14 Cecil Beaton, *The Wandering Years.*

15 Privatsammlung Lady Sitwell.

14 RATTEN IM GEBÄLK

1 John Pearson, *Façade.*

2 M. F., 1810 geboren und 1850 bei einem Schiffsunglück ums Leben gekommen, war als Herausgeberin einer Zeitschrift und Leiterin eines Konversationskreises einflußreiches Mitglied der Transzendentalisten um Ralph Waldo Emerson. Sie verfaßte Untersuchungen zur Frauenfrage und Essays zu Literatur und Kunst, war als Literaturkritikerin für die New Yorker *Tribune* tätig und übersetzte Eckermanns Gespräche mit Goethe ins Englische. [Anm. d. Übers.]

3 E. S., *Englische Exzentriker*, hg. von Kyra Stromberg. Verlag Klaus Wagenbach, Berlin 1988. [Anm. d. Übers.]

4 E. S., *Selected Letters.*

5 Wie immer hat das unglückselige Geschick, das der Himmel uns allen [von E. S. im Französischen als Maskulinum formuliert] zugedacht hat, diesen Augenblick ausersehen, um mich heimzusuchen. [Anm. d. Übers.]

6 Einzelheiten über die Freundschaft zwischen Tschelitschew und Ford verdanke ich hauptsächlich Parker Tyler, *The Divine Comedy of Pavel Tchelitchev.*

7 Ich will keine Wahrheiten mehr; ich habe davon genug. [Anm. d. Übers.]

8 Privatsammlung Lady Sitwell.

9 E. S., *Collected Letters.*

10 E. S., *Mein exzentrisches Leben.*

11 Er ist Mönch. Er hat als Kind die Gelübde abgelegt. [Anm. d. Übers.]

12 Die Romanautorin und Dramatikerin Winifried Ashton (1888–1965), die unter dem Künstlernamen Diana auch als Schauspielerin auftrat. Das Pseudonym Clemence Dane hat sie St. Clement Danes entlehnt, der bekannten Hauptkirche der englischen Luftwaffe in London. [Anm. d. Übers.]

13 Zitiert in John Lehmann, *A Nest of Tigers,* 1968.

15 BESCHIMPFUNGEN UND EIN BESTSELLER

1 Ermordet und in Stücke gerissen. [Anm. d. Übers.]

2 Privatsammlung Lady Sitwell.

3 Meinen Sie, es könnte mir ergehen wie der Frau in der Bibel? [Anm. d. Übers.]

4 Die einen ihrer Tobsuchtsanfälle hat. [Anm. d. Übers.]

5 E. S., *Selected Letters.*

6 Ebd.

7 Ebd.

8 Geoffrey Grigson in *New Verse,* Dezember 1934.

9 *The Letters of Virginia Woolf,* Bd. 5.

10 »Wo ist der Schnee vom vergangenen Jahr.« Berühmte Stelle aus François Villons Gedichten, eine Klage über die Vergänglichkeit alles Irdischen. [Anm. d. Übers.]

11 John Lucas, Hg., *The 1930s: A Challenge to Orthodoxy,* 1978

12 Äußerst minderwertige Menschen. [Anm. d. Übers.]

13 Heftig aufflammende Freundschaften. [Anm. d. Übers.]

14 Ein recht gutes Buch. [Anm. d. Übers.]

15 Etwa: indem sie es sehr phantasievoll ausschmücken werde. [Anm. d. Übers.]

16 Das Tagebuch dieser so bedeutenden und zugleich so dummen Frau, das einem wirklich auf die Nerven geht! [Anm. d. Übers.]

17 Hubert Nicholson, »Glimpses of Edith Sitwell«, unveröffentlichte Erinnerungen.

18 Orig.: *Victoria of England*. Deutsch: *Queen Victoria*. Societäts Verlag, Frankfurt am Main 1986. [Anm. d. Übers.]

19 Meine Liebe, mein Buch ist das geworden, was man einen ›Bestseller‹ nennt! [Anm. d. Übers.]

20 Christian Friedrich Baron v. Stockmar (1787–1863). Nach einem Studium in Jena wurde der aus Coburg stammende Stockmar vertraulicher Berater König Leopolds I. von Belgien. 1836 ging er als Berater der jungen Prinzessin Viktoria nach London. Nachdem diese 1837 den Thron bestiegen hatte, übte Stockmar über längere Zeit hinweg beträchtlichen Einfluß am englischen Hofe aus. [Anm. d. Übers.]

21 Sammlung Berg, Öffentliche Bibliothek der Stadt New York.

16 EIN JUNGENDLICHER SILEN

1 Constantine FitzGibbon, Hg., *Selected Letters of Dylan Thomas*, 1967.

2 Constantine FitzGibbon, *The Life of Dylan Thomas*, 1965.

3 E. S., *Mein exzentrisches Leben*.

4 *Selected Letters of Dylan Thomas*.

5 E. S., *Mein exzentrisches Leben*.

6 Constantine FitzGibbon, *The Life of Dylan Thomas*.

7 Jack Lindsay, *Meeting with Poets*, 1968.

8 Eine Unmenge von Daumen [sie meint: Flöhe] in meinem Bett. [Anm. d. Übers.]

9 Privatsammlung Lady Sitwell.

10 Kenneth Clark, »On the Development of Miss Sitwell's Latest Style«, *Horizon*, Juli 1947.

11 *Selected Letters of Dylan Thomas*.

12 Ebd.

13 Privatsammlung Lady Sitwell.

14 Orig.: *I Live Under a Black Sun* [Anm. d. Übers.]

15 Privatsammlung Lady Sitwell.

16 E. S., *Selected Letters*.

17 Sie ist vor zwei Tagen gestorben. [Anm. d. Übers.]

18 Harold Acton, *More Memoirs of an Aesthete*, 1970.

19 In Kap. 4 spricht Osbert selbst von »Muddleton Moral«. [Anm. d. Übers.]

17 UNTER EINER SCHWARZEN SONNE

1 In einem kindlichen Wortspiel sagte sie, »leaving the Egg and going Golly«, also in etwa: »weg vom [Enten] Ei und hin zur Vogelscheuche [golli (wog)]«. (Letzteres kann auch Negerpuppe oder Ungetüm bedeuten.) [Anm. d. Übers.]
2 E. S., *Selected Letters*.
3 Bibliothek des King's College, Cambridge.
4 26. Februar 1939, E. S., *Selected Letters*.
5 Auszüge aus Victor Gollancz' Briefwechsel mit E. S. und Einzelheiten ihrer Vereinbarungen mit dem Verlag Victor Gollancz Ltd. verdanke ich Livia Gollancz sowie dem Verlag Victor Gollancz Ltd.
6 George Bryan Brummell, 1778–1840. Seinen Beinamen verdankte der in der Londoner Gesellschaft bekannte ›Beau‹ Brummell, Freund des Fürsten von Wales (später König Georg IV.), seiner übermäßigen Modenarrheit in Kleidung und Auftreten, mit der er eine geistreiche Schlagfertigkeit verband. Er gilt als Urbild des Dandy. [Anm. d. Übers.]
7 Privatsammlung Sir Sacheverell Sitwell.
8 Constantine FitzGibbon, Hg., *Selected Letters of Dylan Thomas*.
9 An John Lehmann, 29. März 1944. E. S., *Selected Letters*.
10 Parker Tyler, *The Divine Comedy of Pavel Tchelitchev*.
11 E. S., *Selected Letters*.
12 Ebd.
13 An David Higham, 8. März 1939. E. S., *Selected Letters*.

18 KRIEG

1 Privatsammlung Anthony Powell.
2 Privatsammlung Lady Sitwell.
3 Das englische Rechtswesen unterscheidet sich in vielem grundlegend vom deutschen, und so gibt es kein vergleichbares Amt. Diese ehrenamtlich und in Teilzeit tätigen Laienrichter (›magistrates‹, auch als ›justice of the peace‹, also Friedensrichter bekannt) werden von der Krone auf Empfehlung des Lordkanzlers ernannt. Sie verhandeln minder schwere straf- und zivilrechtliche Fälle, entscheiden in Sorgerechtsfragen, erteilen Schankerlaubnisse für alkoholische Getränke, usw. [Anm. d. Übers.]
4 Privatsammlung Lady Violet Powell.
5 Mugar-Gedächtnis-Bibliothek, Universität Boston.
6 Mark Amory, Hg., *The Letters of Evelyn Waugh*, 1980.
7 In England gab es auch im Zweiten Weltkrieg noch amtlich bestallte Zeichner, die den Krieg an der Front wie in der Heimat dokumentierten. Im Zusammen-

hang mit einer solchen Tätigkeit sind Henry Moores berühmte Bilder der Menschen entstanden, die in U-Bahn-Schächten Schutz vor den deutschen Bombenangriffen suchten. [Anm. d. Übers.]

8 Privatsammlung Lady Sitwell.

9 Bibiothek der Universität von Iowa.

10 Ebd.

11 Privatsammlung Lady Violet Powell.

12 Ein Reisgericht mit Fleisch und Eiern. [Anm. d. Übers.]

13 Die Anspielung bezieht sich auf Matthew Arnolds Gedicht gleichen Namens. Er berichtet darin, wie der persische Herkules Rustam oder Rustem, Fürst von Sedschistan, gegen seinen Sohn Sohrab kämpft und ihn besiegt. [Anm. d. Übers.]

14 Anthony Powell, *Messengers of Day*.

15 J. D. Squire, *Weepings and Wailings*, 1935.

16 An Demetrios Capetanakis, 1. Juli 1943.

17 Dringend Geld schicken. Lage verzweifelt. [Anm. d. Übers.]

18 Privatsammlung Anthony Powell.

19 Mugar-Gedächtnis-Bibliothek, Universität Boston.

20 E. S., *Selected Letters*.

21 Parker Tyler, *The Divine Comedy of Pavel Tchelitchev*.

22 Eine Anspielung darauf, daß auch solche Männer ruhig Soldaten werden sollten. Sie orientiert sich an dem bekannten englischen Soldatenlied aus dem Zweiten Weltkrieg: »We'll hang up our washing at the Siegfried line.« [Anm. d. Übers.]

23 Parker Tyler, *The Divine Comedy of Pavel Tchelitchev*.

24 Mugar-Gedächtnis-Bibliothek, Universität Boston.

25 E. S., *Selected Letters*.

26 Alice B. Toklas, *What Is Remembered*.

27 Bryher, *The Days of Mars*, 1972.

28 Ebd.

29 An Ann Pearn, 21. September 1941. E. S., *Selected Letters*.

30 Schaffrath, Köln 1947. Orig.: *Fanfare for Elizabeth*. [Anm. d. Übers.]

31 E. S., *Selected Letters*.

32 Ebd.

33 Hester Lynch Thrale, geb. Salisbury. Samuel Johnson, der berühmte Schriftsteller und Verfasser des seinerzeit bedeutendsten Wörterbuchs der englischen Sprache, war eng mit ihr und Mr. Thrale befreundet, der politische Ambitionen hatte und für den Johnson Ansprachen verfaßte. Als sie drei Jahre nach dessen Tod den italienischen Musiker Gabriel Piozzi heiratete, schickte ihr Johnson einen aufgebrachten Protestbrief, woraufhin die ohnehin schon ein wenig schal gewordene Freundschaft endete. [Anm. d. Übers.]

34 E. S., *Selected Letters*.
35 Bibliothek der Universität des Staates Iowa.
36 2. April 1941, E. S., *Selected Letters*.
37 Unter den Titeln »Straßenlied« und »Noch immer fällt der Regen« deutsch in der zweisprachigen Ausgabe *Englische Gedichte von Hopkins bis Dylan Thomas*, S. Fischer, Frankfurt am Main 1961. [Anm. d. Übers.]
38 E. S., *Selected Letters*.
39 Stephen Spender, *World Within World*, 1951. Zitiert nach: *Welt in der Welt*, Piper Verlag, München 1992.
40 John Lehmann, *A Nest of Tigers*.
41 Bryher, *The Days of Mars*.
42 Die heutige Königin Elizabeth und ihre Schwester Margaret. [Anm. d. Übers.]
43 Einen solchen Teil gibt es in der Druckfassung nicht. Das alte Lied »London Bridge is Falling Down« wird lediglich in Vers 426 (im Teil V. »Was der Donner sprach«) zitiert. [Anm. d. Übers.]
44 Bryher, *The Days of Mars*.

19 LEBEN UND TOD

1 Sammlung Berg, Öffentliche Bibliothek der Stadt New York.
2 Ebd.
3 Ebd.
4 Mugar-Gedächtnis-Bibliothek, Universität Boston.
5 Ebd.
6 Privatsammlung Laurence Whistler.
7 Sammlung Berg, Öffentliche Bibliothek der Stadt New York.
8 Ebd.
9 E. S., *Selected Letters*.
10 Frankfurter Verlagsanstalt, Frankfurt am Main 1992. Orig.: *English Women*. [Anm. d. Übers.]
11 *The Letters of Virginia Woolf*, Bd. 5.
12 John Lehmann, *I am My Brother*, 1960.
13 E. S., *Selected Letters*.
14 Denton Welch, *Journals*, 1952.
15 Ebd., 20. April 1942.
16 Unter dem Titel »Herz und Sinn« in der zweisprachigen Ausgabe *»Englische Gedichte von Hopkins bis Dylan Thomas«*, S. Fischer, Frankfurt am Main 1961. [Anm. d. Übers.]
17 Bryher, *The Days of Mars*.
18 Bibliothek der Universität von Iowa.

20 DER GRAUSIGE REGEN

1 Bryher, *The Days of Mars*.
2 Donald Sutherland, unveröffentlichte Erinnerung.
3 John Lehmann, *I am My Brother*.
4 Donald Sutherland, unveröffentlichte Erinnerung.
5 Mugar-Gedächtnis-Bibliothek, Universität Boston.
6 Ebd.
7 John Lehmann, *A Nest of Tigers*.
8 Sammlung Berg, Öffentliche Bibliothek der Stadt New York.
9 Privatsammlung Lady Sitwell.
10 Sammlung Berg, Öffentliche Bibliothek der Stadt New York.
11 John Pearson, *Façade*.
12 Mugar-Gedächtnis-Bibliothek, Universität Boston.
13 Hubert Nicholson, »Glimpses of Edith Sitwell«, unveröffentlichte Erinnerung.
14 E. S., *Mein exzentrisches Leben*.
15 Ixion war in der griechischen Mythologie ein zur Tafel der Götter zugelassener Lapithenkönig, der seine Begierde auf Zeus' Gemahlin Hera richtete. Als ihm Zeus ein wolkenhaftes Trugbild der Hera schickte, zeugte Ixion mit diesem den Kentauren, brüstete sich aber, Heras Gunst errungen zu haben. Daher wurde er auf ein feuriges Rad gebunden, mit dem er auf alle Zeiten durch die Lüfte wirbelt. (In späteren Zeiten wurde der Ort der Bestrafung in den Hades verlegt.) [Anm. d. Übers.]
16 Frederick Prokosch, »Edith Sitwell«, in: *A Celebration for Edith Sitwell*. Hg. José García Villa.
17 24. Januar 1944, E. S., *Selected Letters*.
18 E. S., »Some Notes on My Own Poetry«.
19 Sammlung Berg, Öffentliche Bibliothek der Stadt New York.
20 Julian Symons, »Miss Edith Sitwell Have and Had and Heard«, *London Magazine*, November 1964.
21 John Russell, »Some Notes on Edith Sitwell«, in *A Celebration for Edith Sitwell*.
22 a) Sprechendes kleines halbwildes Pferd.
b) Aus Bestandteilen der Namen von *MacNeice*, *Spender*, *Auden* und C. *Day Lewis* zusammengesetzter pseudo-schottisch klingender Name. [Anm. d. Übers.]
23 Cecil Day Lewis: *Anatomy of a Poet*, 1979.
24 Sammlung Berg, Öffentliche Bibliothek der Stadt New York.
25 Bibliothek der Universität Iowa.
26 Anthony Powell, *Messengers of Day*.

21 NACHKRIEGSFANFARE

1 Ein Ehrenamt am königlichen Hof von England. Zu den Pflichten des (jeweils vom Premierminister ernannten) Poeta Laureatus gehört die Abfassung von Festgedichten zu königlichen Geburtstagen und offiziellen Anlässen. [Anm. d. Übers.]

2 Bibliothek der Universität Iowa.

3 Bibliothek des King's College, Cambridge.

4 Sammlung Berg, Öffentliche Bibliothek der Stadt New York.

5 Bibliothek der Universität von Iowa.

6 Bei William von Malmesbury heißt es dazu: Als sich König Knut und Edmund Ironside zu ihrer sechsten Schlacht in der Grafschaft Gloucestershire bereitmachten, kamen sie überein, die Entscheidung über ihre Ansprüche durch einen Kampf Mann gegen Mann zu treffen. Da Edmund groß und stark, er selbst aber klein war, sagte Knut zu seinem Gegner: »Beide behaupten wir, uns stehe das Königreich als Recht seiner Väter zu. Laß es uns daher teilen und Frieden schließen.« So geschah es.
Sinn der Anspielung ist, daß der Schwächere nach Möglichkeiten suchen muß zu überleben, da er bei einer offenen Auseinandersetzung vermutlich den kürzeren ziehen würde (in diesem Fall war Edith diejenige, die sich in den Augen der jungen Generation ›überlebt‹ hatte). [Anm. d. Übers.]

7 Bibliothek der Universität von Iowa.

8 Patchwork quilts sind aus bunten Flicken kunstvoll zusammengesetzte Decken (oder Bettüberwürfe). Hier dürfte eine Art Narrengewand gemeint sein, womit Sacheverell als Narr abgestempelt wurde; der Begriff ›patchwork‹ (Flickwerk) läßt sich aber auch als Anspielung auf angeblichen Pfusch in seinen Werken auffassen. [Anm. d. Übers.]

9 E. S., »Some Notes on My Own Poetry«, erweiterte Fassung in *Collected Poems* (1957).

10 Zitiert nach: *Dame Edith Sitwell. Gedichte*. Übersetzt von Erich Fried. [Anm. d. Übers.]

11 E. S., »Some Notes on My Own Poetry«.

22 LINKSWENDUNG

1 Jack Lindsay, *Meetings with Poets*.

2 Jack Lindsay, »The Last Poems of Edith Sitwell«, in *A Celebration for Edith Sitwell*, Hg. José García Villa.

3 Jack Lindsay, *Meetings with Poets*.

4 Bibliothek des King's College, Cambridge.

5 E. S., *Selected Letters*.
6 Mugar-Gedächtnis-Bibliothek, Universität Boston.
7 E. S., *Selected Letters*.
8 Parker Tyler, *The Divine Comedy of Pavel Tchelitchev*.
9 *The Times Literary Supplement*, 20. November 1948.
10 Unter dem Titel »Totenklang für den Neuen Sonnenaufgang« deutsch in der zweisprachigen Ausgabe *Englische Gedichte von Hopkins bis Dylan Thomas*, S. Fischer, Frankfurt am Main 1961; unter dem Titel »Grabgesang auf den neuen Sonnenaufgang« in *Löwe und Einhorn, Englische Lyrik der Gegenwart*, Vandenhoeck & Ruprecht, Göttingen, o. J. (1959). [Anm. d. Übers.]
11 Elizabeth Salter, *The Last Years of a Rebel*.
12 Mugar-Gedächtnis-Bibliothek, Universität Boston.
13 Privatsammlung Lady Sitwell.
14 Sammlung Berg, Öffentliche Bibliothek der Stadt New York.
15 Ebd.

23 PYRRHUSSIEGE

1 Der Bericht über das Wiedersehen entstammt in erster Linie Parker Tyler, *The Divine Comedy of Pavel Tchelitchev*.
2 Zitat der Briefstelle mit Elizabeth Salters freundlicher Erlaubnis.
3 John Pearson, *Façade*.
4 E. S., *Mein exzentrisches Leben*.
5 C. W. McCann an V. G.
6 Mark Amory, Hg., *The Letters of Evelyn Waugh*.
7 An Felix Giovanelli, 19. November 1948. W. K. Rose, Hg., *The Letters of Wyndham Lewis*, 1963.
8 Harold Acton, *More Memoirs of an Aesthete*.
9 Parker Tyler, *The Divine Comedy of Pavel Tchelitchev*.
10 Ein von der Krone ernannter, ehrenamtlich fungierender Verwaltungsbeamter und Repräsentant einer englischen Grafschaft, zugleich Exekutivorgan der hohen Gerichte. U. a. lädt er die Geschworenen, ist für den sicheren Gewahrsam von Gefangenen verantwortlich, leitet die Unterhauswahlen in seinem Bezirk und beruft die Grafschaftsversammlung ein. [Anm. d. Übers.]
11 An Nancy Mitford, November 1948. *The Letters of Evelyn Waugh*. [Zwar war Sacheverell in der Tat 1948–1949 High Sheriff der Grafschaft Northamptonshire, doch brauchte ein solcher lediglich den Lord Lieutenant (Oberster Exekutivbeamter) von einer beabsichtigten Reise in Kenntnis zu setzen. Sofern kein königlicher Besuch erwartet wurde, stand dem nichts im Wege, weil der hauptberufliche Untersheriff die Alltagsaufgaben wahrnehmen kann.] [Anm. d. Übers.]

12 Privatsammlung Lady Sitwell.
13 Ebd.
14 David Higham, *Literary Gent*, 1978.

24 UNFRIEDE UND VERSÖHNUNG

1 Bibliothek des King's College, Cambridge.
2 12. April 1949. E. S., *Selected Letters*.
3 David Wright: »A Poet and His Dragons«, *Sunday Telegraph Magazine*, 6. Mai 1979.
4 E. S., *Mein exzentrisches Leben*.
5 Andrej W., als Generalstaatsanwalt in der zweiten Hälfte der dreißiger Jahre Hauptankläger bei den Moskauer Schauprozessen, von 1949–1953 sowjetischer Außenminister, danach ständiger Vertreter der UdSSR bei der UNO. [Anm. d. Übers.]
6 Parker Tyler, *The Divine Comedy of Pavel Tchelitchev*.
7 Ebd.
8 Grover Smith, Hg., *The Letters of Aldous Huxley*.
9 Diese Aufforderung, ›leicht‹ (trippingly) vorzutragen, enthält eine Anspielung auf Hamlets Anweisungen an die Schauspieler (»Speak the speech … trippingly on the tongue«, »Haltet die Rede … leicht von der Zunge weg.«) [Anm. d. Übers.]
10 Damit waren im Theater zur Shakespearezeit die Zuschauer im Parterre gemeint, die keinerlei literarische Vorbildung mitbrachten. Hier also in etwa: Banausen. [Anm. d. Übers.]
11 Beide können in einem bestimmten Kontext dieselbe Bedeutung haben, nämlich ›stumpf‹. [Anm. d. Übers.]
12 Jack Lindsay, *Meetings with Poets*.

25 ZWISCHENAKT: MONTAGEN

1 Mark Amory, Hg., *The Letters of Evelyn Waugh*.
2 E. S., *Mein exzentrisches Leben*.
3 Ebd.
4 E. S., *Selected Letters*.
5 Ebd.
6 Die Endung -let entspricht in etwa unserem -chen oder -lein, ist aber häufig abwertend gemeint (kinglet = unbedeutender oder schwacher König). Also hier etwa »das lächerliche Würstchen Grigson«. [Anm. d. Übers.]

7 E. S., *Selected Letters*.

8 Anspielung auf die von diesem bedeutenden Schauspieler verkörperten Rollen der Shakespeare-Narren (z. B. Feste aus *Was Ihr wollt*). [Anm. d. Übers.]

9 Es gibt eine Schwester und zwei Brüder / Die sich bitte sehr Sitwell nennen – / Man muß sie manchmal lesen – / Sie sind alle drei lustig: / Die Doktorin, der Sachère und der Osbert. [Anm. d. Übers.]

10 Virginia Spencer Carr, *The Lonely Hunter*, 1975.

11 Ebd.

12 Cicely Greig, *Ivy Compton-Burnett: A Memoir*, 1972.

13 Eine der englischen Automobil-Nobelmarken. Sie hat mit dem deutschen Fahrzeug ähnlichen Namens von gewissen historischen Wurzeln abgesehen nichts zu tun. [Anm. d. Übers.]

14 E. S., *Selected Letters*.

15 Mugar-Gedächtnis-Bibliothek, Universität Boston.

16 Im Original »Who could have thought my shrivel'd heart could have recovered greenness. It was gone quite underground.« [Anm. d. Übers.]

17 Heute *Guardian*. [Anm. d. Übers.]

26 TOD UND SICH ÖFFNENDE TÜREN

1 Interview in der *Sunday Times* vom 8. September 1957.

2 Originaltitel *Young Bess* (1953). Eine mehr fiktive als historisch belegte Schilderung der Jugendzeit Elisabeths, Tochter Heinrichs VIII., und seiner in seinem Auftrag hingerichteten zweiten Gemahlin, Anna Boleyn, bis zu Elisabeths Thronbesteigung. [Anm. d. Übers.]

3 Kostümschinken und Historienspektakel (Originaltitel *Forever Amber*). Gezeigt wird darin, wie ein ehrgeiziges Findelkind im 17. Jahrhundert zur einflußreichen Mätresse am Hof des englischen Königs Karl II. aufsteigt und den Mann ihres Herzens verliert. [Anm. d. Übers.]

4 E. S., *Selected Letters*.

5 Bibliothek der Universität von Iowa.

6 Geb. 1920, hat an verschiedenen Universitäten in mehreren Ländern gearbeitet. U. a. Verfasser der Gedichtbände *The Laughing Hyena*, 1953, und *Bread Rather Than Blossoms*, 1956. [Anm. d. Übers.]

7 Sammlung Berg, Öffentliche Bibliothek der Stadt New York.

8 Hinter dieser Schreibweise verbirgt sich das englische Wort ›dirt‹, was soviel wie ›Dreck, Schmutz‹ bedeutet. [Anm. d. Übers.]

9 E. S., »Hollywood«, Entwurf.

10 E. S., *Mein exzentrisches Leben*.

11 Ebd.

12 Surbiton ist eine englische Mittelschichtwohnstadt wie aus dem Bilderbuch. Namen wie *Le Nid* und *Mon Repos* zeigen die Vorliebe der Angehörigen jener Bevölkerungsschicht, ihren Häusern französische Namen zu geben, was hier als eine Art aufgesetzte Weltläufigkeit persifliert wird. [Anm. d. Übers.]
13 An John Lehmann, 5. Februar 1954. E. S., *Selected Letters*.
14 Sammlung Berg, Öffentliche Bibliothek der Stadt New York.
15 Im Zusammenhang heißt es an dieser Stelle:
»Und das andere Herzhalb,
Das dir in der Brust saß,
Warfst du zum Fraße
Auf der Seemannstraße
Der Ratte hin, die erst meine Knochen nur aß.« [Anm. d. Übers.]
16 E. S., *Mein exzentrisches Leben*.
17 Bibliothek der Universität von Iowa.
18 Die Zusammenfassung der von jener »Bewegung« eingenommenen Position wurde hauptsächlich Blake Morrison, *The Movement* (Die Bewegung), 1980, entnommen.
19 Baudelaires Gedicht »L' Albatros« legt programmatisch fest, daß der lyrische Dichter seine geistige Heimat nicht im irdischen Alltag hat. [Anm. d. Übers.]

27 GOTT UND MAMMON

1 Dieser Titel, der dem des Knight bei einem Mann entspricht, bedeutet eine Art Ritterschlag. [Anm. d. Übers.]
2 Harold Acton, *More Memoirs of an Aesthete*.
3 John Pearson, *Façade*.
4 Bibliothek des King's College, Cambridge.
5 Jack Lindsay, *Meetings with Poets*.
6 E. S., *Selected Letters*.
7 Alle Zitate aus dem Briefwechsel zwischen E. S. und Caraman stammen aus Briefen in Caramans Besitz.
8 14. Juli 1955. Mark Amory, Hg., *The Letters of Evelyn Waugh*.
9 Walt Whitman, »From Pent-up Aching Rivers«, in *Children of Adam*. Zitiert nach: Walt Whitman, *Kinder Adams*, in: *Lyrik und Prosa*. Aus dem Amerikanischen von Erich Arendt. Verlag Volk und Welt, Berlin 1966.
10 Michael Davis, Hg., *The Diaries of Evelyn Waugh*.
11 9. Oktober 1955, *The Diaries of Evelyn Waugh*.
12 *The Letters of Evelyn Waugh*.
13 Bibliothek der Universität von Iowa.

28 UNTERGANG UND FALL

1 E. S., *Selected Letters*. [Das Zitat ist der letzte Vers aus Eliots Gedicht »The Hollow Men« und bezieht sich dort auf das Weltende. (»This is the way the world ends / Not with a bang but a whimper.«)] [Anm. d. Übers.]
2 Mit richtigem Namen William Joyce (1906–46). In New York geborener Sohn einer Engländerin und eines Iren. Als Anhänger des Faschismus verbreitete er ab September 1940 im Auftrag der Deutschen über den Rundfunk antibritische Propaganda, weshalb er, obwohl amerikanischer Staatsbürger, 1946 in London wegen Hochverrats verurteilt und hingerichtet wurde. Als Grundlage dafür galt, daß er während des Krieges einen britischen Paß besessen hatte. [Anm. d. Übers.]
3 An Pater Caraman, 14. April 1956.
4 22. April 1956. E. S., *Selected Letters*.
5 Orig.: *Leftover Life to Kill*. [Anm. d. Übers.]
6 Sammlung Berg, Öffentliche Bibliothek der Stadt New York.
7 E. S., *Selected Letters*.
8 Mugar-Gedächtnis-Bibliothek, Universität Boston.
9 Elizabeth Salter, *The Last Years of a Rebel*.
10 Ebd.
11 *Sunday Times*, 28. Juli 1957.
12 27. September 1957. E. S., *Selected Letters*.
13 *The Times Literary Supplement*, 20. September 1957.
14 Edmund Campion (1540–81). Einer der 1970 heiliggesprochenen vierzig Märtyrer. In London als Sohn eines Buchhändlers geboren und in Oxford ausgebildet, trat er 1571 zum Katholizismus über und wurde sieben Jahre später vom Prager Erzbischof zum Priester geweiht. Im Auftrag der Jesuiten kehrte er nach England zurück, wo er gegen den Protestantismus kämpfte. Er wurde 1581 in Berkshire festgenommen, im Londoner Tower gefoltert und vor den Toren der Stadt hingerichtet. [Anm. d. Übers.]
15 *Sunday Times*, 8. September 1957.
16 An Alberto de Lacerda, 2. Mai 1957. E. S., *Selected Letters*.

29 DIE NACHT SENKT SICH HERAB

1 31. Oktober 1942, Denton Welch, *Journals*.
2 Eine ausführliche Darstellung findet sich in Dom Moraes, *My Son's Father*, 1968, sowie Elizabeth Salter, *The Last Years of a Rebel*.
3 In einer Mitteilung an den Ausschuß der anglo-österreichischen musikalischen Gesellschaft. Bibliothek der Universität Iowa.

4 E. S., *Selected Letters*.
5 Ebd.
6 Elizabeth Salter, *The Last Years of a Rebel*.
7 Harold Acton, *More Memoirs of an Aesthete*.
8 Elizabeth Salter, *The Last Years of a Rebel*.
9 Ebd.
10 Sammlung Berg, Öffentliche Bibliothek der Stadt New York.
11 26. Mai 1959. E.S., *Selected Letters*.
12 Privatsammlung P. Caraman, S. J.
13 John Pearson, *Façade*.
14 Gemeint ist die Dichterin Vittoria Colonna, Witwe des Marchese Colonna. [Anm. d. Übers.]
15 Parker Tyler, *The Divine Comedy of Pavel Tchelitchev*.
16 Privatsammlung P. Caraman, S. J.
17 Mit Elizabeth Salters freundlicher Genehmigung zitiert.
18 Ebd.
19 Elizabeth Salter, *The Last Years of a Rebel*.
20 Unsere letzten Jahre waren schrecklich trübe, für Sie wie für mich. Ich denke beständig an Sie und an die Tage, da wir glücklich waren. [Anm. d. Übers.]
21 ... es mit uns dahin käme. [Anm. d. Übers.]
22 Mit Elizabeth Salters freundlicher Genehmigung zitiert.
23 Elizabeth Salter, *The Last Years of a Rebel*.
24 Ein ausführlicherer Bericht findet sich in John Pearson, *Façade*.

30 UMSORGT

1 E. S., *Collected Letters*.
2 Die Zitate aus dem Briefwechsel zwischen E. S. und Cecil Beaton entstammen der Privatsammlung des verstorbenen Sir Cecil Beaton.
3 Privatsammlung P. Caraman, S. J.
4 Mit Elizabeth Salters freundlicher Genehmigung zitiert.
5 E. S., *Selected Letters*.
6 Ebd.
7 Bibliothek des King's College, Cambridge.
8 Elizabeth Salter, *The Last Years of a Rebel*.
9 13. Oktober 1962. E. S., *Selected Letters*.
10 Cecil Beaton, *The Parting Years*, 1978.
11 Elizabeth Salter, *The Last Years of a Rebel*. Diesem Werk verdanke ich in erster Linie, was ich über die letzten Monate Edith Sitwells berichte.
12 Ebd.

Register

Bildnachweis

Wir danken Sir Sacheverell Sitwell, Reresby Sitwell und Francis Sitwell für ihre Unterstützung und für die Photographien aus dem Familienbesitz.

Renishaw Hall (BBC Hulton Picture Library); Zeichnung von Severini für *Wheels* (Francis Sitwell); Edith beim Malkurs (Elizabeth Salter); Edith photographiert von Cecil Beaton (Popperfoto); Porträt von Nevinson (Elizabeth Salter); am Carlyle Square von Cecil Beaton (Sotheby's Belgravia), Atelieraufnahme (BBC Hulton Picture Library); Gruppenphoto von Cecil Beaton (Sotheby's Belgravia); Lewis mit seinem Eliot-Porträt (Keystone Press Agency); in Pembridge Mansions 1928 (Popperfoto); mit Tschelitschew und Tanner (Elizabeth Salter); Tschelitschew (Privatsammlung); in Pembridge Mansions um 1930 von Cecil Beaton (Sotheby's Belgravia); in Guermantes (Allen Tanner); die Sitwells auf Renishaw von Cecil Beaton (Sotheby's Belgravia); mit Sir Osbert 1948 (Keystone Press Agency); Sacheverell Sitwell (BBC Hulton Picture Library); Gotham Book Mart (Gotham Book Mart, New York); als Lady Macbeth (George Platt Lynes); Dame Ediths linke Hand (Lancelot Law Whyte); Sir Osbert auf Renishaw (Hans Wild); Gedächtniskonzert 1962 (Daily Express); Porträt (Mark Gerson); Porträt von Sargent (Sammlung des Sitwell Settled Estates); Porträt von Fry (Graves Art Gallery, Sheffield); *Die Herausgeberin von Wheels* von Guevara (Tate Gallery, London); Porträt von Topolski (Univerity of Texas); Porträt von Tschelitschew (Sir Sacheverell Sitwell); Tschelitschews Porträt von E.S. als *Sibylle* (Edward James Foundation).